Let's

한권으로 끝내는

네트워크관리사
2급 (필기+실기)

발행 2022년 4월 22일
발행 2022년 5월 2일
지은이 김기원
기획 김웅태
디자인 서제호, 서진희, 조아현
제작 조재훈
판매영업 김승규, 권기원

발행처 ㈜아이비김영
펴낸이 김석철
등록번호 제22-3190호
주소 (06728)서울 서초구 서운로 32, 우진빌딩 5층
전화 (대표전화) 1661-7022
팩스 02)3456-8073

ⓒ ㈜아이비김영
이 책은 저작권법에 따라 보호받는 저작물이므로 무단복제를 금지하며,
책 내용의 전부 또는 일부를 이용하려면 반드시 저작권자의 서면동의를 받아야 합니다.

ISBN 978-89-6512-156-5 13000
정가 25,000원

잘못된 책은 바꿔드립니다.

Let's
Network
NOS, TCP/IP

국가공인 네트워크관리사 2급 자격검정
이론 + 최신기출문제 수록

한 권으로 끝내는 ─────

네트워크
관리사 2급
필기 + 실기

김기원 지음

엠제이씨북스

네트워크관리사 자격 검정

www.icqa.or.kr에서 원서접수를 진행한다.

시험소개

네트워크관리사란 서버를 구축하고 보안 설정, 시스템 최적화 등 네트워크구축 및 이를 효과적으로 관리할 수 있는 인터넷 관련 기술력에 대한 자격이다.

자격명칭		검정기준
네트워크관리사	1급	네트워크 관리에 관한 전문지식을 토대로 네트워크 보안기술, Design, Traffic 분산기술 등 네트워크 전문기술자로서 필요한 IT 기술 및 네트워크 실무·관리 능력 검정
		• 네트워크관리사 1급 • 자격의 종류 : 등록(비공인)민간자격 • 등록번호 : 2008-0212 • 등급별 정보 : 1급(민간자격) • 자격발급기관 : 한국정보통신자격협회
	2급 (국가공인)	네트워크 관련 업무 수행을 위한 일반적인 운용지식과 구축기술 NOS운영, Packet분석, Monitoring, 인터넷기술, Protocol 등 기초 이론과 실무능력 검정
		• 네트워크관리사 2급 • 자격의 종류 : 공인민간자격-2002년 1월 10일 국가공인 자격획득 • 등록번호 : 2008-0212 • 공인번호 : 과학기술정보통신부 제2019-02호 • 등급별 정보 : 2급(공인민간자격) • 자격발급기관 : 한국정보통신자격협회

검정요강

필기	1급	• 당협회 시행 해당종목 2급자격 소지자 • 전기, 전자, 통신, 정보처리 직무분야 국가기술 자격취득자 중 아래 해당자 　가. 기술사, 기사, 산업기사 자격증 소지자 　나. 기능사 자격 취득한 후 동일직무 분야에서 2년이상 실무에 종사한 자 • IT관련 사업장에서 5년이상 종사한자 • 상기 1항 이상 해당자
	2급	제한없음 (연령, 나이)
실기	1/2급	해당등급 필기 합격자로서 합격일로부터 2년 이내의 응시자

검정과목 / 문항 수 / 제한시간

필기검정	검정문제의 문항수는 각 과목별로 5~18문항씩 출제되며, 1급은 60분, 2급은 50분의 제한시간을 둔다.
실기검정	1 SET(1~20문항)가 출제되며 제한시간 내에 지시된 사항을 수행해야 한다.

필기 주요항목

			1급 60문항 2급 50문항	1급 60분 2급 50분	택일형
필기 60점 이상 합격	네트워크 일반	네트워크 개요			
		데이터통신 관련기술			
		통신망 기술			
		표준과 네트워크			
		네트워크설계, 구축			
		고속 LAN 기술 및 광대역통신			
		각종 통신 기술			
		기타			
	TCP/IP	TCP / IP			
		IP Address			
		Subnet Mask			
		IP Routing			
		Packet 분석			
		기본 프로토콜			
		응용 프로토콜			
		기타			
	NOS	File / Print, IIS, DNS, FTP 등			
		Active Directory			
		사용자관리 및 권한			
		시스템 운영 관리			
		Linux Server 설치			
		Linux 명령어			
		기타			
	네트워크 운용기기	NIC			
		SCSI			
		RAID			
		Router			
		Lx Switch			
		VLAN			
		Gateway			
		전송매체			
		최신통신기기			
		기타			
	정보보호 개론	보안의 기본개념			
		Windows Server 보안			
		Linux Server 보안			
		Network 보안			
		암호화			
		서비스별 보안 기술			
		정보보호제도			
		기타			
실기 60점 이상 합격	LAN 전송매체		18~20문항	1급 100분 2급 80분	작업 서술 선택형
	네트워크 설계 / 구축				
	TCP/ IP				
	NOS				
	네트워크 운용기기				

Contents >>>>>

PART 2 NOS (Network Operating System) - Windows Server 2016

Contents ▶▶▶▶▶

네트워크 일반

01 TCP/UDP/IP

1 TCP/IP 프로토콜의 개념 🔍

1) 전송 제어 프로토콜(Transmission Control Protocol, TCP)은 인터넷 프로토콜 스위트(IP)의 핵심 프로토콜 중 하나로, IP와 함께 TCP/IP라는 명칭으로도 널리 불린다. TCP는 근거리 통신망이나 인트라넷, 인터넷에 연결된 컴퓨터에서 실행되는 프로그램 간에 일련의 옥텟을 안정적으로, 순서대로, 에러없이 교환할 수 있게 한다. TCP는 전송 계층에 위치한다. 네트워크의 정보 전달을 통제하는 프로토콜이자 인터넷을 이루는 핵심 프로토콜의 하나로서 국제 인터넷 표준화 기구(IETF)의 RFC 793에 기술되어 있다.

2) 1969년도에 미 국방성 방위망인 DARPA에서 개발 / OSI 7 Layer의 전송 계층과 네트워크 계층에서 동작을 하고 상위 계층의 응용 프로그램을 구별한다.

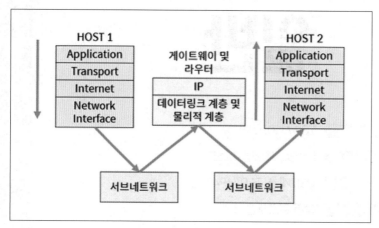

2 TCP/IP의 계층화 🔍

1) TCP / IP 프로토콜의 계층 구조 (TCP / IP 4계층)

    가) 네트워크 인터페이스 계층

        ① 정의: OSI 참조모델 물리 계층과 데이터 링크 계층을 포함

        ② 종류: Ethernet, FDDI, Token Bus, Token Ring

    나) 인터넷 계층

        ① 정의: 네트워크상에서 경로 설정과 네트워크에서의 주소를 지정하는 계층

        ② 종류: IP, ICMP, IGMP, ARP, RARP

다) 전송 계층

　① 정의: 상위 응용 계층에 대해 두 호스트 간의 데이터 흐름을 제공

　② 종류: TCP → 두 호스트 간 신뢰성 높은 데이터 흐름 제공
　　　　　UDP → 아주 단순한 형태의 서비스 응용 계층에 제공

라) 응용 계층

　① 정의: 특정 애플리케이션에 대한 상세한 동작을 처리

　② 종류: Telnet, FTP, SNMP, SMTP, HTTP, POP, TFTP, DHCP, BOOTP, DNS

3　OSI 참조모델과 TCP / IP 비교

1) OSI 참조 모델은 모두 7개의 계층으로 구분되어 있는 반면에 동일한 역할을 수행하는 TCP/IP는 총 4개의 계층으로 구분되어 있음

OSI 7 Layer Model		DTP Layer (TCP/IP)	
Application	Message	Application	Application
Presentation			
Session			
Transport	Segment / Record	Transport	End-to-end Service
Network	Packet / Datagram	Internet	Routing Data Transmission
Data Link	Frame	Network Interface	
Physical	Bit		

4　TCP 개요

1) TCP란?

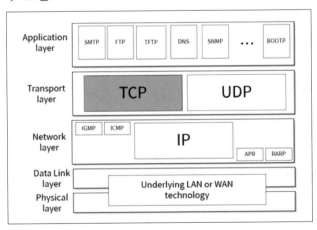

가) 전송 제어 프로토콜로 OSI 7 Layer의 전송 계층에 해당한다.

나) 송신 측과 수신 측간의 상호 신뢰 있는 연결을 제공하는 프로토콜이다.

다) 데이터는 네트워크선로를 통해 전달되는 과정에서 손실되거나 순서가 뒤바뀌어서 전달될 수 있는데, TCP는 손실을 검색해서, 이를 교정하고 순서를 재조합 할 수 있도록 해준다.

2) TCP 특징

가) 신뢰성 : TCP의 가장 중요한 특징은 신뢰할 수 있는 단말장치 간 데이터 전달이다. 신뢰성을 제공 하려면, TCP는 손상되거나 없어지거나 중복되거나 네트워크 계층에서 순서가 틀어져서 전달된 데이터를 복구해야 한다. TCP는 신뢰성을 실현하기 위해 적극적 수신, 통지, 재전송 체계를 사용한다.

나) 흐름제어 : TCP 데이터 세그먼트를 송수신하는 컴퓨터는 CPU와 네트워크 대역폭의 차이 때문에 서로 다른 데이터 속도로 작동할 수 있다. 결국 수신자가 처리할 수 있는 것처럼 훨씬 더 빠른 속도로 송신자가 데이터를 보낼 가능성이 많다. TCP는 송신자가 보낸 데이터의 양을 제어하는 흐름 제어 메커니즘을 구현한다.

다) 다중화 : TCP에서는 한 라우터의 많은 프로세스가 TCP 통신 서비스를 동시에 사용할 수 있다. (포트를 사용하여 여러 서비스를 제공한다)

라) 3WAY Handshake : 연결을 설정하는 절차는 동기화(SYN) 제어 플래그를 이용하며, 3way handshake 라는 세번의 메시지를 교환하게 된다.

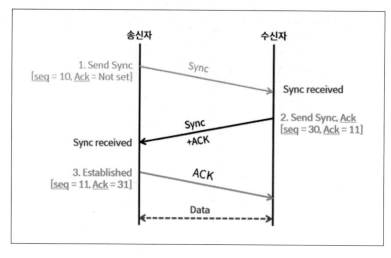

01 TCP 기능으로 옳지 않은 것은?

① 송수신되는 데이터의 흐름을 감시하고 제어한다.

② 신뢰성 있는 데이터 전송을 보장한다.

③ 흐름 제어를 위해 동적 윈도우(Dynamic Sliding Window) 방식을 사용한다.

④ 실시간 동영상과 같이 한 번에 많은 양의 데이터를 송신할 때 주로 사용한다.

02 TCP(Transmission Control Protocol)에 대한 설명으로 옳지 않은 것은?

① 연결위주의 전송방식이다.

② 신뢰성 있는 전송방식이다.

③ 능동적인 흐름제어기능을 가지고 있다.

④ 일부 데이터가 손실되어도 치명적이지 않은 프로그램 등에 적합하다.

03 TCP(Transmission Control Protocol)에 대한 설명으로 옳지 않은 것은?

① 네트워크에서 송신측과 수신측간에 신뢰성 있는 전송을 확인한다.

② 연결지향(Connection Oriented)이다.

③ 송신측은 데이터를 패킷으로 나누어 일련번호, 수신측 주소, 에러검출코드를 추가한다.

④ 수신측은 수신된 데이터의 에러를 검사하여 에러가 있으면 스스로 수정한다.

04 TCP 세션의 성립에 대한 설명으로 옳지 않은 것은?

① 세션 성립은 TCP Three-Way Handshake 응답 확인 방식이라 한다.

② 실제 순서번호는 송신 호스트에서 임의로 선택된다.

③ 세션 성립을 원하는 컴퓨터가 ACK 플래그를 '0'으로 설정하는 TCP 패킷을 보낸다.

④ 송신 호스트는 데이터가 성공적으로 수신된 것을 확인하기까지는 복사본을 유지한다.

<정답> 01 ④ 02 ④ 03 ④ 04 ③

3) TCP(Transmission Control Protocol) Packet 헤더 구조

가) 헤더구조에 대한 내용

SOURCE PORT (16Bits)								DESTINATION PORT (16Bits)	
SEQUENCE NUMBER (32Bits)									
ACKNOWLEDGE NUMBER (32Bits)									
HLEN (4Bits)	RESERVED (6Bits)	URG	ACK	PSH	RST	SYN	FIN	WINDOW SIZE (16Bits)	
CHECKSUM (16Bits)								URGENT POINTER (16Bits)	
OPTIONS (If any)								PADDING	
DATA (If any)									

① Source port, Destination port : 이 필드들은 세그먼트의 출발지와 목적지를 나타내는 필드로, 각각 16 bits 를 할당받는다. 이때 출발지와 목적지의 주소를 판별하기 위해서는 IP 주소와 포트 번호가 필요하다. IP 주소 는 당연히 한 계층 밑인 네트워크 계층에 있는 IP의 헤더에 담기기 때문에, TCP 헤더에는 IP 주소를 나타내는 필드가 없고 포트를 나타내는 필드만 존재한다.

② Sequence Number : 시퀀스 번호는 전송하는 데이터의 순서를 의미하며, 32 bits를 할당받는다. 수신자는 쪼 개진 세그먼트의 순서를 파악하여 올바른 순서로 데이터를 재조립할 수 있게 된다.

③ Acknowledgment Number : 승인 번호는 데이터를 받은 수신자가 예상하는 다음 시퀀스 번호를 의미하며, 32 bits를 할당받는다.

④ Flags : 9개의 비트 플래그이다. 이 플래그들은 현재 세그먼트의 속성을 나타낸다. 기존에는 6개의 플래그만 을 사용했지만, 혼잡 제어 기능의 향상을 위해 Reserved 필드를 사용하여 NS, CWR, ECE 플래그가 추가되었 다.

   ㉮ URG : Urgent Pointer(긴급 포인터) 필드에 값이 채워져 있음을 알리는 플래그. 이 포인터가 가리키는 긴급 한 데이터는 높게 처리되어 먼저 처리된다. 요즘에는 많이 사용되지 않는다.

   ㉯ ACK : Acknowledgment(승인 번호) 필드에 값이 채워져 있음을 알리는 플래그. 이 플래그가 0이라면 승인 번호 필드 자체가 무시된다.

   ㉰ PSH : Push 플래그. 수신 측에게 이 데이터를 최대한 빠르게 응용프로그램에게 전달해달라는 플래그이다. 이 플래그가 0이라면 수신 측은 자신의 버퍼가 다 채워질 때까지 기다린다. 즉, 이 플래그가 1이라면 이 세 그먼트 이후에 더 이상 연결된 세그먼트가 없음을 의미하기도 한다.

   ㉱ RST : Reset 플래그. 이미 연결이 확립되어 ESTABLISHED 상태인 상대방에게 연결을 강제로 리셋해 달라 는 요청의 의미이다.

   ㉲ SYN: Synchronize 플래그. 상대방과 연결을 생성할 때, 시퀀스 번호의 동기화를 맞추기 위한 세그먼트임을 의미한다.

   ㉳ FIN : Finish 플래그. 상대방과 연결을 종료하고 싶다는 요청인 세그먼트임을 의미한다.

⑤ Window Size : 윈도우 사이즈 필드에는 한번에 전송할 수 있는 데이터의 양을 의미하는 값을 담는다. 2^{16} = 65535 만큼의 값을 표현할 수 있고 단위는 바이트이므로, 윈도우의 최대 크기는 64KB라는 말이 된다.

⑥ Checksum : 체크섬은 데이터를 송신하는 중에 발생할 수 있는 오류를 검출하기 위한 값이다.

⑦ Urgent Pointer : 말 그대로 긴급 포인터이다. URG 플래그가 1이라면 수신 측은 이 포인터가 가르키고 있는 데이터를 우선 처리한다.

✅ 예제

01 TCP 헤더 중에서 에러 제어를 위한 필드는?
① Offset   ② Checksum
③ Source Port   ④ Sequence Number

02 TCP 헤더의 설명으로 올바른 것은?
① RST 플래그 : 데이터가 제대로 전송된 것을 알려준다.
② Window Size : 현재 상태의 최대 버퍼 크기를 말한다.
③ Reserved : 수신된 Sequence Number에 대하여 예상된 다음 옥텟을 명시한다.
④ FIN 플래그 : 3-Way handshaking 과정을 제의하는 플래그이다.

<정답> 01 ② 02 ②

4) TCP 포트

가) 포트 : IP주소와 함께 보내지고 받는 내선번호라고 생각하면 된다.

나) 인터넷 프로토콜의 표준화를 담당하는 IETF(Internet Engineering Task Force)의 RFC(Requset For Comments)문서 1700에서는 TCP와 UDP에서 사용되는 알려진 포트(Well-Known)포트에 대해서 정의하고 있다.

① 알려진 포트(Well-Known) : 대부분 시스템에서 기본값으로 채용하고 있는 내선번호 (1 ~ 1023)

② 등록된 포트(Registered Port) : 서버 소켓(서비스)으로 사용되는 영역 (1024 ~ 49151)

③ 동적 포트(Dynamic Port) : 매번 접속할 때마다 포트번호가 변경되어 외부로나가거나 내부로 들어오는 영역 (49152 ~65535)

다) 잘 알려진 포트 목록

포트	TCP	UDP	설명	상태
7	TCP	UDP	ECHO 프로토콜	공식
20	TCP		파일 전송 프로토콜 (FTP, File Transfer Protocol) - 데이터 포트	공식
21	TCP		파일 전송 프로토콜 (FTP, File Transfer Protocol) - 제어 포트	공식
22	TCP		시큐어 셸 (SSH, Secure SHell) - ssh scp, sftp같은 프로토콜 및 포트 포워딩	공식
23	TCP		텔넷 프로토콜 (Telnet Protocol) - 암호화되지 않은 텍스트 통신	공식
25	TCP		SMTP (Simple Mail Transfer Protocol) - 이메일 전송에 사용	공식
53	TCP	UDP	도메인 네임 시스템 (DNS, Domain Name System)	공식
67		UDP	BOOTP (부트스트랩 프로토콜) 서버. DHCP로도 사용	공식
68		UDP	BOOTP (부트스트랩 프로토콜) 클라이언트. DHCP로도 사용	공식
69		UDP	간단한 파일 전송 프로토콜 (TFTP, Trivial File Transfer Protocol)	공식
80	TCP	UDP	HTTP (HyperText Transfer Protocol) - 웹 페이지 전송	공식
88	TCP		커베로스 - 인증 에이전트	공식
109	TCP		POP2 (Post Office Protocol version 2) - 전자우편 가져오기에 사용	공식
110	TCP		POP3 (Post Office Protocol version 3) - 전자우편 가져오기에 사용	공식
111	TCP	UDP	RPC (Remote Procedure Call)	공식
123		UDP	NTP (Network Time Protocol) - 시간 동기화	공식
139	TCP		넷바이오스 (NetBIOS, Network Basic Input/Output System)	공식
143	TCP		인터넷 메시지 접속 프로토콜 4 (IMAP4, Internet Message Access Protocol 4) - 이메일 가져오기에 사용	공식
161		UDP	SNMP (Simple Network Management Protocol) - Agent 포트	공식
162		UDP	SNMP - Manager 포트	공식
179	TCP		BGP (Border Gateway Protocol)	공식
194	TCP		IRC (Internet Relay Chat)	공식
220	TCP		인터넷 메시지 접속 프로토콜 3 (IMAP3, Internet Message Access Protocol 3)	

포트	TCP	UDP	설명	상태
389	TCP		LDAP (Lightweight Directory Access Protocol)	공식
443	TCP		HTTPS - 보안 소켓 레이어 (SSL, Secure Socket Layer) 위의 HTTP (암호화 전송)	공식
445	TCP		Microsoft-DS (액티브 디렉터리, 윈도 공유, Sasser-worm, Agobot, Zobotworm)	공식
445		UDP	Microsoft-DS SMB 파일 공유	공식
514		UDP	syslog 프로토콜 - 시스템 로그 작성	공식

✓ 예제

01 TCP의 프로토콜 이름과 일반 사용(Well-Known) 포트 연결로 옳지 않은 것은?

① SMTP : 25 　　　　　　　② HTTP : 80

③ POP3 : 100 　　　　　　　④ FTP-Data : 20

02 SSH 프로토콜이 사용하는 포트 번호는?

① TCP 22번 　　　　　　　② TCP 23번

③ UDP 24번 　　　　　　　④ UDP 25번

03 다음은 서버가 일반적으로 사용하는(Well-Known) 포트 번호를 나타내고 있다. 서비스에 따른 포트번호가 옳지 않은 것은?

① Telnet - 23 　　　　　　　② HTTP - 81

③ FTP - 21 　　　　　　　④ SMTP - 25

04 인터넷의 잘 알려진 포트(Well-Known Port) 번호로 옳지 않은 것은?

① SSH - 22번 　　　　　　　② FTP - 21번

③ Telnet - 24번 　　　　　　　④ SMTP - 25번

05 TCP를 사용하는 프로토콜로 옳지 않은 것은?

① FTP 　　　　　　　② TFTP

③ Telnet 　　　　　　　④ SMTP

<정답> 01 ③ 02 ① 03 ② 04 ③ 05 ②

5 UDP(User Datagram Protocol) 개요

1) UDP란?

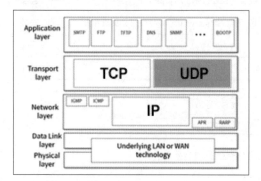

가) 전송 제어 프로토콜로 OSI 7 Layer의 전송 계층에 해당한다.

나) UDP의 전송 방식은 너무 단순해서 서비스의 신뢰성이 낮고, 데이터그램 도착 순서가 바뀌거나, 중복 되거나, 심지어는 통보 없이 누락시키기도 한다. UDP는 일반적으로 오류의 검사와 수정이 필요 없는 애플리케이션에서 수행할 것으로 가정한다.

2) UDP 특징

가) 신뢰성 : TCP는 메시지 수신을 확인하지만 UDP는 수신자가 메시지를 수신했는지 확인할 수 없다.

나) 순서 정렬 : TCP에서는 메시지가 보내진 순서를 보장하기 위해 재조립하지만 UDP는 메시지 도착 순 서를 예측할 수 없다.

다) 부하 : TCP보다 속도가 일반적으로 빠르고 오버헤드가 적다.

3) UDP(User Datagram Protocol) 헤더 구조

가) 헤더구조에 대한 내용

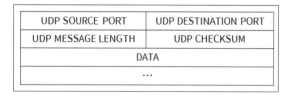

UDP SOURCE PORT	UDP DESTINATION PORT
UDP MESSAGE LENGTH	UDP CHECKSUM
DATA	
...	

① Source port : 출발지 장치가 사용하는 포트번호로 이 포트번호는 어떠한 응용 프로그램을 사용하는지에 따라 특정 포트 번호가 정해져 있는 경우도 있고 정해지지 않는 경우도 있다. 포트번호는 0 ~ 65535의 범위 내에 있으며, 대부분의 경우 처음 정해지는 출발지 포트번호는 이 범위 내의 임의의 번호를 사용한다.

② Destination port : 목적지 장치의 포트를 나타내며, 출발지에서 목적지 장치 상의 어떤 서비스에 접속하느냐에 따라 일반적으로 미리 정해진 번호 이다.

③ LENGTH : 헤더와 데이터를 포함한 UDP 데이터 그램의 전체 길이를 나타낸다.

④ CHECKSUM : 헤더와 데이터를 포함한 사용자의 데이터 그램에 대한 오류검사를 하기 위한 필드이다.

✅ 예제

01 UDP에 대한 설명 중 올바른 것은?
① 응용 계층 프로토콜이다.
② 신뢰성 있는 전송을 제공한다.
③ 연결 지향형 프로토콜이다.
④ 비 연결성 데이터그램 서비스를 제공한다.

02 UDP에 대한 설명 중 옳지 않은 것은?
① 가상선로 개념이 없는 비연결형 프로토콜이다.
② TCP보다 전송속도가 느리다.
③ 각 사용자는 16비트의 포트번호를 할당받는다.
④ 데이터 전송이 블록 단위이다.

03 프로토콜의 부하가 적어 분산 처리와 동영상 스트리밍 서비스에 많이 사용되는 인터넷 프로토콜은?
① UDP   ② TCP
③ IGMP   ④ ICMP

04 TCP와 UDP의 차이점을 설명한 것 중 옳지 않은 것은?
① TCP는 전 이중방식 스트림 중심의 연결형 프로토콜이고, UDP는 비 연결형 프로토콜이다.
② TCP는 전달된 패킷에 대한 수신측의 인증이 필요하지만 UDP는 그렇지 않다.
③ 일반적으로 동영상과 같은 실시간 데이터 전송에는 UDP가 사용된다.
④ UDP는 TCP에 비해 오버헤드가 크다.

05 TCP와 UDP의 차이점에 대한 설명으로 옳지 않은 것은?
① 데이터 전송형태로 TCP는 Connection Oriented 방식이고, UDP는 Connectionless방식이다.
② TCP가 UDP보다 데이터 전송 속도가 빠르다.
③ TCP가 UDP보다 신뢰성이 높다.
④ TCP가 UDP에 비해 각종 제어를 담당하는 Header 부분이 커진다.

06 UDP에 대한 설명으로 옳지 않은 것은?
① 동영상에 있어서는 얼마만큼 데이터가 정확하게 전달되었는지 보다 얼마만큼 끊기지 않고 전달되었는 지가 중요하기 때문에, 동영상 전송에 많이 사용된다.
② OSI 7 계층 모델에서 전송 계층에 속한다.
③ 양방향 전송을 하며, 종단 간의 흐름제어를 위해 Dynamic Sliding Window 방식을 사용한다.
④ TCP와 비교하여 최소한의 오버 헤드를 갖는 작은 헤더를 갖는다.

07 UDP 패킷의 헤더에 속하지 않는 것은?
① Source Port   ② Destination Port
③ Window   ④ Checksum

08 UDP 헤더에 포함이 되지 않는 항목은?

① 확인 응답 번호(Acknowledgment Number)

② 소스 포트(Source Port) 주소

③ 체크섬(Checksum) 필드

④ 목적지 포트(Destination Port) 주소

09 UDP 헤더 포맷에 대한 설명으로 옳지 않은 것은?

① Source Port : 데이터를 보내는 송신측의 응용 프로세스를 식별하기 위한 포트 번호이다.

② Destination Port : 데이터를 받는 수신측의 응용 프로세스를 식별하기 위한 포트 번호이다.

③ Length : 데이터 길이를 제외한 헤더 길이이다.

④ Checksum : 전송 중에 세그먼트가 손상되지 않았음을 확인 할 수 있다.

10 UDP 헤더 구조에 대한 설명으로 옳지 않은 것은?

① Source Port – 송신측 응용 프로세스 포트 번호 필드

② Destination Port – 선택적 필드로 사용하지 않을 때는 Zero로 채워지는 필드

③ Checksum – 오류 검사를 위한 필드

④ Length – UDP 헤더와 데이터 부분을 포함한 데이터 그램의 길이를 나타내는 필드

11 TCP/IP 모델에서 UDP(User Datagram Protocol)가 동작되는 계층은?

① 응용 계층   ② 전송 계층

③ 인터넷 계층   ④ 네트워크 인터페이스 계층

<정답> 01 ④ 02 ② 03 ① 04 ④ 05 ② 06 ③ 07 ③ 08 ① 09 ③ 10 ② 11 ②

6 IP(Internet Protocol) 개요

1) IP란?

가) 인터넷 프로토콜 스위트(영어: Internet Protocol Suite)는 인터넷에서 컴퓨터들이 서로 정보를 주고 받는 데 쓰이는 통신규약(프로토콜)의 모음이다. 인터넷 프로토콜 스위트 중 TCP와 IP가 가장 많이 쓰이기 때문에 TCP/IP 프로토콜 스위트라고도 불린다.

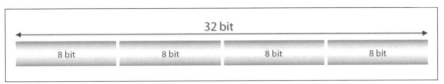

https://xn--3e0bx5euxnjje69i70af08bea817g.xn--3e0b707e/jsp/resources/ipv4Info.jsp 참조

나) TCP/IP는 패킷 통신 방식의 인터넷 프로토콜인 IP (인터넷 프로토콜)와 전송 조절 프로토콜인 TCP (전송 제어 프로토콜)로 이루어져 있다. IP는 패킷 전달 여부를 보증하지 않고, 패킷을 보낸 순서와 받는 순서가 다를 수 있다.(unreliable datagram service) TCP는 IP 위에서 동작하는 프로토콜로, 데이터의 전달을 보증하고 보낸 순서대로 받게 해준다. HTTP, FTP, SMTP 등 TCP를 기반으로 한 많은 수의 애플리케이션 프로토콜들이 IP 위에서 동작하기 때문에, 묶어서 TCP/IP로 부르기도 한다.

다) 인터넷 주소 체계를 결정하는 프로토콜로 호스트의 인터넷 주소를 결정하고 이 주소를 사용해 목적지까지 경로를 결정

2) IP의 특징

가) 최선형(BE : Best Effort) 서비스 : 패킷을 목적지까지 확실하게 전달하는 것을 보장하는 것이 아니라, 전달하기 위해 최대한도로 노력하는 방식(경우에 따라 전송 도중에 패킷이 손실될 수 있음)

나) 비연결형 서비스

다) 패킷 분할/병합 기능

라) 데이터 체크썸은 없고, 헤더 체크썸만 제공한다

3) IPv4과 IPv6 : 현재는 IPv4를 사용하지만 버전4의 주소 고갈 문제와 보안 이슈등으로 대처 방안인 IPv6가 등장하게 되었으며, IPv6는 패킷 처리에 대한 오버헤드를 줄이기 위해 v4의 헤더를 대폭으로 간소화 했으며, 128비트의 주소공간을 가지고 있다.

4) IPv4 특징

가) 클래스 기반 주소 지정 : IPv4에서 전체 주소공간은 5개의 클래스로 구분되고 이것을 클래스 기반 주소 지정이라고 한다.

① A클래스 : 첫 번째 비트가 0인 IP 주소 / 큰 규모의 호스트를 갖는 기관에서 사용
(0.0.0.0 ~ 127.255.255.255) / 기본서브넷 : 255.0.0.0

② B클래스 : 처음 2비트의 값이 10인 IP 주소 / 중 규모의 호스트를 갖는 기관에서 사용
(128.0.0.0 ~ 191.255.255.255) / 기본서브넷 : 255.255.0.0

③ C클래스 : 처음 3비트의 값이 110인 IP주소 / 작은 규모의 네트워크에서 사용
(192.0.0.0 ~ 223.255.255.255) / 기본서브넷 : 255.255.255.0

④ D클래스 : 처음 4비트의 값이 1110인 IP주소 / 전체 주소가 멀티 케스트용으로 사용됨
(224.0.0.0 ~ 239.255.255.255)

⑤ E클래스 : 처음 4비트의 값이 1111인 IP주소 / 전체 주소가 연구목적용으로 남겨놓음
(240.0.0.0 ~ 255.255.255.255)

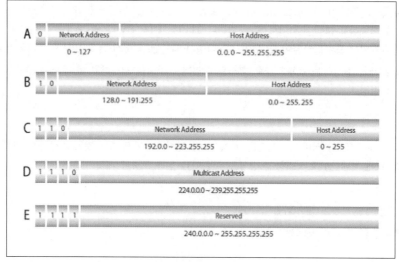

https://xn--3e0bx5euxnjje69i70af08bea817g.xn--3e0b707e/jsp/resources/ipv4Info.jsp 참조

나) 유니캐스트 / 멀티케스트 / 브로드케스트 주소형태를 사용

① 유니캐스트 : 1대1 전송

② 멀티케스트 : 1대G 전송(그룹간에 전송)

③ 브로드케스트 : 1대N 전송(방송을 통해 같은 네트워크 모든 호스트에 전송)

다) 서브네팅(Subnetting) : IP주소를 서브넷팅 하는 이유는 한정된 IP주소 자원을 효율적으로 사용하기 위함으로 큰 구조를 작은 것으로 나누기 위함

① CIDR(Classless Inter-Domain Routing)에 의한 IP주소 할당

② 인터넷의 크기가 커짐에 따라 클래스 단위의 IP주소 할당은 라우팅 테이블을 복잡하게 하고, 인터넷 주소공간을 낭비하는 문제점을 야기합니다. 이에 따라 클래스의 제한을 두지 않고 필요한 호스트의 수에 따라 적당한 크기의 IP주소를 할당하는 CIDR 방식이 사용됩니다.

③ CIDR은 기존의 클래스 기반 할당 방법 대신 다양한 길이의 전치부를 이용한 할당 방법을 사용합니다. 클래스 기반 주소 방식에서는 8, 16, 24로 한정된 전치부를 갖는 반면, CIDR에서는 다양한 전치부의 길이를 지원합니다. 이에 따라 작게는 32개의 호스트를 갖는 네트워크부터 50,000여개의 호스트를 갖는 다양한 네트워크를 할당할 수 있습니다.

④ 예를 들어 "203.255.208.222/23"과 같은 CIDR에 의한 IPv4주소표기 방식은 IP주소를 2진수 표기법으로 변환하였을 때 나타나는 처음 23비트(11001011 1111111 1101000)가 네트워크 주소로 사용되며 나머지 비트(0 11011110)가 /23 네트워크가 가지는 512개의 호스트 중 자신의 호스트를 식별하는 숫자라는 것을 말합니다.

CIDR에 따른 10진수 표기	203	255	208	222	/23
2진수 표기	11001011	11111111	11010000	11011110	
	← 네트워크 →			← 호스트 →	

https://xn--3e0bx5euxnjje69i70af08bea817g.xn--3e0b707e/jsp/resources/ipv4Info.jsp 참조

라) 슈퍼네팅(Supernetting) : 여러 클래스를 하나의 큰 구조로 묶어 더 많은 주소를 사용하려는 기관들을 위해 고안됨

마) IPv4는 32bit 주소를 가지며, 인터넷을 포함한 대부분의 네트워크에서 사용되고 있는 IP 프로토콜의 주요 버전이다.

바) IPv4의 32bit 주소는 127.0.0.1이나 192.168.10.52와 같이 4개의 구분된 10진수로 표현된다. 이 4개의 10진수는 옥텟(octet)이라는 용어로서 참조되는데, 이는 각각의 10진수 하나가 전체 32bit 숫자 중에서 8bit씩을 표현하기 때문이다.

사) 표준 유니캐스트(unicast)용 IPv4 주소에서 4자리 IP 주소의 일부분은 네트워크 ID를 나타내며, 다른 일부분은 호스트 ID를 나타낸다.

아) 컴퓨터가 가진 IPv4 주소와 컴퓨터의 네트워크 어댑터에 의해 사용되는 내부 머신 주소(MAC)는 상호 연관성을 가지지 않는다.

⊘ 예제

01 **IP에 관한 설명 중 옳지 않은 것은?**
① 비신뢰성 서비스
② 비연결형 서비스
③ 데이터그램 형태의 전송
④ 에러 제어

02 **TCP/IP 에서 Broadcast의 의미는?**
① 메시지가 한 호스트에서 다른 한 호스트로 전송하는 것
② 메시지가 한 호스트에서 망상의 특정 그룹 호스트들로 전송하는 것
③ 메시지가 한 호스트에서 망상의 모든 호스트들로 전송하는 것
④ 메시지가 한 호스트에서 가장 가까이 있는 특정 그룹 호스트들로 전송하는 것

<정답> 01 ④ 02 ③

5) IP(Internet Protocol)v4 헤더 구조

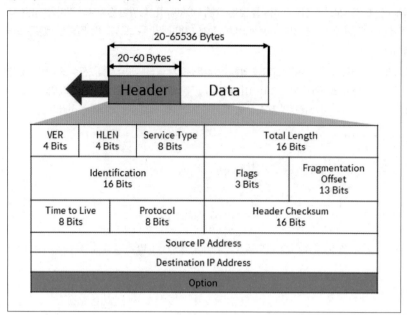

가) 헤더구조에 대한 내용

① VER : IP가 어떤 버전을 사용하는지 나타냄, IPv4 이면 4(0100), IPv6이면 6 (0110), 현재는 IPv4를 사용하고 있다.

② HLEN(Header Length) : 헤더 길이 필드는 헤더의 길이를 나타내는 4비트의 필드로써, 옵션을 포함할 경우 최대 60바이트로 제한되며 최소 단위는 20바이트이다.

③ Service Type(TOS : Type of Service) : 우선순위를 나타내는 필드로, 라우터나 호스트 등의 장치에서 패킷 처리에 대한 우선순위를 설정할 수 있다.

④ Total Length(전체 길이) : 헤더와 데이터를 포함한 패킷의 전체 길이를 나타낸다.

⑤ Identification(식별자) : 생성되는 각각의 패킷마다 부여되는 고유 번호 / 분할 되어 온 프래그먼트들을 원래의 패킷으로 재조립할 때 이 식별자를 기준으로 한다.

⑥ Flags(플래그) : IP패킷(데이터 그램)의 분할(Fragmentation) 가능 여부와 마지막 플래그먼트인지 알리기 위 해 사용되는 필드

⑦ Flag Offset(분할 위치) : 하나의 패킷이 여러 개로 분할 될 때 각각의 페이로드가 원래의 패킷 내의 페이로드 를 기준으로 어떤 위치에 있는지를 명시하는 필드

⑧ TTL(Time-to-Live) : 패킷의 루핑(looping) 현상으로 인한 문제를 해결하기 위해 사용하는 필드로 패킷의 수 명을 나타낸다. 라우터를 1개 지날 때 마다 1씩 감소되어 값이 0이 되면 해당 패킷을 패기 된다.

⑨ Protocol(프로토콜) : 패킷에 캡슐화 되어 있는 상위 계층 PDU가 어떠한 프로토콜을 사용하는지를 명시하는 필드 (TCP : 6 / UDP : 17)

⑩ 헤더 체크섬(Header Checksum) : IP헤더의 오류 여부 검사를 위한 필드, TCP와 UDP를 포함하여 IP 데이터 그램으로 캡슐화 되는 프로토콜은 대부분 헤더 및 데이터를 포함하는 체크섬 필드를 가지고 있기 때문에, IP 데이터 그램의 체크섬 필드는 단순히 IP 헤더에 대한 오류 검사만 수행한다.

⑪ Source IP Address(출발지IP주소) : 32비트 길이의 출발지 장치의 IP주소

⑫ Destination IP Address(목적지IP주소) : 32비트 길이의 목적지 장치 IP주소

⑬ Option(옵션) : 패킷의 전송 경로를 포함한 IP 프로토콜의 동작 옵션을 정의

✅ 예제

01 IP 헤더 필드들 중 처리량, 전달 지연, 신뢰성, 우선순위 등을 지정해 주는 것은?

Version	IHL (Header Length)	Type of Service (TOS)		Total Length	
Identification			IP Flags x D M	Fragment Offset	
Time To Live (TTL)		Protocol		Header Checksum	
Source Address					
Destination Address					
IP Option (variable length, optional, not common)					

① IHL(IP Header Length)　　　　② TOS(Type of Service)
③ TTL(Time To Live)　　　　　　④ Header Checksum

02 IP 프로토콜의 헤더 체크섬(Checksum)에 대한 설명 중 올바른 것은?

① 체크섬 필드를 '0'으로 하여 계산한다.
② 네트워크에서 존재하는 시간을 나타낸다.
③ 데이터 그램의 총 길이를 나타낸다.
④ IP 헤더에 대해서만 포함되며 데이터 필드를 포함한다.

03 IP 패킷의 구조에서 헤더 부분에 들어가는 항목으로 옳지 않은 것은?

① Version　　　　　　　　　② Total Length
③ TTL(Time to Live)　　　　④ Data

04 IP Header의 내용 중 TTL(Time To Live)의 기능을 설명한 것으로 옳지 않은 것은?

① IP 패킷은 네트워크상에서 영원히 존재할 수 있다.
② 일반적으로 라우터의 한 홉(Hop)을 통과할 때마다 TTL 값이 '1' 씩 감소한다.
③ Ping과 Tracert 유틸리티는 특정 호스트 컴퓨터에 접근을 시도하거나 그 호스트까지의 경로를 추적할 때 TTL 값을 사용한다.
④ IP 패킷이 네트워크상에서 얼마동안 존재 할 수 있는가를 나타낸다.

05 IP 헤더 필드 중 단편화 금지(Don't Fragment)를 포함하고 있는 필드는?

① TTL　　　　　　　　　② Source IP Address
③ Identification　　　　　④ Flags

<정답> 01 ② 02 ① 03 ④ 04 ① 05 ④

6) IPv6 특징

가) 확장된 주소 공간 : 128비트 주소체계를 사용

나) 기존 클래스별 할당을 지양

다) 유니캐스트 / 애니케스트 / 멀티케스트 주소형태를 사용

　① 유니캐스트 : 1대1 전송

　② 애니케스트 : 근접한 이웃간에 전송(가장 가까운 노드로 연결)

　③ 멀티케스트 : 1대G 전송(그룹간에 전송)

라) IPv6의 헤더는 기존 IPv4의 헤더보다 단순해짐으로써 성능이 향상되고 효율적인 라우팅이 가능하게 되었다.

마) IPv6의 기본헤더의 크기는 총 40바이트로 IPv4 기본헤더의 크기인 20바이트의 두 배이다. 가장 큰 차이점이라면 기존 IPv4 헤더에 있던 체크섬(header checksum)필드가 IPv6 헤더에서 삭제되었으며, 이 기능은 하위계층과 상위계층 프로토콜들에게 맡겨지게 되었다.

7) IPv6의 장점

가) 확대된 주소 공간 : 주소 길이가 128비트로 증가형 2128 개의 주소 생성 가능

나) 단순해진 헤더 포맷 : IPv4 헤더의 불필요한 필드를 제거하여 보다 빠른 처리 가능

다) 간편해진 주소 설정기능 : IPv6 프로토콜에 내장된 주소 자동 설정 기능을 이용하여 플러그 앤 플레이 설치가 가능

라) 강화된 보안 기능 : IPv6에서는 IPSec 기능을 기본 사항으로 제공

마) 개선된 모바일 IP : IPv6 헤더에서 이동성 지원

8) IPv6 주소체계

가) IPv6 주소는 기존 32비트의 IPv4 주소가 고갈되는 문제를 해결하기 위하여 개발된 새로운 128비트 체계의 무제한 인터넷 프로토콜 주소를 말한다.

나) IPv6 주소는 다음 그림과 같이 16비트 단위로 구분하며, 각 단위는 16진수로 변환되어 콜론(:)으로 구분하여 표기한다. 128비트의 IPv6 주소에서 앞의 64비트는 네트워크 주소를 의미하며, 뒤의 64비트는 네트워크에 연결된 통신장비 등에 할당되는 인터페이스 주소를 의미한다.

9) IPv6 주소 표기

	/0~/16	~/32	~/48	~/64	~/80	~/96	~/112	~/128
16진수 표기법	0000:	0000:	0000:	0000:	0000:	0000:	0000:	0000:
기술적 경계	64비트 네트워크 주소 부문				64비트 인터페이스 주소 부문			

10) IPv6 주소 표기 방식

가) IPv4 주소 체계는 총 32비트로 각 8비트씩 4자리로 되어 있으며, 각 자리는 '.'(dot)으로 구분하고, IPv6 주소 체계는 총 128비트로 각 16비트씩 8자리로 각 자리는 ':'(콜론)으로 구분한다.

(예) 2001:0DB8:1000:0000:0000:0000:1111:2222

나) 각 필드의 맨 앞에 연속되는 0은 생략될 수 있으며 연속되는 0은 '::'으로 표현될 수 있다.

> (예) 2001:DB8:1000::1111:2222

11) 프리픽스 : IPv6 주소의 '프리픽스'는 기존 IPv4 주소에서 사용하던 '서브넷'과 유사한 개념으로 생각하면 된다. IPv4 주소에서 사용하던 /16, /24, /32 등의 서브넷이 IPv6 주소에서는 길어진 주소 체계를 이용한 /48, /64, /128 등으로 표현된다.

> 예) 2001:DB8::/32
> 2001:0DB8:0000:0000:0000:0000:0000:0000 ~ 2001:0DB8:FFFF:FFFF:FFFF:FFFF:FFFF:FFFF
> 예) 2001:DB8:4567::/48
> 2001:0DB8:4567:0000:0000:0000:0000:0000 ~ 2001:0DB8:4567:FFFF:FFFF:FFFF:FFFF:FFFF
> 예) 2001:DB8:1234:0::/64
> 2001:0DB8:1234:0000:0000:0000:0000:0000 ~ 2001:0DB8:1234:0000:FFFF:FFFF:FFFF:FFFF

✅ 예제

01 IPv6에 대한 설명이다. 올바른 설명은?
① IPv4와 비교하여 송신 호스트와 수신 호스트 주소를 표시한 공간이 32비트에서 64비트로 확장되었다.
② 최근 다양해진 IP기반 장비의 효율적인 지원을 위하여 해더 구조가 IPv4에 비하여 복잡해졌다.
③ IPv4의 호환성을 고려하여 주소공간을 Class로 구분하여 IPv4와 같은 방법으로 사용한다.
④ IPv6에서는 특정 송수신 호스트 사이에 전송되는 데이터를 하나의 흐름(Flow)으로 정의해 중간 라우터에서는 이 패킷을 특별한 기준으로 처리할 수 있도록 지원한다.

02 IPv6에 대한 설명으로 올바른 것은?
① IETF(Internet Engineering Task Force)에서 IP Address 부족에 대한 해결 방안으로 만들었다.
② IPv6 보다는 IPv4가 더 다양한 옵션 설정이 가능하다.
③ 주소 유형은 유니캐스트, 멀티캐스트, 브로드캐스트 3가지이다.
④ Broadcasting 기능을 제공한다.

03 IPv6에 대한 설명으로 옳지 않은 것은?
① IPv6는 128bit의 길이로 되어 있다.
② 브로드 캐스트를 이용하여 IPv4와 상호운용이 가능하다.
③ IPv6는 유니, 애니, 멀티 캐스트로 나눈다.
④ IP Next Generation, 즉 차세대 IP라고도 불리고 있다.

04 IPv6 프로토콜의 구조는?
① 32비트   ② 64비트
③ 128비트   ④ 256비트

05 IPv6에 대한 설명으로 옳지 않은 것은?

① IPv6는 IPng의 일부분으로 여기서 ng는 Next Generation을 의미한다.

② IPv6가 필요하게 된 동기는 현재 인터넷 사용자가 급증하기 때문이다.

③ IPv6는 32bit로 구성되어 있다.

④ IPv6는 암호처리 및 사용자 인증기능이 내장 되어 있다.

06 IPv6에서 사용되는 전송 방식이 아닌 것은?

① Anycast   ② Unicast

③ Multicast   ④ Broadcast

07 IPv6 주소 체계의 종류로 옳지 않은 것은?

① Unicast 주소   ② Anycast 주소

③ Multicast 주소   ④ Broadcast 주소

08 TCP/IP에서 Unicast의 의미는?

① 메시지가 한 호스트에서 다른 여러 호스트로 전송되는 패킷

② 메시지가 한 호스트에서 다른 한 호스트로 전송되는 패킷

③ 메시지가 한 호스트에서 망상의 다른 모든 호스트로 전송되는 패킷

④ 메시지가 한 호스트에서 망상의 특정 그룹호스트들로 전송되는 패킷

09 IPv4와 IPv6를 비교 설명한 것 중 올바른 것은?

① IPv4는 자체적으로 IPsec과 같은 보안 프로토콜을 내장하고 있지만, IPv6는 보안 프로토콜의 추가가 필요하다.

② IPv4는 필드 구분을 위해 '.'을 사용하고, IPv6는 ':'으로 구분한다.

③ IPv4의 각 필드는 10진수로 표시되나, IPv6의 각 필드는 16진수로 표시된다.

④ IPv4는 4개의 16bit 정수로 나누어지나, IPv6는 8개의 32bit 정수로 구분된다.

<정답> 01 ④ 02 ① 03 ② 04 ③ 05 ③ 06 ④ 07 ④ 08 ② 09 ③

12) IP(Internet Protocol)v6 헤더 구조(기본헤더)

Bit 0		Bit 31
Version = 6	Priority	Flow Label
Payload Length	Next Header	Hop Limit
Source Address(128 Bit)		
Destination Address(128 Bit)		

가) 기본헤더 : IPv6의 헤더는 기존 IPv4의 헤더보다 단순해짐으로써 성능이 향상되고 효율적인 라우팅이 가능하게 되었다.IPv6 기본헤더의 크기는 총 40바이트로 IPv4 기본헤더의 크기인 20바이트의 두 배이다. 가장 큰 차이점이라면 기존 IPv4 헤더에 있던 체크섬(header checksum)필드가 IPv6 헤더에서 삭제되었으며, 이 기능은 하위계층과 상위계층 프로토콜들에게 맡겨지게 되었다.

나) 헤더구조에 대한 내용

① Version : 버전을 나타낸다. IPv6의 버전은 6이다.

② Priority : 혼잡되는 트래픽에 대해서 패킷의 우선순위를 나타낸다.

③ Flow Label : 데이터의 특정한 흐름을 위한 특별한 처리를 제공한다.

④ Payload Length : 기본 헤더를 제외한 IP 데이터그램의 길이를 나타낸다.

⑤ Next Header : IPv4와 달리 v6에서는 선택사항이 없기 때문에 헤더를 확장해서 선택사항을 제공한다. 확장된 헤더가 있는 경우 여기의 값이 표시해준다.

⑥ Hop Limit : IPv4의 TTL과 같은 역할이다.

⑦ Source Address : 발신지 주소이다.

⑧ Destination Address : 목적지 주소이다.

13) IP(Internet Protocol)v6 헤더 구조(확장헤더)

Bit 0				Bit 31
Version = 6		Priority		Flow Label
Payload Length		Next Header		Hop Limit
Source Address(128 Bit)				
Destination Address(128 Bit)				
Next Header	Reserved	Fragment	Reserved	M
Source Route				

가) IPv6는 패킷을 전송할 때 평상시에는 IPv6 기본 헤더만으로 구성된 패킷을 사용하다가 필요시 용도에 맞는 확장헤더를 기본헤더 뒤에 추가시킴으로써 라우팅 효율을 증가시킨다.

나) Hop-by-Hop Option Header : Path 상의 각 Hop에서, 배달 또는 전달 처리 옵션을 지정하기 위해 사용

다) Destination Option Header : Packet의 목적지에서, 배달 또는 전달 처리 옵션을 지정하기 위해 사용

라) Routing Header   : IPv6 Source Node가 Packet이 Destination에 가는 동안 경유해야 할 라우터들을 지정

마) Fragmentation Header : 요청한 페이로드가 MTU보다 크면 IPv6 Source에서 페이로드를 조각 내고, Fragmentation Option Header를 사용하여 리어셈블 정보를 제공하여 Destination Node 가 재결합

바) Authentication Header : IPSec의 인증 헤더

사) Encapsulating Security Payload Header : IPSec의 인증 및 암호화 헤더

✅ 예제

01 IP에 대한 설명으로 옳지 않은 것은?
① 32bit 주소 체계를 갖는 IPv4의 주소 부족으로 IPv6가 등장했다.
② IPv4에서는 Flow Labeling 기능과 인증, 프라이버시를 제공한다.
③ IPv6에서는 Next Header가 있어서 확장된 헤더를 가리키도록 하고 있다.
④ IPv6에서는 근원지와 목적지 주소할당을 위해 128bit를 가진다.

02 IPv6 헤더 형식에서 네트워크 내에서 혼잡 상황이 발생되어 데이터그램을 버려야 하는 경우 참조되는 필드는?
① Version   ② Priority
③ Next Header   ④ Hop Limit

03 IPv6 헤더 형식에서 네트워크 내에서 데이터그램의 생존기간과 관련되는 필드는?
① Version   ② Priority
③ Next Header   ④ Hop Limit

<정답> 01 ② 02 ② 03 ④

7 ARP(Address Resolution Protocol) 개요

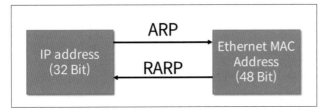

1) 주소 결정 프로토콜 : 주소 결정 프로토콜(Address Resolution Protocol, ARP)은 네트워크 상에서 IP 주소를 물리적 네트워크 주소로 대응(bind)시키기 위해 사용되는 프로토콜이다.

　가) 물리적 네트워크 주소는 이더넷 또는 토큰링의 48 비트 네트워크 카드 주소를 뜻한다 (MAC주소)

2) ARP를 사용하는 이유는 로컬 네트워크(LAN)에서 단말기 간에 통신을 하기 위해서 IP주소와 함께 MAC 주소를 이용하는데 IP주소와 MAC 주소를 매칭하여 목적지 IP의 단말에게 MAC 주소를 대응시켜 전달한다.

3) MAC 주소 : 네트워크 인터페이스에 할당된 고유 식별자로 네트워크 인터페이스 카드에 공장에서 출고될 때부터 부여된 평생 사용하는 고유한 주소를 말한다.

　가) 네트워크 장비 또는 컴퓨터는 모두 MAC주소를 갖는다.

　나) 핸드폰을 구입할 때 고유 시리얼 넘버를 등록하여 개통하는 것과 같은 제품번호이다.

　다) MAC주소는 16진법 48BIT로 구성 되어 있으며 앞쪽 24BIT는 제조회사의 고유번호 뒤쪽 24BIT는 일련번호로 구성 되어 있다.

8 RARP(Reverse ARP) 개요

1) 역 주소 결정 프로토콜 : 주소 결정 프로토콜(Reverse Address Resolution Protocol, ARP)은 네트워크 상에서 물리적 네트워크 주소를 IP주소로 대응(bind)시키기 위해 사용되는 프로토콜이다.

◇ 예제

01 프로토콜 패킷 포맷 중 IP Address를 포함하지 않는 프로토콜은?

　① TCP(Transmission Control Protocol)

　② IP(Internet Protocol)

　③ ARP(Address Resolution Protocol)

　④ RARP(Reverse Address Resolution Protocol)

02 IP 주소를 MAC(Media Access Control) 주소로 대응시키기 위해 사용되는 프로토콜은?

　① Event viewer　　　　　② tracert

　③ ARP　　　　　　　　④ ping

03 호스트의 IP Address를 호스트와 연결된 네트워크 접속장치의 물리적 주소로 번역해주는 프로토콜은?

① TCP
② ARP
③ IP
④ UDP

04 ARP에 대한 설명으로 올바른 것은?

① Ethernet 주소를 IP Address로 매핑시킨다.
② ARP를 이용하여 IP Address가 중복되어 사용되는지 찾을 수 있다.
③ ARP 캐시는 일정한 주기를 갖고 갱신된다.
④ 중복된 IP가 발견된 경우 ARP 캐시는 갱신되지 않는다

05 ARP에 대한 설명 중 올바른 것은?

① TCP/IP 프로토콜에서 데이터의 전송 서비스를 규정한다.
② TCP/IP 프로토콜의 IP에서 접속 없이 데이터의 전송을 수행하는 기능을 규정한다.
③ 네트워크의 구성원에 패킷을 보내기 위하여 IP Address를 하드웨어 주소로 변경한다.
④ 인터넷상에서 전자우편(E-Mail)의 전송을 규정한다.

06 ARP에 관한 설명으로 올바른 것은?

① IP Address를 장치의 하드웨어 주소로 매핑하는 기능을 제공한다.
② Dynamic으로 설정된 내용을 Static 상태로 변경하는 ARP 명령어 옵션은 '-d'이다.
③ ARP가 IP Address를 알기 위해 특정 호스트에게 메시지를 전송하고 이에 대한 응답을 기다린다.
④ ARP Cache는 IP Address를 도메인(Domain) 주소로 매핑한 모든 정보를 유지하고 있다.

07 RARP에 대한 설명 중 옳지 않은 것은?

① RFC 951에 기술된 BOOTP에 의해 대체되고 있다.
② RFC 903에 명시되어 있다.
③ 하드웨어 주소를 IP Address로 변환하기 위해서 사용한다.
④ ARP와 동일한 패킷형식을 사용하기 때문에 오퍼레이션도 같은 코드를 사용한다.

<정답> 01 ① 02 ③ 03 ② 04 ② 05 ③ 06 ① 07 ④

9 | ICMP(Internet Control Message Protocol)

1) ICMP 특징

가) 메시지를 화면에 출력해 주는 프로토콜 (ex 〉 ping)

나) ICMP(Internet Control Message Protocol, 인터넷 제어 메시지 프로토콜)는 인터넷 프로토콜 스 위트에 기록된 주요 프로토콜 가운데 하나이다.

다) 네트워크 컴퓨터 위에서 돌아가는 운영체제에서 오류 메시지(Requested service is not available 등)를 전송받는 데 주로 쓰이며 인터넷 프로토콜의 주요 구성원 중 하나로 인터넷 프로토콜에 의존하 여 작업을 수행한다.

라) 프로토콜 번호 1로 할당되고 시스템 사이에 데이터를 교환하지 않거나 최종 사용자에 적용되지 않는 다는 점에서 TCP와 UDP와는 다르다.(ping 이나 traceroute 같은 몇몇 진단 프로그램 제외) 인터넷 프로토콜 버전 4(IPv4) 용 ICMP는 ICMPv4로 알려져 있고, 유사하게 IPv6은 ICMPv6이다.

마) 인터넷 제어 메시지 프로토콜은 RFC 792에서 정의한 인터넷 프로토콜 모음 중의 하나이다. ICMP 메시지들은 일반적으로 IP 동작(RFC 1122에 규정)에서 진단이나 제어로 사용되거나 오류에 대한 응 답으로 만들어진다. ICMP 오류들은 원래 패킷의 소스 IP 주소로 보내지게 된다.

① 예를 들어, IP 데이터그램을 전달하는 모든 기기(중간 라우터 같은)는 맨 처음 IP 헤더에서 타임 투 리브(Time to Live, TTL)을 '1'만큼 감소시킨다. 만약 TTL이 '0'이면 패킷은 버려지고, ICMP TTL 초과 메시지가 데이터그 램의 원래 IP 주소로 보내진다.

바) 비록 ICMP 메시지는 표준 IP 패킷에 포함되지만, 일반적인 IP 처리와는 구분되어 특별한 경우로 처 리된다. 많은 경우, ICMP 메시지의 내용을 검사하고 ICMP 메시지 전송을 유발하는 IP 패킷을 만들 어내는 응용 프로그램으로 적당한 오류 메시지를 전달하는 것이 필요하다.

사) 일반적으로 네트워크 유틸리티에서 사용되는 많은 것들이 ICMP 메시지에 기반을 두고있다. 트레이스 라우트(traceroute) 명령어는 특별하게 만들어진 IP TTL 헤더 필드들을 가진 IP 데이터그램을 전송 하고, 응답에서 ICMP TTL 초과 메시지와 "목적지에 닿을 수 없음(Destination unreachable)" 메 시지가 생성되었는지 찾는다. 이와 유사한 핑(ping) 유틸리티는 ICMP "에코 요청(Echo request)"과 "에코 응답(Echo reply)" 메시지를 사용해 구현할 수 있다.

아) ICMP는 네트워크 계층 프로토콜이다. 포트 번호는 전송 계층과 연계되어 있기 때문에 ICMP 패킷과 연계되는 TCP 또는 UDP 포트 번호는 존재하지 않는다.

2) ICMP 관련 명령어

가) PING : ping이란? Paket Internet Groper의 약어이며, 컴퓨터 네트워크 상태를 점검, 진단하는 명령이다.

① ping 명령의 기본적인 작동 원리는 네트워크 상태를 확인하려는 대상(target) 컴퓨터를 향해 일정 크기의 패 킷(packet, 네트워크 최소 전송단위)을 보낸후(ICMP echo request) 대상 컴퓨터가 이에 대해 응답하는 메시 지(ICMP echo reply)를 보내면 이를 수신, 분석하여 대상 컴퓨터가 작동하는지, 또는 대상 컴퓨터까지 도달하 는 네트워크 상태가 어떠한지 파악 할 수 있다.

② ping 명령은 TCP/IP 프로토콜 중 ICMP(Internet Control Message Protocol)을 통해 동작하므로, 이 프로토 콜을 지원하지 않는 기기를 대상으로 ping 수행할 수 없다 또한 보안의 이유로 ICMP 사용을 차단하는 기기역 시 ping 요청에 대응하지 않는다.

```
관리자: C:\Windows\system32\cmd.exe

Microsoft Windows [Version 10.0.14393]
(c) 2016 Microsoft Corporation. All rights reserved.

C:\Users\Administrator>ping www.icqa.or.kr

Ping www.icqa.or.kr            32바이트 데이터 사용:
        의 응답: 바이트=32 시간=5ms TTL=52
        의 응답: 바이트=32 시간=4ms TTL=52
        의 응답: 바이트=32 시간=4ms TTL=52
        의 응답: 바이트=32 시간=3ms TTL=52

210.103.175.224에 대한 Ping 통계:
    패킷: 보냄 = 4, 받음 = 4, 손실 = 0 (0% 손실),
왕복 시간(밀리초):
    최소 = 3ms, 최대 = 5ms, 평균 = 4ms

C:\Users\Administrator>
```

나) tracert(linux : traceroute) : 지정된 호스트에 도달할 때까지 통과하는 경로의 정보와 각 경로에서
의 지연 시간을 추적하는 명령이다. (경로 추적 툴)

```
C:\Users\Administrator>tracert www.icqa.or.kr

최대 30홉 이상의
www.icqa.or.kr [210.103.175.224](으)로 가는 경로 추적:

  1    <1 ms    <1 ms    <1 ms
  2     1 ms    <1 ms    <1 ms
  3     1 ms    <1 ms     1 ms
  4     3 ms     5 ms     3 ms
  5     1 ms     1 ms     1 ms
  6     1 ms     1 ms     1 ms
  7     1 ms     1 ms     1 ms
  8     3 ms     5 ms     3 ms
  9     4 ms     4 ms     3 ms
 10     6 ms     6 ms     6 ms
 11     7 ms     7 ms     7 ms
 12     5 ms     3 ms     4 ms
 13     4 ms     4 ms     3 ms

추적을 완료했습니다.

C:\Users\Administrator>
```

3) ICMP 헤더 형식

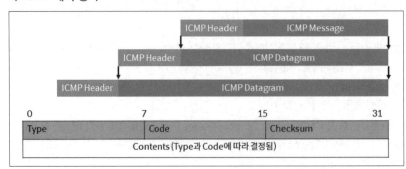

0	7	15	31
Type	Code	Checksum	
Contents (Type과 Code에 따라 결정됨)			

가) Type(타입) : ICMP 타입

Type	Name
0	Echo Reply(에코 요청)
1	Unassigned
2	Unassigned
3	Destination Unreachable (목적지 도달 불가)
4	Source Quench (흐름제어, 폭주제어를 위해 사용)
5	Redirect(경로 재지정)
6	Alternate Host Address
7	Unassigned
8	Echo Request (에코 요청) -> 필수암기
9	Router Advertisement
10	Router Selection
11	Time Exceeded (시간 초과)
12	Parameter Problem
13	Timestamp
14	Timestamp Reply
15	Information Request
16	Information Reply
17	Address Mask Request (장비의 서브넷 마스크요청)

나) Code(코드) : ICMP 서브 타입

   ① Type(타입)에 따라 코드값이 달라진다.

다) Checksum(검사합계) : ICMP 헤더와 데이터로부터 계산되는 오류 검사 데이터, 이 필드는 0으로 대
   치됨. 인터넷 검사 합계는 RFC 1071에 규정된 방식으로 사용된다.

✅ 예제

01 TCP/IP 프로토콜 중에서 IP 계층의 한 부분으로 에러 메시지와 같은 상태 정보를 알려주는 프로토콜은?

   ① ICMP(Internet Control Message Protocol)
   ② ARP(Address Resolution Protocol)
   ③ RARP(Reverse Address Resolution Protocol)
   ④ UDP(User Datagram Protocol)

02 네트워크상에서 오류와 제어 메시지를 보고하며, IP 데이터그램 형식으로 전송되는 Protocol은?

① IGMP   ② RARP

③ ICMP   ④ SMTP

03 망 내 교환 장비들이 오류 상황에 대한 보고를 할 수 있게 하고, 예상하지 못한 상황이 발생한 경우 이를 알릴 수 있도록 지원하는 프로토콜은?

① ARP   ② RARP

③ ICMP   ④ RIP

04 ICMP 프로토콜의 기능에 대한 설명 중 옳지 않은 것은?

① 모든 호스트가 성공적으로 통신하기 위해서 각 하드웨어의 물리적인 주소 문제를 해결하기 위해 사용된다.

② 네트워크 구획 내의 모든 라우터의 주소를 결정하기 위해 라우터 갱신 정보 메시지를 보낸다.

③ Ping 명령어를 사용하여 두 호스트간 연결의 신뢰성을 테스트하기 위한 반향과 회답 메시지를 지원한다.

④ 원래의 데이터그램이 TTL을 초과할 때 시간초과 메시지를 보낸다.

05 Ping에 대한 설명 중 옳지 않은 것은?

① TCP/IP 프로토콜을 사용하는 응용 프로그램이다.

② 원격 호스트까지의 패킷이 도달하는 왕복 시간을 측정할 수 있다.

③ 원격 호스트에 네트워크 오류가 있을 경우, 이를 확인하고 오류를 정정해 준다.

④ 원격 호스트와의 연결 상태를 진단할 수 있다.

06 ICMP 프로토콜 기능에 대한 설명으로 옳지 않은 것은?

① 모든 호스트의 논리적 주소 지정을 한다.

② 시작지 호스트의 라우팅 실패를 보고 한다.

③ 내용면에서 오류 보고 형식을 가진다.

④ 두 호스트 간 연결의 신뢰성을 테스트하기 위한 반향과 회답 메시지를 지원한다.

07 ICMP에 대한 설명 중 올바른 것은?

① IP에서의 오류(Error) 제어를 위하여 사용되며, 시작지 호스트의 라우팅 실패를 보고한다.

② TCP/IP 프로토콜에서 데이터의 전송 서비스를 규정한다.

③ TCP/IP 프로토콜의 IP에서 접속없이 데이터의 전송을 수행하는 기능을 규정한다.

④ 네트워크의 구성원에 패킷을 보내기 위한 하드웨어 주소를 정한다.

08 ICMP 프로토콜의 기능으로 옳지 않은 것은?

① 여러 목적지로 동시에 보내는 멀티캐스팅 기능이 있다.

② 두 호스트간의 연결의 신뢰성을 테스트하기 위한 반향과 회답 메시지를 지원한다.

③ 'ping' 명령어는 ICMP를 사용한다.

④ 원래의 데이터그램이 TTL을 초과하여 버려지게 되면 시간 초과 에러 메시지를 보낸다.

09 IPv6로 넘어 오면서 기존의 TCP/IP 프로토콜이 통폐합되어 ICMPv6로 바뀌었다. 다음 중 IPv4에서 쓰이는 프로토콜 중 ICMPv6에 포함되지 않는 것은?

① RARP   ② ICMP

③ IGMP   ④ ARP

<정답> 01 ① 02 ③ 03 ③ 04 ① 05 ③ 06 ① 07 ① 08 ① 09 ①

4) IGMP(Internet Group Management Protocol) : 인터넷 그룹 관리 프로토콜

가) IGMP의 특징

① 호스트 컴퓨터와 인접 라우터가 멀티캐스트 그룹 멤버십을 구성하는 데 사용하는 통신 프로토콜이다. 특히 IPTV와 같은 곳에서 호스트가 특정 그룹에 가입하거나 탈퇴하는데 사용하는 프로토콜을 가리킨다. TTL(Time to Live)가 제공되며 최초의 리포트를 잃어버리면 갱신하지 않고 그대로 진행 처리를 하는 것이 특징이다. (비대칭 프로토콜)

② 멀티캐스팅을 지원하는 호스트와 라우터에 의해 사용

③ 정보를 복수의 목적지로 전달

④ IP계층의 일부

⑤ IP Multicast는 D Class 주소를 이용함

⑥ IANA가 등록된 IP 멀티캐스트 그룹 주소를 가지고 있음

⑦ 224.0.0.0은 사용되지 않고 224.0.0.1~224.0.0.255는 라우팅 프로토콜을 위해 할당함

⑧ 224.0.1.0~238.255.255.255는 다양한 응용 프로그램에 할당함

⑨ 239.0.0.0~239.255.255.255는 관리용 응용 프로그램에 할당함

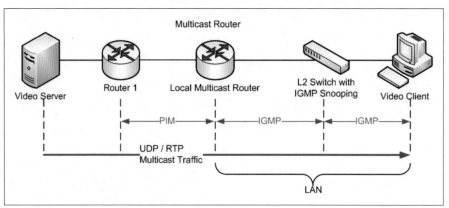

위키백과 참조 : https://ko.wikipedia.org/wiki/인터넷_그룹_관리_프로토콜

✅ 예제

01 인터넷 그룹 관리 프로토콜로 컴퓨터가 멀티캐스트 그룹을 인근의 라우터들에게 알리는 수단을 제공하는 인터넷 프로토콜은?

① ICMP ② IGMP

③ EGP ④ IGP

02 멀티캐스트를 지원하는 라우터가 멀티캐스트 그룹에 가입한 네트워크 내의 호스트를 관리하기 위한 프로토콜은?

① SMTP ② ICMP

③ SCTP ④ IGMP

03 멀티캐스트 그룹을 로컬 네트워크의 멀티캐스트 라우터들에게 알리는 수단을 제공하는 인터넷 프로토콜은?

① IGMP
② ICMP
③ DHCP
④ BOOTP

04 멀티캐스트 라우터에서 멀티캐스트 그룹을 유지할 수 있도록 메시지를 관리하는 프로토콜은?

① ARP
② ICMP
③ IGMP
④ FTP

05 IGMP 프로토콜의 주된 기능은?

① 네트워크 내에 발생된 오류에 관한 보고 기능
② 대용량 파일을 전송하는 기능
③ 멀티 캐스트 그룹에 가입한 네트워크 내의 호스트 관리 기능
④ 호스트의 IP Address에 해당하는 호스트의 물리주소를 알려주는 기능

06 IGMP(Internet Group Management Protocol)의 특징으로 옳지 않은 것은?

① TTL(Time to Live)이 제공된다.
② 데이터의 유니캐스팅에 적합한 프로토콜이다.
③ 최초의 리포트를 잃어버리면 갱신하지 않고 그대로 진행한다.
④ 비대칭 프로토콜이다.

07 IGMP(Internet Group Management Protocol)에 대한 설명으로 올바른 것은?

① 대칭 프로토콜이다.
② TTL(Time to Live)이 제공되지 않는다.
③ 데이터의 멀티 캐스팅을 위해 개발된 프로토콜이다.
④ 최초의 리포트를 잃어버린 후 ICMP를 갱신하지 않는다.

08 멀티캐스트(Multicast)에 사용되는 IP Class는?

① A Class
② B Class
③ C Class
④ D Class

<정답> 01 ② 02 ④ 03 ① 04 ③ 05 ③ 06 ② 07 ③ 08 ④

5) SNMP(Simple Network Management Protocol, 간이 망 관리 프로토콜)

가) IP 네트워크상의 장치로부터 정보를 수집 및 관리하며, 또한 정보를 수정하여 장치의 동작을 변경하는 데에 사용되는 인터넷 표준 프로토콜이다. SNMP를 지원하는 대표적인 장치에는 라우터, 스위치, 서버, 워크스테이션, 프린터, 모뎀 랙 등이 포함된다.

① 네트워크 감시를 하는 요소 : 에이전트(Agent)

② UDP 세션을 사용한다.

③ 각 동작은 ASN.1 기호화 되어 있다.

④ UDP(161포트) : 응답/요청 메시지가 사용되는 수신지 포트

⑤ UDP(162포트) : 트랩 메시지가 사용되는 수신지 포트

⑥ 주기적으로 폴링하여 네트워크 상태 정보를 수집하고 분석하는 기능

　⑦ 폴링 : 네트워크 트래픽이 많이 발생한다.

⑦ 네트워크 확장을 용이하게 해준다.

⑧ 사용자가 네트워크 문제점을 발견하기 전에 시스템 관리 프로그램이 문제점을 발견 할 수 있다.

⑨ 네트워크 장비로 부터 데이터를 수집하여 네트워크 관리를 지원하고 성능을 향상 시킨다.

✓ 예제

01 네트워크의 관리 및 네트워크 장치와 그들의 동작을 감시, 관리하는 프로토콜은?
① SMTP　　　　　　　　　② SNMP
③ SIP　　　　　　　　　　④ SDP

02 SNMP(Simple Network Management Protocol)에서 네트워크 장치를 감시하는 요소는?
① NetBEUI　　　　　　　② 에이전트(Agent)
③ 병목　　　　　　　　　④ 로그

03 UDP 세션을 이용하여 네트워크를 관리하는데 사용되는 프로토콜은?
① CMIP　　　　　　　　　② SMTP
③ SNMP　　　　　　　　　④ TFTP

04 SNMP에 대한 설명 중 옳지 않은 것은?
① 각 동작은 ASN.1로 기호화되어 있다.
② 메시지 전송에는 TCP 포트를 사용한다.
③ 포트 161은 요청/응답 메시지가 사용하는 수신지 포트이다.
④ 포트 162는 트랩 메시지가 사용하는 수신지 포트이다.

05 SNMP의 설명으로 옳지 않은 것은?

① SNMP는 주기적으로 폴링(Polling)하여 네트워크 상태 정보를 수집하고 분석하는 기능을 제공한다.

② 네트워크 확장을 용이하게 해준다.

③ SNMP는 일반적으로 TCP 세션을 이용한다.

④ 폴링으로 인해 네트워크 트래픽이 많이 발생될 수 있는 단점이 있다.

06 SNMP에 대한 설명으로 옳지 않은 것은?

① 사용자가 네트워크 문제점을 발견하기 전에 시스템 관리 프로그램이 문제점을 발견할 수 있다.

② 데이터 전송은 UDP를 사용한다.

③ IP에서의 오류 제어를 위하여 사용되며, 시작지 호스트의 라우팅 실패를 보고한다.

④ 네트워크 장비로부터 데이터를 수집하여 네트워크 관리를 지원하고 성능을 향상시킨다.

<정답> 01 ② 02 ② 03 ③ 04 ② 05 ③ 06 ③

01 다음 중 Ping 유틸리티와 관련이 없는 것은?

① ICMP 메시지를 이용한다.

② Echo Request 메시지를 보내고 해당 컴퓨터로부터 ICMP Echo Reply 메시지를 기다린다.

③ TCP/IP 구성 파라미터를 확인 할 수 있다.

④ TCP/IP 연결성을 테스트 할 수 있다.

02 TCP가 제공하는 기능으로 옳지 않은 것은?

① 종단 간 흐름 제어를 위해 동적 윈도우(Dynamic Sliding Window) 방식을 사용한다.

② 한 번에 많은 데이터의 전송에 유리하기 때문에 화상 통신과 같은 실시간 통신에 사용된다.

③ 송수신되는 데이터의 에러를 제어함으로서 신뢰성 있는 데이터 전송을 보장한다.

④ Three Way Handshaking 과정을 통해 데이터를 주고받는다.

03 TCP와 UDP의 차이점을 설명한 것 중 옳지 않은 것은?

① TCP는 전달된 패킷에 대한 수신측의 인증이 필요하지만 UDP는 필요하지 않다.

② TCP는 대용량의 데이터나 중요한 데이터 전송에 이용이 되지만 UDP는 단순한 메시지 전달에 주로 사용된다.

③ UDP는 네트워크가 혼잡하거나 라우팅이 복잡할 경우에는 패킷이 유실될 우려가 있다.

④ UDP는 데이터 전송전에 반드시 송수신 간의 세션이 먼저 수립되어야 한다.

04 IP 프로토콜에 관한 설명으로 올바른 것은?

① IP 프로토콜은 프로세서 간의 신뢰성 있는 통신기능을 수행한다.

② 네트워크계층에 속하는 프로토콜로 실제 패킷을 전달하는 역할을 한다.

③ IP 프로토콜의 오류제어는 세그먼트의 오류감지기능과 오류정정 메커니즘을 포함한다.

④ 흐름제어로는 주로 슬라이딩 윈도우 방식이 쓰인다.

05 IP Header의 내용 중 TTL(Time To Live)의 기능을 설명한 것으로 옳지 않은 것은?

① IP 패킷은 네트워크상에서 영원히 존재할 수 있다.

② 일반적으로 라우터의 한 홉(Hop)을 통과할 때마다 TTL 값이 '1' 씩 감소한다.

③ Ping과 Tracert 유틸리티는 특정 호스트 컴퓨터에 접근을 시도하거나 그 호스트까지의 경로를 추적할 때 TTL 값을 사용한다.

④ IP 패킷이 네트워크상에서 얼마동안 존재 할 수 있는가를 나타낸다.

06 IPv4 Class 중에서 멀티캐스트 용도로 사용되는 것은?

① B Class   ② C Class   ③ D Class   ④ E Class

07 TCP/IP에서 Unicast의 의미는?

① 메시지가 한 호스트에서 다른 여러 호스트로 전송되는 패킷

② 메시지가 한 호스트에서 다른 한 호스트로 전송되는 패킷

③ 메시지가 한 호스트에서 망상의 다른 모든 호스트로 전송되는 패킷

④ 메시지가 한 호스트에서 망상의 특정 그룹 호스트들로 전송되는 패킷

08 인터넷 전송 방식 중, 특정 호스트로부터 같은 네트워크상의 모든 호스트에게 데이터를 전송하는 방식은?

① Unicast   ② Broadcast

③ Multicast   ④ User Datagram Protocol

09 IPv4와 비교하였을 때, IPv6 주소체계의 특징으로 옳지 않은 것은?

① 64비트 주소체계   ② 향상된 서비스품질 지원

③ 보안기능의 강화   ④ 자동 주소설정 기능

10 IPv6에 대한 설명으로 옳지 않은 것은?

① IPv6는 128bit의 길이로 되어 있다.

② 브로드 캐스트를 이용하여 IPv4와 상호운용이 가능하다.

③ IPv6는 유니, 애니, 멀티 캐스트로 나눈다.

④ IP Next Generation, 즉 차세대 IP라고도 불리고 있다.

11 IPv6에 대한 설명으로 올바른 것은?

① IETF(Internet Engineering Task Force)에서 IP Address 부족에 대한 해결 방안으로 만들었다.

② IPv6 보다는 IPv4가 더 다양한 옵션 설정이 가능하다.

③ 주소 유형은 유니캐스트, 멀티캐스트, 브로드캐스트 3가지이다.

④ Broadcasting 기능을 제공한다.

12 IPv6 헤더 형식에서 네트워크 내에서 혼잡 상황이 발생되어 데이터그램을 버려야 하는 경우 참조되는 필드는?

① Version   ② Priority

③ Next Header   ④ Hop Limit

13 IPv6 헤더 형식에서 네트워크 내에서 데이터그램의 생존 기간과 관련되는 필드는?

① Version   ② Priority

③ Next Header   ④ Hop Limit

14 IPv6의 주소 표기법으로 올바른 것은?

① 192.168.1.30

② 3ffe:1900:4545:0003:0200:f8ff:ffff:1105

③ 00:A0:C3:4B:21:33

④ 0000:002A:0080:c703:3c75

15 IP 패킷은 네트워크 유형에 따라 전송량에 있어 차이가 나기 때문에 적당한 크기로 분할하게 된다. 이때 기준이 되는 것은?

① TOS(Tape Operation System)

② MTU(Maximum Transmission Unit)

③ TTL(Time-To-Live)

④ Port Number

16 ARP와 RARP에 대한 설명으로 옳지 않은 것은?

① ARP와 RARP는 전송 계층에서 동작하며, 인터넷 주소와 물리적 하드웨어 주소를 변환하는데 관여한다.

② ARP는 IP 데이터 그램을 정확한 목적지 호스트로 보내기 위해 IP에 의해 보조적으로 사용되는 프로토콜이다.

③ RARP는 로컬 디스크가 없는 네트워크상에 연결된 시스템에 사용된다.

④ RARP는 MAC 주소를 알고 있는 상태에서 그 MAC 주소에 대한 IP Address를 알아낼 때 사용한다.

17 TCP 3-Way Handshaking 연결수립 절차의 1,2,3단계 중 3단계에서 사용되는 TCP 제어 Flag는 무엇인가?

① SYN   ② RST

③ SYN, ACK   ④ ACK

18 TCP(Transmission Control Protocol)에 대한 설명으로 옳지 않은 것은?

① 네트워크에서 송신측과 수신측 간에 신뢰성 있는 전송을 확인한다.

② 흐름 지향(Connection Oriented)이며 신뢰성이 있다.

③ 송신측 TCP는 데이터를 패킷으로 나누어 일련번호, 수신측 주소, 에러검출코드를 추가한다.

④ 수신측 TCP는 수신된 데이터의 에러를 검사하여 에러가 있으면 스스로 수정한다.

19 TCP 헤더에는 수신측 버퍼의 크기에 맞춰 송신측에서 데이터의 크기를 적절하게 조절할 수 있게 해주는 필드가 있다. 이 필드를 이용한 흐름 제어 기법은?

① Sliding Window   ② Stop and Wait

③ Xon/Xoff   ④ CTS/RTS.

20 TCP 헤더의 플래그 비트로 옳지 않은 것은?

① URG   ② UTC   ③ ACK   ④ RST

21 TCP 헤더 중에서 에러 제어를 위한 필드는?

① Offset   ② Checksum

③ Source Port   ④ Sequence Number

22 다음 TCP 패킷의 플래그 중에서 연결이 정상적으로 끝남을 의미하는 것은?

① FIN   ② URG   ③ ACK   ④ RST

23 UDP 헤더에 포함이 되지 않는 항목은?

① 확인 응답 번호(Acknowledgment Number)　② 소스 포트(Source Port) 주소

③ 체크섬(Checksum) 필드　④ 목적지 포트(Destination Port) 주소

24 UDP 패킷의 헤더에 속하지 않는 것은?

① Source Port　② Destination Port

③ Window　④ Checksum

25 UDP에 대한 설명으로 옳지 않은 것은?

① 전송 계층의 프로토콜이다.

② 연결지향으로 신뢰성 있는 전송을 한다.

③ User Datagram Protocol의 약자이다.

④ Broadcast를 이용하여 한꺼번에 많은 수의 호스트들에게 데이터를 전송할 수 있다.

26 Ping에 대한 설명 중 옳지 않은 것은?

① TCP/IP 프로토콜을 사용하는 응용 프로그램이다.

② 원격 호스트까지의 패킷이 도달하는 왕복 시간을 측정할 수 있다.

③ 원격 호스트에 네트워크 오류가 있을 경우, 이를 확인하고 오류를 정정해 준다.

④ 원격 호스트와의 연결 상태를 진단할 수 있다.

27 IP 데이터그램 헤더구조의 Field Name으로 옳지 않은 것은?

① Destination IP Address　② Source IP Address

③ Port Number　④ TTL(Time to Live)

28 IP Header Fields에 대한 내용 중 옳지 않은 것은?

① Version − 4bits　② TTL − 16bits

③ Type of Service − 8bits　④ Header Checksum − 16bits

29 IPv4의 헤더필드에 대한 설명으로 옳지 않은 것은?

① VER 필드는 IP프로토콜의 버전을 나타낸다.

② HLEN 필드는 헤더의 길이를 표시한다.

③ Identification 필드는 수신 호스트에 의해 생성되는 유일한 식별자이다.

④ Protocol 필드는 패킷이 전송되어져야 할 트랜스포트 프로토콜의 ID를 담는다.

30 IP 헤더에 포함이 되지 않는 필드는?

① ACK　② Version

③ Header checksum　④ Header length

31 보기의 프로토콜 중에서 지문에 제시된 내용과 같은 일을 수행하는 프로토콜은?

> 인터넷에 접속한 호스트들은 인터넷 주소에 의해서 식별되지만 실질적인 통신은 물리적인 네트워크 주소를 얻어야 가능하다. 이 프로토콜은 IP Address를 이용하여 물리적인 네크워크 주소를 얻는데 사용된다.

① DHCP   ② IP   ③ RIP   ④ ARP.

32 RARP에 대한 설명 중 올바른 것은?

① TCP/IP 프로토콜에서 데이터의 전송 서비스를 규정한다.

② TCP/IP 프로토콜의 IP에서 접속 없이 데이터의 전송을 수행하는 기능을 규정한다.

③ 하드웨어 주소를 IP Address로 변환하기 위해서 사용한다.

④ IP에서의 오류(Error) 제어를 위하여 사용되며, 시작 지 호스트의 라우팅 실패를 보고한다.

33 다음 중에서 IPv6의 특징이 아닌 것은?

① 128bit로 구성된다.

② Broadcast를 사용한다.

③ 모바일 IP, IPsec 프로토콜 사용이 가능하다.

④ IP가 1234::12FB:3:89A0:034C처럼 표시된다.

34 IPv6의 주소 표기법으로 올바른 것은?

① 192.168.1.30

② 3ffe:1900:4545:0003:0200:f8ff:ffff:1105

③ 00:A0:C3:4B:21:33

④ 0000:002A:0080:c703:3c75

35 다음 지문에 표기된 IPv6 주소는 요약된 표현이다. 보기 중 요약되기 전 상태는?

> 2000:AB:1::1:2

① 2000:00AB:0001:0000:0001:0002

② 2000:00AB:0001:0000:0000:0000:0001:0002

③ 2000:AB00:1000:0000:1000:2000

④ 2000:AB00:1000:0000:0000:0000:1000:2000

36 망 내 교환 장비들이 오류 상황에 대한 보고를 할 수 있게 하고, 예상하지 못한 상황이 발생한 경우 이를 알릴 수 있도록 지원하는 프로토콜은?

① ARP   ② RARP   ③ ICMP   ④ RIP

37 TCP/IP 프로토콜 중에서 IP 계층의 한 부분으로 에러 메시지와 같은 상태 정보를 알려주는 프로토콜은?

① ICMP(Internet Control Message Protocol)

② ARP(Address Resolution Protocol)

③ RARP(Reverse Address Resolution Protocol)

④ UDP(User Datagram Protocol)

38 ICMP 메시지의 타입번호와 설명으로 옳지 않은 것은?

① 타입 0 : Echo Request, 에코 요청

② 타입 3 : Destination Unreachable, 목적지 도달 불가

③ 타입 5 : Redirect, 경로 재지정

④ 타입 11 : Time Exceeded, 시간 초과

39 네트워크와 서버를 관리하는 Kim사원은 인터넷이 느려졌다는 민원을 받았다. 이를 해결하기 위해서 해당 ISP 주소쪽으로 명령어(A)를 입력하였더니 다소 지연이 있었음을 발견하였다. 이 사항을 확인하기 위해서 (A)에 들어가야 할 명령어는? (단, 윈도우 계열의 명령프롬프트(cmd)에서 실행하였다.)

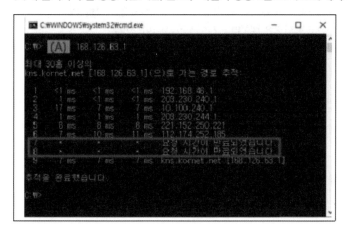

① nslookup　　② tracert　　③ ping　　④ traceroute

40 다음 출력물에 대한 설명으로 옳지 않은 것은?

```
C:> ping www.icqa.or.kr

Ping www.icqa.or.kr [210.103.175.224] 32바이트
데이터 사용 :

210.103.175.224의 응답: 바이트=32 시간=3ms TTL=55
210.103.175.224의 응답: 바이트=32 시간=2ms TTL=55
210.103.175.224의 응답: 바이트=32 시간=3ms TTL=55
210.103.175.224의 응답: 바이트=32 시간=3ms TTL=55

210.103.175.224에 대한 Ping 통계:
    패킷: 보냄 = 4, 받음 = 4, 손실 = 0 (0% 손실),
왕복 시간(밀리초):
    최소 = 2ms, 최대 = 3ms, 평균 = 2ms
```

① ping 명령어를 이용하여 목적지(www.icqa.or.kr)와 정상적으로 통신되었음을 확인하였다.
② ping 명령어를 이용하여 요청하고 응답받은 데이터의 사이즈는 32바이트이다.
③ ping 명령어를 이용하여 요청하고 응답받은 시간은 평균 2ms 이다.
④ 패킷의 살아 있는 시간(TTL, Time to Live)은 55초이다.

41 네트워크의 목적지 노드까지 연결 경로를 알기 위해 사용하는 명령어로, 각 경유지의 응답속도를 확인할 수 있는 것은?

① tracert   ② ping   ③ netstat   ④ nslookup

42 ICMPv6에서 IPv4의 ARP 역할 및 특정 호스트로의 전달 가능 여부 검사 기능을 하는 메시지는?

① 재지정 메시지(Redirection)
② 에코 요청 메시지(Echo request)
③ 이웃 요청과 광고 메시지(Neighbor Solicitation and Advertisement)
④ 목적지 도달 불가 메시지(Destination unreachable)

43 인터넷의 잘 알려진 포트(Well-Known Port)로 옳지 않은 것은?

① Telnet - 23   ② SMTP - 25
③ POP3 - 110   ④ SSH - 69

44 서버 내 서비스들은 서로가 다른 문을 통하여 데이터를 주고받는데 이를 포트라고 한다. 서비스에 따른 기본 포트 번호로 옳지 않은 것은?

① FTP - 21   ② Telnet - 23
③ SMTP - 25   ④ WWW - 81

45 프로토콜과 일반적으로 사용되는 포트번호(Well-Known Port)의 연결이 옳지 않은 것은?

① FTP : 21번　　　　　　　② Telnet : 23번

③ HTTP : 180번　　　　　　④ SMTP : 25번

46 인터넷에서 멀티캐스트를 위하여 사용되는 프로토콜은?

① IGMP　　　　② ICMP　　　　③ SMTP　　　　④ DNS

47 인터넷 그룹 관리 프로토콜로 컴퓨터가 멀티캐스트 그룹을 인근의 라우터들에게 알리는 수단을 제공하는 인터넷 프로토콜은?

① ICMP　　　　② IGMP　　　　③ EGP　　　　④ IGP

48 IGMP 프로토콜의 주된 기능은?

① 네트워크 내에 발생된 오류에 관한 보고 기능

② 대용량 파일을 전송하는 기능

③ 멀티 캐스트 그룹에 가입한 네트워크 내의 호스트 관리 기능

④ 호스트의 IP Address에 해당하는 호스트의 물리주소를 알려주는 기능

49 멀티캐스트 그룹을 로컬 네트워크의 멀티캐스트 라우터들에게 알리는 수단을 제공하는 인터넷 프로토콜은?

① IGMP　　　　② ICMP　　　　③ DHCP　　　　④ BOOTP

50 다음에서 설명하는 프로토콜은?

－ 연결 없는 IP 기반의 프로토콜로 최소한의 오버헤드를 갖는다.

－ 재송신 처리를 실행하지 못하기 때문에 신뢰성이 떨어진다.

－ 한 번에 많은 양의 데이터를 송신할 때 사용한다.

① UDP　　　　② TCP　　　　③ ICMP　　　　④ ARP

51 UDP에 대한 설명 중 올바른 것은?

① 응용 계층 프로토콜이다.

② 신뢰성 있는 전송을 제공한다.

③ 연결 지향형 프로토콜이다.

④ 비 연결성 데이터그램 서비스를 제공한다.

52 패킷이 라우팅 되는 경로의 추적에 사용되는 유틸리티로, 목적지 경로까지 각 경유지의 응답속도를 확인할 수 있는 것은?

① ipconfig　　　　　　② route

③ tracert　　　　　　④ netstat

53 Ethernet 같은 네트워크가 제공하는 브로드캐스트 기능을 사용하여 목적지 IP Address에 물리적 하드웨어 주소를 매핑시키는 것은?

① ARP　　　　② RARP　　　　③ DNS　　　　④ DHCP

PART 1 네트워크 일반　**51**

54 보기의 프로토콜 중에서 지문에 제시된 내용과 같은 일을 수행하는 프로토콜은?

> 인터넷에 접속한 호스트들은 인터넷 주소에 의해서 식별되지만 실질적인 통신은 물리적인 네트워크 주소를
> 얻어야 가능하다. 이 프로토콜은 IP Address를 이용하여 물리적인 네크워크 주소를 얻는데 사용된다.

① DHCP   ② IP   ③ RIP   ④ ARP

55 ARP와 RARP에 대한 설명으로 옳지 않은 것은?

① RARP는 브로드캐스팅을 통해 해당 네트워크 주소에 대응하는 하드웨어의 물리적 주소를 얻는다.

② RARP는 로컬 디스크가 없는 네트워크 상에 연결된 시스템에도 사용된다.

③ ARP를 이용하여 중복된 IP Address 할당을 찾아낸다.

④ ARP와 RARP는 IP Address와 Ethernet 주소를 Mapping하는데 관여한다.

56 RARP에 대한 설명 중 올바른 것은?

① 시작지 호스트에서 여러 목적지 호스트로 데이터를 전송할 때 사용된다.

② TCP/IP 프로토콜의 IP에서 접속없이 데이터의 전송을 수행하는 기능을 규정한다.

③ 하드웨어 주소를 IP Address로 변환하기 위해서 사용한다.

④ IP에서의 오류제어를 위하여 사용되며, 시작지 호스트의 라우팅 실패를 보고한다.

┤ 정답 ├

01 ③	02 ②	03 ④	04 ②	05 ①	06 ③	07 ②	08 ④	09 ①	10 ②	11 ①	12 ②	13 ④
14 ②	15 ②	16 ①	17 ④	18 ④	19 ①	20 ②	21 ②	22 ①	23 ①	24 ③	25 ②	26 ③
27 ③	28 ②	29 ③	30 ①	31 ④	32 ③	33 ②	34 ②	35 ②	36 ③	37 ①	38 ①	39 ②
40 ④	41 ①	42 ③	43 ④	44 ④	45 ③	46 ①	47 ②	48 ③	49 ①	50 ①	51 ④	52 ③
53 ①	54 ④	55 ①	56 ③									

02 IP주소, 서브넷 마스크

1 IP주소란? 🔍

1) IP 주소(영어: Internet Protocol address, IP address, 표준어: 인터넷규약주소)는 컴퓨터 네트워크에서 장치들이 서로를 인식하고 통신을 하기 위해서 사용하는 특수한 번호이다. 만약 서버가 들어가지 않으면 IP가 안전하지 않다고 한다. 네트워크에 연결된 장치가 라우터이든 일반 서버이든, 모든 기계는 이 특수한 번호를 가지고 있어야 한다. 이 번호를 이용하여 발신자를 대신하여 메시지가 전송되고 수신자를 향하여 예정된 목적지로 전달된다. IP 주소를 줄여서 IP라고 부르기도 하나 IP는 인터넷 규약 자체를 가리키는 말이기 때문에 엄밀하게는 구별해야 한다. IP 와 IP 주소는 다른 개념이다.

2) IP 주소는 5036이나 5047, 인터넷에서만 사용되는 전화번호라고 생각할 수 있다. 한편, 이런 번호는 사람이 외우기 어렵기 때문에, 전화번호부와 같은 역할을 하는 서비스가 필요하다. DNS가 이런 역할을 하며 이런 서비스를 "도메인 이름 분석" (domain name resolution) 혹은 "이름 분석" (name resolution)이라고 한다.

3) 오늘날 주로 사용되고 있는 IP 주소는 IP 버전 4(IPv4) 주소이나 이 주소가 부족해짐에 따라 길이를 늘린 IP 버전 6(IPv6) 주소가 점점 널리 사용되는 추세이다. 수사를 할때도 아이피추적을 자주한다.

2 IPv4 주소 형식 🔍

1) 인터넷에 연결된 모든 컴퓨터에 부여되는 고유의 식별 주소를 의미

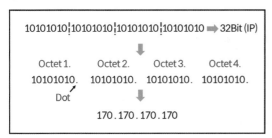

2) IP주소는 4개의 octet으로 나누어져 있으며 dot로 구분 각각을 10진수로 표현해 사용

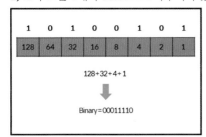
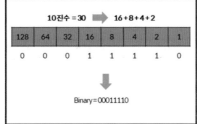

3) A Class

Class	Network 수	Network 당 Host 수	Network ID
A	126	16,777,214	1 ~ 126
MSB	**Binary 시작**	**Binary 끝**	**첫 Octet**
0	00000000	01111111	1 ~ 126

Network	Host	Host	Host
1	0 ~ 255	0 ~ 255	0 ~ 255
126	0 ~ 255	0 ~ 255	0 ~ 255

가) 대규모 네트워크이므로 한 개의 네트워크 영역 당 가장 많은 IP주소를 할당할 수 있다.

나) 첫번째 네트워크 영역의 범위는 0~127 이고, 호스트 영역은 24비트 이다.

다) 1개의 네트워크 영역 당 16,777,216개의 호스트 IP를 할당할 수 있다. (24비트 = 16,777,216)

라) 할당 가능한 총 IP의 개수는 2,147,483,648개 이다. (128 * 16,777,216)

마) 22.0.48.2 라는 IP주소가 존재할 경우 기본적으로 네트워크 영역은 22고 호스트 IP는 0.48.2이다.

바) 네트워크 영역이 22로 시작되는 IP를 16,777,216 − 2개 할당할 수 있다.

사) 2개를 제외한 이유는 IP 주소는 처음인 22.0.0.0과 마지막 22.255.255.255를 사용하지 않기 때문이다.

아) 처음 IP는 네트워크 ID로 라우팅에 의해 사용되는 IP이고 마지막 IP는 브로드케스트(방송용)으로 사용되는 IP라 제외하고 활용된다.

4) B Class

Class	Network 수	Network 당 Host 수	Network ID
B	16,384	65,534	128 ~ 191
MSB	**Binary 시작**	**Binary 끝**	**첫 Octet**
10	10000000	10111111	128 ~ 191

Network	Network	Host	Host
128	0	0 ~ 255	0 ~ 255
191	255	0 ~ 255	0 ~ 255

가) 중규모 네트워크이고 네트워크 영역의 범위는 16비트 이다.

나) 첫번째 옥텟의 범위는 128 ~ 191이고 두번째 옥텟은 8비트(256) 이므로 둘을 곱해서 네트워크 영역

의 수를 구하면(64 * 256)16,384개 이다.

다) 호스트 영역은 16비트이고 표현 가능한 호스트 IP는 65,536개 이므로 B클래스의 총 IP 개수는 1,073,741,824 이다. (16384 * 65536)

라) 130.130.130.1 라는 IP가 존재할 경우 네트워크 영역은 130.130이고, 호스트 IP는 130.1이 된다.

마) 130.130 네트워크 영역의 할당 가능한 IP의 수는 65,536 − 2개 이다.

5) C Class

Class	Network 수	Network 당 Host 수	Network ID
C	2,097,152	254	192 ~ 223

MSB	Binary 시작	Binary 끝	첫 Octet
110	11000000	11011111	192 ~ 223

Network	Network	Network	Host
192	0	0	0 ~ 255

223	255	255	0 ~ 255

가) 소규모 네트워크이고, 네트워크 영역의 범위는 24비트 이다.

나) 첫번째 옥텟의 범위는 192 ~ 223이므로 네트워크 영역의 수는 2,097,152개 이다. (32 * 256 * 256)

다) 호스트 영역은 8비트이고 표현 가능한 호스트 IP는 256개 이므로 C 클래스의 총 IP 개수는 536,870,912 개 이다. (256 * 2,097,152)

라) 221.3.0.1 이라는 IP가 존재할 경우 네트워크 영역은 221.3.0이고, 호스트 IP는 1이 된다.

마) 221.3.0 네트워크 영역의 할당 가능한 IP 수는 256 − 2개 이다.

6) D/E Class

가) D,E Class는 각각 멀티캐스팅, 특수 연구의 용도로 사용되며, 일반 호스트에게는 할당되지 않는 주소임

✔ 예제

01 IP Address의 Class에 대한 설명으로 올바른 것은?

① A Class 주소는 실제 128개의 네트워크에 할당할 수 있다.

② B Class는 IP Address에서 최상위 비트를 '10'으로 설정하고, 그 이후 총 2 Octet 까지 네트워크 ID로 사용한다.

③ C Class 네트워크에서는 특별한 목적의 예약 주소를 제외하고 최고 256개의 호스트를 가질 수 있다.

④ D Class는 앞으로 사용하기 위해 남겨둔 실험적인 범위이다.

PART 1 네트워크 일반 **55**

02 Class에 대한 설명 중 옳지 않은 것은?

① Network ID는 128.0 ~ 191.255 이고, Host ID는 0.1 ~ 255.254 가 된다.

② IP Address가 150.32.25.3인 경우, Network ID는 150.32 Host ID는 25.3 이 된다.

③ Multicast 등과 같이 특수한 기능이나 실험을 위해 사용된다.

④ Host ID가 255.255일 때는 메시지가 네트워크 전체로 브로드 캐스트 된다.

03 C Class의 IP Address에 대한 설명으로 옳지 않은 것은?

① Network ID는 '192.0.0 ~ 223.255.255'이고, Host ID는 '1 ~ 254'이다.

② IP Address가 203.240.155.32 인 경우, Network ID는 203.240, Host ID는 155.32가 된다.

③ 통신망의 관리자는 Host ID '0', '255'를 제외하고, 254개의 호스트를 구성할 수 있다.

④ Host ID가 255일 때는 메시지가 네트워크 전체로 브로드 캐스트 된다.

04 IPv4에서 가장 많은 호스트를 가질 수 있는 IP Class로, 처음 옥텟의 비트가 '0'으로 시작하는 것은?

① A Class   ② B Class

③ C Class   ④ D Class

05 IPv4 Address 체계에서 가장 많은 네트워크를 가지는 Class로, 시작 옥텟의 비트가 '110'인 것은?

① A Class   ② B Class

③ C Class   ④ D Class

06 IP Address 중 Class가 다른 주소는?

① 191.235.47.35   ② 128.128.105.4

③ 169.146.58.5   ④ 195.204.26.34

07 IP Address '138.212.30.25'가 속하는 Class는?

① A Class   ② B Class

③ C Class   ④ D Class

08 아래 IP Address 중 'C Class'에 속하는 것은?

① 193.0.0.1   ② 140.37.33.100

③ 154.92.255.100   ④ 127.89.34.100

09 멀티캐스트(Multicast)에 사용되는 IP Class는?

① A Class   ② B Class

③ C Class   ④ D Class

<정답> 01 ② 02 ③ 03 ② 04 ① 05 ③ 06 ④ 07 ② 08 ① 09 ④

7) 사설 IP 주소

가) 와이파이, 학교 공용 컴퓨터 등을 보면 아이피가 거의 사설 아이피인것을 확인 할 수 있다. 그 외에도 공유기를 사용하는 가정용 컴퓨터에서도 심심치 않게 볼 수 있다. 이 사설 IP는 국제 표준에 의해 특수목적으로 예약된 IP이므로 내부 충돌을 빼고는 충돌할 염려는 안해도 된다.

나) 사설 IP는 같은 사설망 안에서 IP가 중복되면 안 되지만 다른 사설망끼리는 IP가 중복돼도 무방하다.

다) 사설 IP 주소 대역

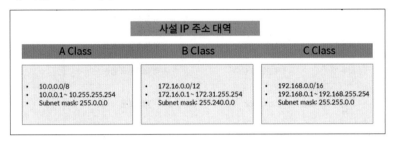

사설 IP 주소 대역		
A Class	B Class	C Class
• 10.0.0.0/8 • 10.0.0.1 ~ 10.255.255.254 • Subnet mask: 255.0.0.0	• 172.16.0.0/12 • 172.16.0.1 ~ 172.31.255.254 • Subnet mask: 255.240.0.0	• 192.168.0.0/16 • 192.168.0.1 ~ 192.168.255.254 • Subnet mask: 255.255.0.0

라) 사설 IP 주소 장점

① IP 주소를 절약할 수 있음

② 내부에서 외부로는 접근이 가능하지만 외부에서는 내부로 접근이 불가능(NAT)

③ 외부에서의 웜바이러스나 해킹 등에 안전(내부IP가 외부에서는 안 보임)

8) 기타 예약된 IP 주소

[사용이 제한된 특수 IPv4주소]			
네트워크 주소	**호스트**	**주소유형**	**목적**
모두 0	모두 0	컴퓨터자신	부트스트랩 용
모두 0	호스트	해당 네트워크의 호스트	연결된 내부 네트워크에 있는 특정 호스트 식별
네트워크	모두 0	네트워크	네트워크 식별
네트워크	모두 1	방향적 방송	지정 네트워크 방송
모두 1	모두 1	제한된 방송	지역 네트워크 방송
127	임의의 값	Loopback	테스트용
10	호스트	A 클래스용 사설주소	사설망 내부에서 사용
172.16 ~ 172.31	호스트	B 클래스용 사설주소	사설망 내부에서 사용
192.168.0 ~ 192.168.255	호스트	C 클래스용 사설주소	사설망 내부에서 사용

https://xn--3e0bx5euxnjje69i70af08bea817g.xn--3e0b707e/jsp/resources/ipv4Info.jsp 참조

✅ 예제

01 IP Address의 Class에 대한 설명으로 올바른 것은?

① A Class 주소는 실제 128개의 네트워크에 할당할 수 있다.

② B Class는 IP Address에서 최상위 비트를 '10'으로 설정하고, 그 이후 총 2 Octet 까지 네트워크 ID 로 사용한다.

③ C Class 네트워크에서는 특별한 목적의 예약 주소를 제외하고 최고 256개의 호스트를 가질 수 있다.

④ D Class는 앞으로 사용하기 위해 남겨둔 실험적인 범위이다.

02 B Class에 대한 설명 중 옳지 않은 것은?

① Network ID는 128.0 ~ 191.255 이고, Host ID는 0.1 ~ 255.254 가 된다.

② IP Address가 150.32.25.3인 경우, Network ID는 150.32 Host ID는 25.3 이 된다.

③ Multicast 등과 같이 특수한 기능이나 실험을 위해 사용된다.

④ Host ID가 255.255일 때는 메시지가 네트워크 전체로 브로드 캐스트 된다.

03 C Class의 IP Address에 대한 설명으로 옳지 않은 것은?

① Network ID는 '192.0.0 ~ 223.255.255'이고, Host ID는 '1 ~ 254'이다.

② IP Address가 203.240.155.32 인 경우, Network ID는 203.240, Host ID는 155.32가 된다.

③ 통신망의 관리자는 Host ID '0', '255'를 제외하고, 254개의 호스트를 구성할 수 있다.

④ Host ID가 255일 때는 메시지가 네트워크 전체로 브로드 캐스트 된다.

04 IPv4에서 가장 많은 호스트를 가질 수 있는 IP Class로, 처음 옥텟의 비트가 '0'으로 시작하는 것은?

① A Class   ② B Class

③ C Class   ④ D Class

05 IPv4 Address 체계에서 가장 많은 네트워크를 가지는 Class로, 시작 옥텟의 비트가 '110'인 것은?

① A Class   ② B Class

③ C Class   ④ D Class

06 IP Address 중 Class가 다른 주소는?

① 191.235.47.35   ② 128.128.105.4

③ 169.146.58.5   ④ 195.204.26.34

07 IP Address '138.212.30.25'가 속하는 Class는?

① A Class   ② B Class

③ C Class   ④ D Class

08 아래 IP Address 중 'C Class'에 속하는 것은?

① 193.0.0.1   ② 140.37.33.100

③ 154.92.255.100   ④ 127.89.34.100

09 멀티캐스트(Multicast)에 사용되는 IP Class는?

① A Class   ② B Class

③ C Class   ④ D Class

<정답> 01 ② 02 ③ 03 ② 04 ① 05 ③ 06 ④ 07 ② 08 ① 09 ④

3 서브넷 마스크

1) IPv4는 IP클래스 단위로 IP를 나누어 사용자에게 할당하는 방법을 사용했다. 하지만 이 방식은 비 효율적이었다.

2) 예를 들어서 클래스 B 영역의 사용 권한을 어느 회사에게 부여했을 경우 이 회사에서 할당 가능한 IP 수는 65,536개 이다. 이 중 10000개만 사용할 경우 나머지 50000여개는 사용하지 않지만 점유하고 있는 상태가 됩니다. 이러한 문제를 해결하기 위해 고안된 것이 서브넷 마스크(subnet mask)입니다.

3) 서브넷 마스크를 사용하면 IP 할당 범위를 더 작은 단위로 나눌 수 있습니다.

4) 서브넷 마스크 표현

가) 서브넷 마스크는 IP주소와 같은 32비트 2진수로 표현합니다. ex) 255.255.255.0 그리고 IP와 똑같이 2진수로 표현이 가능합니다.

나) 서브넷 마스크는 연속된 1과 연속된 0으로 구성되어있다는 것이다. 즉, 11110111.01010111.11110011.00000000 이란 값은 가질 수 없고, 11111111.11111111.11111100.00000000의 형태만 가질 수 있다.

다) 서브넷 마스크를 2진수나 10진수로 표현할 수 있지만 더욱 간소화해서 표현할 수 있다. 1의 개수를 이용한 방법인데, IP 주소가 192.168.0.1/24 라면 뒤에 /24는 서브넷 마스크이다. 이는 32비트 중 앞에서부터 차례대로 1의 개수가 24개라는 의미입니다. 나머지는 0으로 채워주면 됩니다. (11111111.11111111.11111111.00000000)

5) 서브넷 마스크의 목적과 사용 방법

가) 하나의 IP주소는 네트워크 영역과 호스트 영역으로 나누어집니다. 그리고 IP 주소를 네트워크 영역과 호스트 영역으로 나눌 때 사용하는 것이 서브넷 마스크이다.

나) 서브넷 마스크는 IP주소와 AND연산(곱)하여 새로운 네트워크 영역과 호스트 영역을 만들 수 있습니다. 그리고 서브넷 마스크의 값이 높아질 수록 더 작은 단위의 호스트 영역이 만들어 진다.

① AND연산 = 논리곱

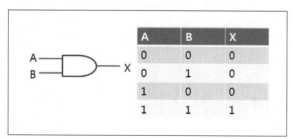

A	B	X
0	0	0
0	1	0
1	0	0
1	1	1

6) 서브넷 마스크 사용 예

IP	172	101	0	12
Subnet Mask	255	255	0	0
	11111111	11111111	00000000	00000000
	Network Bit		Host Bit	

가) 만약에 ISP업체에서 IP를 172.101.0.0 대역의 255.255.255.0을 구입하였다.

   ① 0~255개의 256개 IP를 사용할 수 있다.

   ② 사무실은 총 4개의 층으로 구분되어 있으며 컴퓨터는 각 10대씩 사용할 수 있다.

   ③ 보안상 이유로 1층에는 인포 / 2층 영업 / 3층 엔지니어 / 4층 개발 파트로 나누어 져있고 서로 공유가 되면 안 된다.

   ④ 서브넷을 이용하여 4개의 네트워크 분배 하며 도메인을 나누어 활용할 수 있다.

   ⑤ 서브넷으로 나눈IP는 처음 주소는 네트워크 ID로 장비에 할당 할 수 없는 라우팅 테이블에 기록되는 IP이고 마지막 IP는 브로드 캐스트를 사용하는 IP로 장비에 할당 할 수 없다.

   ⑥ 172.101.0.0 -> IP할당 금지 / 172.101.0.255 -> IP할당 금지

7) 서브넷 마스크 계산해보기

2진 MASK	10진 MASK	2진 HOST	Subnet 수	Host 수
00000000	0	11111111	Network ID	X
10000000	128	01111111	1	128
11000000	192	00111111	2	64
11100000	224	00011111	6	32
11110000	240	00001111	14	16
11111000	248	00000111	30	8
11111100	252	00000011	62	4
11111110	254	00000001	126	2
11111111	255	00000000	254	1

A라는 회사는 IP주소를 192.168.111.0/24를 제공 받았다. 이것을 2개의 네트워크로 분할하여 설정하는 연습을 진행한다.
- IP 주소는 192.168.111.0 ~ 192.168.111.255까지 사용할 수 있으며 서브넷은 255.255.255.0을 사용한다.

1111 1111. 1111 1111. 1111 1111. 0000 0000 (서브넷 255.255.255.0)
1100 0000. 1010 1000. 0110 1111. 0000 0000 (192.168.111.0)
1100 0000. 1010 1000. 0110 1111. 1111 1111 (192.168.111.255)
          네트워크 부분|호스트 부분

2개의 네트워크로 나눔
1111 1111. 1111 1111. 1111 1111. 1000 0000 (255.255.255.128)
1100 0000. 1010 1000. 0011 0011. 0000 0000 (192.168.51.0 시작 IP)
1100 0000. 1010 1000. 0011 0011. 0111 1111 (192.168.51.127 끝 IP)
          네트워크 부분|호스트 부분
1111 1111. 1111 1111. 1111 1111. 1000 0000 (255.255.255.128)
1100 0000. 1010 1000. 0011 0011. 1000 0000 (192.168.51.128 시작IP)
1100 0000. 1010 1000. 0011 0011. 1111 1111 (192.168.51.255 끝 IP)
          네트워크 부분|호스트 부분
결론
1. 네트워크 부분은 서브넷의 1로 채워있는 부분까지 사용
2. 뒷부분은 0으로 호스트 부분은 내가 맘대로 사용할 수 있는 부분

B라는 회사는 IP주소를 192.168.0.0/24를 제공 받았다. 이것을 4개의 네트워크로 분할하여 설정하는 연습을 진행한다.

255.255.255.0 1개의 네트워크로　192.168.0.0 ~ 192.168.0.255
255.255.255.128 2개의 네트워크로 192.168.0.0 ~ 192.168.0.127
　　　　　　　　　　　　192.168.0.128 ~ 192.168.0.255
255.255.255.1100 0000 (192) -> 255.255.255.192

네트워크 첫 번째 범위
192.168. 0.0000 0000 -> 192.168.0.0
192.168. 0.0011 1111 -> 192.168.0.63

네트워크 두 번째 범위
192.168. 0.0100 0000 -> 192.168.0.64
192.168. 0.0111 1111 -> 192.168.0.127

네트워크 세 번째 범위
192.168. 0.1000 0000 -> 192.168.0.128
192.168. 0.1011 1111 -> 192.168.0.191

네트워크 네 번째 범위
192.168. 0.1100 0000 -> 192.168.0.192
192.168. 0.1111 1111 -> 192.168.0.255

✅ 예제

01 **IP Address의 Class에 대한 설명으로 올바른 것은?**

① A Class 주소는 실제 128개의 네트워크에 할당할 수 있다.

② B Class는 IP Address에서 최상위 비트를 '10'으로 설정하고, 그 이후 총 2 Octet 까지 네트워크 ID로 사용한다.

③ C Class 네트워크에서는 특별한 목적의 예약 주소를 제외하고 최고 256개의 호스트를 가질 수 있다.

④ D Class는 앞으로 사용하기 위해 남겨둔 실험적인 범위이다.

02 **B Class에 대한 설명 중 옳지 않은 것은?**

① Network ID는 128.0 ~ 191.255 이고, Host ID는 0.1 ~ 255.254 가 된다.

② IP Address가 150.32.25.3인 경우, Network ID는 150.32 Host ID는 25.3 이 된다.

③ Multicast 등과 같이 특수한 기능이나 실험을 위해 사용된다.

④ Host ID가 255.255일 때는 메시지가 네트워크 전체로 브로드 캐스트 된다.

03 **C Class의 IP Address에 대한 설명으로 옳지 않은 것은?**

① Network ID는 '192.0.0 ~ 223.255.255'이고, Host ID는 '1 ~ 254'이다.

② IP Address가 203.240.155.32 인 경우, Network ID는 203.240, Host ID는 155.32가 된다.

③ 통신망의 관리자는 Host ID '0', '255'를 제외하고, 254개의 호스트를 구성할 수 있다.

④ Host ID가 255일 때는 메시지가 네트워크 전체로 브로드 캐스트 된다.

04 IPv4에서 가장 많은 호스트를 가질 수 있는 IP Class로, 처음 옥텟의 비트가 '0'으로 시작하는 것은?

① A Class
② B Class
③ C Class
④ D Class

05 IPv4 Address 체계에서 가장 많은 네트워크를 가지는 Class로, 시작 옥텟의 비트가 '110'인 것은?

① A Class
② B Class
③ C Class
④ D Class

06 IP Address 중 Class가 다른 주소는?

① 191.235.47.35
② 128.128.105.4
③ 169.146.58.5
④ 195.204.26.34

07 IP Address '138.212.30.25'가 속하는 Class는?

① A Class
② B Class
③ C Class
④ D Class

08 아래 IP Address 중 'C Class'에 속하는 것은?

① 193.0.0.1
② 140.37.33.100
③ 154.92.255.100
④ 127.89.34.100

09 멀티캐스트(Multicast)에 사용되는 IP Class는?

① A Class
② B Class
③ C Class
④ D Class

<정답> 01 ② 02 ③ 03 ② 04 ① 05 ③ 06 ④ 07 ② 08 ① 09 ④

4 VLSM(가변 길이 서브넷 마스크 : Variable Length Subnet Mask)

1) 지금까지 서브넷은 똑같이 나누어서 셋팅을 하는데 이것을 좀더 세부적으로 분할하는목적을가진다.

　가) 네트워크 범위 192.168.0.0 / 24

　나) 1층 영업팀 : 100대 –> 128대

　　① 192.168.0.0 ~ 192.168.0.127

　　② 255.255.255.1000 0000 (255.255.255.128)

　다) 2층 상담팀 : 60대 –> 64대

　　① 192.168.0.128 ~ 192.168.0.191

　　② 255.255.255.1100 0000 (255.255.255.192)

　라) 3층 인사팀 : 8대 –> 16대

　　① 192.168.0.192 ~ 207

　　② 255.255.255.1111 0000 (255.255.255.240)

　마) 외부로 나가는 ip 2개

　　① 192.168.0.208 ~ 212

　　② 255.255.255.1111 1100 (255.255.255.252)

2) 주의사항 : 가장 큰 IP 범위부터 셋팅

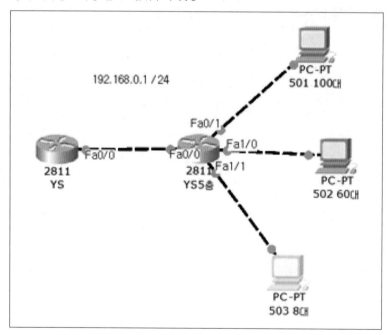

5 서브넷 계산표 (필수 암기 사항)

서브넷 마스크	마스크 길이	서브넷 수 (네트워크 개수)	호스트수 (컴퓨터 대수)	주소범위
0000 0000 (255.255.255.0)	0 /24	1	256-2 = 254	0~255
1000 0000 (255.255.255.128)	1 /25	2	128-2 =126	0~127 128~255
1100 0000 (255.255.255.192)	2 /26	4	64-2 = 62	0~63 64~127 ……
1110 0000 (255.255.255.224)	3 /27	8	32-2 = 30	0~31 32~63 ………
1111 0000 (255.255.255.240)	4 /28	16	16-2 = 14	0~15 16~31 ……
1111 1000 (255.255.255.248)	5 /29	32	8-2 = 6	0~7 8~15 ……
1111 1100 (255.255.255.252)	6 /30	64	4-2 = 2	0~3 4~7 ……

✓ 예제

01 '255.255.255.224'인 서브넷에 최대 할당 가능한 호스트 수는?

① 4개　　　　　　　　　　② 8개
③ 16개　　　　　　　　　④ 32개

문제풀이 ▷▷▷ 최대 호스트수(PC수) 구하는 방법 256 - 224 - 2 = 30
(256은 최대 사용 대수 - 224는 서브넷마지막 숫자 -2는 시작IP/끝IP제외)
만약 -2를 하지 많고 보기가 나오면 -2를 하지 않아도 무관함.

02 '255.255.255.224'인 최대 할당 가능한 호스트 수는?

① 2개　　　　　　　　　　② 6개
③ 14개　　　　　　　　　④ 30개

문제풀이 ▷▷▷ 최대 호스트수(PC수) 구하는 방법 256 - 224 - 2 = 30
(256은 최대 사용 대수 - 224는 서브넷마지막 숫자 -2는 시작IP/끝IP제외)
만약 -2를 하지 많고 보기가 나오면 -2를 하지 않아도 무관함.

03 서브넷이 최대 25개의 IP Address를 필요로 할 때, 서브넷 마스크로 올바른 것은?

① 255.255.255.192　　　　② 255.255.255.224
③ 255.255.192.0　　　　　④ 255.255.224.0

문제풀이 ▷▷▷ 서브넷 마스크 구하는방법 256 - 32 = 224
(25개가 필요하나 2진법 자리수에 따라 증가하니 32개를 빼야 됨 : 여유 IP 할당)
만약 -2를 하지 많고 보기가 나오면 -2를 하지 않아도 무관함.

04 C Class의 네트워크를 서브넷으로 나누어 각 서브넷에 4~5 대의 PC를 접속해야 할 때, 서브넷 마스크 값으로 올바른 것은?

① 255.255.255.240   ② 255.255.0.192

③ 255.255.255.248   ④ 255.255.255.0

문제풀이 ≫≫ 서브넷 마스크 구하는방법 256 - 8 = 248
(4~5개가 필요하나 2진법 자리수에 따라 증가하니 8개를 빼야 됨 : 여유 IP 할당)
만약 -2를 하지 많고 보기가 나오면 -2를 하지 않아도 무관함.

05 네트워크 ID '210.182.73.0'을 몇 개의 서브넷으로 나누고, 각 서브넷은 적어도 40개 이상의 Host ID를 필요로 한다. 적절한 서브넷 마스크 값은?

① 255.255.255.192   ② 255.255.255.224

③ 255.255.255.240   ④ 255.255.255.248

문제풀이 ≫≫ 서브넷 마스크 구하는방법 256 - 64 = 192
(40이상이 필요하나 2진법 자리수에 따라 증가하니 64개를 빼야 됨 : 여유 IP 할당)
만약 -2를 하지 많고 보기가 나오면 -2를 하지 않아도 무관함.

06 네트워크상에서 기본 서브넷 마스크가 구현될 때, IP Address가 '203.240.155.32'인 경우 아래 설명 중 올바른 것은?

① Network ID는 203.240.155 이다.

② Network ID는 203.240 이다.

③ Host ID는 155.32가 된다.

④ Host ID가 255일 때는 루프백(Loopback)용으로 사용된다.

문제풀이 ≫≫ 기본 서브넷 마스크를 적용하면 C클래스이기 때문에 255.255.255.0이 적용됨
(203.240.155.0010 0000 -> 203.240.155.32를 2진법으로 구해야 함
255.255.255.0000 0000 -> 기본서브넷을 2진법으로 변환
203.240.155.0000 0000 -> 서브넷과 IP를 AND 계산하여 서브넷에 0값에 적용되는 IP 2진수를 0으로 변환하여 계산함.)

07 IP Address '127.0.0.1' 이 의미하는 것은?

① 모든 네트워크를 의미한다.

② 사설 IP Address를 의미한다.

③ 특정한 네트워크의 모든 노드를 의미한다.

④ 루프 백 테스트용이다.

08 '211.203.50.130/26'의 네트워크 주소는?

① 211.203.50.0   ② 211.203.50.128

③ 211.203.50.130   ④ 255.255.255.0

문제풀이 ≫≫ IP와 서브넷을 2진법으로 변경하여 AND 계산을 진행함
(211.203. 50.1000 0010 -> 211.203.50.130을 2진법으로 변환
255.255.255.1100 0000 -> /26을 2진법으로 변환
211.203. 50.1000 0000 -> 서브넷과 IP를 AND 계산하여 서브넷에 0값에 적용되는 IP 2진수를 0으로 변환하여 계산함.)

09 C Class 네트워크에서 6개의 서브넷이 필요하다고 할 때 가장 적당한 서브넷 마스크는?

① 255.255.255.0 　　　　　　② 255.255.255.192

③ 255.255.255.224 　　　　　④ 255.255.255.240

문제풀이 >>> 서브넷을 구하는방법 | 주의사항 호스트/PC 대수가 아님

255.255.255.0000 0000 = 1개의 서브넷
255.255.255.1000 0000 = 2개의 서브넷
255.255.255.1100 0000 = 4개의 서브넷
255.255.255.1110 0000 = 8개의 서브넷 -> 255.255.255.224
255.255.255.1111 1000 = 16개의 서브넷

<정답> 01 ④ 02 ④ 03 ② 04 ③ 05 ① 06 ① 07 ④ 08 ② 09 ③

01 IP Address를 관리하기 위한 Subnetting을 하는 이유로 옳지 않은 것은?

① IP Address를 효율적으로 사용할 수 있다.

② Network ID와 Host ID를 구분할 수 있다.

③ 불필요한 Broadcasting Message를 제한할 수 있다.

④ Host ID를 사용하지 않아도 된다.

02 서브넷 마스크에 대한 설명으로 옳지 않은 것은?

① 서브네팅이란 주어진 IP 주소 범위를 필요에 따라서 여러 개의 서브넷으로 분리하는 작업이다.

② 서브넷 마스크를 이용하여 목적지 호스트가 동일한 네트워크상에 있는지 확인한다.

③ 필요한 서브넷의 수를 고려하여 서브넷 마스크 값을 결정한다.

④ 서브넷 마스크의 Network ID 필드는 0으로, Host ID 필드는 1로 채운다.

03 다음 중 사설 IP주소로 옳지 않은 것은?

① 10.100.12.5   ② 128.52.10.6

③ 172.25.30.5   ④ 192.168.200.128

04 C Class에서 유효한 IP Address는?

① 33.114.17.24   ② 128.46.83.25

③ 202.67.13.87   ④ 222.248.256.34

05 IPv4 Class 중에서 멀티캐스트 용도로 사용되는 것은?

① B Class   ② C Class   ③ D Class   ④ E Class

06 IP Address '11101011.10001111.11111100.11001111' 가 속한 Class는?

① A Class   ② B Class   ③ C Class   ④ D Class

07 '10.0.0.0/8' 인 네트워크에서 115개의 서브넷을 만들기 위해 필요한 서브넷 마스크는?

① 255.0.0.0   ② 255.128.0.0

③ 255.224.0.0   ④ 255.254.0.0

08 C Class 네트워크에서 6개의 서브넷이 필요하다고 할 때 가장 적당한 서브넷 마스크는?

① 255.255.255.0   ② 255.255.255.192

③ 255.255.255.224   ④ 255.255.255.240

09 B Class 네트워크에서 6개의 서브넷이 필요할 때, 가장 많은 호스트를 사용할 수 있는 서브넷 마스크 값은?

① 255.255.192.0
② 255.255.224.0
③ 255.255.240.0
④ 255.255.248.0

10 '255.255.255.224'인 서브넷에 최대 할당 가능한 호스트 수는?

① 2개　　　② 6개　　　③ 14개　　　④ 30개

11 C Class의 네트워크를 서브넷으로 나누어 각 서브넷에 4~5 대의 PC를 접속해야 할 때, 서브넷 마스크 값으로 올바른 것은?

① 255.255.255.240
② 255.255.0.192
③ 255.255.255.248
④ 255.255.255.0

12 IP Address '127.0.0.1' 이 의미하는 것은?

① 모든 네트워크를 의미한다.
② 사설 IP Address를 의미한다.
③ 특정한 네트워크의 모든 노드를 의미한다.
④ 루프 백 테스트용이다.

┤ 정답 ├

01 ④　　02 ④　　03 ②　　04 ③　　05 ③　　06 ④　　07 ④　　08 ③　　09 ②　　10 ④　　11 ③　　12 ④

03 OSI7계층, TCP/IP4계층

1 OSI7계층 🔍

1) 네트워크를 배울 때 꼭 필수 요소로 알아야 하는 것이 OSI 참조 모델이다.

가) 이것은 제조회사가 단독적으로 장비를 만들어 팔고 이것에 대한 AS라던지 호환성을 맞추기 위해 7 계층으로 나누어 분석을 해 놓은 것이다.

송신측 흐름					수신측 흐름	
7	응용 계층	응용프로그램이 네트워크 자원을 사용할 수 있는 통로를 제공해 주는 역할			응용 계층	7
6	표현 계층	데이터가 네트워크를 통해 전달될 수 있도록 데이터를 변환해 주는 역할			표현 계층	6
5	세션 계층	응용프로그램 간의 연결을 성립하게끔 하고, 작업 완료 후 연결을 끊는 역할			세션 계층	5
4	전송 계층	통신망의 상태 감시와 오류 검출 및 회복			전송 계층	4
3	네트워크 계층	경로 설정	네트워크 계층		네트워크 계층	3
2	데이터 링크계층	전송/오류 제어	데이터 링크 계층		데이터 링크계층	2
1	물리 계층	모뎀 --- 모뎀	물리 계층	모뎀 --- 모뎀	물리 계층	1
디지털 신호		아날로그 신호	중계기(교환기)	아날로그 신호	디지털 신호	

2) 순서암기

가) 상위

① 어플리캐이션(응용)

② 프리젠테이션(표현)

③ 세션(접속)

나) 하위

① 트렌스포트(전송) -> 세그먼트

② 네트워크 -> 패킷

③ 데이터링크 -> 프레임

④ 피지컬(물리) -> 비트

다) 필수 암기사항 : 비트, 프레임, 패킷, 세그먼트(비프패세)

OSI 7 Layer Model		DTP Layer (TCP/IP)	
Application	Message	Application	Application
Presentation			
Session			
Transport	Segment / Record	Transport	End-to-end Service
Network	Packet / Datagram	Internet	Routing Data Transmission
Data Link	Frame	Network Interface	
Physical	Bit		

✅ 예제

01 OSI 7 Layer의 각 Layer 별 Data 형태로서 적당하지 않은 것은?

① Transport Layer – Segment

② Network Layer – Packet

③ Datalink Layer – Fragment

④ Physical Layer - bit

02 TCP/IP 프로토콜 계층 구조에서 전송 계층의 데이터 단위를 부르는 이름은?

① Segment   ② Frame

③ Datagram   ④ User Data

03 데이터 프레임의 구성에 따른 프로토콜 분류 방식으로 옳지 않은 것은?

① 비트 방식   ② 바이트 방식

③ 문자 방식   ④ 페이지 방식

04 정보를 실어 나르는 기본 단위를 계층별로 표시하였다. 옳지 않은 것은?

① 계층 1 : X.25   ② 계층 2 : 프레임(Frame)

③ 계층 3 : 패킷(Packet)   ④ 계층 4 : 세그먼트(Segment)

05 네트워크 계층에서 데이터의 단위는?

① 트래픽   ② 프레임

③ 세그먼트   ④ 패킷

<정답> 01 ③ 02 ① 03 ④ 04 ① 05 ④

2 1계층 (물리계층)

1) 인접한 두 장비 간에 통신신호를 전송하는 역할을 수행

　가) 기계적

　나) 기능적

　다) 전기적

2) 랜케이블 / 랜카드 / 허브 / 리피터 등이 이에 포함 된다.

　가) 컴퓨터의 0과 1을 전송하며 데이터의 변환 등을 목적으로 진행한다.(브로드캐스트)

　나) 랜 케이블 종류

　　① RJ-45 커넥터 / 랜케이블로 이루어짐

　　　㉮ 1번 2번 3번 6번 핀 데이터 전송용

　　　㉯ 주황 / 녹색이 데이터 송수신을 담당

　　　㉰ 1번 : 데이터송신 +

　　　㉱ 2번 : 데이터송신 -

　　　㉲ 3번 : 데이터수신 +

　　　㉳ 6번 : 데이터수신 -

　　　㉴ 신호의 전압이 2V 이상이면 1로 판단

　　　㉵ 신호의 전압이 0.8V 이하면 0으로 판단

　　② 랜케이블은 8가닥으로 이루어 져있음

　　　㉮ CAT 5 : 10~100M 용

　　　㉯ CAT 5.E : 100~1000M(1G) 용

　　　㉰ CAT 6 : 1G 용

✔ 예제

01　Hub가 사용하는 OSI 계층은?

　① 물리 계층　　　　　　　② 세션 계층

　③ 트랜스포트 계층　　　　④ 애플리케이션 계층

02 스위칭 허브(Switching Hub)에 대한 설명으로 올바른 것은?

① OSI 참조 모델 중 3계층 장비이다.

② 데이터를 목적지 노드로 전송할 때 MAC 어드레스를 기준으로 Forwarding 한다.

③ 데이터 전송을 위해 라우팅 테이블을 이용한다.

④ Multi-Port-Repeater라 부른다.

03 네트워크 인터페이스 카드(NIC)에 대한 설명으로 옳지 않은 것은?

① OSI 7 Layer 중 4 계층 장비이다.

② 케이블을 통해 데이터 전송을 하기 위한 장치이다.

③ 병렬 데이터를 받아 직렬로 전송한다.

④ 고유한 네트워크 어드레스인 MAC Address가 있다.

04 현재 LAN 카드의 MAC Address는 몇 비트의 번호체계인가?

① 32 비트   ② 48 비트

③ 64 비트   ④ 128 비트

05 MAC Address의 설명으로 올바른 것은?

① NIC 설치 시에 온라인을 통하여 할당 받는다.

② 하위 3Byte는 컴퓨터 제조업체에서 구입한다.

③ MAC Address에 대한 세부 사항은 IEEE에서 결정한다.

④ 총 40bit로 구성되어 있다.

06 다음 중 최대길이가 100M인 케이블은?

① 10Base2   ② 10BaseT

③ 토큰링   ④ 아크넷(ArcNet)

07 선로의 명칭 중 10BASE-T의 '10' 이 의미하는 것은?

① 접속할 수 있는 단말의 수가 10대이다.

② 배선 할 수 있는 케이블의 길이가 10M이다.

③ 데이터 전송속도가 10Mbps이다.

④ 케이블의 굵기가 10mm이다.

08 네트워크상에 사용되는 케이블의 종류에 따른 설명이다. 연결이 옳지 않은 것은?

① 동축케이블 : 중앙의 구리선에 흐르는 전기신호는 그것을 싸고 있는 외부 구리망 때문에 외부의 전기
적 간섭을 적게 받고 전력손실이 적다.

② 광케이블 : 빛을 이용하여 정보를 전송하므로 전자기파 간섭이 없고 100Mbps 이상의 고속 데이터 전
송이 가능하다.

③ UTP : 케이블 세그먼트의 최대 길이는 185M이다.

④ STP : 케이블에 피복이 있어 UTP 보다 간섭에 강하다.

09 OSI 7계층 중에서 리피터가 지원하는 계층은?

① 물리계층   ② 네트워크 계층
③ 전송계층   ④ 응용계층

10 Repeater가 동작하는 OSI 7 Layer의 계층은?

① 물리 계층   ② 응용 계층
③ 데이터링크 계층   ④ 네트워크 계층

11 장비간 거리가 증가하거나 케이블 손실로 인한 신호 감쇠를 재생시키기 위한 목적으로 사용되는 네트워크 장치는?

① Gateway   ② Router
③ Bridge   ④ Repeater

<정답> 01 ① 02 ② 03 ① 04 ② 05 ③ 06 ② 07 ③ 08 ③ 09 ① 10 ① 11 ④

1) 링크 계층이라고 부르며 연결하는 동작을 수행한다.

2) 흐름제어 / 오류제어 / 접근제어 / 주소지정을 담당

3) 물리 계층 장비로 부터 수신한0과 1을 프레임 단위로묶음진행/ 신호를 해석

4) 상대 장비에게 수신한 신호를 처음 6바이트(48비트)를 목적지 MAC주소로 인식을 진행한다.

　가) MAC 주소 : 랜카드의 고유주소 (ipconfig /all로 확인할 수 있다.)

　　① 48비트 중 앞에 24비트 회사주소

　　② 뒤에 24비트 일련번호

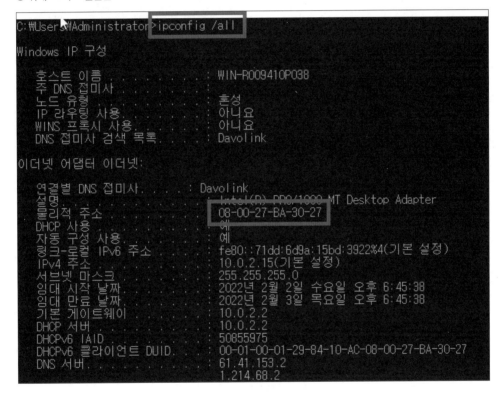

　나) 관련 명령어

　　① ARP -A

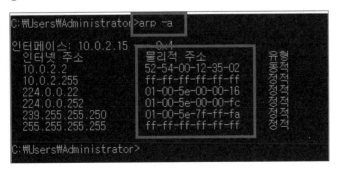

✔ 예제

01 흐름제어, 오류제어, 접근제어, 주소 지정을 담당하는 계층은?
① 네트워크 계층   ② 데이터링크 계층
③ 물리 계층   ④ 전송 계층

02 OSI 7 Layer 중 데이터 링크 계층의 기능으로 옳지 않은 것은?
① 통신 프로토콜을 정의한 OSI 7 Layer 중 세 번째 계층에 해당한다.
② 비트를 프레임화 시킨다.
③ 전송, 형식 및 운용에서의 에러를 검색한다.
④ 흐름제어를 통하여 데이터 링크 개체간의 트래픽을 제어한다.

03 데이터링크 계층(Datalink Layer)에 대한 설명으로 옳지 않은 것은?
① 전송상에 발생하는 오류를 검출한다.
② 데이터의 표현형식을 변경한다.
③ 전송상에 발생하는 오류를 정정한다.
④ 비트들을 프레임으로 구성한다.

04 인접한 개방 시스템 사이의 확실한 데이터 전송 및 전송 에러제어 기능을 갖고 접속된 기기 사이의 통신을 관리하고, 신뢰도가 낮은 전송로를 신뢰도가 높은 전송로로 바꾸는데 사용되는 계층은?
① 물리 계층(Physical Layer)
② 네트워크 계층(Network Layer)
③ 전달 계층(Transmission Layer)
④ 데이터링크 계층(Datalink Layer)

05 OSI 참조 모델 중 물리적인 링크를 통하여 신뢰성 있는 정보를 전송하는 기능을 제공하는 계층은?
① Datalink Layer   ② Transport Layer
③ Physical Layer   ④ Session Layer

06 OSI 7 Layer 중 물리적 링크 간의 신뢰성 있는 정보 전송을 제공하며 동기화, 에러 제어, 흐름 제어로서 데이터의 블록을 전송하는 기능을 가진 계층은?
① 물리 계층   ② 데이터링크 계층
③ 트랜스포트 계층   ④ 네트워크 계층

07 OSI 7 Layer에서 Data Link 계층의 기능으로 옳지 않은 것은?
① 전송 오류 제어기능   ② Flow 제어기능
③ Text의 압축, 암호기능   ④ Link의 관리기능

08 브리지에 대한 설명으로 옳지 않은 것은?

① 리피터는 OSI 계층 구조 상의 물리 계층과 MAC 계층에서 동작하는 것과는 달리, 브리지는 물리 계층에서만 동작한다.

② 수신된 프레임을 저장하여 처리할 수 있으므로, 서로 다른 타입의 LAN 세그먼트를 연결할 수 있다.

③ 브리지에 독립적인 기능을 추가함으로써, LAN 세그먼트 단위의 관리를 용이하게 한다.

④ LAN을 여러 개의 세그먼트 단위로 구성하는 방식은, 하나의 커다란 망으로 구성하는 방식에 비하여 안정도를 높인다.

<정답> 01 ② 02 ① 03 ② 04 ④ 05 ① 06 ② 07 ③ 08 ①

4 | 3계층 (네트워크계층)

1) 통신의 최종 당사자들인 종단장치간의 패킷 이라는 데이터의 묶음을 전달하는 역할을 수행한다.

2) 이때 사용되는 주소는 IP주소를 활용한다.

　가) IPv4 : 현재 활발히 사용되고 있는 주소로 0~255 숫자 4개의 옥텟으로 이루어 짐. (192.168.51.100)
　　　/ 32비트 / A클래스~E클래스 나누어져 있음

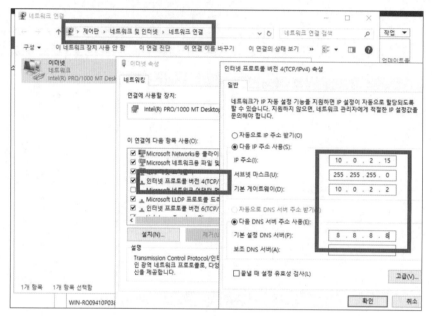

　나) IPv6 : IPv4의 포화(집/회사/pc방/가전제품/핸드폰) / 128비트 / 16진법을 활용한다.

3) 3계층 장비로는 라우터 / L3 스위치가 있다.

4) 3계층 주 활동 사항은 최적의 경로를 찾아서 보낸다.

　가) tracert www.icqa.or.kr → 내 자리에서 네이트까지 가는 경로가 보이는데 이것들이 다 라우터 들
　　　이다.(단 * 로 표시되는 것은 방화벽 쪽에서 응답을 막은 것이다. icmp응답을 막는다)

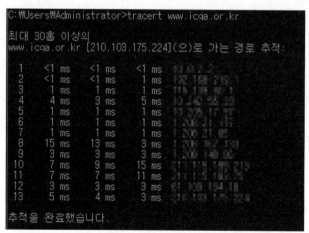

✅ 예제

01 OSI 7 Layer 중 네트워크계층(Network Layer)에 속하는 장치는?

① Router   ② Bridge

③ Repeater   ④ LAN Card

02 인터넷 프로토콜들 중 OSI 참조 모델의 네트워크 계층에 속하지 않는 프로토콜은?

① IP   ② ICMP

③ UDP   ④ ARP

03 네트워크 계층(Network Layer)에 대한 설명으로 옳지 않은 것은?

① 호스트들의 주소 체계를 설정한다.

② 경로 선택 및 라우팅 기능을 수행한다.

③ 데이터의 흐름을 제어한다.

④ 네트워크 계층에서 전달하는 데이터는 패킷이라 불린다.

04 Router에 대한 설명 중 옳지 않은 것은?

① 네트워크상의 패킷을 전달하는 네트워크 장비이다.

② OSI 7 Layer 중 Transport 계층에 대응된다.

③ 하드웨어에 따라 패킷을 다시 적절한 크기로 분할하거나, 또는 재조립하고, 이들을 데이터 프레임의 형태로 캡슐화 하는 기능을 가지고 있다.

④ 패킷 전달을 위해 최적의 경로를 결정한다.

05 네트워크 장비인 라우터에 대한 설명 중 옳지 않은 것은?

① TCP/IP의 트래픽 경로제어를 한다.

② 네트워크를 분리하는데 사용할 수 있다.

③ 트래픽상의 모든 신호의 재생과 유효거리를 확장한다.

④ OSI 7 Layer에서 네트워크 계층의 서비스를 한다.

06 OSI 모델의 네트워크 계층에서 작동하는 네트워크 연결장치는?

① 브리지(Bridge)   ② 라우터(Router)

③ 리피터(Repeater)   ④ 게이트웨이(Gateway)

07 다음 중 네트워크 장비인 Router가 속하는 계층은?

① Application Layer   ② Presentation Layer

③ Transport Layer   ④ Network Layer

<정답> 01 ① 02 ③ 03 ③ 04 ② 05 ③ 06 ② 07 ④

1) 종단 장비에서 동작중인 세그먼트라는 데이터의 묶음을 전달하는 역할을 수행한다.

    가) 종단 장비 (공유기 / 라우터 / 모뎀 / 서버 / 방화벽)

2) 신뢰적인 데이터의 전송을 보장

3) 여기서 사용되는 프로토콜은 TCP / UDP 가 활용된다.

    가) TCP (데이터를 오류 없이 전송하는 프로토콜)

       ① 파일 / 데이터

    나) UDP (데이터의 오류무시 빠르게 전송하는 프로토콜)

       ① 동영상 스트리밍 / 오디오 스트리밍 / 실시간 백업장치

OSI 7 Layer Model		DTP Layer (TCP/IP)	
Application	Message	Application	Application
Presentation			
Session			
Transport	Segment / Record	Transport	End-to-end Service
Network	Packet / Datagram	Internet	Routing Data Transmission
Data Link	Frame	Network Interface	
Physical	Bit		

✔ **예제**

01   TCP/IP 모델에서 UDP(User Datagram Protocol)가 동작되는 계층은?

    ① 응용 계층   ② 전송 계층

    ③ 인터넷 계층   ④ 네트워크 인터페이스 계층

02   OSI 계층 중에서 신뢰적인 데이터의 전송을 보장하는 계층은?

    ① Transport Layer   ② Network Layer

    ③ Physical Layer   ④ Session Layer

<정답> 01 ② 02 ①

6 5계층 (세션계층)

1) 종단 장비간에 연결 접속관리 / 통신의 시작과 종료를 관여 한다.

2) 송수신하는 데이터 단위를 메시지라는 단위로 관리한다.

가) PC방에서 요금을 정액으로 결제하면 10시간동안 접속할 수 있는 세션 권한을 할당 받는다.

나) 핸드폰 요금에서 데이터 할당량(제공량)을 정해놓고 사용하는 방법에 사용된다.

✓ 예제

01 OSI 7 Layer 중 세션계층의 역할로 옳지 않은 것은?

① 대화 제어 ② 에러 제어

③ 연결 설정 종료 ④ 동기화

<정답> 01 ②

1) 상위 계층인 응용계층에 데이터 표현방식을 변환(전환), 암호화, 인증, 압축, 그래픽 명령어 해석 등 서비스를 제공한다.

　가) 데이터의 표현 형식에 따라 서비스를 제공한다.

　　　① 아스키(ASCII)방식 / EBCDIC 형식으로 변환하여 표현을 제공한다.

　　　② 2진법을 알파벳으로 변환해주는 기법

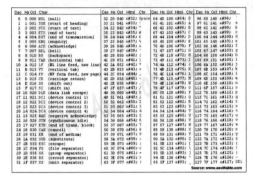

Source: www.asciitable.com

✅ 예제

01 OSI 7 Layer에서 암호/복호, 인증, 압축 등의 기능이 수행되는 계층은?

　① Transport Layer　　　　　② Datalink Layer

　③ Presentation Layer　　　　④ Application Layer

02 OSI 모델에서 데이터 전환과 암호, 압축, 그래픽 명령어 해석 기능을 가지는 계층은?

　① Application Layer　　　　② Transport Layer

　③ Session Layer　　　　　④ Presentation Layer

<정답> 01 ③ 02 ④

1) 네트워크를 통해 컴퓨터의 프로그램과 연동되는 영역

　가) HTTP → 인터넷 웹 브라우져에 응용 프로그램

　나) FTP → 파일 전송 프로토콜 (다운 및 업로드 전용 프로그램)

　다) DNS → 주소변환 프로그램 (IP주소 ⟨→⟩ URL)

　라) E-MAIL → 전자 메일

2) 결론!!!!

　가) 통신용 소프트웨어를 통칭한다.

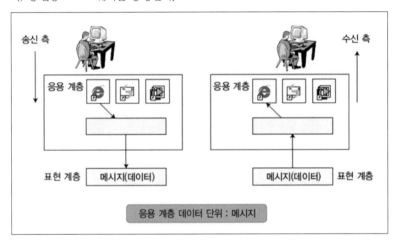

✅ 예제

01 │ TCP/IP 프로토콜 중 응용 계층에서 동작하지 않는 것은?

　① SMTP　　　　　　　　② Telnet

　③ FTP　　　　　　　　　④ IGMP

<정답> 01 ④

9 인캡슐레이션 / 디캡슐레이션

1) 인캡슐레이션(캡슐화) → 헤더를 부착

   가) 각 프로토콜의 동작에 필요한 정보를 캡슐에 묶어서 주고 받는데 이것을 캡슐화 / 인캡슐레이션이라고 한다. (택배 라벨)

   나) 이때 앞쪽에 붙는 헤더 정보가 있다. (필요한 데이터를 앞쪽에 붙임)

   다) 이더넷 헤더에는 출발지/목적지 이더넷 주소 등이 기록된다.

   라) IP 헤더에는 출발지/목적지의 IP주소등이 기록 된다.

   마) 응용프로그램에 HTTP는 웹 프로그램으로 데이터를 받아 HTTP헤더를 붙이고 이를 하위 계층으로 내려 보낸다.

   바) 하위 계층 프로토콜은 상위 계층 프로토콜로 부터 전달 받은 헤더와 데이터를 모두 데이터로 간주하고 자신의 헤더를 붙여 다시 하위 계층으로 보낸다.

7계층						Data		Application Frame
6계층					PH	PD		Application Frame
5계층				Session Header	Session Data			Application Frame
4계층			TCP Header	TCP Data				TCP Frame
3계층		IP Header	IP Data					IP Frame
2계층	MAC Header	MAC Data					MAC Tailer	MAC Frame
1계층	Ethernet / Token-Ring Frame / x.25 / FR / ATM							Transmission

✔ 예제

01 OSI 7 Layer의 계층을 순서대로 나열한 것은?

   ① 물리 계층 – 데이터링크 계층 – 네트워크 계층 – 전송 계층 – 프레젠테이션 계층 – 세션 계층 – 응용 계층

   ② 물리 계층 – 데이터링크 계층 – 네트워크 계층 – 프레젠테이션 계층 – 세션 계층 – 전송 계층 – 응용 계층

   ③ 물리 계층 – 데이터링크 계층 – 네트워크 계층 – 전송 계층 – 세션 계층 – 프레젠테이션 계층 – 응용 계층

   ④ 물리 계층 – 데이터링크 계층 – 네트워크 계층 – 전송 계층 – 세션 계층 – 응용 계층 – 프레젠테이션 계층

02 OSI 7 Layer를 하위 계층에서 상위 계층으로 순서대로 바르게 나열한 것은?

① 물리 → 데이터 링크 → 전송 → 네트워크 → 세션 → 표현 → 응용
② 데이터 링크 → 물리 → 전송 → 네트워크 → 세션 → 응용 → 표현
③ 전송 → 데이터 링크 → 네트워크 → 물리 → 세션 → 표현 → 응용
④ 물리 → 데이터 링크 → 네트워크 → 전송 → 세션 → 표현 → 응용

03 OSI 7 Layer에 Protocol을 연결한 것 중 옳지 않은 것은?

① Application : FTP, SNMP, Telnet
② Transport : TCP, SPX, UDP
③ DataLink : NetBIOS, NetBEUI
④ Network : ARP, DDP, IPX, IP

<정답> 01 ③ 02 ④ 03 ③

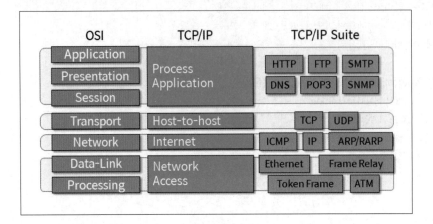

1) 1계층 네트워크 액세스 계층(Network Access Layer or Network Interface Layer)

가) OSI 7계층의 물리계층과 데이터 링크 계층에 해당한다.

나) 물리적인 주소로 MAC을 사용한다.

다) LAN, 패킷망, 등에 사용된다.

2) 2계층 인터넷 계층(Internet Layer)

가) OSI 7계층의 네트워크 계층에 해당한다.

나) 통신 노드 간의 IP패킷을 전송하는 기능과 라우팅 기능을 담당한다.

다) 프로토콜 - IP, ARP, RARP

3) 3계층 전송 계층(Transport Layer) -> Host-To-Host

가) OSI 7계층의 전송 계층에 해당한다.

나) 통신 노드 간의 연결을 제어하고, 신뢰성 있는 데이터 전송을 담당한다.

다) 프로토콜 - TCP, UDP

4) 4계층 응용 계층(Application Layer) -> Process Application

가) OSI 7계층의 세션 계층, 표현 계층, 응용 계층에 해당한다.

나) TCP/UDP 기반의 응용 프로그램을 구현할 때 사용한다.

다) 프로토콜 - FTP, HTTP, SSH

✅ 예제

01 Internet Protocol에 대한 설명으로 옳지 않은 것은?

① TCP에 의해 패킷으로 변환된 데이터를 Datalink Layer에 전달하여 다른 호스트로 전송하게 한다.

② 필요시 패킷을 절단하여 전송하기도 한다.

③ 비 연결 프로토콜이다.

④ OSI 7 Layer의 Datalink Layer에 대응한다.

02 라우터를 경유하여 다른 네트워크로 갈 수 있는 프로토콜은?

① NetBIOS　　　　　　　　　② NetBEUI

③ DLC　　　　　　　　　　　④ TCP/IP

03 TCP/IP 4계층 모델에 해당되지 않는 것은?

① 세션(Session) 계층

② 인터넷(Internet) 계층

③ 네트워크 인터페이스(Network Interface) 계층

④ 응용(Application) 계층

04 TCP/IP 4 Layer 중 전송 계층에 속하는 것은?

① Telnet　　　　　　　　　② FTP

③ IP　　　　　　　　　　　④ TCP

05 TCP/IP 인터넷 프로토콜에 기반을 둔 응용 계층에서 지원하지 않는 프로토콜은?

① ICMP(Internet Control Message Protocol)

② rlogin(Remote Login)

③ NFS(Network File System)

④ SNMP(Simple Network Management Protocol)

06 이기종간의 네트워크 특성을 상호 변환하여 호환성이 있는 정보 전송을 가능하게 해주는 기기로 OSI 7 Layer 의 세션, 표현, 응용 계층 등을 연결하는 장치는?

① Repeater　　　　　　　　② Bridge

③ Router　　　　　　　　　④ Gateway

07 게이트웨이(Gateway)에 대한 설명으로 옳지 않은 것은?

① OSI 참조 모델의 Transprot 계층간을 연결하는 네트워크 장비이다.

② 두 개의 완전히 다른 네트워크 사이의 데이터 형식을 변환하는 장치이다.

③ 데이터 변환의 기능을 가지고 있어 네트워크내의 병목 현상을 일으키는 지점이 될 수 있다.

④ 프로토콜이 다른 네트워크 환경들을 연결할 수 있는 기능을 제공한다.

08 게이트웨이(Gateway)의 역할로 올바른 것은?

① 전혀 다른 프로토콜을 채용한 네트워크 간의 인터페이스이다.

② 트위스트 페어 케이블 사용 시 이용되는 네트워크 케이블 집선 장치이다.

③ 케이블의 중계점에서 신호를 전기적으로 증폭한다.

④ 피지컬 어드레스의 캐시 테이블을 갖는다.

09 Gateway에 대한 설명 중 올바른 것은?

① OSI 7 Layer 중 네트워크 계층에서 동작한다.

② 상이한 네트워크 프로토콜, 데이터 포맷 등을 가지고 있는 두 개의 시스템 사이를 중개해 주는 역할을 하는 장치이다.

③ 서로 구조가 같은 두 개의 통신망을 연결하는데 쓰이는 장치 또는 시스템이다.

④ 2계층 스위치가 이에 속한다.

<정답> 01 ④ 02 ④ 03 ① 04 ④ 05 ① 06 ④ 07 ① 08 ① 09 ②

01 TCP/IP 프로토콜 계층 구조에서 볼 때, 응용 계층에서 동작하는 프로토콜로 옳지 않은 것은?

① ICMP   ② SMTP   ③ SNMP   ④ TFTP

02 OSI 7 Layer에 따라 프로토콜을 분류하였을 때, 다음 보기들 중 같은 계층에서 동작하지 않는 것은?

① SMTP   ② RARP   ③ ICMP   ④ IGMP

03 네트워크 장비를 관리 감시하기 위한 목적으로 TCP/IP 상에 정의된 응용 계층의 프로토콜로, 네트워크 관리자가 네트워크 성능을 관리하고 네트워크 문제점을 찾아 수정하는데 도움을 주는 것은?

① SNMP   ② CMIP   ③ SMTP   ④ POP

04 OSI 7 계층의 통신 계층별 PDU(Protocol Data Unit)의 명칭으로 올바른 것은 무엇인가?

① 7계층 : 세그먼트   ② 4계층 : 패킷
③ 3계층 : 비트   ④ 2계층 : 프레임

05 TCP/IP Protocol 군에서 네트워크 계층의 프로토콜로만 연결된 것은?

① TCP − UDP − IP   ② ICMP − IP − IGMP
③ FTP − SMTP − Telnet   ④ ARP − RARP - TCP

06 TCP/IP 프로토콜 4 Layer 구조를 하위 계층부터 상위 계층으로 올바르게 나열한 것은?

① Network Interface − Internet − Transport − Application
② Application − Network Interface − Internet − Transport
③ Transport − Application − Network Interface − Internet
④ Internet − Transport − Application − Network Interface

07 TCP/IP 4 Layer 중 전송 계층에 속하는 것은?

① Telnet   ② FTP   ③ IP   ④ TCP

08 TCP/IP에서 데이터 링크층의 데이터 단위는?

① 메시지   ② 세그먼트   ③ 데이터그램   ④ 프레임

정답

01 ①   02 ①   03 ①   04 ④   05 ②   06 ①   07 ④   08 ④

04 각종 프로토콜

1 OSI 7계층 프로토콜의 종류 (응용계층 프로토콜) 🔍

1) TCP/IP에서 많이 사용하는 프로토콜

2) 프로토콜 : 통신규약(통신을 위해 규정된 약속) / 포트번호를 정함(내선번호)

3) HTTP (하이퍼텍스트 프로토콜) : TCP(80) / HTTPS : TCP(443)

   가) 웹 프로그램 / 웹 브라우저용 언어

4) FTP (파일 트렌스퍼 프로토콜) : TCP(data-20, control-21)

   가) 파일 전송(송수신)용 프로그램

5) TFTP (간단한 파일 전송 프로토콜 (TFTP, Trivial File Transfer Protocol)은 FTP와 마찬가지로 파일을 전송하기 위한 프로토콜이지만, FTP보다 더 단순한 방식으로 파일을 전송한다) : UDP(69)

6) DNS (도메인 네임 서비스/시스템) : TCP(53), UDP(53)

   가) 주소 해석 : WWW.GOOGLE.COM(URL) -> HTTPS://8.8.8.8(IP주소)

7) SMTP (심플 메일 트렌스퍼 프로토콜) : TCP(25) / POP3: TCP(110)

   가) 이메일 전송 프로토콜

8) 텔넷 (원격 접속 프로그램) : TCP(23) 보안이 안됨!!!

9) SSH (보안된 원격 접속 프로그램) : TCP(22)

10) DHCP (다이나믹 호스트 컨피그레시연 프로토콜) : UDP(67,68)

   가) IP를 자동으로 할당하는 프로그램

   나) IP주소 / 서브넷마스크 / 게이트웨이 / DNS -> 공유기(NAT + DHCP)

✅ 예제

01 TCP의 프로토콜 이름과 일반 사용(Well-Known) 포트 연결로 옳지 않은 것은?

   ① SMTP : 25　　② HTTP : 80　　③ POP3 : 100　　④ FTP-Data : 20

02 SSH 프로토콜이 사용하는 포트 번호는?

   ① TCP 22번　　② TCP 23번　　③ UDP 24번　　④ UDP 25번

03 인터넷의 잘 알려진 포트(Well-Known Port) 번호로 옳지 않은 것은?

   ① SSH - 22번　　② FTP - 21번　　③ Telnet - 24번　　④ SMTP - 25번

<정답> 01 ③ 02 ① 03 ③

2 HTTP / HTTPS (웹 서비스)

1) 서버에 있는 웹 페이지를 사용자(클라이언트)가 웹 브라우져를 통해서 서비스를 제공 받을 수 있는 프로토콜

2) HTTP(TCP/80) : 구형 방식으로 암호화 처리가 되지 않아 취약점이 매우 많음

3) HTTPS(TCP/443) : 신형 방식으로 HTTP+SSL 암호화 처리가 되어 인증 받은 서버로 안심하고 사용할 수 있음 (금융, 증권, 보험, 국가기간 필수 사용)

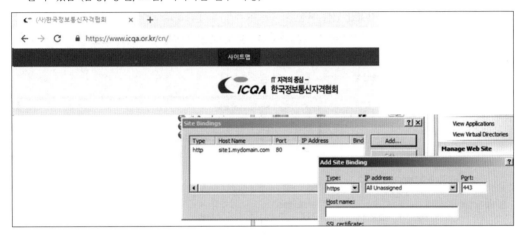

✅ 예제

01 다음은 서버가 일반적으로 사용하는(Well-Known) 포트 번호를 나타내고 있다. 서비스에 따른 포트번호가 옳지 않은 것은?

① Telnet − 23   ② HTTP − 81

③ FTP − 21   ④ SMTP - 25

<정답> 01 ②

3 FTP / TFTP (파일전송 서비스)

1) 서버에 있는 파일을 사용자(클라이언트)가 FTP 프로그램을 통해서 서비스를 제공 받을 수 있는 프로토콜

2) FTP(TCP/20 TCP/21) : 구형 방식으로 암호화 처리가 되지 않아 취약점이 매우 많음 (컨트롤 포트 21 / 데이터 전송포트20)

3) SFTP(TCP/22) : 신형 방식으로 SSH FTP로 22번 포트를 사용함.

4) FTPS(TCP/443) : 신형 방식으로 FTP+SSL 암호화 처리가 되어 인증 받은 서버로 안심하고 사용할 수 있음 (금융, 증권, 보험, 국가기간 필수 사용)

5) TFTP (UDP/69) : 간단한 파일 전송을 위한 프로토콜로 UDP를 사용한다. 백업용으로 많이 활용함

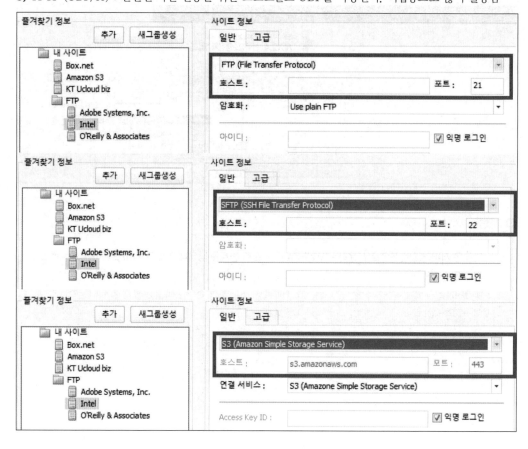

01 Anonymous FTP에 대한 설명으로 적당하지 않은 것은?

① 사용자 계정이 없어도 파일을 수신 할 수 있다.

② 'Anoymous' 또는 'FTP' 를 계정으로 사용한다.

③ 일반적으로 80번 포트를 사용하여 상호 통신한다.

④ Internet의 많은 컴퓨터들이 Anonymous FTP를 사용하여 문서, S/W 등 모든 종류의 정보를 제공한다.

02 Anonymous FTP에 대한 설명으로 옳지 않은 것은?

① 일반적으로 80번 포트를 사용하여 상호 통신한다.

② Internet의 많은 컴퓨터들이 Anonymous FTP를 사용하여 문서, S/W 등의 정보를 제공한다.

③ 상대방 측 컴퓨터의 계정이 없어도 파일을 송수신 할 수 있다.

④ 'Anonymous' 계정으로 접속한다.

<정답> 01 ③ 02 ①

1) 현존하는 컴퓨터는 IP주소를 활용하여 각종 서버에 접속을 한다. 그러나 서버의 개수가 늘어나고 IP주소를 암기하는 숫자가 어렵기 때문에 문자와 IP를 연결해주는 서비스가 도입 되었다.
(TCP 53 / UDP 53)

가) WWW.NAVER.COM -> IP주소

나) 관련 명령어 NSLOOKUP

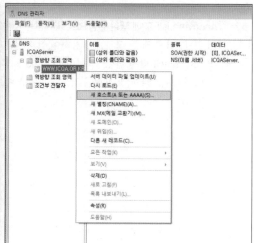

2) dns 레코드 값

가) A레코드 : IPv4용 변환

나) AAA레코드 : IPv6용 변환

다) MX레코드 : 이메일용 변환

라) PTR레코드 : 포인트 (역방향 조회영역)

　① IP -> URL

마) CNAME레코드 : 별칭(별명)

　① WWW.NAVER.COM

　② EMAIL.NAVER.COM

　③ FTP.NAVER.COM

　④ BLOG.NAVER.COM

✅ 예제

01 DNS(Domain Name System)에 대한 설명으로 옳지 않은 것은?

① DNS는 IP Address 체계를 따른다.

② DNS는 인터넷 표준 이름을 IP 주소로 맵핑시킨다.

③ DNS는 정적인 구조를 가지므로 네트워크상의 호스트 변화에 즉각 대응한다.

④ 동적 DNS는 호스트가 추가되거나, 삭제될 때 DNS 데이터베이스를 자동으로 갱신한다.

02 DNS에서 사용될 때 TTL(Time to Live)의 설명으로 올바른 것은?

① 데이터가 DNS서버 존으로부터 나오기 전에 현재 남은 시간이다.

② 데이터가 DNS서버 캐시로부터 나오기 전에 현재 남은 시간이다.

③ 패킷이 DNS서버 존으로부터 나오기 전에 현재 남은 시간이다.

④ 패킷이 DNS서버 네임서버 레코드로부터 나오기 전에 현재 남은 시간이다.

03 KRNIC에서 부여하는 차상위 도메인 중에서 초등학교에 해당하는 것은?

① hs   ② sc

③ es   ④ ms

<정답> 01 ③ 02 ② 03 ③

1) SMTP : Simple Mail Transfer Protocol (TCP/25포트)

   가) 이메일을 전송하는 용도

2) POP3 : Post Office Protocol (TCP/110포트)

   가) 우체통 역할(메일을 클라이언트에 가져올때)

3) IMAP : Internet Mail Access Protocol (TCP/143포트)

   가) POP3와 동일

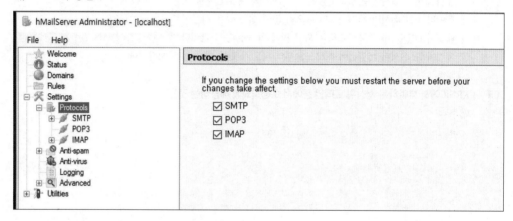

4) 우리나라의 이메일 전송 : 메일을 운영하는 홈페이지에 로그인을 하여 메일을 주고 받는다.

5) 외국의 이메일 전송 : 메일 전용 클라이언트 프로그램을 사용한다. (아웃룩/썬더버드)

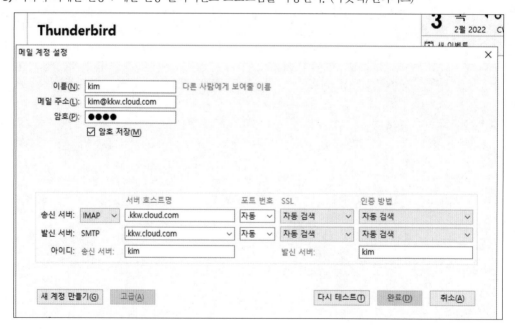

✅ **예제**

01 **E-Mail과 관련 없는 것은?**

① MUA   ② SNMP

③ SMTP   ④ MIME

02 **전자메일을 전송하거나 수신할 때 사용되는 프로토콜로 옳지 않은 것은?**

① SMTP(Simple Mail Transfer Protocol)

② MIME(Multi-purpose Internet Mail Extensions)

③ POP3(Post Office Protocol 3)

④ SNMP(Simple Network Management Protocol)

03 **POP3에 대한 설명 중 옳지 않은 것은?**

① SMTP와 반대 개념으로 메일을 서버로부터 내려 받아 읽을 수 있게 한다.

② 인터넷이 연결된 곳에서 인증 과정만 통과하면 장소에 상관없이 사용이 가능하다.

③ 일반적으로 POP3로 접속하여 메일을 가져와도 서버에는 메일이 남아있다.

④ Post Office Protocol Version 3의 약자이다.

<정답> 01 ② 02 ④ 03 ③

1) Telnet : 전통적인 원격지 컴퓨터의 CUI로 관리하기 위한 프로그램이다.

가) 장점 : 속도가 매우 빠르다.

나) 단점 : 보안에 취약하다. (패킷 분석 프로그램 : 와이어샤크 → 2진법/16진법/코드분석)

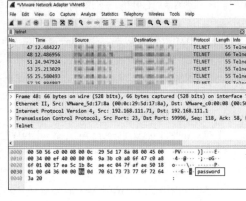

2) ssh : telnet의 취약점을 해결하기 위해 telnet+ssl(암호화코드) 적용하여 CUI로 관리를 한다.

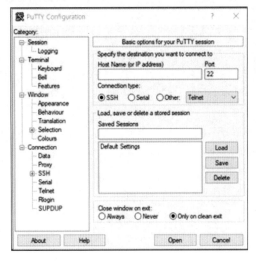
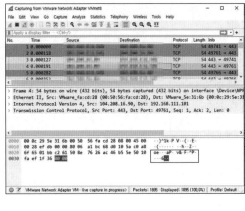

✅ **예제**

01 Telnet에 대한 설명으로 옳지 않은 것은?

① Telnet은 네트워크 가상 단말(NVT)의 표준 단말 타입을 정의한다.

② 원격에 있는 호스트에 접속할 수 있도록 해주는 프로토콜이다.

③ 명령형식은 Telnet '도메인 이름'(또는 IP Address)이다.

④ 로컬 네트워크에서만 적용된 프로토콜이다.

02 Telnet에 관한 설명으로 옳지 않은 것은?

① 호스트 컴퓨터에 대한 사용 권한을 가지고 있지 않은 경우에도 Telnet을 통한 접근이 가능하다.

② 원격지 컴퓨터를 액세스하기 위한 사용자 명령어들과 TCP/IP 기반의 프로토콜이다.

③ 'Telnet 도메인명'을 사용하여 호스트 컴퓨터에 접속한다.

④ 특정한 호스트 컴퓨터에 있는 응용 프로그램이나 데이터를 직접 사용할 필요가 있는 경우에 사용된다.

03 원격에 있는 호스트 접속시 암호화된 패스워드를 이용하여 보다 안전하게 접속할 수 있도록 rlogin과 같은 프로토콜을 보완하여 만든 프로토콜은?

① SSH   ② SNMP

③ SSL   ④ Telnet

04 SSH에 대한 설명으로 올바른 것은?

① 데이터 전송 시 UDP 프로토콜만을 사용한다.

② 패스워드가 암호화되지 않으므로 패스워드가 보호되지 않는다.

③ Secure Shell 이라고 부른다.

④ 쌍방 간 인증을 위해 Skipjack 알고리즘이 이용된다.

05 SSH에 대한 설명으로 옳지 않은 것은?

① SSH에서는 포트 포워딩(Port Forwarding) 기법을 사용하고 있다.

② SSH를 통해 만든 터널을 다른 애플리케이션도 이용할 수 있다.

③ SSH에서는 TCP와 UDP를 사용하는 애플리케이션을 지원한다.

④ 터널링은 크게 Local Port Forwarding과 Remote Port Forwarding으로 이루어진다.

<정답> 01 ④ 02 ① 03 ① 04 ③ 05 ③

7 DHCP / NAT (IP공유기 기본 기능)

메뉴탐색기	시스템 요약 정보	
기본 설정	**인터넷 정보**	
시스템 요약 정보	인터넷 연결 상태	인터넷에 정상적으로 연결됨
인터넷 설정 정보	인터넷 연결 방식	고정 IP 연결 외부 IP 주소 **121.137.149.46**
펌웨어 업그레이드	인터넷 연결 시간	19 일 17 시간 7 분 52 초
	내부 네트워크 정보	
고급 설정	내부 IP주소	192.168.51.1
	DHCP 서버 상태	DHCP 서버 동작 중
	동적 IP 할당 범위	192.168.51.2 - 192.168.51.254
	기타 정보	

1) DHCP : IP할당을 자동으로 진행하여 자신의 인터넷 주소를 모르더라도 자유롭게 인터넷을 사용할 수 있도록 하는 프로토콜 (공유기 내장)

2) NAT : 공유기 내부망은 사설 IP로 할당하여 외부에 인터넷을 하기 위해 공인 IP를 변환하여 사용하는 프로토콜

가) 사설 IP 범위

나) A클래스 : 10.0.0.0 - 10.255.255.255

다) B클래스 : 172.16.0.0 - 172.31.255.255

라) C클래스 : 192.168.0.0 - 192.168.255.255

✅ 예제

01 사설 IP주소를 공인 IP주소로 바꿔주는데 사용하는 통신망의 주소 변환 기술로, 공인 IP주소를 절약하고, 내부 사설망을 이용하여 인터넷에 연결하므로 보안을 강화할 수 있는 것은?
① DHCP   ② ARP
③ BOOTP   ④ NAT

02 NAT(Network Address Translation)에 대한 설명으로 옳지 않은 것은?
① 사설 IP 주소를 공인 IP 주소로 바꿔주는데 사용하는 통신망의 주소 변환기술이다.
② NAT를 사용할 경우 내부 사설 IP 주소는 C Class를 사용해야만 정상적인 동작이 가능하다.
③ 외부 침입자가 공격하기 위해서는 사설망의 내부 사설 IP 주소를 알아야 하기 때문에 공격이 어려워지므로 내부 네트워크를 보호할 수 있는 장점이 있다.
④ NAT를 이용하면 한정된 공인 IP 주소를 절약 할 수 있다.

<정답> 01 ④ 02 ②

01 사설 IP주소를 공인 IP주소로 바꿔주는데 사용하는 통신망의 주소 변환 기술로, 공인 IP주소를 절약하고, 내부 사설망을 이용하여 인터넷에 연결하므로 보안을 강화할 수 있는 것은?

① DHCP   ② ARP   ③ BOOTP   ④ NAT

02 서버를 관리하는 Kim 사원은 회사지침으로 기존 홈페이지를 http방식에서 https방식으로 변경하라고 지시가 내려져서 https의 특징에 대하여 알아보고 있는 중이다. 다음 보기 중에서 https의 특징으로 옳은 것은?

① 기존 http보다 암호화된 SSL/TLS를 전달한다.

② tcp/80번 포트를 사용한다.

③ udp/443번 포트를 사용한다.

④ 인증이 필요하지 않아 사용하기가 간편하다.

03 네트워크를 관리하는 Kim 사원은 스위치에 원격접속시 Telnet을 이용하여 작업을 주로 진행하였지만 신규로 도입되는 스위치에는 SSH로 접속 방법을 교체하고자 한다. 다음 중 SSH의 특징을 검토 중 내용이 옳지 않은 것은?

① Telnet에 비하여 보안성이 뛰어나다.

② ssh1은 RSA 암호화를 사용한다.

③ ssh2는 RSA 외 더 다양한 키교환방식을 지원한다.

④ tcp/23번을 이용한다.

04 네트워크 및 서버관리자 Kim 사원은 'www.icqa.or.kr'이라는 사이트를 도메인에 IP 등록을 하였다. 해당 IP가 제대로 도메인에 등록되었는지 확인하는 (A)에 들어가야 할 명령어는? (단. 윈도우 계열의 명령프롬프트(cmd)에서 실행하였다.)

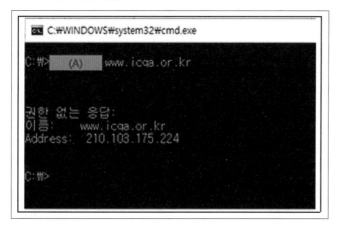

① ping   ② tracert   ③ nbtatat   ④ nslookup

05 SMTP에 대한 설명 중 올바른 것은?

① 인터넷을 통해 파일을 송/수신하기 위한 프로토콜

② 인터넷 전자 우편을 위한 프로토콜

③ 하이퍼 텍스트 문서를 전송하기 위한 프로토콜

④ 원격 접속을 위한 프로토콜

06 인터넷의 잘 알려진 포트(Well-Known Port)로 옳지 않은 것은?

① Telnet - 23   ② SMTP - 25

③ POP3 - 110   ④ SSH - 69

07 TFTP 프로토콜에 대한 설명 중 옳지 않은 것은?

① Trivial File Transfer Protocol의 약어이다.

② 네트워크를 통한 파일 전송 서비스이다.

③ 3방향 핸드셰이킹 방법인 TCP 세션을 통해 전송한다.

④ 신속한 파일의 전송을 원할 경우에는 FTP보다 훨씬 큰 효과를 얻을 수 있다.

08 NAT(Network Address Translation)에 대한 설명으로 옳지 않은 것은?

① 사설 IP 주소를 공인 IP 주소로 바꿔주는데 사용하는 통신망의 주소 변환기술이다.

② NAT를 사용할 경우 내부 사설 IP 주소는 C Class를 사용해야만 정상적인 동작이 가능하다.

③ 외부 침입자가 공격하기 위해서는 사설망의 내부 사설 IP 주소를 알아야 하기 때문에 공격이 어려워지므로 내부 네트워크를 보호할 수 있는 장점이 있다.

④ NAT를 이용하면 한정된 공인 IP 주소를 절약 할 수 있다.

09 원격 컴퓨터에 안전하게 액세스하기 위한 유닉스 기반의 명령 인터페이스 및 프로토콜로, 기본적으로 22번 포트를 사용하고, 클라이언트/서버 연결의 양단은 전자 서명을 사용하여 인증되며, 패스워드는 암호화하여 보호되는 것은?

① SSH   ② IPSec

③ SSL   ④ PGP

10 다음의 응용계층 프로토콜 중에 전송계층의 프로토콜 TCP, UDP를 모두 사용하는 프로토콜은 무엇인가?

① FTP   ② SMTP

③ DNS   ④ SNMP

11 DNS에 대한 설명으로 옳지 않은 것은?

① 도메인에 대하여 IP Address를 매핑한다.

② IP Address를 도메인 이름으로 변환하는 기능도 있다.

③ IP Address를 효율적으로 관리하기 위한 서비스로 IP Address 및 Subnet Mask, Gateway Address를 자동으로 할당해 준다.

④ 계층적 이름 구조를 갖는 분산형 데이터베이스로 구성되고 클라이언트·서버 모델을 사용한다.

12 DNS 서버가 호스트 이름을 IP Address로 변환하는 역할을 수행하도록 설정하는 것은?

① 정방향 조회
② 역방향 조회
③ 양방향 조회
④ 영역 설정

05 네트워크 장비 및 케이블

1 네트워크 장비 일반

1) 계층에 의한 장비 분류 및 기능

계층	장비	기능
전계층	GateWay Server	Data의 형태 변환 및 프로토콜 변환
3계층	Router	경로 설정 기능
2계층	Bridge, Switch	MAC 주소 지정, 필터링
1계층	Repeater, Hub, NIC카드	신호의 재생 및 증폭

가) 네트워크 장비는 서로 다른 기기 들을 연결해 주는 장비를 말한다.

나) 장비를 선택할 때는 사용목적, 사용프로토콜, 토폴로지, 호환성을 고려해야 한다.

다) LAN과 WAN에서 사용되는 장비들과 OSI7 에서 분류해 볼 수 있다.

2) 1계층(물리) : 허브 / 리피터 / NIC(랜카드)

가) 허브 : 단순이 데이터를 모아서 목적지까지 브로드케스트를 날리는 장치 (0,1을 목적지까지 찾아 전송)

나) 리피터 : 증폭, 중계기(랜케이블은 최대 100M/유효 80M 거리의 제한)

3) 2계층(데이터 링크) : L2스위치 / 브릿지

가) L2 스위치 : VLAN(네트워크 분할) / 포트시큐리티(맥주소를 통한 통신허용)

나) 브릿지 : 서로 다른 네트워크를 연결(네트워크 연결 다리) / 요즘은 스위치 에서 모든 일을 대행한다.

4) 3계층(네트워크) : L3스위치 / 라우터

가) L3 스위치 : 라우팅 테이블을 만드는 스위치 (L2스위치 + 라우터)

나) 라우터 : 최적의 경로를 찾아 라우팅 / 서로다른 네트워크 연결 / ACL / NAT / DHCP

5) 4계층(전송) : L4스위치 / 게이트웨이(VPN / 방화벽 / IDS / IPS)

가) TCP / UDP를 분석하여 데이터를 검증 -> 보안적요소가 강함.

6) 7계층(응용) : L7스위치 / 게이트웨이(VPN / 방화벽 / IDS / IPS)

가) 포트를 분석하여 데이터를 검증 -> 보안적인요소가 강함.

7) NIC(Network Interface Card)

가) NIC(Network Interface Card)의 기능

① NIC은 LAN에 연결 지점을 제공하기 위해 컴퓨터에 설치하는 장치 어댑터이다.

② NIC은 장비와 LAN 사이의 통신을 준비.

③ NIC은 좀 더 빠른 전송 속도를 위해 데이터를 인코딩하고 압축.

④ 목적지 호스트의 NIC은 전송된 데이터를 수신, CPU로 데이터를 전달.

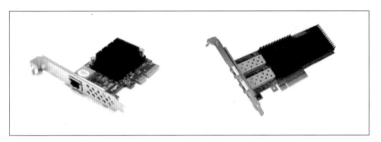

나) 무선 랜카드

① 무선 기술은 1997년 802.11이라고 불리는 무선랜 규격의 원형이 등장하면서 본격적으로 발달하기 시작했다. 802.11계열 기술로 와이파이(WiFi : Wireless Fidelity)라고 불려지는 무선랜(WLAN : Wireless Local Area Net-work)은 유선랜의 전송 방식을 무선 환경에 맞도록 변화시킴으로써 이더넷이나 토큰 링과 같은 전통적인 유선랜 기술의 이점과 기능을 무선망 환경에서 제공하여 사용자에게 자유로운 이동성을 보장하고 랜(LAN) 설치비용도 줄일 수 있는 장점을 제공한다. 무선랜은 전파를 전송 매체로 사용하므로 단말기가 빈번히 이동하거나 배선의 설치가 어려운 환경에 유용하게 사용된다.

8) MAU (media attachment unit : 매체 접속 장치)

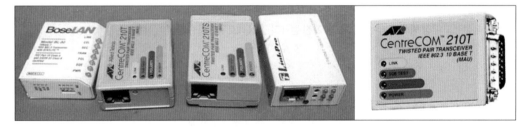

가) 보통 네트워크상의 전송 매체 또는 접속 장치가 서로 다른 경우 사용되는 장치.

나) MAU는 이더넷에 부착된 호스트 컴퓨터 상의 AUI 포트를 UTP 또는 동축케이블 등과 같은 이더넷 네트웍 매체에 접속하기 위한 장치이다. MAU는 OSI 참조모델의 물리계층에 해당하는 서비스를 제공한다. 이것은 전기적인 연결 및 컴퓨터와 네트웍 사이에서 데이터를 주고받고 충돌을 감지하여 재전송하는 트랜시버를 제공한다. MAU는 컴퓨터 워크스테이션이나 기타 다른 장치에 내장되거나 또는 별개의 장비로 만들어질 수 있다.

◎ 예제

01 네트워크 인터페이스 카드(NIC)에 대한 설명으로 옳지 않은 것은?
① OSI 7 Layer 중 4 계층 장비이다.
② 케이블을 통해 데이터 전송을 하기 위한 장치이다.
③ 병렬 데이터를 받아 직렬로 전송한다.
④ 고유한 네트워크 어드레스인 MAC Address가 있다.

02 현재 LAN 카드의 MAC Address는 몇 비트의 번호체계인가?
① 32 비트 ② 48 비트
③ 64 비트 ④ 128 비트

03 MAC Address의 설명으로 올바른 것은?
① NIC 설치 시에 온라인을 통하여 할당 받는다.
② 하위 3Byte는 컴퓨터 제조업체에서 구입한다.
③ MAC Address에 대한 세부 사항은 IEEE에서 결정한다.
④ 총 40bit로 구성되어 있다.

04 무선 랜카드를 설치한 5대 이하의 PC를 액세스 포인트 없이 서로 간에 통신이 가능하도록 구성할 때 사용하는 모드는?
① 무선 네트워크 모드
② 인프라스트럭처(Infrastructure) 모드
③ 애드-혹(Ad-Hoc) 모드
④ 무선 브리지 모드

05 무선랜의 구성 방식 중 무선랜 카드를 가진 컴퓨터 간의 네트워크를 구성하여 작동하는 방식은?
① Infrastructure ② Ad-Hoc
③ Bridge ④ CSMA/CD

06 Wireless LAN에 대한 설명으로 옳지 않은 것은?
① 유선랜에 비하여 일정거리 내에서 이동성에 대한 자유로움이 보장된다.
② 무선랜은 Access Point와 무선 단말기로 구성된다.
③ 무선랜은 주파수, 속도 및 통신방식에 따라 IEEE 802.11 a/b/g/n 등으로 정의 되어있다.
④ 동일한 Access Point를 사용할 경우 주변 환경에 의한 전송속도 영향은 없다.

<정답> 01 ① 02 ② 03 ③ 04 ③ 05 ② 06 ④

9) 리피터(Repeater : 증폭/중계기)

가) 디지털 전기 신호를 증폭 또는 재생하는 기능만을 갖추고 있어 신호를 원거리 전송하는 경우에 사용.

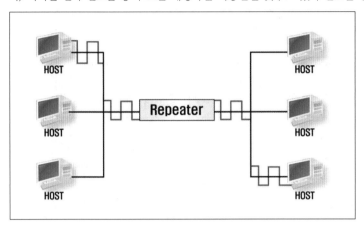

✔ 예제

01 리피터(Repeater)를 사용해야 될 경우로 올바른 것은?
① 네트워크 트래픽이 많을 때
② 세그먼트에서 사용되는 액세스 방법들이 다를 때
③ 데이터 필터링이 필요할 때
④ 신호를 재생하여 전달되는 거리를 증가시킬 필요가 있을 때

02 OSI 7계층 중에서 리피터가 지원하는 계층은?
① 물리계층 　　　　　　　② 네트워크 계층
③ 전송계층 　　　　　　　④ 응용계층

03 Repeater가 동작하는 OSI 7 Layer의 계층은?
① 물리 계층 　　　　　　　② 응용 계층
③ 데이터링크 계층 　　　　④ 네트워크 계층

04 물리계층의 연동 장비로 신호를 재생하는데 사용되는 것은?
① Repeater 　　　　　　　② Brouter
③ Router 　　　　　　　　④ Gateway

05 장비간 거리가 증가하거나 케이블 손실로 인한 신호 감쇠를 재생시키기 위한 목적으로 사용되는 네트워크 장치는?
① Gateway 　　　　　　　② Router
③ Bridge 　　　　　　　　④ Repeater

<정답> 01 ④ 02 ① 03 ① 04 ① 05 ④

10) 허브(HUB : 멀티포트 리피터)

가) 연결된 모든 호스트들은 이렇게 신호를 전달할 수 있는 버스를 하나의 개념으로 공유하는 방식이기 때문에 연결된 호스트가 많을수록 데이터를 전송할 수 있는 확률이 낮아지기 때문에 속도가 느려진다.

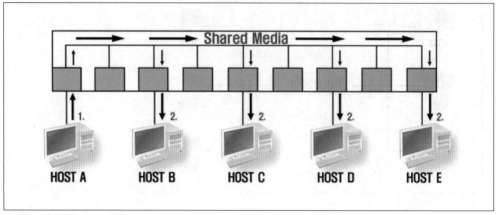

네트워크 관리사 공식 교육 자료 발취

나) 허브의 종류

   ① 더미 허브 : 허수아비

     ㉮ 통신을 진행할 때 1개가 통신하면 나머지는 대기(구형)

     ㉯ 여러대가 통신을 진행하면 통신속도가 N/1로 줄어듬.

   ② 스위칭 허브

     ㉮ 통신을 진행할 때 여러대가 동시에 통신할 수 있으며 속도가 보장

   ③ 스택 허브

     ㉮ 스위칭 허브 기능에 스택이라는 기능이 포함

     ㉯ 스택(쌓는다) 허브가 24포트 인데 30대가 연결 되어야 할 때 스위치를 2개를 써야한다. (2개의 도메인으로 구현) -> 스택 전용케이블을 장착하면 2개의 스위치가 1개의 도메인으로 구현

   ④ 인텔리전트 허브

     ㉮ 스위칭 허브 기능에 인텔리전트의 기능이 포함

     ㉯ 인텔리전트(똑똑함) 컴퓨터에서 이상신호가 계속 감지되면 포트를 차단한다.

✔ 예제

01 Hub가 사용하는 OSI 계층은?
① 물리 계층
② 세션 계층
③ 트랜스포트 계층
④ 애플리케이션 계층

02 스위칭 허브(Switching Hub)에 대한 설명으로 올바른 것은?
① OSI 참조 모델 중 3계층 장비이다.
② 데이터를 목적지 노드로 전송할 때 MAC 어드레스를 기준으로 Forwarding 한다.
③ 데이터 전송을 위해 라우팅 테이블을 이용한다.
④ Multi-Port-Repeater라 부른다.

03 스위치 허브(Switch Hub)에 대한 설명 중 옳지 않은 것은?
① 네트워크 관리가 용이하다.
② 네트워크 확장이 용이하다.
③ 포트 당 일정한 속도를 보장해 준다.
④ 스위치 허브에 연결된 사용자가 많을수록 전송속도는 향상된다.

04 Star Topology에서 동시에 두 개 이상의 Connection을 할 수 있는 장치로, 연결된 각 포트마다 전용 대역폭 할당이 가능하여, 연결된 장치의 수에 따라 주고받는 데이터의 속도가 낮아지지 않고, 속도를 보장할 수 있는 것은?
① Switching Hub
② Repeater
③ Dummy Hub
④ Bridge

<정답> 01 ① 02 ② 03 ④ 04 ①

11) 브릿지 (Bridge)

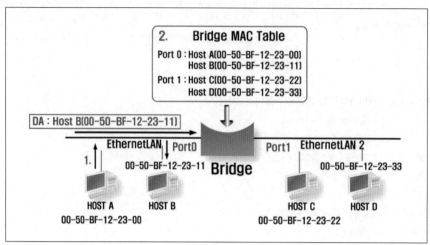

네트워크 관리사 공식 교육 자료 발취

가) 허브로 만들어진 콜리전 도메인 사이를 반으로 나누고 중간에 다리를 두는 것이다. 나뉜 영역끼리의 콜리전 도메인을 만들어 두 영역에서 동시에 통신이 가능하게 만들고, 한쪽에서 다른 영역으로 통신 해야 하는 경우에는 브리지를 건너서 통신이 이루어진다. 도메인에 뿌려지는 프레임을 읽어서 브릿지 에서 다른 쪽으로 프레임을 통과시키지 않게 함으로 써 구역을 나눈다

나) 네트워크에 연결할 수 있는 포트를 2개 가지고 있어 LAN과 LAN의 연결 및 확장하는 기능이 있다.

✅ 예제

01 **브리지에 대한 설명으로 옳지 않은 것은?**
① 리피터는 OSI 계층 구조 상의 물리 계층과 MAC 계층에서 동작하는 것과는 달리, 브리지는 물리 계층에서만 동작한다.
② 수신된 프레임을 저장하여 처리할 수 있으므로, 서로 다른 타입의 LAN 세그먼트를 연결할 수 있다.
③ 브리지에 독립적인 기능을 추가함으로써, LAN 세그먼트 단위의 관리를 용이하게 한다.
④ LAN을 여러 개의 세그먼트 단위로 구성하는 방식은, 하나의 커다란 망으로 구성하는 방식에 비하여 안정도를 높인다.

<정답> 01 ①

12) 스위치 (Switch)

가) 모든 호스트의 MAC주소를 테이블에 기록해서 보관하고 수신된 프레임의 목적지 주소를 확인해 해당 포트로만 전송을 해준다.

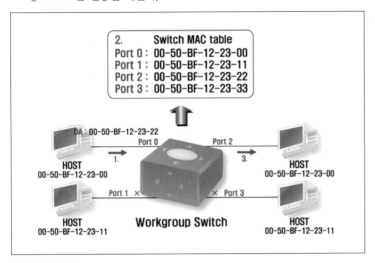

13) 라우터 (Router)

가) 서로 다른 네트워크와 연결하기 위해서는 Router라는 장비가 필요.

나) 수신되는 네트워크 계층의 목적지 주소를 보고 그 목적지까지의 최적의 경로를 설정해 주는 작업을 한다.

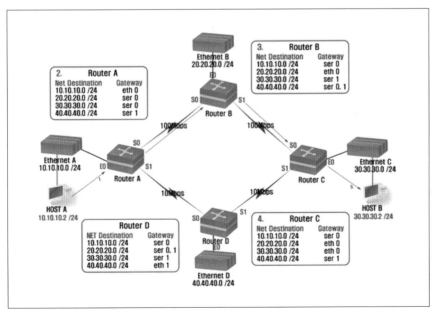

01 네트워크상에 발생한 트래픽을 제어하며, 네트워크상의 경로 설정 정보를 가지고 최적의 경로를 결정하는 장비는?

① 브리지(Bridge)   ② 라우터(Router)

③ 리피터(Repeater)   ④ 게이트웨이(Gateway)

02 분리된 네트워크를 연결해주며, 네트워크층 간을 연결해 주는 기능을 하는 장치는?

① 브리지(Bridge)   ② 리피터(Repeater)

③ 라우터(Router)   ④ 모뎀(MODEM)

03 Router에 대한 설명 중 옳지 않은 것은?

① 네트워크상의 패킷을 전달하는 네트워크 장비이다.

② OSI 7 Layer 중 Transport 계층에 대응된다.

③ 하드웨어에 따라 패킷을 다시 적절한 크기로 분할하거나, 또는 재조립하고, 이들을 데이터 프레임의 형태로 캡슐화 하는 기능을 가지고 있다.

④ 패킷 전달을 위해 최적의 경로를 결정한다.

04 네트워크 장비인 라우터에 대한 설명 중 옳지 않은 것은?

① TCP/IP의 트래픽 경로제어를 한다.

② 네트워크를 분리하는데 사용할 수 있다.

③ 트래픽상의 모든 신호의 재생과 유효거리를 확장한다.

④ OSI 7 Layer에서 네트워크 계층의 서비스를 한다.

05 OSI 모델의 네트워크 계층에서 작동하는 네트워크 연결장치는?

① 브리지(Bridge)   ② 라우터(Router)

③ 리피터(Repeater)   ④ 게이트웨이(Gateway)

06 다음 중 네트워크 장비인 Router가 속하는 계층은?

① Application Layer   ② Presentation Layer

③ Transport Layer   ④ Network Layer

<정답> 01 ② 02 ③ 03 ② 04 ③ 05 ② 06 ④

14) 게이트웨이 (GateWay)

가) OSI 7 Layer의 응용계층에서 동작 하며, 네트워크상의 서로 다른 프로토콜이나 또는 서로 다른 운영체제를 사용하는 노드가 있을 경우, 상호 연결을 시켜주는 장비를 말한다.

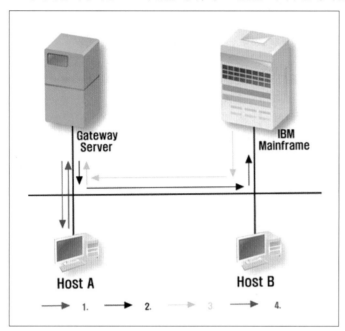

① Host A는 IBM사의 메인프레임을 사용하기 위해 네트워크 상에 있는 Gateway server에게 데이터를 전송한다.

② 데이터를 수신한 Gateway server는 데이터의 목적지를 확인해 목적지 주소에서 사용 가능한 적당한 프로토콜 또는 데이터의 format을 변환해 IBM 사의 메인프레임으로 데이터를 전송.

③ 데이터를 수신한 메인프레임은 데이터의 처리 결과를 다시 Gateway server에게 보내준다.

④ 처리결과를 받은 Gateway server는 받은 정보를 다시 Host A에게 전송해 준다.

✅ 예제

01 이기종간의 네트워크 특성을 상호 변환하여 호환성이 있는 정보 전송을 가능하게 해주는 기기로 OSI 7 Layer 의 세션, 표현, 응용 계층 등을 연결하는 장치는?

① Repeater ② Bridge

③ Router ④ Gateway

02 게이트웨이(Gateway)에 대한 설명으로 옳지 않은 것은?

① OSI 참조 모델의 Transprot 계층간을 연결하는 네트워크 장비이다.

② 두 개의 완전히 다른 네트워크 사이의 데이터 형식을 변환하는 장치이다.

③ 데이터 변환의 기능을 가지고 있어 네트워크내의 병목 현상을 일으키는 지점이 될 수 있다.

④ 프로토콜이 다른 네트워크 환경들을 연결할 수 있는 기능을 제공한다.

03 게이트웨이(Gateway)의 역할로 올바른 것은?

① 전혀 다른 프로토콜을 채용한 네트워크 간의 인터페이스이다.

② 트위스트 페어 케이블 사용 시 이용되는 네트워크 케이블 집선 장치이다.

③ 케이블의 중계점에서 신호를 전기적으로 증폭한다.

④ 피지컬 어드레스의 캐시 테이블을 갖는다.

04 Gateway에 대한 설명 중 올바른 것은?

① OSI 7 Layer 중 네트워크 계층에서 동작한다.

② 상이한 네트워크 프로토콜, 데이터 포맷 등을 가지고 있는 두 개의 시스템 사이를 중개해 주는 역할을 하는 장치이다.

③ 서로 구조가 같은 두 개의 통신망을 연결하는데 쓰이는 장치 또는 시스템이다.

④ 2계층 스위치가 이에 속한다.

<정답> 01 ④ 02 ① 03 ① 04 ②

2 네트워크 케이블의 종류

1) TP 케이블 (Twisted Pair 케이블)

가) 두 개의 절연된 구리선이 원하지 않는 전기적 신호를 방출하거나 서로 간섭하는 것을 막기 위해 물리적으로 꼬여있는 형태를 가지고 있는 케이블이다..

나) Twisted Pair 케이블은 UTP 케이블과 STP 케이블의 두 종류가 존재한다.

① UTP(Unshielded Twisted Pair 케이블) : 절연체로 감사여 있지 않은 내부용 케이블

② STP(Shielded Twisted Pair 케이블) : 절연체로 감사 있는 외부용 케이블

㉮ 외부 피복 내에 외부 전자기 간섭으로부터 보호를 위해서 각 쌍들마다 얇은 금속 박막으로 둘러싸여 있으며 이 막은 땅에 접지되어져 있어야 한다.

㉯ UTP 케이블에 비해 비싸고 다루기 어려워 UTP 케이블로 대체되고 있다.

㉰ 백본의 최대 사용 길이는 100m로 제한된다.

㉱ 금속박막에 의해 외부로부터의 간섭을 거의 받지 않는다.

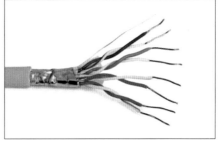

UTP 케이블   STP 케이블

다) 과거 저속의 전화선으로 사용, 현재 성능이 발전해서 고속통신에 사용된다..

라) UTP 케이블은 여러 종류의 카테고리가 있으나 주로 카테고리3, 5, 6등이 사용된다.

마) UTP 케이블 카테고리 종류

	CAT.5	CAT.5E	CAT.6	CAT.6E	CAT.7
전송속도	100Mbps	1Gbps	1Gbps	10Gbps	10Gbps
대 역 폭	100MHz	100MHz	250MHz	500MHz	600MHz
규 격	100BASE-TX	100BASE-T	1000BASE-TX	10G BASE	10G BASE

2) UTP 케이블 제작

가) 케이블의 규격

① T568A형

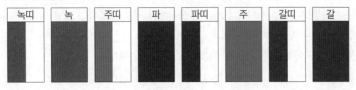

| 녹띠 | 녹 | 주띠 | 파 | 파띠 | 주 | 갈띠 | 갈 |

② T568B형

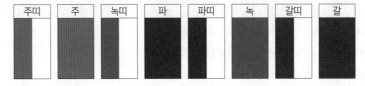

| 주띠 | 주 | 녹띠 | 파 | 파띠 | 녹 | 갈띠 | 갈 |

나) 케이블 제작

① 다이렉트 케이블 : 이기종간의 장비를 연결할 때 사용한다.

   ㉮ 568B형을 2개 만든다.

   ㉯ 서로 다른 장비 끼리 케이블로 연결할 때 활용

   ㉰ 568B + 568B => 국내형 다이렉트 케이블

   ㉱ 568A + 568A => 외국형 다이렉트 케이블(ISDN, PPP) -> 저속 장거리 통신용

   ㉲ 케이블 활용

   　㉠ 스위치 <-> 다이렉트 케이블 <-> PC

   　㉡ 스위치 <-> 다이렉트 케이블 <-> 노트북

   　㉢ 노트북 <-> 다이렉트 케이블 <-> 허브

   　㉣ 공유기 <-> 다이렉트 케이블 <-> PC

   　㉤ 실기 1번 문제 : 다이렉트 케이블은 양쪽을 T568B형으로 제작한다.

② 크로스 케이블 : 동기종간의 장비를 연결할 때 사용한다.

   ㉮ 568A형 + 568B형으로 만든다.

   ㉯ 서로 같은 장비 끼리 케이블로 연결할 때 활용

   ㉰ 케이블 활용

   　㉠ 스위치 <-> 크로스 케이블 <-> 스위치

   　㉡ 허브 <-> 크로스 케이블 <-> 허브

   　㉢ 노트북 <-> 크로스 케이블 <-> 노트북

   　㉣ 노트북 <-> 크로스 케이블 <-> PC

✔ 예제

01 다음 중 최대길이가 100M인 케이블은?
  ① 10Base2   ② 10BaseT
  ③ 토큰링   ④ 아크넷(ArcNet)

02 선로의 명칭 중 10BASE-T의 '10' 이 의미하는 것은?
  ① 접속할 수 있는 단말의 수가 10대이다.
  ② 배선 할 수 있는 케이블의 길이가 10M이다.
  ③ 데이터 전송속도가 10Mbps이다.
  ④ 케이블의 굵기가 10mm이다.

03 네트워크상에 사용되는 케이블의 종류에 따른 설명이다. 연결이 옳지 않은 것은?
  ① 동축케이블 : 중앙의 구리선에 흐르는 전기신호는 그것을 싸고 있는 외부 구리망 때문에 외부의 전기
    적 간섭을 적게 받고 전력손실이 적다.
  ② 광케이블 : 빛을 이용하여 정보를 전송하므로 전자기파 간섭이 없고 100Mbps 이상의 고속 데이터 전
    송이 가능하다.
  ③ UTP : 케이블 세그먼트의 최대 길이는 185M이다.
  ④ STP : 케이블에 피복이 있어 UTP 보다 간섭에 강하다.

<정답> 01 ② 02 ③ 03 ③

3) PLC (Power Line Communication) 케이블

가) 전력선 통신

나) 가정이나 사무실의 소켓에 전원선을 꽂으면 음성·데이터·인터넷 등을 고속으로 이용할 수 있는 서비스로, 텔레비전·전화·퍼스널컴퓨터 등 가정의 모든 정보기기를 연결하는 홈네트워크까지 가능하다.

4) BNC / 옥외형 케이블 (유선방송 케이블)

가) 신호를 전달하는 도체에 차폐가 되어 있기 때문에 UTP 케이블보다 훨씬 잡음에 강하고 전송 거리 및 전송 속도가 월등히 우수하다.

나) 수백 Mbps의 고속 전송이 가능하다.

다) 구조적 특성 때문에 외부와의 차폐성이 좋아서 간섭 현상이 적다.

라) 전력 손실이 적다.

마) 이중나선보다 뛰어난 주파수 특성으로 인해 높은 주파수에서 빠른 데이터의 전송이 가능

바) 중앙의 도선을 플라스틱 절연체가 감싸고 있으며 외부의 전류로부터 보호하기 위하여 싸고 있는 외부 구리 망 위에 최종적으로 플라스틱 절연체가 덮고 이는 구조를 이룬다.

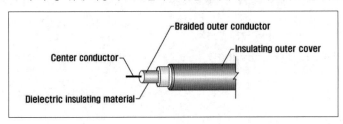

✅ 예제

01   전력선을 매체로 전력선의 전원파형에 디지털 정보를 실어서 전송하는 통신방식은?

① PLC   ② Home PNA

③ IEEE1394   ④ USB

<정답> 01 ①

5) 광섬유 케이블 (光cable, fiber optic cable)

가) 광섬유를 이용한 하나의 통신 매체이다. 광케이블은 빛을 이용하는 통신 방식이기 때문에 전기신호를 사용하는 통신방식보다 자료 전송속도가 수십 배로 빠르다. 이를 위해 네트워크를 새로 구축해야 한다.

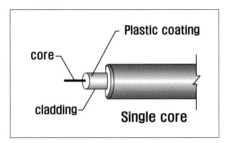

나) 광케이블 구성요소

① 코어(core) : 높은 굴절률의 투명한 유리도선으로 빛이 통과하는 통로역할을 한다.

② 클래딩(cladding) : 낮은 굴절률의 투명한 유리 덮개로 코어 외부를 싸고 있으며 거울과 같은 역할을 수행하여 빛을 반사한다.

③ 코팅(coating) : 코어와 클래딩을 보호하기 위해 합성수지로 만든 피복을 이용해 외부를 감싼다.

다) 광케이블의 특징

① 전송되는 신호가 전기적인 특성을 가지고 있지 않기 때문에 외부로부터의 전자기 장애에 강하고 기후의 영향을 받지 않으며 신호의 도청이 불가능해 보안에 강하다.

② 기존의 동축케이블은 약1.5~1.4Km 간격으로 중계기가 필요하지만 50Km이상으로 중계거리를 연장할 수 있다.

③ 코어의 주재료인 유리 자원이 풍부하다.

④ 기존의 구리선로보다 정보 전달 대비 소형, 경량이며 굴절에 강하다.

⑤ 기존의 구리선을 사용하는 전송로보다 데이터손실이 적고 전송용량이 매우 크다.

✔ 예제

01 사람의 머리카락 굵기만큼의 가는 유리 섬유로, 정보를 보내고 받는 속도가 가장 빠르고, 넓은 대역폭을 갖는 것은?

① Coaxial Cable   ② Twisted Pair

③ Thin Cable   ④ Optical Fiber

02 내부에 코어(Core)와 이를 감싸는 굴절률이 다른 유리나 플라스틱으로 된 외부 클래딩(Cladding)으로 구성된 전송 매체는?

① 이중 나선(Twisted Pair)

② 동축 케이블(Coaxial Cable)

③ 2선식 개방 선로(Two-Wire Open Lines)

④ 광 케이블(Optical Cable)

03 대역폭이 가장 커서 다양한 서비스가 가능한 전송 매체는?

① 동축 케이블   ② Open Wire

③ Wire Pair   ④ 광섬유

04 광케이블에 대한 설명으로 옳지 않은 것은?

① 멀티 모드형과 싱글 모드형이 있다.

② 동축케이블과 마찬가지로 단선이 되었을 경우, 별도의 장비 없이 선을 연결하여 사용할 수 있다.

③ 광섬유는 코어(Core)와 클래드(Clad)로 구성된다.

④ 보안 및 잡음 등에 강한 것이 특징이다.

05 광섬유의 특성 중 옳지 않은 것은?

① 광대역 전송이 가능하다.

② 손실률이 높다.

③ 간섭에 강하다.

④ 도청이 어렵다.

06 전송 매체의 특성 중 Fiber Optics에 해당하는 것은?

① 여러 라인의 묶음으로 사용하면 간섭 현상을 줄일 수 있다.

② 신호 손실이 적고, 전자기적 간섭이 없다.

③ 송수신에 사용되는 구리 핀은 8개 중 4개만 사용한다.

④ 수 Km이상 전송 시 Repeater를 반드시 사용해야 한다.

07 광섬유의 구조로 옳지 않은 것은?

① 코어(Core)   ② 클래딩(Cladding)

③ 석영(Quartz)   ④ 코팅(Coating)

08 광통신 시스템의 수신부와 관련이 없는 것은?

① O/E 변환부   ② 식별 재생부

③ 변조부   ④ 타이밍 추출부

09 다음에서 설명하는 전송매체는?

> 중심부에는 굴절률이 높은 유리, 바깥 부분은 굴절률이 낮은 유리를 사용하며 중심부 유리를 통과하는 빛이 전반사가 일어나는 원리를 이용한 것으로, 에너지 손실이 매우 적어 송수신하는 데이터의 손실률도 낮고 외부의 영향을 거의 받지 않는 장점이 있다.

① Coaxial Cable   ② Twisted Pair

③ Thin Cable   ④ Optical Fiber

10 광통신의 특징으로 옳지 않은 것은?

① 전송 손실이 아주 적다.

② 주파수가 마이크로파보다 수만 배 높은 광파를 사용하므로 매우 많은 정보량을 장거리 전송할 수 있다.

③ 비전도체(유리)이므로 습기에 영향을 받지 않고 타전자파나 고압선 전류 유도에 대한 방해를 전혀 받지 않아 송전선에 광섬유케이블을 함께 실어 실제 전송할 수 있다.

④ 광섬유케이블은 무겁고 굵어서 포설하기가 용이하지 않다.

11 다음 중 광통신 전송로의 특징으로 옳지 않은 것은?

① 긴 중계기 간격   ② 대용량 전송

③ 비전도성   ④ 협대역

<정답> 01 ④ 02 ④ 03 ④ 04 ② 05 ② 06 ② 07 ③ 08 ③ 09 ④ 10 ④ 11 ④

PART 1 네트워크 일반   **121**

01 다음에서 설명하는 전송매체는?

> 중심부에는 굴절률이 높은 유리, 바깥 부분은 굴절률이 낮은 유리를 사용하며 중심부 유리를 통과하는 빛이
> 전반사가 일어나는 원리를 이용한 것으로, 에너지 손실이 매우 적어 송수신하는 데이터의 손실률도 낮고 외
> 부의 영향을 거의 받지 않는 장점이 있다.

① Coaxial Cable   ② Twisted Pair

③ Thin Cable   ④ Optical Fiber

02 OSI 7 Layer 중 네트워크계층(Network Layer)에 속하는 장치는?

① Router   ② Bridge

③ Repeater   ④ LAN Card

03 100BASE-T라고도 불리는 이더넷의 고속 버전으로서 100 Mbps의 전송속도를 지원하는 근거리통신망의
표준은?

① Ethernet   ② Gigabit Ethernet

③ 10Giga Ethernet   ④ Fast Ethernet

04 게이트웨이(Gateway)의 역할로 올바른 것은?

① 전혀 다른 프로토콜을 채용한 네트워크 간의 인터페이스이다.

② 트위스트 페어 케이블 사용 시 이용되는 네트워크 케이블 집선 장치이다.

③ 케이블의 중계점에서 신호를 전기적으로 증폭한다.

④ 피지컬 어드레스의 캐시 테이블을 갖는다.

05 OSI 7계층 중 물리 계층에서만 사용하는 장비로써 근거리통신망(LAN)의 전송매체상에 흐르는 신호를 정
형, 증폭, 중계하는 것은 무엇인가?

① Router   ② Repeater

③ Bridge   ④ Gateway

06 전송 매체에서 10Base-T 표기가 의미하는 바가 올바른 것은?

① 전송속도: 10kbps, 전송방식: 베이스밴드, 전송매체: 꼬임선

② 전송속도: 10Mbps, 전송방식: 브로드스밴드, 전송매체: 광케이블

③ 전송속도: 10Mbps, 전송방식: 베이스밴드, 전송매체: 꼬임선

④ 전송속도: 10Mbps, 전송방식: 브로드스밴드, 전송매체: 꼬임선

07 사람의 머리카락 굵기만큼의 가는 유리 섬유로, 정보를 보내고 받는 속도가 가장 빠르고 넓은 대역폭을 갖는 것은?

① Coaxial Cable   ② Twisted Pair

③ Thin Cable   ④ Optical Fiber

08 리피터(Repeater)를 사용해야 될 경우로 올바른 것은?

① 네트워크 트래픽이 많을 때

② 세그먼트에서 사용되는 액세스 방법들이 다를 때

③ 데이터 필터링이 필요할 때

④ 신호를 재생하여 전달되는 거리를 증가시킬 필요가 있을 때

09 Hub가 사용하는 OSI 계층은?

① 물리 계층   ② 세션 계층

③ 트랜스포트 계층   ④ 애플리케이션 계층

10 다음 중 NIC(Network Interface Card)의 물리적 주소인 MAC의 구성이 아닌 것은?

① 16진수 12자리로 구성되어 있다.

② 전반부 16진수 6자리는 OUI(Organizational Unique Identifier)이다.

③ 물리적 주소의 크기는 128비트이다.

④ 후반부 16진수 6자리는 HOST Identifier이다.

11 장비간 거리가 증가하거나 케이블 손실로 인해 감쇠된 신호를 재생시키기 위한 목적으로 사용되는 네트워크 장치는?

① Gateway   ② Router

③ Bridge   ④ Repeater

12 100Mbps 이상의 고속 데이터 전송이 가능하고, 트위스트 페어의 간편성과 동축 케이블이 가진 넓은 대역폭의 특징을 모두 갖고 있으며 중심부는 코어와 클래드로 구성되어 있는 전송회선은?

① BNC 케이블   ② 광섬유 케이블

③ 전화선   ④ 100Base-T

13 OSI 참조모델의 물리계층에서 작동하는 네트워크 장치는?

① Gateway   ② Bridge

③ Router   ④ Repeater

14 스위치에서 발생하는 루핑(Looping)에 대한 설명으로 옳지 않은 것은?

① 동일한 목적지에 대해 두 개 이상의 경로가 있을 때 발생한다.

② 브로드 캐스트 패킷에 의해 발생한다.

③ 필터링 기능 때문에 발생한다.

④ 스패닝 트리 프로토콜을 이용해서 루핑을 방지해줄 수 있다.

15 다음 중 Hub의 종류와 설명이 올바로 연결된 것은?

① Dummy Hub – 가격이 비싸고 기능이 많은 지능형 허브이다.

② Passive Hub – Active Hub 보다 먼 거리를 연결할 수 있다.

③ Intelligent Hub – 망 관리 기능 등의 부가적인 기능이 있다.

④ Active Hub – 전원 공급 장치가 따로 없어서 신호재생이나 증폭이 불가능하다.

16 네트워크 장비인 라우터에 대한 설명 중 옳지 않은 것은?

① TCP/IP의 트래픽 경로제어를 한다.

② 네트워크를 분리하는데 사용할 수 있다.

③ 트래픽상의 모든 신호의 재생과 유효거리를 확장한다.

④ OSI 7 Layer에서 네트워크 계층의 서비스를 한다.

17 NIC(Network Interface Card)와 관련한 다음 설명 중 올바른 것은?

① 네트워크 내에서 NIC는 유일한 MAC 주소를 가지고 있다.

② 일반적으로 컴퓨터의 NIC를 교체하는 경우에 이전에 사용하던 MAC 주소를 할당해야 한다.

③ Ethernet의 경우 MAC 주소는 4Byte로 구성된다.

④ NIC는 OSI 참조모델에서 3계층에 해당한다.

18 Repeater에 대한 설명으로 옳지 않은 것은?

① 전자기 또는 광학 전송 매체 상에서 신호를 수신하여 신호를 증폭한 후 다음 구간으로 재전송하는 장치를 말한다.

② 전자기장 확산이나 케이블 손실로 인한 신호 감쇠를 보상해 주기 때문에 여러 대의 Repeater를 써서 먼 거리까지 데이터를 전달하는 것이 가능하다.

③ 근거리 통신망을 구성하는 세그먼트들을 확장하거나 서로 연결하는데 주로 사용한다.

④ 네트워크를 확장하면서 충돌 도메인을 나누어 줄 수 있는 장비가 필요한데 이럴 때 Repeater를 사용하여 충돌 도메인을 나누어 네트워크의 성능을 향상시킨다.

19 OSI 7 Layer 중 네트워크 계층에서 동작하는 네트워크 연결 장치는?

① Repeater   ② Router

③ Bridge   ④ NIC

| 정답 |

| 01 ④ | 02 ① | 03 ④ | 04 ① | 05 ② | 06 ③ | 07 ④ | 08 ④ | 09 ① | 10 ③ | 11 ④ | 12 ② | 13 ④ |
| 14 ③ | 15 ③ | 16 ③ | 17 ① | 18 ④ | 19 ② |

124 Let's 예제로 배우는 네트워크관리사

L3 / 라우팅 프로토콜

1 패킷 트레이서 설치

1) https://www.netacad.com 에 무료 회원가입을 진행한다.

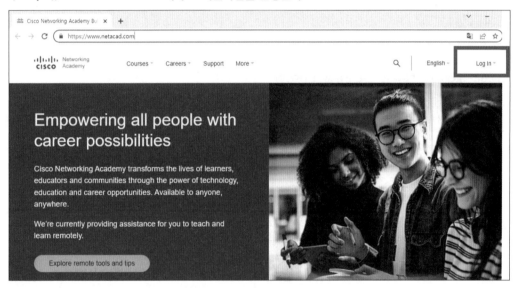

2) 로그인을 진행하고 메뉴에 패킷 트레이서 다운로드를 선택한다.

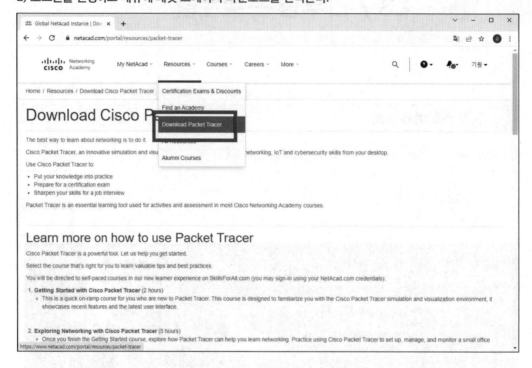

3) 다운로드 받은 파일을 기본값을 설치를 진행한다.

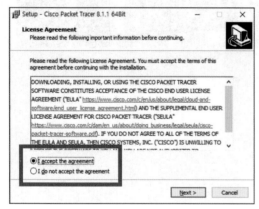
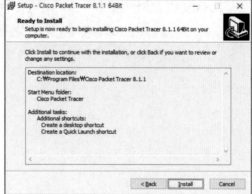

4) 설치 후 바탕화면에 패킷트레이서 아이콘을 더블클릭하여 실행하고 로그인을 진행한다.

5) 하단에 있는 네트워크 장비(라우터)를 선택하여 중간에 있는 배치도에 드래그한다.

　가) 라우터는 IP주소를 활용하여 최적의 경로를 검색해주는 역할을 수행한다. 이때 사용하는 케이블(인터페이스)을 결정하여 셋팅을 진행한다.

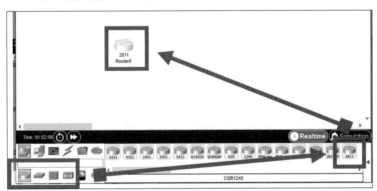

6) 라우터를 더블클릭하면 물리적 모듈을 추가하는 메뉴를 선택한다.

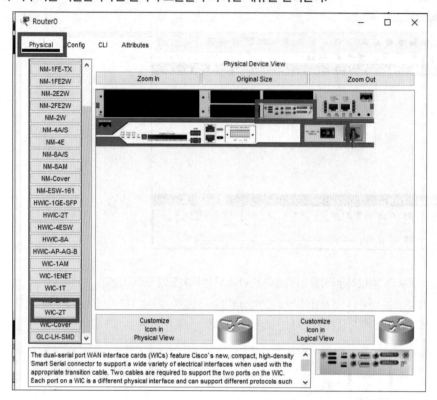

가) 전원을 끄고 wic-2t를 선택하여 아래쪽에 모듈을 빈 슬롯에 드래그 해본다.

나) 전원을 켜고 Config 탭에서 시리얼 케이블이 추가된 것을 확인 해본다.

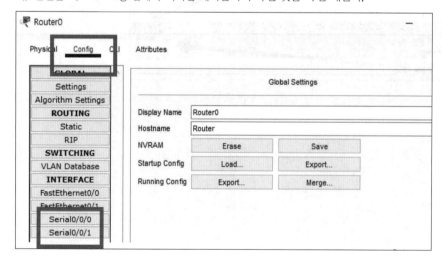

다) CLI 탭으로 가서 장비의 기본 설정을 진행 할 수 있다.

① Would you like to enter the initial configuration dialog? [yes/no]: 에서는 no를 입력한다.

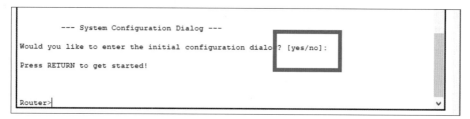

```
          --- System Configuration Dialog ---

Would you like to enter the initial configuration dialog? [yes/no]:

Press RETURN to get started!


Router>
```

7) 라우터 1대를 추가하여 시리얼포트를 추가해본다.

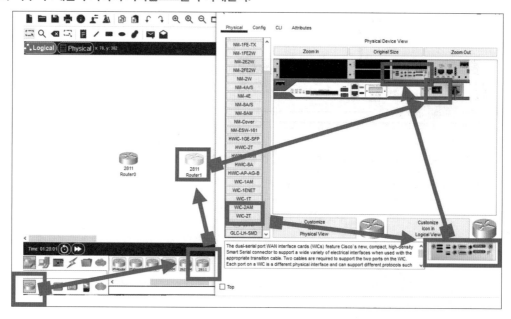

8) 라우터와 라우터간에 케이블을 연결해보자.

가) 하단에 케이블을 선택하고 시리얼 DCE를 Router0에 클릭하고 s0/0/0에 연결한다.

나) Router1 라우터를 선택하고 s0/0/0을 선택해본다.

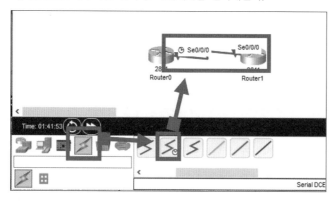

9) 스위치를 연결 해본다.

가) 스위치는 여러대의 컴퓨터에서 나온 랜케이블을 묶어서 하나의 도메인으로 구성해주는 역할을 수행한다.

나) 스위치는 장비 내에 펌웨어가 존재하여 각종 셋팅을 할 수 있다.

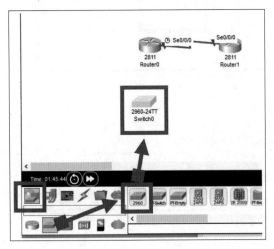

10) 스위치와 라우터에 케이블을 연결 해본다. (다이렉트 케이블: Copper Straight-Through)

가) 스위치 F0/1, 라우터 F0/1에 순서대로 클릭한다.

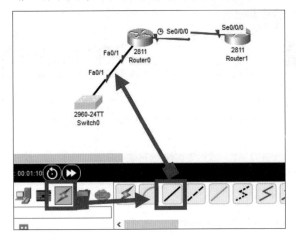

11) 스위치를 더블클릭하여 Physical 탭과 Config 탭을 확인 한다.

가) Physical 탭에 장비의 물리적 모형을 확인할 수 있다.

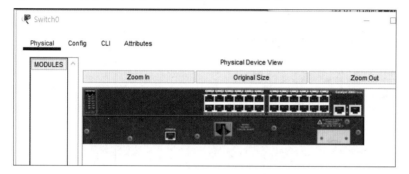

나) Config 탭에서는 장비의 각종 구성요소를 확인할 수 있다.

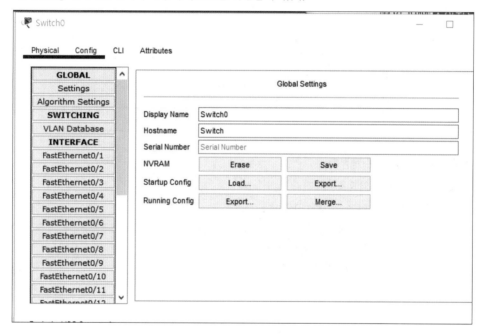

다) CLI탭에서는 스위치의 환경설정을 설정 할 수 있다.

12) 허브네트워크 장비를 장착해본다.

가) 허브는 스위치와 같은 역할을 수행한다.

① 단 펌웨어가 없어 데이터의 송수신만 진행한다.

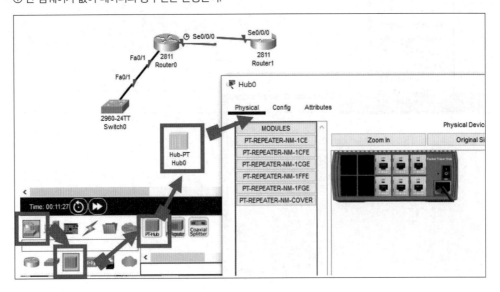

13) 스위치 vs 허브

가) 스위치는 허브와 같은 기능을 가지고 있지만 스위치 안에 펌웨어가 존재하여 기능적인 면이 뛰어나지만 가격이 비싸다.

나) 허브는 스위치와 같은 기능을 가지고 있지만 허브 안에 펌웨어가 없어 데이터 전달만 진행함으로 저렴하다.

14) 허브와 스위치에 End-Devices를 장착한다.

가) 허브에는 일반 컴퓨터를 장착하고 스위치에는 서버를 장착해본다.

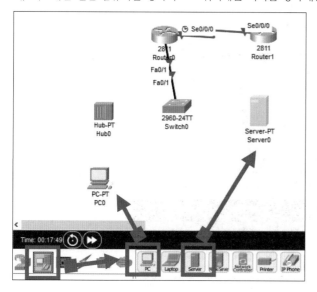

15) 각장비에 케이블 장착

가) 각 장비와 장비를 연결하는 케이블을 장착할 수 있다.

① 실선 : 다이렉트 케이블(다른 장비)

② 점선 : 크로스 케이블 (같은 장비)

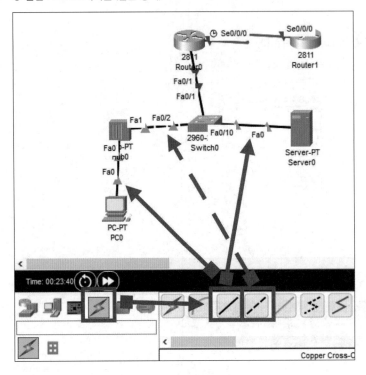

16) 라우터 스위치 접속하기 (네트워크 장비 초반 셋팅)

가) 라우터/스위치/vpn/방화벽 장비는 셋팅할 수 있는 모니터/키보드/마우스를 장착할 수 없다.

나) console이라는 포트에 console이라는 케이블을 연결하고 노트북이나 데스크탑의 com1 포트에 연결하여 셋팅을 진행한다.

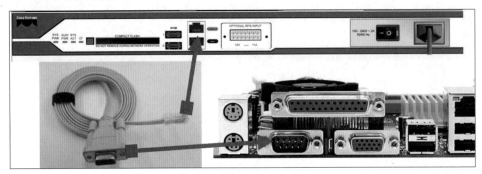

다) 최근에는 메인보드에 com포트가 사라지고 있어 usb 케이블로 대체되고 있다.

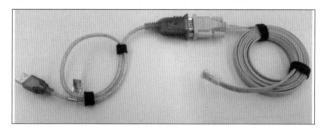

라) 케이블을 장착하였으면 putty와 같은 시리얼 접속 프로그램을 활용하여 접속을 진행한다.

마) 패킷트레이서에서는 Console케이블로 장착을 한다.

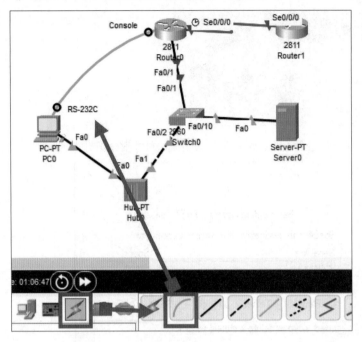

바) PC에서 터미널(putty)로 접속해보기

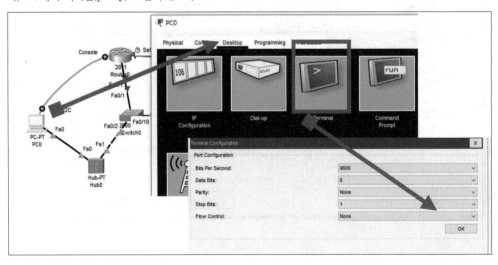

① ok를 누르면 콘솔에 연결된 장치의 펌웨어 화면을 볼 수 있다.

2 정적라우팅 테이블

1) Router1 라우터 F0/0에 노트북을 크로스 케이블로 연결하여 토폴로지를 완성한다.

가) 라우터와 노트북은 다른 장비라 다이렉트로 연결하는 것 같지만 같은 이더넷을 사용하기 때문에 크로스 케이블을 이용하여 장착한다.

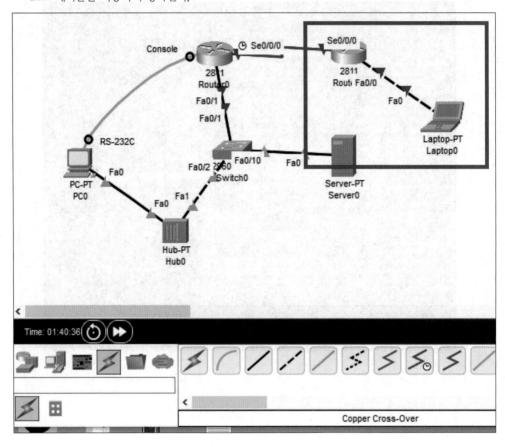

나) 노트북에 IP를 할당한다.

　① 서브넷은 /24로 255.255.255.0으로 입력한다.

　② 게이트웨이는 Router1에 F0/0에 할당할 IP주소를 입력한다.

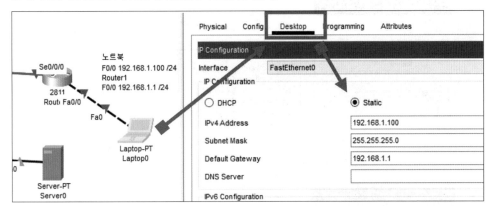

다) Router1 F/0에 IP를 할당한다.

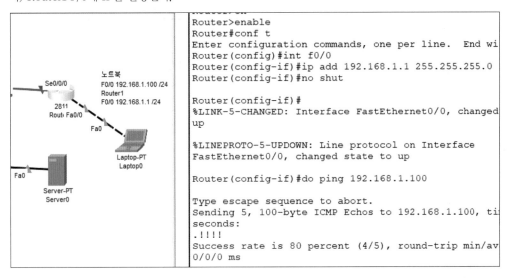

　① enable (관리자 모드로 진입)

　② conf t (전역 설정 모드로 진입)

　③ int f0/0 (인터페이스 f0/0으로 진입)

　④ ip add 192.168.1.1 255.255.255.0 (ip주소 및 서브넷 입력)

　⑤ no shut (인터페이스 활성화 -> 구동시작 (빨간 LED가 녹색으로 변함))

　⑥ do ping 192.168.1.100 -> 노트북으로 통신 테스트 (성공!)

　　㉮ 처음에 . 으로 나온 것은 ARP 테이블 생성으로 맥주소를 저장하는 단계이기 때문에 통신 실패 / ! 는 정상 통신이라는 뜻임.

라) Router0과 Router1의 시리얼 포트에 IP를 할당하여 통신 테스트를 진행한다.

① Router1 s0/0/0에 IP를 할당한다.

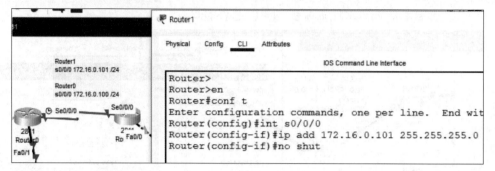

② Router0 s0/0/0에 IP를 할당한다.

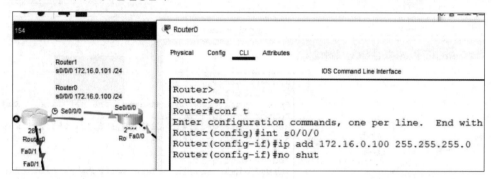

③ ping 테스트를 진행한다.

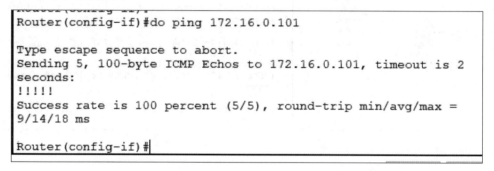

④ Router0 F0/1에 ip를 할당한다.

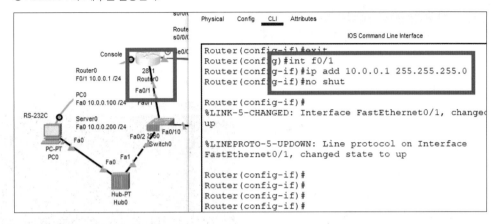

⑤ PC0에 IP를 할당한다.

㉮ 게이트웨이 주소는 Router0에 F0/1 IP주소를 입력한다.

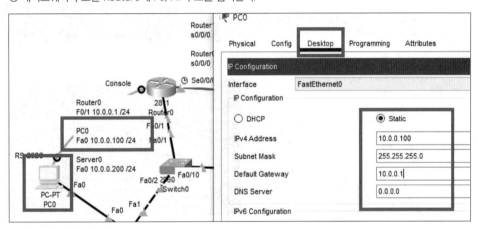

⑥ Server0에 IP를 할당한다.

㉮ 게이트웨이 주소는 Router0에 F0/1 IP주소를 입력한다.

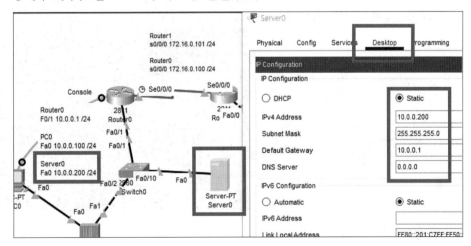

⑦ PING 테스트를 진행해 본다.

  ㉮ Server0에서 PC0번과 Router0에 FO/1로 해본다.

    ㉠ Desktop 탭에서 Command Prompt에서 실행한다.

    ㉡ 성공! (ping 테스트가 정상적으로 진행된다.)

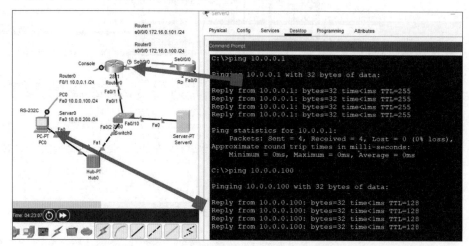

마) 서로 다른 대역대로 PING 테스트를 진행해본다.

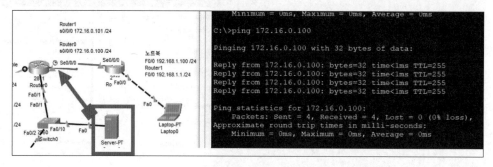

① Router0에 S0/0/0으로는 성공 (같은 도메인의 라우터 포트는 응답이 됨)

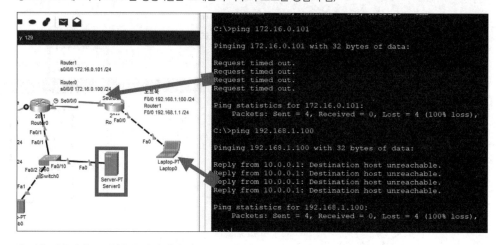

② 이후 라우터와 노트북은 통신이 안됨

바) 라우팅 테이블을 분석 해보자.

① do sh ip route

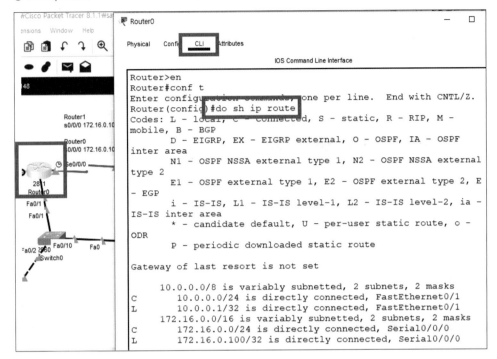

㉮ 10.0.0.0 /24로 가려면 F0/1로 가라

㉯ 10.0.0.1 /32로 가려면 F0/1로 가라

㉰ 172.16.0.0 /24로 가려면 S0/0/0으로 가라

㉱ 172.16.0.100 /32로 가려면 S0/0/0으로 가라가 명시 되어 있다.

② 결론 : 172.16.0.101 /24와 192.168.1.0/24로 가는 라우팅 테이블이 없어 통신이 되지 않는다.

2) Router0에 정적라우팅 테이블을 구현 해본다.

가) 정적라우팅은 가려는 곳에 IP정보를 알고 수동으로 설정하는 기법이다.

나) 방법1 : IP ROUTE 가려는IP대역 서브넷마스크 나가는인터페이스

　① Router0 : ip route 192.168.1.0 255.255.255.0 s0/0/0

다) 방법2 : IP ROUTE 가려는IP대역 서브넷마스크 상대방IP주소

　① Router0 : ip route 192.168.1.0 255.255.255.0 172.16.0.101

라) 라우팅 테이블 확인 : do sh ip route

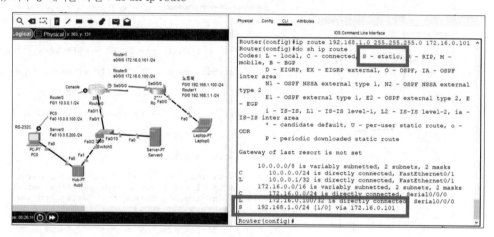

　① 마지막줄 : S 192.168.1.0/24는 172.16.0.101로 가라고 명시 됨.

3) Router1에 디폴트라우팅 테이블을 구현 해본다.

가) 디폴트라우팅은 가려는 곳에 IP정보를 모든 것으로 포함하여 나가는 곳을 수동으로 배정하는 경로 설정 방법으로 나가는 길이 한 방향으로 배정되어 있을 경우 사용한다.

나) 방법1 :IP ROUTE 가려는IP대역 서브넷마스크 나가는인터페이스

　① Router0 : ip route 192.168.1.0 255.255.255.0 s0/0/0

다) 방법2 : IP ROUTE 가려는IP대역 서브넷마스크 상대방IP주소

　① Router0 : ip route 192.168.1.0 255.255.255.0 172.16.0.101

라) 라우팅 테이블 확인 : do sh ip route

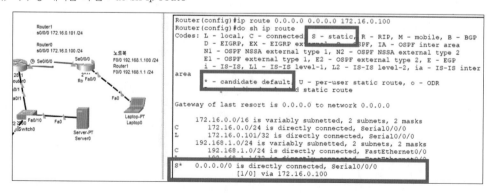

① 마지막줄 : S* 0.0.0.0/0은 s0/0/0이나 172.16.0.100으로 가라고 명시 됨.

   ㉮ S는 static이고 *은 candidate default로 설정됨

   ㉯ 0.0.0.0은 전체 IP를 나타내고 /0은 전체 서브넷을 나타낸다.

4) 통신 테스트를 진행해보자.

가) 노트북에서 PC0으로 통신테스트 성공!

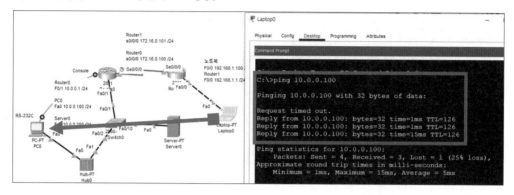

나) 서버에서 노트북으로 통신테스트 성공!

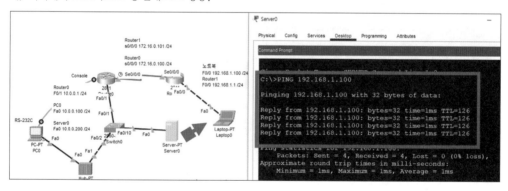

01 Routing 정책에 대한 설명 중 옳지 않은 것은?

① Fixed Routing은 구성이 간단하나 네트워크 장애에 대응하지 못하는 단점이 있다.

② Flooding은 가능한 경로를 모두 이용하기 때문에 매우 신뢰성이 높다.

③ Adaptive Routing에서는 트래픽 정보에 따른 반응이 너무 빠를 경우 Congestion을 유발할 우려가 있다.

④ Random Routing은 네트워크 정보를 이용하지 않기 때문에 트래픽 부하를 높일 수 있다.

02 스테틱 라우팅(Static Rouing) 프로토콜에 대한 설명으로 올바른 것은?

① 스테틱의 대표적인 프로토콜은 RIP와 OSPF가 있다.

② 네트워크 관리자가 직접 경로를 알고서 라우터에 입력해줘야 한다.

③ 라우팅 경로의 자동우회가 가능하다는 장점을 가지고 있다.

④ 보안에 취약하다는 단점을 가지고 있다.

<정답> 01 ④ 02 ②

5) 만약 상대방 IP정보를 모를 때 사용하는 CDP

가) CDP는 시스코의 독자적인 프로토콜이며, 많은 시스코 제품에서 지원한다.

나) CDP는 'Cisco Discovery Protoco'의 약자이며, 시스코 제품간에 인접 장비의 정보를 알 수 있다.

다) 시스코의 독자적인 기능이므로 타벤더 제품과 정보를 교환할 수 없다.

라) 활용예 : Router0에서 Router1로 정적 라우팅을 하려하는데 상대방 IP정보를 알수 없다 이를 해결 하시오. (Router1은 ISP업체에서 제공하는 라우터임으로 설정할 수 없다.)

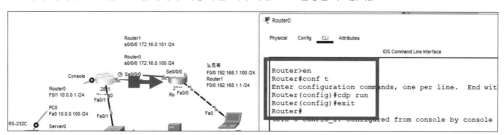

① en (관리자 모드로 진입)

② conf t (전역 설정모드로 진입)

③ cdp run (cdp 탐색 프로토콜 실행)

④ exit -> show cdp neighbors detail (cdp로 알아온 정보 보기)

㉮ 스위치에 대한 정보

```
Router#show cdp neighbors detail

Device ID: Switch
Entry address(es):
Platform: cisco 2960, Capabilities: Switch
Interface: FastEthernet0/1, Port ID (outgoing port):
FastEthernet0/1
Holdtime: 145

Version :
Cisco IOS Software, C2960 Software (C2960-LANBASEK9-M),
Version 15.0(2)SE4, RELEASE SOFTWARE (fc1)
Technical Support: http://www.cisco.com/techsupport
Copyright (c) 1986-2013 by Cisco Systems, Inc.
Compiled Wed 26-Jun-13 02:49 by mnguyen

advertisement version: 2
Duplex: full
```

ⓓ 라우터에 대한 정보 (여기서 알아낸 IP를 정적라우팅에 활용한다)

```
Device ID: Router
Entry address(es):
  IP address : 172.16.0.101
Platform: cisco C2800, Capabilities: Router
Interface: Serial0/0/0, Port ID (outgoing port): Serial0/0/0
Holdtime: 153

Version :
Cisco IOS Software, 2800 Software (C2800NM-ADVIPSERVICESK9-M),
Version 15.1(4)M4, RELEASE SOFTWARE (fc1)
Technical Support: http://www.cisco.com/techsupport
Copyright (c) 1986-2012 by Cisco Systems, Inc.
Compiled Thurs 5-Jan-12 15:41 by pt_team

advertisement version: 2
Duplex: full
```

3 동적라우팅 프로토콜

1) 정적라우팅과 동적라우팅의 차이점

가) 정적은 내가 아는 IP주소에 대한 경로를 수동을 설정한다.!!!!

나) 동적은 알아서 IP주소 변경에 대한 정보를 흡수한다. (자동으로 정보를 주고 받는다.)

다) 동적은 관리하기 편하고 네트워크 속도 및 안정성에 따라 우회 도로를 찾아주기도 한다. (알고리즘을 활용한다.)

라) 중대형 규모의 네트워크에서 주소 사용되며 현재 EIGRP, OSPF라는 프로토콜이 주로 사용한다.

2) 동적라우팅의 특징

가) 주기적/ 비주기적으로 라우터간의 정보를 업데이트한다.

나) 최적의 경로를 결정한 후 이를 패킷 전달 시 참조

다) 새로운 네트워크가 발견되면 정적라우팅은 관리자가 수동으로 네트워크 경로를 적용하는 반면 동적 라우팅은 스스로 갱신한다.

라) 네트워킹 장치 및 링크의 장애로 인해 패킷을 주고 받아왔던 경로를 사용하지 못할 경우 자동으로 우회경로를 찾아준다.

마) 동적 라우팅을 사용하면 라우터가 리소스를 많이 사용하여 통신 속도 저하가 일어날 수 있다.(신중하게 결정, 축약을 사용하는 방법)

3) 동적라우팅의 종류

가) RIP(Routing information protocol)

나) IGRP(Interior Gateway Routing Protocol)

다) EIGRP(Enhanced Interior Gateway Routing)

라) OSPF(Open Shortest Path Fisrt)

마) IS-IS(Intermediate-System-to-Intermediate-System)

바) BGP(Border Gateway Protocol)

4) 동적라우팅 프로토콜의 동작방법

가) 거리백터 라우팅 프로토콜

① Bellman-Ford 알고리즘을 사용하여 라우팅 테이블을 자신과 직접 연결된 다른 이웃 라우터들에게 주기적으로 브로드케스트 주소를 사용하여 전송

② RIP : 30초/ IGRP : 90초

③ 이러한 라우팅 정보 업데이트는 상태변화 여부에 관계없이 무조건 적으로 이루어짐

④ 네트워크 규모가 커지면 정보의 양도 커져 문제

나) 링크상태 라우팅 프로토콜

① 다익스트라(Dijkstra) 알고리즘 / 최단 경로 우선(SPF : Shortest Path First) 알고리즘 사용하여 목적지까지 최단 경로를 계산

② 각 라우터는 직접 연결된 링크에 대한 정보를 동일한 영역 내의 다른 라우터들에게 알려 줘야 한다.

③ 링크상태패킷(LSP)을 생성 -> 플러딩 방식으로 수행

④ OSPF / IS-IS

⑤ 다익스트라 알고리즘은 출발지 장치에서 목적지 장치까지 모든 링크를 이용하는데 소요되는 비용(COST : 대역폭 / 성공율) 누적 계산 이값이 가장 작게 나오는 경로를 선택

✔ 예제

01 라우팅(Routing)에 사용되지 않는 프로토콜은?

① Gateway   ② BGP

③ RIP   ④ OSPF

02 라우팅 프로토콜이란 라우팅 알고리즘을 수행하는 프로토콜이다. 라우팅 프로토콜로 옳지 않은 것은?

① RIP   ② NetBIOS

③ IGRP   ④ BGP

<정답> 01 ① 02 ②

5) RIPv1

가) 거리 백터 라우팅 프로토콜로 2가지의 버전이 있다.

    ① RIPv1 : 1982년 -> 기본 서브넷을 활용한다.

    ② RIPv2 : 1994년

    ③ RIPng : 1997년 IPv6 추가

나) 라우팅 정보 업데이트시 UDP 520번 포트 사용한다.

다) 경로 결정을 위해 홉카운트 (라우터 지날때 마다 1씩 증가하는 값)를 사용한다. -> 작은 숫자가 우선권

라) RIP은 15홉 보다 큰 카운트를 지원하지 않는다.

    ① 즉 패킷이 최대 15개의 라우터만 거칠 수 있다.

    ② 16번째 라우터에 도달 하면 패킷이 폐기 된다.

마) 매 주기 30초 마다 라우팅 테이블이 이웃 라우터들에게 브로드 케스트 하므로, 간단한 네트워크에서는 문제가 되지 않지만 복잡한 네트워크에 적용하면 업데이트 타임으로 인해 오버헤드 트래픽이 발생

    ① 30초 이후에 라우터가 고장나면 정상라우터로 착각을 한다.

바) RIPv1 라우팅 구현

    ① 전에 사용했던 정적라우팅을 제거한다.

      ⑦ Router0 : en -> conf t -> do show run (현재 설정된 정보 확인)

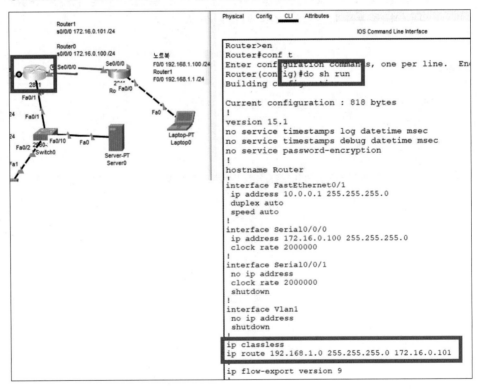

ⓣ no ip route 192.168.1.0 255.255.255.0 172.16.0.101 (정적라우팅제거)

```
Router(config)#no ip route 192.168.1.0 255.255.255.0 172.16.0.101
Router(config)#
```

④ Router1 : en -> conf t -> do show run (현재 설정된 정보 확인)

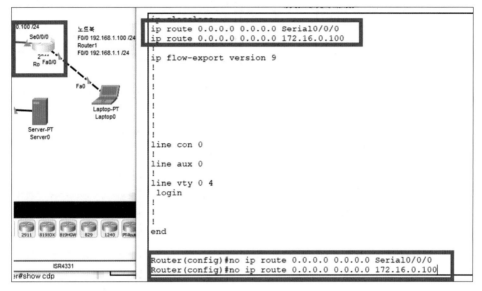

ⓣ 정적라우팅을 모두 제거해 준다.

ⓛ do sh run을 이용하여 제거된 정보를 확인한다.

② RIPv1 구현

㉮ router rip (rip 설정모드로 진입)

㉯ show ip int brief (내 라우터의 인터페이스 ip확인)

㉰ network 네트워크id (라우팅 네트워크 등록)

　　ⓣ 네트워크 ID로 넣어야 하지만 IP주소를 넣어도 알아서 계산을 함.

　　ⓛ 주의사항 : 클래스풀 라우팅(서브넷을 활용하지 않고 a/b/c 클래스로만 서브넷을 활용)

　　ⓒ A클래스 : 255.0.0.0

　　ⓔ B클래스 : 255.255.0.0

　　ⓜ C클래스 : 255.255.255.0

㉔ Router1 : 192.168.1.1 / 172.16.0.101을 등록한다.

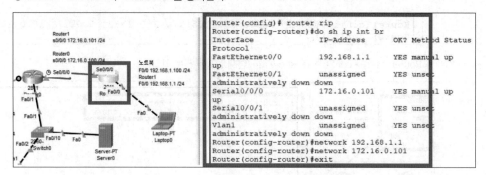

```
Router(config)# router rip
Router(config-router)#do sh ip int br
Interface                IP-Address      OK? Method Status
Protocol
FastEthernet0/0          192.168.1.1     YES manual up
up
FastEthernet0/1          unassigned      YES unset
administratively down down
Serial0/0/0              172.16.0.101    YES manual up
up
Serial0/0/1              unassigned      YES unset
administratively down down
Vlan1                    unassigned      YES unset
administratively down down
Router(config-router)#network 192.168.1.1
Router(config-router)#network 172.16.0.101
Router(config-router)#exit
```

㉕ do sh run으로 확인해보자.

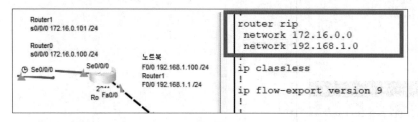

```
router rip
 network 172.16.0.0
 network 192.168.1.0
!
ip classless
!
ip flow-export version 9
!
```

㉖ Router0 : 10.0.0.1 / 172.16.0.100을 등록한다.

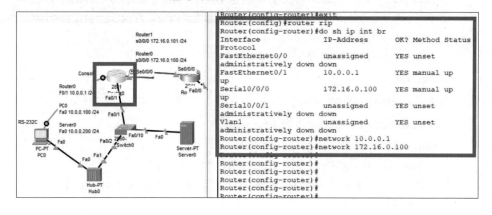

```
[Router(config-router)#exit
Router(config)#router rip
Router(config-router)#do sh ip int br
Interface                IP-Address      OK? Method Status
Protocol
FastEthernet0/0          unassigned      YES unset
administratively down down
FastEthernet0/1          10.0.0.1        YES manual up
up
Serial0/0/0              172.16.0.100    YES manual up
up
Serial0/0/1              unassigned      YES unset
administratively down down
Vlan1                    unassigned      YES unset
administratively down down
Router(config-router)#network 10.0.0.1
Router(config-router)#network 172.16.0.100

Router(config-router)#
Router(config-router)#
Router(config-router)#
Router(config-router)#
Router(config-router)#
```

㉔ 30초 정도 기다렸다가 라우팅 테이블을 확인 해본다. (do sh ip route)

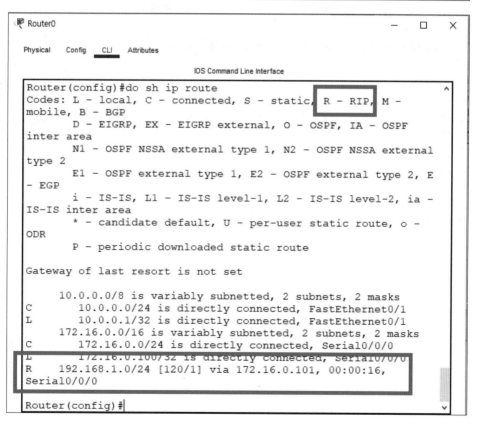

⊙ Router1 : R 10.0.0.0/8 [120/1] via 172.16.0.100, 00:00:01, Serial0/0/0 172.16.0.0/16 is variably subnetted, 2 subnets, 2 masks (Rip 프로토콜을 이용하여 10.0.0.0/8은 172.16.0.100을 통해서 s0/0/0으로 경로를 이동한다.)

ⓛ Router0 : R 192.168.1.0/24 [120/1] via 172.16.0.101, 00:00:16, Serial0/0/0 (Rip 프로토콜을 이용하여 192.168.1.0/24는 s0/0/0으로 경로를 이동한다.)

ⓙ ping 테스트를 진행한다. (성공!)

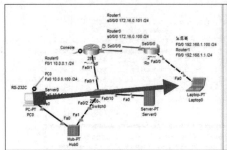 

✓ 예제

01 RIP(Routing Information Protocol)의 특징에 대한 설명으로 올바른 것은?
① 서브넷 주소를 인식하여 정보를 처리할 수 있다.
② 링크 상태 알고리즘을 사용하므로, 링크 상태에 대한 변화가 빠르다.
③ 메트릭으로 유일하게 Hop Count만을 고려한다.
④ 대규모 네트워크에서 주로 사용되며, 기본 라우팅 업데이트 주기는 1초이다.

02 패킷 전송의 최적 경로를 위해 다른 라우터들로부터 정보를 수집하는데, 최대 홉이 15를 넘지 못하는 프로토콜은?
① RIP   ② OSPF
③ IGP   ④ EGP

03 경로 지정을 위해 'hop'을 사용하는 프로토콜은?
① SNA   ② RIP
③ TCP/IP   ④ OSPF

<정답> 01 ③ 02 ① 03 ②

6) EIGRP 라우팅 프로토콜

가) 거리백터 라우팅 프로토콜로 EIGRP는 IGRP의 기능을 향상(Enhanced) 시킨 라우팅 프로토콜이다.

① 클래리스(서브넷과 함께 전송)의 속성을 가진다.

② 224.0.0.10의 멀티케스트 주소를 사용하고 88번 포트를 활용한다.

③ IGRP는 현재 네트워크에서 단종되어 활용하지 않는다.

④ EIGRP는 기본적으로 자동요약(auto-summary)기승을 수행하고 Procees-ID로 반드시 AS 넘버를 사용한다. (1~65535)

   ㉮ AS 넘버는 자율시스템 번호라고 해서 같은 네트워크의 라우터들의 집합번호로 이번호를 같게 해야 같은 네트워크로 판단한다.

⑤ EIGRP는 기본적으로 RIP과 같은 거리벡터 라우팅 프로토콜 임에도 DUAL(Diffusing Update Algorithm)을 수행하여 최적의 경로를 선출하는 등 기능적으로 많은 부분이 다르다.

   ㉮ RIP은 알고 있듯이 15홉 카운트를 사용하며 네트워크 상황을 반영하지 않은채 무조건 홉 수가 적은 경고를 최적의 경로로 선택하는데 EIGRP는 라우팅 테이블과는 별도로 토폴로지 테이블이라는 것을 가진다.

   ㉯ 토폴리지 테이블에는 bandwidth라는 대역폭을 계산하여 속도에 대한 응답성을 활용한다.

나) EIGRP 구현

① 전에 설정된 RIP라우팅 프로토콜을 제거한다.

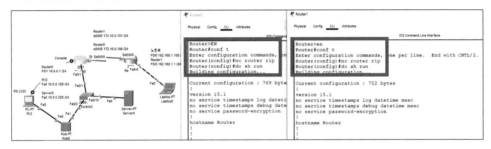

② eigrp 라우팅 입력

   ㉮ router eigrp 1~65535 (eigrp 설정모드 진입 : as넘버)

   ㉯ do sh ip int br (현재 인터페이스 IP정보 확인)

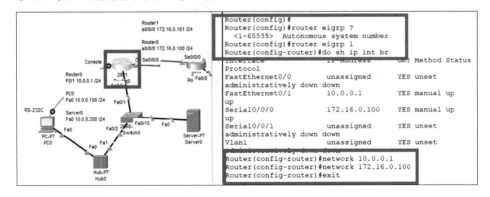

㉓ network ip주소 와일드카드마스크(서브넷을 반전 : 생략가능)

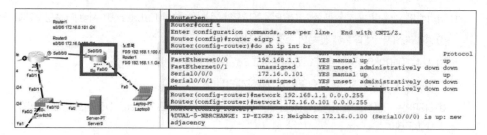

③ eigrp 라우팅 테이블 확인

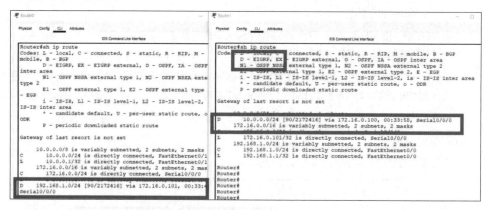

㉮ Router0 : D 192.168.1.0/24 [90/2172416] via 172.16.0.101, 00:33:48, Serial0/0/0

㉯ Router1 : D 10.0.0.0/24 [90/2172416] via 172.16.0.100, 00:33:58, Serial0/0/0 172.16.0.0/16 is variably subnetted, 2 subnets, 2 masks

④ ping 테스트를 진행한다. (성공!)

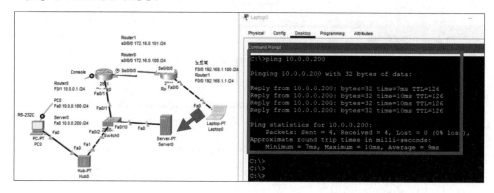

7) OSPF라우팅 프로토콜

가) Open Shortest Path First 표준화된 라우팅 프로토콜로 모든 라우터 벤더 사에서 지원을 한다.

① RIP이나 EIGRP보다 설정이 다소 복잡하지만 계층화된 라우팅 동작을 수행 (중대규모 네트워크에 사실상 가장 많이 활용)

② 라우팅정보를 224.0.0.5 / 224.0.0.6의 멀티케스트 주소를 사용하며 포트번호 89번을 사용한다.

③ OSPF는 경로 상태에 변화가 생기면 변화된 부분만 업데이트를 실시하며, 업데이트할 내용이 없더라도 30분 간격으로 링크 상태 재생 기능을 통해 주기적으로 라우팅 업데이트 정보를 교환

④ 목적지까지 비용(COST)이 가장 적게 소요되는 경로를 최적의 경로로 설정하는 링크 상태 라우팅 프로토콜 / 최단 경로 우선 알고리즘을 사용

⑤ 비용 : 미리 정해진 기준 대역폭을 실제 대역폭으로 나눈 값

나) OSPF 구현

① 전에 설정된 EIGRP라우팅 프로토콜을 제거한다.

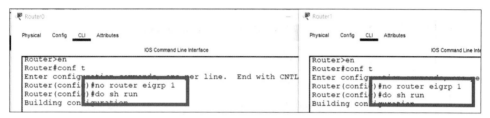

② router ospf Process-id

㉮ Process-id : 1~65535 숫자 사이 값 / as넘버이기 때문에 라우팅정보를 주고 받을 때 반드시 일치 시킬 필요는 없다.

㉯ 우리는 Process-ID를 7로 Area-id를 0으로 사용하는 단일 영역 OSPF를 구성해보자.

③ router-id ospf router-id (루프백 주소를 만들어 사용한다)

④ network ip주소 와일드카드마스크 area area-id

㉮ network 명령어 뒤에 area-id 동일한 값을 사용하여 영역을 구성한다.

㉯ 동일한 area-id 사용하여 구성한 것을 단일 영역

㉰ 2개이상 area-id를 사용하여 구성한 것을 다중영역

㉱ 와일드카드마스크는 서브넷과 반대되는 개념

㉲ 서브넷은 앞에서부터 1로 채우지만 와일드카드 마스크는 중간에 1 0이 섞여 적용 된다.(세밀하게 구현)

⑤ Router0 설정

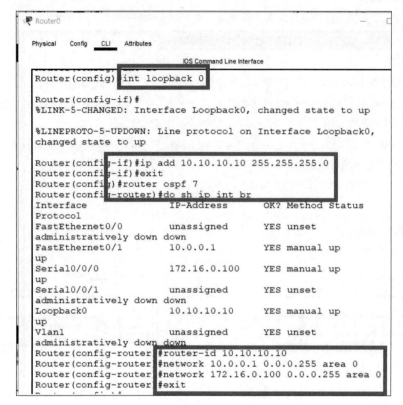

```
Router(config)#int loopback 0

Router(config-if)#
%LINK-5-CHANGED: Interface Loopback0, changed state to up

%LINEPROTO-5-UPDOWN: Line protocol on Interface Loopback0,
changed state to up

Router(config-if)#ip add 10.10.10.10 255.255.255.0
Router(config-if)#exit
Router(config)#router ospf 7
Router(config-router)#do sh ip int br
Interface              IP-Address       OK? Method Status
Protocol
FastEthernet0/0        unassigned       YES unset
administratively down down
FastEthernet0/1        10.0.0.1         YES manual up
up
Serial0/0/0            172.16.0.100     YES manual up
up
Serial0/0/1            unassigned       YES unset
administratively down down
Loopback0              10.10.10.10      YES manual up
up
Vlan1                  unassigned       YES unset
administratively down down
Router(config-router)#router-id 10.10.10.10
Router(config-router)#network 10.0.0.1 0.0.0.255 area 0
Router(config-router)#network 172.16.0.100 0.0.0.255 area 0
Router(config-router)#exit
```

⑥ Router1 설정

```
Router1                                                                    —

Physical   Config   CLI   Attributes

                         IOS Command Line Interface

Router(config)#int loopback 0

Router(config-if)#
%LINK-5-CHANGED: Interface Loopback0, changed state to up

%LINEPROTO-5-UPDOWN: Line protocol on Interface Loopback0,
changed state to up

Router(config-if)#ip add 11.11.11.11 255.255.255.0
Router(config-if)#exit
Router(config)#router ospf 7
Router(config-router)#do sh ip int br
Interface              IP-Address      OK? Method Status
Protocol
FastEthernet0/0        192.168.1.1     YES manual up
up
FastEthernet0/1        unassigned      YES unset
administratively down down
Serial0/0/0            172.16.0.101    YES manual up
up
Serial0/0/1            unassigned      YES unset
administratively down down
Loopback0              11.11.11.11     YES manual up
up
Vlan1                  unassigned      YES unset
administratively down down
Router(config-router)#router-id 11.11.11.11
Router(config-router)#network 192.168.1.1 0.0.0.255 a 0
Router(config-router)#network 172.16.0.101 0.0.0.255 a 0
Router(config-router)#exit
Router(config)#
04:06:49: %OSPF-5-ADJCHG: Process 7, Nbr 10.10.10.10 on
```

다) OSPF 라우팅 테이블 확인

① Router0 : O 192.168.1.0/24 [110/65] via 172.16.0.101, 00:03:55, Serial0/0/0

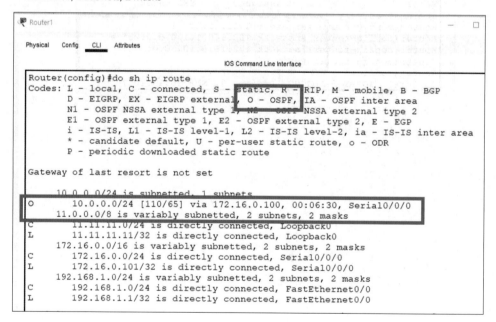

② Router1 : O 10.0.0.0/24 [110/65] via 172.16.0.100, 00:06:30, Serial0/0/0 11.0.0.0/8 is variably subnetted, 2 subnets, 2 masks

③ ping 테스트를 진행한다. (성공!)

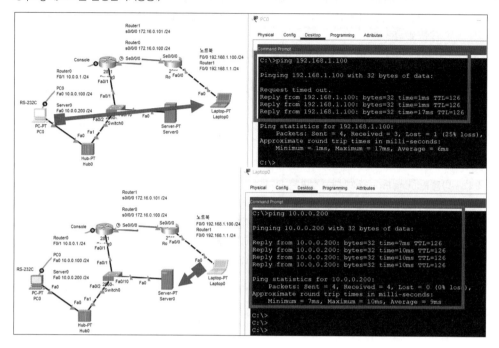

✅ 예제

01 OSPF에 대한 설명으로 옳지 않은 것은?

① 기업의 근거리 통신망과 같은 자율 네트워크 내의 게이트웨이들 간에 라우팅 정보를 주고받는데 사용 되는 프로토콜이다.

② 대규모 자율 네트워크에 적합하다.

③ 네트워크 거리를 결정하는 방법으로 홉의 총계를 사용한다.

④ OSPF 내에서 라우터와 종단국 사이의 통신을 위해 RIP가 지원된다.

02 OSPF에 관한 설명으로 옳지 않은 것은?

① IP의 서비스를 받는다.

② 프로토콜 Number는 89번을 사용한다.

③ 물리적인 네트워크 토폴로지에 따라 네트워크 타입을 규정하고 있다.

④ Distance Vector 라우팅 프로토콜이다.

03 OSPF(Open Shortest Path Fast) 프로토콜에 대한 설명으로 옳지 않은 것은?

① OSPF는 AS의 네트워크를 각 Area로 나누고 Area들은 다시 Backbone으로 연결이 되어 있는 계층 구조로 되어있다.

② Link-State 알고리즘을 사용하여 네트워크가 변경이 되더라도 컴버전스 시간이 짧고 라우팅 루프가 생기지 않는다.

③ VLSM(Variable Length Subnet Mask) 구성이 가능하기 때문에 한정된 IP Address를 효과적으로 활용할 수 있다.

④ 라우터 사이에 서로 인증(Authentication)하는 것이 가능하여 관리자의 허가 없이 라우터에 쉽게 접속하고 네트워크를 확장할 수 있다.

04 다음 Routing Protocol에 대한 설명 중 옳지 않은 것은?

① Static Routing은 대규모 네트워크에 적합하다.

② Dynamic Routing은 대규모 네트워크에 적합하다.

③ Dynamic Routing Protocol에는 RIP, OSPF 등이 있다.

④ 코넷에서 사용하는 Routing Protocol은 BGP이다.

05 라우터가 패킷의 목적지를 결정하는 방법은?

① 출발지 IP Address를 검사한다.

② MAC 주소를 검사한다.

③ BDC 주소를 검사한다.

④ 목적지 IP Address를 검사한다.

06 라우터가 라우팅 프로토콜을 이용해서 검색한 경로 정보를 저장하는 곳은?

① MAC Address 테이블

② NVRAM

③ 플래쉬(Flash) 메모리

④ 라우팅 테이블

<정답> 01 ③ 02 ④ 03 ④ 04 ① 05 ④ 06 ④

01 패킷 전송의 최적 경로를 위해 다른 라우터들로부터 정보를 수집하는데, 최대 홉이 15를 넘지 못하는 프로토콜은?

① RIP   ② OSPF
③ IGP   ④ EGP

02 Link State 알고리즘을 이용해 서로에게 자신의 현재 상태를 알려주며 네트워크 내 통신을 위해 사용하는 프로토콜은?

① OSPF   ② IDRP
③ EGP   ④ BGP

03 RIP 프로토콜의 일반적인 특징을 기술한 것으로 옳지 않은 것은?

① RIP 메시지는 전송계층의 UDP 데이터그램에 의해 운반된다.
② 각 라우터는 이웃 라우터들로부터 수신한 정보를 이용하여 경로 배정표를 갱신한다.
③ 멀티캐스팅을 지원한다.
④ 네트워크의 상황 변화에 즉시 대처하지 못한다.

04 라우팅 프로토콜 중 네트워크 거리를 계산할 때 홉(Hop)의 총계만을 사용하는 것은?

① SNMP   ② RIP
③ SMB   ④ OSPF

05 홉 카운팅 기반으로 경로를 설정하는 프로토콜은?

① SNMP   ② RIP
③ SMB   ④ OSPF

06 IP 프로토콜에 관한 설명으로 올바른 것은?

① IP 프로토콜은 프로세서 간의 신뢰성 있는 통신기능을 수행한다.
② 네트워크계층에 속하는 프로토콜로 실제 패킷을 전달하는 역할을 한다.
③ IP 프로토콜의 오류제어는 세그먼트의 오류감지기능과 오류정정 메커니즘을 포함한다.
④ 흐름제어로는 주로 슬라이딩 윈도우 방식이 쓰인다.

07 동적 라우팅 프로토콜 중에 링크 상태(Link State) 라우팅 프로토콜은 무엇인가?

① RIP (Routing Information Protocol)
② EIGRP (Enhanced Interior Gateway Routing Protocol)
③ OSPF (Open Shortest Path First)
④ BGP (Border Gateway Protocol)

08 OSPF에 대한 설명으로 옳지 않은 것은?

① 기업의 근거리 통신망과 같은 자율 네트워크 내의 게이트웨이들 간에 라우팅 정보를 주고받는데 사용되는 프로토콜이다.

② 대규모 자율 네트워크에 적합하다.

③ 네트워크 거리를 결정하는 방법으로 홉의 총계를 사용한다.

④ OSPF 내에서 라우터와 종단국 사이의 통신을 위해 RIP가 지원된다.

CHAPTER

07 L2 / 스위치 프로토콜

1 Router0 아래쪽에 있는 스위치를 이용하여 2개의 네트워크로 나누어 구현을 해보자. 🔍

1) PC0쪽은 일반 직원이 사용하는 네트워크

2) Server0쪽은 서버쪽이 사용하는 네트워크

3) 서브넷을 진행한다.

　가) 10.0.0.0 /24를 2개의 네트워크로 분할 해본다.

　나) 255.255.255.1000 0000 (128) = 2개의 네트워크로 나누기 위해서 변경한다.

　다) 10. 0. 0.0000 0000 (10.0.0.0) Start IP

　라) 10. 0. 0.0111 1111 (10.0.0.127) End IP

　마) 10. 0. 0.1000 0000 (10.0.0.128) Start IP

　바) 10. 0. 0.1111 1111 (10.0.0.255) End IP

4) PC0쪽에는 VLAN10번에 10.0.0.0 ~ 10.0.0.127 IP를 할당한다.

5) Server0쪽에는 VLAN20번에 10.0.0.128 ~ 10.0.0.255 IP를 할당한다.

2 스위치의 주된 역할 🔍

1) 스위치는 여러대의 컴퓨터를 1대의 장비에 붙여 1개의 도메인으로 구현해주는 역할을 수행한다.

2) 너무 많은 PC가 붙으면 브로드캐스트가 너무 많이 발생하여 시스템 저하 현상이 일어난다.

3) 여기서 핵심은 VLAN 기술이다. 1개의 스위치에 도메인을 나누어 분할 하면 서로 다른 네트워크로 인식되어 보안성이 좋아 진다. (서브네팅 기술의 브로드캐스트 IP주소를 분할하여 구현)

3 VLAN에 대해 알아본다. 🔍

1) 컴퓨터 네트워크에서 여러 개의 구별되는 브로드캐스트 도메인을 만들기 위해 단일 2계층 네트워크를 분할할 수 있는데, 이렇게 분리되면 패킷들은 하나 이상의 라우터들 사이에서만 이동할 수 있다. 이러한 도메인을 가상 랜(영어: Virtual LAN)으로 부르며, 가상 근거리 통신망(영어: Virtual Local Area Network), 가상 LAN(영어: Virtual LAN), 또는 간단히 VLAN으로도 표기한다.

2) 일반적으로 스위치나 라우터 장비에서 수행된다. 더 단순한 장비들은 포트 수준에서의 분할만 지원하므로 장비를 넘나들며 VLAN을 공유하는 일에는 개별 VLAN을 위한 전용 케이블 설비가 필요하다. 더 복잡한 장비들은 태그 추가 작업을 통해 패킷을 표시함으로써 하나의 상호 연결 (트렁크)이 여러 VLAN

을 위한 데이터 전송에 사용될 수 있다.

3) VLAN의 기능을 물리적으로 복제하려면 별도의 병렬의 네트워크 케이블과, 주 네트워크로부터 분리된 장비가 필요하다. 그러나 물리적으로 분리된 네트워크와 달리 VLAN은 대역을 공유하므로 VLAN 트렁크는 링크 애그리게이션 및 QoS 우선 순위가 요구된다.

4) VLAN에 의한 물리적 위치에 관계 없이 공통의 요구사항을 갖춘 호스트 컴퓨터들을 하나로 묶으면 네트워크 디자인을 더욱 상당히 단순하게 만들 수 있다. VLAN은 물리적인 근거리 통신망(LAN)과 동일한 특성을 지니고 있으나 종단국(end station)이 동일 네트워크 스위치에 존재하지 않더라도 더 쉽게 묶일 수 있게 한다는 차이점이 있다. VLAN 멤버십은 물리적으로 재할당하는 장치나 연결 대신 소프트웨어를 통해 구성할 수 있다. 오늘날 대부분의 기업망들은 가상 랜의 개념을 사용하고 있다. VLAN이 없으면 스위치는 스위치 상의 모든 인터페이스가 동일한 브로드캐스트 도메인에 위치한 것으로 간주한다.

4　VLAN 구현 해보기

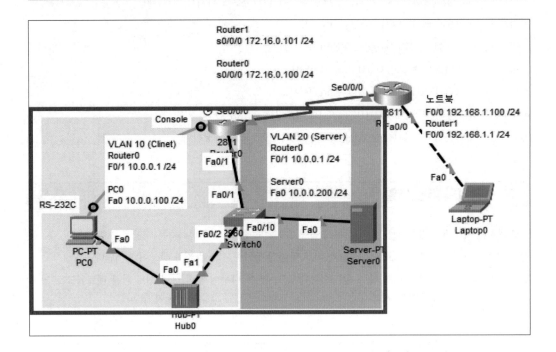

1) 스위치에 vlan 10번과 vlan 20번을 나누어 구현 하겠다.

가) en → conf t→ vlan 10 (vlan 10번을 생성한다.) → name Client

나) vlan 20 → name Server → do show vlan

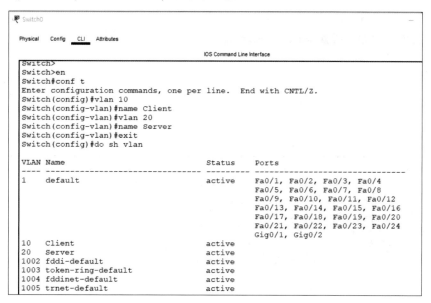

① vlan 정보를 확인 하니 10번과 20번이 생성되어 있는 것을 확인 할 수 있다.

다) vlan 배정 : 지금부터 vlan으로 사용할 인터페이스를 배정 해보자.

① int f0/1 (1개의 포트를 vlan 10번에 배정할 때)

㉮ switchport mode access(vlan 구현 필수옵션)

㉯ switchport access vlan 10(10번 vlan에 장착)

② int range f0/1 - 9 (9개의 포트를 vlan 10번에 배정할 때)

㉮ switchport mode access (vlan 구현 필수옵션)

㉯ switchport access vlan 10 (10번 vlan에 장착)

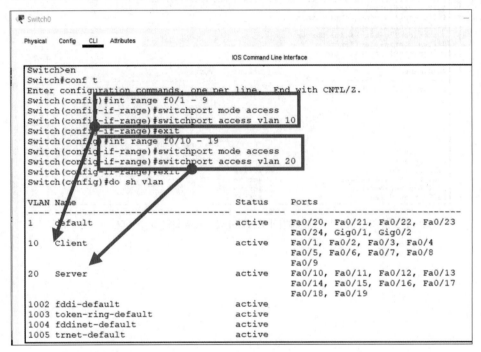

라) 라우터에 IP할당 : 2개의 네트워크로 나누었으니 게이트웨이도 2개로 나누어 라우터에 배정해야 한다.

① VLAN 10에 배정된 IP는 10.0.0.0 ~ 10.0.0.127까지로 10.0.0.0은 네트워크ID로 배정안됨 / 10.0.0.127은 브로드케스트IP로 사용되니 배정안됨

㉮ 호스트에서 사용할 수 있는 IP는 10.0.0.1 ~ 10.0.0.126이므로 게이트웨이는 10.0.0.1로 사용하고 PC에는 10.0.0.100번으로 배정한다.

② VLAN 20에 배정된 IP는 10.0.0.128 ~ 10.0.0.255까지로 10.0.0.128은 네트워크ID로 배정안됨 / 10.0.0.255은 브로드케스트IP로 사용되니 배정안됨

㉮ 호스트에서 사용할 수 있는 IP는 10.0.0.129 ~ 10.0.0.254이므로 게이트웨이는 10.0.0.129로 사용하고 PC에는 10.0.0.200번으로 배정한다.

③ 라우터에는 1개의 인터페이스만 배정이 되어 있어 케이블 1개를 더 연결해야한다.

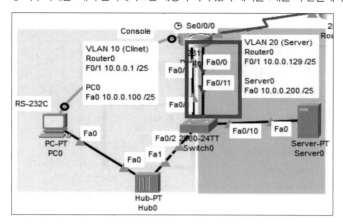

㉮ Router(config)#int f0/0

㉯ Router(config-if)#ip add 10.0.0.129 255.255.255.128

   % 10.0.0.128 overlaps with FastEthernet0/1 (IP 대역 중복으로 오류발생)

㉰ Router(config-if)#int f0/1

㉱ Router(config-if)#no ip add (기존에 IP제거)

㉲ Router(config-if)#ip add 10.0.0.1 255.255.255.128 (VLAN10 IP 배정)

㉳ Router(config-if)#no shut

㉴ Router(config-if)#int f0/0

㉵ Router(config-if)#ip add 10.0.0.129 255.255.255.128 (VLAN20 IP 배정)

㉶ Router(config-if)#no shut

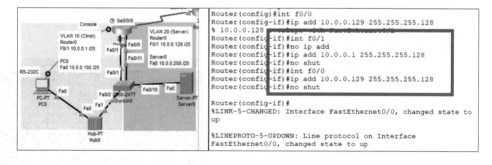

④ PC0 IP 재조정

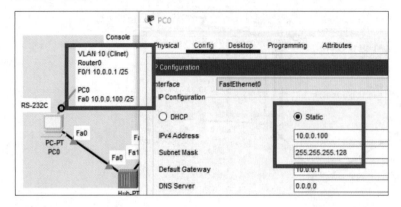

⑤ Server0 IP 재조정

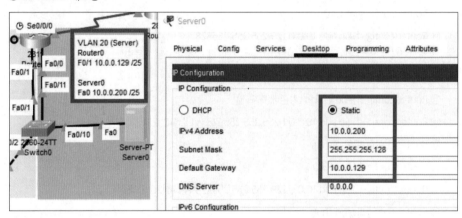

⑥ PING 테스트 진행 (성공!)

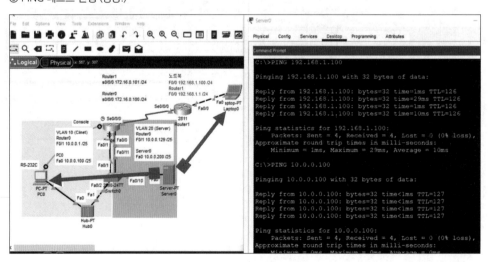

2) VLAN의 단점

가) 스위치에 2의 네트워크로 분할하였더니 라우터에 2개의 IP주소를 넣기 위해 2개의 인터페이스를 사용하고 2개의 케이블을 또 추가해야 된다.

나) 만약 4개로 나누면 4개의 케이블에 4개의 포트를 사용해야 한다.

다) 이를 해결하기 위해 트렁크라는 포트를 사용해야 한다.

5 트렁크

1) 하나의 포트에 다수의 VLAN 트래픽이 통과할 수 있는 방식을 의미한다.

2) 일반적으로 서로 다른 Switch에 동일 VLAN들이 존재하는 경우 사용된다.

3) Trunk 포트를 사용하는 경우에도 스위치끼리 통신할 경우 동일 VLAN 사이에서만 통신이 가능하다.

4) 서로 다른 VLAN 사이에서 통신을 하기 위해서는 반드시 L3 Device를 통해 Routing되어야 한다. (논리적으로 다른 Network이기 때문에 라우팅이 필요하다.)

5) Frame을 전달할 때 Tag(Vlan정보)를 붙여서 전송을 한다.

6) 전달받은 스위치는 PC LAN 카드가 Tag를 인식하지 못하므로 PC에 전달하기 위해 Tag를 제거한다.

7) 트렁크 포트의 종류

가) DOT1Q : 802.1Q 트렁킹 (표준 트렁킹 프로토콜) -> 현재 많이 사용 중

나) ISL : 시스코에서 개발한 시스코 전용 트렁킹 프로토콜 -> 현재 사용 안함.

8) 트렁크 구현

가) 기존에 2개의 케이블을 제거하고 1개의 케이블만 연결한다. 단, VLAN에 배정된 포트를 제외한 나머지 포트 중에 선택할 것!

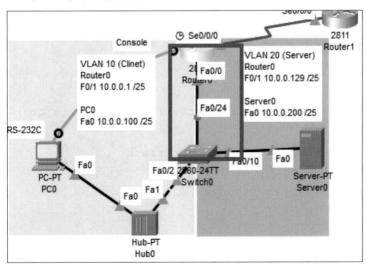

① Switch0에는 F0/24에 연결하고 Router0에는 F0/0으로 연결한다.

② Switch0에 트렁크 설정을 진행한다.

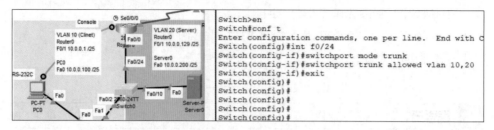

⑦ Switch(config)#int f0/24 (인터페이스 선택)

④ Switch(config-if)#switchport mode trunk (트렁크포트로 변환)

⑤ Switch(config-if)#switchport trunk allowed vlan 10,20 (트렁크를 이용하여 vlan10,20번을 허용)

6 | 서브인터페이스 구현

1) 트렁크 포트를 이용하여 2개이상의 도메인을 1개의 인터페이스로 받기 위해서 서브 인터페이스를 구현한다.

2) 서브인터페이스를 구현하기 위해서 기존에 인터페이스 정보를 초기화한다.

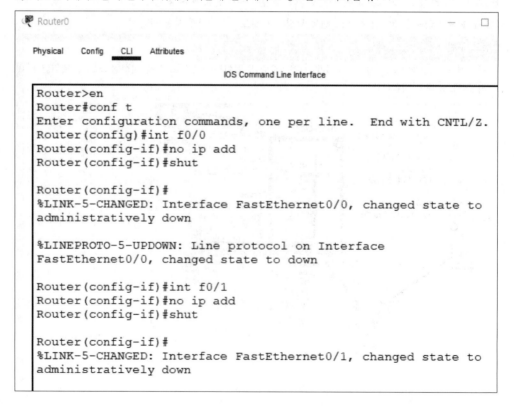

3) 서브인터페이스를 구현하기 위해 F0/0을 활성화만 한다.

가) int f0/0 → no shut

4) 서브인터페이스 생성

가) int f0/0.vlan번호 → encapsulation dot1q vlan번호

나) int f0/0.10 → encapsulation dot1q 10 → ip add 10.0.0.1 255.255.255.128

다) int f0/0.20 → encapsulation dot1q 20 → ip add 10.0.0.129 255.255.255.128

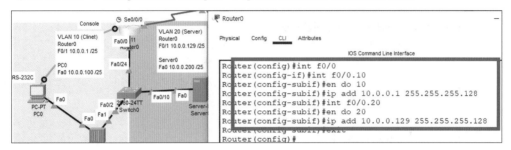

5) 라우팅 테이블 조정 : Router0에 기존 라우팅 테이블을 제거하고 2개로 나눈 네트워크로 재설정을 진행한다.

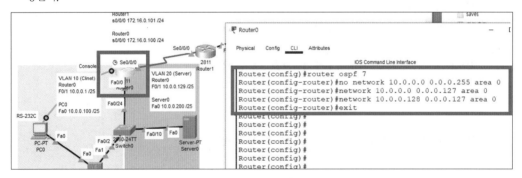

6) ping 테스트 (성공!) : 노트북에서 PC0과 Server0으로 테스트를 진행한다.

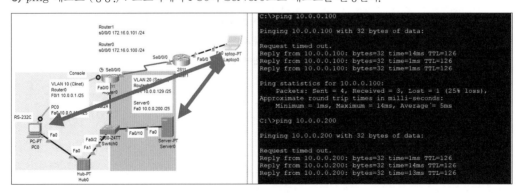

01 서브넷 마스크에 대한 설명으로 옳지 않은 것은?

① 서브네팅이란 주어진 IP 주소 범위를 필요에 따라서 여러 개의 서브넷으로 분리하는 작업이다.

② 서브넷 마스크를 이용하여 목적지 호스트가 동일한 네트워크상에 있는지 확인한다.

③ 필요한 서브넷의 수를 고려하여 서브넷 마스크 값을 결정한다.

④ 서브넷 마스크는 Network ID 필드는 '0'으로, Host ID 필드는 '1'로 채운다.

02 서브넷 마스크에 대한 설명으로 올바른 것은?

① IP Address에서 네트워크 Address와 호스트 Address를 구분하는 기능을 수행한다.

② 여러 개의 네트워크 Address를 하나의 Address로 통합한다.

③ Address는 효율적으로 관리하나 트래픽 관리 및 제어가 어렵다.

④ 불필요한 Broadcasting Message는 제한 할 수 없다.

03 서브넷 마스크(Subnet Mask)의 기능은?

① TCP/IP 네트워크에서 각각의 컴퓨터에 IP Address을 지정한다.

② 네트워크ID와 호스트ID를 구분한다.

③ 네트워크 관리자가 IP 블록(Block)을 중앙에서 제어한다.

④ IPX의 상위에 놓이며 접속 중심의 통신 기능을 제공한다.

04 '255.255.255.0'인 서브넷에 최대 할당 가능한 호스트 수는?

① 256개   ② 128개

③ 64개   ④ 32개

05 '255.255.255.128'인 서브넷에 최대 할당 가능한 호스트 수는?

① 256개   ② 128개

③ 64개   ④ 32개

06 하나의 회선을 여러 사용자들이 동시에 채널을 나누어 사용할 수 있도록 하는 방법은?

① 엔코딩   ② 멀티 플렉싱

③ 디코딩   ④ 흐름 제어

07 가상 회선방식의 특징으로 올바른 것은?

① 연결형 서비스를 제공한다.

② 비 연결형 서비스를 제공한다.

③ 연결설정 작업 시, 시간 지연이 없다.

④ 패킷전송이므로 경로 고장시 경로 우회 기능이 없다.

08 OSI 7 Layer 중 LAN의 프로토콜로 논리 링크제어(LLC) 및 매체엑세스제어(MAC)를 사용하는 계층은?

① 물리 계층   ② 데이터링크 계층

③ 전송 계층   ④ 네트워크 계층

09 축적 전송방식의 일환으로 프레임의 수신과 CRC에러 확인 후 목적지로 전송하는 방식으로 프레임의 길이만큼 전달지연이 발생하는 LAN의 스위칭 방식은?

① Cut Throguh   ② Store And Forward

③ Call Together   ④ Store And Backward

<정답> 01 ④ 02 ① 03 ② 04 ① 05 ② 06 ② 07 ① 08 ② 09 ②

01 IP Address를 관리하기 위한 Subnetting을 하는 이유로 옳지 않은 것은?

① IP Address를 효율적으로 사용할 수 있다.

② Network ID와 Host ID를 구분할 수 있다.

③ 불필요한 Broadcasting Message를 제한할 수 있다.

④ Host ID를 사용하지 않아도 된다.

02 OSI 7 계층의 통신 계층별 PDU(Protocol Data Unit)의 명칭으로 올바른 것은 무엇인가?

① 7계층 : 세그먼트　　　　　② 4계층 : 패킷

③ 3계층 : 비트　　　　　　　④ 2계층 : 프레임

03 다음 출력물에 대한 설명으로 옳지 않은 것은?

```
C:\> ping www.icqa.or.kr

Ping www.icqa.or.kr [210.103.175.224] 32바이트
데이터 사용 :

210.103.175.224의 응답: 바이트=32 시간=3ms TTL=55
210.103.175.224의 응답: 바이트=32 시간=2ms TTL=55
210.103.175.224의 응답: 바이트=32 시간=3ms TTL=55
210.103.175.224의 응답: 바이트=32 시간=3ms TTL=55

210.103.175.224에 대한 Ping 통계:
    패킷: 보냄 = 4, 받음 = 4, 손실 = 0 (0% 손실),
왕복 시간(밀리초):
    최소 = 2ms, 최대 = 3ms, 평균 = 2ms
```

① ping 명령어를 이용하여 목적지(www.icqa.or.kr)와 정상적으로 통신되었음을 확인하였다.

② ping 명령어를 이용하여 요청하고 응답받은 데이터의 사이즈는 32바이트이다.

③ ping 명령어를 이용하여 요청하고 응답받은 시간은 평균 2ms 이다.

④ 패킷의 살아 있는 시간(TTL, Time to Live)은 55초이다.

04 하나의 회선을 여러 사용자들이 동시에 채널을 나누어 사용할 수 있도록 하는 방법은?

① 엔코딩　　　　　　　　　② 멀티 플렉싱

③ 디코딩　　　　　　　　　④ 흐름 제어

05 OSI 7 계층 중 비트를 데이터 프레임으로 전환하며, 순환 잉여 검사(CRC)를 수행하는 계층은?

① 트랜스포트 계층　　　　　② 네트워크 계층

③ 데이터링크 계층　　　　　④ 물리적 계층

06 OSI 7 Layer 중 데이터 링크 계층의 기능으로 옳지 않은 것은?

① 통신 프로토콜을 정의한 OSI 7 Layer 중 세 번째 계층에 해당한다.

② 비트를 프레임화 시킨다.

③ 전송, 형식 및 운용에서의 에러를 검색한다.

④ 흐름제어를 통하여 데이터 링크 개체간의 트래픽을 제어한다.

07 인접한 개방 시스템 사이의 확실한 데이터 전송 및 전송 에러제어 기능을 갖고 접속된 기기 사이의 통신을 관리하고, 신뢰도가 낮은 전송로를 신뢰도가 높은 전송로로 바꾸는데 사용되는 계층은?

① 물리 계층(Physical Layer)

② 네트워크 계층(Network Layer)

③ 전송 계층(Transport Layer)

④ 데이터링크 계층(Datalink Layer)

| 정답 |

01 ④   02 ④   03 ④   04 ②   05 ③   06 ①   07 ④

ARQ, IEEE802

1 ARQ(Automatic repeat request) 🔍

1) 자동 반복 쿼리 라고도 하는 자동 반복 요청(ARQ)은 확인(패킷을 올바르게 수신했음을 나타내는 수신자가 보낸 메시지) 및 타임아웃(지정된 시간 동안 허용됨)을 사용하는 데이터 전송을 위한 오류 제어 방법이다. 확인 응답이 수신되기 전에 경과 신뢰할 수 없는 통신 채널을 통해 안정적인 데이터 전송을 달성한다.

2) 송신자가 타임아웃 전에 승인을 받지 못하면 재전송 한다. 패킷이 승인을 받거나 미리 정의된 재전송 횟수를 초과할 때까지 진행한다.

3) ARQ 프로토콜의 변형에는 Stop-and-wait ARQ , Go-Back-N ARQ 및 선택적 반복 ARQ 가 포함됩니다. 세 가지 프로토콜 모두 일반적으로 일종의 슬라이딩 윈도우 프로토콜 을 사용하여 발신자가 재전송해야 하는 패킷(있는 경우)을 결정하는 데 도움을 준다. 이러한 프로토콜 은 OSI 모델 의 데이터 링크 또는 전송 계층 (계층 2 및 4)에 있다.

4) ARQ의 종류

　가) 정지대기방식 (Stop and Wait, Idle ARQ)

　　① 수신측으로부터 ACK을 받을 때까지 대기하다가 전송하는 방법

　　② 반이중 방식으로 다른 ARQ 방식보다 전송 효율이 낮다.

　　③ 송신측은 프레임을 보냄과 동시에 타이머를 작동시킨다. 수신측에서 보낸 ACK를 받으면 타이머가 멈춘다.

　　④ 송신측은 전송한 프레임의 사본을 보관하고 있다가 타이머가 만료되면 해당 프레임을 다시 보낸다. -> ACK이 오지 않은 경우 프레임이 손실, 중복, 순서 바뀜이 일어난 것으로 판단

　　⑤ 수신자쪽에서의 과정 단순하다.

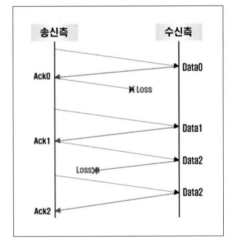

✅ 예제

01 ┊ 매 프레임 전송 시마다 일단 멈추고 응답이 오기를 기다리는 형태로, ACK 응답인 경우에는 다음 프레임을 전송하지만 NAK인 경우에는 다시 재전송하여 에러를 복구하는 에러 제어 방식은?

　① continuous ARQ　　　　　　② selective ARQ

　③ stop-and-wait ARQ　　　　④ Go-Back-N ARQ

<정답> 01 ③

나) Go-back-N ARQ (GBN)

① 오류가 난 지점부터 전송한 지점까지 모두 재전송 하는 기법

② Timer가 만료되면 ACK가 오지 않은 프레임(sliding window의 첫 프레임)부터 재전송한다.

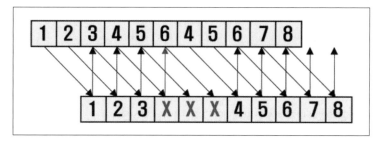

③ ex) 6번 프레임을 보냈는데 3번 프레임의 타이머가 만료된 경우, 송신자는 뒤로 돌아가서 3,4,5,6번 프레임을 다시 보낸다.

✅ 예제

01 ARQ 중 에러가 발생한 블록 이후의 모든 블록을 재전송하는 방식은?

① Go-Back-N ARQ   ② Stop-and-Wait ARQ

③ Selective ARQ   ④ Adaptive ARQ

02 ARQ 방식 중 에러가 발생한 블록으로 되돌아가 모든 블록을 재전송하는 것은?

① Go-back-N ARQ   ② Selective ARQ

③ Adaptive ARQ   ④ Stop-and-Wait ARQ

03 HDLC(High-level Data Link Control)에 대한 설명으로 옳지 않은 것은?

① 문자중심의 데이터 링크 프로토콜이다.

② Go-Back-N ARQ 에러 방식을 사용한다.

③ 통신 동작 모드는 NRM, ARM, ABM이 있다.

④ 프레임 형식에는 I-Frame, S-Frame, U-Frame이 있다.

<정답> 01 ① 02 ① 03 ①

다) Selective Repeat ARQ

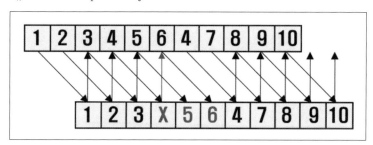

① 오류가 난 부분만 재 전송하는 기법

② NAK를 사용하여 개선할 수 있다.

③ NAK를 쓰게 되면 Timer가 만료되기전에 해당 프레임을 재전송 해야한다는 것을 알 수 있으므로 빠른 재전송이 가능하다.

④ 수신자 쪽에서의 과정이 복잡하다.

✔ 예제

01 전송한 프레임의 순서에 관계없이 단지 손실된 프레임만을 재전송하는 방식은?

① Selective-repeat ARQ   ② Stop-and-wait ARQ

③ Go-back-N ARQ   ④ Adaptive ARQ

02 오류 검출 방식인 ARQ 방식 중에서 일정한 크기 단위로 연속해서 프레임을 전송하고 수신측에 오류가 발견된 프레임에 대하여 재전송 요청이 있을 경우 잘못된 프레임만을 다시 전송하는 방법은?

① Stop-and-Wait ARQ   ② Go-back-N ARQ

③ Selective-repeat ARQ   ④ Adaptive ARQ

03 오류 검출 방식인 ARQ 방식 중에서 일정한 크기 단위로 연속해서 프레임을 전송하고 수신측에 오류가 발견된 프레임에 대하여 재전송 요청이 있을 경우 잘못된 프레임만을 다시 전송하는 방법은?

① Stop-and-Wait ARQ   ② Go-back-N ARQ

③ Selective-repeat ARQ   ④ Adaptive ARQ

<정답> 01 ① 02 ③ 03 ③

라) Adaptive ARQ

① 전송 효율을 최대한 높이기 위해 데이터 프레임의 길이를 동적으로 변경하여 전송한다.

② 수신측이 송신측에게 수신한 데이터 프레임을 감지하고 오류 발생률을 판단하여 송신측에 오류 발생률을 통보하면 송신측은 통신회선의 오류 발생률이 낮으면 긴 프레임을, 높으면 짧은 프레임을 전송한다.

✔ 예제

01 전송효율을 최대로 하기 위해 프레임의 길이를 동적으로 변경시킬 수 있는 ARQ(Automatic Repeat Request) 방식은?

① Adaptive ARQ   ② Go back-N ARQ

③ Selective-Repeat ARQ   ④ Stop and Wait ARQ

<정답> 01 ①

2 정보통신 이론

1) 통신신호의 형태

가) 아날로그 통신

① 입력 값 : 그래프, 통신의 양

② 정확도 : 정확성이 낮다.

③ 속도 : 빠름

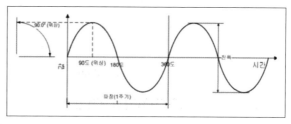

나) 디지털 통신

① 입력 값 : 0 , 1 (문자, 숫자, 특수문자)

② 정확도 : 정확성이 높다.

③ 속도 : 계산후 변조를 활용하기 때문에 느려짐

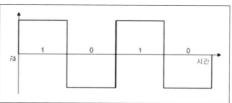

나) 하이브리드 통신

① 아날로그의 장점과 디지털의 장점 결합하여 만듦

2) 통신 방식

가) 단방향 방식(Simplex Communication)

① 한쪽 방향으로 방송하는 것으로 송신과 수신은 바뀌지 않는다.

② TV / 라디오 방송망

나) 반이중 방식(Half-Duplex Communication)

① 양쪽에 송수신이 가능하며 동시에 진행 되지는 않는다.

② 무전기 / 이더넷

다) 전이중 방식(Full-Duplex Communication)

① 양쪽에 동시에 송수신이 가능

② 핸드폰

3) 데이터의 전송 단위에 따른 분류

가) 직렬 통신 : 하나의 문자를 구성하는 각 비트들이 하나의 전송 회선을 통하여 차례로 전송되는 형태

나) 병렬 통신 : 하나의 문자를 구성하는 각 비트들이 여러 개의 전송 회선을 통하여 동시에 전송되는 형태

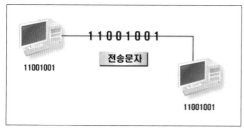

직렬통신

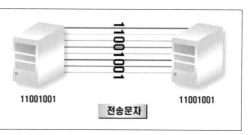

병렬통신

4) 신호의 변조 여부에 따른 분류

가) 베이스 밴드(Baseband) : 저주파의 베이스밴드 신호를 직접 전송하는 방식이다.

나) 브로드밴드(Broadband) : 데이터 통신에서 디지털 데이터를 모뎀을 이용하여 아날로그 데이터로 변조하여 전송한다. 베이스밴드 방식 보다 더 빠르고 신뢰성이 높다.

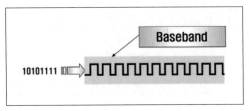

직렬통신

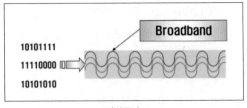

병렬통신

✔ 예제

01 근거리 통신망의 전송방식 중 베이스밴드(Baseband) 방식의 특징은?
  ① 아날로그 전송방식
  ② 디지털 전송방식
  ③ 단일채널의 데이터를 아날로그 신호로 변조하여 전송
  ④ 단방향 통신

02 데이터 전송방식에 대한 설명으로 올바른 것은?
  ① 반이중(Half duplex) 방식 : 데이터는 수신측 또는 송신측 한쪽 방향으로만 전송될 수 있고, 전송 방향을 바꿀 수가 없다.
  ② 전이중(Full duplex) 방식 : 데이터가 수신측, 송신측 양쪽 방향으로 동시에 전송될 수 있다.
  ③ 단방향(Simplex) 방식 : 데이터가 수신측, 송신측 양쪽 방향으로 전송될 수 있지만, 동시에 전송할 수는 없다.
  ④ 주파수 분할 이중(Frequency Division Duplex) 방식 : 동일한 주파수 대역에서 시간적으로 상향, 하향을 교대로 배정하는 전송 방식이다.

<정답> 01 ② 02 ②

5) 데이터의 동기화 여부에 따른 분류

가) 동기식 전송(Synchronous Transmission) : 동기식 전송은 한 문자 단위가 아니라 미리 정해진 수만큼의 문자열을 한 묶음(Block)으로 만들 어서 일시에 전송하는 방법이다.

나) 비동기식 전송(Asynchronous Transmission) : 타임 슬롯의 간격을 식별하여 한 번에 한 문자씩 송수신한다. 대부분이 하나의 문자 단위로 비트를 전송하고 각 문자를 구분하기 위해 스타트(start) 비트와 스톱(stop)비트를 추가한다.

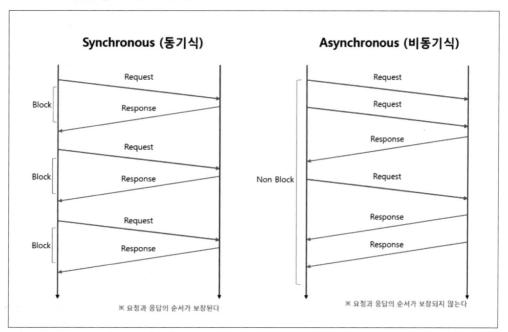

✅ 예제

01 별도의 동기신호 없이 매 문자마다 Stop/Start 비트를 부가하여 전송하는 방식은?
　① 동기식 전송 방식　　　　　　　② 직렬 전송 방식
　③ 비동기 전송 방식　　　　　　　④ 문자 동기 전송 방식

02 정보 전송의 형태로 데이터 전송에 앞서 수신 시간을 얻도록 하는 방식으로, 송신측에서 동기부호를 사용하여 전송하는 방식은?
　① 직렬 전송　　　　　　　　　　② 병렬 전송
　③ 동기식 전송　　　　　　　　　④ 비동기식 전송

03 비동기 데이터(Asynchronous Data) 전송에 필요한 신호는?
　① 처음과 마지막 자료(start/stop)　② 인터럽트(Interrupt)
　③ 상태자료(Status)　　　　　　④ 캐리(Carry)

<정답> 01 ③ 02 ③ 03 ①

6) 통신망의 따른 분류

가) 근거리 통신망(local area network, LAN) : 구내 정보 통신 망은 네트워크 매체를 이용하여 집, 사무실, 학교 등의 건물과 같은 가까운 지역을 한데 묶는 컴퓨터 네트워크이다.

나) 도시권 통신망(Metropolitan area network, MAN) : 큰 도시 또는 캠퍼스에 퍼져 있는 컴퓨터 네트워크이다. LAN과 WAN의 중간 크기를 갖는다. DSL 전화망, 케이블 TV 네트워 크를 통한 인터넷 서비스 제공이 대표적인 예이다.

다) 광역 통신망(Wide area network, WAN) : 드넓은 지리적 거 리/장소를 넘나드는 통신 네트워크 또는 컴퓨터 네트워크이다. 광역 통신망은 종종 전용선과 함께 구성된다.

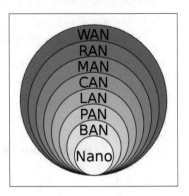

3 IEEE802

1) IEEE 802는 근거리 통신망과 도시권 통신망을 관할하는 전기 전자 기술자 협회(IEEE) 표준 규칙들의 계열을 말한다.

2) 구체적으로 말해, IEEE 802 표준은 가변 크기 패킷을 전달하는 네트워크에 제한되어 있다. (이와 반대 로 셀 릴레이 망에서 데이터는 '셀'이라 불리는 짧고 통일성 있는 크기의 단위로 전송된다)

3) IEEE 802 계열의 표준들은 LAN/MAN 표준 위원회(IEEE 802 LAN/MAN Standards Committee, LMSC)에 의해 유지보수되고 있다.

표준	내용	표준	내용
IEEE802.1	HILI(상위 계층과의 인터페 이스 규정),STP	IEEE802.2	LLC(Logical Link Control)
IEEE802.3	CSMA/CD	IEEE802.4	Token Bus
IEEE802.5	Token Ring	IEEE802.6	DQDB(Distribute Queue Dual Bus)MAN
IEEE802.7	Broadband (광대역 전송 자문 그룹)	IEEE802.8	Fiber(광통신 자문 그룹)
IEEE802.9	IVD(Integrated Voice & Data)LAN	IEEE802.10	LAN Security 보안
IEEE802.11	Wireless LAN(무선 랜)	IEEE802.15	블루투스, Zigbee, Uwb….

4) IEEE802.3

가) Ethernet을 기초로 하는 LAN 표준들을 총칭

나) 10 Mbps에서 10 Gbps에 이르는 모든 이더넷 표준들을 포괄

다) 물리계층 및 MAC 부계층을 규정하고 있음

라) CSMA/CD : Carrier Sense Multiple Access/Collision Detection   반송파 감지 다중 엑세스 / 충돌 검출

✅ 예제

01 LAN에서 사용하는 CSMA/CD 프로토콜에 대한 설명으로 옳지 않은 것은?

① 무선랜에 사용되는 방식으로, ACK 프레임을 사용하여 전송하기 전에 충돌이 일어나지 않도록 한 후 전송을 시작한다.

② 송신을 원하는 호스트는 송신 전에 다른 호스트가 채널을 사용하는지 조사한다.

③ 전송하는 동안 계속적으로 채널을 감시하여 충돌이 발생하는지를 조사한다.

④ 충돌이 발생하게 되면, 충돌한 데이터들은 버려지고 데이터를 전송한 장치들에게 재전송을 요구한다

02 기가비트 이더넷(Gigabit Ethernet)의 특징 중 옳지 않은 것은?

① IEEE 803. 3에 표준으로 정의되어 있다.

② 전송방식으로 기존 이더넷상의 CSMA/CD를 그대로 사용한다.

③ 기존 이더넷상의 전송 속도를 초당 1기가비트까지 향상시킨 것이다.

④ 기업의 백본(Backbone)망으로도 사용된다.

03 802.3 Ethernet 프레임 구조의 구성요소 중 옳지 않은 것은?

① 프리앰블(Preamble) : 7Byte

② 시작문자(SOF) : 1Byte

③ 데이터 : 46~1500Byte

④ 프레임 확인 시퀀스(Frame Check Sequence) : 5Byte

04 다음의 설명에 해당하는 LAN 전송기술은?

> 신소를 전공하기 전에 다른 신호 전송이 이루어지고 있는가를 살핀 후 전공하고, 전송 중에 충돌이 있는 지를 감시

① ATM LAN ② Token Ring

③ Token Bus ④ CSMA/CD

05 CSMA/CD에 기반한 네트워킹 기술은?

① Token Ring ② FDDI

③ Ethernet ④ Token Bus

06 IEEE 802 표준에 대한 연결이 잘못 이루어진 것은?

① IEEE 802.2 – LLC

② IEEE 802.3 – LDAP

③ IEEE 802.4 – 토큰 버스

④ IEEE 802.5 – 토큰 링

07 LAN 관련 표준안과 그 내용이 다르게 짝지어진 것은?

① IEEE 802.2-LLC

② IEEE 802.3-MAC

③ IEEE 802.4-토큰버스

④ IEEE 802..5-토큰링

08 다음에서 설명하는 전송 방식은?

> LAN의 매체 접근 제어방식 중 버스구조에서 사용하고, 데이터를 전송하려면 채널이 사용 중인지 검사하고, 채널이 사용 중이지 않으면 모든 노드가 채널을 사용할 수 있으며, 동시에 데이터 전송이 이루어지면 충돌이 일어나고 데이터는 폐기되며 일정시간 대기 후 다시 전송한다.

① Token Ring

② Token Bus

③ CSMA/CD

④ Slotted Ring

09 Fast Ethernet의 설명으로 옳지 않은 것은?

① 명칭은 100BASE-T이다.

② IEEE802.5에서 정의한다.

③ CSMA/CD 매체 액세스 방식이다.

④ Ethernet의 패킷구성, 인터페이스, 절차 등을 그대로 유지하되 비트시간을 감소시킨 것이다.

<정답> 01 ① 02 ① 03 ④ 04 ④ 05 ③ 06 ② 07 ② 08 ③ 09 ②

5) IEEE802.4

가) 토큰 버스 방식 (Token Bus)

나) 매체접근제어 프로토콜의 일종

다) 각 스테이션(station)의 전송순서는 논리적인 링 순서로써 이루어짐

라) 전송할 수 있는 권리인 Token(토큰)을 논리적인 순서에 따라 다음 스테이션에 넘겨줌으로써 매체접근을 통제(제어)

마) 이 방식은 버스 토폴리지 형태의 망 특성을 지닌 공장 자동화를 위한 시스템에 많이 사용

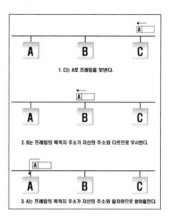

✅ 예제

01 LAN의 Topology 중, 아래 그림과 같이 공통 배선에 시스템의 모든 요소를 연결하는 방식은?

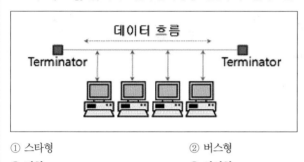

① 스타형　　　　　　　② 버스형
③ 링형　　　　　　　　④ 결선형

<정답> 01 ②

6) IEEE802.5

가) 토큰 링(Token Passing Ring)

나) 16Mbps, 이더넷에 비해 충돌에 의한 시간낭비/지체가 없어 비교적 높은 속도 유지

다) 노드 간에 다른 전송매체(구리,광 등) 사용 가능

라) 토큰링이 통과하는 순서는 물리적인 링상의 노드의 위치와 일치하기 때문에 토큰에 대한 주소 정보
   는 불필요

마) 통신회선에 흐르는 제어신호(토큰,Token)에 의하여 부여

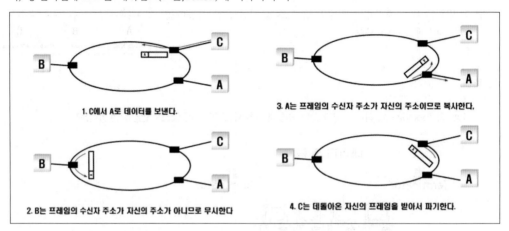

✅ 예제

01 프레임 신호의 송수신, 신호의 재생중계, 토큰 신호의 전송, 우선레벨의 부여 및 네트워크의 감시 등을 행할 수 있는 네트워크 망의 형태는?
   ① Token Ring   ② CSMA/CD
   ③ Wireless LAN   ④ CSMA/CA

02 MAC방식으로 라운드 로빈기법을 사용하는 방식은?
   ① CSMA/CD   ② Token Ring
   ③ CSMA   ④ DQDB

03 토큰링(Token Ring) 네트워크의 매체 액세스 방식은?
   ① 폴링   ② 토큰 패싱
   ③ CSMA/CA   ④ CSMA/CD

04 전기전자기술자협회(IEEE)에서 IEEE 802.5 표준으로 정의하는 네트워킹 기술은?
   ① Token Bus   ② Token Ring
   ③ CSMA/CD   ④ DQDB

<정답> 01 ① 02 ② 03 ② 04 ②

7) IEEE802.11

가) Wireless LAN(무선 랜) → CSMA/CA

나) 802.11 (1997) : 최초의 무선LAN 표준

　① 2.4 GHz 대역에서, 1~2 Mbps급 전송속도

다) 802.11a (1999)

　① 5 GHz 대역에서, 속도를 최대 54 Mbps까지 동작하는 확장 표준

라) 802.11b (1999)

　① 2.4 GHz 대역에서, 최대 2 Mbps에서 최대 11 Mbps까지 올림

마) 802.11g (2003)

　① 2.4 GHz 대역에서, 최대 22 또는 54 Mbps까지 고속의 동작

바) 802.11n (2009) : High Throughput (HT)

　① 2.4 GHz/5 GHz 대역에서, 최대 600 MHz까지 고속 전송이 가능

사) 802.11ac (2013) : Very High Throughput (VHT)

　① 5 GHz 대역에서, 6 Gbps 속도 목표, 일명 `기가급 와이파이`

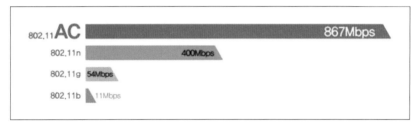

✅ 예제

01　100Mbps 이상의 전송속도를 제공하는 무선 LAN의 표준은?

　① IEEE 802.11a　　　　　② IEEE 802.11b

　③ IEEE 802.11g　　　　　④ IEEE 802.11n

02　IEEE 표준안 중 CSMA/CA에 해당하는 표준은?

　① 802.1　　　　　　　　② 802.2

　③ 802.3　　　　　　　　④ 802.11

03　IEEE 802 프로토콜의 연결이 올바른 것은?

　① IEEE 802.3 : 토큰 버스　　② IEEE 802.4 : 토큰 링

　③ IEEE 802.11 : 무선 LAN　　④ IEEE 802.5 : CSMA/CD

04 IEEE 802 프로토콜의 연결이 올바른 것은?

① IEEE 802.3 : 토큰 버스　　　　② IEEE 802.4 : 토큰 링

③ IEEE 802.11 : 무선 LA　　　　④ IEEE 802.5 : CSMA/CD

05 무선 랜의 구성 방식 중 무선 랜카드를 가진 컴퓨터간의 네트워크를 구성하여 작동하는 방식은?

① Infrastructure 방식　　　　② AD Hoc 방식

③ AP 방식　　　　④ CDMA 방식

06 다음 중에서 무선 LAN의 표준화를 담당하고 있는 기구는 어느 것인가?

① IEEE　　　　② IETF

③ ITU-T　　　　④ ISO

<정답> 01 ④ 02 ④ 03 ③ 04 ③ 05 ② 06 ①

대표기출문제 ≫≫≫≫≫

01 100BASE-T라고도 불리는 이더넷의 고속 버전으로서 100 Mbps의 전송속도를 지원하는 근거리통신망의 표준은?

① Ethernet ② Gigabit Ethernet
③ 10Giga Ethernet ④ Fast Ethernet

02 다음에서 설명하는 전송 방식은?

> LAN의 매체 접근 제어방식 중 버스구조에서 사용하고, 데이터를 전송하려면 채널이 사용 중인지 검사하고, 채널이 사용 중이지 않으면 모든 노드가 채널을 사용할 수 있으며, 동시에 데이터 전송이 이루어지면 충돌이 일어나고 데이터는 폐기되며 일정시간 대기 후 다시 전송한다.

① Token Ring ② Token Bus
③ CSMA/CD ④ Slotted Ring

03 아래 통신망에 대한 설명 중 빈칸에 들어갈 단어로 올바른 것은?

> (A) : 도시와 국가, 대륙 등 지역적으로 넓은 영역에 걸쳐 구축하는 다양하고 포괄적인 컴퓨터 통신망을 말한다. 인터넷 백 본망 이라고도 한다.
> (B) : 인구밀집지역의 대도시를 중심으로 (A)와 (C)망 간을 연결해 주는 통신망을 말한다.
> (C) : 학교나 집에서 사용하는 소규모의 범위가 그리 넓지 않은 일정 지역 내에서, 다수의 컴퓨터나 OA 기기 등을 속도가 빠른 통신선로로 연결하여 기기 간에 통신이 가능하도록 하는 근거리 통신만을 말한다.

① A – LAN, B – WAN, C – MAN
② A – WAN, B – LAN, C – MAN
③ A – LAN, B – MAN, C – WAN
④ A – WAN, B – MAN, C – LAN

04 IEEE 802 프로토콜의 연결이 옳은 것은?

① IEEE 802.11 : Wireless LAN
② IEEE 802.6 : IS LAN
③ IEEE 802.4 : Cable TV
④ IEEE 802.5 : CSMA/CD

05 Bus 토폴로지(Topology)에 대한 설명으로 올바른 것은?

① 스타 토폴로지보다 네트워크를 구축하는데 더 많은 케이블이 필요하기 때문에, 배선에 더 많은 비용이 소요된다.
② 각 스테이션이 중앙 스위치에 연결된다.
③ 터미네이터(Terminator)가 시그널의 반사를 방지하기 위하여 사용된다.
④ 토큰이라는 비트의 패턴이 원형을 이루며 한 컴퓨터에서 다른 컴퓨터로 순차적으로 전달된다.

06 ARQ 방식 중 에러가 발생한 블록으로 되돌아가 모든 블록을 재전송하는 것은?

① Go-back-N ARQ   ② Selective ARQ

③ Adaptive ARQ   ④ Stop-and-Wait ARQ

07 에러제어 기법 중 자동 재전송 기법으로 옳지 않은 것은?

① Stop and Wait ARQ   ② Go-Back N ARQ

③ 전진에러 수정(FEC)   ④ Selective Repeat ARQ

08 IEEE 표준안 중 CSMA/CA에 해당하는 표준은?

① 802.1   ② 802.2

③ 802.3   ④ 802.11

09 다음에서 설명하는 전송 방식은?

> LAN의 매체 접근 제어방식 중 버스구조에서 사용하고, 데이터를 전송하려면 채널이 사용 중인지 검사하고, 채널이 사용 중이지 않으면 모든 노드가 채널을 사용할 수 있으며, 동시에 데이터 전송이 이루어지면 충돌이 일어나고 데이터는 폐기되며 일정시간 대기 후 다시 전송한다.

① Token Ring   ② Token Bus

③ CSMA/CD   ④ Slotted Ring

10 전송효율을 최대로 하기 위해 프레임의 길이를 동적으로 변경시킬 수 있는 ARQ(Automatic Repeat Request)방식은?

① Adaptive ARQ   ② Go back-N ARQ

③ Selective-Repeat ARQ   ④ Stop and Wait ARQ

11 IEEE 802 프로토콜의 연결이 올바른 것은?

① IEEE 802.3 : 토큰 버스   ② IEEE 802.4 : 토큰 링

③ IEEE 802.11 : 무선 LAN   ④ IEEE 802.5 : CSMA/CD

12 CSMA/CD에 기반한 네트워킹 기술은?

① Token Ring   ② FDDI

③ Ethernet   ④ Token Bus

13 Bus Topology의 설명 중 올바른 것은?

① 문제가 발생한 위치를 파악하기가 쉽다.

② 각 스테이션이 중앙스위치에 연결된다.

③ 터미네이터(Terminator)가 시그널의 반사를 방지하기 위해 사용된다.

④ Token Passing 기법을 사용한다.

14 다음 내용이 나타내는 매체 방식은?

> – 자신 외에 다른 송신자가 네트워크를 사용하는지를 점검한다.
> – 네트워크를 아무도 사용하지 않는다면 바로 패킷을 전송한다.
> – 패킷이 충돌하게 되면 노드는 충돌신호를 전송한 후 설정된 시간만큼 기다린 후 바로 다시 전송한다.

① Token Passing   ② Demand Priority
③ CSMA/CA   ④ CSMA/CD

15 기가비트 이더넷(Gigabit Ethernet)의 특징 중 옳지 않은 것은?

① IEEE 803.3에 표준으로 정의되어 있다.
② 전송방식으로 기존 이더넷상의 CSMA/CD를 그대로 사용한다.
③ 기존 이더넷상의 전송 속도를 초당 1기가비트까지 향상시킨 것이다.
④ 기업의 백본(Backbone)망으로도 사용된다.

정답												
01 ④	02 ③	03 ④	04 ①	05 ③	06 ①	07 ③	08 ④	09 ③	10 ①	11 ③	12 ③	13 ③
14 ④	15 ①											

CHAPTER 09 토폴로지, 데이터통신관련기술

1 토폴로지

토폴로지(영어: topology, 문화어: 망구성방식)는 컴퓨터 네트워크의 요소들(링크, 노드 등)을 물리적으로 연결해 놓은 것, 또는 그 연결 방식을 말한다. 이와 비슷하게 네트워크 상에서 노드끼리의 데이터 흐름은 네트워크의 논리적 토폴로지를 결정한다.

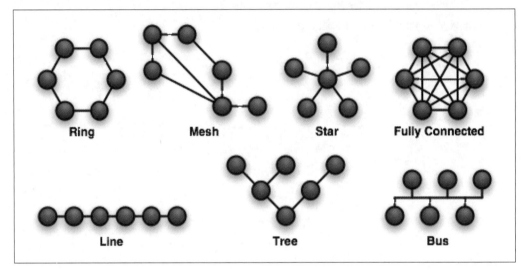

1) 버스 토폴로지

가) 버스 위상구조, 버스 네트워크(Bus network)는 버스라 불리는 공유 통신 경로를 통해 연결된 클라이언트의 집합을 가리키는 네트워크 구조이다. 한 스테이션이 신호를 전송 할 때 그 신호들은 단일 전송 구간을 따라 양방향으로 이동한다. 모든 신호는 전체 네트워크에서 양방향으로 전파되는데, 네트워크상의 모든 장치는 같은 신호를 받게 되며, 클라이언트에 설치된 소프트웨어는 각 클라이언트가 본인에게 지정된 메시지만을 수신할 수 있도록 한다. 버스형 네트워크는 가장 보편적인 이더넷 위상구조다

2) 스타 토폴로지

가) 스타 네트워크(star network)는 이더넷 LAN에서 가장 널리 사용되는 물리적 토폴로지이다. 주된 네트워크 장비에 기타 네트워크 장비를 추가로 연결하기 위해 스타 네트워크가 확장될 수 있으며, 이러한 토폴로지를 확장 스타 토폴로지라고 한다. 스타 토폴로지는 자전거 바퀴처럼 생겼다. 중앙의 연결 지점에 허브, 스위치, 라우터 같은 장비가 배치되며, 모든 케이블링 세그먼트가 이 중앙 지점으로 모인다. 네트워크의 각 장비는 자체 케이블에 의해 중앙 장비로 연결된다.

나) 구축 비용 면에서 물리적 스타 토폴로지가 물리적 버스 토폴로지보다 더 비싸지만 비용 이상의 가치가 있다. 각 장비가 자체 선에 의해 중앙 장비로 연결되기 때문에 특정 케이블에 문제가 있을 경우에 해당 장비만 영향을 받고 네트워크의 나머지 부분은 정상적으로 작동한다. 이 장점은 중요하며, 이 때문에 거의 모든 이더넷 LAN이 물리적 스타 토폴로지로 설계되고 있다.

3) 링 토폴로지

가) 링 네트워크(Ring Network)는 네트워크 토폴로지(Network Topology)의 한 방법으로서 각각의 노드는 양 옆의 두 노드와 연결하여 전체적으로 고리와 같이 하나의 연속된 길을 통해 통신을 하는 망 구성 방식이다. 데이터는 노드에서 노드로 이동을 하게 되며 각각의 노드는 고리모양의 길을 통해 패킷을 처리한다. 링 토폴로지는 어떤 두 노드간에 오직 하나의 길을 제공하기 때문에 링 네트워크는 단 하나의 연결 오류만으로도 전체의 연결이 끊기게 된다

4) 트리 토폴로지

가) 트리모양의 토폴로지로 역트리모양도 존재한다.

5) 메시 토폴로지

가) 모든 노드가 서로 연결되어 있는 구조로 통신케이블이 제일 많이 소모되지만 통신안정성을 제일 많이 향상시킨 기법이다.

나) 단 네트워크 트래픽이 제일 많이 영향을 받는다.

✔ 예제

01 다음 설명에 해당하는 LAN의 형태는?

- 한 노드의 고장이 LAN에 미치는 영향이 적다.
- 노드의 증가 및 제어가 쉽다.
- 하나의 통신 매체를 공유하며 충돌이 발생할 수 있다.

① Star　　　　　　　　② Bus
③ Ring　　　　　　　　④ Tree

02 성형 토폴로지의 특징으로 옳지 않은 것은?
① 중앙 제어 노드가 통신상의 모든 제어를 관리한다.
② 설치가 용이하나 비용이 많이 든다.
③ 중앙 제어노드 작동불능 시 전체 네트워크가 정지한다.
④ 모든 장치를 직접 쌍으로 연결할 수 있다.

03 LAN의 구성형태 중 중앙의 제어점으로부터 모든 기기가 점 대 점(Point to Point) 방식으로 연결된 구성형태는?
① 링형 구성　　　　　　② 스타형 구성
③ 버스형 구성　　　　　④ 트리형 구성

04 Bus 토폴로지(Topology)에 대한 설명으로 올바른 것은?

① 스타 토폴로지보다 네트워크를 구축하는데 더 많은 케이블이 필요하기 때문에, 배선에 더 많은 비용이 소요된다.

② 각 스테이션이 중앙 스위치에 연결된다.

③ 터미네이터(Terminator)가 시그널의 반사를 방지하기 위하여 사용된다.

④ 토큰이라는 비트의 패턴이 원형을 이루며 한 컴퓨터에서 다른 컴퓨터로 순차적으로 전달된다.

05 Bus Topology의 설명 중 올바른 것은?

① 문제가 발생한 위치를 파악하기가 쉽다.

② 각 스테이션이 중앙스위치에 연결된다.

③ 터미네이터(Terminator)가 시그널의 반사를 방지하기 위해 사용된다.

④ Token Passing 기법을 사용한다.

06 MAC방식으로 라운드 로빈기법을 사용하는 방식은?

① CSMA/CD   ② Token Ring

③ CSMA   ④ DQDB

<정답> 01 ① 02 ④ 03 ② 04 ③ 05 ③ 06 ②

2 데이터통신 관련기술

1) 정보통신이란?

가) 정보 생산자로부터 그 정보를 필요로 하는 소비자에게 전달하는 행위

　① 정확성 : 정보가 전송 도중 감쇠, 잡음 등으로 인해 손실되거나 변형되지 않아야 한다.

　② 효율성 : 투자된 장비나 비용에 비해 정보의 가치가 커야 한다.

　③ 보안성 : 정보가 제 3자에게 유출되지 않도록 기밀을 유지해야 한다.

나) 정보 통신의 3요소

　① 정보원(송신자) : 정보를 만들어서 보내는 사람이나 기계

　② 전송매체(전송기기) : 정보를 전송하는 매체로 통신회선

　③ 정보처리원(수신자) : 정보를 받아서 처리하는 사람이나 기계

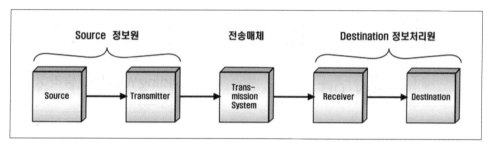

2) 컴퓨터 네트워크

가) 네트워크의 정의 : 두 대 이상의 컴퓨터를 서로 연결하여 데이터 통신을 제공하는 것

　① 네트워크의 출현

　　㉮ 전기, 전자 기술의 발전 -> 컴퓨터의 발전 -> 네트워크의 발전 -> 정보형태의 다양성

　② 네트워크의 발전 과정

　　㉮ 음성회선 -> 공중 전화 교환망 -> 디지털 전용회선 -> 데이터 전용 교환망 -> 종합정보 통신망

3) 프로토콜의 개념과 기본요소

가) 프로토콜의 정의 : 네트워크 장비들을 통해 각 컴퓨터들이 데이터를 주고 받을 수 있도록 하는 규칙

나) 프로토콜의 3요소

　① 구문(Syntax) : 데이터의 구조나 형식, 부호화, 신호의 크기

　② 의미(Semantics) : 조정과 오류관리를 위한 제어 정보

　③ 타이밍(Timing) : 속도와 순서

다) 프로토콜의 기능

① 단편화 : 전송가능한 일정한 크기의 작은 데이터 블록으로 나누는 것

② 재조립 : 단편화해서 보낸 데이터 블록을 수신 측에서 재구성하여 원래 데이터로 복원하는 과정

③ 캡슐화 : 상위 계층의 데이터에 각종 제어 정보를 추가,하위 계층으로 내려 보내는 과정

④ 연결 제어 : 프로토콜은 통신 개체간의 연결을 제어

⑤ 흐름 제어 : 데이터의 전송량이나 전송 속도 등을 제어

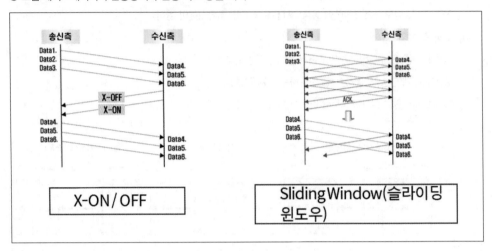

⑥ 오류 제어 : 전송하면서 발생하는 오류를 검출하거나 정정

㉮ 전송 오류 : 감쇠현상(Attenuation), 지연 왜곡(Delay Distortion), 잡음(Noise), 에코(Echo), 지터(Jitter)

㉯ 에러 검출 방법 : 패리티 비트 체크(Parity Bit Check), 순환 중복 검사(CRC : Cyclic Redundancy Check)

㉰ 오류 정정 방법 : 해밍코드(Parity bit를 사용해 에러를 검출하고 정정하는 방법), 전진에러수정(FEC : Forward Error Correction), 후진 에러 수정(BEC : Backward Error Correction)

⑦ 동기화 : 송신 개체와 수신 개체의 타이밍을 맞추는 것을 의미

라) 프로토콜의 전송 방식

　① 비트 방식 : 특별한 의미를 갖는 플래그 비트를 데이터의 앞이나 뒤에

　② 포함하여 전송하는 방식

　③ 바이트 방식 : 데이터의 헤더(Header)에 각종 제어 정보를 포함하여 전송하는 방식

　④ 문자 방식 : 특수 제어 문자(SOH, STX, ETX, ETB, EOT, ENQ, DLE등)를 사용하는 방식

✔ 예제

01 데이터 전송과정에서 먼저 전송된 패킷이 나중에 도착되어 수신측 노드에서 패킷의 순서를 바르게 제어하는 방식은?

　① 순서 제어 　　　　　　　② 흐름 제어
　③ 오류 제어 　　　　　　　④ 연결 제어

02 전송을 받는 개체에서 발송지로부터 오는 데이터의 양이나 속도를 제한하는 프로토콜의 기능을 나타내는 용어는?

　① 에러 제어 　　　　　　　② 순서 제어
　③ 흐름 제어 　　　　　　　④ 접속 제어

03 프로토콜의 기본적인 기능 중에서 수신측에서 데이터 전송량이나 전송 속도 등을 조절하는 기능은?

　① Flow Control 　　　　　② Error Control
　③ Sequence Control 　　　④ Connection Control

04 데이터 흐름 제어(Flow Control)와 관련 없는 것은?

　① Stop and Wait 　　　　② XON/OFF
　③ Loop/Echo 　　　　　　④ Sliding Window

05 프로토콜 계층 구조상의 기본 구성요소 중 실체(Entity) 간의 통신 속도 및 메시지 순서를 위한 제어정보는?

　① 타이밍(Timing) 　　　　② 의미(Semantics)
　③ 구문(Syntax) 　　　　　④ 처리(Process)

06 프로토콜의 기능으로 옳지 않은 것은?

　① 캡슐화 　　　　　　　　② 분할과 재조립
　③ 멀티플렉싱(다중화) 　　④ 확장성

07 흐름제어, 오류제어, 접근제어, 주소 지정을 담당하는 계층은?

　① 네트워크 계층 　　　　　② 데이터링크 계층
　③ 물리 계층 　　　　　　　④ 전송 계층

08 에러를 제어하거나 정정하기 위한 기법에 대한 설명 중 옳지 않은 것은?

① 패리티 검사(Parity Check Bit): 원래의 데이터에 1비트를 추가하여 에러가 있는지 없는지 확인하는 방식

② 순환 잉여도 검사(CRC): 순환 중복 검사를 위해 미리 정해진 다항식을 적용하여 오류를 검출하는 방식

③ 해밍코드(Hamming Code) : 전송된 문자에 대해 배타적 논리합(EOR)을 누적하여 그 결과에 근거를 둔 오류 검색 방식

④ 블록합 검사(BSC) : 패리티 검사의 단점을 보완한 방식으로, 프레임 내에서 모든 문자의 같은 위치 비트들에 대한 패리티를 추가로 계산하여 블록의 맨 마지막에 추가 문자를 부가하는 방식

09 데이터 에러를 정정할 수 있는 기술은?

① CRC   ② Hamming 코드

③ 단일 패리티 비트   ④ LRC

<정답> 01 ① 02 ③ 03 ① 04 ③ 05 ① 06 ④ 07 ② 08 ③ 09 ②

3 신호변환

1) 아날로그 / 디지털 부호화 방식

정보(Data)	신호(Signal)	부호화(Encoding)방식
아날로그	아날로그	AM,FM,PM
아날로그	디지털	PCM, DPCM, DM, ADM, ADPCM
디지털	아날로그	ASK, FSK, PSK, APSK(QAM)
디지털	디지털	NRZ, RZ, 양극성 바이폴라, 맨체스터 등

2) PCM방식(펄스 부호 변조) : 아날로그 정보를 디지털 신호로 변환

가) 표본화 : 샘플링 이론을 바탕으로 아날로그 신호를 디지털 신호로 변환 할때 그 신호를 일정시간 마다 추출하는 과정

나) 양자화 : 표본화 과정을 거쳐 채집된 진폭의 크기를 몇 개의 이산적인 구간으로 나누어 이산적인 수로 표현하는 것

다) 부호화 : 양자화 과정을 거친 펄스를 디지털 신호로 표현하는 방법으로 Unipolar(단극형), Polar(극형), Bipolar(양극형) 등을 사용해 표현

라) 복호화 : 부호화한 데이터를 복원 하는 것

마) 여과(필터) : 복호화 한 데이터의 필요 없는 부분을 걸러주는 것

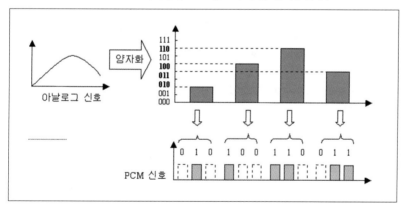

✔ 예제

01 디지털 변조로 옳지 않은 것은?

① ASK   ② FSK

③ PM   ④ QAM

02 PCM(Pulse Code Modulation)과 가장 관련이 없는 것은?

① PAM(Pulse Amplitude Modulation)　　② 양자화

③ 부호화　　④ DM(Delta Modulation)

03 데이터 인코딩 기법에서 디지털 데이터를 아날로그 데이터로 전송하는 경우의 인코딩 기법으로 옳지 않은 것은?

① ASK　　② FSK

③ PCM　　④ PSK

04 PCM 방식에서 아날로그 신호의 디지털 신호 생성 과정으로 올바른 것은?

① 아날로그신호 – 표본화 – 부호화 – 양자화 – 디지털신호

② 아날로그신호 – 표본화 – 양자화 – 부호화 – 디지털신호

③ 아날로그신호 – 양자화 – 표본화 – 부호화 – 디지털신호

④ 아날로그신호 – 양자화 – 부호화 – 표본화 – 디지털신호

05 Analog 데이터를 Digital 신호로 변환하는 과정으로 올바른 것은?

① Analog → 양자화 → 표본화 → 부호화 → Digital

② Analog → 표본화 → 양자화 → 부호화 → Digital

③ Analog → 표본화 → 부호화 → 양자화 → Digital

④ Analog → 양자화 → 부호화 → 표본화 → Digital

06 PCM 전송 방식을 순서대로 올바르게 나타낸 것은?

① 아날로그 신호 → 부호화 → 양자화 → 표본화 → 전송로

② 아날로그 신호 → 양자화 → 표본화 → 부호화 → 전송로

③ 아날로그 신호 → 표본화 → 양자화 → 부호화 → 전송로

④ 아날로그 신호 → 부호화 → 표본화 → 양자화 → 전송로

07 펄스 부호 변조(PCM)의 3단계 과정을 순서대로 올바르게 나열한 것은?

① 부호화 → 양자화 → 표본화　　② 양자화 → 표본화 → 부호화

③ 부호화 → 표본화 → 양자화　　④ 표본화 → 양자화 → 부호화

08 변조에 대한 설명으로 가장 적절한 것은?

① 전달하고자 하는 신호를 목적지까지 효율적으로 보내기 위해 신호를 전송에 적합한 형태로 바꾸는 것이다.

② 단말기의 수신가능 신호에 적합한 신호를 생성하는 조직이다.

③ 복잡한 신호를 단순하게 하는 신호조작이다.

④ 신호에 제어신호를 추가하는 조작이다.

<정답> 01 ③ 02 ④ 03 ③ 04 ② 05 ② 06 ③ 07 ④ 08 ①

1) BCD코드 (이진화 십진 : Binary Coded Decimal) - 6비트

가) 6비트를 사용하며, 상위 2비트의 존비트와 하위 4비트의 디지트 비트로 구성된다

존 비트		숫자 비트			
A	B	8	4	2	1
x	x	x	x	x	x

존 비트 AB의 값
- 00 : 0, 19(1010, 00011001)
- 01 : 문자 AI(00011001)
- 10 : 문자 R(00011001)
- 11 : 문자 S(00101001)

존 비트		숫자 비트				표현 문자	존 비트		숫자 비트				표현 문자	존 비트		숫자 비트				표현 문자	존 비트		숫자 비트				표현 문자
0	0	0	0	0	1	1	0	1	0	0	0	1	(A)	1	0	0	0	0	1	J							
0	0	0	0	1	0	2	0	1	0	0	1	0	B	1	0	0	0	1	0	K	1	1	0	0	1	0	S
0	0	0	0	1	1	3	0	1	0	0	1	1	C	1	0	0	0	1	1	L	1	1	0	0	1	1	T
0	0	0	1	0	0	4	0	1	0	1	0	0	D	1	0	0	1	0	0	M	1	1	0	1	0	0	U
0	0	0	1	0	1	5	0	1	0	1	0	1	E	1	0	0	1	0	1	N	1	1	0	1	0	1	V
0	0	0	1	1	0	6	0	1	0	1	1	0	F	1	0	0	1	1	0	O	1	1	0	1	1	0	W
0	0	0	1	1	1	7	0	1	0	1	1	1	G	1	0	0	1	1	1	P	1	1	0	1	1	1	X
0	0	1	0	0	0	8	0	1	1	0	0	0	H	1	0	1	0	0	0	Q	1	1	1	0	0	0	Y
0	0	1	0	0	1	9	0	1	1	0	0	1	I	1	0	1	0	0	1	R	1	1	1	0	0	1	Z
0	0	1	0	1	0	0																					

2) ASCII코드 (아스키 : American Standard Code for Information Interchange) - 7비트

가) 7비트를 사용하며 상위 3비트의 존 비트와 하위 4비트의 숫자 비트로 구성된다.

하위 \ 상위	000	001	010	011	100	101	110	111
0000	NUL	DLE	SP	0	@	P	`	p
0001	SOH	DC1	!	1	(A)	Q	a	q
0010	STX	DC2	"	2	B	R	b	r
0011	ETX	DC3	#	3	C	S	c	s
0100	EOT	DC4	$	4	D	T	d	t
0101	END	NAK	%	5	E	U	e	u
0110	ACK	SYN	&	6	F	V	f	v
0111	BEL	ETB	'	7	G	W	g	w
1000	BS	CAN	(	8	H	X	h	x
1001	HT	EM	)	9	I	Y	i	y
1010	LF	SUB	*	:	J	Z	j	z
1011	VT	ESC	+	;	K	[	k	{
1100	FF	FS	,	<	L	₩(\)	l	|
1101	CR	GS	−	=	M	]	m	}
1110	SO	RS	.	>	N	^	n	~
1111	SI	US	/	?	O	_	o	DEL

3) EBCDIC코드 (Extended Binary-Coded Decimal Interchange Code) - 8비트

가) 8비트를 사용하며, 상위 4비트의 존 비트와 하위 4비트의 숫자 비트로 구성

← 존 비트 →				← 숫자 비트 →			
A	B	C	D	8	4	2	1
x	x	x	x	x	x	x	x

존 비트 AB의 값 ┌ 00 : 여분
　　　　　　　│ 01 : 특수 문자
　　　　　　　│ 10 : 영어 소문자
　　　　　　　└ 11 : 영어 대문자

존 비트 CD의 값 ┌ 00 : 문자 AI(00011001)
　　　　　　　　│ 01 : 문자 R(00011001)
　　　　　　　　│ 10 : 문자 S(00101001)
　　　　　　　　└ 11 : 09(00001001)

상위/하위	0000	0001	0010	0011	0100	0101	0110	0111	1000	1001	1010	1011	1100	1101	1110	1111
0000	NUL	DLE	DS		SP	&	-						{	↑	}	W(\)	0
0001	SOH	DC1	SOS				/		a	j	~		A	J		1
0010	STX	DC2	FS	SYN					b	k	s		B	K	S	2
0011	ETX	TM							c	l	t		C	L	T	3
0100	PF	RES	BYP	PN					d	m	u		D	M	U	4
0101	HT	NL	LF	RS					e	n	v		E	N	V	5
0110	LC	BS	ETB	UC					f	o	w		F	O	W	6
0111	DEL	IL	ESC	EOT					g	p	x		G	P	X	7
1000	GE	CAN							h	q	y		H	Q	Y	8
1001	RLF	EM							i	r	z		I	R	Z	9
1010	SMM	CC	SM		¢	!		:								
1011	VT	CU1	CU2	CU3	.	$	,	#								
1100	FF	IFS		DC4	<	*	%	@								
1101	CR	IGS	ENQ	NAK	(	)	_	'								
1110	SO	IRS	ACK		+	;	>	=								
1111	SI	IUS	BEL	SUB		¬	?	"								

✅ 예제

01 문자 표현 코드에 있어서 비트 구성이 잘못된 것은?
　① BCD코드는 4비트로 최대 32문자를 표현한다.
　② ASCII코드는 7비트로 최대 128문자를 표현한다.
　③ EBCDIC코드는 8비트로 최대 256문자를 표현한다.
　④ EBCDIC코드는 16진수 2자리로 표현할 수 있다.

02 다음 중 6bit로 구성된 코드는? (단, 패리티 bit 제외)
　① ASCII　　　　　　　② BCD
　③ EBCDIC　　　　　　④ BCC

<정답> 01 ① 02 ②

5 통신교환방식

1) 패킷교환방식(Packet Switching)

가) 발신 단말로 부터 보내진 정보를 축적한 후, 일정한 길이를 나누어 수신인 주소를 붙인 다음 이것을 단위로 하여 전송 교환하는 방식

나) 데이터 교환에 많이 사용되며, 채널은 패킷의 전송 동안만 점유되고 전송 후에는 다른 패킷이 그 회선을 사용할 수 있다.

다) 연결설정에 따라 가상회선과 데이터그램으로 분류된다

라) 메시지를 보다 짧은 길이의 패킷으로 나누어 전송한다.

마) 블록킹 현상이 없다. / 선로 장애시 복구가 쉽다. / 큐잉 지연이 존재한다.

✓ 예제

01 패킷 교환망의 특징으로 옳지 않은 것은?

① 연결설정에 따라 가상회선과 데이터그램으로 분류된다.
② 메시지를 보다 짧은 길이의 패킷으로 나누어 전송한다.
③ 망에 유입되는 데이터의 양이 많아질수록 전송속도가 빠르다.
④ 블록킹 현상이 없다.

02 패킷 교환 방식의 단점이 아닌 것은?

① 선로 장애 시 복구가 어렵다.
② 패킷 교환을 위한 소프트웨어 및 하드웨어가 복잡하다.
③ 큐잉(queuing) 지연이 존재한다.
④ 각 패킷마다 주소를 위한 오버헤드가 존재한다.

03 패킷교환의 특징에 대한 설명 중 옳지 않은 것은?

① 패킷과 함께 오류제어를 함으로서 고품질/고신뢰성 통신이 가능하다.
② 패킷을 전송 시에만 전송로를 사용하므로 설비 이용 효율이 높다.
③ 패킷교환의 방식으로는 연결형인 가상회선방식과 비연결형인 데이터그램(Datagram) 두 가지가 있다.
④ 복수의 상대방과는 통신이 불가능하다.

04 패킷 교환을 수행하기 위해서 패킷 교환기가 갖추어야 할 기본 기능으로 옳지 않은 것은?

① 통신을 하고자 하는 단말기 사이에 가상 회선을 설정하고 해제하는 기능
② 다수의 중계로에서 최적의 경로 선택 기능
③ 전송량을 제어하여 수신 버퍼의 범람 방지 기능
④ 다수의 링크를 하나의 논리 채널로 다중화 하는 기능

05 **다중화 방식으로 사용되고 있지 않은 것은?**
① 주파수분할 다중화(FDM)
② 시분할 다중화(TDM)
③ 위상분할 다중화(PDM)
④ 파장분할 다중화(WDM)

<정답> 01 ③ 02 ① 03 ④ 04 ④ 05 ③

2) 회선 교환 방식(Circuit Switching)

가) 데이터 회선의 한 형태로, 교환기를 통하여 다수의 단말이 자유로이 접속되는 형태

나) 교환기를 거쳐 임의의 복수 단말 간을 접속하는 방식이다.

다) 회선 연결 --> 링크 설정 --> 데이터 전송 --> 링크 해제 --> 회선 해제

라) 두 스테이션 간에 전용 통신로가 있어 노드들 간의 연결된 링크로 각 링크마다 연결을 위해 한 채널을 전용하는 통신 방식

예제

01 **데이터 전송 제어 절차로 올바른 것은?**
① 회선 연결 --> 링크 설정 --> 데이터 전송 --> 링크 해제 --> 회선 해제
② 회선 연결 --> 링크 설정 --> 데이터 전송 --> 회선 해제 --> 링크 해제
③ 링크 설정 --> 회선 연결 --> 데이터 전송 --> 링크 해제 --> 회선 해제
④ 링크 설정 --> 회선 연결 --> 데이터 전송 --> 회선 해제 --> 링크 해제

02 **두 스테이션 간에 전용 통신로가 있어 노드들 간의 연결된 링크로 각 링크마다 연결을 위해 한 채널을 전용하는 통신 방식은?**
① 패킷 교환방식 ② 메시지 교환방식
③ 회선 교환방식 ④ 가상 회선방식

<정답> 01 ① 02 ③

3) 메시지 교환 방식(Message Switching)

  가) 통신 회선과 컴퓨터간에 장치되어 지정된 통신 기능을 담당하여 컴퓨터가 다른 작업을 할 수 있도록 해주는 장치

  나) 발신 단말기로부터 보내져온 정보를 일단 교환기에 축적한 후 교환

  다) 메시지 교환 + 패킷 교환 = 축적 교환

✅ 예제

01 **메시지 교환망과 비교했을 때, 회선 교환망에 대한 설명 중 옳지 않은 것은?**
  ① 연결이 설정되면 데이터의 지연이 적다.
  ② 소용량 데이터 전송에 적합하다.
  ③ 대화식/실시간 통신이 가능하다.
  ④ 초기의 연결설정이 복잡하다.

02 **패킷통신의 구조에 관한 내용 중 옳지 않은 것은?**
  ① 패킷교환이란 패킷 형태로 구성된 데이터를 패킷교환기가 최적의 통신 경로를 선택하여 목적지까지 보내주는 통신방식이다.
  ② 통신경로 설정은 네트워크 상황에 따라 이루어지는데, 발신지로부터 수신지까지 몇 개의 패킷 교환기를 경유하여 맺어진 채널을 Logical Channel이라 한다.
  ③ 논리채널이 Virtual Circuit로 일컬어지는 이유는 채널이 연결되어 있는 동안 두 통신자 사이가 물리적으로 연결되어 있는 상태가 아니고 논리적으로 연결되어 유지되는 상태이기 때문이다.
  ④ 회선교환이 소프트웨어적인 개념의 교환이라면, 패킷교환은 하드웨어적인 개념의 교환이라고 볼 수 있다.

<정답> 01 ② 02 ④

1) 전송 매체를 통한 신호는 전송 장애에 의해 완벽하게 전송되지 않는다. 이는 매체를 통하기 전의 신호와 통한 후의 신호가 완전히 같지 않다는 것을 의미한다. 이러한 전송 장애에는 세 가지가 있다.

2) 감쇠 (Attenuation)

　가) 전송 매체의 저항으로 인해 에너지가 손실되기 때문에 발생한다. 감쇠를 방지하기 위해 매체 사이에 증폭기(Amplifier)를 설치해 중간중간 신호의 진폭을 끌어올려준다.

3) 왜곡 (Distortion)

　가) 왜곡은 신호의 모양이 변하는 것으로, 서로 다른 주파수의 여러 신호로 만들어진 복합 신호에서 주로 발생한다. 각 신호는 신호마다 전송 속도(Propagation Speed)가 다르기 때문에, 전송 매체에 따라 각 신호마다 지연이 발생할 수 있다.

4) 노이즈 (Noise) : 노이즈는 여러 요인에 의해 발생한다

　가) 열 노이즈 (Thermal Noise) : 회선 내의 전자의 무작위 움직임으로 발생하는 추가 신호에 의해 일어난다.

　나) 유도 노이즈 (Induced Noise) : 모터나 가전제품 등이 안테나의 역할을 하여 발생하는 노이즈다.

　다) 혼선 (Crosstalk) : 서로 다른 회선끼리 신호에 영향을 주어 발생한다.

　라) 충격 노이즈 (Impulse Noise) : 회선에 가해지는 충격에 의해 발생한다.

✔ 예제

01 과정에 간혹 발생되는 브로드캐스트 스톰(Broadcast Storm)은?
　① 리피터에서 전송된 목적지 없는 패킷
　② 라우터에서 전송된 출발지 주소가 없는 패킷
　③ 네트워크 대역폭이 포화상태가 되는 것
　④ 네트워크 대역폭이 불포화상태가 되는 것

02 전송 장애 중 원래 신호가 다른 형태로 일그러지는 현상은?
　① 감쇠　　　　　　　　　② 지연 왜곡
　③ 잡음　　　　　　　　　④ 누화

03 전기신호는 구리선을 통하여 전송되며, 이는 먼 거리를 이동하면서 크기가 약해진다. 이러한 현상을 뜻하는 것은?
　① 감쇠(Attenuation)　　　② 임피던스(Impedance)
　③ 간섭(Interference)　　　④ 진폭(Amplitude)

04 전송을 받는 개체에서 발송지로부터 오는 데이터의 양이나 속도를 제한하는 프로토콜의 기능을 나타내는 용어는?
　① 에러 제어　　　　　　② 순서 제어
　③ 흐름 제어　　　　　　④ 접속 제어

<정답> 01 ③ 02 ② 03 ① 04 ③

7 최신 네트워크 기술

1) VPN(Virtual Private Network)

가) 공중 네트워크를 통해 한 회사나 몇몇 단체가 내용을 바깥 사람에게 드러내지 않고 통신할 목적으로 쓰이는 사설 통신망이다. 가상 사설망에서 메시지는 인터넷과 같은 공공망 위에서 표준 프로토콜을 써서 전달되거나, 가상 사설망 서비스 제공자와 고객이 서비스 수준 계약을 맺은 후 서비스 제공자의 사설망을 통해 전달된다.

나) IPsec : IPsec(Internet Protocol Security)은 통신 세션의 각 IP패킷을 암호화하고 인증하는 안전한 인터넷 프로토콜(IP) 통신을 위한 인터넷 프로토콜 스위트이다. 이 보안은 통신 세션의 개별 IP 패킷을 인증하고 암호화함으로써 처리된다. IPsec은 세션의 시작에서 에이전트들 사이에서 상호 인증을 확립하거나 세션을 맺는 중에 사용될 암호화 키의 협상을 위한 프로토콜을 포함한다. IPsec은 호스트 한쌍 사이(Host와 host), 보안 게이트웨이 사이(네트워크와 네트워크), 보안 게이트웨이와 호스트 사이(네트워크와 호스트)에 데이터 흐름을 보호하기 위해 사용된다. Internet Protocol security (IPsec)은 Internet Protocol 네트워크 사이에 통신을 지키기 위해 암호의 보안 서비스를 사용한다.

다) SSL VPN : 보안 소켓 계층(Secure Socket Layer)은 넷스케이프사에서 개발한 인터넷 보안 프로토콜 + VPN이다.

라) L2TP : L2TP(Layer Two Tunneling Protocol)는 여러 형태의 네트워크(IP, SONET, ATM 등) 상에서 PPP 트래픽을 터널해 주는 프로토콜이다. L2TP는 PPP 패킷을 인캡슐하기 위한PPP(Point-to-Point Protocol) 인증, PPP 암호 제어 프로토콜(Encryption Control Protocol: ECP), 그리고 압축 제어 프로토콜(Com-pression Control Protocol: CCP) 속성을 이어 받는다. L2TP는 또한 터널 끝점을 상호 인증하는 데 사용될 수 있는 터널 인증 기능을 지원한다. 그러나 L2TP는 터널 자체의 보호 메커니즘을 정의하고 있지는 않다.

마) WireGuard : 암호화된 가상 사설망을 구현하는 통신 프로토콜 및 무료 오픈 소스 소프트웨어이며 사용 용이성, 고속 성능 및 낮은 공격 표면을 목표로 설계되었다.

바) OpenVPN : 오픈VPN(OpenVPN)은 라우팅 구성이나 브리지 구성, 원격 접근 기능을 통해 안전한 점대점 또는 사이트 대 사이트 연결을 만들기 위해 가상 사설망(VPN) 기술을 구현하는 오픈 소스 형태의 응용 소프트웨어이다. 키 교환을 위해 SSL/TLS를 이용하는 맞춤식 보안 프로토콜을 이용한다. 네트워크 주소 변환(NAT)과 방화벽을 가로지를 수 있다. 제임스 요난이 작성하였으며 GNU GPL 하에 출시되고 있다.

2) NAC(Network Access Control) : 네트워크 접근 제어는 사용자 PC가 내부 네트워크에 접근하기 전에 보안정책을 준수했는지 여부를 검사하여 네트워크 접속을 통제하는 기술이다.

가) 주요기능

① 접근제어/인증 : 내부직원 역할 기반 접근제어 / 네트워크의 모든 IP기반 장치 접근 제어

② PC 및 네트워크 장치 통제 : 백신관리 / 패치관리 / 자산관리(비인가 시스템 자동 검출)

③ 해킹 / Worm / 유해 트래픽 탐지 및 차단 : 유해트래픽 탐지 및 차단 / 해킹행위 차단 / 완벽한 증거수집 능력

④ 컴플라이언스 : 사내 정보보호 관리체계 통제 적용 / 정기,비정기 감사 툴로 사용

3) RFID(Radio-Frequency Identification)

가) 주파수를 이용해 ID를 식별하는 방식으로 일명 전자태그로 불린다.

나) 하이패스, 교통카드 등이 이에 해당한다.

4) Bluetooth

가) 블루투스는 수 미터에서 수십 미터 정도의 거리를 둔 정보기기 사이에, 전파를 이용해서 간단한 정보를 교환하는데 사용된다

나) IEEE에서는 규격명 IEEE 802.15.1으로 등재되어 있으나, 현재 블루투스는 Bluetooth Special Interest Group (SIG)을 통해 관리되고 있다.

5) QoS(Quality of Service)

가) 트래픽을 생성하는 애플리케이션의 필수 동작에 맞게 라우터나 스위치 같은 네트워크 디바이스가 해당 트래픽을 전달할 수 있도록 트래픽을 조작하는 것입니다.

나) QoS 문제는 패킷 교환 네트워크에서 인터넷이 특별히 개별 흐름(flow) 또는 하나의 인터넷 연결에 대해서 더 우선권을 부여하지 않기 때문에 발생하는 문제이다. 우선권이 없다는 것은 곧 모든 인터넷 연결이 같은 중요도를 가지고 서비스를 받는다는 것을 뜻한다. 이를테면, 50Mbps 공유 링크가 있을 때, 10 명이 사용해서 인터넷 연결이 동시에 10 개가 생성되면, 각각은 5Mbps의 속도를 이용하게 된다.

다) 그러나 인터넷 활용이 늘어남에 따라 인터넷 연결에도 분류를 나눠서 특정 분류의 연결을 더 우선적으로 서비스하거나 공유 링크의 특정 비율까지 차별적으로 이용하게 하려는 시도가 일어났다. 처음에는 이를 CoS(Class of Service)라고 불렀다.

라) 그러나 차츰 이 용어보다는 QoS라는 용어가 대중화되었는데, 이는 특정 분류에 따른 차등 서비스보다는 개별 연결에 각각의 차등적인 서비스를 하려는 개념이다.

6) IPS(Intrusion Prevention System)

가) 침입 차단 시스템(Intrusion Detection and Prevention Systems (IDPS) 또는 침입 방지 시스템은 외부 네트워크로부터 내부 네트워크로 침입하는 네트워크 패킷을 찾아 제어하는 기능을 가진 소프트웨어 또는 하드웨어이다. 일반적으로 내부 네트워크로 들어오는 모든 패킷이 지나가는 경로에 설치되며, 호스트의 IP주소, TCP/UDP의 포트번호, 사용자 인증에 기반을 두고 외부 침입을 차단하는 역할을 한다. 허용되지 않는 사용자나 서비스에 대해 사용을 거부하여 내부 자원을 보호한다.

7) IDS(Intrusion Detection System)

가) 네트워크 침입 탐지 시스템은 네트워크 트래픽을 감시하여 서비스 거부 공격(DoS 공격), 포트 스캔, 컴퓨터를 크랙하려는 시도 등과 같은 악의적인 동작들을 탐지하는 시스템이다.

나) 이를 위해 NIDS는 모든 수신 패킷을 읽고 의심스러운 패턴을 찾는다. 예를 들어, 매우 많은 수의 TCP 연결 요청이 다양한 다른 포트를 사용하여 연결하려는 것을 발견했다면, 누군가가 포트 스캔을 시도하고 있다고 추측할 수 있다. 또한 (대부분의 경우) 침입 탐지 시스템에서 하는 것과 같은 수신되는 셸코드를 찾는 작업도 한다.

8) NFV(Network Functions Virtualization)

가) 네트워크 기능 가상화는 통신 서비스를 만들기 위해 IT 가상화 기술을 사용하여 모든 계열의 네트워크 노드 기능들을 함께 묶거나 연결이 가능한 빌딩 블록으로 가상화하는 네트워크 아키텍처 개념이다.

나) NFV는 이를테면 기업 IT에 사용되는 전통적인 서버 가상화 기법들에 의존하지만 이와는 차이가 있다. 가상화 네트워크 기능, 즉 NVF는 각 네트워크 기능을 위한 커스텀 하드웨어 어플라이언스 대신 표준의 고용량 서버, 스위치, 스토리지 장치, 또는 심지어 클라우드 컴퓨팅 인프라스트럭처 위에서 각기 다른 소프트웨어와 프로세스를 구동하는 하나 이상의 가상 머신으로 구성이 가능하다.

다) 예를 들어, 가상 세션 구분 컨트롤러는 물리 네트워크 보호 장치를 설비하는 일반적인 비용과 복잡성을 들이지 않고 네트워크 보호를 위해 디플로이가 가능하다. NFV의 다른 예로는 가상화된 로드 밸런서, 방화벽, 침입 탐지 장치, WAN 가속기가 있다.

9) WMN(Wireless Mesh Network)

가) 무선 메시 네트워크는 메시 네트워크의 일종이다.

나) 무선 메시 네트워크는 메시 라우터들과 메시 클라이언트이라는 노드들로 이루어진 네트워크이다. 메시 라우터들이 무선 메시 네트워크의 핵심을 이룬다. 각 메시 노드들은 1이상의 홉을 거쳐 온 데이터들을, 무선 전송이 되는 한도 내에서, 이웃 라우터나 클라이언트에게로 전달해주거나 한다.

다) 보통 메시 라우터들은 이동성이 없다. 메시 클라이언트는 이동성을 가질 수도 안 가질 수도 있다.

라) 메시 클라이언트는 예를 들어 노트북 컴퓨터, PDA 등이 될 수 있다. 보통 많은 수의 메시 라우터들이 무더기로 배치된다. 이것들은, 벽 뒤나 건물 사이사이에서 서로서로 자동적으로 메시 연결을 하게 된다.

10) CDN(Content Delivery Network)

가) 콘텐츠 전송 네트워크는 콘텐츠를 효율적으로 전달하기 위해 여러 노드를 가진 네트워크에 데이터를 저장하여 제공하는 시스템을 말한다. 인터넷 서비스 제공자(ISP)에 직접 연결되어 데이터를 전송하므로, 콘텐츠 병목을 피할 수 있는 장점이 있다.

나) CDN의 목적은 높은 사용성과 효율로 사용자에게 컨텐츠를 전달함에 있다. CDN은 오늘날 인터넷에 존재하는 컨텐츠의 상당수를 서비스하고 있는데 이에는 웹 요소 (텍스트, 그래픽, 스크립트), 다운로드 가능한 요소 (미디어 파일, 소프트웨어, 문서), 애플리케이션 (전자상거래, 포털), 실시간 미디어, 주문형 스트리밍, 그리고 소셜 네트워크 등이 있다.

다) 미디어 회사나 전자상거래 업체와 같은 콘텐츠 제공자는 그들의 컨텐츠를 사용자들에게 전달하기 위해서 CDN 회사에 사용료를 지불한다. 반대로, CDN은 ISP, 이동통신사업자, 그리고 네트워크 사업자들에게 데이터 센터에서의 서버 호스팅 비용을 지불한다. 더 나은 퍼포먼스와 사용성 이외에도 CDN은 컨텐츠 제공자의 서버의 트래픽을 덜어주어 컨텐츠 제공자의 비용을 줄여준다. 추가로, CDN은 대규모 분산 서버 장비로 공격 트래픽을 완화할 수 있으므로 컨텐츠 제공자에게 DoS 공격에 대해서 어느정도 보호해 줄 수 있다. 초기 대부분의 CDN은 CDN이 소유하고 동작하는 서버를 사용하는 컨텐츠만 서비스하였으나 최신 트랜드는 P2P기술을 이용하는 하이브리드 모델을 사용하는 것이다. 하이브리드 모델에서 컨텐츠는 지정된 서버 그리고 주변 컴퓨터(peer-user-owned)를 모두 사용한다.

11) Internet of Things (IoT)

가) 사물인터넷(영어: Internet of Things, 약어로 IoT)은 각종 사물에 센서와 통신 기능을 내장하여 인터넷에 연결하는 기술. 즉, 무선 통신을 통해 각종 사물을 연결하는 기술을 의미한다. 여기서 사물이란 가전제품, 모바일 장비, 웨어러블 디바이스 등 다양한 임베디드 시스템이 된다. 사물인터넷에 연결되는 사물들은 자신을 구별할 수 있는 유일한 아이피를 가지고 인터넷으로 연결되어야 하며, 외부 환경으로부터의 데이터 취득을 위해 센서를 내장할 수 있다. 모든 사물이 바이러스와 해킹의 대상이 될 수 있어 사물인터넷의 발달과 보안의 발달은 함께 갈 수밖에 없는 구조이다.

12) Mobile Cloud Computing

가) 모바일 클라우드 컴퓨팅(Mobile Cloud Computing, MCC)은 풍부한 연산 자원을 모바일 사용자, 네트워크 운영자, 클라우드 컴퓨팅 제공자에게 제공하기 위한 클라우드 컴퓨팅과 모바일 컴퓨팅의 결합이다.

13) Big Data

가) 빅 데이터란 기존 데이터베이스 관리도구의 능력을 넘어서는 대량(수십 테라바이트)의 정형 또는 심지어 데이터베이스 형태가 아닌 비정형의 데이터 집합조차 포함한 데이터로부터 가치를 추출하고 결과를 분석하는 기술이다. 즉, 데이터 베이스 등 기존의 데이터 처리 응용 소프트웨어(data-processing application software)로는 수집 · 저장 · 분석 · 처리하기 어려울 정도로 방대한 양의 데이터를 의미한다.

14) IDC (Internet Data Center)

가) 데이터 센터는 서버 컴퓨터와 네트워크 회선 등을 제공하는 건물이나 시설을 말한다. 서버 호텔(server hotel)이라고도 부른다. 데이터 센터는 인터넷의 보급과 함께 폭발적으로 성장하기 시작했다. 인터넷 검색, 쇼핑, 게임, 교육 등 방대한 정보를 저장하고 웹 사이트에 표시하기 위해 수천, 수만 대의 서버 컴퓨터가 필요하게 되자, 이 서버 컴퓨터를 한 장소에 모아 안정적으로 관리하기 위한 목적으로 인터넷 데이터 센터를 건립하게 되었다. 통신업체의 데이터 센터는 인터넷 데이터 센터(Internet data center, IDC), 클라우드 서비스를 위한 데이터 센터는 클라우드 데이터 센터(cloud data center)로 부르기도 하나, 요즘 이러한 용어들의 구분은 거의 사라지고 데이터 센터라는 용어 하나로 통합되어 쓰이고 있다.

15) IOS (International Organization for Standardization)

가) 국제 표준화 기구 또는 영어 약어로 ISO는 여러 나라의 표준 제정 단체들의 대표들로 이루어진 국제적인 표준화 기구이다. 1947년에 출범하였으며 나라마다 다른 산업, 통상 표준의 문제점을 해결하고자 국제적으로 통용되는 표준을 개발하고 보급한다.

대표기출문제 >>>>>

01 패킷교환의 특징에 대한 설명 중 옳지 않은 것은?

① 패킷과 함께 오류제어를 함으로서 고품질/고신뢰성 통신이 가능하다.

② 패킷을 전송 시에만 전송로를 사용하므로 설비 이용 효율이 높다.

③ 패킷교환의 방식으로는 연결형인 가상회선방식과 비연결형인 데이터그램(Datagram) 두 가지가 있다.

④ 복수의 상대방과는 통신이 불가능하다.

02 프로토콜의 기본적인 기능 중에서 수신측에서 데이터 전송량이나 전송 속도 등을 조절하는 기능은?

① Flow Control   ② Error Control

③ Sequence Control   ④ Connection Control

03 LAN의 구성형태 중 중앙의 제어점으로부터 모든 기기가 점 대 점(Point to Point) 방식으로 연결된 구성형태는?

① 링형 구성   ② 스타형 구성

③ 버스형 구성   ④ 트리형 구성

04 아래 통신망에 대한 설명 중 빈칸에 들어갈 단어로 올바른 것은?

> (A) : 도시와 국가, 대륙 등 지역적으로 넓은 영역에 걸쳐 구축하는 다양하고 포괄적인 컴퓨터 통신망을 말한다. 인터넷 백 본망 이라고도 한다.
> (B) : 인구밀집지역의 대도시를 중심으로 (A)와 (C)망 간을 연결해 주는 통신망을 말한다.
> (C) : 학교나 집에서 사용하는 소규모의 범위가 그리 넓지 않은 일정 지역 내에서, 다수의 컴퓨터나 OA기기 등을 속도가 빠른 통신선로로 연결하여 기기 간에 통신이 가능하도록 하는 근거리 통신만을 말한다.

① A – LAN, B – WAN, C – MAN   ② A – WAN, B – LAN, C – MAN

③ A – LAN, B – MAN, C – WAN   ④ A – WAN, B – MAN, C – LAN

05 (A) 안에 맞는 용어로 옳은 것은?

> K라는 회사에서 인터넷 전용회선의 대역폭을 효율적으로 제어하지 못하여 업무마비까지 이르게 되는 현상이 발생하였다. 이에 네트워크 담당자 Park사원은 (A)를 도입하여 회사의 IP 및 프로토콜(TPC/UDP)이이 장비를 반드시 통과하게 만들어서 인터넷 전용회선의 대역폭을 회사의 이벤트에 알맞도록 조정할 수 있게 되었다.
> 예) 평소에는 전용회선 1G의 대역폭 중에 웹(500M), FTP(200M), 멀티미디어(300M)로 사용하다가 화상회의를 해야하는 경우에는 웹(350M), FTP(250M), 멀티미디어(400M)로 대역폭을 조정하여 사용하고 있다.
> 화상회의의 원활한 진행을 위하여 멀티미디어의 사용 대역폭을 300M에서 400M로 증설하여 화상회의를 진행시킨 후 화상회의가 종료되는 시점에 인터넷 대역폭을 원래대로 원상복구 시킨다.

① QoS (Quality of Service)   ② F/W (Fire Wall)

③ IPS (intrusion prevention system)   ④ IDS (Intrusion Detection System)

06 전기신호는 구리선을 통하여 전송되며, 이는 먼 거리를 이동하면서 크기가 약해진다. 이러한 현상을 뜻하는 것은?

① 감쇠(Attenuation)　　　　　② 임피던스(Impedance)
③ 간섭(Interference)　　　　　④ 진폭(Amplitude)

07 다음 지문의 (A)에 알맞은 용어는?

> 각종 사물에 컴퓨터 칩과 통신 기능을 내장하여 인터넷에 연결하는 (A) 기술은 인간의 구체적인 개입이나 지시없이 협력적으로 모든 사물이 센싱과 정보처리, 네트워킹 수행이 가능하도록 한다.

① Internet of Things　　　　② Mobile Cloud Computing
③ Big Data　　　　　　　　　④ RFID

08 다음의 (A)에 들어갈 알맞은 용어는 무엇인가?

> (A)은/는 네트워킹에 필요한 모든 유형의 자원을 추상화하고, 소프트웨어적이고 자동적으로 관리와 제어가 가능케 하는 가상화 기술을 의미한다. 통신 사업자들은 이러한 (A) 기술을 도입 하면서 점정 복잡해지는 네트워크 관리 용이성, 관리 비용 절감, 네트워크 민첩성 등의 장점과 효율성을 얻고자 한다.

① NFV (Network Functions Virtualization)
② WMN (Wireless Mesh Network)
③ VPN (Virtual Private Network)
④ CDN (Content Delivery Network)

09 다음 내용 중 (A)에 들어갈 내용은?

> 네트워크를 관리하는 Kim 사원은 늘어나는 Server 관리업무에 스트레스를 많이 받고 있다. 이번에도 서버가 대량으로 추가되어 서버실에 놓을 공간도 모자랄 뿐만아니라 전기용량 문제로 시설과와 협의중이나 어려움이 예상되고 있다. 또한 서버들에게서 발생하는 발열문제로 24시간 냉각장치 및 항온항습으로 인한 발생 비용 또한 회사에서 줄여보라고 지시가 내려왔다. 그래서 Kim 사원은 비용도 많이 발생하며 외주의 필요성이 있는 등 여러 가지 고민 끝에 (A)를 이용하여 전용회선 및 안정적인 전력공급을 받기로 하였다.

① IDC (Internet Data Center)
② IPS (Intrusion Prevention System)
③ IDS (Intrusion Detection System)
④ IOS (International Organization for Standardization)

10 다음 (A) 안에 들어가는 용어 중 옳은 것은?

> (A)은/는 인터넷을 이용하여 고비용의 사설망을 대체하는 효과를 얻기 위한 기술이다. 인터넷망과 같은 공중망을 사용하여 둘 이상의 네트워크를 안전하게 연결하기 위하여 가상의 터널을 만들고, 암호화된 데이터를 전송할 수 있도록 구성된 네트워크라고 정의할 수 있으며 공중만 상에서 구축되는 논리적인 전용망이라고 할 수 있다.

① VLAN
② NAT
③ VPN
④ Public Network

11 송신측에서 여러 개의 터미널이 하나의 통신 회선을 통하여 신호를 전송하고, 전송된 신호를 수신측에서 다시 여러 개의 신호로 분리하는 것은?

① Multiplexing
② MODEM
③ DSU
④ CODEC

12 PCM 방식에서 아날로그 신호의 디지털 신호 생성 과정으로 올바른 것은?

① 음성 − 표본화 − 양자화 − 부호화 − 전송로
② 음성 − 양자화 − 표본화 − 부호화 − 전송로
③ 음성 − 표본화 − 부호화 − 양자화 − 전송로
④ 음성 − 양자화 − 부호화 − 표본화 − 전송로

13 데이터 전송 시 전송매체를 통한 신호의 전달속도가 주파수의 가변적 속도에 따라 왜곡되는 현상은?

① 감쇠 현상
② 지연 왜곡
③ 누화 잡음
④ 상호 변조 잡음

14 하나의 회선을 여러 사용자들이 동시에 채널을 나누어 사용할 수 있도록 하는 방법은?

① 엔코딩
② 멀티 플렉싱
③ 디코딩
④ 흐름 제어

15 Bus 토폴로지(Topology)에 대한 설명으로 올바른 것은?

① 스타 토폴로지보다 네트워크를 구축하는데 더 많은 케이블이 필요하기 때문에, 배선에 더 많은 비용이 소요된다.
② 각 스테이션이 중앙 스위치에 연결된다.
③ 터미네이터(Terminator)가 시그널의 반사를 방지하기 위하여 사용된다.
④ 토큰이라는 비트의 패턴이 원형을 이루며 한 컴퓨터에서 다른 컴퓨터로 순차적으로 전달된다.

16 패킷 교환을 수행하기 위해서 패킷 교환기가 갖추어야 할 기본 기능으로 옳지 않은 것은?

① 통신을 하고자 하는 단말기 사이에 가상 회선을 설정하고 해제하는 기능
② 다수의 중계로에서 최적의 경로 선택 기능
③ 전송량을 제어하여 수신 버퍼의 범람 방지 기능
④ 다수의 링크를 하나의 논리 채널로 다중화 하는 기능

17 전송을 받는 개체에서 발송지로부터 오는 데이터의 양이나 속도를 제한하는 프로토콜의 기능을 나타내는 용어는?

① 에러 제어   ② 순서 제어

③ 흐름 제어   ④ 접속 제어

18 네트워크의 구성(Topology)에서 성형(Star)에 관한 설명으로 옳지 않은 것은?

① point-to-point 방식으로 회선을 연결한다.

② 단말장치의 추가와 제거가 쉽다.

③ 하나의 단말장치가 고장나면 전체 통신망에 영향을 줄 수 있다.

④ 각 단말 장치는 중앙 컴퓨터를 통하여 데이터를 교환한다.

19 정보교환 네트워크에서 이용자의 데이터를 일정 단위로 나누어 각각에 송수신 주소를 부가하여 전송하는 방식은?

① 회선교환 방식   ② 패킷교환 방식

③ 메시지교환 방식   ④ 비동기 방식

20 전송매체를 통한 데이터 전송 시 거리가 멀어질수록 신호의 세기가 약해지는 현상은?

① 감쇠 현상   ② 상호변조 잡음

③ 지연 왜곡   ④ 누화 잡음

21 데이터 흐름 제어(Flow Control)와 관련 없는 것은?

① Stop and Wait   ② XON/XOFF

③ Loop/Echo   ④ Sliding Window

22 한번 설정된 경로는 전용 경로로써 데이터가 전송되는 동안 유지 해야 하는 전송 방식은?

① Circuit Switching   ② Packet Switching

③ Message Switching   ④ PCB Switching

23 인터넷 상의 서버에 소프트웨어, 저장공간 등의 IT 자원을 두고 인터넷 기술을 활용해 이를 웹기반 서비스로 개인용 단말에게 제공하는 기술을 일컫는 용어는?

① 클라우드 컴퓨팅   ② 그리드 컴퓨팅

③ 분산 컴퓨팅   ④ 유비쿼터스 컴퓨팅

24 전기신호는 구리선을 통하여 전송되며, 이는 먼 거리를 이동하면서 크기가 약해진다. 이러한 현상을 뜻하는 것은?

① 감쇠(Attenuation)   ② 임피던스(Impedance)

③ 간섭(Interference)   ④ 진폭(Amplitude)

25 프로토콜의 기본적인 기능 중, 정보의 신뢰성을 부여하는 것으로, 데이터를 전송한 개체가 보낸 PDU(Protocol Data Unit)에 대한 애크널러지먼트(ACK)를 특정시간 동안 받지 못하면 재전송하는 기능은?

① Flow Control   ② Error Control
③ Sequence Control   ④ Connection Control

26 소프트웨어 정의 네트워크(SDN:Software Defined Networking)에 대한 설명으로 옳지 않은 것은?

① 정체를 일으키는 복잡한 구조 기술
② 가상화 기술의 발달에 대응하기 위한 기술
③ 트래픽 패턴의 변화에 따른 대응 기술
④ 네트워크 관리의 문제를 해결하기 위한 기술

27 다음에서 설명하는 것은 무엇을 의미하는가?

하나의 기기와 서비스에 모든 정보통신 기술을 묶은 새로운 형태의 융합 상품을 말하는 것으로써, 크게 유선과 무선의 통합, 통신과 방송의 융합, 온라인과 오프라인의 결합 등을 말한다.

① 디지타이징(Digitizing)
② 디지털 컨버전스(Digital Convergence)
③ 클라우드 컴퓨팅(Cloud Computing)
④ 유비쿼터스 컴퓨팅(Ubiquitous Computing)

28 펄스 부호 변조(PCM)의 3단계 과정을 순서대로 올바르게 나열한 것은?

① 부호화 → 양자화 → 표본화
② 양자화 → 표본화 → 부호화
③ 부호화 → 표본화 → 양자화
④ 표본화 → 양자화 → 부호화

29 다음 (A) 안에 들어가는 용어 중 옳은 것은?

(A)은/는 일정한 주파수 대역에서 무선 방식으로 데이터를 주고 받을 수 있는 시스템으로 무선주파수 인식 시스템을 말하며, 전자 태그 또는 스마트 태그라고도 한다. 특징으로는 작은 크기에 대용량의 데이터 저장이 가능하고, 컴퓨터와 무선통신이 가능하여 차세대 인식기술로 불리운다.

① Bar Code   ② Bluetooth
③ RFID   ④ WiFi

30 Bus Topology의 설명 중 올바른 것은?

① 문제가 발생한 위치를 파악하기가 쉽다.
② 각 스테이션이 중앙스위치에 연결된다.
③ 터미네이터(Terminator)가 시그널의 반사를 방지하기 위해 사용된다.
④ Token Passing 기법을 사용한다.

31 다음 (A) 안에 들어가는 용어 중 옳은 것은?

(A)은/는 인터넷을 이용하여 고비용의 사설망을 대체하는 효과를 얻기 위한 기술이다. 인터넷망과 같은 공중망을 사용하여 둘 이상의 네트워크를 안전하게 연결하기 위하여 가상의 터널을 만들고, 암호화된 데이터를 전송할 수 있도록 구성된 네트워크라고 정의할 수 있으며 공중만 상에서 구축되는 논리적인 전용망이라고 할 수 있다.

① VLAN   ② NAT
③ VPN   ④ Public Network

32 패킷 교환망의 특징으로 옳지 않은 것은?

① 연결설정에 따라 가상회선과 데이터그램으로 분류된다.
② 메시지를 보다 짧은 길이의 패킷으로 나누어 전송한다.
③ 망에 유입되는 데이터의 양이 많아질수록 전송속도가 빠르다.
④ 블록킹 현상이 없다.

33 다음 (A) 안에 들어가는 용어 중 옳은 것은?

(A)란 단말이 네트워크에 접근하기 전 보안정책 준수여부를 검사하고 IP 및 MAC address의 인가여부를 검사하여 네트워크 자원의 이용을 허용하는 방식을 말한다. (A) 네트워크에 연결된 단말의 여러 가지 정보를 수집하고, 수집된 정보를 바탕으로 단말들을 분류하며, 분류한 그룹의 보안 위협 정도에 따라 제어를 수행한다.

① NIC   ② F/W
③ IPS   ④ NAC

┤ 정답 ├

01 ③	02 ②	03 ④	04 ②	05 ①	06 ③	07 ②	08 ②	09 ①	10 ②	11 ①	12 ②	13 ④
14 ②	15 ②	16 ①	17 ④	18 ④	19 ①	20 ②	21 ②	22 ①	23 ①	24 ③	25 ②	26 ③
27 ③	28 ②	29 ③	30 ①	31 ④	32 ③	33 ②						

PART

II

NOS

(Network Operating System)

- Windows Server 2016

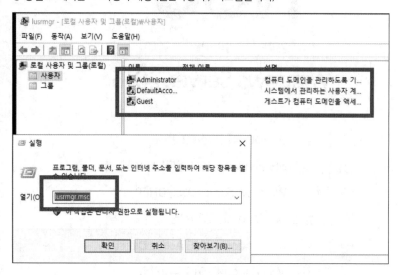

## CHAPTER 01

WINDOWS SERVER 2016

1 사용자 계정, 로컬 보안정책

1) 사용자 계정

가) 윈도우 서버에 사용자 계정은 로컬에서 설정하여 로그인 및 각종 보안 설정에 대한 항목에 관여 한다.

나) 사용자 계정은 lusrmgr.msc에서 설정한다.

① 방법1 : 실행 -> lusrmgr.msc

② 방법2 : 컴퓨터 우클릭 -> 관리 -> 사용자 계정

③ 방법3 : 제어판 -> 사용자 계정 (일반사용자 / 시스템관리자)

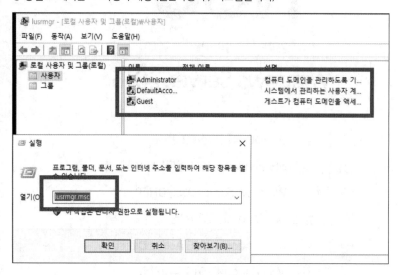

다) 기본 생성(Built-In) 계정 : 최초로 설치될 때 생성되는 계정

① Administrator

㉮ 관리자 암호 분실 시 복구 불가능. (최고 관리자 계정)

㉯ 계정 삭제 불가능

㉰ 이름 변경 가능

㉱ 계정 잠금 불가능 (암호 실패시)

② Guest : 서버 계정이 없는 사용자가 시스템에 접근 할 때 사용(공유폴더 접근)

③ DefaultAccount : 운영체제에서 관리하는 사용자 계정

라) 취약점 발견 : 기본 빌트인 계정의 id는 무조건 administrator와 guest 계정이 존재한다.

　① 해커는 이 id를 가지고 암호를 찾으려는 노력을 하고 암호를 찾으면 해킹 시도를 무조건 진행한다.

　　㉮ 해결방법 : administrator와 guest 이름를 변경하여 사용한다.

　　㉯ 실행 -> gpedit.msc -> 로컬보안정책편집기 -> 컴퓨터 구성 -> Windows 설정 -> 보안 설정 -> 로컬 정책

　　　-> 보안 옵션

　　　㉠ 계정 : Administrator 계정 상태 (사용 / 미사용)

　　　㉡ 계정 : Administrator 계정 이름 바꾸기

　　　㉢ 계정 : Guest 계정 상태 (사용 / 미사용)

　　　㉣ 계정 : Guest 계정 이름 바꾸기

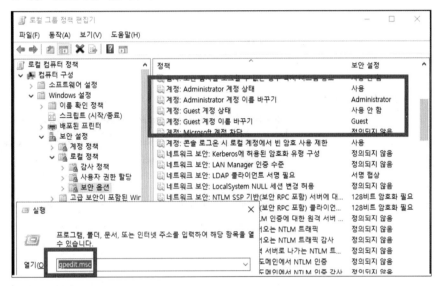

　　㉰ 실행 -> lusrmgr.msc에 가서 계정 우클릭 -> 이름 변경 해도 된다!

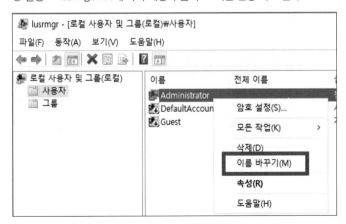

2) 사용자 계정 그룹관리

가) Administrators : 최고 관리자 권한을 가진 그룹

　　① 윈도우 설치 중 사용자 계정을 만들면 기본으로 배정 된다.

　　② 컴퓨터와 도메인에 대한 모든 관리 및 설정 가능

나) Guests : 기본적으로 Users 그룹의 구성원과 동일한 권한을 가진 게스트입니다

　　① 별도의 제한 사항이 적용된 게스트 제외

다) Remote Desktop Users : 이 그룹의 구성원은 원격으로 로그온할 수 있는 권한이 주어집니다.

라) Users : 사용자 계정을 생성하면 기본으로 Users 그룹에 포함된다.

　　① Users 그룹에 있는 사용자로 로그인하면 컴퓨터와 도메인에 대한 제한적인 권한만 가진다.

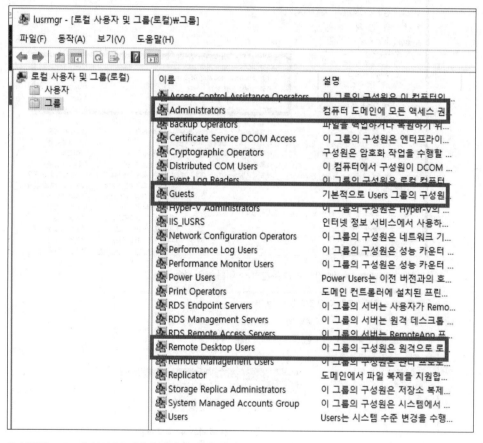

　　② 선택적 프로그램 설치 / 운영체제 관련 설정 제한

3) 사용자 계정 생성

가) 로컬 사용자 및 그룹 우클릭 –〉 새 사용자

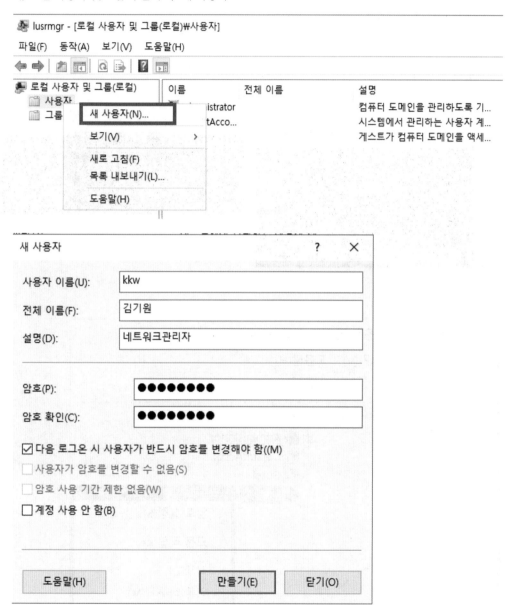

나) 사용자 이름 : 윈도우 로그인 ID로 사용함

다) 전체 이름 : 로그인 창에 ID를 변경하는 효과를 보인다.

라) 설명 : 계정에 대한 정보를 기입한다.

마) 암호 / 암호 확인 : 암호 정책에 따른 암호를 적용한다.

바) 다음 로그온 시 사용자가 반드시 암호를 변경해야 함 : 1회용 암호를 제공하여 실 사용자에 대한 암호를 보호한다.

사) 사용자가 암호를 변경할 수 없음 : 실사용자 계정에 대한 암호를 변경할 수 없도록 설정한다.

아) 암호 사용기간 제한없음 : 실사용자에 대한 암호 사용기간 제한 없게 설정 함. (암호 정책에 한함)

자) 계정 사용 안 함 : 휴직 계정에 대한 설정

4) 명령어로 사용자 계정 생성하기

가) 실행 → cmd

① net user 아이디 암호 /add (사용자 계정 생성하기)

② net localgroup administrators win-kkw /add (win-kkw를 administrators 그룹에 추가하기)

5) 계정 생성 후 속성 변경

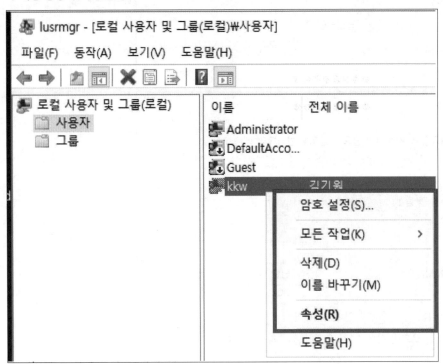

가) 암호 설정 : 암호 변경가능

① 관리자 계정(Administrators그룹에 포함된 관리자) : 모든 사용자에 대한 암호를 설정 할 수 있다.

② 일반 사용자 계정(Users 그룹에 포함된 사용자) : 자신에 대한 암호를 설정 할 수 있다.

나) 삭제 : 빌드인 계정(Administrator / Guest / DefaultAccount)을 제외 한 나머지 계정은 삭제할 수 있다.

다) 이름 바꾸기 : 사용자 로그인 ID를 변경 할 수 있다.

라) 속성

① 일반 탭

㉮ KKW 사용자를 암호 변경 할 수 없으며 암호 사용 기간 제한 없게 설정을 진행해본다.

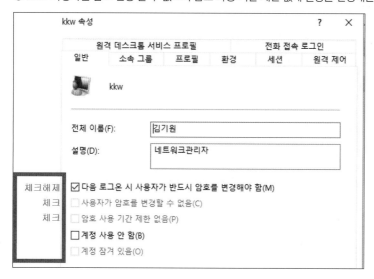

② 소속 그룹 탭

㉮ KKW 계정을 ADMINISTRATORS 그룹에 포함을 시켜 본다.

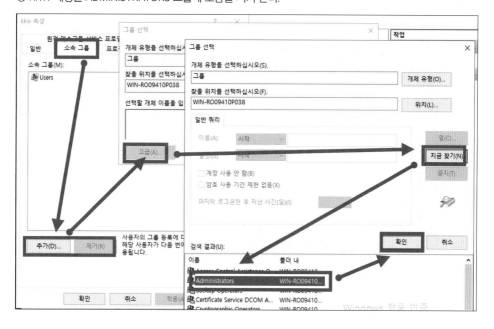

④ Administrators 그룹만 소속되게 변경을 진행해본다.

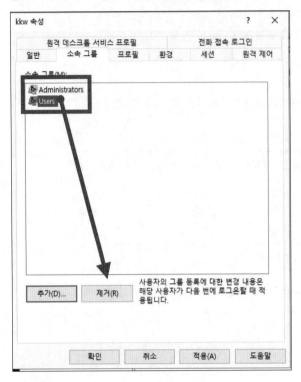

③ 프로필 탭

㉮ kkw 계정에 홈 폴더를 C:₩KKW로 변경해 본다.

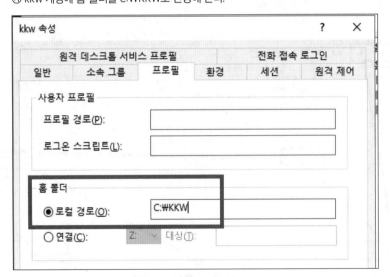

④ 세션 탭

㉮ 연결 끊긴 세션 끝내기 5분으로 설정 해본다.

㉯ 활성 세션 제한 10분으로 설정 해본다.

㉰ 유효 세션 제한 10분으로 설정 해본다.

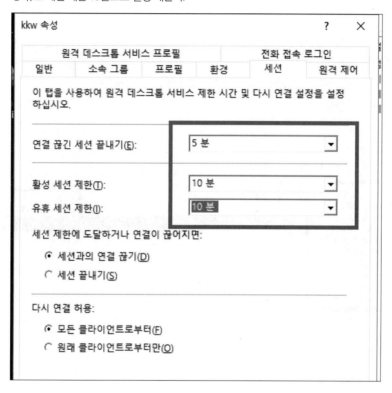

6) 로컬 그룹 정책 편집기-계정 잠금 정책

가) 로컬 그룹 정책 편집기 (gpedit.msd) -> 컴퓨터 구성 -> Windows 설정 -> 보안 설정 -> 계정 정책
   -> 계정 잠금 정책

나) 계정 잠금 임계값 : 5번으로 설정을 진행 해본다.

   ① 로그인시 암호 실패 회수 제한

다) 계정 잠금 기간 : 15분으로 설정을 진행 해본다.

   ① 5번 실패 후 계정 잠금 기간 설정

라) 다음 시간 후 계정 잠금 수를 원래대로 설정 : 5분으로 설정을 진행 해본다.

   ① 계정 잠김 수 초기화 설정

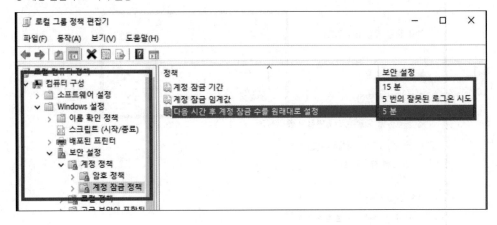

7) 로컬 그룹 정책 편집기-암호 정책

가) 암호는 복잡성을 만족해야 함 : 사용으로 설정 해본다.

  ① 대/소문자, 특수문자, 숫자를 반드시 포함하여 7글자로 설정한다.

나) 최근 암호 기억 : 3개의 암호 기억을 설정을 진행 해본다.

  ① 과거에 똑같은 암호를 사용하지 못하게 설정을 진행한다.

다) 최대 암호 사용기간 : 90일로 설정을 진행 해본다.

  ① 암호 최대 사용일을 지정한다.

라) 최소 암호 길이 : 8문자로 지정 해본다.

마) 최소 암호 사용기간 : 1일로 지정 해본다.

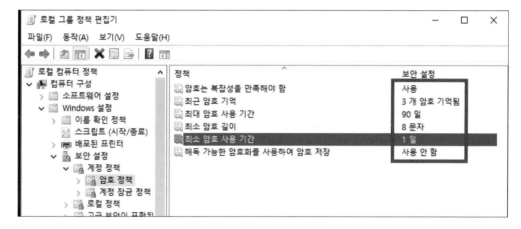

8) 로컬 그룹 정책 편집기-사용자 권한 할당 : 운영체제 관한 할당에 대한 설정을 진행한다.

가) 시스템 종료는 Administrators 만 허용하게 설정한다.

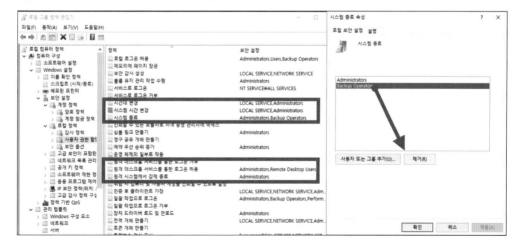

01 Windows 2016 Server에서 사용하는 사용자 계정의 설명으로 옳지 않은 것은?

① Administrator 계정은 Windows 2016 Server 설치 시 만들어진다.

② 일반적으로 사용자를 만들면 그 사용자는 Backup Operations 그룹의 구성원이 된다.

③ 일반 사용자 계정으로 로그온 하면 컴퓨터와 도메인에 대한 제한적인 권한만을 가진다.

④ Administrator 계정으로 로그온 하면 컴퓨터와 도메인에 대한 모든 관리를 할 수 있다.

02 Windows 2016 Server의 계정관리에 대한 일반적인 설명으로 옳지 않은 것은?

① 관리자 계정(Administrator)은 삭제할 수 있다.

② Guest 계정을 사용 불가로 만들 수 있다.

③ 관리자나 계정 운영자에 의해 생성된 사용자 계정은 삭제할 수 있다.

④ 각 사용자 계정은 사용자 이름에 의해 확인된다.

03 Windows Server 2016 에서 로컬 사용자 계정 관리에 대한 설명으로 옳지 않은 것은?

① 보안을 위해 관리자 계정인 Administrator 라는 이름을 바꿀 수 있다.

② 관리자도 알 수 없도록 새 사용자의 암호를 첫 로그인 시 지정하도록 할 수 있다.

③ 장기 휴직인 사용자의 계정은 "계정 사용 안함"을 통해 휴면계정화 할 수 있다.

④ 삭제한 계정과 동일한 사용자 이름의 계정을 생성하면 삭제 전 권한을 복구할 수 있다.

04 Windows 2016 Server의 사용자 암호에 대한 설명으로 올바른 것은?

① 암호는 기본적으로 대소문자를 구분하지 않는다.

② 암호의 길이에 제한을 줄 수 있다.

③ 처음 로그인할 때 반드시 암호를 변경해야 한다.

④ 암호는 반드시 정기적으로 변경되어야 한다.

05 Windows 2016 Server의 그룹 중 파일이나 폴더의 소유권을 변경할 수 있는 것은?

① Users   ② Replicator

③ Administrators   ④ Backup Operators

06 Windows 2016 Server에서 관리 작업을 수행하거나 네트워크 리소스에 임시로 엑세스할 수 있도록 만들어진 기본 제공 사용자 계정은?

① Administrator   ② User

③ Active Directory   ④ Everyone

07 관리자가 계정을 만들지 않더라도 자동으로 Windows2016 Server 설치와 함께 만들어지는 계정은?

① 글로벌 사용자 계정   ② 내장(BUILT-IN)된 계정

③ 외부 사용자 계정   ④ 도메인 사용자 계정

08 Windows 2016 Server가 설치되면서 자동 생성되는 그룹으로 삭제가 불가능한 그룹은?

① Local Group
② System Group
③ Built-In Group
④ Application Group

09 Windows 2016 Server 설치 시 기본으로 설치되는 사용자로 알맞게 짝지어진 것은?

① User, Administrator
② User, Guest
③ User, Group
④ Administrator, Guest

10 Windows 2016 Server에서 감사정책을 설정하고 기록을 남길 수 있는 그룹은?

① Administrators
② Security Operators
③ Backup Operators
④ Audit Operators

11 Windows 2016 Sever에서 사용자 권한 중 원격시스템에서 강제종료가 불가능한 그룹은?

① Backup Operators
② Server Operators
③ 도메인 컨트롤러의 Administrators
④ 워크스테이션의 Administrators

12 Windows 2016 Server의 관리도구 중 로컬 보안 설정을 통해 설정 가능한 보안정책으로 옳지 않은 것은?

① 계정의 최소 암호 길이의 설정
② 계정의 최소 암호 기간의 설정
③ 잘못된 암호를 입력하여 로그온 실패 시 계정이 잠기는 기간 설정
④ User 및 Group들의 로컬 파일 검색 허용 설정

13 Windows 2016 Server에서 계정 잠금 설정에 대한 설명으로 옳지 않은 것은?

① 계정 잠금은 사용자가 여러 번 로그인에 실패하였을 때 발생한다.
② 계정이 잠긴 이후 계속해서 로그인을 시도할 경우, 로컬 보안 설정을 통해 해당 계정을 자동으로 삭제할 수 있다.
③ 잠금이 발생될 때까지 실패 횟수는 관리자에 의해 설정될 수 있다.
④ 관리자는 계정이 잠기는 기간을 설정할 수 있다.

14 Windows 2016 Server에서 계정 잠금에 대한 설명으로 올바른 것은?

① 사용자가 여러 번 로그인에 실패하였을 때 해당 사용자의 계정을 자동으로 삭제한다.
② 잠금 발생을 위한 로그인 실패 횟수는 관리자에 의해 설정될 수 없다.
③ 잠금이 발생한 이후에는 계정 잠금 기간만큼, 사용자 계정을 사용하지 못하도록 관리자에 의해 설정될 수 있다.
④ Windows 2016 Server는 계정 잠금을 지원하지 않는다.

<정답> 01 ② 02 ① 03 ④ 04 ② 05 ③ 06 ① 07 ② 08 ③ 09 ④ 10 ① 11 ① 12 ④ 13 ② 14 ③

01 서버 담당자 Park 사원은 Windows Server 2016에서 사용자 및 그룹을 관리하는 업무를 부여받았다. Windows Server 2016에는 기본적으로 3개의 로컬 사용자 계정이 생성되어 있는데, 다음 중 기본적으로 생성되는 계정이 아닌 것은?

① Administrator   ② DefaultAccount

③ Guest   ④ root

02 Windows Server 2016 에서 관리자(Administrator)계정의 특징과 거리가 먼 것은?

① 시스템 환경설정, 사용자계정의 추가 삭제가 가능하다.

② 이름변경은 가능하나 삭제는 안된다.

③ 관리자(Administrator) 그룹에 속해 있다.

④ 일반적으로 암호의 길이 및 특수문자 등을 저장할 수 없다.

03 Windows Server 2016 에서 사용자관리를 효율적으로 이용하기 위해 그룹관리를 지원한다. 다음 중 그룹 관리에 관한 설명으로 옳지 않은 것은?

① 로컬 그룹은 서버에 있는 로컬 사용자 계정을 포함하며, 서버가 멤버인 Active Directory의 사용자나 그룹을 포함 할 수 있다.

② 명령 프롬프트에서 그룹을 생성하는 명령어는 'net localgroup'이다.

③ 로컬 그룹에 도메인 그룹을 추가하여 관리 할 수 있다.

④ 그룹을 삭제한 후 동일한 그룹이름으로 생성하면 기존 그룹의 권한이 남아있다.

04 Windows Server 2016 의 '[시작]→[관리도구]→[로컬 보안 정책]'에 나오는 보안 설정 항목이 아닌 것은?

① 계정 정책   ② 로컬 정책

③ 공개키 정책   ④ 대칭키 정책

─┤ 정답 ├─

01 ④   02 ④   03 ④   04 ④

2 파일 시스템, 공유폴더

1) MS계열 파일 시스템 (FAT / FAT32 / NTFS / REFS)

가) FAT (DOS ~ WIN95) : 클러스터를 16개로 나누어 활용

나) FAT32 (WIN95 ~ WIN ME) : 클러스터를 32개로 나누어 활용,

　① 저장 효율이 좋다.

　② 호환성이 좋아 USB 스틱 메모리 기본 포멧으로 사용한다.

　③ 호환성이 좋아 리눅스에서도 기본 인식이 가능하다.(HP, 네비게이션, 블랙박스 등.)

　④ 32기가 이하의 파티션 크기일때만 생성된다.

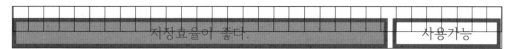

다) NTFS (WIN XP ~ 현재까지) : FAT32 + 신기술(뉴테크놀러지)

　① FAT32에 비해 보안성이나 복구능력이 뛰어나다.

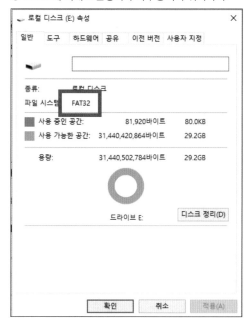

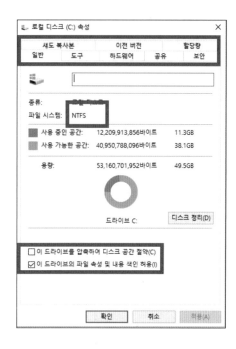

② 보안탭 : 사용자 계정 및 그룹 별로 권한을 할당할 수 있다.

③ 할당량탭 : 사용자 계정별로 하드용량을 제한할 수 있다.

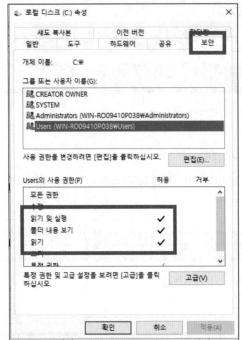 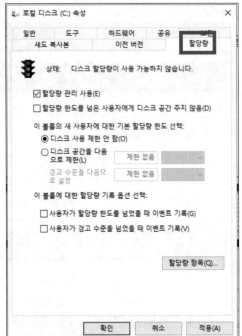

④ 드라이브 압축 : 디스크를 압축하여 용량을 증가시킨다.

⑤ 색인 : 빠른 접근을 위해서 수시로 데이터 정보를 갱신한다.

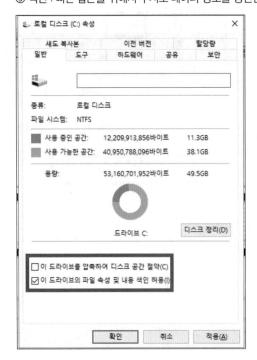

라) REFS (WIN 2012서버 이후에서) : 서버용 데이터 저장 방식

마) FAT32 -> NTFS 변환(convert)

① NTFS가 더 좋고 보안성이 높은 파일 시스템으로 인식하고 있는데 과거부터 쓰던 파일 시스템이 FAT32였다 이를 NTFS로 변환 해보자.

② 방법 1 : FAT32에 있던 자료를 다른 곳으로 옮긴다. -> 디스크 포멧을 눌러 NTFS를 선택하고 포멧을 진행한 다. -> 옮긴 자료를 원래 위치에 붙인다.

③ 방법 2 : cmd -> convert t: /fs:ntfs

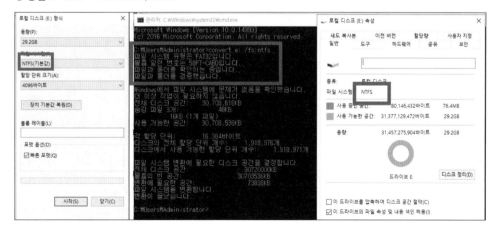

2) 할당량 관리(쿼터 : quota)

가) 사용자 계정별로 공간을 제한한다.

나) NTFS 이후 버전만 가능

다) 현재 주 사용자가 엄마 / 아빠 / 여동생 / 남동생이 존재 한다.

라) 여동생이 영화를 좋아해서 HDD에 혼자 영화 파일을 20G 넘도록 사용하고 남동생은 음악을 좋아해서 혼자 음악파일을 10G 넘도록 사용해 본다고 치자 결론은 HDD 용량 부족

마) 사용자 별로 HDD 용량의 할당량을 제한하여 제공함으로 써 서로 용량 관리를 할 수 있도록 셋팅

바) 드라이브 우클릭 -> 속성 -> 할당량 탭 -> 설정 진행

사) 소프트 쿼터 방식 (9G) : 용량 초과시 경고 메시지를 표현

아) 하드 쿼터 방식 (10G) : 용량 초과시 오류로 처리(공간 할당 안됨)

3) EFS(Encrypting File System)

암호화 파일 시스템은 마이크로소프트 윈도우의 NTFS 버전 3.0에서 추가된 파일 시스템 단계 암호화를 하는 기능이다. 이 기술로 직접 컴퓨터에 접근하는 공격자로부터 간단하게 기밀 파일을 암호화해 보호할 수 있다.

가) EFS는 파일을 파일 암호화 키(FEK: File Encryption Key) 라고 부르는 임의의 대칭 키로 암호화한다. 파일을 암호화 하는데 대칭 키 암호 방식을 사용하는 이유는 비대칭 암호 방식보다 암호화·복호화가 빠르기 때문이다. 대칭 키 암호화 알고리즘은 운영 체제의 버전과 설정에 따라 바뀔 수 있다.

나) 파일이나 폴더에 적용을 한다.

① 파일이나 폴더 우클릭 -> 속성 -> 고급을 클릭하면 데이터 보호를 위해 내용을 암호화 클릭 -> 트레이 영역에 키 백업 클릭 -> 키 생성하면 된다.

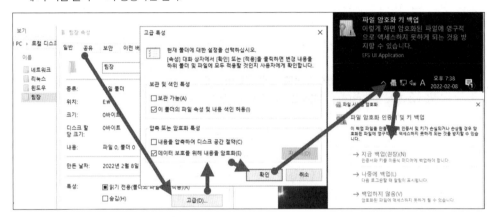

⊘ 예제

01 Windows 2016 Server가 기본적으로 지원하는 File System으로 옳지 않은 것은?
  ① EXT2
  ② NTFS
  ③ FAT
  ④ FAT32

02 Windows 2016 Server에서 NTFS의 특징으로 옳지 않은 것은?
  ① FAT, HPFS 파일 시스템보다 더 큰 파일과 파티션 사이즈를 지원한다.
  ② 파일과 디렉토리의 압축을 지원한다.
  ③ POSIX 요구 사항을 지원한다.
  ④ NTFS의 가장 큰 장점은 널리 호환된다는 것이다.

03 Windows 2016 Server에서 제공하는 기능으로 허가되지 않은 접근을 보호하고, 폴더나 파일을 암호화하는 기능은?
  ① Distributed File System
  ② EFS
  ③ 디스크할당량
  ④ RAID

04 Windows 2016 Server에서 압축, 보안, 암호화 같은 기능이 지원되는 파일 시스템은?

① FAT16   ② FAT32

③ NTFS   ④ EFS

05 파일 또는 디렉터리의 사용 허가와 보안 기능을 갖는 Windows 2016 Server의 기본 파일 시스템은?

① NTFS   ② FAT

③ FAT32   ④ UFS

06 Windows 2016 Server에서 사용하는 NTFS에 대한 설명으로 올바른 것은?

① FAT나 HPFS에 비해 향상된 성능과 확장성 및 보안성을 제공한다.

② Windows 2016 Server에서 제공되는 명령어로 NTFS 시스템에서 FAT 시스템으로 변환할 수 있다.

③ NTFS는 UNIX나 Linux 같은 다른 운영체제에서도 기본적으로 지원하므로 데이터 교환이 용이하다.

④ 파일과 디렉터리의 압축과 POSIX 요구사항을 지원하지 않는다.

07 Windows 2016 Server 설치 도중에 파티션을 어떤 File System으로 포맷할 것인지를 결정해야 한다. Windows 2016 Server에서 기본적으로 지원하지 않는 File System은?

① NTFS   ② FAT

③ NFS   ④ FAT32

08 Windows 2016 Server와 UNIX 운영체제 사이의 사용자 파일 전송을 지원하여 Windows와 UNIX가 혼용된 엔터프라이즈 환경에서 파일 공유를 제공하는 서비스는?

① NFS   ② DNS

③ NTFS   ④ DHCP

09 Windows 2016 Server에서 사용하는 NTFS 시스템에 대한 설명 중 옳지 않은 것은?

① Windows NT부터 지원하기 시작한 NTFS 파일시스템은 다중 사용자에 대한 효과적인 접근제어가 가능하도록 설계되어 있다.

② FAT에서 NTFS로 바꿀 경우 다시 포맷을 하지 않아도 가능하다.

③ FAT에 비해 성능이나 확장성 및 보안성이 개선되었다.

④ 영문자 64자 이상 긴 파일 이름을 지원하지 않는다.

10 Windows 2016 Server의 NTFS에서 제공하는 기능으로 옳지 않은 것은?

① 파일과 폴더 차원의 보안 : NTFS는 파일과 폴더에 대한 접근을 제어한다.

② 디스크 압축 : NTFS 압축 파일로 더 많은 저장 공간을 만들 수 있다.

③ 듀얼 부팅 설정 : Windows XP과 Windows 2016 Server 사이에 듀얼 부트를 구성할 경우, 원활한 파일 공유를 위해 시스템 파티션의 파일 시스템은 NTFS로만 구성해야 한다.

④ 파일 암호화 : NTFS는 파일에 대한 암호화를 지원한다.

11 **Windows 2016 Server NTFS의 특징으로 올바른 것은?**

① 마스터 파일 테이블이 존재하여 이에 대한 복제와 파일 로그가 유지되므로 파일 복구가 가능하다.

② Windows 2016 Server 내부 프로그램으로 FAT 파일 시스템으로 변환 가능하다.

③ 파일 이름은 8자로 제한된다.

④ 각 디렉터리별 권한 설정이 불가능하다.

12 **Windows Server 2016 가 제공하는 파일 서비스에 관하여 옳지 않은 것은?**

① 디스크 사용량에 제한을 두는 NTFS 쿼터를 폴더 단위로 설정할 수 있다.

② DFS를 이용해 여러 컴퓨터들에 있는 공유 폴더들을 묶어서 마치 하나의 폴더인 것처럼 사용할 수 있다.

③ FSRM을 통해 사용자 별 용량을 제한할 수 있고, 특정 파일 유형의 업로드를 제한할 수 있다.

④ NTFS 퍼미션을 통해 파일, 폴더 등에 대한 접근 권한을 사용자 별로 설정할 수 있다.

<정답> 01 ① 02 ④ 03 ② 04 ③ 05 ① 06 ① 07 ③ 08 ① 09 ④ 10 ③ 11 ① 12 ①

4) 공유폴더 : 내 컴퓨터에 있는 폴더를 오픈하여 다른 사용자와 같이 활용

가) 폴더 우클릭 -> 공유탭

나) 공유 폴더는 폴더를 오픈하여 다른 컴퓨터에서 접속을 허용 및 수정 권한을 부여하는 기법이다.

다) 사용자 계정을 생성한다.

 ① 네트워크관리자 -> 네트워크폴더(네트워크계정은 모든권한 / 다른 계정은 접근 불가)

 ② 리눅스관리자 -> 리눅스폴더(리눅스관리자계정는 모든권한 / 리눅스사용자계정은 읽기 권한만 / 나머지는
  접근 불가)

 ③ 윈도우관리자 -> 윈도우폴더(윈도우계정그룹는 모든권한 / 나머지 사용자는 읽기 권한)

 ④ 팀장 -> 팀장폴더(인증된 사용자만 모든권한 / 나머지는 접근 불가)

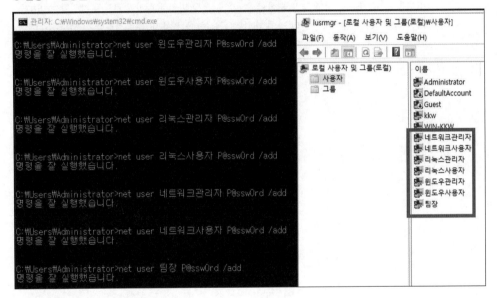

라) 공유폴더로 사용할 폴더를 생성한다.

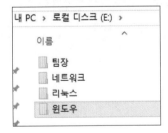

마) 네트워크 공유폴더

① 네트워크관련 계정에게 모든 권한을 부여 하며 다른 사용자는 접속 불가능하게 셋팅해본다.

② 시스템 계정인 everyone 계정은 모든 사용자를 칭하며 제거한다.

③ 네트워크관리자와 사용자계정을 추가하여 모든 권한을 부여 한다.

④ 동시 사용자 수는 16777216명으로 기본 설정 되어 있으나 줄여서 사용하는 것이 보안 상 좋다.

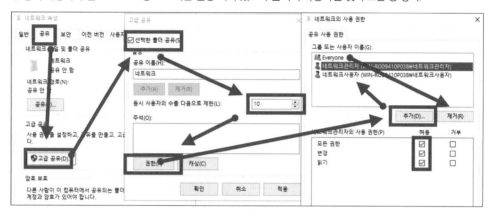

바) 리눅스 공유폴더

① 리눅스관리자는 모든권한 / 리눅스사용자는 읽기 권한만 / 나머지는 접근 불가

② 리눅스관리자 계정을 추가하여 모든 권한을 체크

③ 리눅스사용자 계정을 추가하여 읽기 권한을 체크

④ Everyone 계정을 제거

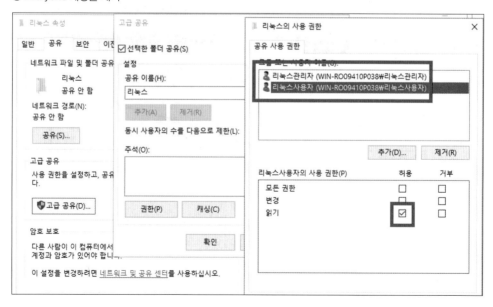

사) 윈도우 공유폴더

① 윈도우관리자/윈도우사용자는 모든권한 / 나머지 사용자는 읽기 권한

② 같은 권한을 여러 사용자에게 부여 하려면 그룹(서버관리자)을 만들어서 삽입하는 것이 관리상 좋다.
(lusrmgr.msc -> 그룹 추가 -> 계정 삽입)

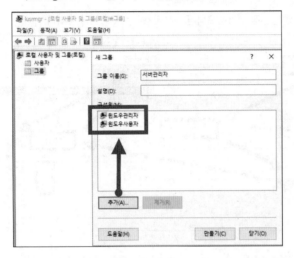

③ 고급공유에 폴더명과 윈도우 공유명을 다르게 사용하면 보안상 좋다.

④ 공유 사용 권한에 서버관리자 그룹을 모든 권한 부여 / everyone 계정엔 읽기만 부여

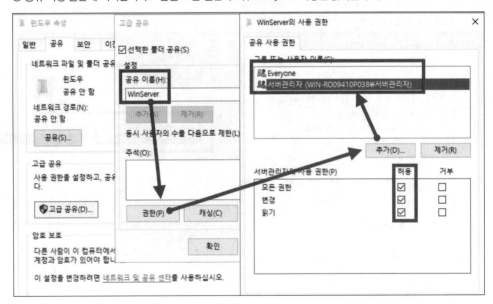

아) 팀장 공유폴더

① 인증된 사용자만 모든 권한 / 나머지는 접근 불가

② 공유 이름에 $를 붙인다. -> 숨겨진 공유폴더가 된다. (접근법 ₩₩hostname₩팀장$)

③ 공유사용자에 인증된 사용자 인 Authenticated Users로 모든권한 부여) -> 7-1에 등록된 사용자가 모두 권한을 가지게 된다.

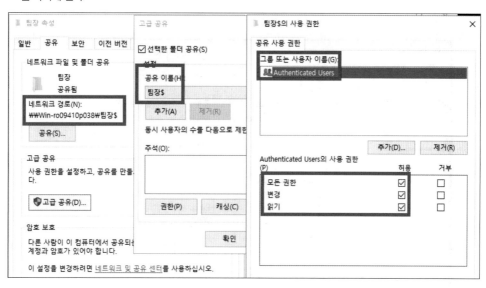

5) 공유폴더 관리

가) 방법1 : 컴퓨터 우클릭 -> 관리 -> 컴퓨터관리 -> 공유폴더

나) 방법2 : 실행 -> fsmgmt.msc

① 공유 : 지금까지 내가 만든 공유폴더를 확인할 수 있다.

② 세션 : 누가 내 공유폴더에 접속하고 있는지 확인

③ 열린파일 : 내 공유폴더에 어떤 파일을 열고 있는지 확인

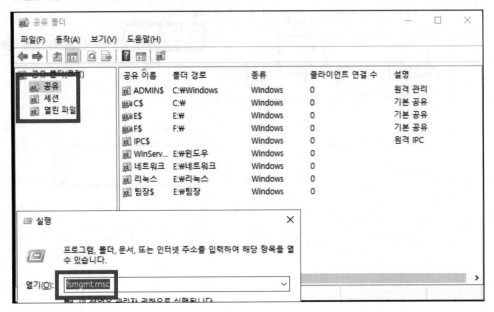

다) 공유폴더 취약점 발견

① 관리용 공유폴더(ms에서 자체적으로 만들어 놓은 관리용 공유폴더)

② 컴퓨터 관리 -> 공유폴더에 가서 확인을 해보니 취약점 보임

③ admin$ -> c:\windows / C$ -> c: / E$ -> e: / F$ -> f:

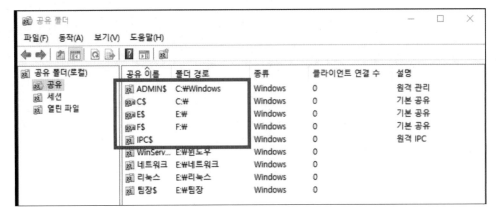

라) 공유폴더 우클릭 -> 제거 -> 재부팅 후 관리용 공유폴더 확인 해보기

① 재부팅을 하였더니 관리용 공유폴더가 다시 살아난다.

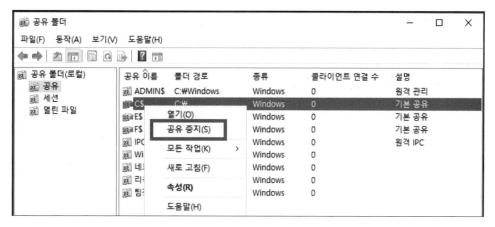

② 이것을 강제로 제거하려면 레지스트리 편집기를 활용하여 수정을 해야 한다. (레지스트리 편집기 : 컴퓨터의 DNA 같은 정보)

㉮ HKEY_LOCAL_MACHINE\SYSTEM\CurrentControlSet\Services\LanmanServer\Parameters 까지 이동 -> 우클릭 -> 새로 만들기 -> DWORD -> autoshareserver / autosharewks -> 0 값 확인 -> 재부팅

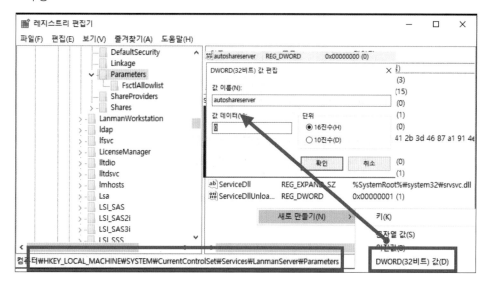

③ 사라진 관리용 공유폴더 확인

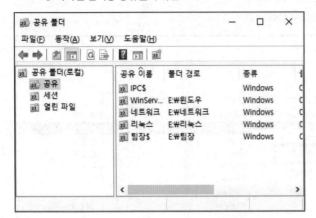

⊘ 예제

01 Windows 2016 Server에서 파일 및 프린터 서버를 사용할 수 있도록 지원하기 위해서 반드시 설치해야 하는
통신 프로토콜은?
① TCP/IP   ② SNMP
③ SMTP   ④ IGMP

02 Windows 2016 Server의 파일 및 프린터 공유에 관한 설명으로 옳지 않은 것은?
① 드라이브 공유 시에 접속할 수 있는 최대 사용자 수를 제한할 수 있다.
② 공유된 드라이브나 디렉터리에는 손모양의 아이콘이 나타난다.
③ 디스크 드라이브 뿐만 아니라, 특정 디렉터리만 공유시킬 수도 있다.
④ 공유 프린터는 반드시 기본 프린터로 설정되어 있어야 한다.

03 Windows 2016 Server의 디렉터리 공유관리에 관한 설명 중 옳지 않은 것은?
① Windows 2016 Server에서 네트워크를 통해 파일을 액세스 할 수 있도록 만드는 방법이다.
② 공유된 디렉터리의 공유 이름으로 네트워크상의 다른 사용자가 공유 리소스를 이용할 수 있게 된다.
③ 공유 디렉터리가 NTFS 볼륨에 있는 경우, 일부 디렉터리에 대한 액세스를 막기 위해 디렉터리 사용
권한을 사용할 수 있다.
④ FAT에서는 공유폴더를 생성할 수 없다.

04 Windows 2016 Server의 프린터 공유에 관한 설명으로 옳지 않은 것은?

① 프린터 드라이버는 Type 3 사용자 모드로 동작하며 최종사용자의 아키텍처에 따라 드라이버를 배포한다.

② 공유된 프린터는 액티브 디렉터리 검색으로는 확인 할 수 없다.

③ 네트워크에서 프린터 검색 시 해당 네트워크가 여러 서브넷을 포함할 경우 전체 LAN을 검색하지 못한다.

④ 프린터는 그룹 정책 개체를 통해 배포할 수 있다.

05 Windows 2016 Server에서 자신의 서버에 공유된 폴더를 확인할 수 있는 곳은?

① 이벤트 뷰어   ② 서비스

③ 컴퓨터 관리   ④ 로컬 보안 정책

06 Windows 2016 Server의 파일 서버에 관한 설명으로 옳지 않은 것은?

① 디렉터리 공유를 이용하면, 네트워크를 통해 파일을 액세스 할 수 있다.

② 공유된 디렉터리의 공유 이름으로 네트워크상의 다른 사용자가 공유 리소스를 이용할 수 있게 된다.

③ 공유 디렉터리가 NTFS 볼륨에 있는 경우 일부 디렉터리에 대한 액세스를 막기 위해 디렉터리 사용 권한을 사용할 수 있다.

④ 디렉터리를 공유할 때 공유 이름은 반드시 해당 디렉터리 이름을 사용해야 한다.

07 Windows 2016 Server에서 사용되는 기본 공유와 설명으로 옳지 않은 것은?

① ADMIN$: 시스템을 원격 관리하는 동안 사용되는 공유이다.

② IPC$: 원격 관리를 수행하거나, 공유 리소스를 확인할때 프로그램에 의해 사용된다.

③ SYSVOL : Active Directory의 개체와 데이터를 저장하는데 사용된다.

④ PUBLlC : 팩스를 보낼 때 팩스 클라이언트에 의해 사용된다.

<정답> 01 ① 02 ④ 03 ④ 04 ② 05 ③ 06 ④ 07 ④

01 Windows Server 2016 에서 EFS(Encrypting File System) 대한 설명으로 옳지 않은 것은?

① 파일을 암호화하기 위해서는 지정된 파일에 대한 '파일 속성' 중 '고급'을 선택하여 '데이터 보호를 위한 내용을 암호화' 선택한다.

② 파일 암호화 키가 없는 경우 암호화된 파일의 이름을 변경할 수 없고 내용도 볼 수 없지만 파일 복사는 가능하다.

③ 백업된 파일 암호화 키가 있는 경우 인증서 관리자(certmgr.msc)를 통해 인증서 키를 '가져오기'하여 암호화된 파일을 열수 있다.

④ 파일 암호화 키 백업을 하여 암호화된 파일에 영구적으로 액세스하지 못하게 되는 것을 방지할 수 있다. 암호화 키 백업은 주로 다른 컴퓨터나 USB 메모리 등의 별도로 저장할 것을 권장한다.

02 Windows Server 2016 에서 제공하는 기능으로 허가되지 않은 접근을 보호하고, 폴더나 파일을 암호화하는 기능은?

① Distributed File System   ② EFS(Encrypting File System)
③ 디스크 할당량   ④ RAID

03 Windows Server 2016 에서 파일 및 프린터 서버를 사용할 수 있도록 지원하기 위해서 반드시 설치해야 하는 통신 프로토콜은?

① TCP/IP   ② SNMP
③ SMTP   ④ IGMP

04 Windows Server 2016 에서 제공하는 기능으로 허가되지 않은 접근을 보호하고, 폴더나 파일을 암호화하는 기능은?

① Distributed File System
② EFS(Encrypting File System)
③ 디스크 할당량
④ RAID

05 Windows Server 2016 의 파일 암호화에 관한 설명으로 옳지 않은 것은?

① NTFS 파일 시스템만 암호화가 가능하다.
② 암호화된 파일은 한 사람만 사용이 가능하다.
③ 일반 백업 절차에 의해 암호화된 파일을 백업하면 복구 시에 복호화 된다.
④ 폴더를 암호화 했을 때, 폴더 내 생성된 모든 파일은 그 시점에 암호화 된다.

정답

01 ②   02 ②   03 ①   04 ②   05 ③

CHAPTER 02 MS Windows 2016 원격 서비스

1 원격 서비스란?

1) 최근 이슈가 되고 있는 클라우드라는 뜻은 구름으로 변역이 되지만 서버시장에서는 서버위치를 확인할 수 없는 지역에 ip로만 접속하여 모든 서비스를 제공 받는 기술을 말한다.

2) 현재 우리가 사용하고 있는 서버는 어디에 위치하는지도 알 필요도 없고 ip 주소를 알면 내 컴퓨터에서 찾아가는 서비스라고 판단하면 된다.

3) 그러나 우리가 접속하는 서버 위치를 모를 뿐 서버에 접속해서 서비스를 셋팅도 하고 보안 설정도 하고 클라이언트가 접속해서 자원을 활용할 수 도 있도록 해야 하기 때문에 원격 접속은 필수다.

4) TELNET : 기본 텍스트 모드의 원격 접속 프로그램(암호화 안됨/취약함)

  가) 텍스트 모드이기 때문에 CMD로만 명령을 수행한다.

5) SSL : 기본 텍스트 모드의 TELNET + SSH(암호화)기술이 합쳐 보안성이 좋은 원격

6) VNC : 그래픽 모드의 원격 프로그램(양방향 원격)

7) 원격 데스크톱 : MS 자체 내장기술 (단방향 원격 / 백그라운드에서 작업)

8) 만약 우리가 취업을 했을 때 보안 담당자라고 판단 해보자. 해킹은 24시간 중에 새벽 2~6시 사이에 제일 많이 일어난다.

  가) 우리는 새벽에 자고 있을 시간인데 서버의 해킹이 일어나면 먼저 24시간 보안관 역할인 오퍼레이터 (OP) 요원이 상주하면서 위험을 감지하면 비상콜을 때린다.

  나) 이때 우리는 서버위치까지 가서 보안을 할 것인지 / 집에서 원격으로 보안을 할 것 인지를 구상해보면 된다.

1) 네트워크 시장에 처음 도입된 기법이 텔넷을 이용한 원격 접속이다. 처음 만들어서 그런지 많이 사용하기도 하지만 취약점도 매우 많이 가지고 있다.

2) 네트워크 패킷을 분석하면 텔넷으로 통신하는 데이터를 훔쳐 볼 수 있다. (와이어샤크)

3) 7-1 텔넷 서버 구현 -> 제어판 -> 프로그램 제거 -> 기능 사용 -> 텔넷 서버 설치

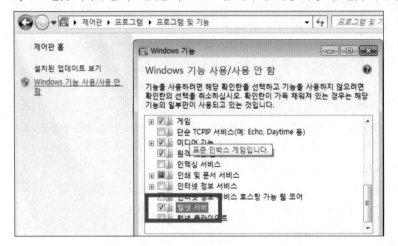

4) 10-1 텔넷 클라이언트 구현 -> 설정 -> 앱 -> 앱 및 기능 -> 프로그램 및 기능 -> 텔넷 클라이언트 설치

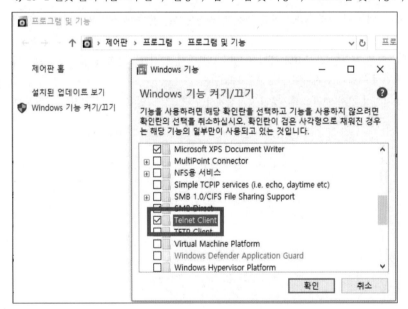

5) 호스트 와이어샤크(패킷 모니터링) -> 구글검색 -> 64비트 설치

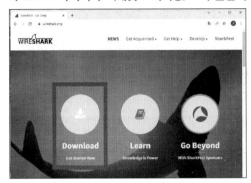 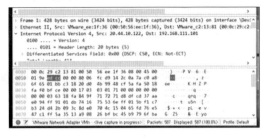

6) 텔넷 서비스 구동 및 방화벽 설정

가) 텔넷 프로그램을 설치 만 한다고 서비스가 자동으로 구동 되지는 않는다.

나) services.msc → telnet 찾고 → 자동 → 시작을 누른다.

　① 서비스는 백그라운드에서 작업을 진행하는 프로그램 일종

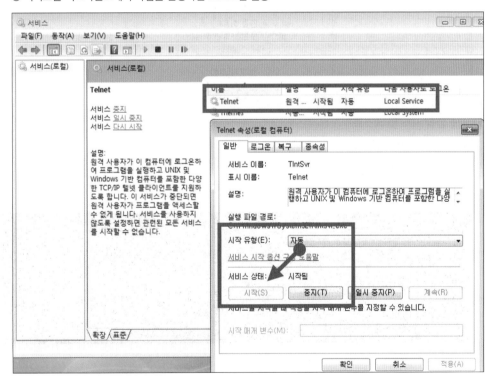

다) wf.msc → 방화벽에서 인바운드(들어오는) 포트를 열어야 한다.(tcp23번) → 이미 열려 있다.

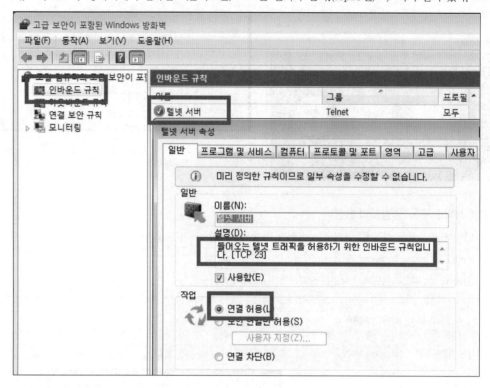

7) 텔넷 접속 시도 및 테스트

가) cmd → telnet 10.0.2.71 → 로그인(kkw)

나) 세션까지는 성공하나 계정에서 실패!! → 원인 : 텔넷용 사용자가 없다.

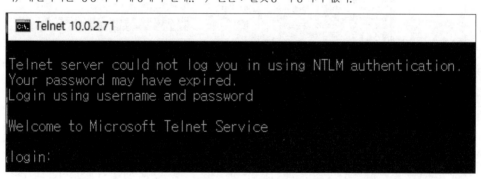

다) kkw 계정을 telnetclients 그룹에 추가한다.

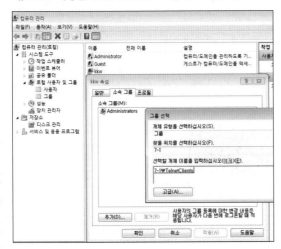

라) 접속 성공 → 테스트 진행

① 와이어 샤크로 패킷을 분석하다 보면 익숙한 단어들이 보인다.

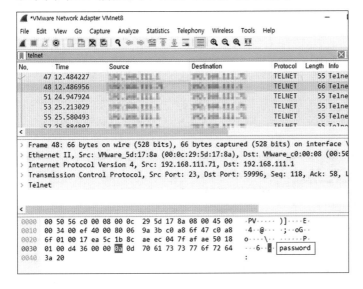

3　SSH 서버

1) 지금 우리가 텔넷의 취약점을 보았는데도 아직도 텔넷을 사용하면 안된다.

2) 텔넷에 암호화코드를 첨가한 SSH 서버를 공개하게 되었고 지금부터 SSH를 셋팅해보겠다.

　가) SSH 서버 셋팅 (Bitvise.com에 무료 버전을 활용)

　나) SSH 서버 환경 설정을 진행한다.

　　① 서비스 활성화

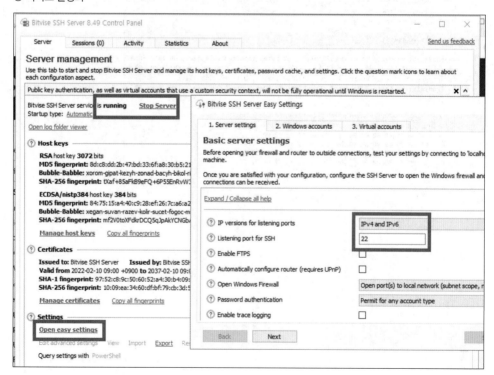

② SSH로 사용할 계정을 선택한다.

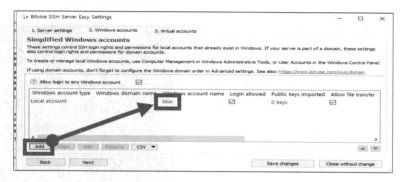

다) 호스트 : PUTTY를 이용하여 원격 접속

① PUTTY는 원격 접속 전용 프로그램으로 라우터 / 스위치 / 서버 등 CUI환경에서 접속을 제공한다.

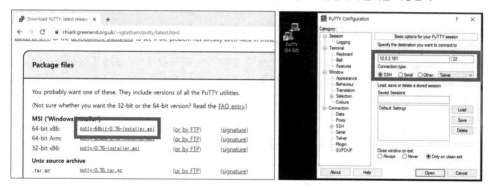

라) 호스트 : 와이어샤크로 패킷 분석

3) 외부에서 접속 할 때 서비스가 동작 되어야 하며 ip와 포트로 접속 할 수 있다.

가) services.msc / wf.msc

나) 패킷 분석을 위해서 와이어샤크 구동한다

다) putty를 실행 접속 : 192.168.111.162

4) 접속 테스트 및 패킷 분석

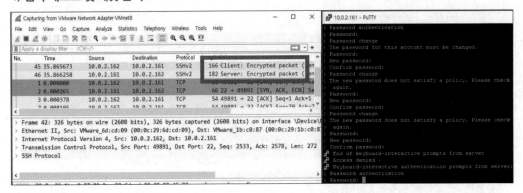

가) 암호화가 되어 있어 패킷을 분석할 수 없다.

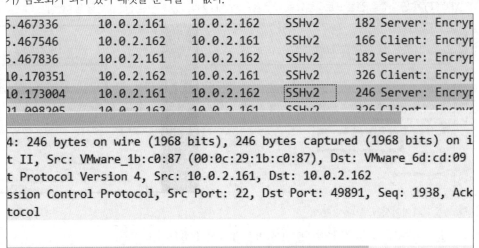

4 원격 데스크톱 연결

1) 설치한 VNC는 상용프로그램으로 무료 버전도 있지만 유료버전이 더 안전하게 사용할 수 있다.

2) 그래서 MS에서 자체적으로 사용하는 원격 데스크톱을 사용해보고 장단점을 파악 해보자.

　가) 장점 : 사용자 계정을 활용여 접속을 진행(보안성) / 리소스를 공유하여 파일을 자유롭게 주고 받을 수 있다. / 원격에 있는 리소스를 활용하기 때문에 서버에 리소스를 그대로 활용할 수 있다.

　나) 단점 : 셋팅 문제로 해킹을 당하면 엄청 많은 리스크가 있다.

3) 고급 시스템 설정 -> 원격 설정 -> 원격용 사용자 계정 추가(lusrmgr.msc)

4) 그룹추가 : kkw (remote desktop users)

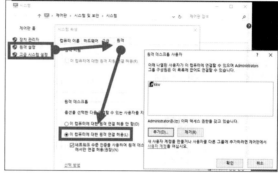

5) 서비스 구동 -> 방화벽 설정

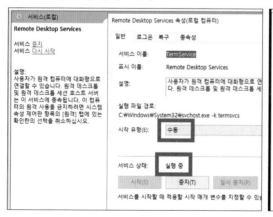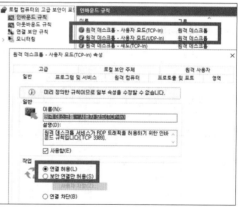

6) 원격 데스크톱 취약점 (사용자계정)

가) administrator 계정은 최고관리자이면서 해커가 알고 있는 계정id 이기 때문에 원격 설정에 최고 취약하다

나) gpedit.msc에서 administrator 계정에 대한 원격 로그인 거부를 선택하여 아래와 같이 접속 되지 않는다.

다) administrator가 원격 데스크톱에 기본 계정으로 선택이 되어 있어 거부권을 행사한다. -> 만약 사용하려면 id 변경하여 활용할 것

① GPEDIT.MSC -> 컴퓨터구성 -> Windows 설정 -> 보안 설정 -> 로컬 정책 -> 사용자 권한 할당 -> 원격 데스크톱 서비스를 통한 로그온 거부 -> administrator 추가

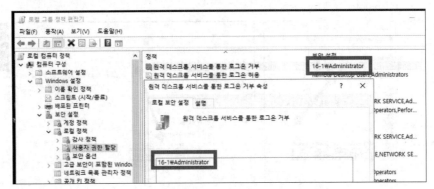

라) administrator가 원격 데스크톱에 기본 계정으로 선택이 되어 있어 거부권을 행사한다. -> 만약 사용하려면 id 변경하여 활용할 것

7) 원격 데스크톱 취약점 (포트변경)

가) 서버는 원격 포트를 3389번을 무조건 사용한다. -> 해커도 알고 있다. 이것을 변경하여 사용해 보자.

나) 레지스트리를 사용하여 3389를 다른 포트로 변경한다.

다) 실행 -> regedit -> HKEY_LOCAL_MACHINE\SYSTEM\CurrentControlSet\Control\Terminal\Server\Wds\rdpwd\Tds\tcp -> portnumber를 변경한다.

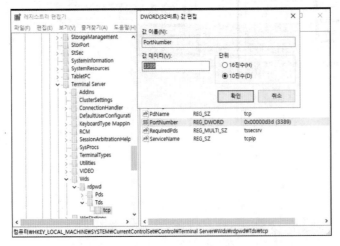

8) 원격데스크톱 접속

가) 보조프로그램 → 원격데스크톱 연결

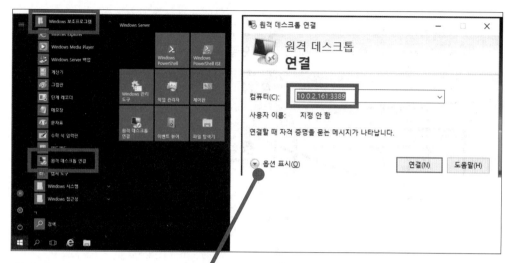

나) 옵션표시

① 일반 탭 : 컴퓨터 (IP:포트번호3389생략가능)으로 접속한다.

  ㉮ 사용자 이름 / 암호로 접속 시도 -> 인증서(자격증명 사용)

② 디스플레이 탭 : 원격 접속 시 해상도 / 듀얼모니터 활용

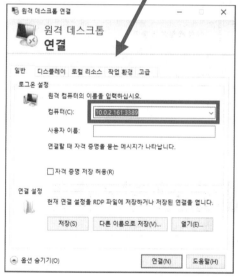
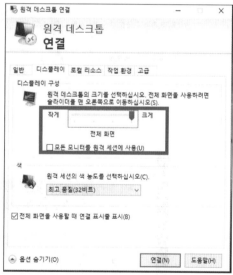

③ 로컬 리소스 : 프린터 / 저장소 / 스피커 등을 공유하여 사용

④ 접속을 하여 탐색기를 들어가면 10-1 C와 서버의 C드라이브 등을 확인 할 수 있다.(복사 / 붙이기 자유롭다)

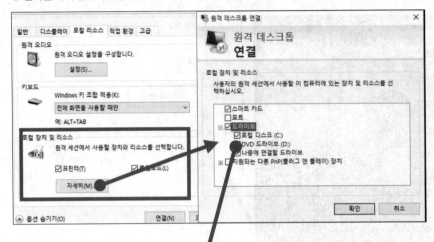

9) 접속 성공

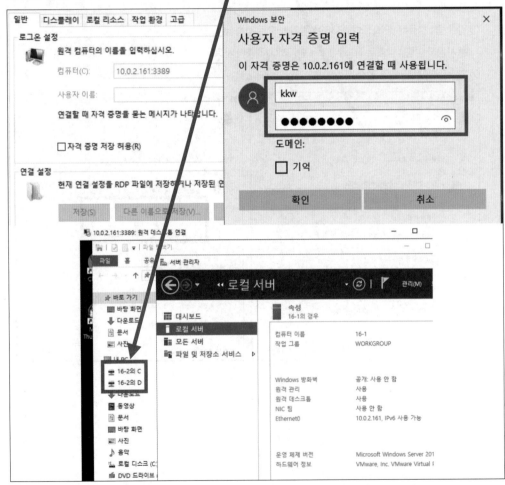

◎ 예제

01 Windows 2016 Server를 원격으로 관리하고자 한다. 데이터를 암호화하여 전송할 수 있는 원격관리 서버는?

① Telnet 서버   ② WINS 서버

③ Exchange 서버   ④ SSH 서버

02 Windows 2016 Server의 터미널 서비스를 이용할 때 얻어지는 장점으로 옳지 않은 것은?

① 원격지의 컴퓨터를 직접 사용할 수 있다.

② 클라이언트의 작업을 감시 할 수 있다.

③ 전체적인 TCO의 감소가 가능하다.

④ Windows 2016 Server의 기본 설치 시 포함이 되므로 별도의 설정이 필요 없이 서비스 사용이 가능
하다.

<정답> 01 ④ 02 ④

01 Windows Server 2016 의 원격 데스크톱 서비스에 대한 설명으로 옳지 않은 것은?

① 원격 데스크톱 서비스를 설치하지 않더라도 관리용 원격 데스크톱을 통해 최대 5명까지 동시접속이 가능하다.

② 원격 데스크톱 세션 호스트 서버로 구성해 운영하려면 라이선스가 필요하다.

③ 네트워크 레벨 인증 시 접속하는 PC는 최소 Windows XP 서비스팩2 이상의 운영체제이어야 한다.

④ 인터넷을 통해서도 원격 데스크톱 서비스를 받으려면 원격 데스크톱 게이트웨이를 설치해야 한다.

┤ 정답 ├

01 ①

Windows Server DNS, DHCP

1 DNS : 도메인 네임 시스템(Domain Name System, DNS)

1) DNS의 개요

가) 호스트의 도메인 이름을 호스트의 네트워크 주소로 바꾸거나 그 반대의 변환을 수행할 수 있도록 하기 위해 개발

나) 특정 컴퓨터(또는 네트워크로 연결된 임의의 장치)의 주소를 찾기 위해, 사람이 이해하기 쉬운 도메인 이름을 숫자로 된 식별 번호(IP 주소)로 변환해 준다

다) 도메인 네임 시스템은 흔히 "전화번호부"에 비유된다. 인터넷 도메인 주소 체계로서 TCP/IP의 응용에서, www.example.com과 같은 주 컴퓨터의 도메인 이름을 192.168.1.0과 같은 IP 주소로 변환하고 라우팅 정보를 제공하는 분산형 데이터베이스 시스템이다.

2) DNS의 역할

가) 우리가 인터넷에 WWW.NAVER.COM을 입력하면 네이버서버의 IP로 주소가 변환되어 IP주소로 접속을 할 수 있도록 진행이 된다.

나) 과거에는 서버가 이렇게 많을 줄 모르고 DNS 서버도 없이 인터넷이 구현이 되었었다.

다) 현재는 모든회사/업체/협회들이 다 홈페이지를 가지고 있을 정도로 많은 양의 서버가 구현 중이며 이것을 통합하여 IP와 연동을 해주는 업체가 필요하게 되었다.

라) 영문도메인 -> 숫자IP로 변환 (DNS : 도메인 네임 서비스/시스템) : 이름 해석(Name ReSolution)

마) 관련명령어 : nslookup

① cmd -> nslookup 을 입력하면 현재 자신의 dns 정보를 활용해서 url을 ip주소로 변환하여 ip주소를 전달 받을 수 있다.

㉮ server ip주소 : dns서버의 주소를 1회용으로 변경한다.

㉯ www.icqa.or.kr : www.icqa.or.kr의 주소를 질의 한다.

㉰ kns.kornet.net에서 210.103.175.224라고 알려준다.

㉱ 웹 브라우져에 210.103.175.224를 주소표시줄에 입력해 보면 icqa.or.kr로 진입 되는 것을 확인 할 수 있다.

3) DNS이전의 파일 : hosts

가) 과거에는 DNS의 서버가 없었다고 하였다.

나) 그래서 컴퓨터 안에 인터넷을 접속할 수 있는 IP를 전화번호부처럼 저장을 해 놓고 사용을 했었다.

다) C:\WINDOWS\SYSTEM32\DRIVERS\ETC\HOSTS 파일을 활용하였다.

라) 지금까지도 이파일을 1순위로 판단하여 DNS보다 먼저 작업이 진행 된다. 이 파일을 해킹 당하면 잘 못된 IP로 주소를 찾아가게 된다.

① C:₩WINDOWS₩SYSTEM32₩DRIVERS₩ETC₩HOSTS파일을 메모장으로 열고 맨 아래쪽에 ICQA 홈페이지에 IP를 각종 URL로 변조를 진행 해본다.

  ㉮ 210.103.175.224 변조URL

② 저장 후 웹 브라우져에서 접속 시도를 해본다.

  ㉮ WWW.DAUM.NET으로 접속 시도를 해보면 ICQA 홈페이지를 찾아간다.

4) DNS 서버 구축하기

가) 캐싱전용 DNS

① 캐싱전용 dns 서버란?

  ㉮ 만약 삼성이라는 대기업에서 컴퓨터를 5000대 넘게 사용하고 있는데 모두 구글dns에 가서 정보를 찾아오면 네트워크 트래픽이 낭비가 된다.

  ㉯ 그래서 내부에 dns 서버를 구축하고 누군가가 1번 다녀온 경로를 기억하고 있다가 요청시 바로 주는 역할 수행한다.

② 역할 및 기능 추가 -> dns 역할 추가 -> 재부팅 -> dns 주소를 외부 ip로 설정

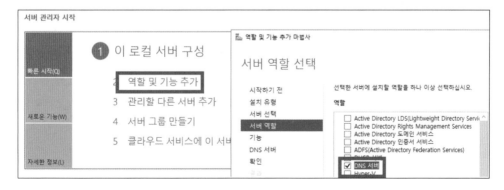

③ 서비스 구동(services.msc)

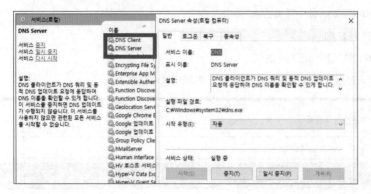

④ 방화벽 오픈(wf.msc)

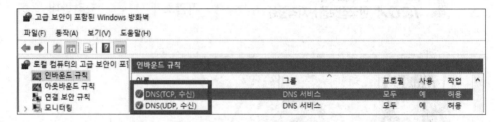

나) 클라이언트용 컴퓨터 연결

① 10-1를 켜고 dns 주소를 2016-1서버의 ip주소로 연결한다.

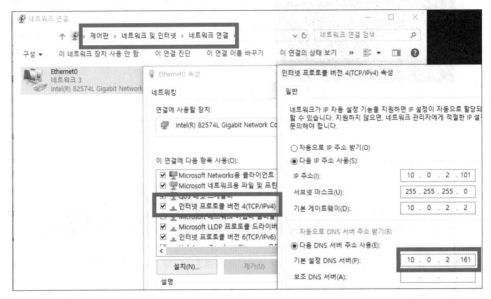

② ipconfig /flushdns로 캐싱 초기화

```
C:\Users\kkw>ipconfig /flushdns

Windows IP 구성

DNS 확인자 캐시를 플러시했습니다.

C:\Users\kkw>ipconfig /all

Windows IP 구성

   호스트 이름. . . . . . . . . . . : DESKTOP-FQLJM8T
   주 DNS 접미사 . . . . . . . . . :
   노드 유형 . . . . . . . . . . . : 혼성
   IP 라우팅 사용. . . . . . . . . : 아니요
   WINS 프록시 사용. . . . . . . . : 아니요

이더넷 어댑터 Ethernet0:

   연결별 DNS 접미사. . . . :
   설명. . . . . . . . . . . . . . : Intel(R) 82574L Gigabit Network Connection
   물리적 주소 . . . . . . . . . . : 00-0C-29-A5-AE-0F
   DHCP 사용 . . . . . . . . . . . : 아니요
   자동 구성 사용. . . . . . . . . : 예
   링크-로컬 IPv6 주소 . . . . . . : fe80::743c:50d9:7b68:4a1d%7(기본 설정)
   IPv4 주소 . . . . . . . . . . . : 10.0.2.101(기본 설정)
   서브넷 마스크 . . . . . . . . . : 255.255.255.0
   기본 게이트웨이 . . . . . . . . : 10.0.2.2
   DHCPv6 IAID . . . . . . . . . . : 117443625
   DHCPv6 클라이언트 DUID . . . . . : 00-01-00-01-29-94-BD-6F-08-00-27-8D-9E-FC
   DNS 서버. . . . . . . . . . . . : 10.0.2.161
   Tcpip를 통한 NetBIOS. . . . . . : 사용
```

③ nslookup에 들어가서 www.icqa.or.kr로 질의를 진행해 본다.

```
> www.icqa.or.kr
서버:     UnKnown
Address:  10.0.2.161

권한 없는 응답:
이름:     www.icqa.or.kr
Address:  210.103.175.224
```

④ 웹브라우져에서 인터넷을 해본다. -> 성공!!!

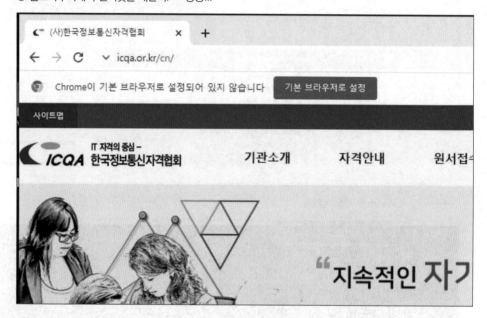

다) DNS 서버 구축

① dns 체계도

② 도메인 이름을 등록하고 관리하는 기관을 NIC(Network Information Center) 라고 부른다. 국제 도메인(com, net, org, mil, edu 등)은 미국의 Inter Nic에서 관리를 하고 그외의 국가도메인(co.kr, or.kr, go.kr, ne.kr 등)은 국가별로 도메인을 관리하는 기관이 존재 한다 (krNIC)

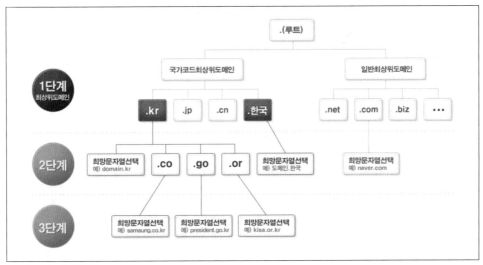

www.kisa.or.kr 이미지 참조

③ 사설 dns 서버 구축하기

㉮ NIC에서 도메인을 구축해서 사용하기보다 사설로 만들어 사용하는 법을 알아보자.

㉯ 사설 dns란 소규모 그룹이나 중규모 회사등지에서 dns를 구입하지 않고 내부에서 사용하려는 용도로 구축하는 dns를 말한다.

㉰ 주의사항 : 클라이언트 DNS를 192.168.111.161(DNS서버) 설정 필수

㉱ 2016-1에 캐싱전용 DNS서버를 구현하였는데 그곳에 추가 셋팅 하겠다.
ㄱ kkwcloud.co.kr을 구축 해본다.
ㄴ 192.168.111.161 : DNS서버 / XE보드 (ns.kkwclod.co.kr)
ㄷ 192.168.111.162 : 워드프레스서버 (www.kkwcloud.co.kr)
ㄹ 192.168.111.163 : 웹하드 (webhard.kkwcloud.co.kr)
ㅁ 192.168.111.164 : OWNCLOUD (own.kkwcloud.co.kr)

ⓜ 서버관리자 -> 도구 -> dns -> 서버 우클릭 -> 정방향 조회영역 -> 새 영역

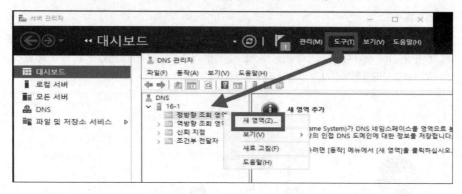

ⓑ 새 영역 마법사 시작 -> 주 영역(선택)-> 영역 이름 (kkwcloud.co.kr) 입력

ⓐ 영역 파일 (C:₩windows₩system32₩dns₩kkwcloud.co.kr.dns로 저장된다.)

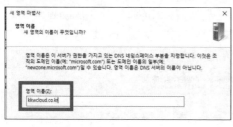
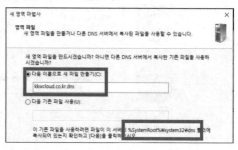

④ 2016-1 서버에 dns 정방향 조회영역에 A레코드(IPv4)를 생성한다.

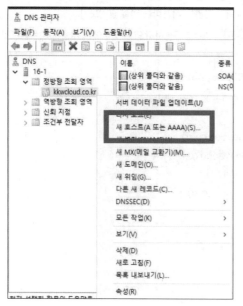
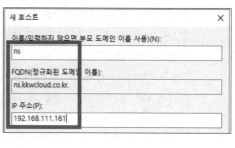

㉮ A레코드는 IPv4를 DNS와 연결하기 위한 필드를 생성하는 메뉴이다.

㉯ NS -> 192.168.111.161로 연결을 하면 ns.kkwcloud.co.kr로 연결 된다.

　㉠ 아래와 같이 4개의 A레코드를 삽입해본다.

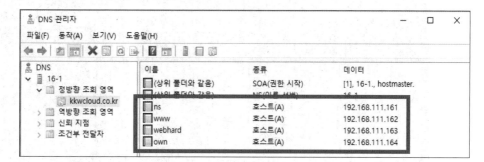

⑤ 테스트 : 클라이언트에 dns 주소를 192.168.111.161 셋팅

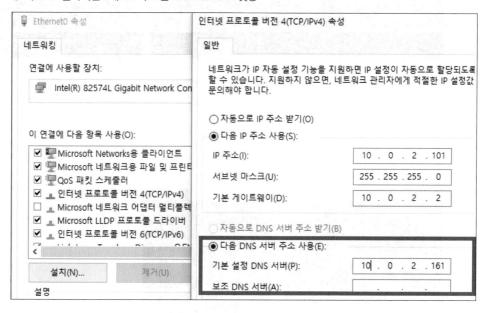

㉑ cmd -> ipconfig /flushdns (dns 캐시 초기화 진행)

㉯ nslookup -> kkwcloud.co.kr 상태 확인

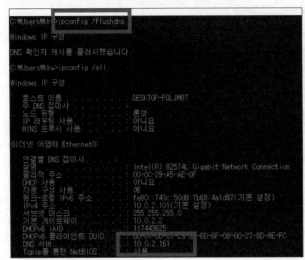

라) 라운드 로빈 방식

① 현재 웹서버의 운영방식은 1개의 ip 안쪽에 다중서버를 구현하는 방식과 서버를 여러개 운영(ip와 서버가 여러개)하면서 dns를 분산하는 방법

㉑ nslookup

㉯ www.nate.com -> 1개 ip주소

㉰ www.naver.com -> 3개 이상의 ip주소

② 라운드 로빈 방식 -> 돌아가면서 ip를 분배한다.

㉮ 기존에 이미 할당되어 있는 제거후 www로 등록을 할 수 있다.

㉯ www 레코드를 4개의 IP로 등록한다.

㉰ 4개의 ip가 돌아가면서 할당을 받는다.

③ 클라이언트 테스트

㉮ 클라이언트 -> CMD -> nslookup에서 확인한다.

㉯ ip주소가 4개가 보이고 여러번 시도하면 돌아가면서 ip주소 순서가 변경된다.

마) 기타 레코드

① CNAME 레코드

㉮ 별칭 레코드로 기존 A레코드를 다른 이름으로 변경하여 제공할 때 활용된다.

㉯ 실무에서는 1개의 IP를 여러개의 서버로 제공할 경우 별칭으로 등록하여 사용하며 여러개의 레코드의 IP를
변경하는 것 보다 1개의 IP를 변경할 수 있도록 활용하기도 한다.

㉠ WWW 레코드를 192.168.111.161로 등록한다.

㉡ email 레코드를 별칭으로 www와 연결한다.

㉢ ftp 레코드를 별칭으로 www와 연결한다.

㉣ 클라이언트에서 nslookup으로 테스트를 진행한다.

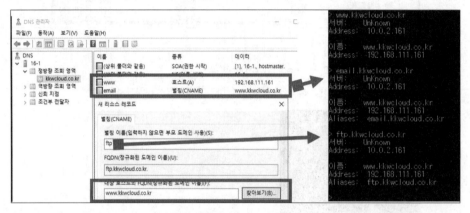

㉤ WWW 레코드를 192.168.111.162로 수정 해본다. (속성 -> 수정)

㉥ 클라이언트에서 nslookup으로 테스트를 진행한다.

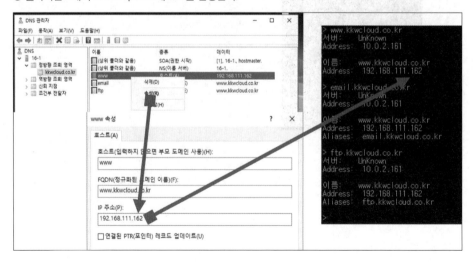

② MX 레코드

㉮ 메일 익스체인저 레코드(mail exchanger record, MX 레코드, MX record)는 인증되고 유효성이 확인된 도메인 네임 시스템의 리소스 레코드의 일종으로, 수신자의 도메인 중간에 이메일 메시지 수용을 책임지는 메일 서버, 또 여러 메일 서버를 이용할 수 있을 경우 메일 전달 우선순위 제어에 사용되는 선호 값을 규정한다. 도메인 네임의 MX 레코드 집합은 이메일이 어떻게 간이 우편 전송 프로토콜(SMTP)로 라우팅되는 것이 좋을지를 규정한다.

㉯ MX 메일용 레코드 만들어보기

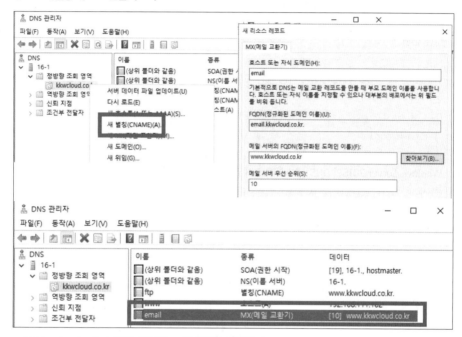

㉠ kkwcloud.co.kr 도메인 우클릭 -> 새 별칭을 클릭한다.

㉡ 호스트 또는 자식 도메인에 email을 입력하고 FQDN 찾아보기를 클릭하여 www.kkwcloud.co.kr을 찾아 넣는다.

㉢ 클라이언트에서 테스트를 진행해본다. (nslookup)

③ PTR 레코드

㉮ PTR 레코드(Reverse DNS) 은 도메인이 아닌 IP에 질의를 하여 도메인을 확인하는 과정으로, 수신측에서 메일 발송서버의 IP를 조회하여 도메인이 등록된 PTR 값과 일치하면 스팸으로 구분하지 않고 정상메일로 판단하겠다는 역방향의 질의 방식입니다.

01 Windows 2016 Server에서 www.icqa.or.kr의 IP Address를 얻기 위한 콘솔 명령어는?

① ipconfig www.icqa.or.kr
② netstat www.icqa.or.kr
③ find www.icqa.or.kr
④ nslookup www.icqa.or.kr

02 Windows Server 2016에서 DNS서버기능을 설정한 후에 설정이 제대로 되었는지 확인하기 위하여, 명령어 프롬프트에서 도메인을 입력하면 해당 IP주소를 보여주는 명령어는?

① ls
② nslookup
③ show
④ pwd

03 Windows 2016 Server에서 이미 사용 중인 도메인에 별칭 도메인을 하나 추가하려고 할 때 사용하는 Record 는?

① A Record
② CNAME Record
③ PTR Record
④ MX Record

04 Windows Server 2016의 DNS 서버에 DNS 레코드를 추가할 때 옳지 않은 것은?

① 새 호스트(A or AAA)는 호스트 이름에 대한 IP 주소를 등록하는 것이다.
② 새 포인터(PTR)은 IP 주소에 대한 FQDN을 등록하는 것이다.
③ 새 별칭(CNAME)은 서브 도메인을 등록하는 것이다.
④ 새 메일 교환기(MX)는 메일서버를 등록하는 것이다.

05 Windows 2016 Server에서 'icqa.or.kr'과 'test.icqa.or.kr'을 하나의 Server에서 서비스를 하기 위한 설정 과정으로 옳지 않은 것은?

① 'icqa.or.kr'과 'test.icqa.or.kr'을 DNS에 설정 후, 기존서버 NIC에 새로운 NIC을 추가하고, 각각 해당 도메인명의 IP를 설정한 후, IIS에서 설정한다.
② 'icqa.or.kr'과 'test.icqa.or.kr'을 DNS에 설정 후, 서버 한 개의 NIC에 각각의 IP를 등록한 후, IIS에서 설정한다.
③ 'test.icqa.or.kr'은 DNS에서 A레코드를 추가한 후, 해당 IP Address가 설정된 서버의 IIS에서 설정한다.
④ DNS 서버에서 단일 IP Address를 설정한 후, 해당 IIS 서버의 호스트 헤더를 각각 등록한다.

06 Windows 2016Server의 DNS서버 설정에서 호스트이름을 IP주소로 해석해 주는 것은?

① 정방향 조회
② 역방향 조회
③ 조건부 전달
④ 보조 영역

07 Windows 2016 Server에서 네임서버를 구축하기 위해 반드시 필요한 사항으로 옳지 않은 것은?

① NAT(Network Address Translation)
② 공인 IP Address
③ InterNIC 이나 KRNIC에 등록된 도메인 명
④ Linux, Windows 2000 Server, Unix가 설치된 시스템

08 Windows Server 2016의 DNS Server 역할에서 지원하는 '역방향 조회'에 대한 설명으로 옳은 것은?

① 클라이언트가 정규화 된 도메인 이름을 제공하면 IP주소를 반환하는 것

② 클라이언트가 IP주소를 제공하면 도메인을 반환하는 것

③ 클라이언트가 도메인을 제공하면 라운드로빈 방식으로 IP를 반환하는 것

④ 클라이언트가 도메인을 제공하면 하위 도메인을 반환하는 것

09 현재 Windows 2016 Server의 DNS 구성은 정방향 조회 영역을 구성하고, DNS 조회 요구의 속도 증가와 문제 해결을 돕기 위한 역방향 조회 영역을 구성하고 있다. 호스트 이름에 인트라넷 서버의 IP Address를 매핑 하려 할 때, 역방향 조회 영역에서 각각의 인트라넷 서버에 대해 어떤 종류의 레코드를 생성해야 하는가?

① Host(A)   ② Pointer(PTR)

③ Start of Authority(SoA)   ④ Name Server(NS)

10 Windows 2016 Server에서 DNS에 대한 설명으로 옳지 않은 것은?

① DNS는 IP 네트워크에서 이름 확인을 위한 기본적인 역할을 하는 분산 데이터베이스 시스템이다.

② 도메인 네임 공간 계층 구조의 맨 위쪽에는 루트 도메인이 있으며 마침표(.)로 표시된다.

③ 정방향(Forward) 조회 쿼리(Query)는 IP주소로 컴퓨터이름을 조회하는 것이다.

④ DNS 클라이언트가 DNS 서버에 보내는 쿼리는 대부분 재귀 쿼리(Recursive Query)이다.

<정답> 01 ④ 02 ② 03 ② 04 ③ 05 ④ 06 ① 07 ① 08 ② 09 ② 10 ③

2 DHCP (동적 호스트 설정(Dynamic Host Configuration Protocol)

1) DHCP 개요

가) DHCP는 IP를 할당하는 역할 및 기능추가에 대한 내용이며 대부분 가정에서 사용하는 공유기에 포함된 기능이다.

나) 기업용 네트워크는 IP할당을 수동으로 하기 때문에 이것을 서버나 네트워크에 기능을 추가하여 구현을 진행한다.

다) 공인 IP : ISP 업체에서 제공하는 IP로 전세계 유일한 주소 값을 말한다. (외부IP)

라) 사설 IP : 내부 네트워크에서만 사용되는 IP로 내부에서만 중복없이 사용된다. (내부IP)

① A클래스 : 10.0.0.0 ~ 10.255.255.255

② B클래스 : 172.16.0.0 ~ 172.31.255.255

③ C클래스 : 192.168.0.0 ~ 192.168.255.255

2) DHCP IP 할당 절차

가) 1단계 : DHCP Discovery

① 클라이언트가 ip를 달라고 전체 네트워크에게 브로트케스트 요청을 날린다.

② 혹시 네트워크에 DHCP를 줄수 있는 서버는 요청 주세요!!!

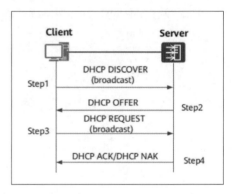

나) 2단계 : DHCP OFFER

① 서버가 있으면 요청에 대한 응답을 준다.

② 네! 제가 줄 수 있습니다.

③ 192.168.111.200을 쓰실 래요?

다) 3단계 : DHCP Request

① 내 쓰겠습니다. 등록해주세요

라) 4단계 : DHCP Ack

① 네! 사용하세요

② 사용기간은 8일입니다.

3) DHCP 갱신

가) 집에서 사용하는 IP가 갑자기 변경된 적은 있나?

나) 집에서 사용하는 IP는 공유기를 꺼놓지 않는 한 변경이 안된다.

다) 이유 : 갱신 타임(1/2시간)

4) DHCP 셋팅

가) 역할 및 기능 추가 -> DHCP 역할 추가

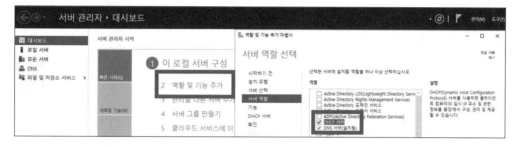

나) 서버관리자 위쪽에 깃발을 클릭하여 DHCP 구성완료 -> 서버관리 위임 -> 커밋

다) 도구 -> DHCP -> 서버 우클릭 -> 새범위 -> IP주소 범위 및 서브넷 설정

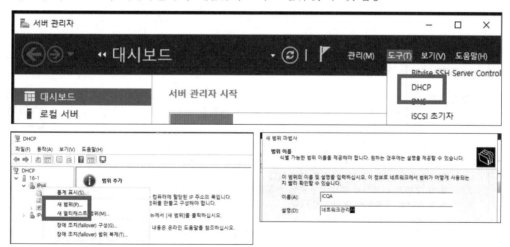

라) IP주소 범위, 서브넷 결정(주의사항 맨 첫 IP와 마지막 IP는 제외하여 입력)

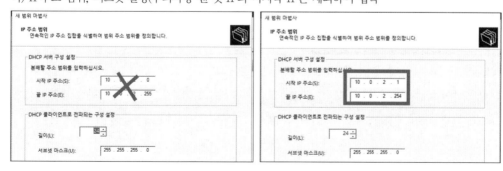

마) 제외할 주소 범위 설정

① 서버에서 사용할 주소인 10.0.2.160 ~ 10.0.2.165번 IP 제외(범위)

② 게이트웨이에서 사용할 10.0.2.1, 10.0.2.2번 IP제외(단일)

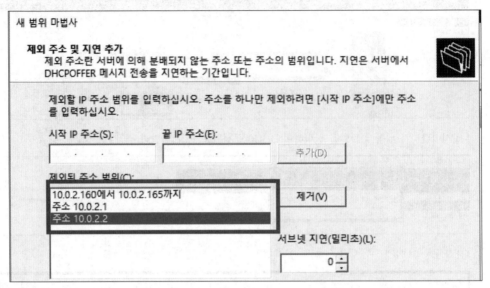

바) 임대 기간 설정 : 기본값 8일

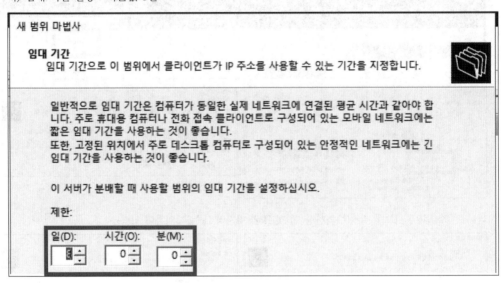

사) 옵션 지정(예 지금 구성합니다) → 게이트웨이 주소 입력

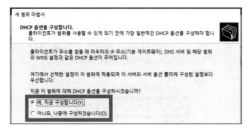 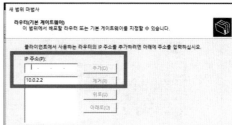

아) DNS 주소 입력 → WINS서버 주소 입력(요즘 사용 안함)

　① WINS서버 : 컴퓨터이름과 IP주소를 변환하기 위한 서버

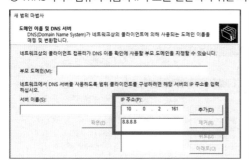 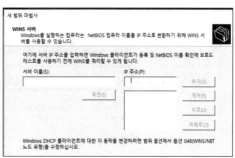

자) 범위 활성화 (예, 지금 활성화합니다. → 바로 서비스 구동 시작)

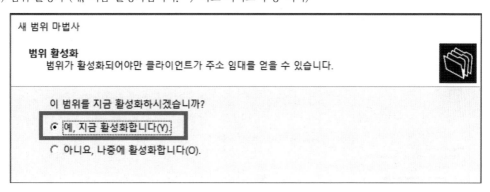

차) 서비스(services.msc) / 방화벽 확인(udp 67,68번)

5) DHCP 클라이언트 배포 : 일반 PC로 DHCP 설정을 테스트 해본다.

가) IP공유기, 가상머신에 DHCP 구성을 해제한다.

나) 일반컴퓨터 → 실행 → ncpa.cpl → 네트워크 어댑터 속성 → IPv4 변경

　① 자동 IP 주소 받기 / 자동 DNS 주소 받기 선택

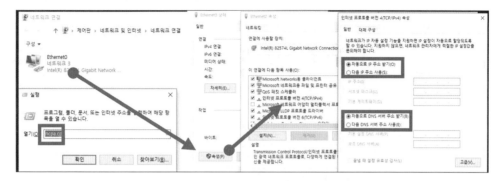

　② CMD → IPCONFIG /RELEASE(기존 IP 제거) → IPCONFIG /RENEW(갱신)

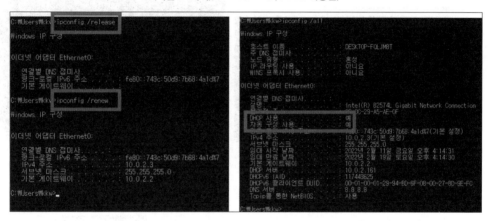

6) DHCP서버 확인

가) DHCP 범위 → 주소 풀 (배포 및 제외주소를 확인 및 수정할 수 있다)

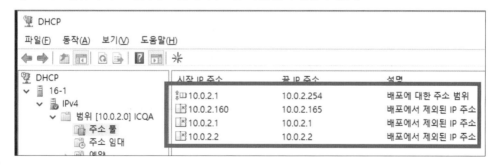

나) 주소 임대 -> 배포된 IP와 각종 정보를 확인 할 수 있다.

① 예약에 추가 -> 맥주소를 이용하여 계속이 IP를 받도록 설정 할 수 있다.

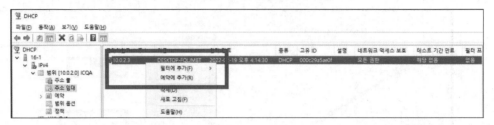

다) 예약 -> 서버나 프린터 등 특정 IP를 고정으로 써야 하는 상황에서 MAC 주소를 이용하여 IP를 예약한다.

① MAC 주소 알아 내기 : arp -a / nbtstat -an 컴퓨터이름

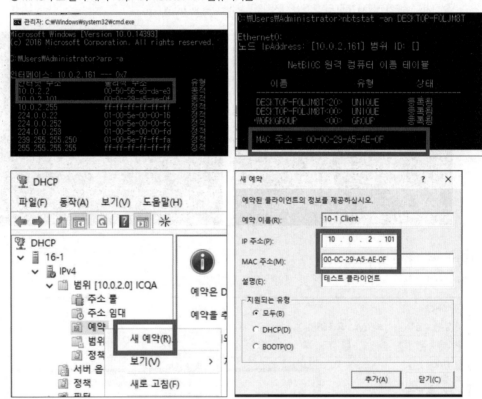

② 클라이언트 테스트

㉮ CMD -> IPCONFIG /RELEASE(기존 IP 제거) -> IPCONFIG /RENEW(갱신)

라) 범위 옵션 : 게이트웨이 / DNS 주소등 옵션을 설정하여 배포한다.

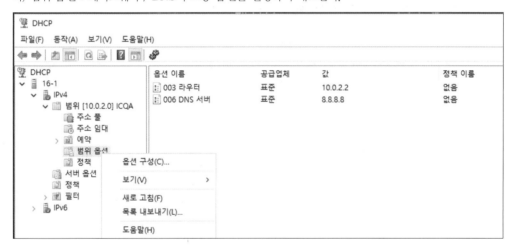

✅ 예제

01   Windows 2016 Server에서 IP Address 할당 및 관리를 동적으로 설정할 수 있는 서버는?
　　① NetBEUI　　　　　　　　　② DHCP
　　③ DNS　　　　　　　　　　　④ WINS

02   Windows 2016 Server에서 DHCP(Dynamic Host Configuration Protocol) 서버의 주요 기능은?
　　① 서브넷을 통해 IP Address 정보를 라우팅 한다.
　　② 로컬 서브넷에 있는 컴퓨터에 IP Address 정보를 할당하고 유지한다.
　　③ NetBIOS 이름을 IP Address로 해석한다.
　　④ IP Address를 FQDN(Fully Qualified Domain Names)으로 해석한다.

03 Windows 2016 DHCP서버의 DHCP 범위 만들기에 대한 설명으로 올바르지 않은 것은?

① 모든 DHCP서버는 최소한 하나의 DHCP범위를 반드시 가져야 한다.

② DHCP 주소범위에서 정적으로 할당된 주소가 있다면, 반드시 해당주소를 제외해야 한다.

③ 네트워크에 여러 DHCP서버를 운영할 경우, DHCP 범위가 겹쳐도 무관하다.

④ 임대기간은 '제한 없이'로 설정할 수는 없고, 반드시 기간을 설정해야 한다.

04 Windows 2016 Server에서 DHCP 범위 (Dynamic Host Configuration Protocol Scope) 혹은 주소 풀 (Address Pool)을 만들 때 주의할 점으로 옳지 않은 것은?

① 모든 DHCP 서버는 최소한 하나의 DHCP 범위를 반드시 가져야 한다.

② DHCP 주소 범위에서 정적으로 할당되어야하는 주소가 있다면 반드시 해당 주소를 제외해야 한다.

③ 네트워크에 여러 DHCP 서버를 운영할 경우에는 DHCP 범위가 겹치지 않아야 한다.

④ 하나의 서브넷에는 여러 개의 DHCP 범위가 사용될 수 있다.

05 Windows 2016 Server에서 DHCP에 대한 설명 중 옳지 않은 것은?

① 클라이언트가 DHCP 서버에 접속하면 자동으로 게이트웨이 주소를 할당한다.

② 클라이언트가 DHCP 서버에 접속하면 자동으로 DNS 주소를 할당한다.

③ DHCP 서버에 접속하면 자동으로 IP Address를 할당한다.

④ DHCP 서버에 접속하면 자동으로 컴퓨터 이름을 할당한다.

06 Windows 2016 Server에서 DHCP 서비스의 기능으로 옳지 않은 것은?

① 관리자는 중앙에서 대부분의 TCP/IP 주소 정보를 자동으로 관리할 수 있다.

② 관리 할 IP Address의 범위를 가지고 각각의 시스템에 IP Address를 할당하며 IP Address 사용을 추적할 수 있다.

③ DHCP 범위는 서비스를 사용하는 서브넷 상의 컴퓨터 관리 목적을 위한 그룹이다.

④ DHCP 설정은 IP Address의 변환을 DNS 서버에 전달할 수는 없다.

<정답> 01 ② 02 ② 03 ④ 04 ④ 05 ④ 06 ④

01 Windows Server 2016의 DNS 서버에서 정방향/역방향 조회 영역(Public/Inverse Domain Zone)에 대한 설명으로 올바른 것은?

① 정방향 조회 영역은 도메인 주소를 IP 주소로 변환하는 영역이다.

② 정방향 조회 영역에서 이름은 'x.x.x.in-addr.arpa'의 형식으로 구성되는데, 'x.x.x'는 IP 주소 범위이다.

③ 역방향 조회 영역은 도메인 주소를 IP 주소로 변환하는 영역이다.

④ 역방향 조회 영역은 외부 질의에 대해 어떤 IP주소를 응답할 것인가를 설정한다.

02 Windows Server 2016에 설치된 DNS에서 지원하는 레코드 형식 중 실제 도메인 이름과 연결되는 가상 도메인 이름의 레코드 형식은?

① CNAME   ② MX
③ A   ④ PTR

03 Windows Server 2016 에서 DNS서버기능을 설정한 후에 설정이 제대로 되었는지 확인하기 위하여, 명령어 프롬프트에서 도메인을 입력하면 해당 IP주소를 보여주는 명령어는?

① ls   ② nslookup
③ show   ④ pwd

04 Windows Server 2016 의 서버관리자를 이용하여 다수의 PC에 유동 IP를 제공하는 서버를 구축하고자 한다. 다음 중 어느 서버를 체크하고 설정해야 하는가?

① DHCP   ② DNS
③ Web   ④ Remote Desktop Service

05 Windows Server 2016 의 DNS서버 설정에서 호스트이름을 IP주소로 해석해 주는 것은?

① 정방향 조회   ② 역방향 조회
③ 조건부 전달   ④ 보조 영역

06 Windows Server 2016 의 DNS 서버에 DNS 레코드를 추가할 때 옳지 않은 것은?

① 새 호스트(A or AAA)는 호스트 이름에 대한 IP 주소를 등록하는 것이다.

② 새 포인터(PTR)는 IP 주소에 대한 FQDN을 등록하는 것이다.

③ 새 별칭(CNAME)은 서브 도메인을 등록하는 것이다.

④ 새 메일 교환기(MX)는 메일서버를 등록하는 것이다.

07 Windows Server 2016 에서 자신의 네트워크 안에 있는 클라이언트 컴퓨터가 부팅될 때 자동으로 IP 주소를 할당해주는 서버는?

① DHCP 서버   ② WINS 서버
③ DNS 서버   ④ 터미널 서버

08 Windows Server 2016 의 DNS Server 역할에서 지원하는 레코드의 형식과 기능의 설명이다. 이 중 잘못 연결된 것은?

① A – 정규화 된 도메인 이름을 32비트 IPv4 주소와 연결

② AAAA – 정규화 된 도메인 이름을 128비트 IPv6 주소와 연결

③ CNAME – 실제 도메인 이름과 연결되는 가상 도메인 이름

④ NS – 주어진 사서함에 도달 할 수 있는 라우팅 정보를 제공

09 Windows Server 2016 의 DNS 구성은 정방향 조회 영역을 구성하고, DNS 조회 요구의 속도 증가와 문제 해결을 돕기 위한 역방향 조회 영역을 구성하고 있다. 호스트 이름에 인트라넷 서버의 IP Address를 매핑하려 할 때, 역방향 조회 영역에서 각각의 인트라넷 서버에 대해 어떤 종류의 레코드를 생성해야 하는가?

① Host(A)   ② Pointer(PTR)

③ Start of Authority(SoA)   ④ Name Server(NS)

10 Windows Server 2016 에서 DHCP 구성에 대해 설명으로 올바른 것은?

① DHCP에서 새범위 구성시 임대 기간은 일, 시간, 분, 초단위로 설정할 수 있다.

② Windows Server 2016에서 DHCP에서 새범위 구성시 더 이상 WINS 서버를 구성하지 않는다.

③ 새 예약 구성시 지원되는 유형은 BOOTP없이 DHCP만 가능하다.

④ DHCP 서버에서 주소를 분배할 때, 적용할 지연시간은 ms 단위로 지정한다.

11 Windows Server 2016 의 DNS 서버에서 정방향 조회 영역 설정에서 SOA 레코드의 각 필드에 대한 설명으로 옳지 않은 것은?

① 일련번호 : 해당 영역 파일의 개정 번호다.

② 주 서버 : 해당 영역이 초기에 설정되는 서버다.

③ 책임자 : 해당 영역을 관리하는 사람의 전자 메일 주소다. webmaster@icqa.or.kr 형식으로 기입한다.

④ 새로 고침 간격 : 보조 서버에게 주 서버의 변경을 검사하기 전에 대기하는 시간이다.

12 Windows Server 2016 DHCP 서버의 주요 역할의 설명으로 맞는 것은?

① 동적 콘텐츠의 HTTP 압축을 구성하는 인프라를 제공한다.

② TCP/IP 네트워크에 대한 이름을 확인한다.

③ IP 자원의 효율적인 관리 및 IP 자동 할당한다.

④ 사설 IP주소를 공인 IP 주소로 변환해 준다.

13 다음 그림은 Windows 2016 Server 의 DNS 관리자의 모습이다. 현재 www라는 동일한 이름으로 3개의 레코드가 등록되어 클라이언트가 도메인을 제공하면 IP주소를 번갈아가며 제공한다. 이처럼 IP 요청을 분산하여 서버 부하를 줄이는 방식을 무엇이라고 하는가?

① 라운드 로빈(Round Robin) 방식   ② 큐(Queue) 방식

③ 스택(Stack) 방식   ④ FIFO(First In First Out) 방식

14 SOA 레코드의 설정 값에 대한 설명으로 옳지 않은 것은?

① 주 서버 : 주 영역 서버의 도메인 주소를 입력한다.

② 책임자 : 책임자의 주소 및 전화번호를 입력한다.

③ 최소 TTL : 각 레코드의 기본 Cache 시간을 지정한다.

④ 새로 고침 간격 : 주 서버와 보조 서버간의 통신이 두절되었을 때 다시 통신할 시간 간격을 설정한다.

15 Windows Server 2016 에서 'www.icqa.or.kr'의 IP Address를 얻기 위한 콘솔 명령어는?

① ipconfig www.icqa.or.kr   ② netstat www.icqa.or.kr

③ find www.icqa.or.kr   ④ nslookup www.icqa.or.kr

16 DNS 레코드 중 IP Address를 도메인 네임으로 역매핑하는 레코드는?

① SOA   ② A

③ PTR   ④ CNAME

17 DHCP의 장점으로 옳지 않은 것은?

① 클라이언트에게 자동으로 IP Address를 할당해 줄 수 있다.

② IP Address의 관리가 용이하다.

③ 영구적인 IP Address를 필요로 하는 웹 서버에 대해서는 동적인 주소를 제공한다.

④ 사용자들이 자주 바뀌는 학교와 같은 환경에서 특히 유용하다.

┤ 정답 ├

01 ①   02 ①   03 ②   04 ①   05 ①   06 ③   07 ①   08 ④   09 ②   10 ④   11 ③   12 ③   13 ①

14 ②   15 ④   16 ③   17 ③

04 MS Windows 2016 IIS(WWW, FTP)

1 IIS(Internet Information Services) : 마이크로소프트 인터넷 정보 서비스

1) IIS의 개요

가) 윈도우 서버에 기본으로 내장되어 있는데다, 제작사인 마이크로소프트에서 직접 개발하여 제공하는 프로그램이다보니 윈도우 서버와의 호환성은 최강이다. 덕분에 윈도우에서는 다른 서버 프로그램을 쓰기보다는 이걸 쓰는 경우가 많다. 웹 서버 프로그램에서는 아파치 HTTP 서버와 더불어 잘 알려진 프로그램. 리눅스에서 아파치라면, 윈도우에서는 IIS가 웹 서버 프로그램을 대표한다.

나) 웹 서버 프로그램으로 착각하기 쉬우나, 보다 지원 폭이 넓다. 웹 뿐만이 아니라 메일 서버(SMTP), FTP 서버, 뉴스 그룹 서버도 지원한다. 이거 하나만 있으면 웹 서버, 메일 서버, FTP 서버 다 운용할 수 있다는 이야기이다

2) 서버 운영체제가 가장 일반적으로 사용되는 분야가 웹서비스 분야이다.

가) 웹서비스 : HTTP / HTTPS / FTP / FTPS / SMTP / NNTP

나) HTTP : 인터넷 홈페이지 구현용 서비스 (80포트)

다) HTTPS : HTTP + SSL(보안) 서비스 (443포트)

라) FTP : 파일 전송 프로토콜, 파일 업/다운로드(20,21포트)

마) FTPS : FTP + SSL(보안) 서비스 (20,21,22포트)

바) SMTP : 샌드메일전송프로토콜, 이메일전송(25포트)

사) NNTP : 뉴스그룹 요즘에는 삭제된 기능

3) IIS의 설치

가) 서버관리자 –> 역할 및 기능 추가 –> 역할 (IIS 설치) –> FTP 체크 필수

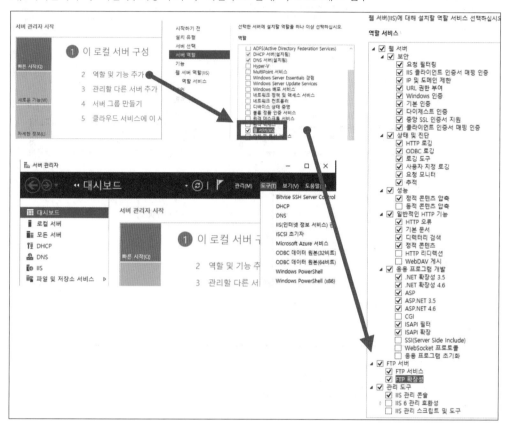

나) 서비스 및 방화벽 확인

① 서비스 : 실행 -> services.msc

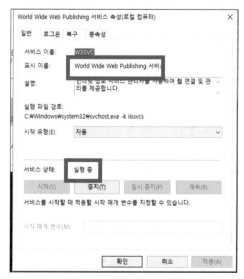
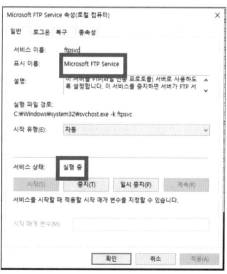

② 방화벽 : 실행 -> wf.msc

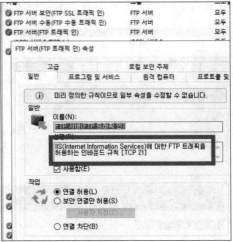

4) IIS의 기본 경로

가) C:\INETPUB\ 각종 IIS에 관한 파일이 존재한다.

나) WWWROOT : 웹페이지 기본위치

다) FTPROOT : FTP 파일 기본위치

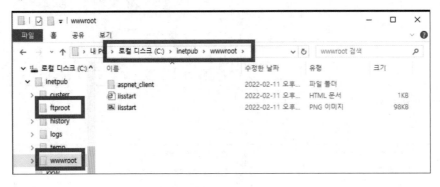

5) 웹서비스를 제공해보자.

가) 서버관리자 -> 도구 -> IIS 관리자

나) 기본적으로 웹사이트가 존재 한다.

다) 경로 -> C:\INETPUB\WWWROOT (%SystemDrive% -> 운영체제가 설치된 드라이브 변수명)

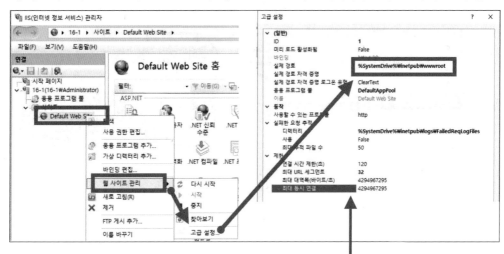

라) 기본 웹사이트 제한

① 고급설정에 제한에 가면 DOS공격 등 으로 취약한 서버의 보안 설정을 할 수 있다.

② 연결시간 제한 : 현재 서버에 대기시간을 정한다. (2분동안 반응이 없으면 세션종료)

③ 최대 대역폭 : 서버에 제공하는 서비스 속도제한

④ 최대 동시 연결 : 동시 접속자를 줄여 서버의 과부하를 줄여야 한다.(DOS공격을 대응)

마) 기본문서

① C:\INETPUB\WWWROOT에 각종 인터넷 웹페이지 파일을 저장해 놓고 파일을 전송하게 되는데 여기서 시작되는 페이지를 선택해야 한다.

② 개발자가 main.html을 기본으로 개시하려고 한다.

③ 추가를 누르고 파일명을 입력 -> 맨위로 올리거나 필요없는 파일명을 제거한다.

바) ms에서 제공하는 기본페이지

① c:₩inetpub₩wwwroot 에 가면 iis에서 기본으로 제공하는 페이지가 있다.

② 이것을 삭제하고 main.html을 만들면 내 홈페이지가 보인다.

㉮ 삭제하는 이유 : http://localhost/iisstart.htm으로 접속을 했을 때 아래 화면이 보이면 이 서버가 ms용이라는 서버로 판단하고 administrator계정으로 로그인 시도를 할 것이다.

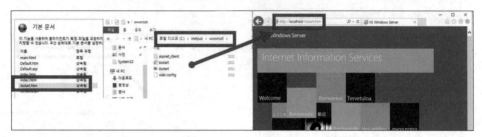

사) 웹서버 접근 제한 (IP주소 및 도메인 제한)

① 서버에 접근하는 IP나 도메인를 차단/허용 하는 기술이 있다.

② 만약 내 웹서버가 인트라넷 서버라고 가정해보자.

㉮ 인트라넷 : 사내망(내부망) 관련자만 접속해야 하는 서버기능 셋팅

㉠ 10.0.2.0/24 만 허용

③ 특정 IP 차단 : 내 홈페이지에 계속 이상한 댓글을 달던 아님 admin 으로 접속 시도를 하는 IP주소를 찾으면 차단하면 된다.

아) 가상디렉토리

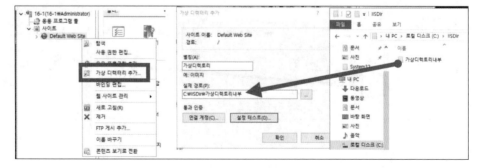

① 서버의 단 1개의 홈디렉토리만 있다는것은 상당히 피곤합니다 그러나 단 1개의 사이트 밖게 구성할 수가 없기 때문 입니다 그리고 모든 웹사이트의 페이지는 반드시 홈디렉토리의 하위에 존재해야 되기 때문에 제한적인 조건 이다.

② 그래도 서브로 여러 디렉토리를 만들어서 사용할 수 있지만 그 디렉토리는 홈디렉토리 밑에 있어야 하기 때문에 독립적이지 못하다. 하지만 홈디렉토리 밑에 없어도 구성할 수 있는 방법을 말한다.

③ C:₩INTERPUB₩WWWROOT 외의 경로를 웹 게시할 수 있도록 설정 할 수 있다.

자) 디렉토리 검색

① 가상디렉토리를 사용하다보면 그 페이지에 기본문서가 존재하지 않아 내용을 표시하지 못한다.

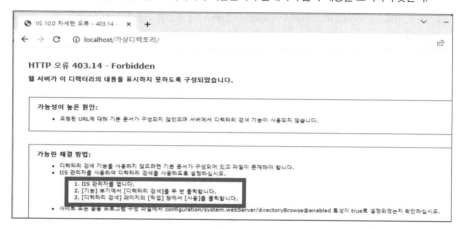

② 이것을 해결하기 위해 디렉토리 검색 기능을 사용함으로 변경하면 파일 및 폴더 내용을 볼 수 있다.

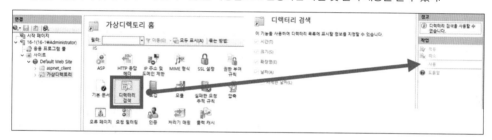

③ IIS 서비스를 재시작하여 웹 브라우저도 테스트를 진행하면 아래와 같이 나온다.

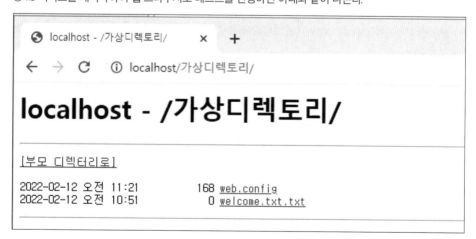

01 Windows 2016 Server의 IIS(Internet Information Server)에서 설정 가능한 서비스는?
① TELNET   ② SMTP
③ NNTP   ④ WWW

02 Windows 2016 Server의 IIS(Internet Information Server)에서 설정 가능한 서비스는?
① TELNET   ② FTP
③ NNTP   ④ POP

03 Windows Server 2016에서 IIS 관리자의 기능으로 옳지 않은 것은?
① 웹 사이트의 기본 웹 문서 폴더를 변경할 수 있다.
② 기본 웹 문서를 추가하거나 기본 웹 문서들의 우선순위를 조정할 수 있다.
③ 가상 디렉터리의 이름은 실제 경로의 이름과 동일하게 해야 한다.
④ 디렉터리 검색기능을 활성화하면 기본 문서가 없을 때 파일들의 목록이 나타난다.

04 Windows 2016 Server의 IIS Web Server 사이트에서 사용하는 디렉터리에 대한 설명 중 옳지 않은 것은?
① IIS 사이트의 등록되는 홈 디렉터리는 항상 로컬 컴퓨터의 하드디스크에 있는 디렉터리만 설정가능하다.
② 디렉터리 설정화면에 읽기/쓰기 등의 액세스 권한을 설정할 수 있다.
③ 가상 디렉터리란 홈 디렉터리 내에 포함되어 있지 않는 어떤 디렉터리로 부터 퍼블리싱하기 위하여 사용한다.
④ 홈 디렉터리 기본 위치는 '/inetpub/wwwroot'이다.

05 Windows 2016 Server의 IIS Web Server 사이트에서 사용하는 디렉터리에 대한 설명 중 옳지 않은 것은?
① IIS 사이트의 등록되는 홈 디렉터리는 항상 로컬 컴퓨터의 하드디스크에 있는 디렉터리만 설정가능하다.
② 디렉터리 설정화면에 읽기/쓰기 등의 액세스 권한을 설정할 수 있다.
③ 가상 디렉터리란 홈 디렉터리 내에 포함되어 있지 않는 어떤 디렉터리로 부터 퍼블리싱하기 위하여 사용한다.
④ 홈 디렉터리 기본 위치는 '/inetpub/wwwroot'이다.

06 Windows 2016 Server에서 IIS 웹 서버를 설치한 다음에는 기본 웹사이트 등록정보를 수정하여야 한다. 하루에 평균 방문하는 사용자 수를 설정하기 위해서 수정할 부분은?
① 고급설정   ② IP 주소 및 도메인 제한
③ 기본문서   ④ 디렉토리 검색

<정답> 01 ④ 02 ② 03 ③ 04 ① 05 ① 06 ①

6) FTP 서비스를 구현 해보자.

가) 대부분 웹 개발자들은 서버에 웹파일을 올리기 위해 ftp 프로그램을 사용한다.

나) 웹에서 파일 변경이나 업데이트 등으로 파일을 올리는 용 / 데이터를 백업하는 용으로도 사용한다.

다) 웹 개발자들은 서버에서 스크립트를 수정하는 것이 아니라 자신의 컴퓨터에서 소스를 수정한 다음
파일을 업로드하여 갱신하는 방법을 사용한다.

라) 원격데스크톱으로 전송하여 하는 방법은 너무 보안적인 측면에서 취약하기 때문에 제공하지 않는다.

    ① 서버 : ftp://10.0.2.161:21 로 접속 할 수 있도록 셋팅

    ② 클라이언트 : 알드라이브와 같은 ftp 전용 프로그램으로 접속

마) iis 관리자에서 2016-1서버 확장 -> 사이트 우클릭

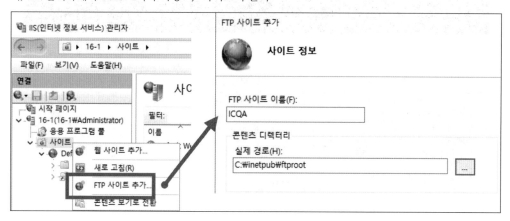

바) 익명(anonymous계정) / 모든사용자 / 읽기 권한만

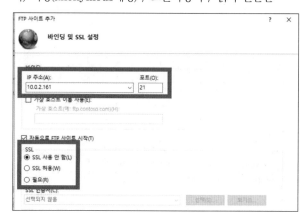

사) CMD서도 접속이 가능하다.

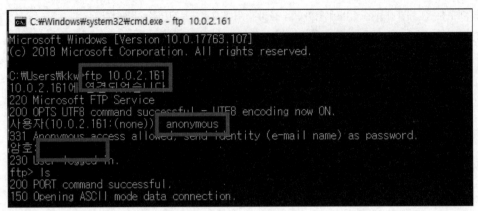

아) kkw계정에 대한 읽기/쓰기 권한을 부여해보자.

① ftp 권한 부여 규칙 -> 허용 규칙 추가 -> 지정한 사용자(읽기/쓰기)

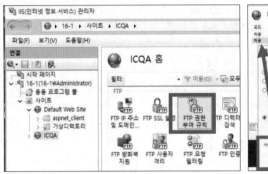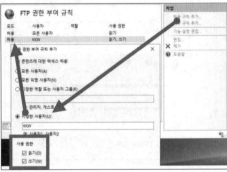

② lusrmgr.msc -> kkw 계정상태 확인

③ ftproot 폴더 우클릭 -> 보안탭 -> IUSR / IIS_USRS 그룹에 모든 권한 부여

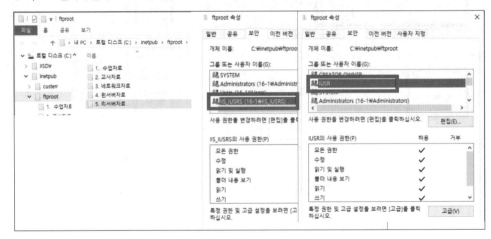

④ ftproot에 인증방법이 익명인증만 사용이 되어 있어 기본 인증도 사용하도록 설정 하고 kkw로 접속 해보자.

㉮ 탐색기에 ftp://10.0.2.161로 접속 한 후 우클릭 -> 다른 이름으로 로그인 -> kkw 계정으로 로그인을 진행 해본다.

㉯ 새폴더 만들기나 파일 복사 붙이기 테스트를 진행하여 권한 테스트를 해본다.

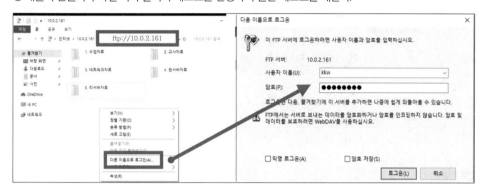

7) FTP 게시 추가

가) wwwroot 폴더를 ftp로 구현 : 현재 웹서버로 구현되어 있는 기본 경로를 ftp에서 접속하여 파일을 자유롭게 업/다운로드를 하도록 셋팅해보자.

① 기존에 ftp://10.0.2.161:21은 사용중이 때문에 포트를 변경하여 구현해보자.

② ftp://10.0.2.161:2121로 셋팅을 진행 해본다.

③ 사용자계정을 KKW가 기본인증으로 읽기/쓰기가 가능하도록 설정 한다.

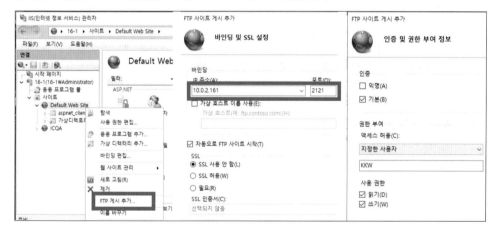

④ Default Web Site -> FTP 설정 -> 사용 권한 편집 -> 보안탭 -> IUSR (모든권한 부여)

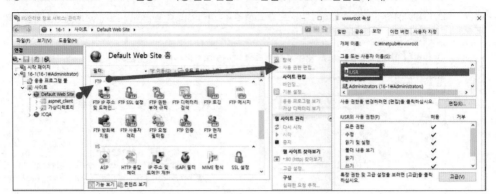

✔ 예제

01 Windows 2016Server의 FTP Server에 관한 설명으로 옳지 않은 것은?

① Windows 2016Server에 기본적으로 포함되어 있지 않기 때문에 'www.iis.net'에서 다운로드 하여 야 한다.

② IIS 7의 웹사이트에 FTP 기능을 추가 할 수 있다.

③ FTP는 별도의 프로토콜이기 때문에 명시적으로 IP주소, 포트를 계획해야 한다.

④ FTP 구성 시 SSL 사용여부를 결정할 수 있다.

02 Windows 2016 Server의 IIS로 가상 FTP 사이트를 구성할 경우에 대한 설명으로 옳지 않은 것은?

① FTP 서비스를 이용할 수 있는 포트 번호는 10~100번으로 제한된다.

② 서로 다른 IP를 구성하여 각각의 도메인에 따른 가상 FTP 서비스를 제공할 수 있다.

③ NTFS 파일 시스템을 사용하지 않을 경우 파일 및 디렉터리에 대한 보안에 취약성이 있다.

④ 동시 사용자 수를 제한 할 수 있고, 사용자 라이선스에 대한 제약은 받지 않는다.

03 Windows Server 2016에서 FTP 사이트 구성시 SSL을 적용함으로써 얻어지는 것은?

① 전송속도 증대   ② 사용자 편의 향상

③ 동시 접속 사용자 수 증가   ④ 보안 강화

<정답> 01 ① 02 ① 03 ④

대표기출문제 ﹥﹥﹥﹥﹥

01 Windows Server 2016 의 서버관리자의 역할 추가마법사를 이용하여 FTP 서버를 구축하고자 한다. 다음 중 어느 역할을 선택해서 설정해야 하는가?

① AD 도메인 서비스   ② DNS 서버

③ 웹 서버(IIS)   ④ 응용프로그램 서버

02 Windows Server 2016 의 서버관리자를 이용하여 IIS(Internet Information Server)로 설정할 수 있는 서비스로 짝지어진 것은?

① HTTP, FTP   ② DHCP, DNS

③ HTTP, DHCP   ④ HTTP, TELNET

03 Windows Server 2016 에서 FTP 사이트 구성시 SSL을 적용함으로써 얻어지는 것은?

① 전송속도 증대   ② 사용자 편의 향상

③ 동시 접속 사용자 수 증가   ④ 보안 강화

04 Windows Server 2016 웹 서버(IIS)에 대해 역할 서비스들 중 다음 보기에서 해당되는 것은?

> 이 기능은 단순히 웹사이트 이름을 바꾸는 경우를 비롯하여 철자가 어려운 도메인 이름 대신 사용하거나 클라이언트가 보안 채널을 사용하도록 강제하는 경우에 이르기까지 다양한 상황에서 도움이 된다.

① 정적 콘텐츠   ② 디렉터리 검색

③ HTTP 리디렉션   ④ WebDAV 게시

05 Windows Server 2016 에서 FTP 사이트 구성시 옳지 않은 것은?

① IIS 관리자를 통해 웹 사이트에 FTP 기능을 추가할 수 있다.

② 특정 사용자별로 읽기와 쓰기 권한 조절이 가능해 익명사용자도 쓰기가 가능하다.

③ 폴더에 NTFS 쓰기 권한이 없더라도 FTP 쓰기 권한이 있으면 쓰기가 가능하다.

④ 특정 IP주소나 서브넷에서의 접속을 허용하거나 막을 수 있다.

06 다음 그림은 Windows Server 2016 에서 IIS의 기본문서 화면이다. 현재 접속할 페이지에 'default.aspx', 'iisstart.htm', 'index.html', 'index.htm' 파일이 있다면 접속하였을 때 어떤 파일을 불러오는가?

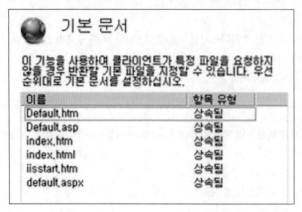

① Default.aspx   ② iisstart.htm

③ index.html   ④ index.htm

07 Windows Server 2016 의 FTP Server 설정에 관한 설명으로 옳지 않은 것은?

① FTP 방화벽 지원 – 외부 방화벽에 대해 패시브 연결을 수락할지에 대해 서버를 구성할 수 있다.

② FTP 메시지 – 사용자 지정 환영메시지, 종료메시지, 그리고 추가적인 연결이 사용 가능하지 않아 사용자를 거부했을 때의 메시지 설정이 가능하다.

③ FTP 사용자 격리 – 다른 사용자의 FTP 홈 디렉터리에 대한 접근을 막을 수 있게 한다.

④ FTP SSL 설정 – FTP 사이트 생성 시에 연결한 SSL 설정을 확인하는 기능으로 한 번만 수정할 수 있다.

CHAPTER

05 MS Windows 2016 Active Directory : 액티브 디렉터리(AD)

1 Active Directory의 개요

1) 마이크로소프트가 윈도우용 환경에서 사용하기 위해 개발한 LDAP 디렉터리 서비스의 기능이다. 주 목적은 윈도우 기반의 컴퓨터들을 위한 인증 서비스를 제공하는 것이다. 주로 윈도우 환경에서 동일한 데이터베이스를 사용하여 다음을 비롯한 다양한 네트워크 서비스를 제공한다.

2) 이전에 사용했던 서버는 단일 서버 환경에서 로컬사용자 계정 및 그룹에 대한 개념으로 공부를 하였다.

3) 그러나 현재 컴퓨터가 대량으로 보급되고 또한 네트워크 및 서버와 컴퓨터의 관리 측면이 대두되고 있어 통합관리 솔루션이 꼭 필요한 시점이다.

2 Active Directory의 활용

1) 대기업에서 뿐만 아니라 중소기업에서도 많이 활용하고 있는 기법이며 계정 통합/정책통합 등에 많은 기법을 활용하여 보다 큰 도메인으로 성장하고 있다.

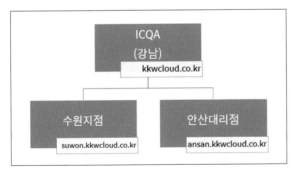

2) 현재 ICQA 강남 본점에 존재하며 수원지점과 안산대리점으로 각 다른 지역을 통합하여 회사를 운영하려 한다.

3 AD의 용어

1) Directory Service

가) 정보화 시대가 보편화 되면서 컴퓨터수가 폭팔적으로 증가 되었고 이제 모든 컴퓨터는 네트워크로 연결되는 환경도 구축 되었다.

나) 그러나 컴퓨터등이 증가되면서 관리에 대한 문제가 생겼다. 예를 들어 kkw라는 사용자가 a라는 컴퓨터에서 b로 프린터를 사용하고 싶다면 네트워크 프린터로 인쇄할 수 있으나 회사에 프린터가 10대가 넘으면 찾기도 힘들 것이다.

다) 공유폴더를 사용해야 하는데 각 컴퓨터마다 공유폴더가 존재하면 찾을 때도 힘들고 관리하기도 힘들다.

라) 이렇게 분산된 네트워크 관련 자원을 중앙 저장소에서 통합시켜 관리함으로 많은 이점이 있다.

2) Active Directory(AD)

가) 디렉토리 서비스를 윈도우에서 구현한 것으로 전체 환경

3) AD 도메인 서비스 -> 서버 -> 역할 추가

가) 컴퓨터/사용자/기타장치에 대한 정보를 관리자가 통합하여 관리하는 서비스 (필수 DNS 서버 설치)

4) 도메인

가) AD의 기본단위로 ICQA본점/수원지점/안산대리점 등 각각 하나의 도메인

5) 트리 / 포리스트

가) 트리 : 도메인의 집합 (ICQA본점 + 수원지점 + 안산대리점 도메인)

나) 포리스트 : ICQA + 자격검정협회 + KISA(두개이상의 트리가 트러스트관계로 묶인 범위)

6) 사이트 : 물리적으로 묶음 범위(건물)

7) 트러스트 : 도메인과 포리스트 사이의 신뢰성

8) 조직구성단위 : OU(정책을 적용하는 묶음)

가) 도메인 안에서 세부적인 단위로 나눔

9) 도메인컨트롤러(DC) : 서버관리자가 상주하는 AD 서버

가) 로그인, 계정생성 및 관리 (서버관리자가 상주)

10)읽기전용 도메인 컨트롤러 : 서버관리자가 없이 본점에서 관리되는 AD 서버

가) 안산대리점인 경우 인원이 4명 정도 근무(서버관리자 부재)

11) 글로벌 카탈로그(GC) : 액티브디렉토리 DB와 통합저장소

1) 구현 시나리오

가) 16-1은 ICQA 강남 본점은 AD도메인서비스를 설정한다.

나) 10-1은 강남에 있는 클라이언트용 컴퓨터로 부모도메인에 가입하여 설정한다.

다) 16-2는 수원지점에 있는 서버로 ICQA의 자식 도메인으로 AD도메인 서비스를 설정한다.

라) 10-2는 수원에 있는 클라이언트용 컴퓨터로 자식도메인에 가입하여 설정한다.

마) 16-3은 안산대리점에 있는 서버로 ICQA 본점에서 관리하는 읽기전용 도메인 컨트롤러로 구축한다.

바) 7-1은 안산에 있는 클라이언트용 컴퓨터로 읽기전용 DC에 가입하여 설정한다.

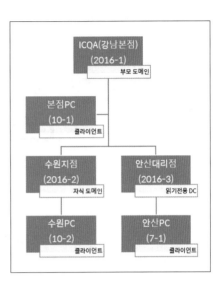

2) 16-1 AD 부모 도메인 서버 설정

가) 역할 및 기능추가 → ad 도메인 서비스 설치 → 재부팅

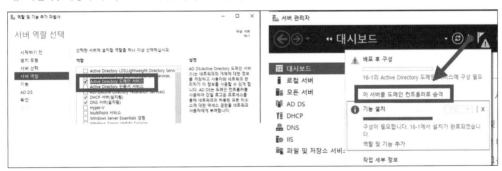

나) 서버관리자 → 깃발 클릭 → 이 서버를 도메인 컨트롤러로 승격 클릭

다) AD 도메인 서비스 구성 마법사 → 새 포리스트를 추가합니다.

① 도메인 : kkwcloud.co.kr로 설정한다.

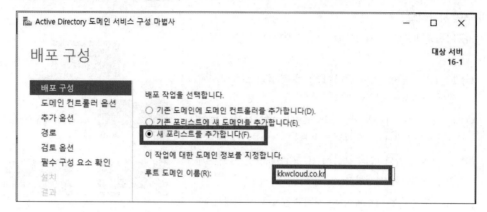

② 도메인 컨트롤러 옵션

㉮ 포리스트 기능 수준 : 서버간의 버전을 맞춰 최적화를 진행한다.

㉯ DNS서버 : 체크를 하여 dns서비스를 포함하여 연동한다.

㉰ GC(글로벌 카탈로그) : AD 저장소

㉱ ROCD(읽기 전용 도메인 컨트롤러) : 안산대리점만 체크한다.

㉲ DSRM(디렉터리 서비스 복원 모드) 암호 : AD 제거/복구시 사용할 암호 입력

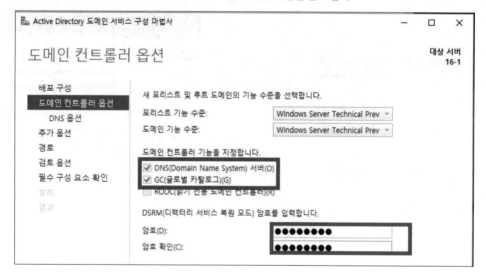

③ DNS 옵션

㉮ 도메인 컨트롤러 옵션에 DNS를 체크하여 나오는 화면으로 DNS를 사설로 구축하여 설정 하려 한다. -> 기본값 -> 다음

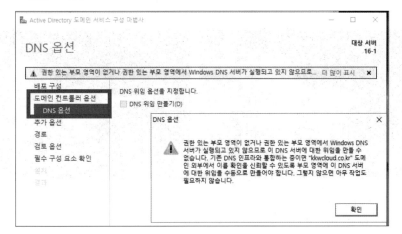

④ 추가옵션

㉮ NetBios 도메인 이름 : hostname과 같은 것으로 ad에서 서버이름으로 사용된다. (자동으로 입력된다.)

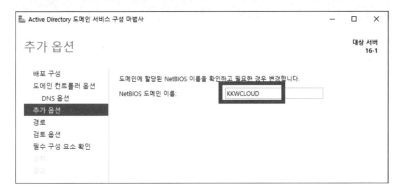

⑤ 경로

㉮ AD DS 데이터베이스, 로그 파일 및 SYSVOL의 위치를 지정한다.

　　㉠ 실무에서는 RAID로 된 저장소에 배치하여 안정성을 확보해야 한다.

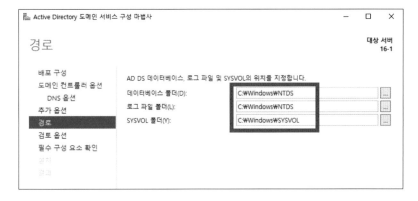

⑥ 설치 완료 후 재부팅

㉮ 로그인 화면이 UPN방식으로 변경된다.

　㉠ 방법1 : 컴퓨터이름\ID (kkwcloud\administrator 로컬 로그인 방식)

　㉡ 방법2 : ID@도메인명 (administrator@kkwcloud.co.kr UPN 로그인 방식)

⑦ 서버관리자 확인

㉮ 도메인 : kkwcloud.co.kr로 변경되어 있다.

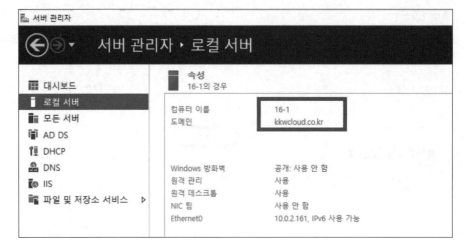

3) 10-1 클라이언트 도메인 가입

가) dns를 서버 ip로 변경한다. 10.0.2.161 -> nslookup 테스트

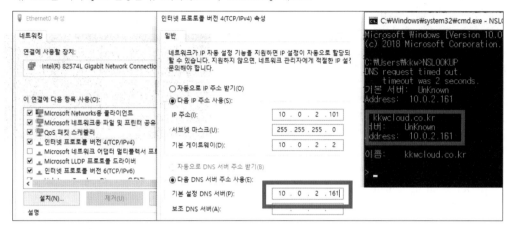

나) 시작 우클릭 -> 시스템 -> 시스템 정보 -> 설정 변경

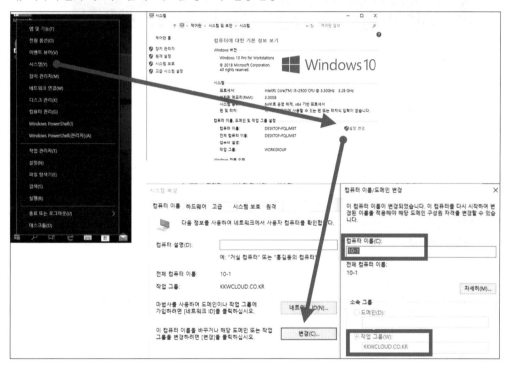

4) 16-2 자식 도메인 설정 (수원지점)

가) 수원에 있는 자식도메인을 활용하여 부모도메인과 연결을 한다.

나) dns변경 : 10.0.2.161

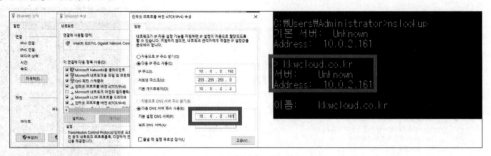

다) 서버관리자 –> 역할 및 기능추가 –> ADDS 설치

라) 도메인 컨트롤러로 승격 –> 기존 포리스트 추가 – 자식도메인 (suwon.kkwcloud.co.kr)

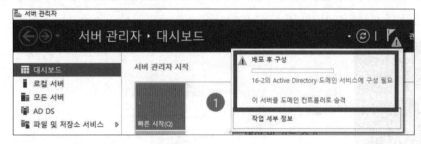

마) 기존 포리스트에 새 도메인을 추가합니다.

① 도메인 유형 : 자식도메인

② 부모 도메인 이름 : kkwcloud.co.kr –> 선택 –> 16-1 관리자 계정으로 자격증명 진행

③ 새 도메인 이름 : suwon –> suwon.kkwcloud.co.kr로 진행 된다.

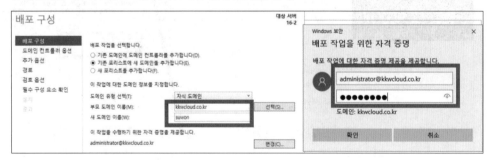

5) 16-3 읽기전용 도메인 컨트롤러 설정 (안산대리점)

가) 안산 대리점에 있는 서버를 본점과 연동하여 읽기 전용 도메인 컨트롤러로 활용한다.

나) dns 주소를 10.0.2.161로 변경한다.

다) adds를 설치하고 도메인 서비스 구성 마법사에서 기존 도메인에 도메인 컨트롤러를 추가한다.

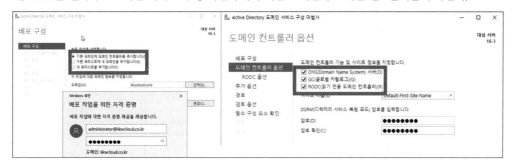

라) 읽기 전용 도메인 컨트롤러를 체크하면 서버관리를 본점에서 관리할 수 있다.

마) RODC옵션에서는 위임할 계정과 차단할 계정을 선택한다.

6) AD사컴(사용자 및 컴퓨터)

가) AD를 배우기 전에는 사용자 계정 관리를 로컬 사용자 및 그룹(usrmgr.msc) 에서 진행을 했었고 CMD에서는 NET USER라는 명령어로 관리를 하였다.

나) AD를 설치한 다음에는 이 메뉴 및 명령어 사용이 금지되며 오직 AD사용자 및 컴퓨터에서만 셋팅이 가능해 진다.

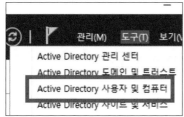 

7) 새로만들기

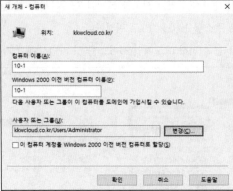

가) 컴퓨터

① 도메인에 가입하려는 컴퓨터를 관리하게 등록할 수 있다.

나) 그룹

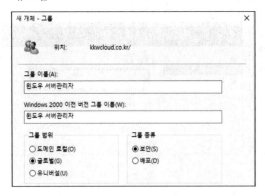

① 파일 및 폴더에 대한 권한 및 OS에 대한 보안을 설정할 때 활용하는 부분이다.

② 그룹 범위

　㉮ 도메인 로컬 : 가장 큰 범위의 그룹으로 볼 수 있다

　　㉠ 사용자 계정(Account), 글로벌 그룹(Global Group), 유니버설 그룹(Universal Group), 도메인 로컬 그룹 (Domain Local Group)을 담을 수 있다.

　　㉡ 해당 그룹이 생성된 도메인 뿐 아니라 동일 포리스트(Forest) 안에 있는 다른 도메인의 구성원도 해당 그 룹에 포함시킬 수 있다.

　　㉢ 이름과 같이 해당 로컬 도메인에 위치한 로컬 자원에 대해서만 접근 권한을 부여할 수 있다.

　㉯ 글로벌 : 가장 작은 범위의 그룹으로 볼 수 있다.

　　㉠ 사용자 계정(Account), 글로벌 그룹(Global Group)을 담을 수 있다.

　　㉡ 해당 그룹에 생성된 도메인의 구성원만 포함이 가능하다.

　　㉢ 동일 포리스트(Forest)에 포함된 모든 도메인의 공유 자원에 대해 접근 권한을 부여하는 것이 가능하다.

㉴ 유니버설 : 중간 범위의 그룹으로 볼 수 있다.

⊙ 사용자 계정(Account), 글로벌 그룹(Global Group), 유니버설 그룹(Universal Group)을 담을 수 있다.

ⓛ 해당 그룹이 생성된 도메인뿐 아니라 동일 포리스트(Forest) 안에 있는 다른 도메인의 구성원도 해당 그룹에 포함시킬 수 있다.

ⓒ 동일 포리스트(Forest)에 포함된 모든 도메인의 공유 자원에 대해 접근 권한을 부여하는 것이 가능하다.

③ 그룹 종류

㉮ 보안 : 그룹에 포함된 사용자들에게 특정 개체(Object)에 대한 접근권한(Permission)을 부여하거나 사용권한(Right)을 부여하는 것이 가능하다.

㉯ 배포 : 이메일 배포를 목적으로 사용되는 Group이다.

다) 조직구성단위(OU)

① Organizational Unit : 사용자/그룹/컴퓨터를 포함할 수 있는 AD 컨테이너(묶음)로 실습에는 크게 2개의 부서와 2개의 과로 묶여서 운영되는 것을 설정 하겠다

㉮ 이것을 묶어서 계정을 삽입하고 관리 및 정책을 부여하게 된다.

② AD 사용 전에 계정은 그룹에서 파일 및 폴더/공유 등의 권한을 제공 했다면 AD는 조직에 정책을 적용할 때 사용한다.

③ 정책 : 보안정책/암호정책/계정잠김정책 등을 설정한다.

㉮ 교무부와 운영기획부 2개의 OU를 생성해본다.

8) 그룹 정책 관리 구성/운영

가) 지금까지 우리는 gpedit.msc를 이용해서 로컬그룹정책을 활용하였다.

나) 계정잠금정책 / 암호정책 / 보안정책······

다) 여러대의 컴퓨터를 통합 관리하기에는 일일이 정책을 적용해야 하는 불편함이 있다.

라) AD를 구현하면 도메인 그룹에 정책을 적용하여 일괄적으로 OU(조직구성)에 정책 적용하여 세분화된 정책을 배포할 수 있다.

마) OU마다 정책을 적용하여 배포할 수 있다.

　① 예) USB를 통해 기밀 문서를 복사하지 못하게 하는 정책을 만들어 기획과 사원들에게 정책을 적용할 수 있다.

　② 예) 실습실 컴퓨터 OU를 만들고 바탕화면을 일괄적으로 통일 시키거나 사용자가 제어판을 수정하지 못하게 설정 할 수 있다.

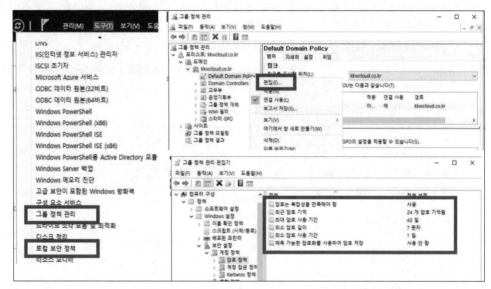

　③ Default Domain Pollcy : AD 기본적인 암호정책이나 계정 잠금 정책 등 설정되어 있는 것을 확인 할 수 있다.

바) GPO(Group Policy Object)

① 그룹정책 개체 : 예전에는 gpedit.msc에서 각 컴퓨터 및 사용자에게 정책이 적용 되었지만 AD를 셋팅한 후에는 GPO를 만들어 각 OU에 정책을 적용하는 기법이다.

② 컴퓨터에 설정한 그룹정책과 사용자에게 설정한 그룹 정책이 충돌되는 경우 우선 순위는 컴퓨터에 설정된 그룹정책이 높다.

③ 운영기획부에 GPO만들어 적용해보기

㉮ 운영기획부 OU에 제어판 접근 제한 정책을 만들어 적용해 본다.

㉠ 그룹정책 개체 우클릭 -> 새로만들기 -> 이름 : 제어판 제한 정책

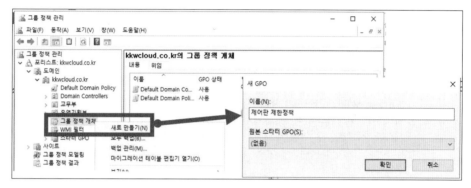

㉡ GPO 편집 -> 제어판 제한 정책 설정하기 : 사용자 구성 -> 정책 -> 관리탬플릿 -> 제어판

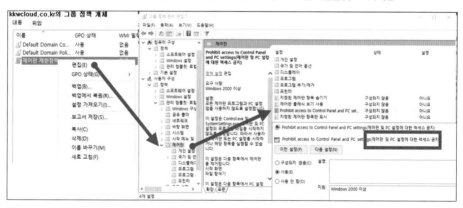

㉢ 운영기획부에 GPO 연결하기

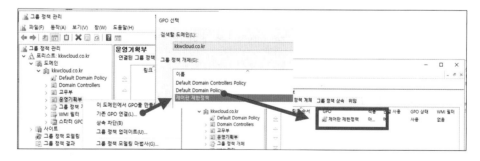

ⓔ 바로 적용 : cmd -> gpupdate /force

```
관리자: C:\Windows\system32\cmd.exe

Microsoft Windows [Version 10.0.14393]
(c) 2016 Microsoft Corporation. All rights reserved.

C:\Users\Administrator.16-1>gpupdate /force
정책을 업데이트하는 중...

컴퓨터 정책 업데이트가 완료되었습니다.
사용자 정책 업데이트가 완료되었습니다.
```

✓ 예제

01 다음에 설명하는 Windows 2016 Server의 기능은?

- Windows 2016 Server에서 사용자, 사용자그룹, 네트워트 테이터 등을 하나로 통합 관리하는 인터페이스이다.- 네트워크의 객체에 관한 정보가 저장되며, 이정보는 사용자 및 네트워크 관리자에 의해 엑세스가 가능하다.
- LDAP를 만족하며, 인터넷의 DNS 상에 구현되므로, 작업그룹들에게는 웹 사이트처럼 도메인 이름이 부여된다.

① Internet Information Server
② Domain Name Server
③ Dynamic Host Configuration Protocol
④ Active Directory

02 Windows 2016Server의 Active Directory 서비스 중에서 디렉터리 데이터를 저장하고, 사용자 로그온 프로세스, 인증 및 디렉터리 검색을 포함하여 사용자와 도메인 간의 통신을 관리하는 서비스는?

① AD 인증서 서비스
② AD 도메인서비스
③ AD Federation서비스
④ AD Rights Management 서비스

03 Windows 2016 Server에서 Active Directory의 논리적 구조로 옳지 않은 것은?

① Domain
② Tree
③ Forest
④ Graph

04 Windows 2016Server의 Active Directory에서 두 개 이상의 트리(tree)가 연결되어 구성되는 구조를 무엇이라고 하는가?

① 도메인(Domain)
② 트리(Tree)
③ 포리스트(Forest)
④ 사이트(Site)

05 Windows 2016 Server의 Active Directory에 대한 설명으로 옳지 않은 것은?

① 네트워크상의 개체에 대한 정보를 저장하며 관리자와 사용자가 이 정보를 쉽게 찾아 사용할 수 있도록 한다.

② 인터넷을 통한 로그온 인증도 가능하다.

③ 공유 파일의 전송 시 인터넷 표준인 HTTP 프로토콜을 이용한다.

④ DNS 기반의 네임 스페이스를 이용한다.

06 Windows 2016 Server의 Active Directory 특성으로 올바른 것은?

① DNS와 독립적으로 동작한다.

② LDAP를 사용하는 다른 디렉터리 서비스와 호환되지 않는다.

③ 그룹 정책을 기반으로 GPO에 해당 그룹 사용자가 가지고 있는 권한이 명시되어 있다.

④ 글로벌 카탈로그는 자기 도메인 내의 모든 정보를 가지고 있다.

07 Windows 2016 Server의 Active Directory 기능으로 옳지 않은 것은?

① 정보 보안   ② 정책 기반 관리

③ 확장성   ④ DNS와의 분리

08 Windows 2016Server의 Active Directory 서비스 중에서 사용자 지정된 공개 키 인증서를 만들고 배포하고 관리하는 방법을 제공하는 서비스는?

① AD 인증서 서비스   ② AD 도메인 서비스

③ AD Federation 서비스   ④ AD Rights Management 서비스

<정답> 01 ④ 02 ② 03 ④ 04 ③ 05 ③ 06 ③ 07 ④ 08 ①

01 Windows Server 2016 에서 Active Directory 도메인 개체에 접근했을 때 기록이 남도록 감사정책을 설정하였다. 이를 시스템에 바로 적용하기 위한 명령어로 올바른 것은?

① gpresult   ② gpfix

③ gpupdate   ④ gptool

02 Windows Server 2016 의 Active Directory 서비스 중에서 디렉터리 데이터를 저장하고, 사용자 로그온 프로세스, 인증 및 디렉터리 검색을 포함하여 사용자와 도메인 간의 통신을 관리하는 서비스는?

① AD 인증서 서비스   ② AD 도메인 서비스

③ AD Federation 서비스   ④ AD Rights Management 서비스

03 Active Directory 도메인 내에서 사용되는 주요 인증 메커니즘으로 사용자와 네트워크 서비스의 신분을 검증하기 위해 티켓을 사용하는 정책은?

① PKI   ② X.509

③ Kerberos   ④ Secure Socket Layer

04 Windows Server 2016 에서 클라이언트와 서버 간 또는 서버와 또다른 서버간의 인증 및 상호 인증을 제공하는 인증 프로토콜임과 동시에 일종의 키분배센터(KDC)에 해당하며, 버전 5로 구현되어 있는 것은?

① NTLM   ② Kerberos

③ PKU2U   ④ TLS/SSL

05 Active Directory에서 트러스트 내의 도메인들에 포함된 개체에 대한 정보를 수집하여 저장하는 통합 저장소에 해당하는 것은?

① 글로벌 카탈로그   ② 트러스트

③ 읽기 전용 도메인 컨트롤러   ④ DNS 서버

┤ 정답 ├

01 ③   **02** ②   **03** ③   **04** ②   **05** ①

MS Windows 2016 유지관리

1 서버관리자

1) 서버 관리자에서 현재 서버에서 구동되고 있는 서비스를 확인 및 알림을 받아 볼 수 있고, 이 서버 관리
자 하나로 모든 설정을 관리할 수 있다.

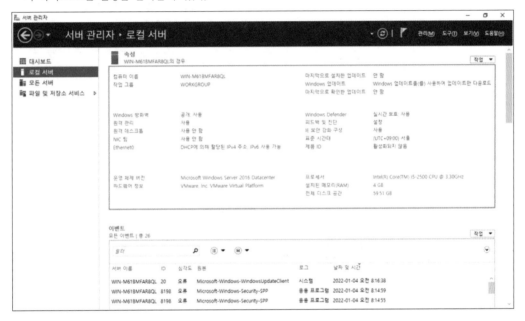

1) 서버 관리자 속성 -> 로그온 시 자동으로 시작 안 함.

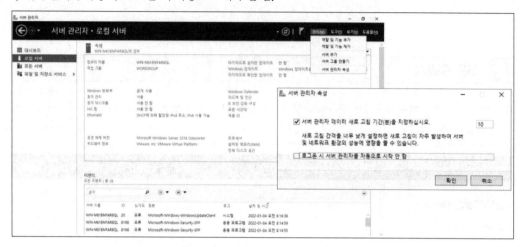

2) 역할 및 기능 추가 / 제거 : OS에서 제공하는 서비스 및 각종 APP을 설치 및 제거한다.

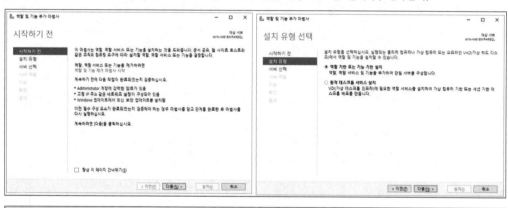

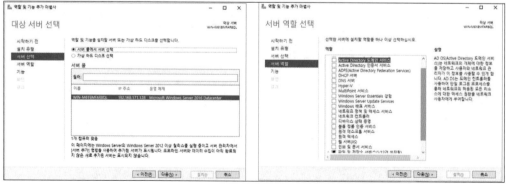

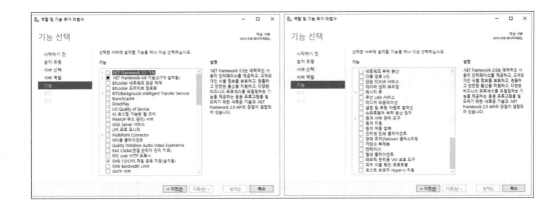

3) 서버 추가 / 서버 그룹 만들기 : 여러 서버를 묶어 한곳에서 관리하는 목적을 가지고 있다.

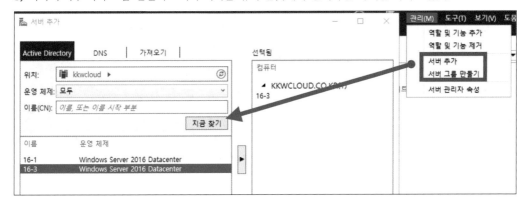

가) AD의 RODC로 만든 16-3을 서버 추가하여 원격 데스크톱으로 연동하여 관리 할 수 있다.

① 관리 -> 서버 추가 -> 지금 찾기를 누르면 서버를 선택할 수 있다.

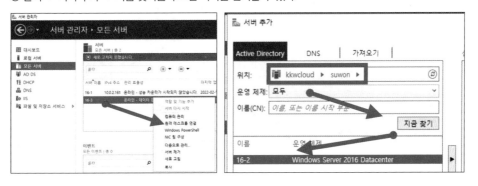

나) 수원지점에 있는 16-2 서버를 16-1에서 통합 관리 할 수 있다.

　① kkwcloud 위치 옆에 있는 삼각형을 누르면 다른 도메인을 검색하여 지금 찾기 할 수 있다.

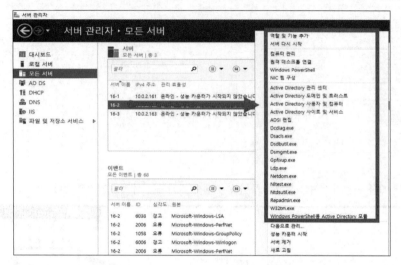

3 도구 메뉴

1) iscsi 초기자 : iSCSI(Internet Small Computer System Interface)는 컴퓨팅 환경에서 데이터 스토리지 시설을 이어주는 IP 기반의 스토리지 네트워킹 표준이다.

　가) IP가 10.0.2.100인 NAS 장비를 iSCSi에 연결하려면 검색 탭에 포털 검색을 누르고 IP주소와 포트번호를 입력하여 확인을 누르면 된다.

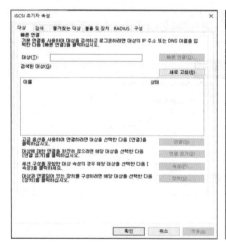
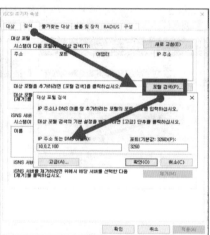

2) Microsoft Azure 서비스 : ms에서 제공하는 클라우드 서비스

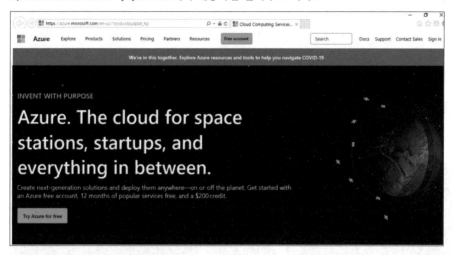

3) ODBC 데이터 원본 관리자 : 데이터베이스에서 데이터를 가져오거나 사용자정의 쿼리(Freeform 스크립트)를 사용하여 데이터를 가져오려면 MicroStrategy와 데이터 소스 간에 연결을 설정합니다. 데이터 가져오기 프로세스 중 다양한 데이터 소스에 직접 연결할 수 있다.

　　가) 데이터 소스가 데이터 가져오기 프로세스 중 직접 연결을 지원하지 않는 유형인 경우 데이터 소스에 대해 DSN(데이터 소스 이름)을 만들어야 한다. DSN을 만든 다음 데이터 소스에 연결하고 데이터를 가져올 수 있다.

4) Windows PowerShell : PowerShell은 명령줄 셸, 스크립팅 언어 및 구성 관리 프레임워크로 구성된 플랫폼 간 작업 자동화 솔루션이다. PowerShell은 Windows, Linux 및 macOS에서 실행할 수 있다.

가) Windows PowerShell은 마이크로소프트가 개발한 CLI 셸 및 스크립트 언어를 특징으로 하는 명령 어 인터프리터이다. 윈도우 XP 이상의 거의 모든 버전은 PowerShell을 지원한다. 기능은 명령 프롬 프트와 같으나 COM과 WMI에 대한 완전한 접근이 가능하여 거의 모든 작업(원격지도 포함)을 막힘 없이 할 수 있으며 웹 서비스 관리와 CIM으로 원격지의 리눅스와 네트워크 장비를 만질 수도 있다. Windows 10 버전 1703부터 윈도우의 기본 CLI 셸이 되었다. 물론 설정을 통해 명령 프롬프트로 변 경할 수 있다.

5) Windows Server Backup : 윈도우 서버를 백업하는 기능

가) 운영체제 백업 : 윈도우가 갑자기 깨져서 부팅이 안될 수 도 있고 / 사용자의 실수로 파일을 삭제 할 수 도 있고 / 해커가 침투해서 파일을 손상시킬수도 있다.

나) 만일에 사태에 대비해서 복사본을 다른 곳에 저장 해 놓으면 시간차이에 대한 손상 부분만 책임을 지 면 된다~!!!!

다) 현재 백업 정책 : 일일백업 / 주간백업 / 월간백업 / 년간백업

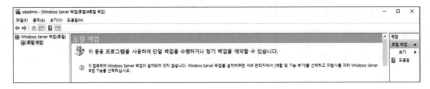

라) 도구에 WINDOWS 서버 백업을 클릭하면 설치가 안되어 있다고 나온다.

① 역할 및 기능 추가에서 설치를 하고 백업을 진행 해보자.

② 방법 1 : wbadmin.msc

③ 방법 2 : 도구 -> WINDOWS SERVER BACKUP 클릭

㉮ 처음 백업을 진행하려면 오른쪽 작업창에서 한 번 백업을 클릭한다.

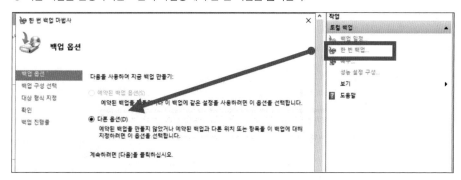

㉯ 한 번 백업 마법사

㉠ 전체 서버 : 서버에 있는 모든 것을 백업한다.

㉡ 사용자 지정 : 사용자가 원하는 백업을 진행한다. (클릭)

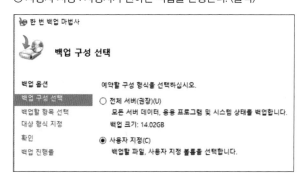

ⓑ 백업할 항목 선택

　ⓐ 항목 추가 : 완전복구, 시스템 상태, 시스템 예약, 드라이브 선택 가능

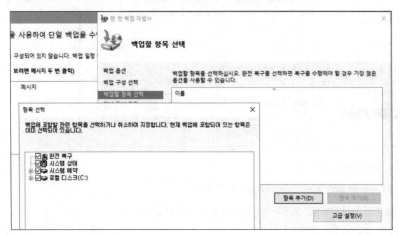

　ⓑ 고급 설정 : 백업에 제외할 확장자 등을 설정 할 수 있다.

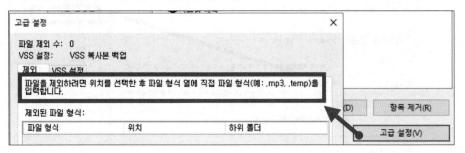

ⓐ 대상 형식 지정

　ⓐ 로컬 드라이브 : 내 컴퓨터에 있는 저장소

　ⓑ 원격 공유 폴더 : 로컬 네트워크에 있는 공유폴더를 활용하여 백업가능 (선택)

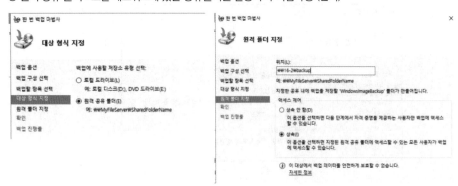

© 16-2에 BACKUP 폴더를 생성하고 공유폴더 권한을 지정한다.

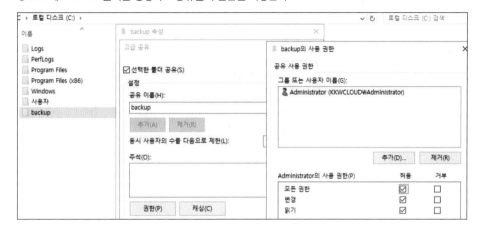

② 16-1에서 백업을 진행 해본다.

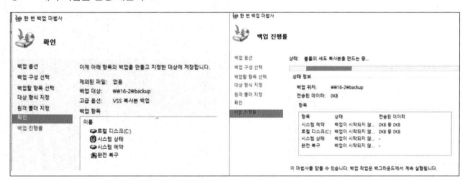

⑪ 백업 예약을 진행해보자.

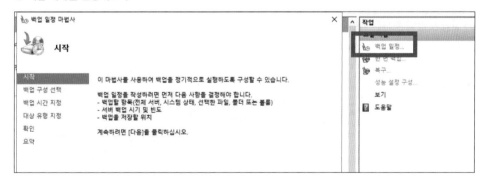

ⓙ 백업할 시간을 예약하면 스스로 백업을 진행한다.

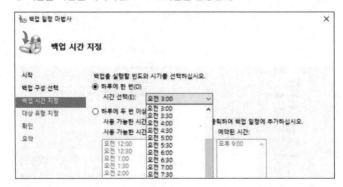

6) windows 메모리 진단 : 메모리의 고장 진단 확인

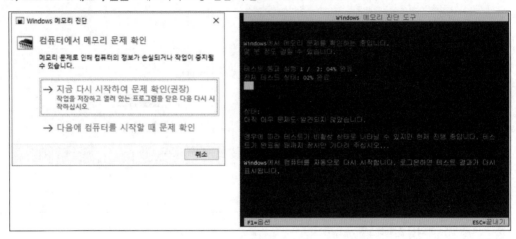

7) 고급 보안이 포함된 windows 방화벽 (WF.MSC)

가) 대부분 인바운드 규칙에 포트번호를 오픈하여 방화벽을 설정한다.

8) 드라이브 최적화 : 디스크 조각모음

가) 조각모음은 분산 저장된 파일을(단편화)일정하게 모아 주는 기능으로 HDD에 효과를 보이고 SSD는 수명을 단축시켜 사용하지 않는 것이 좋다.

나) 조각모음을 예약하여 주기적으로 활용할 수 있다.

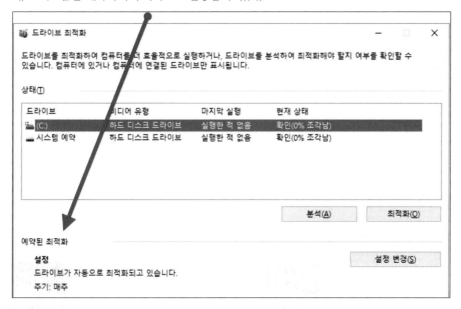

9) 디스크 정리

가) 불필요한 파일 제거하여 디스크 용량을 확보한다. (디스크 청소)

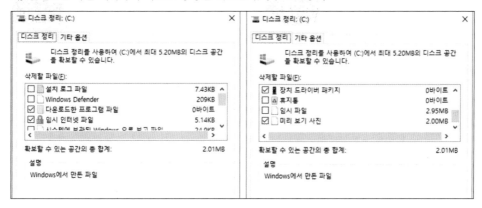

10) 로컬 보안 정책 : gpedit.msc

가) 로컬에 있는 컴퓨터에 보안설정에 관한 정책을 적용한다.

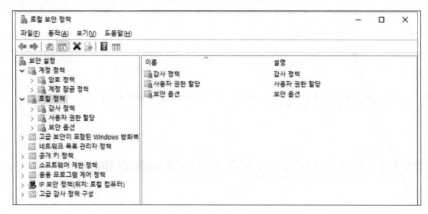

11) 리소스 모니터 : 컴퓨터에 성능과 사용률을 %로 볼 수 있는 도구

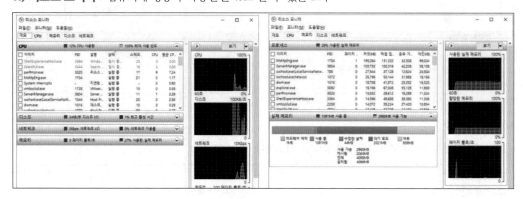

12) 서비스 : services.msc

13) 성능 모니터 : 성능 수치를 그래프로 볼 수 있다. (perfmon.msc)

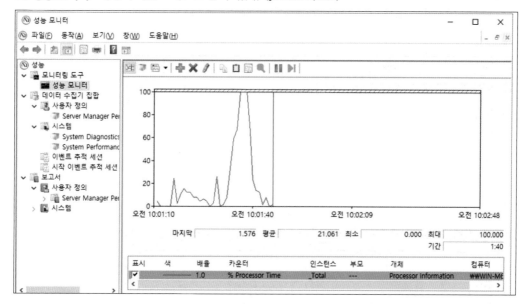

14) 시스템 구성 : msconfig

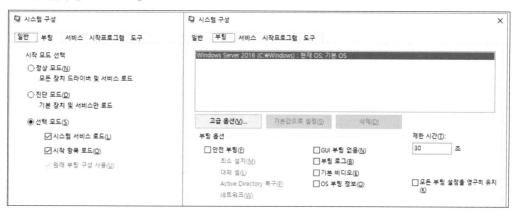

가) 일반 탭 : 부팅 시작 모드를 결정할 수 있다.

나) 부팅 탭 : 듀얼 부팅이나 부팅 메뉴 제한 시간 부팅 옵션을 설정 할 수 있다.

다) 서비스 : services.msc와 유사한 메뉴이다.

라) 시작 프로그램 : OS가 구동할 때 자동으로 시작되는 프로그램으로 백신이나 메신져 프로그램등이 여기에 표시되나 최근엔 보안적인 측면 때문에 작업관리자쪽으로 이동하였다.

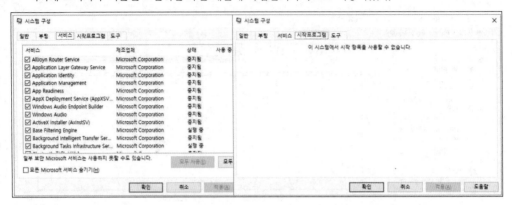

마) 도구 탭 : MS 운영체제에서 사용되는 각종 유지관리 프로그램들이 들어 있다.

바) 시스템 정보 : 운영체제의 각종 정보나 하드웨어 스팩 등 을 확인 할 수 있다.

사) 이벤트 뷰어 : 운영체제에서 일어나는 모든 로그를 기록하여 정보보호를 도와 준다.

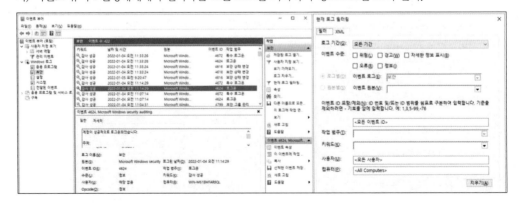

① 시스템 : Windows 시스템 구성요소가 기록하는 이벤트로 시스템 부팅 시, 드라이버가 로드되지 않는 경우와 같이 구성요소의 오류를 이벤트에 기록합니다

② 응용 프로그램 : 응용 프로그램이 기록한 다양한 이벤트가 저장되며, 기록되는 이벤트는 해당 제품의 개발자에 의해 결정된다.

③ 보안 : 로컬 보안 권한 서브시스템 서비스 (lsass.exe)에 의해서만 직접 기록이 가능하다. / 유효하거나 유효하지 않은 로그온 시도 및 파일 생성, 열람, 삭제 등의 리소스 사용에 관련된 이벤트를 기록합니다

아) 작업 스케줄러 : 지정한 시간에 컴퓨터에서 자동으로 수행되는 일반 작업을 만들고 관리 할 수 있다.

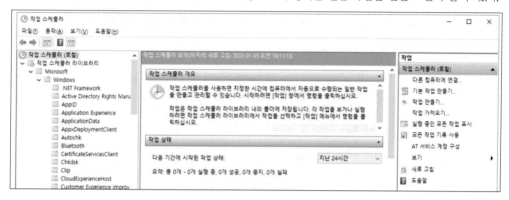

자) 컴퓨터관리 → 디스크 관리(diskmgmt.msc)

① 새 하드 추가하기 : 새 디스크 우클릭 → 온라인 → 디스크초기화 → 새 볼륨 생성

㉮ 핫스왑 : 서버 제품은 하드교체도 전원을 켜놓고 해야 한다. (온라인/오프라인)

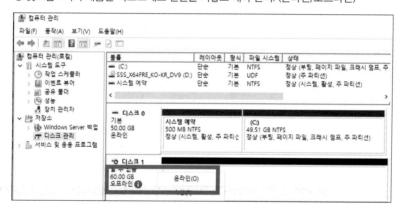

④ 디스크 초기화 :

　⊙ MBR : 마스터 부트 레코드 방식으로 기존에 사용하던 MS용 운영체제에서 인식되는 파티션 형식이다. / 컴퓨터는 파티션을 최대 기본 4개까지 생성할 수 있다.(주 파티션) 4개를 넘는 파티션 생성하고 싶으면 확장 파티션을 만들어야 한다. 주파티션은 최대 4개 이지만 마지막1개를 확장으로 만들어서 논리드라이브 파티션을 더 많이 만들 수 있다

　ⓒ GPT : GUID 파티션 테이블으로 기본 MBR 드라이브 형식은 4TB를 통한 드라이브를 지원 하지 않는다. 또한 4 개 이상의 파티션을 설정 하는 것은 어렵다. GPT 드라이브 형식을 사용 하면 2tb (TB) 보다 큰 드라이브를 설정할 수 있으며, 필요한 만큼 파티션을 쉽게 설정할 수 있다.

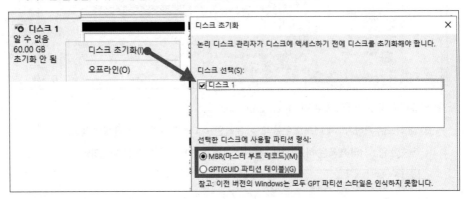

④ 추가한 디스크 우클릭 -> 새 단순 볼륨 (일반용 디스크로 생성)

　⊙ 새 스팬 볼륨 : 일반 하드디스크 파티션

　ⓒ 새 스트라이프 볼륨 : 2개 이상의 디스크를 1개의 디스크로 생성하며 2배의 용량과 2배의 속도로 구현된다.

　ⓒ 새 미러 볼륨 : 2개의 디스크를 1개의 디스크로 생성하며 1개는 원본 1개는 복사본의 원리로 구현된다.

　ⓔ 새 RAID-5 볼륨 : 3개 이상의 디스크를 1개의 디스크로 생성하며 1개의 하드 용량은 복구용 패리티를 활용하며 구현된다.

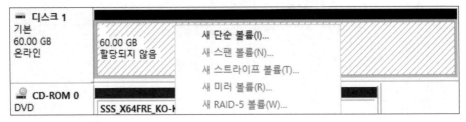

㉑ 파티션 변경 옵션

  ㉠ 드라이브 문자 및 경로 변경 (H:이나 I:과 같은 문자를 변경한다.)

  ㉡ 볼륨 축소 : 쓰던 파티션을 줄여 놓고 새로운 파티션을 생성한다.

  ㉢ 볼륨 확장 : 여유 공간이 있을 경우 파티션 크기를 증가시킨다.

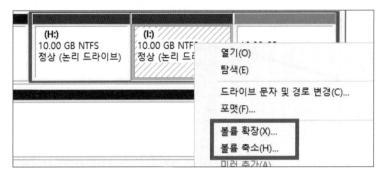

차) 로컬 서버 : 고급 시스템 설정

  ① 컴퓨터이름 : hostname -> 네트워크로 컴퓨터 접속 시 사용한다.

  ② 작업 그룹 : WORKGROUP (기본값) / AD 연결 시 활용 / 컴퓨터 그룹 활용

  ③ 원격 관리 / 원격 데스크톱 : 원격 활용 시 설정을 한다.

  ④ NIC 팀 / ETHERNET0 : 네트워크에 관한 설정을 한다.

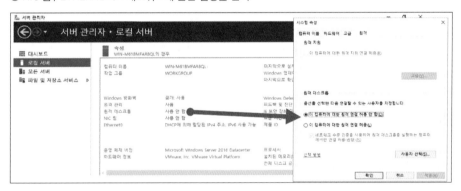

  ⑤ 마지막으로 설치한 업데이트 / windows 업데이트

  ⑥ windows defender : ms 악성코드 제거 툴

  ⑦ 피드백 및 진단 : 운영체제 버그 발생시 전송

⑧ IE 보안 강화 구성 : 인터넷 익스플로러 사용 제한

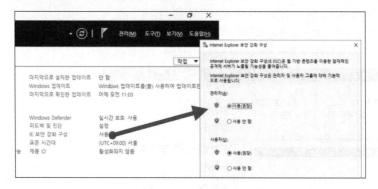

4 시스템 속성

1) 컴퓨터이름 변경 / 소속 그룹 변경

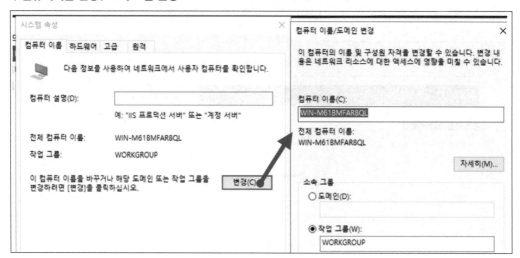

2) 하드웨어 -> 장치 관리자 (하드웨어 고장 유무확인)

가) 장치에 노란색 물음표나 느낌표등이 표시되면 드라이브 등을 재설치 하여 해결해야한다.

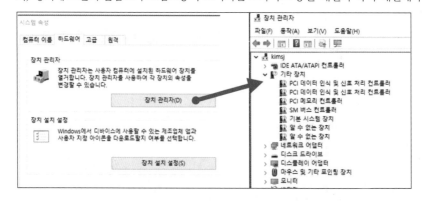

3) 고급 -> 성능

가) 시각효과 탭 : WINDOWS 운영체제는 GUI환경 운영체제로 최적을 모양으로 조정하면 디스플레이 효과가 화려해 지지만 리소스를 많이 활용해 느려지는 느낌이 있으며 최적의 성능으로 조절 하면 화려하지 않지만 속도향상을 기대할 수 있다.

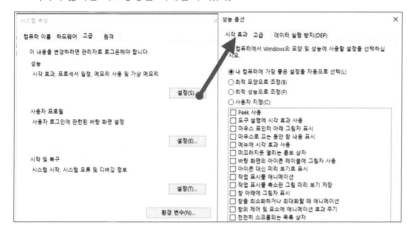

4) 고급 탭

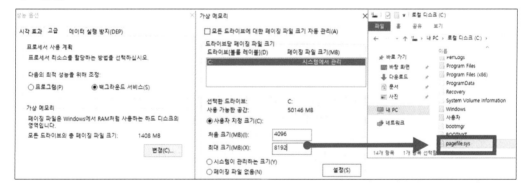

가) 프로세스 사용 계획

① 프로그램 : 대부분 클라이언트 OS인 경우 포그라운드 프로세스에게 점유율을 향상 시킨다.

② 백그라운드 서비스 : 서버 OS인 경우 백그라운드 프로세스에게 점유율을 향상 시킨다.

나) 가상메모리 : HDD일부를 메모리처럼 빌려 쓰는 기술로 C:\PAGEFILE.SYS파일로 활용되고 있다.

① 가상메모리의 크기는 물리적 메모리에 연관되게 설정하는 것이 좋다.

② 물리적 메모리 4G -> 처음크기 4G / 최대크기 8G로 설정하는 정책을 새워본다.

✅ 예제

01 Windows 2016 Server에서 네트워크 소통량 패턴과 네트워크 문제를 확인할 수 있는 도구로, 네트워크에서 직접 프레임(패킷)을 캡처하고, 캡처된 프레임을 필터링, 저장할 수 있는 것은?

① 데이터 원본(ODBC) ② 인터넷 서비스 관리자
③ 네트워크 모니터 ④ 분산 파일 시스템

02 Windows 2016Server의 보안 이벤트 감사에 관한 설명으로 옳지 않은 것은?

① 권한 사용 이벤트는 사용자 권한이 작업을 수행하는데 사용될 때 감사한다.
② 프로세스 추적은 응용프로그램이 추적되고 있는 동작을 할 때 감사한다.
③ 시스템 이벤트는 컴퓨터가 재시작되거나 보안에 영향을 주는 기타 이벤트가 발생할 때 감사한다.
④ 디렉토리 서비스 이벤트는 디렉토리 서비스 이벤트의 사용여부 경우만 감사한다.

03 Windows 2016 Server의 이벤트 뷰어에서 확인할 수 있는 이벤트 헤더에 포함되지 않는 정보는?

① 날짜/시간 ② 사용자
③ 컴퓨터 ④ 성공 유무

04 Windows Server 2016의 이벤트 뷰어에 대한 설명으로 옳지 않은 것은?

① '이 이벤트에 작업 연결'은 이벤트 발생 시 특정 작업이 일어나도록 설정하는 것이다.
② '현재 로그 필터링'을 통해 특정 이벤트 로그만을 골라 볼 수 있다.
③ 사용자 지정 보기를 XML로도 작성할 수 있다.
④ '구독'을 통해 관리자는 로컬 시스템의 이벤트에 대한 주기적인 이메일 보고서를 받을 수 있다.

05 Windows 2016 Server가 감사하는 이벤트의 종류를 설명한 것 중 옳지 않은 것은?

① 정책 변경 : 사용자 보안옵션, 사용자 권한 또는 계정 정책이 변경되는 이벤트
② 시스템 이벤트 : Windows 2016 보안 및 보안 로그에 영향을 주는 이벤트
③ 디렉터리 서비스 액세스 : 사용자가 도메인 컴퓨터 외에 로컬 컴퓨터의 파일, 폴더 또는 프린터에 액세스 하는 이벤트
④ 권한 사용 : 시스템 시간 변경과 같은 사용자가 권한을 사용한 이벤트

06 Windows 2016 Server에서 사용되는 가상 메모리에 대한 설명으로 옳지 않은 것은?

① 하드디스크의 일부를 메모리처럼 사용하는 방법이다.
② 서버의 성능에 영향을 미친다.
③ 각 드라이브 별로 필요한 크기만큼 가상메모리를 설정할 수 있다.
④ 가상 메모리로 사용할 드라이브는 가상 메모리의 크기만큼 파티션을 별도로 생성하여 관리해야 한다.

07 Windows 2016 Server에서 보안로그 파일의 내용을 보거나 로그 파일 내에 특정 이벤트를 찾는데 사용하는 기능은?

① 이벤트 뷰어 ② 감사 설정
③ 프로세스 추적 ④ 시스템 이벤트

08 Windows 2016Server의 백업에 관한 설명으로 옳지 않은 것은?

① 완전 서버 백업(bare-metal backup)이 가능하다.

② 다른 하드웨어에 서버를 복구 할 수 있다.

③ 자기 테이프 백업을 지원한다.

④ 네트워크 공유나 로컬하드드라이브의 백업을 지원한다.

09 Windows 2016Server의 보안템플릿에 대한 설명으로 옳지 않은 것은?

① 보안 관련한 설정들을 미리 정의해 놓은 템플릿이다.

② 모든 그룹 정책에서 '가져오기' 하여 적용할 수 있다.

③ 보안템플릿은 그룹정책의 컴퓨터구성에만 적용되고 사용자 구성에는 적용되지 않는다.

④ 무선네트워크, 공개 키, 소프트웨어 제한, 그리고 IP 보안에 적용되는 정책과 같이 몇몇 보안 설정들도 보안템플릿에 포함된다.

<정답> 01 ③ 02 ④ 03 ④ 04 ④ 05 ③ 06 ④ 07 ① 08 ③ 09 ④

01 서버 담당자 Park 사원은 Windows Server 2016에서 성능 모니터를 운영하여 서버의 성능을 분석하고자 한다. 다음 중 성능 모니터로 미리 정의한 일정한 주기로 특정 데이터를 수집하고자 성능 모니터 도구를 시작하기 위한 명령어로 올바른 것은?
① perfmon
② msconfig
③ dfrg
④ secpol

02 서버 담당자 Park 사원은 Windows Server 2016에서 시스템을 감시하고자 이벤트뷰어 서비스를 점검하려 한다. Windows Server 2016 이벤트 뷰어에는 시스템을 감시하는 4가지 항목의 Windows 로그가 있다. 다음 중 이벤트 뷰어 Windows 로그에 속하지 않는 항목은?
① 보안
② Setup
③ 시스템
④ 사용자 권한

03 Windows Server 2016 에서 감사 정책과 관련된 설명으로 옳지 않은 것은?
① 감사(auditing)란 사용자의 작업이나 시스템의 활동을 추적하고 감시하는 것을 말한다.
② 감사정책이란 어떤 이벤트가 발생하면 그 내용을 기록해 관리자가 알 수 있도록 이벤트들을 지정하는 것이다.
③ 기록된 이벤트는 관리도구의 이벤트 뷰어에서 확인할 수 있다.
④ 감사 대상 이벤트를 많이 구성할수록 시스템의 성능은 좋아진다.

04 Windows Server 2016 의 이벤트 뷰어에서 로그온, 파일, 관리자가 사용한 감사 이벤트 등을 포함해서 모든 감사된 이벤트를 보여주는 로그는?
① 응용 프로그램 로그
② 보안 로그
③ 설치 로그
④ 시스템 로그

05 Windows Server 2016 운영 시 보안을 위한 조치로 적절하지 않은 것은?
① 가급적 서버의 서비스들을 많이 활성화시켜 둔다.
② 비즈니스 자원과 서비스를 분리한다.
③ 사용자에게는 임무를 수행할 만큼의 최소 권한만 부여한다.
④ 변경사항을 적용하기 전에 정책을 가지고 검사한다.

06 Windows Server 2016 의 시스템관리를 위해서 설계된 명령 라인 셀 및 스크립팅 언어로, 강력한 확장성을 바탕으로 서버 상의 수많은 기능의 손쉬운 자동화를 지원하는 것은?
① PowerShell
② C-Shell
③ K-Shell
④ Bourne-Shell

07 Windows Server 2016 서버상에서 네트워크 모니터링에 대한 설명으로 옳지 않은 것은?

① 성능 모니터의 리소스 모니터를 통해 네트워크 이용현황을 모니터링할 수 있다.

② 작업 관리자의 네트워킹 탭을 통해 네트워크 이용현황을 모니터링할 수 있다.

③ 바이트 처리량이란 현재 연결 대역폭 중에 트래픽 송수신에 사용하는 비율이다.

④ 유니캐스트 패킷에 대한 통계만 볼 수 있고 비유니캐스트 패킷에 대해서는 볼 수 없다.

08 Windows Server 2016 의 '[시작]→[관리도구]→[로컬 보안 정책]'에 나오는 보안 설정 항목이 아닌 것은?

① 계정 정책   ② 로컬 정책

③ 공개키 정책   ④ 대칭키 정책

09 Windows Server 2016 의 이벤트 뷰어에 대한 설명으로 옳지 않은 것은?

① '이 이벤트에 작업 연결'은 이벤트 발생 시 특정 작업이 일어나도록 설정하는 것이다.

② '현재 로그 필터링'을 통해 특정 이벤트 로그만을 골라 볼 수 있다.

③ 사용자 지정 보기를 XML로도 작성할 수 있다.

④ '구독'을 통해 관리자는 로컬 시스템의 이벤트에 대한 주기적인 이메일 보고서를 받을 수 있다.

10 Windows Server 2016 에서 사용하는 PowerShell에 대한 설명으로 옳지 않은 것은?

① 기존 DOS 명령은 사용할 수 없다.

② 스크립트는 콘솔에서 대화형으로 사용될 수 있다.

③ 스크립트는 텍스트로 구성된다.

④ 대소문자를 구분하지 않는다.

11 Windows Server 2016 서버에서 '[관리도구] -> [이벤트 뷰어] -> [Windows 로그]'의 세부항목이 아닌 것은?

① 응용 프로그램   ② 보안

③ 시스템   ④ 경고

┤ 정답 ├

01 ①   02 ④   03 ④   04 ②   05 ①   06 ①   07 ④   08 ④   09 ④   10 ①   11 ④

07 MS Windows 2016 네트워크 명령어

1 CMD - IPCONFIG 🔍

1) ipconfig 명령어는 호스트에 설정된 TCP/IP 등록정보를 확인하는 명령어로 여러가지 옵션이 있다.

```
C:\WINDOWS\system32\cmd.exe
C:\Users\kkw>IPCONFIG /?

사용법:
    ipconfig [/allcompartments] [/? | /all |
                                /renew [adapter] | /release [adapter] |
                                /renew6 [adapter] | /release6 [adapter] |
                                /flushdns | /displaydns | /registerdns |
                                /showclassid adapter |
                                /setclassid adapter [classid] ]
                                /showclassid6 adapter |
                                /setclassid6 adapter [classid] ]

설명:
    adapter             연결 이름
                        (와일드카드 문자 * 및 ?를 사용할 수 있음. 예제 참조)

    옵션:
    /?                  이 도움말 메시지를 표시합니다.
    /all                전체 구성 정보를 표시합니다.
    /release            지정된 어댑터에 대한 IPv4 주소를 해제합니다.
    /release6           지정된 어댑터에 대한 IPv6 주소를 해제합니다.
    /renew              지정된 어댑터에 대한 IPv4 주소를 갱신합니다.
    /renew6             지정된 어댑터에 대한 IPv6 주소를 갱신합니다.
    /flushdns           DNS 확인 프로그램 캐시를 제거합니다.
    /registerdns        모든 DHCP 임대를 새로 고치고 DNS 이름을 다시 등록합니다.
    /displaydns         DNS 확인 프로그램 캐시 내용을 표시합니다.
    /showclassid        어댑터에 대해 허용된 모든 DHCP 클래스 ID를 표시합니다.
    /setclassid         DHCP 클래스 ID를 수정합니다.
    /showclassid6       adapter에 대해 허용된 IPv6 DHCP 클래스 ID를 모두 표시합니다.
    /setclassid6        IPv6 DHCP 클래스 ID를 수정합니다.
```

가) ipconfig : IP, Subnet Mask, Default Gateway만을 출력해 준다.

```
C:\WINDOWS\system32\cmd.exe
C:\Users\kkw>IPCONFIG

Windows IP 구성

이더넷 어댑터 이더넷:

    연결별 DNS 접미사. . . . . : Davolink
    링크-로컬 IPv6 주소 . . . . : fe80::7ce1:c1:6f93:dbf4%13
    IPv4 주소 . . . . . . . . . : 192.168.219.120
    서브넷 마스크 . . . . . . . : 255.255.255.0
    기본 게이트웨이 . . . . . . : 192.168.219.1
```

나) ipconfig /all : 모든 랜카드에 설정된 TCP/IP 등록정보를 출력해준다.

```
C:\WINDOWS\system32\cmd.exe

C:\Users\kkw>IPCONFIG /ALL

Windows IP 구성

    호스트 이름 . . . . . . . . : kimkw
    주 DNS 접미사 . . . . . . . :
    노드 유형 . . . . . . . . . : 혼성
    IP 라우팅 사용. . . . . . . : 아니요
    WINS 프록시 사용. . . . . . : 아니요
    DNS 접미사 검색 목록. . . . : Davolink

이더넷 어댑터 이더넷:

    연결별 DNS 접미사. . . . . : Davolink
    설명. . . . . . . . . . . . : Realtek PCIe GbE Family Controller
    물리적 주소 . . . . . . . . : 00-30-67-AA-7F-03
    DHCP 사용 . . . . . . . . . : 예
    자동 구성 사용. . . . . . . : 예
    링크-로컬 IPv6 주소 . . . . : fe80::7ce1:c1:6f93:dbf4%13(기본 설정)
    IPv4 주소 . . . . . . . . . : 192.168.219.120(기본 설정)
    서브넷 마스크 . . . . . . . : 255.255.255.0
    임대 시작 날짜. . . . . . . : 2022년 1월 5일 수요일 오전 8:09:52
    임대 만료 날짜. . . . . . . : 2022년 1월 6일 목요일 오전 8:09:52
    기본 게이트웨이 . . . . . . : 192.168.219.1
    DHCP 서버 . . . . . . . . . : 192.168.219.1
    DHCPv6 IAID . . . . . . . . : 50344039
    DHCPv6 클라이언트 DUID. . . : 00-01-00-01-27-2B-15-92-00-30-67-AA-7F-03
    DNS 서버. . . . . . . . . . : 61.41.153.2
                                  1.214.68.2
```

다) ipconfig /release : 만약 랜 카드가 TCP/IP정보를 자동으로 할당 받고 있으면 해제한다.

```
C:\WINDOWS\system32\cmd.exe

C:\Users\kkw>IPCONFIG /RELEASE

Windows IP 구성

이더넷 어댑터 이더넷:

    연결별 DNS 접미사. . . . . :
    링크-로컬 IPv6 주소 . . . . : fe80::7ce1:c1:6f93:dbf4%13
    기본 게이트웨이 . . . . . . :
```

라) ipconfig /renew : DHCP 서버로부터 받은 정보를 새로 갱신하는 명령어.

```
C:\WINDOWS\system32\cmd.exe

C:\Users\kkw>IPCONFIG /RENEW

Windows IP 구성

이더넷 어댑터 이더넷:

    연결별 DNS 접미사. . . . . : Davolink
    링크-로컬 IPv6 주소 . . . . : fe80::7ce1:c1:6f93:dbf4%13
    IPv4 주소 . . . . . . . . . : 192.168.219.120
    서브넷 마스크 . . . . . . . : 255.255.255.0
    기본 게이트웨이 . . . . . . : 192.168.219.1
```

마) IPCONFIG /flushdns : dns 캐시 정보를 삭제하는 명령어

① dns ip주소를 변경하거나 dns 오류 해결용으로 사용한다.

```
C:\Users\kkw>IPCONFIG /flushdns

Windows IP 구성

DNS 확인자 캐시를 플러시했습니다.
```

바) netstat

① 호스트가 현재 다른 호스트와 접속되어 있는 정보 또는 총 수신 및 송신 패킷 수 등 현재 네트워크 상태를 출력해주는 명령어.

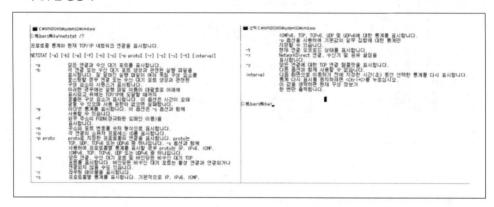

② netstat -a : 현재 접속되어 있거나 대기 중인 모든 포트를 숫자 형식으로 출력해 준다.

```
C:\WINDOWS\system32\cmd.exe
TCP    127.0.0.1:10531        kimkw:0              LISTENING
TCP    127.0.0.1:28500        kimkw:0              LISTENING
TCP    127.0.0.1:28500        kimkw:49849          ESTABLISHED
TCP    127.0.0.1:31026        kimkw:0              LISTENING
TCP    127.0.0.1:31027        kimkw:0              LISTENING
TCP    127.0.0.1:42424        kimkw:49711          ESTABLISHED
TCP    127.0.0.1:49278        kimkw:0              LISTENING
TCP    127.0.0.1:49278        kimkw:49861          ESTABLISHED
TCP    127.0.0.1:49702        kimkw:0              LISTENING
TCP    127.0.0.1:49711        kimkw:42424          ESTABLISHED
TCP    127.0.0.1:49849        kimkw:28500          ESTABLISHED
TCP    127.0.0.1:49861        kimkw:49278          ESTABLISHED
TCP    127.0.0.1:50558        kimkw:0              LISTENING
TCP    192.168.68.1:139       kimkw:0              LISTENING
TCP    192.168.171.1:139      kimkw:0              LISTENING
TCP    192.168.219.120:139    kimkw:0              LISTENING
TCP    192.168.219.120:55197  20.198.162.78:https    ESTABLISHED
TCP    192.168.219.120:55205  203.217.229.90:https   ESTABLISHED
TCP    192.168.219.120:55208  121.53.203.203:https   ESTABLISHED
TCP    192.168.219.120:55214  ti-in-f188:5228        ESTABLISHED
TCP    192.168.219.120:55223  120.50.133.203:5004    ESTABLISHED
TCP    192.168.219.120:55236  ec2-13-213-105-65:https  ESTABLISHED
TCP    192.168.219.120:55272  121.156.96.60:https    ESTABLISHED
TCP    192.168.219.120:55668  ec2-46-137-234-168:12080  ESTABLISHED
TCP    192.168.219.120:55712  121.156.96.152:https   ESTABLISHED
TCP    192.168.219.120:55715  121.156.96.152:https   ESTABLISHED
TCP    [::]:135               kimkw:0              LISTENING
TCP    [::]:445               kimkw:0              LISTENING
TCP    [::]:1688              kimkw:0              LISTENING
TCP    [::]:48212             kimkw:0              LISTENING
```

③ netstat -e : 송신 및 수신한 패킷을 byte와 형식에 따라 출력해준다.

```
C:₩Users₩kkw>netstat -e
인터페이스 통계

                              받음               보냄

바이트                    1686313182         3125724023
유니캐스트 패킷            66478464          29252824
비유니캐스트 패킷            99142             40591
버림                             0                 0
오류                             0                 0
알 수 없는 프로토콜             0
```

④ netstat -n : 현재 접속된 모든 연결에 대해서 수치형식으로 출력해준다.

```
C:₩Users₩kkw>netstat -n

활성 연결

  프로토콜  로컬 주소              외부 주소              상태
  TCP      127.0.0.1:28500       127.0.0.1:49849        ESTABLISHED
  TCP      127.0.0.1:42424       127.0.0.1:49711        ESTABLISHED
  TCP      127.0.0.1:49278       127.0.0.1:49861        ESTABLISHED
  TCP      127.0.0.1:49711       127.0.0.1:42424        ESTABLISHED
  TCP      127.0.0.1:49849       127.0.0.1:28500        ESTABLISHED
  TCP      127.0.0.1:49861       127.0.0.1:49278        ESTABLISHED
  TCP      192.168.219.120:55197  20.198.162.78:443     ESTABLISHED
  TCP      192.168.219.120:55205  203.217.229.90:443    ESTABLISHED
  TCP      192.168.219.120:55208  121.53.203.203:443    ESTABLISHED
  TCP      192.168.219.120:55214  74.125.204.188:5228   ESTABLISHED
  TCP      192.168.219.120:55223  120.50.133.203:5004   ESTABLISHED
  TCP      192.168.219.120:55236  13.213.105.65:443     ESTABLISHED
  TCP      192.168.219.120:55272  121.156.96.60:443     ESTABLISHED
  TCP      192.168.219.120:55668  46.137.234.168:12080  ESTABLISHED
  TCP      192.168.219.120:55712  121.156.96.152:443    ESTABLISHED
  TCP      192.168.219.120:55715  121.156.96.152:443    ESTABLISHED
  TCP      192.168.219.120:55731  211.234.242.151:80    LAST_ACK
  TCP      192.168.219.120:55732  117.53.117.12:80      LAST_ACK
  TCP      192.168.219.120:55734  117.53.122.25:80      LAST_ACK
  TCP      192.168.219.120:55735  104.74.155.64:80      TIME_WAIT
  TCP      192.168.219.120:55737  3.37.232.246:443      ESTABLISHED
  TCP      192.168.219.120:55738  211.249.219.27:443    TIME_WAIT
  TCP      192.168.219.120:55739  211.249.219.27:443    TIME_WAIT
  TCP      192.168.219.120:55740  54.230.63.113:443     TIME_WAIT
  TCP      [::1]:49824           [::1]:59727            ESTABLISHED
```

⑤ netstat -p Protocol : 현재 접속된 연결에 대해 명확하게 하나의 프로토콜만 보고 싶을 때 사용

```
C:\WINDOWS\system32\cmd.exe

C:\Users\kkw>netstat -p tcp

활성 연결

  프로토콜  로컬 주소              외부 주소                  상태
  TCP       127.0.0.1:28500       kimkw:49849                ESTABLISHED
  TCP       127.0.0.1:42424       kimkw:49711                ESTABLISHED
  TCP       127.0.0.1:49278       kimkw:49861                ESTABLISHED
  TCP       127.0.0.1:49711       kimkw:42424                ESTABLISHED
  TCP       127.0.0.1:49849       kimkw:28500                ESTABLISHED
  TCP       127.0.0.1:49861       kimkw:49278                ESTABLISHED
  TCP       192.168.219.120:55197 20.198.162.78:https        ESTABLISHED
  TCP       192.168.219.120:55205 203.217.229.90:https       ESTABLISHED
  TCP       192.168.219.120:55208 121.53.203.203:https       ESTABLISHED
  TCP       192.168.219.120:55214 ti-in-f188:5228            ESTABLISHED
  TCP       192.168.219.120:55223 120.50.133.203:5004        ESTABLISHED
  TCP       192.168.219.120:55236 ec2-13-213-105-65:https    ESTABLISHED
  TCP       192.168.219.120:55272 121.156.96.60:https        ESTABLISHED
  TCP       192.168.219.120:55668 ec2-46-137-234-168:12080   ESTABLISHED
  TCP       192.168.219.120:55712 121.156.96.152:https       TIME_WAIT
  TCP       192.168.219.120:55715 121.156.96.152:https       ESTABLISHED
  TCP       192.168.219.120:55737 ec2-3-37-232-246:https     TIME_WAIT
```

⑥ netstat -r : 호스트에 설정된 Routing Table을 출력해준다.

```
C:\WINDOWS\system32\cmd.exe

C:\Users\kkw>netstat -r
===========================================================================
인터페이스 목록
 13...00 30 67 aa 7f 03 ......Realtek PCIe GbE Family Controller
 10...00 50 56 c0 00 01 ......VMware Virtual Ethernet Adapter for VMnet1
 12...00 50 56 c0 00 08 ......VMware Virtual Ethernet Adapter for VMnet8
  1...........................Software Loopback Interface 1
===========================================================================

IPv4 경로 테이블
===========================================================================
활성 경로:
  네트워크 대상        네트워크 마스크        게이트웨이        인터페이스      메트릭
         0.0.0.0          0.0.0.0     192.168.219.1   192.168.219.120      25
       127.0.0.0          255.0.0.0           연결됨         127.0.0.1     331
       127.0.0.1  255.255.255.255           연결됨         127.0.0.1     331
 127.255.255.255  255.255.255.255           연결됨         127.0.0.1     331
    192.168.68.0    255.255.255.0           연결됨      192.168.68.1     291
    192.168.68.1  255.255.255.255           연결됨      192.168.68.1     291
```

⑦ netstat -s : 현재까지의 모든 프로토콜의 송신 및 수신 패킷의 통계, 에러수치를 출력해준다.

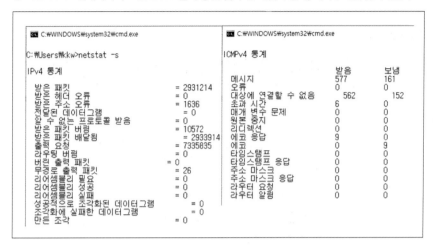

⑧ route : 호스트에 설정된 Routing Table 을 출력해주고 새로운 Routing을 추가 삭제 할 수 있다. (netstat -r과 같다)

```
C:\WINDOWS\system32\cmd.exe

C:\Users\kkw>route print
===========================================================================
인터페이스 목록
 13...00 30 67 aa 7f 03 ......Realtek PCIe GbE Family Controller
 10...00 50 56 c0 00 01 ......VMware Virtual Ethernet Adapter for VMnet1
 12...00 50 56 c0 00 08 ......VMware Virtual Ethernet Adapter for VMnet8
  1...........................Software Loopback Interface 1
===========================================================================

IPv4 경로 테이블
===========================================================================
활성 경로:
네트워크 대상        네트워크 마스크      게이트웨이        인터페이스     메트릭
        0.0.0.0          0.0.0.0    192.168.219.1  192.168.219.120     25
      127.0.0.0        255.0.0.0           연결됨        127.0.0.1    331
      127.0.0.1  255.255.255.255           연결됨        127.0.0.1    331
127.255.255.255  255.255.255.255           연결됨        127.0.0.1    331
   192.168.68.0    255.255.255.0           연결됨     192.168.68.1    291
   192.168.68.1  255.255.255.255           연결됨     192.168.68.1    291
```

⑨ping : ICMP메시지를 이용해 네트워크 계층까지 연결성을 테스트 하는 명령어

```
C:₩Users₩kkw>ping /?

사용법: ping [-t] [-a] [-n count] [-l size] [-f] [-i TTL] [-v TOS]
            [-r count] [-s count] [[-j host-list] | [-k host-list]]
            [-w timeout] [-R] [-S srcaddr] [-c compartment] [-p]
            [-4] [-6] target_name

옵션:
    -t              중지될 때까지 지정한 호스트를 ping합니다.
                    통계를 보고 계속하려면 <Ctrl+Break>를 입력합니다.
                    중지하려면 <Ctrl+C>를 입력합니다.
    -a              주소를 호스트 이름으로 확인합니다.
    -n count        보낼 에코 요청의 수입니다.
    -l size         송신 버퍼 크기입니다.
    -f              패킷에 조각화 안 함 플래그를 설정(IPv4에만 해당)합니다.
    -i TTL          Time To Live
    -v TOS          서비스 종류(IPv4에만 해당. 이 설정은 더
                    이상 사용되지 않으며 IP 헤더의 서비스 종류 필드에 영향을
                    주지 않음)입니다.
    -r count        count 홉의 경로를 기록합니다(IPv4에만 해당).
    -s count        count 홉의 타임스탬프(IPv4에만 해당)입니다.
    -j host-list    host-list에 따라 원본 라우팅을 완화합니다(IPv4에만 해당).
    -k host-list    host-list에 따라 원본 라우팅을 강화합니다(IPv4에만 해당).
    -w timeout      각 응답의 대기 시간 제한(밀리초)입니다.
    -R              라우팅 헤더를 사용하여 역방향 라우팅도
                    테스트합니다(IPv6에만 해당).
                    RFC 5095에 따라 이 라우팅 헤더는 사용되지
                    않습니다. 이 헤더를 사용할 경우 일부 시스템에서 에코
                    요청이 삭제될 수 있습니다.
    -S srcaddr      사용할 원본 주소입니다.
    -c compartment  라우팅 컴파트먼트 ID입니다.
    -p              Hyper-V 네트워크 가상화 공급자 주소에 대해 ping을 수행합니다.
    -4              IPv4를 사용합니다.
```

⑩ ping [domain or ip] -t : 사용자가 멈추라고 할 때까지 계속 ICMP 메시지를 전송.

⑪ ping [domain or ip] -n count : 사용자가 count에 지정한 횟수만큼만 ICMP 메시지를 전송

```
C:\Users\kkw>ping www.icqa.or.kr -n 10

Ping www.icqa.or.kr [210.103.175.224] 32바이트 데이터 사용:
210.103.175.224의 응답: 바이트=32 시간=4ms TTL=53
210.103.175.224의 응답: 바이트=32 시간=3ms TTL=53
210.103.175.224의 응답: 바이트=32 시간=3ms TTL=53
210.103.175.224의 응답: 바이트=32 시간=4ms TTL=53
210.103.175.224의 응답: 바이트=32 시간=3ms TTL=53
210.103.175.224의 응답: 바이트=32 시간=4ms TTL=53
210.103.175.224의 응답: 바이트=32 시간=3ms TTL=53
210.103.175.224의 응답: 바이트=32 시간=3ms TTL=53
210.103.175.224의 응답: 바이트=32 시간=3ms TTL=53
210.103.175.224의 응답: 바이트=32 시간=3ms TTL=53

210.103.175.224에 대한 Ping 통계:
    패킷: 보냄 = 10, 받음 = 10, 손실 = 0 (0% 손실),
```

⑫ ping [domain or ip] -l count : 사용자가 count에 지정한 만큼의 크기로 ICMP 메시지를 전송.

```
C:\Users\kkw>ping www.icqa.or.kr -l 100

Ping www.icqa.or.kr [210.103.175.224] 100바이트 데이터 사용:
210.103.175.224의 응답: 바이트=100 시간=4ms TTL=53
210.103.175.224의 응답: 바이트=100 시간=3ms TTL=53
210.103.175.224의 응답: 바이트=100 시간=3ms TTL=53
210.103.175.224의 응답: 바이트=100 시간=3ms TTL=53

210.103.175.224에 대한 Ping 통계:
    패킷: 보냄 = 4, 받음 = 4, 손실 = 0 (0% 손실),
왕복 시간(밀리초):
    최소 = 3ms, 최대 = 4ms, 평균 = 3ms
```

⑬ ping [domain or ip] -s count : 사용자가 count에 지정한 홉만큼 타임스탬프를 출력해 준다

   ㉮ 타임 스탬프는 09:00을 기준으로 몇초가 흘렀는지에 대한 수치

```
C:\Users\kkw>ping -t -s 4 192.168.219.1

Ping 192.168.219.1 32바이트 데이터 사용:
192.168.219.1의 응답: 바이트=32 시간<1ms TTL=64
    타임스탬프: 192.168.219.1 : 33415201 ->
               192.168.219.1 : 33415201 ->
               192.168.219.120 : 33117719
192.168.219.1의 응답: 바이트=32 시간<1ms TTL=64
    타임스탬프: 192.168.219.1 : 33416223 ->
               192.168.219.1 : 33416223 ->
               192.168.219.120 : 33118742
192.168.219.1의 응답: 바이트=32 시간<1ms TTL=64
    타임스탬프: 192.168.219.1 : 33417244 ->
               192.168.219.1 : 33417244 ->
               192.168.219.120 : 33119763
192.168.219.1의 응답: 바이트=32 시간<1ms TTL=64
    타임스탬프: 192.168.219.1 : 33418268 ->
               192.168.219.1 : 33418268 ->
               192.168.219.120 : 33120787
192.168.219.1의 응답: 바이트=32 시간<1ms TTL=64
    타임스탬프: 192.168.219.1 : 33419305 ->
               192.168.219.1 : 33419305 ->
               192.168.219.120 : 33121824

192.168.219.1에 대한 Ping 통계:
    패킷: 보냄 = 5, 받음 = 5, 손실 = 0 (0% 손실),
왕복 시간(밀리초):
    최소 = 0ms, 최대 = 0ms, 평균 = 0ms
```

⑭ tracert : 목적지까지의 경로(라우터 IP)를 출력해주는 명령어

```
C:\Users\kkw>tracert /?

사용법: tracert [-d] [-h maximum_hops] [-j host-list] [-w timeout]
               [-R] [-S srcaddr] [-4] [-6] target_name

옵션:
    -d                 주소를 호스트 이름으로 확인하지 않습니다.
    -h maximum_hops    대상 검색을 위한 최대 홉 수입니다.
    -j host-list       host-list에 따라 원본 라우팅을 완화합니다(IPv4에만 해당).
    -w timeout         각 응답의 대기 시간 제한(밀리초)입니다.
    -R                 왕복 경로를 추적합니다(IPv6에만 해당).
    -S srcaddr         사용할 원본 주소입니다(IPv6에만 해당).
    -4                 IPv4를 사용합니다.
    -6                 IPv6을 사용합니다.                ▬
```

㉑ tracert [Domain or IP] : 목적지까지의 경로를 출력해 준다.

```
C:\Users\kkw>tracert 8.8.8.8

최대 30홉 이상의
dns.google [8.8.8.8](으)로 가는 경로 추적:

  1    <1 ms     1 ms    <1 ms   192.168.219.1
  2     1 ms     1 ms     1 ms   115.139.80.1
  3     4 ms     4 ms     4 ms   10.242.55.33
  4     6 ms    <1 ms    <1 ms   10.203.28.197
  5     1 ms    <1 ms    <1 ms   1.208.20.9
  6     1 ms    <1 ms     5 ms   1.208.20.197
  7    14 ms     3 ms     2 ms   1.213.144.141
  8     1 ms     1 ms     1 ms   1.208.144.38
  9     2 ms     2 ms     2 ms   1.213.113.5
 10    37 ms    36 ms    36 ms   203.233.12.170
 11    36 ms    36 ms    35 ms   1.208.106.210
 12    39 ms    38 ms    39 ms   74.125.118.154
 13    45 ms    44 ms    45 ms   209.85.244.23
 14    38 ms    38 ms    37 ms   74.125.252.89
 15    37 ms    36 ms    37 ms   dns.google [8.8.8.8]

추적을 완료했습니다.
```

⑮ pathping : tracert처럼 목적지 라우터를 경유하면서 ping으로 연결상태를 확인하는 명령어이다.

　㉑ pathping의 동작은 각 경로의 라우터들에 요청 명령을 100번 보내고 응답 요청을 100개 전부 받는지를 확인한다. 모든 요청에서 응답이 없으면은 데이터 손실을 1%로 카운트 하게 된다. 예를 들면 30번 응답이 없으면 30%의 데이터 손실이 있다는 뜻이다.

　㉑ 통계를 보면 3~7번 그리고 10번 라우터의 손실률이 100%인데, 보통 이런 경우는 해당 라우터에서 ICMP가 차단되었기 때문에 그렇다. 그렇기 때문에 위의 경우는 데이터다 손실될 가능성은 없다고 보면 된다.

✅ 예제

01 | Windows 2016 Server에서 'Netstat' 명령이 제공하는 정보로 옳지 않은 것은?

　① 인터페이스의 구성 정보
　② 라우팅 테이블
　③ IP 패킷이 목적지에 도착하기 위해 방문하는 게이트웨이의 순서 정보
　④ 네트워크 인터페이스의 상태 정보

02 Windows 2016 Server에서 'netstat' 명령이 제공하는 정보로 옳지 않은 것은?

① 인터페이스의 구성 정보

② 라우팅 테이블

③ IP 패킷이 목적지에 도착하기 위해 방문하는 게이트웨이의 순서 정보

④ 네트워크 인터페이스의 상태 정보

03 Windows 2016Sever에서 'netstat' 명령으로 표시되지 않는 IPv4 통계정보는?

① IP　　　　　　　　　　② TCP

③ UDP　　　　　　　　　④ NNTP

04 Windows 2016 Server의 'netstat' 명령어로 알 수 없는 정보는?

① TCP 접속 프로토콜 정보　　② ICMP 송수신 통계

③ UDP 대기용 Open 포트 상태　④ 접속자 MAC 주소

05 Windows 2016 Server의 'netstat' 명령 중 라우팅 테이블을 확인 할 수 있는 명령 옵션은?

① netstat -a　　　　　　　② netstat -r

③ netstat -n　　　　　　　④ netstat -s

06 Windows 2016 Server에서 랜카드에서 송수신한 패킷의 용량 및 종류를 확인할 수 있는 명령어와 옵션으로 올바른 것은?

① ipconfig -n　　　　　　② netstat -r

③ netstat -e　　　　　　　④ ipconfig /all

07 Windows 2016 Server에서 클라이언트의 Host Name, IP 주소, 서브넷 마스크, DNS Server, 기본 게이트웨이 등의 설정 사항을 볼 수 있는 명령어는?

① arp -a　　　　　　　　② ipconfig /all

③ convert　　　　　　　　④ netstat

08 Windows 2016 Server의 시스템관리를 위해서 설계된 명령 라인 셸 및 스크립팅 언어로 강력한 확장성을 바탕으로 서버 상의 수많은 기능의 손쉬운 자동화를 지원하는 것은?

① PowerShell　　　　　　② C-Shell

③ K-Shell　　　　　　　　④ Bourne-Shell

09 Windows Server 2016에서 사용하는 PowerShell에 대한 설명으로 옳지 않은 것은?

① 기존 DOS 명령은 사용할 수 없다.

② 스크립트는 콘솔에서 대화형으로 사용될 수 있다.

③ 스크립트는 텍스트로 구성된다.

④ 대소문자를 구분하지 않는다.

<정답> 01 ③ 02 ③ 03 ④ 04 ④ 05 ② 06 ③ 07 ② 08 ① 09 ①

01 Windows Server 2016 에서 DNS서버기능을 설정한 후에 설정이 제대로 되었는지 확인하기 위하여, 명령어 프롬프트에서 도메인을 입력하면 해당 IP주소를 보여주는 명령어는?

① ls   ② nslookup
③ show   ④ pwd

02 서버 담당자 Park 사원은 Windows Server 2016에서 성능 모니터를 운영하여 서버의 성능을 분석하고자 한다. 다음 중 성능 모니터로 미리 정의한 일정한 주기로 특정 데이터를 수집하고자 성능 모니터 도구를 시작하기 위한 명령어로 올바른 것은?

① perfmon   ② msconfig
③ dfrg   ④ secpol

03 네트워크를 관리하는 Kim 사원은 네트워크 연결을 구축하거나 문제를 해결할 때 패킷이 출발지에서 목적지까지 가는 경로를 살펴볼 수 있도록 네트워크 명령어를 사용하고자 한다. 이 명령은 'tracert'에서 수행하는 동일한 정보를 보여주면서 홉과 다른 세부 정보사이의 시간에 관한 정보를 출력이 끝날 때까지 저장한다. Kim 사원이 사용할 명령어는 무엇인가?

① ping   ② nslookup
③ pathping   ④ nbtstat

04 Windows Server 2016 의 시스템관리를 위해서 설계된 명령 라인 셀 및 스크립팅 언어로, 강력한 확장성을 바탕으로 서버 상의 수많은 기능의 손쉬운 자동화를 지원하는 것은?

① PowerShell   ② C-Shell
③ K-Shell   ④ Bourne-Shell

05 Windows Server 2016 에서 'netstat' 명령으로 표시되지 않는 IPv4 통계정보는?

① IP   ② TCP
③ UDP   ④ NNTP

06 Windows Server 2016 에서 'netstat' 명령이 제공하는 정보로 옳지 않은 것은?

① 인터페이스의 구성 정보
② 라우팅 테이블
③ IP 패킷이 목적지에 도착하기 위해 방문하는 게이트웨이의 순서 정보
④ 네트워크 인터페이스의 상태 정보

07 Windows Server 2016 에서 'www.icqa.or.kr'의 IP Address를 얻기 위한 콘솔 명령어는?

① ipconfig www.icqa.or.kr   ② netstat www.icqa.or.kr
③ find www.icqa.or.kr   ④ nslookup www.icqa.or.kr

08 Windows Server 2016 의 'netstat' 명령어로 알 수 없는 정보는?

① TCP 접속 프로토콜 정보   ② ICMP 송수신 통계

③ UDP 대기용 Open 포트 상태   ④ 접속자 MAC 주소

MS Windows 2016 가상화 기술

1 가상화 개요

1) 가상화(假像化, virtualization)는 컴퓨터에서 컴퓨터 리소스의 추상화를 일컫는 광범위한 용어이다. "물리적인 컴퓨터 리소스의 특징을 다른 시스템, 응용 프로그램, 최종 사용자들이 리소스와 상호 작용하는 방식으로부터 감추는 기술"로 정의할 수 있다.

2) 다중 논리 리소스로서의 기능을 하는 것처럼 보이는 서버, 운영 체제, 응용 프로그램, 또는 저장 장치와 같은 하나의 단일 물리 리소스를 만들어 낸다. 아니면 단일 논리 리소스처럼 보이는 저장 장치나 서버와 같은 여러 개의 물리적 리소스를 만들어 낼 수 있다.

3) 기업은 서버 가상화를 통해 하나의 컴퓨터에서 동시에 1개 이상의 운영제체를 가동시킬 수 있다. 대부분의 서버는 단지 용량의 10~15%만 사용하는데, 가상화는 이런 서버의 효용률(utilization rate)을 70% 그 이상으로 올릴 수 있다. 높은 수준의 효용률은 같은 분량의 업무처리에서 요구하는 컴퓨터 수를 줄여준다.

4) 전체 컴퓨터 시스템에서 개별 기능/구성요소에까지 컴퓨터의 다른 많은 면과 영역에 적용되어 왔다. 모든 가상화 기술의 공통 주제는 주변에 막을 씌워 "기술적으로 자세한 부분을 숨기는 것"이다. 가상화는 다른 물리적 위치에서 리소스를 한데로 합치거나 제어 시스템을 단순하게 하여 다중 송수신 접근과 같은 것을 통해 기반이 되는 기능 추가를 보이지 않게 하는 외부 인터페이스를 만들어 낸다. 새로운 가상 플랫폼과 기술의 최근 발전은 이렇게 성숙한 개념에 다시 한 번 집중하게 만들었다.

2 호스트 가상화

1) 호스트가상화는 Base가 되는 Host OS위에 Guest OS가 구동되는 방식입니다. 종류로는 VM Workstation, VMware Server, VMware Player, MS Virtual Sever, Virtual PC, Virtual Box, Paralles Workstation 등이 있다.

2) 장점 : 가상의 하드웨어를 에뮬레이팅하기 때문에 호스트 운영체제에 크게 제약사항이 없음

3) 단점 : OS위에 OS가 얹히는 방식이기 때문에 오버헤드가 클 수 있음

가상환경	가상환경
애플리케이션	애플리케이션
미들웨어	미들웨어
게스트 OS	게스트 OS
가상화 소프트웨어	
호스트 OS	
하드웨어	

3 하이퍼바이저 가상화   🔍

1) 하이퍼가상화는 Host OS없이 하드웨어에 하이퍼바이저를 설치하여 사용하는 방식입니다. 종류로는 Xen, MS hyper-V, citrix, KVM 등이 있다.

2) 장점 : 별도의 Host OS가 없기 때문에 오버헤드가 적고, 하드웨어를 직접 제어하기 때문에 효율적으로 리소스를 사용할 수 있음

3) 단점 : 자체적으로 머신에 대한 관리 기능이 없기 때문에 관리를 위한 컴퓨터나 콘솔이 필요함

가상환경	가상환경
애플리케이션	애플리케이션
미들웨어	미들웨어
게스트 OS	게스트 OS
하이퍼바이저	
하드웨어	

4 전가상화(Full-Virtualization)   🔍

1) 전가상화는 하드웨어를 완전히 가상화 하는 방식으로 Hardware Virtual Machine 이라고도 불립니다.

2) 하이퍼바이저를 구동하면 DOM0라고 하는 관리용 가상 머신이 실행되며, 모든 가상머신들의 하드웨어 접근이 DOM0을 통해서 이루어집니다.

3) 즉, 모든 명령에 대해서 DOM0가 개입을 하게되는 형태입니다.

4) 장점 : 하드웨어를 완전히 가상화하기 때문에 Guest OS 운영체제의 별다른 수정이 필요 없음

5) 단점 : 하이퍼바이저가 모든 명령을 중재하기 때문에 성능이 비교적 느림

5 반가상화(Para-Virtualization)

1) 반가상화는 전가상화와 달리 하드웨어를 완전히 가상화 하지 않는다.

2) 전가상화의 가장큰 단점인 성능저하의 문제를 해결하기 위해 하이퍼콜(Hyper Call)이라는 인터페이스를 통해 하이퍼바이저에게 직접 요청을 날릴 수 있다. 쉽게 말하면 가상화된 각 OS들이 각각 다른 번역기를 갖고 있는 것입니다. 그 번역기는 각각 다른 OS에서 내리는 각각 다른 명령어를 "더해라"라고 번역해주게 되는 것이다.

3) 장점 : 모든 명령을 DOM0를 통해 하이퍼바이저에게 요청하는 전가상화에비해 성능이 빠름

4) 단점 : 하이퍼바이저에게 Hyper Call 요청을 할 수 있도록 각 OS의 커널을 수정해야하며 오픈소스 OS가 아니면 반가상화를 이용하기가 쉽지 않음

6 컨테이너 가상화

1) 호스트 OS위에 컨테이너관리 소프트웨어를 설치하여, 논리적으로 컨테이너를 나누어 사용한다.

2) 컨테이너는 어플리케이션 동작을 위한 라이브러리와 어플리케이션등으로 구성되기때문에 이를 각각 개별 서버처럼 사용가능하다.

3) 장점 : 컨테이너 가상화는 오버헤드가 적어 가볍고 빠른 장점이 있음

가상환경	가상환경
애플리케이션	애플리케이션
미들웨어	미들웨어
컨테이너 관리 소프트웨어	
OS	
하드웨어	

1) hyper-v 개요

가) Hyper-V는 MS 서버에 내장된 반 가상화 기술로 VM웨어와 같은 기능을 내장하고 가상화 기술을 사용하여 운영체제 안에 또다른 가상머신과 운영체제를 추가할 수 있다.

나) 서버관리자 → 역할 및 기능 추가 → 역할 (Hyper-v 체크) → 다음~ → 가상스위치 만들기 → ethernet0 선택 → 마이그레이션 → 기본저장소 → 설치 및 재부팅

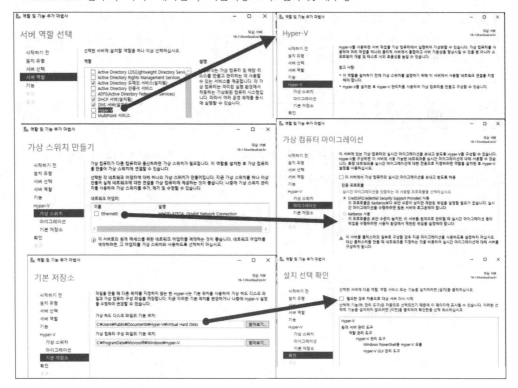

다) 서버관리자 → 도구 → Hyper-V 관리자

라) 오른쪽 가상 스위치 관리자 -> 랜카드 선택 -> 외부네트워크 체크

① hyper-v에서 만든 가상머신은 ip주소를 10.0.2.0 대역을 갖게 된다.

마) 오른쪽 hyper-v 설정을 누르면 가상 하드디스크 위치나 여러가 정보를 편집할 수 있다.

바) 오른쪽 작업 창 -> 새로만들기 -> 가상 컴퓨터 -> 새 가상컴퓨터 마법사 -> 가상머신이름
(Centos8) -> 세대지정(1세대 : bios) -> 메모리(4096) -> 네트워킹 (intel~) -> 가상 하드 디스크
연결 (10G) -> 설치 옵션 (나중에 운영체제 설치) -> 마법사 완료

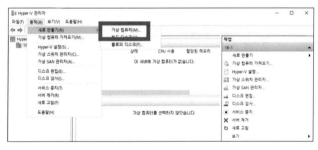

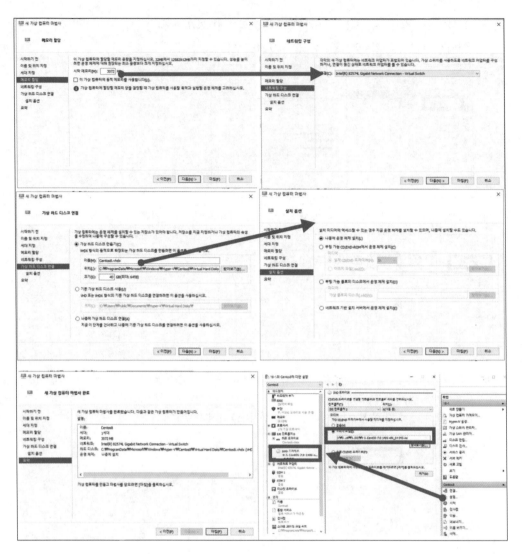

사) 설치를 진행하려면 iso파일이 필요하고 Centos8 오른쪽 설정을 누른 다음 iso파일을 연결하던지 실제드라이브에 삽입하여 인식을 시킨다.

① Centos8 우클릭 -> 시작 -> 부팅 후 설치 화면이 나온다.

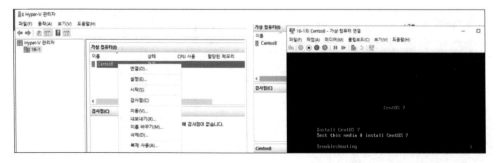

01   Windows 2016 Sever에서 지원하는 Hyper-V에 대한 설명으로 옳지 않는 것은?
      ① 하드웨어 사용율을 높여준다
      ② 서버 가용성이 줄어든다
      ③ 유지비용을 줄일 수 있다.
      ④ 개발 및 테스트 효율성을 향상시킨다.

02   Windows 2016 Sever의 새로운 특징 중 고가의 서버 컴퓨터 한 대에 여러 대의 서버를 가상화하여 실제 물리
      적인 서버 컴퓨터의 효율을 극대화하는 기술은?
      ① Hyper-V   ② Server Core
      ③ 터미널 서비스   ④ PowerShell

03   Windows Server 2016의 Hyper-V에 관한 설명으로 옳지 않은 것은?
      ① 하드웨어 데이터 실행 방지(DEP)가 필요하다.
      ② 서버관리자의 역할 추가를 통하여 Hyper-V 서비스를 제공 할 수 있다.
      ③ 스냅숏을 통하여 특정 시점을 기록 할 수 있다.
      ④ 하나의 서버에는 하나의 가상 컴퓨터만 사용할 수 있다.

<정답> 01 ② 02 ① 03 ④

01 서버 담당자 Park 사원은 Hyper-V 부하와 서비스의 중단 없이 Windows Server 2012 클러스터 노드에서 Windows Server 2016으로 운영체제 업그레이드를 진행하려고 한다. 다음 중 작업에 적절한 기능은 무엇인가?

① 롤링 클러스터 업그레이드   ② 중첩 가상화

③ gpupdate   ④ NanoServer

02 Windows Server 2016 에서 지원하는 Hyper-V에 대한 설명으로 옳지 않는 것은?

① 하드웨어 사용율을 높여준다.

② 서버 가용성이 줄어든다.

③ 유지비용을 줄일 수 있다.

④ 개발 및 테스트의 효율성을 향상시킨다.

03 Windows Server 2016 의 Hyper-V에 관한 설명으로 옳지 않은 것은?

① 하드웨어 데이터 실행 방지(DEP)가 필요하다.

② 서버관리자의 역할 추가를 통하여 Hyper-V 서비스를 제공 할 수 있다.

③ 스냅숏을 통하여 특정 시점을 기록 할 수 있다.

④ 하나의 서버에는 하나의 가상 컴퓨터만 사용할 수 있다.

04 Windows Server 2016 의 Hyper-V를 사용하기 위한 하드웨어 기본 요구사항에 해당되지 않는 것은?

① x64 기반의 CPU

② CPU의 하드웨어 가상화 지원

③ 하드웨어 DEP(Data Execution Protection)

④ SCSI 디스크

05 Windows Server 2016 의 Hyper-V의 스냅숏(Snapshot)에 관한 설명으로 옳지 않은 것은?

① 스냅숏은 가상컴퓨터의 특정 시점이다.

② 스냅숏의 내용은 가상디스크, 메모리, 프로세스, 구성을 모두 포함한다.

③ 스냅숏은 가상 컴퓨터를 복사하는 기술이다.

④ 하나의 가상컴퓨터에 여러 개의 스냅숏을 만들 수 있다.

06 Windows Server 2016 에서 Hyper-V 관리 콘솔의 '가상 컴퓨터 마법사'를 통해 가상 컴퓨터를 만들 때 설정하는 목록으로 옳지 않은 것은?

① 장애 조치 클러스터 지원   ② 메모리 할당

③ 가상 하드 디스크 연결   ④ 이름 및 위치 지정

07 Hyper-V에서 지원하는 가상 네트워크의 구성으로 올바르지 않은 것은?

① 외부(External)네트워크   ② 내부(Internal)네트워크

③ 개인(Private)네트워크   ④ 공유(Share)네트워크

┤ 정답 ├

01 ①   02 ②   03 ④   04 ④   05 ③   06 ①   07 ④

PART

III

NOS

(Network Operating System)

– Linux Centos

01 LINUX SERVER 커널, 셀, 응용프로그램

1 리눅스 개요

1) 1991년 핀란드 헬싱키 대학 대학생인 리누즈 토발즈에 의해 개발되었다.

2) 학교 프로젝트를 진행하는데 대형컴퓨터에서 사용하는 유닉스를 PC에서 사용할 수 있도록 하기 위해 만든 것이 현재 리눅스의 모태이다.

3) 오픈 소스 운영체제이다.

4) 멀티유저(다중사용자), 멀티테스킹(다중작업) 운영체제이다.

5) 다중스레드를 지원하는 네트워크 운영체제이다.

6) 여러 종류의 파일시스템을 지원하는 운영체제이다

2 리눅스의 장점

1) 리눅스는 유닉스와 완벽하게 호환이 가능하다.

　가) 리눅스는 POSIX(Portable Operationg System Inferface) 규격을 따르고 있다.

　나) POSIX는 유닉스 운영체제에 기반을 두고 있는 표준 운영체제 인터페이스이다.

　다) 리눅스는 POSIX 표준화를 기반하기 때문에 유닉스 소스코드를 전혀 사용하지 않고 개발되었다.

　라) POSIX 규격을 따르기 때문에 유닉스용 프로그램은 별도의 수정 없이 리눅스에서 동작할 수 있다.

2) 리눅스는 PC용 운영체제보다 안정적이다.

　가) 일반 PC는 업무가 끝나면 전원을 끄지만 리눅스는 네트워크 사용을 전제로 설계되었기에 특별한 사항을 제외하고 항상 켜놓아도 안정적으로 운영된다.

　나) 네트워크 기반하의 멀티유저, 멀티태스킹이 가능하여 리눅스 시스템을 많은 작업자가 동시에 사용해도 안정적인 시스템 운영이 가능하다.

3) 하드웨어 기능을 효과적으로 사용한다.

　가) 다른 운영체제보다 적은 양의 메모리만을 필요로 한다.

　나) SWAP 방식을 통해 RAM이 부족한 경우 SWAP 영역을 늘려 메모리의 효율성을 높일 수 있다.

4) 리눅스는 오픈 소스 운영체제이다.

　가) 많은 우수 인력이 확보되어 있기 때문에 우수한 소프트웨어 개발이 가능하고 여러 배포판 개발 업체들이 있기 때문에 사용자에게 선택권이 주어진다.

　나) 다양한 배포판들이 존재하여 운영체제뿐만 아니라 여러 가지 유틸리티 프로그램과 응용 프로그램들을 사용자 편의에 맞춰 무료로 사용할 수 있다.

3 리눅스 단점

1) 공개 운영체제이기 때문에 문제 발생시 기술 지원을 받는 데 한계가 있다.

　가) 예상치 못한 오류 발생 시 개발자들의 기술 지원을 직접적으로 받는 것은 불가능하다.

2) 한글 지원이 미흡하다.

　가) 배포판마다 별도의 한글 지원 패키지를 설치한 후 사용해야 한다는 불편함이 있다.

3) 보안상의 취약점이 쉽게 노출될 가능성이 있다.

　가) 공개 운영체제이기 때문에 보안에 취약할 것이라는 선입관이 있으나 꾸준한 기술 개발로 비교적 높은 보안성을 지원하고 있다.

　나) 많은 프로그래머들이 리눅스를 연구하고 있기 때문에, 보안 문제가 발생하였을 경우 신속하게 해결될 수 있다.

4 리눅스 특징

1) 리눅스 배포판은 리눅스 전체 시스템을 구성하는 소프트웨어 패키지 형태이다.

2) 리눅스 커널, GNU 소프트웨어 및 여러 가지 자유 소프트웨어로 구성된 운영체제이다.

　가) 운영체제는 리눅스 커널과 GNU 프로젝트에서 가져온 라이브러리와 유틸리티, X-WINDOW 시스템의 그래픽으로 구성되며, 워드프로세서, 스프레드시트, 미디어플레이어, 데이터베이스 등 여러가지 소프트웨어 애플리케이션들도 포함하고 있다.

3) 전 세계에 300여 가지의 배포판이 있으며, 배포판을 구성하는 소프트웨어도 자유롭게 구성되어 있다.

　가) 용량을 맞춰서 X-WINDOW를 빼거나 용량이 작은 GNU 유틸리티를 선택하기도 한다.

4) 대표적인 배포판은 슬랙웨어, 데비안, 레드햇 등이 있다.

　가) 페도라(Fedora)는 레드햇(Red Hat), openSUSE는 노벨(Novell), 우분투(Ubuntu)는 캐코니컬 등의 기업이 관리하는 배포판이다.

　나) 데비안(Debian)이나 젠투(Gentoo)는 리눅스 커뮤니티 기반의 배포판이다.

5 리눅스 종류

1) 레드햇 계열

　가) RHEL, Fedora, Centos, Oracle Linux, Scientific(사이언티픽) Linux

2) 데비안 계열

　가) Ubuntu, Raspbian(라즈비안), Chrome/Chromium os

3) 슬렉웨어 계열

　가) Slackware, openSUSE, Vector Linux

4) 안드로이드 계열

　가) Android, AOSP(안드로이드 오픈 소스 프로젝트)

5) 국내 리눅스 배포판

　　가) 하모니카, 넘버원리눅스, 구름os

6 커널

1) 커널 개념

　　가) Linux커널은 Linux 운영 체제(OS)의 주요 구성 요소이며 컴퓨터 하드웨어와 프로세스를 잇는 핵심 인터페이스입니다. 그리고 두 가지 관리 리소스 사이에서 최대한 효과적으로 통신한다.

　　나) 커널이라는 이름은 단단한 껍질 안의 씨앗처럼 OS 내에 위치하고 전화기, 노트북, 서버 또는 컴퓨터 유형에 관계없이 하드웨어의 모든 주요 기능을 제어하기 때문에 붙은 이름이다.

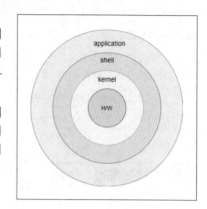

2) 커널의 기능

　　가) 메모리 관리: 메모리가 어디에서 무엇을 저장하는 데 얼마나 사용되는지를 추적합니다.

　　나) 프로세스 관리: 어느 프로세스가 중앙 처리 장치(CPU)를 언제 얼마나 오랫동안 사용할지를 결정합니다.

　　다) 장치 드라이버: 하드웨어와 프로세스 사이에서 중재자/인터프리터의 역할을 수행합니다.

　　라) 시스템 호출 및 보안: 프로세스의 서비스 요청을 수신합니다.

　　마) 올바르게 구현된 커널은 사용자가 볼 수 없으며 커널 공간이라는 자신만의 작은 작업 공간에서 메모리를 할당하고 저장되는 모든 항목을 추적한다. 웹 브라우저 및 파일과 같이 사용자가 볼 수 있는 것을 사용자 공간이라고 한다. 이러한 애플리케이션은 시스템 호출 인터페이스(SCI)를 통해 커널과 통신한다.

　　바) 커널은 강력한 경영진(하드웨어)을 위해 일하는 바쁜 비서이다. 비서의 할 일은 직원 및 대중(사용자)으로부터 수신되는 메시지 및 요청(프로세스)을 경영진에게 전달하고, 어디에 무엇이 저장되어 있는지 기억(메모리)하고, 특정한 시간에 누가 경영진을 얼마 동안 만날 수 있는지 결정하는 것이다.

3) 커널의 위치

　　가) 하드웨어: 시스템의 토대가 되는 물리적 머신으로, 메모리(RAM)와 프로세서 또는 중앙 처리 장치(CPU) 그리고 입출력(I/O) 장치(예: 스토리지, 네트워킹 및 그래픽)로 구성됩니다. CPU는 계산을 수행하고 메모리를 읽고 쓴다.

　　나) Linux 커널: OS의 핵심이다. (보시다시피 한가운데에 있다.) 메모리에 상주하며 CPU에 명령을 내리는 소프트웨어입니다.

　　다) 사용자 프로세스: 실행 중인 프로그램으로, 커널이 관리한다. 사용자 프로세스가 모여 사용자 공간을 구성한다. 사용자 프로세스를 단순히 프로세스라고도 한다. 또한, 커널은 이러한 프로세스 및 서버가 서로 통신(프로세스 간 통신 또는 IPC라고 함)할 수 있도록 해준다.

7 셸

1) 셸의 개념
가) 리눅스의 대화형 사용자 인터페이스

나) 명령어 해석기

　① 사용자의 명령을 해석하여 운영체제에 전달

　② 명령 수행 결과를 보여줌

　③ 스크립트를 작성 할수 있음

다) /etc/passwd 파일에서 기본 사용쉘을 확인 가능. 만약, /bin/false로 설정 되어 있다면 로그인 하지 못함.

라) 사용중인 쉘확인

　① echo $SHELL 로 확인.

2) 셸의 종류
가) Bourne Shell (sh)

　① 유닉스 시스템의 표준 구성 요소

　② 본쉘 프로그램의 실행 명령어 :sh

　③ '.profile' 파일로 환경을 초기화

나) C shell (csh)

　① C Shell 프로그램의 실행 명령어 : csh

　② 커맨드 구조에서 C 언어와 유사

　③ 편리한 기능도 내장하고 있어서 많이 보급됨

　④ '.cshrc'파일로 환경을 초기화

3) 셸의 기능
가) 명령 완성기능

　① 명령어 일부만 입력하고 <Tab>키를 누름

나) 파일 이름 완성 기능

　① 파일이름의 일부만 입력하고 <Esc>키를 누름

다) History 사용하기

　① history 명령 또는 위, 아래 커서키 사용.

　　㉮ !history번호 <엔터> 또는 커서 키로 이동하여 <엔터>

　② history 파일

　　㉮ ~/.bash_history (저장된 명령어 개수 HISTSIZE 변수에 지정)

라) 메타문자의 지원

　① '?' : 임의의 한 문자, '*' : 문자 수와 상관 없는 임의의 문자

마) 쉘에서 사용하는 특수 문자

① > : 표준 출력을 기록할 파일 지정

② >> : 표준 출력을 덧 붙일 파일 지정

③ < : 표준 입력을 읽을 파일 지정

④ * : 0개의 이상 문자와 대응

⑤ ? : 하나의 문자와 대응

⑥ | : 어떤 프로세스의 출력을 다른 프로세스로 보냄 (파이프)

⑦ ; : 명령순서

⑧ || : 이전 명령이 실패하면 실행하는 조건부 실행

⑨ && : 이전 명령이 성공하면 실행하는 조건부 실행

⑩ & : 명령을 백그라운드 프로세스로 실행

⑪ # : 주석처리

⑫ $: 변수 접근 기호

4) 응용프로그램

가) 백그라운드와 포그라운드에서 실행되는 프로그램

① 백그라운드 (OS 뒤쪽에서 실행되는 프로그램 : 백신,아파치,DB)

② 포그라운드 (OS 바탕화면 등에서 실행되는 프로그램 : 파이어폭스, 에볼류션, 엑셀, 파워포인트...)

02 리눅스 설치

1 버추얼박스 + Centos8

1) 웹 브라우저에서 버추얼박스를 검색하여 설치를 진행한다.

2) https://www.virtualbox.org/wiki/Downloads

가) 모두 체크를 하고 설치 한다.

나) 버추얼 박스 : 오라클에서 제공하는 반가상화 프로그램으로 windows에 가상머신을 생성하여 또 다른 운영체제를 설치 및 실행 할 수 있도록 해준다.

버추얼박스 가상머신 생성

1 가상머신을 생성하여 Centos를 설치할 vm을 구성한다.   🔍

1) 머신 -> 새로 만들기

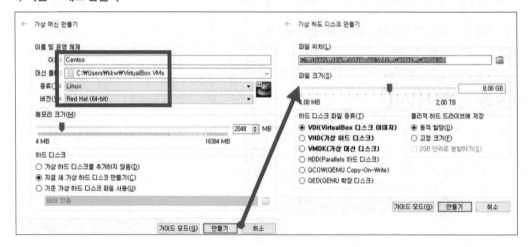

CHAPTER 04

Centos 다운로드

1 https://www.centos.org/download/ -> 최신버전의 Centos를 다운 받는다. 🔍

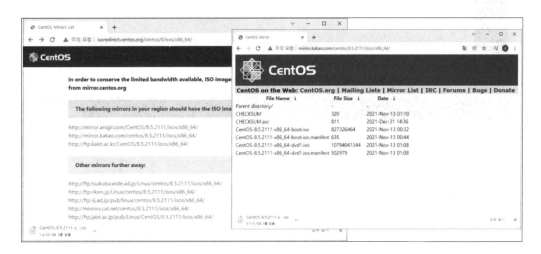

2 가상머신 시작 및 설치 🔍

1) 주의사항: 마우스 빠져나오기 (환경설정 -> 입력 -> 호스트 키 조합 -> ctrl+alt)

가) 가상머신과 호스트 컴퓨터가 키보드 마우스를 공유하기 때문에 전환할 수 있는 키를 생성해야 한다.

나) 국가 및 언어 선택(한국어) -> 네트워크 및 호스트 이름 설정(수동 IP 설정)

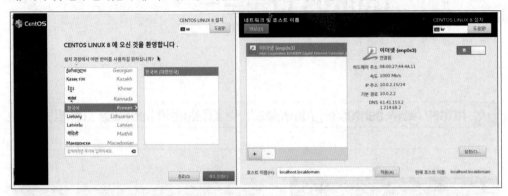

다) 시간 및 날짜(아시아/서울) -> 소프트웨어 선택(최소 설치)

라) 설치 목적지 -> 계정설정 -> 설치 진행

① 설치 파티션 구현

㉮ 1순위 : SWAP 파티션 -> 리눅스에 가상메모리 영역으로 물리적 메모리에 2배 정도 할당한다. (차후 확장 가능)

마) 설치 완료 및 로그인

① 재부팅을 하면 부트로더가 실행 된다.

㉮ 예전에는 LILO가 사용 되었지만 최근 GRUB 부트로더로 변경 되었다.

㉯ 부팅이 끝나면 로그인 화면이 나온다.

01 컴퓨터가 부팅 될 수 있도록, Linux 운영체제의 핵이 되는 커널을 주 기억 장소로 상주시키는데 사용되는 부트 로더는?

① LILO
② MBR
③ CMOS
④ SWAP

02 컴퓨터가 부팅 될 수 있도록, Linux 운영체제의 핵이 되는 커널을 주 기억 장소로 상주시키는데 사용되는 부트 로더는?

① GRUB
② MBR
③ CMOS
④ SWAP

03 Linux 시스템에서 사용자가 내린 명령어를 Kernel에 전달해주는 역할을 하는 것은?

① System Program
② Loader
③ Shell
④ Directory

04 다음 중 Linux의 명령어 해석기는?

① Shell
② Kernel
③ Utility Program
④ Hierarchical File System

05 Linux에서 사용되는 스왑 영역(Swap Space)에 관한 설명으로 올바른 것은?

① 스왑 영역이란 시스템에서 사용 가능한 메모리양을 늘리기 위해 디스크 장치를 이용하는 것을 의미한다.
② 스왑 영역은 가상 메모리 형태로 이용되며 실제 물리적 메모리와 같은 처리속도를 갖는다.
③ 시스템이 부팅될 때 부팅 가능한 커널 이미지 파일을 담는 영역으로 10Mbyte 정도면 적당하다.
④ Linux에 필요한 바이너리 파일과 라이브러리 파일들이 저장되는 영역으로 많은 용량을 요구한다.

06 Linux 설치 시 Swap 영역에 대한 설명 중 옳지 않은 것은?

① RAM의 부족한 용량을 보충하기 위해 하드 디스크의 일정부분을 지정하여 RAM처럼 사용한다.
② 일반적으로 실제 메모리의 두 배 정도면 적당하다.
③ 시스템을 모니터링 한 결과 Swap이 많이 일어나면 메모리를 증설해야 한다.
④ 한번 설정한 Swap은 추가가 불가능하므로 신중을 기해 크기를 결정해야 한다.

07 Linux에서 파티션 Type이 'SWAP' 일 경우의 의미는?

① Linux가 실제로 자료를 저장하는데 사용되는 파티션이다.
② Linux가 네트워킹 상태에서 쿠키를 저장하기 위한 파티션이다.
③ 메모리가 부족할 경우 하드 디스크의 일부분을 마치 메모리인 것처럼 사용하는 파티션이다.
④ Utility 프로그램을 저장하는데 사용되는 파티션이다.

<정답> 01 ① 02 ① 03 ③ 04 ① 05 ① 06 ④ 07 ③

01 컴퓨터가 부팅될 수 있도록 Linux 운영체제의 핵이 되는 커널을 주 기억 장소로 상주시키는데 사용되는 부트 로더는?

① GRUB   ② MBR
③ CMOS   ④ SWAP

02 다른 운영체제와 Linux가 공존하는 하나의 시스템에서 멀티 부팅을 지원할 때 사용되며, Linux 로더를 의미하는 것은?

① MBR   ② RAS
③ NetBEUI   ④ GRUB

03 Linux에서 파티션 Type이 'SWAP' 일 경우의 의미는?

① Linux가 실제로 자료를 저장하는데 사용되는 파티션이다.
② Linux가 네트워킹 상태에서 쿠키를 저장하기 위한 파티션이다.
③ 메모리가 부족할 경우 하드 디스크의 일부분을 마치 메모리인 것처럼 사용하는 파티션이다.
④ Utility 프로그램을 저장하는데 사용되는 파티션이다.

04 Linux 시스템에서 사용자가 내린 명령어를 Kernel에 전달해주는 역할을 하는 것은?

① System Program   ② Loader
③ Shell   ④ Directory

05 Linux에서 사용되는 스왑 영역(Swap Space)에 관한 설명으로 올바른 것은?

① 스왑 영역이란 시스템에서 사용 가능한 메모리양을 늘리기 위해 디스크 장치를 이용하는 것을 의미한다.
② 스왑 영역은 가상 메모리 형태로 이용되며 실제 물리적 메모리와 같은 처리속도를 갖는다.
③ 시스템이 부팅될 때 부팅 가능한 커널 이미지 파일을 담는 영역으로 10Mbyte 정도면 적당하다.
④ Linux에 필요한 바이너리 파일과 라이브러리 파일들이 저장되는 영역으로 많은 용량을 요구한다.

06 다음 중 Linux의 명령어 해석기는?

① Shell   ② Kernel
③ Utility Program   ④ Hierarchical File System

정답

01 ①   02 ④   03 ③   04 ③   05 ①   06 ①

05 LINUX SERVER 기본 설정 및 사용자 관리

1 기본 설정

1) 리눅스 시작과 종료

가) 리눅스 시작

① 전원을 켠다. -> POST(BIOS/CMOS) -> HW 검사(Check Sum) -> 부팅장치를 찾는다.

② MBR(메모리 부트 레지스터)를 검색한다. -> 부트로더(GRUB) -> 각종 드라이버,서비스를 구동 -> 로그인 -> 바탕화면 / 콘솔 화면이 나온다.

나) 리눅스 재시작 / 종료

① GUI : root 사용자 -> 바탕화면 오른쪽 상단에 전원버튼 -> 컴퓨터 끄기

② TUI : root 사용자 -> 명령어로 종료

㉮ shutdown -P +10 : 10분 후에 시스템을 종료(-Power)

㉯ shutdown -r 22:00 : 22시에 컴퓨터를 재부팅(-reset)

㉰ shutdown -c : 전에 예약했던 shutdow을 취소(-cancel)

㉱ shutdown -k +15 : 15분 후에 컴퓨터를 끄겠다는 메시지를 날려라.(꺼지지는 않는다)

㉲ halt -p / init 0 /power off : 즉시 전원을 끈다.

㉳ shutdown -r now / reboot / init 6 : 즉시 재부팅

다) 리눅스 로그아웃

① 로그아웃 : 전원을 종료하지 않고 세션 종료

② 로그아웃은 세션을 종료하고 다른 사용자에게 로그인 할 수 있는 권한을 넘긴다.

③ 리눅스는 멀티유저 시스템이다. (동시에 여러명이 접속해서 셋팅)

㉮ logout / exit

```
CentOS Linux 8
Kernel 4.18.0-348.el8.x86_64 on an x86_64

localhost login: kkw
Password:
Last login: Sun Jan  9 06:09:36 on tty1
[kkw@localhost ~]$ su -
Password:
su: Authentication failure
[kkw@localhost ~]$ su -
Password:
Last login: Sun Jan  9 06:55:19 +03 2022 on tty1
Last failed login: Sun Jan  9 06:58:29 +03 2022 on tty1
There was 1 failed login attempt since the last successful login.
[root@localhost ~]# logout
[kkw@localhost ~]$ _
```

✅ 예제

01 Linux 시스템에 좀비 프로세스가 많이 생겨 시스템을 재부팅하려고 한다. 현재 Linux 시스템에 접속해 있는 사용자에게 메시지를 전달하고, 5분 후에 시스템을 재부팅시키는 명령어는?

① shutdown -r now 'Warning! After 5 minutes will be system shutdown!!'

② shutdown now 'Warning! After 5 minutes will be system shutdown!!'

③ shutdown -r +5 'Warning! After 5 minutes will be system shutdown!!'

④ shutdown +5 'Warning! After 5 minutes will be system shutdown!!'

<정답> 01 ③

라) init (런 레벨)

① init란?

㉮ 리눅스 커널 부팅이 완료된 뒤 실행되는 첫 번째 프로세스다. 또한 동시에 Init은 커널이 직접 실행하는 유일한 프로세스다. 따라서 Init은 부모 프로세스를 가지지 않는 유일한 프로세스인 동시에, Init을 제외한 나머지 모든 프로세스의 조상이 된다. 이러한 특징으로 인해 Init은 아래와 같은 작업들을 수행한다.

	초기화
백그라운드 서비스 실행	- 시스템 서비스 실행 - 네트워크 , 파일 시스템 등 초기화
프로세스	**시스템**
프로세스 상태 모니터링 데몬 , 고아 프로세스를 양자로 거둠	- 저널링 - 사용자 권한 관리 - 알람
	관리

② init 와 관련된 파일

㉮ cd /lib/systemd/system (위치이동)

㉯ pws (현재 위치확인)

㉰ ls -l runlevel* (정보확인)

```
[root@localhost bin]# cd /lib/systemd/system
[root@localhost system]# pwd
/lib/systemd/system
[root@localhost system]# ls -l runlevel*
lrwxrwxrwx. 1 root root 15  4월 24  2020 runlevel0.target -> poweroff.target
lrwxrwxrwx. 1 root root 13  4월 24  2020 runlevel1.target -> rescue.target
lrwxrwxrwx. 1 root root 17  4월 24  2020 runlevel2.target -> multi-user.target
lrwxrwxrwx. 1 root root 17  4월 24  2020 runlevel3.target -> multi-user.target
lrwxrwxrwx. 1 root root 17  4월 24  2020 runlevel4.target -> multi-user.target
lrwxrwxrwx. 1 root root 16  4월 24  2020 runlevel5.target -> graphical.target
lrwxrwxrwx. 1 root root 13  4월 24  2020 runlevel6.target -> reboot.target
```

㉠ init 0 -> 시스템 종료 -> Power Off

㉡ init 1 -> 시스템 복구 -> Rescue(단일 사용자)

㉢ init 2 -> 사용 안함 -> 다중사용자

㉣ init 3 -> CUI / TUI -> 다중사용자

㉤ init 4 -> 사용 안함 -> 다중사용자.

㉥ init 5 -> GUI -> 다중사용자. (기본값)

㉦ init 6 -> 시스템 재부팅

㉱ GUI부팅 -> CUI부팅

㉠ 리눅스가 가볍다고 하지만 GUI로 부팅을 하면 리소스를 많이 차지해서 무거워진다.

㉡ 실무에서는 GUI로 셋팅을 하고 나서 CUI로 변경하여 구현을 한다.

ⓒ startx로 GUI로 접근 할 수 있다.

ⓔ cd -> ls -l /etc/systemd/system/default.target (GUI 확인)

ⓓ ln -sf /lib/systemd/system/multi-user.target /etc/systemd/system/default.target (기본타겟을 CUI로 변경)

ⓑ cd -> ls -l /etc/systemd/system/default.target (CUI로 변경 확인)

```
[root@localhost ~]# ls -l /etc/systemd/system/default.target
lrwxrwxrwx. 1 root root 40  2월 15 10:29 /etc/systemd/system/default.target -> /usr/lib
/systemd/system/graphical.target
[root@localhost ~]# ln -sf /lib/systemd/system/multi-user.target /etc/systemd/system/de
fault.target
[root@localhost ~]# ls -l /etc/systemd/system/default.target
lrwxrwxrwx. 1 root root 37  2월 15 10:55 /etc/systemd/system/default.target -> /lib/sys
temd/system/multi-user.target
[root@localhost ~]#
```

ⓐ init 6 로 재부팅 하면 CUI로 부팅된다.

ⓞ GUI환경이 필요하면 startx를 입력하면 된다.

```
CentOS Linux 8
Kernel 4.18.0-348.el8.x86_64 on an x86_64

Activate the web console with: systemctl enable --now cockpit.socket

localhost login: root
Password:
Last login: Tue Feb 15 10:40:39 on tty2
[root@localhost ~]# startx
```

ⓜ CUI부팅 -> STARTX 설치

　　㉠ 실무에서 유능한 리눅스엔지니어도 모든 것을 다 CUI로 처리할 수는 없다.(웹브라우져, kvm,,,,,)

　　㉡ 그래서 CUI로 설치된 리눅스를 startx 명령어로 X-WINDOWS를 사용해보자.

　　㉢ root / password 로그인 -> yum -y groupinstall 'workstation' 설치

　　㉣ init 6 (재부팅) -> root 로그인 -> startx (x-windows 실행)

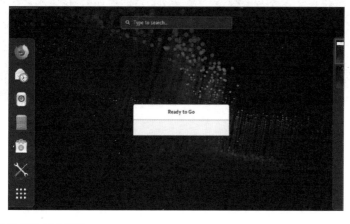

마) 자동완성과 히스토리

　① 자동완성

　　㉮ 자동완성 : TAB / 방향키 →←↑↓를 사용하여 최근에 입력하였던 정보를 활용하기도 한다.

　　㉯ 명령어부분은 자동완성으로 되지는 않으나 경로 및 파일명 등은 자동완성으로 손쉽게 입력할 수 있다.

ⓓ 예를들어 /etc/sysconfig/network-scripts 로 이동

ⓔ cd /e탭/sysco탭/network-탭 탭 2번 연속 입력

```
[root@localhost ~]# cd
[root@localhost ~]# pwd
/root
[root@localhost ~]# cd /etc/s
samba/              selinux/          smartmontools/      ssl/              sysctl.d/
sane.d/             setroubleshoot/   sos/                sssd/             systemd/
sasl2/              sgml/             speech-dispatcher/  sudoers.d/
security/           skel/             ssh/                sysconfig/
[root@localhost ~]# cd /etc/sys
sysconfig/  sysctl.d/  systemd/
[root@localhost ~]# cd /etc/sysconfig/network-scripts/
[root@localhost network-scripts]# ll
total 4
-rw-r--r--. 1 root root 321 Feb 15 10:30 ifcfg-emp0s3
[root@localhost network-scripts]#
```

② 히스토리

㉮ 최근까지 입력된 자료를 보관하고 있다가 방향키 ↓↑←→를 이용하여 입력된 값을 보여준다.

㉯ !! : 바로직전 수행한 명령어를 재실행

㉰ !번호 : 히스토리에서 해당번호를 재실행

㉱ !문자열 : 해당 문자열로 시작하는 마지막명령어 재실행

㉲ history : 히스토리에 기록된 내용을 보인다.

㉳ history -c : 저장된 히스토리 내용을 clear(지움) 한다.

㉴ history의 개수 지정 : export HISTSIZE=100 (100개 명령어 기억)

　　㉠ env : 환경변수 확인 (env | grep HISTSIZE*)

　　㉡ export HISTSIZE=100

```
[root@localhost network-scripts]# history
    1  cd
    2  ls -l /etc/systemd/system/default.target
    3  ln -sf /lib/systemd/system/multi-user.target /etc/systemd/system/default.target
    4  ls -l /etc/systemd/system/default.target
    5  init 6
    6  cd
    7  pwd
    8  cd /etc/sysconfig/network-scripts/
    9  ll
   10  history
[root@localhost network-scripts]#
```

2) 기본명령어

가) man 명령어 : 매뉴얼의 약자로 명령어의 사용방법을 알려준다.

① man ls : ls의 사용법을 알려준다.

```
LS(1)                           User Commands                           LS(1)

NAME
       ls - list directory contents

SYNOPSIS
       ls [OPTION]... [FILE]...

DESCRIPTION
       List  information  about  the FILEs (the current directory by default).
       Sort entries alphabetically if none of -cftuvSUX nor --sort  is  speci-
       fied.

       Mandatory  arguments  to  long  options are mandatory for short options
       too.
```

나) ls : list의 약자로 디렉토리안에 내용을 확인

① ls /etc/sysconfig : 상위디렉토리에 etc아래 syscofing 내용보기

② ls 다운로드 : 현재디렉토리에 다운로드 안에 있는 내용보기

③ ls -a : all(현재폴더내에 모든 리스트 보기, 숨김파일까지)

㉮ 파일이나 디렉토리앞에 .이 있으면 숨김파일이다.

④ ls -l : list list(자세히 보기)

⑤ ls *.cfg : .cfg로 끝나는 리스트 보기(* : 와일드 문자)

⑥ ls -l /etc/sysconfig/a* : 상위디렉토리에 etc 안에 있는 sysconfig 안에 a로 시작하는 리스트를 자세히 보여라

```
[root@localhost ~]# ls /etc/sysconfig
anaconda          ip6tables-config   network         samba
atd               iptables-config    network-scripts saslauthd
chronyd           irqbalance         nftables.conf   selinux
console           kdump              qemu-ga         smartmontools
cpupower          kernel             radvd           sshd
crond             ksm                raid-check      sshd-permitrootlogin
ebtables-config   libvirtd           rpcbind         virtlockd
firewalld         man-db             rsyslog         virtlogd
grub              modules            run-parts       wpa_supplicant
[root@localhost ~]# ls -a
.                .bashrc  Documents               Music              Templates
..               .cache   Downloads               Pictures           Videos
anaconda-ks.cfg  .config  .esd_auth               .pki               .Xauthority
.bash_history    .cshrc   .ICEauthority           Public
.bash_logout     .dbus    initial-setup-ks.cfg    .serverauth.1786
.bash_profile    Desktop  .local                  .tcshrc
[root@localhost ~]# ls -l
total 8
-rw-------. 1 root root 1460 Feb 15 10:34 anaconda-ks.cfg
drwxr-xr-x. 2 root root    6 Feb 15 11:22 Desktop
drwxr-xr-x. 2 root root    6 Feb 15 11:22 Documents
drwxr-xr-x. 2 root root    6 Feb 15 11:22 Downloads
-rw-r--r--. 1 root root 1833 Feb 15 10:39 initial-setup-ks.cfg
```

다) cd : Change Directory (디렉토리를 이동)

　　① cd : 현재사용자의 홈디렉토리로 이동

　　② root 사용자 : /root

　　③ ys501 사용자 : /home/ys501

　　④ cd ~ys501 : ys501의 홈폴더로 이동

　　⑤ cd .. : 1단계 상위 디렉토리로 이동

　　⑥ cd /etc/sysconfig : 최상위의 /etc/syscofig

　　⑦ cd ../etc/sysconfig : 1단계 위의 /etc/sysconfig

　　⑧ cd / : 최상위 / 디렉토리로 이동

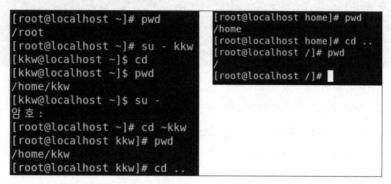

라) pwd : Print Working Directory

　　① 현재 디렉토리의 전체 경로를 보여준다.

마) touch : 빈파일 생성

　　① touch abc.txt

바) mkdir : 빈디렉토리 생성

　　① mkdir abc

사) cp : copy의 약자로 파일이나 디렉토리를 복사한다.

　　① cp abc.txt cba.txt

　　② cp -r abc cba

아) rm : ReMove의 약자로 파일이나 디렉토리를 삭제한다.

　　① 파일이나 디렉토리를 삭제하려면 권한(w)이 있어야 한다.

　　② rm abc.txt

　　　㉮ 해당파일을 삭제(rm -i 같다)

　　③ rm -i abc.txt

　　　㉮ 삭제시 확인 메시지를 표시(y/n)

　　④ rm -f abc.txt

　　　㉮ 삭제시 강제(force) 확인 메시지없이 삭제(디렉토리 삭제할 때 내용이 많아)

⑤ rm -r abc

㉮ 디렉토리 삭제(recursive의 약자)

⑥ rm -rf abc

㉮ 디렉토리 삭제시 메시지 없이 강제로 전부삭제

자) rmdir : 디렉토리 삭제(rm -r)

① rmdir abc

차) mv : 이동 / 이름 변경

① mv abc.txt /etc/sysconfig

㉮ abc.txt를 /etc/sysconfig로 이동해라

② mv aaa bbb ccc ddd

㉮ aaa bbb ccc 를 ddd로 이동

③ mv abc.txt www.txt

㉮ abc.txt를 www.txt로 이름변경

카) 파일내용보기 명령어

① cat 명령어는 텍스트 파일내용 을 모두 보여준다.

㉮ 단점 : 많은 내용이 들어있는 경우에는 스크롤이 힘들다.

```
[root@localhost ~]# cat anaconda-ks.cfg
#version=RHEL8
# Use graphical install
graphical

repo --name="AppStream" --baseurl=file:///run/install/
ppStream

%packages
@^graphical-server-environment
kexec-tools

%end

# Keyboard layouts
keyboard --xlayouts='kr'
# System language
lang ko_KR.UTF-8

# Network information
network  --bootproto=static --device=enp0s3 --gateway=
nameserver=8.8.8.8 --netmask=255.255.255.0 --ipv6=auto
network  --hostname=localhost.localdomain
```

② head : 파일의 위에 10줄(기본값) 내용 보기

㉮ head anaconda-ks.cfg

```
[root@localhost ~]# head anaconda-ks.cfg
#version=RHEL8
# Use graphical install
graphical

repo --name="AppStream" --baseurl=file:///run/install/sources/mount-0000
ppStream

%packages
@^graphical-server-environment
kexec-tools

[root@localhost ~]#
```

ⓐ head -3 anaconda-ks.cfg (위에 3줄 보기)

```
[root@localhost ~]# head -3 anaconda-ks.cfg
#version=RHEL8
# Use graphical install
graphical
[root@localhost ~]#
```

③ tail : 파일의 아래 10줄(기본값) 내용 보기

    ㉮ tail anaconda-ks.cfg

    ㉯ tail -5 anaconda-ks.cfg(아래 5줄 보기)

④ more : 1페이지씩 나누어 보기(스페이스바: 다음페이지 , b : 앞페이지 , q : 종료)

```
[root@localhost ~]# tail anaconda-ks.cfg

%addon com_redhat_kdump --enable --reserve-mb='auto'

%end

%anaconda
pwpolicy root --minlen=6 --minquality=1 --notstrict --nochanges --notempty
pwpolicy user --minlen=6 --minquality=1 --notstrict --nochanges --emptyok
pwpolicy luks --minlen=6 --minquality=1 --notstrict --nochanges --notempty
%end
[root@localhost ~]#
[root@localhost ~]# tail -5 anaconda-ks.cfg
%anaconda
pwpolicy root --minlen=6 --minquality=1 --notstrict --nochanges --notempty
pwpolicy user --minlen=6 --minquality=1 --notstrict --nochanges --emptyok
pwpolicy luks --minlen=6 --minquality=1 --notstrict --nochanges --notempty
%end
[root@localhost ~]#
```

    ㉮ more anaconda-ks.cfg

```
#version=RHEL8
# Use graphical install
graphical

repo --name="AppStream" --baseurl=file:///run/install/sources/mount-0000-cdrom/A
ppStream

%packages
@^graphical-server-environment
kexec-tools
--More--(13%)
```

    ㉯ more +100 anaconda-ks.cfg (100행 부터 출력)

④ ls -l /dev | more (/dev안에 내용을 페이지 단위로 나누어 보기

```
[root@localhost ~]# ls -l /dev | more
합계 0
crw-r--r--. 1 root root     10, 235  2월  15 10:59 autofs
drwxr-xr-x. 2 root root         120  2월  15 10:59 block
drwxr-xr-x. 2 root root          80  2월  15 10:59 bsg
drwxr-xr-x. 3 root root          60  2월  15 10:59 bus
lrwxrwxrwx. 1 root root           3  2월  15 10:59 cdrom -> sr0
drwxr-xr-x. 2 root root        2660  2월  15 10:59 char
crw-------. 1 root root      5,   1  2월  15 10:59 console
lrwxrwxrwx. 1 root root          11  2월  15 10:59 core -> /proc/kcore
drwxr-xr-x. 3 root root          60  2월  15 10:59 cpu
--More--
```

⑤ less : more와 동일한데 PAGEUP/PAGEDOWN이 가능

  ⑦ less anaconda-ks.cfg

  ④ less +10 anaconda-ks.cfg (10행 부터 출력)

⑥ file anaconda-ks.cfg

  ⑦ ASCII Text (vi로 편집이 가능한 파일)

⑦ file /dev/sda1

  ⑦ block special (저장소 장치파일)

```
[root@localhost ~]# file anaconda-ks.cfg
anaconda-ks.cfg: ASCII text
[root@localhost ~]# file /dev/sda1
/dev/sda1: block special (8/1)
[root@localhost ~]#
```

✔ 예제

01   Linux에서 '/home' 디렉터리 밑에 'icqa'라는 하위 디렉터리를 생성하고자 할 때 올바른 명령은?

  ① ls /home/icqa   ② cd /home/icqa

  ③ rmdir /home/icqa   ④ mkdir /home/icqa

02   Linux 명령어에 대한 설명 중 옳지 않은 것은?

  ① ls : cd와 비슷한 명령어로 디렉터리를 변경할 때 사용한다.

  ② cp : 파일을 다른 이름으로 또는 다른 디렉터리로 복사할 때 사용한다.

  ③ mv : 파일을 다른 파일로 변경 또는 다른 디렉터리로 옮길 때 사용한다.

  ④ rm : 파일을 삭제할 때 사용한다.

03   Linux에서 사용자가 현재 작업 중인 디렉터리의 경로를 절대경로 방식으로 보여주는 명령어는?

  ① cd   ② man

  ③ pwd   ④ cron

04 Linux에서 디렉터리를 삭제하는 명령어는?

① mkdir   ② deldir
③ rmdir   ④ pwd

05 Linux에서 현재 사용 디렉터리 위치에 상관없이 자신의 HOME Directory로 이동하는 명령은?

① cd HOME   ② cd /
③ cd ../HOME   ④ cd ~

06 Linux 시스템에서 'exam.txt' 파일의 내용을 보려고 하는데, 내용이 많아서 한 페이지를 넘어가 버린다. 한 페이지씩 차례대로 보기 위한 명령은?

① cat exam.txt | more   ② cat exam.txt | grep
③ find exam.txt | grep   ④ tar exam.txt | grep

07 Linux에서 주어진 명령어의 도움말(매뉴얼)을 출력하기 위해 사용되는 명령어는?

① ps   ② fine
③ man   ④ ls

08 Linux 시스템에서 'ls' 라는 명령어 사용법을 알아보는 명령어로 올바른 것은?

① cat ls   ② man ls
③ ls man   ④ ls cat

09 Linux에서 명령어 'mv -i file1 file2'의 의미는?

① 파일이 지워지기 전에 백업파일을 만든다.
② 'file2'가 존재 하더라도 강제로 삭제한다.
③ 'file2'가 존재할 경우 덮어 쓸 것인가를 물어본다.
④ 파일 옮기기 전의 과정을 보여준다.

<정답> 01 ④ 02 ① 03 ③ 04 ③ 05 ④ 06 ① 07 ③ 08 ② 09 ③

2 사용자 관리

1) 사용자 관리 및 관련 파일

가) 리눅스는 다중 사용자 시스템이다.

나) 리눅스 os 한대에 여러명이 동시에 접속해서 사용이 가능하다.

　① 리눅스를 설치하면 root라는 이름을 가진 슈퍼유저(su)가 있는데 이것은 윈도우의 administrator와 같은 최고 권한을 가지고 있다.

　② root라는 계정은 사용자를 생성/수정/삭제/관리등을 자유롭게 할 수 있으며 보안상 root 계정의 암호를 최대한 복잡하게 만들어 해킹을 당하지 않도록 셋팅 해야 한다.

2) 사용자 계정 관련 파일

가) /etc/passwd : 사용자 계정별로 암호/그룹/홈경로/기본셸

```
[root@localhost ~]# head -1 /etc/passwd
root:x:0:0:root:/root:/bin/bash
[root@localhost ~]# tail -1 /etc/passwd
kkw:x:1000:1000:kkw:/home/kkw:/bin/bash
[root@localhost ~]# 
```

　① 사용자이름:암호:사용자id:그룹id:전체이름:홈디렉토리:기본셸

　② 맨 윗줄(root의 계정에 대한 설정)

　③ 맨 아랫줄 (설치시 생성한 계정에 대한 설정)

　　㉮ 사용자이름 : root

　　㉯ 암호 : x (과거의 리눅스에서는 이곳에 암호가 보였다. 그러나 보안상 취약하기 때문에 요즘에는 /etc/shadow에 암호화처리해서 보관한다.)

　　㉰ 0 : 사용자 계정의 sid(사용자 계정의 계정번호)

　　㉱ 0 : 사용자 계정의 gid(사용자 계정의 그룹번호)

　　㉲ root : 보여주는 이름

　　㉳ /root : 사용하는 홈디렉토리

　　㉴ /bin/bash : 사용하는 셸의 종류(셸 : 내부명령어 (내가 편한 셸의 종류를 선택하여 리눅스에서 셋팅할 수 있다))

나) /etc/group : 사용자 계정별로 포함된 그룹

```
kkw.x.1000.1000.kkw,/home,/kkw,/bin,/bash
[root@localhost ~]# head -1 /etc/group
root:x:0:
[root@localhost ~]# tail -1 /etc/group
kkw:x:1000:
```

① 그룹이름:비밀번호:그룹id:그룹에 속한 사용자이름

㉮ root : 그룹의 이름

㉯ x : 그룹의 암호(현재 없다)

㉰ 0 : gid (그룹의id)

㉱ 마지막항목이 비어 있다.

㉲ root의 사용자는 자동으로 root라는 그룹도 만든다.

㉳ 자신의 그룹에는 표기를 안함

㉴ ys501 그룹도 뒤에 가 비어 있을 것이다.

② 사용자 계정을 생성하면 자동으로 본인id와 같은 그룹도 자동 생성된다.

③ 윈도우는 사용자 계정을 생성하면 users그룹에 포함되지만 리눅스는 각각의 그룹을 생성하여 파일/폴더에 대한 허가권을 가지게 된다.

다) /etc/shadow : 암호화된 암호/사용자 계정 등을 볼 수 있다.

```
[root@localhost ~]# head -1 /etc/shadow
root:$6$DxXW6rcaGS3rYDp9$bwENIGaTR18q571scuYSu1dWNLpIDPkVGN
n9LCtlXYp1otm3AIenWWNpfmc3HXBm1::0:99999:7:::
[root@localhost ~]# tail -1 /etc/shadow
kkw:$6$Pzdq4O4obtvaJQF.$LslTq2t3Y.CUd9dkpB.7kUui0Y8cpcqtcUC
U8JpQfCdBp4sVmbX2LDPyUp9em.X7.::0:99999:7:::
[root@localhost ~]#
```

① 이곳에는 실질적인 암호가 암호화(비대칭키)되어 보관된다

㉮ root : 사용자계정명

㉯ 암호화 된 패스워드가 보인다.

㉰ 패스워드 파일 최종 수정일 (비어 있다 : 변경한 적이 없다)

㉱ 패스워드 변경 최소일 (0일)

㉲ 패스워드 변경 최대일 (99999일)

㉳ 패스워드 만료 경고기간 (7일)

㉴ 패스워드 파기 기간 (없음)

㉵ 계정 만료 기간 (없음)

㉶ 예약필드

3) 사용자 계정관련 명령어

가) useradd / adduser (새로운 사용자를 추가)

① useradd kkw1 : kkw1 계정을 생성한다.

② useradd -u 1111 kkw2 : kkw2 계정을 생성하는데 sid를 1111로 만든다.

③ useradd -g ys501 kkw3 : kkw3 계정을 생성하는데 그룹을 ys501에 넣는다.

④ useradd -d /ys501 kkw4 : kkw4 계정을 생성하는데 홈디렉토리를 /ys501에 만든다.

⑤ useradd -s /bin/csh kkw5 : kkw5계정을 생성하는데 셸의 종류를 /bin/csh로 변경한다.

나) 사용자계정 기타 명령어

① passwd / usermod / userdel

㉮ passwd 계정명 : 사용자 계정의 암호를 만든다/변경한다.

　㉠ 암호정책에 대한 강제사항은 없으며 현재 취약한 암호를 사용해도 암호설정이 가능하다.

㉯ usermod 옵션 계정명: 사용자계정의 속성을 변경한다.

㉰ 옵션은 useradd와 동일 (-u -g -d -s)

㉱ userdel 계정명 : 사용자계정을 삭제한다.

㉲ userdel kkw5 : kkw5 계정을 삭제(홈디렉토리 남음)

㉳ userdel -r kkw5 : 홈디렉토리까지 삭제

4) 그룹에 대한 명령어

가) group / groupadd / groupdel

① groups kkw3 : kkw3가 소속된 그룹을 보여준다.

② groupadd yscloud : yscloud 그룹을 생성한다.

③ groupadd -g 2222 yscloud (그룹생성시 gid를 2222로 생성)

④ groupmod yscloud : yscloud의 그룹 속성을 변경

⑤ groupmod -n yscloud ysadmin : yscloud이름을 ysadmin으로 변경

⑥ groupdel ysadmin : ysadmin 그룹을 삭제해라.

⑦ gpasswd : 그룹의 암호/그룹의 관리를 수행해라.

⑧ gpasswd ysadmin : 그룹의 암호를 지정

⑨ gpasswd -A ysadmin kkw : kkw 사용자를 ysadmin 그룹관리자(Admin)로 지정해라.

⑩ gpasswd -a kkw4 ysadmin : ysadmin그룹에 kkw4를 add 해라. (그룹에 사용자 추가)

5) 사용자 계정의 암호정책

가) chage : 사용자의 암호를 주기적으로 변경할 수 있도록 셋팅

```
[root@localhost ~]# chage -l kkw
마지막으로 암호를 바꾼 날                                        :안 함
암호 만료                                           :안 함
암호가 비활성화 기간                                    :안 함
계정 만료                                            :안 함
암호를 바꿀 수 있는 최소 날 수           : 0
암호를 바꿔야 하는 최대 날 수           : 99999
암호 만료 예고를 하는 날 수              : 7
[root@localhost ~]#
```

① chage -l 계정명 : 사용자의 암호정책을 본다.

② chage -m 2 yskkw : 사용자의 암호사용 최소일을 2일로

③ chage -M 30 yskkw : 암호최대 사용일 30일

④ chage -E 2021/07/01 yskkw : 암호 만료일

⑤ chage -W 10 yskkw : 암호만료 10일전에 메시지(기본값7일)

나) chage 와 shadow와의 관계

① 변경사항을 비교해 보자.

```
[root@localhost ~]# tail -1 /etc/shadow
kkw:$6$Pzdq4O4obtvaJQF.$LslTq2t3Y.CUd9dkpB.7kUui0Y8cpcqtcUC4kSZRmgF9pEQilmCWfh9n
U8JpQfCdBp4sVmbX2LDPyUp9em.X7.::0:99999:7:::
[root@localhost ~]# chage -E 2022/03/01 kkw
[root@localhost ~]# chage -W 10 kkw
[root@localhost ~]# chage -m 2 kkw
[root@localhost ~]# chage -M 30 kkw
[root@localhost ~]# chage -l kkw
마지막으로 암호를 바꾼 날                                      :안 함
암호 만료                                           :안 함
암호가 비활성화 기간                                    :안 함
계정 만료                                            : 3월 01, 2022
암호를 바꿀 수 있는 최소 날 수           : 2
암호를 바꿔야 하는 최대 날 수           : 30
암호 만료 예고를 하는 날 수              : 10
[root@localhost ~]# tail -1 /etc/shadow
kkw:$6$Pzdq4O4obtvaJQF.$LslTq2t3Y.CUd9dkpB.7kUui0Y8cpcqtcUC4kSZRmgF9pEQilmCWfh9n
U8JpQfCdBp4sVmbX2LDPyUp9em.X7.::2:30:10::19052:
[root@localhost ~]#
```

01 Linux 명령어 중 사용자 그룹을 생성하기 위해 사용되는 명령어는?

① groups   ② mkgroup

③ groupstart   ④ groupadd

02 Linux에서 사용자에 대한 패스워드의 만료기간 및 시간 정보를 변경하는 명령어는?

① chage   ② chgrp

③ chmod   ④ usermod

03 Linux 시스템에서 사용자 계정의 정보를 수정하는 명령어는?

① usermod   ② config

③ profile   ④ passwd

04 Linux 시스템에서 주로 사용자들의 개인 파일들이 저장되는 곳으로 사용자의 홈 디렉터리가 위치하는 파티션은?

① /tmp   ② /usr

③ /home   ④ /swap

05 Linux에서 사용되는 어플리케이션 및 환경 설정에 필요한 설정 파일들과 passwd 파일을 포함하고 있는 디렉터리는?

① /bin   ② /home

③ /etc   ④ /root

06 Linux 디렉터리 구성에 대한 설명으로 옳지 않은 것은?

① /tmp – 임시파일이 저장되는 디렉터리

② /boot – 시스템이 부팅 될 때 부팅 가능한 커널 이미지 파일을 담고 있는 디렉터리

③ /var – 시스템의 로그 파일과 메일이 저장되는 위치

④ /usr – 사용자 계정이 위치하는 파티션 위치

<정답> 01 ④ 02 ① 03 ① 04 ③ 05 ③ 06 ④

01 Linux에서 사용자에 대한 패스워드의 만료기간 및 시간 정보를 변경하는 명령어는?

① chage
② chgrp
③ chmod
④ usermod

02 컴퓨터가 부팅될 수 있도록 Linux 운영체제의 핵이 되는 커널을 주 기억 장소로 상주시키는데 사용되는 부트 로더는?

① GRUB
② MBR
③ CMOS
④ SWAP

03 다음은 Linux 시스템의 계정정보가 담긴 '/etc/passwd' 의 내용이다. 다음의 설명 중 옳지 않은 것은?

```
user1:x:500:500::/home/user1:/bin/bash
```

① 사용자 계정의 ID는 'user1' 이다.
② 패스워드는 'x' 이다.
③ 사용자의 UID와 GID는 500번이다.
④ 사용자의 기본 Shell은 '/bin/bash' 이다.

04 Linux에서 서버를 종료하기 위해 'shutdown - h +30'을 입력하였으나 갑자기 어떤 작업을 추가로 하게 되어 앞서 내렸던 명령을 취소하려고 한다. 이때 필요한 명령어는?

① shutdown -c
② shutdown −v
③ shutdown -x
④ shutdown −z

05 다른 운영체제와 Linux가 공존하는 하나의 시스템에서 멀티 부팅을 지원할 때 사용되며, Linux 로더를 의미하는 것은?

① MBR
② RAS
③ NetBEUI
④ GRUB

06 Linux에서 디렉터리를 삭제하는 명령어는?

① mkdir
② deldir
③ rmdir
④ pwd

07 Linux 시스템에서 'ls' 라는 명령어 사용법을 알아보는 명령어로 올바른 것은?

① cat ls
② man ls
③ ls man
④ ls cat

08 Linux 명령어 중에 init(초기화 프로세스)를 이용하여 재부팅할 경우 하는 옵션은 무엇인가?

① init 0   ② init 1

③ init 5   ④ init 6

09 간단한 파일의 내용을 살피거나 다른 파일 내용을 결합시킬 때 사용하는 Linux 명령어는?

① ls   ② cp

③ mv   ④ cat

10 Linux에서 사용자가 현재 작업 중인 디렉터리의 경로를 절대경로 방식으로 보여주는 명령어는?

① cd   ② man

③ pwd   ④ cron

11 Linux 명령어 중 현재 디렉터리에서 바로 상위 디렉터리로 이동하는 명령어는?

① cd..   ② cd ..

③ cd .   ④ cd ~

12 Linux 명령어 중 특정한 파일을 찾고자 할 때 사용하는 명령어는?

① mv   ② cp

③ find   ④ file

13 Linux에서 주어진 명령어의 매뉴얼(도움말, 옵션 등)을 출력하기 위해 사용되는 명령어는?

① ps   ② fine

③ man   ④ ls

14 Linux 시스템에서 상위 디렉터리에 있는 'abc.txt' 파일을 홈 디렉터리로 복사하고자 한다. 다음 중 알맞은 명령어는?

① cp ~/abc.txt ..   ② cp ~/abc.txt /

③ cp ../abc.txt /   ④ cp ../abc.txt ~

┤ 정답 ├

01 ①   02 ①   03 ②   04 ①   05 ④   06 ③   07 ②   08 ④   09 ④   10 ③   11 ②   12 ③   13 ③

14 ④

LINUX SERVER 기본 설정 및 사용자 관리

1 Centos 8 디렉토리 구조 🔍

1) 홈디렉토리

가) root로 로그인 하면 홈 디렉토리로 진입한다.

　① pwd를 입력하면 현재 디렉토리를 확인 할 수 있다.

나) cd / 를 입력하면 최상위 디렉토리로 이동할 수 있다.

　① ls를 입력하면 최상위 디렉토리의 내용을 확인 할 수 있다.

```
CentOS Linux 8
Kernel 4.18.0-348.el8.x86_64 on an x86_64

localhost login: root
Password:
Last login: Sun Jan  9 09:11:35 on tty1
[root@localhost ~]# pwd
/root
[root@localhost ~]# ls
anaconda-ks.cfg
[root@localhost ~]# cd /
[root@localhost /]# pwd
/
[root@localhost /]# ls
bin   dev   home   lib64   mnt   proc   run   srv   tmp   var
boot  etc   lib    media   opt   root   sbin  sys   usr
[root@localhost /]#
```

다) 홈디렉토리 (일반사용자)

　① kkw 사용자로 로그인하여 pwd를 입력하면 현재 홈디렉토리가 /home/kkw인 것을 확인 할 수 있다.

```
CentOS Linux 8
Kernel 4.18.0-348.el8.x86_64 on an x86_64

localhost login: kkw
Password:
Last login: Sun Jan  9 09:13:56 on tty1
[kkw@localhost ~]$ pwd
/home/kkw
[kkw@localhost ~]$ ls
[kkw@localhost ~]$ pwd
/home/kkw
[kkw@localhost ~]$ _
```

2) 최상위 디렉토리

가) cd / 를 입력하면 최상위 디렉토리로 올라갈 수 있다.

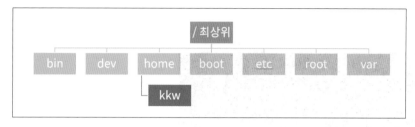

나) /bin, /sbin

① 기본명령어가 들어있는 디렉토리 : 거의 모든 명령어가 들어있다.

```
-rwxr-xr-x. 1 root root    2404 May 14  2019 pinentry          120 May 17  2021 which
-rwxr-xr-x. 1 root root   79776 May 14  2019 pinentry-curses   224 Apr  7  2020 whiptail
-rwxr-xr-x. 1 root root   67680 Feb 23  2021 pip3              348 Jul 14 08:08 who
-rwxr-xr-x. 1 root root   42424 Jul 14 08:08 pinky             112 Jul 14 08:08 whoami
-rwxr-xr-x. 1 root root   16768 Jun  2  2021 pkaction          120 Jul 21 14:24 write
-rwxr-xr-x. 1 root root   24976 Jun  2  2021 pkcheck             7 Jul 21 14:24 x86_64 -> setarch
-rwsr-xr-x. 1 root root   29072 Jun  2  2021 pkexec            712 Oct 19 18:27 x86_energy_perf_policy
-rwxr-xr-x. 1 root root   29536 Feb  2  2021 pkill             312 May 11  2019 xargs
-rwxr-xr-x. 1 root root   26360 May 11  2019 pkla-admin-identities         216 Nov  8  2019 xgettext
-rwxr-xr-x. 1 root root   34608 May 11  2019 pkla-check-authorization      332 Jun 29  2021 xmlcatalog
```

다) /dev

① 각종 장치가 파일 형식으로 보이는 디렉토리

```
crw-r--r--. 1 root root     10, 235 Jan  9 06:54 autofs
drwxr-xr-x. 2 root root         160 Jan  9 06:54 block
drwxr-xr-x. 2 root root          80 Jan  9 06:54 bsg
drwxr-xr-x. 3 root root          60 Jan  9 06:54 bus
lrwxrwxrwx. 1 root root           3 Jan  9 06:54 cdrom -> sr0
drwxr-xr-x. 2 root root        2620 Jan  9 06:54 char
drwxr-xr-x. 2 root root          80 Jan  9 06:54 cl
crw-------. 1 root root      5,   1 Jan  9 06:54 console
lrwxrwxrwx. 1 root root          11 Jan  9 06:54 core -> /proc/kcore
drwxr-xr-x. 3 root root          60 Jan  9 06:54 cpu
crw-------. 1 root root     10,  62 Jan  9 06:54 cpu_dma_latency
drwxr-xr-x. 6 root root         120 Jan  9 06:54 disk
brw-rw----. 1 root disk    253,   0 Jan  9 06:54 dm-0
brw-rw----. 1 root disk    253,   1 Jan  9 06:54 dm-1
drwxr-xr-x. 3 root root         100 Jan  9 06:54 dri
crw-rw----. 1 root video    29,   0 Jan  9 06:54 fb0
lrwxrwxrwx. 1 root root          13 Jan  9 06:54 fd -> /proc/self/fd
crw-rw-rw-. 1 root root      1,   7 Jan  9 06:54 full
crw-rw-rw-. 1 root root     10, 229 Jan  9 06:54 fuse
crw-------. 1 root root     10, 228 Jan  9 06:54 hpet
```

라) /home

① 각 사용자 계정의 홈 디렉토리

㉮ ksj 계정을 추가하면 홈 디렉토리에 계정에 관련된 디렉토리가 생성된다.

㉯ 이 디렉토리에는 다운로드 / 내문서 / 내그림 / 내 음악 등이 생성된다.

```
CentOS Linux 8
Kernel 4.18.0-348.el8.x86_64 on an x86_64

localhost login: root
Password:
Last login: Sun Jan  9 09:11:59 on tty1
[root@localhost ~]# cd /home
[root@localhost home]# ls
kkw
[root@localhost home]# useradd ksj
[root@localhost home]# ls
kkw  ksj
[root@localhost home]# _
```

마) /boot

① 부팅에 관한 파일이 모여 있는 장소이다.

```
[kkw@localhost dev]$ cd /boot
[kkw@localhost boot]$ ls -l | more
total 171552
-rw-------. 1 root root  4258248 Oct 19 18:23 System.map-4.18.0-348.el8.x86_64
-rw-r--r--. 1 root root   193903 Oct 19 18:23 config-4.18.0-348.el8.x86_64
drwxr-xr-x. 3 root root       17 Jan  9 05:47 efi
drwx------. 4 root root       83 Jan  9 09:16 grub2
-rw-------. 1 root root 87373731 Jan  9 05:55 initramfs-0-rescue-4b222b1d6f22487
g
-rw-------. 1 root root 32045775 Jan  9 06:00 initramfs-4.18.0-348.el8.x86_64.i
-rw-------. 1 root root 31243776 Jan  9 06:03 initramfs-4.18.0-348.el8.x86_64kd
drwxr-xr-x. 3 root root       21 Jan  9 05:49 loader
lrwxrwxrwx. 1 root root       45 Jan  9 05:50 symvers-4.18.0-348.el8.x86_64.gz
0-348.el8.x86_64/symvers.gz
-rwxr-xr-x. 1 root root 10271880 Jan  9 05:52 vmlinuz-0-rescue-4b222b1d6f2248750
-rwxr-xr-x. 1 root root 10271880 Oct 19 18:23 vmlinuz-4.18.0-348.el8.x86_64
```

바) /etc

① 시스템 각종 환경설정 파일이 저장되어 있다.

```
[root@localhost etc]# cat /etc/sysconfig/network-scripts/ifcfg-enp0s3
TYPE=Ethernet
PROXY_METHOD=none
BROWSER_ONLY=no
BOOTPROTO=dhcp
DEFROUTE=yes
IPV4_FAILURE_FATAL=no
IPV6INIT=yes
IPV6_AUTOCONF=yes
IPV6_DEFROUTE=yes
IPV6_FAILURE_FATAL=no
NAME=enp0s3
UUID=e3dc1760-2a90-48fc-9320-d7e0c67b492c
DEVICE=enp0s3
ONBOOT=yes
[root@localhost etc]# _
```

사) /root

① root 관리자의 홈 디렉토리로 cd ~ 로 진입 가능하다. (root 사용자만)

```
[root@localhost etc]# cd
[root@localhost ~]# pwd
/root
[root@localhost ~]# ls
anaconda-ks.cfg
[root@localhost ~]# _
```

아) /var

① 각종 로그 파일이 들어 있다.

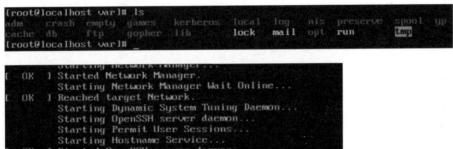

```
[root@localhost var]# ls
adm    crash  empty  games   kerberos  local  log   nis  preserve  spool  yp
cache  db     ftp    gopher  lib       lock   mail  opt  run       tmp
[root@localhost var]# _
```

```
        Starting Network Manager...
[ OK ] Started Network Manager.
        Starting Network Manager Wait Online...
[ OK ] Reached target Network.
        Starting Dynamic System Tuning Daemon...
        Starting OpenSSH server daemon...
        Starting Permit User Sessions...
        Starting Hostname Service...
[ OK ] Started OpenSSH server daemon.
[ OK ] Started Permit User Sessions.
        Starting Hold until boot process finishes up...
[ OK ] Started Command Scheduler.
        Starting Terminate Plymouth Boot Screen...
[root@localhost log]# cat boot.log
```

3) 리눅스 설치시 자동파티션

가) 자동으로 파티션 구성 (100GB)

① swap : 3G -> 가상메모리용 (ram 2배)

② /boot : 1G -> 부팅위주의 파일

③ / : 모든파일이 루트 아래쪽 (50G)

④ /home : 일반사용자의 홈디렉토리 (나머지)

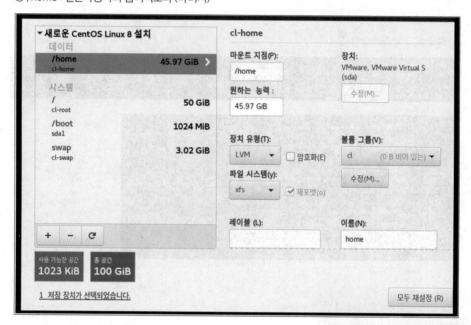

나) 수동으로 설치 해보기 (100GB)

① 자동으로 만들어진 파티션은 아래쪽 -를 눌러 다 지우고 +를 눌러 가상메모리인 swap부터 만든다. (램의 2배 -> 3G x 2 = 6G)

② 웹서버용으로 파티션을 만들자 : /var/www/html 디렉토리가 웹게 시용 기본 디렉토리기 때문에 용량을 따로 설정해주는 것이 좋다.

③ /home 디렉토리는 사용자 계정별 저장소이기 때문에 사용자 계정 을 활용하지 않는 서버에서는 따로 파티션으로 구현하지 않는다.

④ 나머지를 / 디렉토리로 구현을 하면 지금 배정 받지 않는 디렉토리 는 모두 / 아래쪽으로 배정 받게 된다.

4) 디스크관련 명령어

가) df 명령어 : 디스크의 여유공간을 확인 할 수 있다.

```
[root@localhost log]# df
Filesystem          1K-blocks      Used Available Use% Mounted on
devtmpfs               911312         0    911312   0% /dev
tmpfs                  930260         0    930260   0% /dev/shm
tmpfs                  930260      8620    921640   1% /run
tmpfs                  930260         0    930260   0% /sys/fs/cgroup
/dev/mapper/cl-root   6486016   2659564   3826452  42% /
/dev/sda1             1038336    217864    820472  21% /boot
tmpfs                  186052         0    186052   0% /run/user/0
[root@localhost log]#
```

나) du 명령어 : 하위 디렉토리별 사용량을 확인 할 수 있다.

```
[root@localhost etc]# du
36      ./dnf/modules.d
0       ./dnf/aliases.d
0       ./dnf/modules.defaults.d
0       ./dnf/plugins/copr.d
12      ./dnf/plugins
20      ./dnf/protected.d
8       ./dnf/vars
80      ./dnf
```

다) mount : 마운트

① 윈도우는 dvd나 usb를 삽입하면 문자드라이브라는 것이 생성되어 연결된다. (d: / f:)

② 리눅스는 문자드라이브를 사용하는 것이 아니라 디렉토리(폴더)를 생성하여 장치와 연결해 사용한다.

```
[root@localhost ~]# mount | grep sda
/dev/sda2 on / type xfs (rw,relatime,seclabel,attr2,inode64,logbufs=8,logbsize=3
2k,noquota)
[root@localhost ~]#
```

㉮ /dev/sdb2 -> 장치명

㉯ on / -> /(루트) 디렉토리에 연결

㉰ xfs -> 파일시스템 종류(예전엔 ext3,4)

③ ODD 마운트 필수 명령어

㉮ fdisk : 파티션을 관리하는 명령어

㉯ mkdir : 디렉토리를 생성

㉰ cd /dev : 장치들이 연결된 위치

㉱ umount : 장치와 디렉토리 연결을 해제한다.

④ DVD를 마운트 해본다.

㉮ 가상머신에 ISO이미지를 삽입한다.

㉯ cd : root 사용자의 홈디렉토리로 이동

㉰ mkdir : dvd 디렉토리를 생성한다.

㉱ ls : 디렉토리가 생성되었는지 확인한다.

```
[root@localhost dev]# cd
[root@localhost ~]# mkdir dvd
[root@localhost ~]# pwd
/root
[root@localhost ~]# ls
anaconda-ks.cfg   dvd
```

㉲ mount /dev/sr0 /root/dvd : 마운트를 진행해본다.

㉳ cd /root/dvd : dvd 디렉토리 안으로 들어간다.

㉴ ls : dvd 내용을 확인 해본다.

```
[root@localhost ~]# mount /dev/sr0 /root/dvd
mount: /root/dvd: WARNING: device write-protected, mounted read-only.
[root@localhost ~]# cd /root/dvd
[root@localhost dvd]# ls
AppStream  BaseOS  EFI  LICENSE  TRANS.TBL  images  isolinux  media.repo
[root@localhost dvd]#
```

㉵ mount | grep dvd : 마운트 내용을 확인 한다.

```
[root@localhost dvd]# mount | grep dvd
/dev/sr0 on /root/dvd type iso9660 (ro,relatime,nojoliet,check=s,map=n,blocksize=2048)
[root@localhost dvd]#
```

✅ 예제

01 Linux에서 사용되는 스왑 영역(Swap Space)에 관한 설명으로 올바른 것은?

① 스왑 영역이란 시스템에서 사용 가능한 메모리양을 늘리기 위해 디스크 장치를 이용하는 것을 의미한다.

② 스왑 영역은 가상 메모리 형태로 이용되며 실제 물리적 메모리와 같은 처리속도를 갖는다.

③ 시스템이 부팅될 때 부팅 가능한 커널 이미지 파일을 담는 영역으로 10Mbyte 정도면 적당하다.

④ Linux에 필요한 바이너리 파일과 라이브러리 파일들이 저장되는 영역으로 많은 용량을 요구한다.

02 Linux 설치 시 Swap 영역에 대한 설명 중 옳지 않은 것은?

① RAM의 부족한 용량을 보충하기 위해 하드 디스크의 일정부분을 지정하여 RAM처럼 사용한다.

② 일반적으로 실제 메모리의 두 배 정도면 적당하다.

③ 시스템을 모니터링 한 결과 Swap이 많이 일어나면 메모리를 증설해야 한다.

④ 한번 설정한 Swap은 추가가 불가능하므로 신중을 기해 크기를 결정해야 한다.

03 Linux에서 파티션 Type이 'SWAP' 일 경우의 의미는?

① Linux가 실제로 자료를 저장하는데 사용되는 파티션이다.

② Linux가 네트워킹 상태에서 쿠키를 저장하기 위한 파티션이다.

③ 메모리가 부족할 경우 하드 디스크의 일부분을 마치 메모리인 것처럼 사용하는 파티션이다.

④ Utility 프로그램을 저장하는데 사용되는 파티션이다.

04 Linux 시스템의 기본 명령어들이 포함되어 있는 디렉터리는?

① /dev   ② /lib

③ /bin   ④ /etc

05 Linux 시스템에서 필수적인 실행 파일과 기본 명령어가 포함되어 있는 디렉터리는?

① /boot   ② /etc

③ /bin   ④ /lib

06 Linux 디렉터리 구성에 대한 설명으로 옳지 않은 것은?

① /tmp – 임시파일이 저장되는 디렉터리

② /boot – 시스템이 부팅 될 때 부팅 가능한 커널 이미지 파일을 담고 있는 디렉터리

③ /var – 시스템의 로그 파일과 메일이 저장되는 위치

④ /usr – 사용자 계정이 위치하는 파티션 위치

07 Linux의 각 디렉터리에 대한 설명으로 옳지 않은 것은?

① /bin : 추가된 응용 프로그램 패키지가 설치되는 디렉터리이다.

② /lib : 각종 라이브러리가 저장된 디렉터리로 커널 모듈도 이곳에 설치된다.

③ /usr : 시스템이 정상적으로 동작하는데 필요한 모든 명령과 라이브러리 및 매뉴얼 페이지가 저장된다.

④ /root : 루트 사용자의 홈 디렉터리로 루트 사용자만 접근가능하다.

08 Linux 시스템에서 주로 사용자들의 개인 파일들이 저장되는 곳으로 사용자의 홈 디렉터리가 위치하는 파티션은?

① /tmp   ② /usr

③ /home   ④ /swap

09 Linux에서 사용되는 어플리케이션 및 환경 설정에 필요한 설정 파일들과 passwd 파일을 포함하고 있는 디렉터리는?

① /bin   ② /home

③ /etc   ④ /root

10 마운트에 대한 설명으로 올바른 것은?

① Linux에서 CD-ROM은 마운트 하지 않고 바로 사용할 수 있다.

② USB는 '#mount -t iso9660 /dev/fd0/ mnt/usb'와 같은 방법으로 마운트 시킨다.

③ 마운트를 해제하는 명령어는 'unmount'이다.

④ 해당파일 시스템이 사용 중이면 'mount'가 해제되지 않는다.

11 Linux의 일반적인 설명이다. 옳지 않은 것은?

① 대형 컴퓨터에서 사용하는 UNIX를 PC환경에서 사용할 수 있도록 하기 위해서 개발된 것이 현재의 리눅스의 모태가 되었다.

② 리눅스의 기본 동작구조는 쉘이 사용자의 명령어를 해석해주면 커널은 그 명령을 수행하는 구조로 되어있다.

③ NFS는 MS Windows Server 기반의 NTFS처럼 로컬 파일 시스템이다.

④ 마운트란 물리적인 하드디스크나 파티션을 논리적으로 시스템에 연결시켜 주는 것이다.

<정답> 01 ① 02 ④ 03 ③ 04 ③ 05 ③ 06 ④ 07 ① 08 ③ 09 ③ 10 ④ 11 ③

01 Linux 디렉터리 구성에 대한 설명으로 옳지 않은 것은?

① /tmp – 임시파일이 저장되는 디렉터리
② /boot – 시스템이 부팅 될 때 부팅 가능한 커널 이미지 파일을 담고 있는 디렉터리
③ /var – 시스템의 로그 파일과 메일이 저장되는 위치
④ /usr – 사용자 계정이 위치하는 파티션 위치

02 Linux에서 파티션 Type이 'SWAP' 일 경우의 의미는?

① Linux가 실제로 자료를 저장하는데 사용되는 파티션이다.
② Linux가 네트워킹 상태에서 쿠키를 저장하기 위한 파티션이다.
③ 메모리가 부족할 경우 하드 디스크의 일부분을 마치 메모리인 것처럼 사용하는 파티션이다.
④ Utility 프로그램을 저장하는데 사용되는 파티션이다.

03 Linux에서 사용되는 스왑 영역(Swap Space)에 관한 설명으로 올바른 것은?

① 스왑 영역이란 시스템에서 사용 가능한 메모리양을 늘리기 위해 디스크 장치를 이용하는 것을 의미한다.
② 스왑 영역은 가상 메모리 형태로 이용되며 실제 물리적 메모리와 같은 처리속도를 갖는다.
③ 시스템이 부팅될 때 부팅 가능한 커널 이미지 파일을 담는 영역으로 10Mbyte 정도면 적당하다.
④ Linux에 필요한 바이너리 파일과 라이브러리 파일들이 저장되는 영역으로 많은 용량을 요구한다.

04 Linux 시스템에서 기본적으로 시스템 설정 파일이 위치하는 디렉터리는?

① /etc
② /bin
③ /var
④ /dev

05 다음 중 사용한 디스크 용량에 대한 정보를 제공하는 Linux 명령어는?

① du
② pwd
③ cat
④ vi

06 Linux 시스템 디렉터리에 대한 설명으로 옳지 않은 것은?

① /bin : 가장 기본적으로 사용하는 명령어가 들어있다.
② /etc : 각 시스템의 고유한 설정 파일들이 위치한다.
③ /proc : 시스템 운영도중 파일의 크기가 변하는 파일들을 위한 공간이다.
④ /tmp : 임시 파일들을 위한 공간이다.

07 Linux 디렉터리 구성에 대한 설명으로 옳지 않은 것은?

① /tmp – 임시파일이 저장되는 디렉터리
② /boot – 시스템이 부팅 될 때 부팅 가능한 커널 이미지 파일을 담고 있는 디렉터리
③ /var – 시스템의 로그 파일과 메일이 저장되는 위치
④ /usr – 사용자 계정이 위치하는 파티션 위치

08 다음의 내용이 설명하고 있는 Linux 시스템 디렉터리는 무엇인가?

> – 시스템을 운영하면서 생기는 각종 임시 파일(시스템 로그, 스풀, 전자메일)을 저장하는 디렉터리
> – 크기가 계속 변하는 임시 파일을 저장하는 디렉터리

① /home   ② /usr
③ /var   ④ /tmp

09 Linux 시스템에서 필수적인 실행 파일과 기본 명령어가 포함되어 있는 디렉터리는?

① /boot   ② /etc
③ /bin   ④ /lib

⊣ 정답 ⊢

01 ④　　02 ③　　03 ①　　04 ①　　05 ①　　06 ③　　07 ④　　08 ③　　09 ③

LINUX SERVER 파일 시스템, 권한, 소유권

1 파일 시스템

1) Centos8 파일 시스템

가) ext(extended file system, 확장 파일 시스템)는 리눅스용 파일 시스템 가운데 하나로 만든 이는 스테펜 트위디(Stephen Tweedie)이다. 1992년 4월에 처음 모습을 드러냈으며 오늘날 많은 리눅스 배포판에서 주 파일 시스템으로 쓰이고 있다.

나) ext2(second extended filesystem, 이차 확장 파일 시스템)는 리눅스 파일 시스템 중 하나다. Rémy Card가 ext(extended file system, 확장 파일 시스템)를 대체하기 위해 고안하였다.

다) ext3 : ext2에서 자료 삭제 및 손실 없이 ext3으로 변경할 수 있다(자료를 백업할 필요가 없음). / 저널링 / 온라인 파일 시스템 증대 / 큰 규모의 디렉터리를 위한 Htree(btree의 고급판)

   ① 저널링 :파일의 손상을 복구할 수 있는 파일 시스템. 이 기능을 사용하면 데이터를 디스크에 쓰거나 변경할 때마다 로그에 이와 관련된 데이터를 남겨 시스템의 비정상적인 셧다운에도 이 데이터를 사용하여 빠르고 안정적으로 복구할 수 있다.

라) ext4(extended file system 4 , 확장된 파일 시스템 4)는 리눅스의 저널링 파일 시스템 중 하나로, ext3 파일 시스템의 향상된 버전이다.

   ① 대형 파일 시스템 : 최대 1엑사바이트의 볼륨과 최대 16테라바이트의 파일을 지원한다. 현재 e2fsprogs는 16테라바이트의 파일 시스템만 다룰 수 있지만, 보다 큰 드라이브를 지원하기 위한 개발이 진행 중이다.

2) hdd 추가해보기

가) 윈도우에서 하드디스크를 관리하려면 diskmgmt.msc에서 셋팅을 하면 된다

나) 리눅스에서는 관련 패키지가 없으며 관련 명령어로 셋팅을 한다.

   ① fdisk : 파티션 디스크 (파티션을 나누고 타입을 정한다.)

   ② mkfs : 포멧을 진행 / 파일시스템을 셋팅(ext4)

   ③ mkdir : 디렉토리를 생성 -> 마운트를 건다

   ④ mount : 마운트를 진행한다.

      ㉮ 윈도우는 드라이브 문자라는 것을 사용 c: d: e:

      ㉯ 리눅스는 디렉토리에 올려서(mount) 사용

   ⑤ 메인보드에 따른 장치명

      ㉮ E-IDE : 병렬 하드디스크 -> /dev/hda

      ㉯ SATA : 직렬 하드디스크 -> /dev/sda

         ㉠ /dev/sda1 : 1번 하드에 1번 파티션 (swap 셋팅)

         ㉡ /dev/sda2 : 1번 하드에 2번 파티션 (/ 셋팅)

ⓓ SCSI : 직렬 서버 하드디스크(구형) -> /dev/sdb

ⓔ SAS : 직렬 서버 하드디스크(신형) -> /dev/sdc

ⓕ USB : 이동식 하드디스크 -> /dev/sdd

ⓖ 메인보드 포트 번호 따라 a -> b -> c -> d로 생성 된다.

다) 가상머신에 하드디스크를 추가한다.

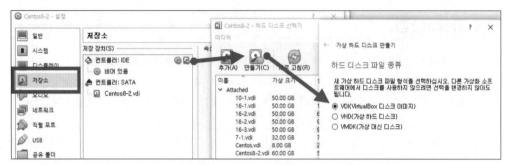

라) 기존에 하드는 SATA용이고 지금 추가한 하드는 IDE로 추가해본다.

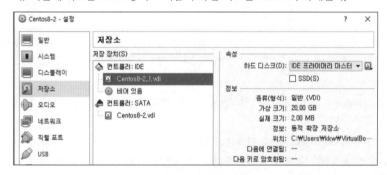

① 주의사항 원래 IDE를 추가하면 HDA로 나와야 하는데 가상머신이기 때문에 SD로 나옴

```
localhost login: root
Password:
Last login: Tue Feb 15 11:25:32 on pts/0
[root@localhost ~]# ls -l /dev/sd*
brw-rw----. 1 root disk 8,  0 Feb 15 21:50 /dev/sda
brw-rw----. 1 root disk 8, 16 Feb 15 21:50 /dev/sdb
brw-rw----. 1 root disk 8, 17 Feb 15 21:50 /dev/sdb1
brw-rw----. 1 root disk 8, 18 Feb 15 21:50 /dev/sdb2
[root@localhost ~]#
```

② 추가된 하드가 sda로 IDE가 우선순위 임을 확인 할 수 있다.

마) fdisk /dev/sdb -> sdb파티션 셋팅

```
[root@localhost ~]# fdisk /dev/sda
Welcome to fdisk (util-linux 2.32.1).
Changes will remain in memory only, until you decide to write them.
Be careful before using the write command.

Device does not contain a recognized partition table.
Created a new DOS disklabel with disk identifier 0x11605d27.

Command (m for help): n
Partition type
   p   primary (0 primary, 0 extended, 4 free)
   e   extended (container for logical partitions)
Select (default p): p
Partition number (1-4, default 1): 1
First sector (2048-41943039, default 2048):
Last sector, +sectors or +size{K,M,G,T,P} (2048-41943039, default 41943039):

Created a new partition 1 of type 'Linux' and of size 20 GiB.

Command (m for help): p
Disk /dev/sda: 20 GiB, 21474836480 bytes, 41943040 sectors
Units: sectors of 1 * 512 = 512 bytes
Sector size (logical/physical): 512 bytes / 512 bytes
I/O size (minimum/optimal): 512 bytes / 512 bytes
Disklabel type: dos
Disk identifier: 0x11605d27

Device     Boot Start      End Sectors Size Id Type
/dev/sda1        2048 41943039 41940992  20G 83 Linux

Command (m for help): w
The partition table has been altered.
Calling ioctl() to re-read partition table.
Syncing disks.

[root@localhost ~]# _
```

```
DOS (MBR)
   a   toggle a bootable flag
   b   edit nested BSD disklabel
   c   toggle the dos compatibility flag

Generic
   d   delete a partition
   F   list free unpartitioned space
   l   list known partition types
   n   add a new partition
   p   print the partition table
   t   change a partition type
   v   verify the partition table
   i   print information about a partition

Misc
   m   print this menu
   u   change display/entry units
   x   extra functionality (experts only)

Script
   I   load disk layout from sfdisk script file
   O   dump disk layout to sfdisk script file

Save & Exit
   w   write table to disk and exit
   q   quit without saving changes

Create a new label
   g   create a new empty GPT partition table
   G   create a new empty SGI (IRIX) partition table
   o   create a new empty DOS partition table
   s   create a new empty Sun partition table
```

① n -> new

② p -> primary(주 파티션)

③ 1 -> 1번 파티션

④ 시작섹터 엔터(기본값) -> 마지막섹터 엔터(기본값) -> full로 생성

⑤ p -> 설정 내용 확인

⑥ w -> 저장

바) 포멧 / 마운트

    ① ls -l /dev/sd* -> sda1생성 됨

    ② mkdir hdd -> hdd 디렉토리 생성

    ③ mkfs.ext4 /dev/sdb1 -> ext4형식으로 포멧

    ④ mount /dev/sda1 hdd -> 마운트

```
[root@localhost ~]# mkdir hdd
[root@localhost ~]# ls -l
total 8
-rw-------. 1 root root 1460 Feb 15 10:34 anaconda-ks.cfg
drwxr-xr-x. 2 root root    6 Feb 15 11:22 Desktop
drwxr-xr-x. 2 root root    6 Feb 15 11:22 Documents
drwxr-xr-x. 2 root root    6 Feb 15 11:22 Downloads
drwxr-xr-x. 2 root root    6 Feb 15 22:36 hdd
-rw-r--r--. 1 root root 1833 Feb 15 10:39 initial-setup-ks.cfg
drwxr-xr-x. 2 root root    6 Feb 15 11:22 Music
drwxr-xr-x. 2 root root    6 Feb 15 11:22 Pictures
drwxr-xr-x. 2 root root    6 Feb 15 11:22 Public
drwxr-xr-x. 2 root root    6 Feb 15 11:22 Templates
drwxr-xr-x. 2 root root    6 Feb 15 11:22 Videos
[root@localhost ~]# mkfs.ext4 /dev/sda1
mke2fs 1.45.6 (20-Mar-2020)
Creating filesystem with 5242624 4k blocks and 1310720 inodes
Filesystem UUID: 3eb62322-de3f-4a6d-8a43-36756478ccbb
Superblock backups stored on blocks:
        32768, 98304, 163840, 229376, 294912, 819200, 884736, 1605632, 2654208,
        4096000

Allocating group tables: done
Writing inode tables: done
Creating journal (32768 blocks): done
Writing superblocks and filesystem accounting information: done

[root@localhost ~]# mount /dev/sda1 /root/hdd
```

사) 설치된 정보 확인 해본다. (df, mount | grep sd)

```
[root@localhost ~]# df
Filesystem      1K-blocks     Used Available Use% Mounted on
devtmpfs          1418316        0   1418316   0% /dev
tmpfs             1446352        0   1446352   0% /dev/shm
tmpfs             1446352     9028   1437324   1% /run
tmpfs             1446352        0   1446352   0% /sys/fs/cgroup
/dev/sdb2        56594436  5266212  51328224  10% /
tmpfs              289268        0    289268   0% /run/user/0
/dev/sda1        20510288    45080  19400300   1% /root/hdd
[root@localhost ~]# mount | grep sd
/dev/sdb2 on / type xfs (rw,relatime,seclabel,attr2,inode64,logbuf
gvfsd-fuse on /run/user/0/gvfs type fuse.gvfsd-fuse (rw,nosuid,nod
/dev/sda1 on /root/hdd type ext4 (rw,relatime,seclabel)
[root@localhost ~]#
```

아) /etc/fstab

① 지금 설정한 마운트는 1회용이기 때문에 재부팅을 하면 마운트가 빠져나온다.

② 그래서 영구적으로 마운트를 진행하려면 fstab을 수정해서 셋팅을 해야 한다.

```
# /etc/fstab
# Created by anaconda on Tue Feb 15 00:34:24 2022
#
# Accessible filesystems, by reference, are maintained under '/dev/disk/'.
# See man pages fstab(5), findfs(8), mount(8) and/or blkid(8) for more info.
#
# After editing this file, run 'systemctl daemon-reload' to update systemd
# units generated from this file.
#
UUID=c000f907-fbb2-429f-9d8b-c53bf756a508 /                       xfs       defaults        0 0
UUID=a9c339ec-4206-488a-8546-0761e5e6ac33 none                    swap      defaults        0 0
/dev/sda1          /root/hdd       ext4      defaults        0       0
```

㉮ 첫번째 필드 : 장치명 (/dev/sd~ , uuid)

㉯ 두번째 필드 : 마운트 디렉토리

㉰ 세번째 필드 : 포멧타입

㉱ 네번째 필드 : 읽기(ro)/쓰기(rw)/실행(defaults)

㉲ 다섯번째 필드 : dump 사용여부 (1 : dump 명령어로 백업, 0 : 생략)

㉳ 여섯번째 필드 : fsck 파일시스템체크 (0 : 생략 , 1 : 1순위 작업, 2: 2순위 작업)

3) RAID

가) Redundant Array of Inexpensive/Independent Disk

나) 복수 배열 저가/독립 디스크

다) 하드웨어 RAID : 별도의 RAID 카드를 장착하여 구현하는 방법이다. 속도와 안정성 모두 최고급이나 별도의 RAID 카드가 필요하다는 게 단점이다. 고가의 서버 메인보드나 완제품에는 RAID 컨트롤러가 온보드 되어 있는 경우도 있기는 한데, RAID 카드 그 자체가 고장 나는 경우도 있기 때문에 보통은 PCIe 슬롯에 따로 장착한다

라) 펌웨어(드라이버) RAID : 값비싼 RAID 카드 대신 기능을 간략화한 RAID 칩을 탑재하고 펌웨어(드라이버)로 제어하여 구현하는 방법이다. 메인보드 RAID라고도 하며, 보통 OS 진입 전 BIOS(UEFI) 메뉴에서 RAID를 구현한다

마) 소프트웨어 RAID : OS RAID라고도 한다. OS의 디스크 관리 메뉴에서 RAID를 구현하는 방법이다. Windows의 경우에는 부팅 디스크를 OS RAID로 설정할 수 없다. OS RAID는 메인보드를 바꾸더라도 해당 디스크만 제대로 꼽아주면 계속 레이드를 사용할 수 있지만, OS를 바꾸면 (예를 들어 윈도우→리눅스) 보통 사용하지 못한다.

하드웨어 RAID	펌웨어 RAID (BIOS)	소프트웨어 RAID WIN 디스크관리

바) RAID의 버전

① RAID 0 (Striping, 스트라이프)

㉮ 여러 개의 멤버 하드디스크를 병렬로 배치하여 거대한 하나의 디스크처럼 사용한다. 데이터 입출력이 각 멤버 디스크에 공평하게 분배되며, 디스크의 수가 N개라면 입출력 속도 및 저장 공간은 이론상 N배가 된다. 다만 멤버 디스크 중 하나만 손상 또는 분실되어도 전체 데이터가 파손되며, 오류검출 기능이 없어 멤버 디스크를 늘릴수록 안정성이 떨어지는 문제가 있다. 따라서 장착된 하드디스크의 개수가 RAID-5 구성 조건에 충족되지 않는 등의 불가피한 경우가 아니라면 절대로 RAID 0으로 구성하지 않는 걸 추천한다.

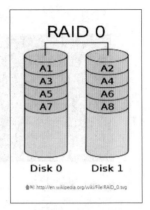

② RAID 1 (Mirroring, 미러)

㉮ 각 멤버 디스크에 같은 데이터를 중복 기록한다. 멤버 디스크 중 하나만 살아남으면 데이터는 보존되며 복원도 1:1 복사로 매우 간단하기 때문에, 서버에서 끊김 없이 지속적으로 서비스를 제공하기 위해 사용한다.

㉯ 멤버 디스크를 늘리더라도 저장 공간은 증가하지 않으며, 대신 가용성이 크게 증가하게 된다. 상용 환경에서는 디스크를 2개를 초과해서 쓰는 경우가 드물지만, 극한 환경에서는 3개 이상의 멤버 디스크를 사용하기도 한다. 읽기 성능은 Non-RAID와 별 차이가 없고, 쓰기 성능은 이론적으로는 소폭 하락한다. 다만, 이 하락이 하향 평준화가 기준이므로 동일 모델 동일 주차 생산품으로 구성한 경우 크게 차이가 없을 수 있다.

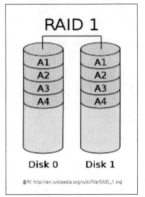

③ RAID 5 (Fault Tolerance using Distributed Parity Bit)

㉮ 패리티를 한 디스크에 밀어 넣지 않고 각 멤버 디스크에 돌아가면서 순환적으로 저장하여 입출력 병목 현상을 해결한다. N개의 디스크를 사용하면 (N-1)배의 저장 공간을 사용할 수 있다. RAID 4처럼 하나의 멤버 디스크 고장에는 견딜 수 있지만 디스크가 두 개 이상 고장 나면 데이터가 모두 손실된다. 데이터베이스 서버 등 큰 용량과 무정지 복구 기능을 동시에 필요로 하는 환경에서 주로 쓰인다

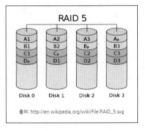

④ RAID 6 (Fault Tolerance using Distributed Double Parity Bit)

㉮ RAID 5와 원리는 같으며, 서로 다른 방식의 패리티 2개를 동시에 사용한다. 성능과 용량을 희생해서 가용성을 높인 셈. N개의 디스크를 사용하면 (N-2)배의 저장 공간을 사용할 수 있다.

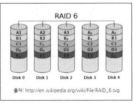

㉯ 스토리지 서버와 같이 디스크를 빼곡히 꽂는(기본 10개 단위) 환경에서 RAID 5는 유지보수가 어려우며, 어레이 안정성을 높이기 위한 목적으로 주로 사용된다. 하드 하나가 고장난 RAID 5 장비에서 교체 하려다가 실수로 멀쩡한 하드 하나를 뽑는다면 RAID 어레이 전체가 사망한다. 동일 상황에서 RAID 6는 문제가 없다. 컨트롤러가 RAID 5보다 더 비싸고, 멤버 디스크도 기본 4개 이상 확보해야 하므로 초기 구축 비용이 비싸다.

㉰ 하드디스크를 대단위로 물려야 하고, 가용성의 필요성이 RAID 5보다 높아야 하는 상황에서 쓰인다.

⑤ RAID 분석

　　㉮ 단순볼륨 : 단일 디스크 단일 파티션

　　㉯ Linear Raid : 스팬볼륨과 같다.

　　　　㉠ 1G + 2G = 3G 생성된다. (데이터 복원 X, 속도 향상 X)

　　　　㉡ 1G 하드를 사용하다가 용량이 부족해서 2G추가한 느낌(파티션을 1개로 구동한다 / hdd용량 부족할 때)

　　㉰ Raid 0 : 스트라이프 볼륨 -> 2개 이상의 HDD

　　　　㉠ 1G + 1G = 2G 생성 (데이터 복원 X / 속도 향상 : 대역폭 2배)

　　㉱ Raid 1 : 미러 볼륨 -> 2개 HDD

　　　　㉠ 1G + 1G = 1G 생성 (데이터 복원 용 / 읽기 속도 향상)

　　㉲ Raid 5 : 패리티 볼륨 -> 3개 이상의 HDD (1개 고장시 복구)

　　　　㉠ 1G + 1G + 1G = 2G (1개의 용량은 데이터 복원 용)

　　㉳ Raid 6 : 이중 패리티 볼륨 -> 4개 이상의 HDD(2개 고장시 복구)

　　　　㉠ 1G + 1G + 1G + 1G = 2G(2개의 용량이 데이터 복원)

✅ 예제

01　Linux 파일 시스템 중 ext3에 대한 설명으로 옳지 않은 것은?

① 파일시스템 레벨에서 사용할 수 있는 온라인 조각 모음 기능을 지원하지 않는다.

② 읽기/쓰기, I/O 및 디렉터리 검색 작업이 많은 파티션에 사용된다.

③ 저널링 기능으로 데이터의 신뢰성을 강화한다.

④ ext2 파일시스템을 ext3 파일시스템으로 변환할 수 없다.

02　Linux의 일반적인 설명이다. 옳지 않은 것은?

① 대형 컴퓨터에서 사용하는 UNIX를 PC환경에서 사용할 수 있도록 하기 위해서 개발된 것이 현재의 리눅스의 모태가 되었다.

② 리눅스의 기본 동작구조는 쉘이 사용자의 명령어를 해석해주면 커널은 그 명령을 수행하는 구조로 되어있다.

③ NFS는 MS Windows Server 기반의 NTFS처럼 로컬 파일 시스템이다.

④ 마운트란 물리적인 하드디스크나 파티션을 논리적으로 시스템에 연결시켜 주는 것이다.

03　마운트에 대한 설명으로 올바른 것은?

① Linux에서 CD-ROM은 마운트 하지 않고 바로 사용할 수 있다.

② USB는 '#mount -t iso9660 /dev/fd0/ mnt/usb'와 같은 방법으로 마운트 시킨다.

③ 마운트를 해제하는 명령어는 'unmount'이다.

④ 해당파일 시스템이 사용 중이면 'mount'가 해제되지 않는다.

04 RAID에 대한 설명으로 올바른 것은?

① RAID는 여러 개의 디스크로 구성된 디스크 배열을 의미한다.

② RAID는 레벨 0 ~ 4 까지 모두 5개의 규약이 있다.

③ '레벨 0'은 미러 모드라고 하는데 하나의 데이터를 여러 드라이브에 나누어 저장하는 기술이다.

④ 레벨의 의미는 데이터 입출력 속도가 빨라지는 단계에 따라 구분한다.

05 RAID의 구성에서 미러링모드 구성이라고도 하며 디스크에 있는 모든 데이터는 동시에 다른 디스크에도 백업되어 하나의 디스크가 손상되어도 다른 디스크의 데이터를 사용할 수 있게 한 RAID 구성은?

① RAID 0 　　　　　　　　② RAID 1

③ RAID 2 　　　　　　　　④ RAID 3

06 RAID 방식 중 미러링(Mirroring)이라고 하며, 최고의 성능과 고장대비 능력을 발휘하는 것은?

① RAID 0 　　　　　　　　② RAID 1

③ RAID 3 　　　　　　　　④ RAID 5

07 RAID 시스템 중 한 드라이브에 기록되는 모든 데이터를 다른 드라이브에 복사해 놓는 방법으로 복구 능력을 제공하며, 'Mirroring'으로 불리는 것은?

① RAID 0 　　　　　　　　② RAID 1

③ RAID 3 　　　　　　　　④ RAID 4

<정답> 01 ④ 02 ③ 03 ④ 04 ① 05 ② 06 ② 07 ②

2 권한 및 소유권

1) 파일과 디렉토리 유형

가) 파일이나 디렉토리를 생성하면 앞쪽에 영문으로 10자에 대한 옵션이 존재한다.

나) ls −l /dev를 확인 해보자.

```
crw-r--r--. 1 root root      10, 235 Feb 15 21:50 autofs
drwxr-xr-x. 2 root root          160 Feb 15 22:31 block
drwxr-xr-x. 2 root root          100 Feb 15 21:49 bsg
drwxr-xr-x. 3 root root           60 Feb 15 21:50 bus
lrwxrwxrwx. 1 root root            3 Feb 15 21:50 cdrom -> sr0
drwxr-xr-x. 2 root root         2740 Feb 15 21:50 char
crw-------. 1 root root       5,   1 Feb 15 21:50 console
lrwxrwxrwx. 1 root root           11 Feb 15 21:49 core -> /proc/kcore
drwxr-xr-x. 3 root root           60 Feb 15 21:49 cpu
crw-------. 1 root root      10,  62 Feb 15 21:50 cpu_dma_latency
drwxr-xr-x. 6 root root          120 Feb 15 21:49 disk
drwxr-xr-x. 3 root root          100 Feb 15 21:49 dri
crw-rw----. 1 root video     29,   0 Feb 15 21:49 fb0
lrwxrwxrwx. 1 root root           13 Feb 15 21:49 fd -> /proc/self/fd
crw-rw-rw-. 1 root root       1,   7 Feb 15 21:50 full
crw-rw-rw-. 1 root root      10, 229 Feb 15 21:50 fuse
crw-------. 1 root root      10, 228 Feb 15 21:50 hpet
drwxr-xr-x. 3 root root            0 Feb 15 21:50 hugepages
crw-------. 1 root root      10, 183 Feb 15 21:50 hwrng
lrwxrwxrwx. 1 root root           12 Feb 15 21:49 initctl -> /run/initctl
drwxr-xr-x. 3 root root          220 Feb 15 21:50 input
crw-r--r--. 1 root root       1,  11 Feb 15 21:50 kmsg
lrwxrwxrwx. 1 root root           28 Feb 15 21:49 log -> /run/systemd/journal/dev-log
crw-rw----. 1 root disk      10, 237 Feb 15 21:49 loop-control
crw-rw----. 1 root lp         6,   0 Feb 15 21:49 lp0
```

① 첫문자 : 파일유형

② - : 일반파일

③ d : 디렉토리

④ b : 블록 디바이스(저장소)

⑤ c : 문자 디바이스(입/출력기)

⑥ l : 링크(연결 파일)

2) 파일과 디렉토리의 허가권

가) 2번째 부터 10번째 까지 문자

① rwx rwx rwx

② 첫번째 rwx : 파일소유자(u)에 대한 허가권

③ 두번째 rwx : 파일그룹에 (g)대한 허가권

④ 세번째 rwx : 그외사용자(o)에 대한 허가권

㉮ 숫자로 나타내면 8진법을 사용한다.

㉯ 421 421 421 로 나타낼 수 있다.

소유자(User)			그룹(Group)			그 밖의 사용자(Other)		
읽기	쓰기	실행	읽기	쓰기	실행	읽기	쓰기	실행
r	w	x	r	w	x	r	w	x
4	2	1	4	2	1	4	2	1

3) chmod : 허가권을 변경하는 명령어

가) chmod 775 aaa.txt : 421 421 401 -> rwx rwx r-x

나) chmod o-x aaa.txt : rwx rwx r--

다) chmod g-w aaa.txt : rwx r-x r--

라) chmod u-r aaa.txt : -wx r-x r--

마) chmod a+x aaa.txt

바) chmod u-rw aaa.txt

4) rwx란?

가) r : read(읽기)

① 파일에서 r의 의미 : 파일의 내용을 읽어 들이는 명령어들과 관련 (cat, head, tail, more)

② 디렉토리에서 r의 의미 : 디렉토리 내용을 읽어 들이는 것과 관련(ls명령어)

나) w : write(쓰기)

① 파일에서 w의 의미 : 내용을 수정, 변경하는 명령어와 관련

② 디렉토리에서의 w의 의미 : 디렉토리 및 그 내부의 생성 및 삭제와 관련

다) x : execute(실행,접근)

① 파일에서 x의 의미 : 실행파일, 문서파일 접근권한을 포함

② 디렉토리에서의 x의 의미 : 접근 권한의 여부

5) 파일의 소유권(ownership)

가) 파일을 소유한 사용자와 그룹을 의미한다.

나) 파일을 만든 사용자를 소유자/그룹에 포함시킨다

① chown 소유자.그룹 파일명

② chown kkw.kkw network.txt (소유자와 그룹을 변경)

③ chown kkw network.txt (소유자를 변경)

④ chown .kkw network.txt <-> chgrp kkw network.txt (그룹을 변경)

```
[root@localhost ~]# touch network.txt
[root@localhost ~]# ls -l network.txt
-rw-r--r--. 1 root root 0 Feb 16 00:23 network.txt
[root@localhost ~]# chown kkw.kkw network.txt
[root@localhost ~]# ls -l network.txt
-rw-r--r--. 1 kkw kkw 0 Feb 16 00:23 network.txt
[root@localhost ~]# chown kkw.root network.txt
[root@localhost ~]# ls -l network.txt
-rw-r--r--. 1 kkw root 0 Feb 16 00:23 network.txt
[root@localhost ~]# chown root network.txt
```

6) umask

가) 컴퓨터에서 새로 만들어진 파일에 파일 권한을 어떻게 설정할지를 제어하는 마스크 설정을 결정하는 명령어이다.

나) $ umask -> 현재 값 표시 (8진법) -> 0022

다) $ umask -S -> 현재 값을 symbolic으로 표시 -> u=rwx,g=rx,o=rxt

```
[root@localhost ~]# umask
0022
[root@localhost ~]# umask -S
u=rwx,g=rx,o=rx
[root@localhost ~]# _
```

① 파일의 허가권의 값은 최대 666이고, 디렉토리에 허가권의 값은 최대 777이다.

✓ 예제

01 Linux에서 파일의 접근 권한 변경 시 사용되는 명령어는?

① umount   ② greb

③ ifconfig   ④ chmod

02 Linux의 퍼미션(Permission)에 대한 설명 중 옳지 않은 것은?

① 파일의 그룹 소유권을 변경하기 위한 명령은 'chgrp'이다.

② 파일의 접근모드를 변경하기 위한 명령은 'chmod'이다.

③ 모든 사용자에게 모든 권한을 부여하려면 권한을 '666'으로 변경한다.

④ 파일의 소유권을 변경하기 위한 명령은 'chown'이다.

03 Linux 시스템에서 '-rwxr-xr-x'와 같은 퍼미션을 나타내는 숫자는?

① 755   ② 777

③ 766   ④ 764

04 Linux 시스템에서 특정 파일의 권한이 '-rwxr-x--x' 이다. 이 파일에 대한 설명 중 옳지 않은 것은?

① 소유자는 읽기 권한, 쓰기 권한, 실행 권한을 갖는다.

② 소유자와 같은 그룹을 제외한 다른 모든 사용자는 실행 권한만을 갖는다.

③ 이 파일의 모드는 '751' 이다.

④ 동일한 그룹에 속한 사용자는 실행 권한만을 갖는다.

05 Linux에서 'manager'라는 파일을, 파일의 소유자가 아닌 사람도 볼 수는 있지만 수정을 못하도록 하는 명령어는?

① chmod 777 manager　　　　② chmod 666 manager

③ chmod 646 manager　　　　④ chmod 644 manager

<정답> 01 ④ 02 ③ 03 ① 04 ④ 05 ④

01 Linux 시스템에서 특정 파일의 권한이 '-rwxr-x--x' 이다. 이 파일에 대한 설명 중 옳지 않은 것은?

① 소유자는 읽기 권한, 쓰기 권한, 실행 권한을 갖는다.

② 소유자와 같은 그룹을 제외한 다른 모든 사용자는 실행 권한만을 갖는다.

③ 이 파일의 모드는 '751' 이다.

④ 동일한 그룹에 속한 사용자는 실행 권한만을 갖는다.

02 Linux 시스템 부팅과 함께 자동으로 마운트되어야 할 항목과 옵션이 정의되어 있는 파일은?

① /etc/fstab   ② /usr/local

③ /mount/cdrom   ④ /home/public_html

03 Linux 시스템 명령어 중 root만 사용가능한 명령은?

① chown   ② pwd

③ ls   ④ rm

04 다음 중 사용한 디스크 용량에 대한 정보를 제공하는 Linux 명령어는?

① du   ② pwd

③ cat   ④ vi

05 Linux 시스템의 'ls -l' 명령어에 의한 출력 결과이다. 옳지 않은 것은?

```
-rwxr-xr-x 1 root root 1369 Aug 8 2012 icqa
```

① 소유자 UID는 'root' 이다.

② 소유자 GID는 'root' 이다.

③ 소유자는 모든 권한을 가지며, 그룹 사용자와 기타 사용자는 읽기, 실행 권한만 가능하도록 설정되었다.

④ 'icqa'는 디렉터리를 의미하며 하위 디렉터리의 개수는 한 개 이다.

06 Linux의 퍼미션(Permission)에 대한 설명 중 옳지 않은 것은?

① 파일의 그룹 소유권을 변경하기 위한 명령은 'chgrp'이다.

② 파일의 접근모드를 변경하기 위한 명령은 'chmod'이다.

③ 모든 사용자에게 모든 권한을 부여하려면 권한을 '666'으로 변경한다.

④ 파일의 소유권을 변경하기 위한 명령은 'chown'이다.

┤ 정답 ├

01 ④   02 ①   03 ①   04 ①   05 ④   06 ③

LINUX SERVER 압축, 설치, EDIT, 기타 명령어

1 압축

1) 파일 압축과 묶기

가) 윈도우 계열의 압축 프로그램은 묶기를 진행하고 압축을 진행한다.(2가지가 섞인 결과물)

나) 리눅스 계열의 압축은 tar 명령어를 사용하여 묶기를 진행하고 거기에 여러가지 압축 명령어(xz, bzip2, gzip, zip)를 활용하여 압축을 진행한다.

다) 압축 = 파일 용량을 줄여 전송 시간 단축을 위해 사용 / 보관할 때 용량을 감소 시키는 효과

① 예전에부터 많이 사용하는 압축 파일은 xz, zip을 사용

② 최근에 압축율이 좋은 bz2, gzip에 대해서도 알아보자.

라) 윈도우의 압축 기술은 복사본을 만들어 압축을 하는 방식이지만 리눅스의 압축기술은 자신의 파일을 압축하여 보관하는 기술이다.

① 랜섬웨어 출현 : 몸값을 뜻하는 Ransom과 악성 코드를 뜻하는 Malware의 합성어이며, 사용자의 동의 없이 시스템에 설치되어서 무단으로 사용자의 파일을 모두 암호화하여 인질로 잡고 금전을 요구하는 악성 프로그램을 말한다. 일반적인 PC는 물론 서버, 모바일, DSLR#에서까지 현존하는 거의 모든 운영체제에서 활동한다. 랜섬웨어 종류에 따라 백신 프로그램이 사전에 랜섬웨어의 암호화를 차단하기도 한다

마) 압축 종류 및 명령어

① xz 압축

㉮ 확장명이 xz로 압축하거나 풀어 줌, 최신 기술로 압축률이 뛰어남.

㉯ xz 파일명 : 파일이름.xz로 자신을 압축 한다.

㉰ xz -d 파일명.xz : Decompress/ 압축 푼다.

㉱ xz -l 파일명.xz : list / 압축파일에 포함된 파일목록 / 압축률 등을 자세히 보인다.

㉲ xz -k 파일명xz : keep / 사본 파일을 압축한다.

② bzip2 압축

㉮ 확장명 bz2로 압축 / 풀기

㉯ bzip2 파일명 : 파일명.bz2로 압축한다.

㉰ bzip2 -d 파일명.bz2 : 압축 푼다. (bunzip2 파일명.bz2)

㉱ bzip2 -k 파일명 : 사본파일로 압축한다.(keep)

③ gzip 압축

㉮ 확장명을 gz으로 압축하거나 풀어 줌

㉯ gzip 파일명 : 파일명.gz로 압축한다.

㉰ gzip -d 파일명.gz : 파일명.gz 압축 해제

    ㉒ gunzip 파일명.gz

     ⑩ gzip -k 파일명 : 사본파일을 압축

     ⑭ gzip -l 파일명.gz : 압축율과 파일명이 보인다.

 바) 파일 묶기

   ① 알집이나 반디집등은 aaa, bbb 라는 2개의 파일을 압축했을 때 ccc.zip이라는 1개의 압축 파일로 생성된다.
    (묶기+압축)

   ② 리눅스는 파일압축과 묶기를 원칙적으로 별개의 프로그램이 진행한다. (앞에 배운 것이 압축)

   ③ tar이라는 명령어로 묶기를 진행하는데 옵션을 활용하여 압축까지 지원을 하는 것이다.

   ④ tar : 확장명이 tar인 묶음 파일을 생성/푼다.

    ㉮ c(소문자) : create(새로운 묶음을 만든다)

    ㉯ x : 묶은 파일을 푼다.

    ㉰ t : 묶음을 풀기 전에 묶인 경로를 보여줌(압축파일내용 자세히 보기)

    ㉱ C(대문자) : 묶음을 풀 때 내가 지정한 디렉터리에 압축을 풀어라
     ㉠ 지정하지 않으면 묶을 때와 동일한 디렉토리에 묶음이 풀린다.

    ㉲ f(필수) : file(파일로 생성해라)
     ㉠ 생략시 (기본값): tape(자기테이프로 저장 : 과거에 저장방식이 테이프)

    ㉳ v : visual의 의미로 과정을 보여라

    ㉴ J(대문자) : tar + xz (대Jxz)

    ㉵ z(소문자) : tar + gzip (zgz)

    ㉶ j(소문자) : tar + bzip2

    ㉷ Z(대문자) : tar + compress

   ⑤ 파일 묶기

    ㉮ tar cvf my.tar /etc/sysconfig : /etc/sysconfig 하위에 있는 것을 묶어라(c : 묶음 / v : 보여라 / f : 파일)

    ㉯ tar cfJ my.tar.xz /etc/sysconfig : J (xz 압축)

    ㉰ tar cfz my.tar.gz /etc/sysconfig : z (gz 압축)

    ㉱ tar cfj my.tar.bz2 /etc/sysconfig : j (bz2 압축)

   ⑥ 기타 옵션

    ㉮ tar tvf my.tar : t(풀기전에 묶인 경로 표시)

    ㉯ tar xvf my.tar : x(묶음파일 풀기 / 원래위치)

    ㉰ tar Cxvf ysedu my.tar : C(지정된 위치에 : ysedu 풀기)

    ㉱ tar xfJ my.tar.xz : J (xz 풀기)

    ㉲ tar xfz my.tar.gz : z (bz 풀기)

    ㉳ tar xfj my.tar.bz2 : j (bz2 풀기)

2 설치

1) RPM(Redhat Package Manager)

가) 레드햇에서 제작한 프로그램 설치용 파일 (Centos / Fedora / Redhat os에서 사용한다)

나) 윈도우에 setup.exe / install.exe와 같은 기능이다.

다) 확장명이 *.rpm으로 끝난다.

```
-r--r--r-- 1 root root 170908 12월  6  2019 gzip-1.9-9.el8.x86_64.rpm
[root@localhost Packages]#
```

① gzip : 프로그램명(패키지 이름)

② 1.9 : 버전(숫자가 높을수록 안전성이 좋다.)

③ : 3자리 : 주버전, 부버전, 패치 버전

④ 9 : 릴리즈 번호(문제점을 개선할 때 마다 붙여지는 번호)

⑤ el8 : 운영체제 호환버전(el : Enterprise Linux 8 = Centos8과 호환)

⑥ x86_64 : 64bit CPU 호환

⑦ : i386, i486, i586, i686 : 구형CPU(펜티엄이전)

⑧ : x86_64 : INTEL, AMD 64BIT용 CPU

⑨ : alpha / sparc / ia64 : 미국에 알파 CPU / 썬마이크로시스템 스팍 : CPU / 인텔 아이테니엄 CPU로 RISC 설계방식의 CPU

⑩ : noarch : 모든 cpu용

라) rpm 옵션

① rpm -Uvh 파일명.rpm

㉠ -U(대문자) : 업그레이드(기존에 있으면 업그레이드 없으면 설치)

㉡ -v : 설치과정을 보여줘

㉢ -h : 설치 퍼센트를 #으로 표시

② rpm -e 패키지명

㉠ erase : 패키지를 제거해라.

③ 설치된 패키지 분석

㉠ rpm -qa 패키지이름 : 설치유무확인(all)

㉡ rpm -qf 파일의절대경로 : 이미 설치된 파일이 어느 패키지에 포함된 것인지 확인

㉢ rpm -ql 패키지이름 : 특정 패키지에 어떤 파일들이 포함(list)

㉣ rpm -qi 패키지이름 : 설치된 패키지 상세 정보 (information)

④ mc 프로그램(linux의 탐색기와 유사하다)설치 연습

　㉮ cd dvd/App탭/P탭 : mc 설치파일 위치로 이동

　㉯ rpm -qi mc : mc 정보를 물어본다. -> 미설치

　㉰ rpm -Uvh mc-탭 : -U 설치, 업그레이드 진행

```
[root@localhost Packages]# cd
[root@localhost ~]# pwd
/root
[root@localhost ~]# cd dvd/AppStream/Packages/
[root@localhost Packages]# pwd
/root/dvd/AppStream/Packages
[root@localhost Packages]# ls -l mc*
-r--r--r-- 1 root root 2036844  7월  2  2019 mc-4.8.19-9.el8.x86_64.rpm
-r--r--r-- 1 root root   32212  7월  2  2019 mcpp-2.7.2-20.el8.x86_64.rpm
[root@localhost Packages]# rpm -qi mc
mc 패 키 지 가  설 치 되 어  있 지  않 습 니 다
[root@localhost Packages]# rpm -Uvh mc
mc-4.8.19-9.el8.x86_64.rpm    mcpp-2.7.2-20.el8.x86_64.rpm
[root@localhost Packages]# rpm -Uvh mc-4.8.19-9.el8.x86_64.rpm
```

⑤ 설치 확인 및 테스트

　㉮ rpm -qi mc : 설치 정보를 물어본다.

　㉯ rpm -ql mc : 설치 파일 리스트를 물어본다.

　㉰ mc : 설치한 mc 앱을 실행한다. -> exit(나오기)

　㉱ rpm -e mc : mc 앱을 제거한다.

```
[root@localhost Packages]# rpm -qi mc
Name         : mc
Epoch        : 1
Version      : 4.8.19
Release      : 9.el8
Architecture : x86_64
Install Date : Wed 16 Feb 2022 04:17:42 AM KST
Group        : Unspecified
Size         : 7095498
License      : GPLv3+
Signature    : RSA/SHA256, Tue 02 Jul 2019 09:03:17 AM KST, Key ID 05b555b38483c65d
Source RPM   : mc-4.8.19-9.el8.src.rpm
Build Date   : Tue 14 May 2019 11:27:43 AM KST
Build Host   : x86-02.mbox.centos.org
Relocations  : (not relocatable)
Packager     : CentOS Buildsys <bugs@centos.org>
Vendor       : CentOS
URL          : http://www.midnight-commander.org/
Summary      : User-friendly text console file manager and visual shell
Description :
Midnight Commander is a visual shell much like a file manager, only with
many more features. It is a text mode application, but it also includes
mouse support. Midnight Commander's best features are its ability to FTP,
view tar and zip files, and to poke into RPMs for specific files.
[root@localhost Packages]#
```

⑥ 의존성을 무시하고 설치

㉮ 의존성 : 만약에 cui 버전의 리눅스에 파이어 폭스를 설치한다면? 안됨!!!

㉠ 이유 : 웹브라우저를 실행하려면 x-windows 가 이미 설치 되어 있어야 된다.

㉡ rpm --force --nodeps 패키지명 : 의존성 무시와 강제로 설치하는 옵션 (설치는 되나 정상작동 유무는 보장 안됨)

```
[root@localhost Packages]# ls -l mysql-errmsg*
-r--r--r--. 1 root root 612163 Sep  2 06:14 mysql-errmsg-8.0.26-1.module_el8.4.0+915+de215114.x86_64
.rpm
[root@localhost Packages]# rpm -Uvh mysql-errmsg-8.0.26-1.module_el8.4.0+915+de215114.x86_64.rpm
warning: mysql-errmsg-8.0.26-1.module_el8.4.0+915+de215114.x86_64.rpm: Header V3 RSA/SHA256 Signatur
e, key ID 8483c65d: NOKEY
error: Failed dependencies:
        mysql-common(x86-64) = 8.0.26-1.module_el8.4.0+915+de215114 is needed by mysql-errmsg-8.0.26
-1.module_el8.4.0+915+de215114.x86_64
[root@localhost Packages]# rpm -Uvh --force --nodeps mysql-errmsg-8.0.26-1.module_el8.4.0+915+de2151
14.x86_64.rpm
warning: mysql-errmsg-8.0.26-1.module_el8.4.0+915+de215114.x86_64.rpm: Header V3 RSA/SHA256 Signatur
e, key ID 8483c65d: NOKEY
Verifying...                          ################################# [100%]
Preparing...                          ################################# [100%]
Updating / installing...
   1:mysql-errmsg-8.0.26-1.module_el8.################################# [100%]
[root@localhost Packages]# _
```

2) dnf (구 yum)

가) rpm을 사용하면 단점이 의존성의 문제가 있다.

① 프로그램을 설치하기 위한 사전 설치 프로그램이 필수

② ms 계열 프로그램도 게임을 설치하거나 프로그램을 설치할 때 c언어로 만들어진 경우가 아래와 같은 패키지가 설치 된 후에 게임 등이 설치된다.

나) 리눅스도 rpm으로 개발을 하였지만 선수프로그램이 설치 되어있지 않으면 정상 설치가 되지 않으며 의존성 문제로 정상작동하지 않는다.

다) 그래서 이것을 개선하기 위해 dnf(yum)으로 인공지능형 설치를 도와준다.

라) rpm파일을 설치하기 위해서는 dvd안에 파일을 찾던지 / 인터넷으로 파일을 찾아서 다운 받은 후에 다운로드 받은 위치에 가서 rpm 명령어로 설치하는데 dnf/yum은 웹 저장소에서 다운받아 자동설치를 도와준다.

① 의존성 생각하지 않고 / 파일 찾지 않고 설치를 한다.

마) dnf 사용법

① dnf -y install 패키지이름 : 패키지를 설치한다(-y : all yes)

② dnf install 파일명.rpm : rpm파일로 자동설치 진행

③ dnf check-update : 설치된 패키지 중! 업데이트가 가능한 목록표시

④ dnf update 패키지이름 : 패키지를 업데이트 한다. (없으면 설치)

⑤ dnf update : 모든 패키지를 업데이트 한다(실무에서 서버점검 필수)

⑥ dnf remove 패키지이름 : 설치된 패키지를 제거

⑦ dnf info 패키지이름 : 패키지의 요약정보를 보인다.

바) 전에 dvd에서 찾았던 mc를 설치

① 예전에는 dvd를 마운트하고 mc 경로로 가서 rpm -Uvh를 사용해 설치를 하였는데 이번에는 dnf -y install mc 로 설치 해보자.

㉮ 손쉽게 설치가 된다. -> 지워보자(dnf -y remove mc)

```
[root@localhost ~]# dnf -y install mc
마지막 메타 데이터 만료 확인 : 0:08:36 전에 2021년 04월 12일 (월) 오전 10시 0
9분 37초.
Dependencies resolved.
================================================================================
 Package      Architecture    Version              Repository        Size
================================================================================
Installing:
 mc           x86_64          1:4.8.19-9.el8        AppStream         1.9 M

Transaction Summary
================================================================================
설 치  1 Package

Total download size: 1.9 M
Installed size: 6.8 M
패 키 지  다운로드중 :
mc-4.8.19-9.el8.x86_64.rpm                     65 kB/s | 1.9 MB     00:30
--------------------------------------------------------------------------------
트 랜 잭 션  점 검  실 행  중
트 랜 잭 션  검 사 가  성 공 했 습 니 다 .
트 랜 잭 션  테 스 트  실 행  중
트 랜 잭 션  테 스 트 가  완 료 되 었 습 니 다 .
거 래  실 행  중
  준 비  중 입 니 다   :                                                  1/1
  Installing    : mc-1:4.8.19-9.el8.x86_64                             1/1
  스 크 립 틀 릿  실 행 : mc-1:4.8.19-9.el8.x86_64                        1/1
  확 인  중      : mc-1:4.8.19-9.el8.x86_64                             1/1
Installed products updated.

설 치 됨 :
  mc-1:4.8.19-9.el8.x86_64

완 료 되 었 습 니 다 !
[root@localhost ~]# █
```

사) dnf 고급 사용법

① dnf groupinstall "패키지그룹"

㉮ 설치시 주의사항 패키지명에 띄어쓰기가 있어서 ""로 묶어야 한다.

② dnf grouplist : 설치가능한 그룹

③ dnf list 패키지이름 : Centos에서 제공하는 패키지를 보인다.

④ dnf provides : 특정파일이 속한 패키지 이름 확인

⑤ dnf install --nogpgcheck : GPG검사를 생략

㉮ GPG : 인증된 파일은 GPG키가 삽입되는데 이것을 생략한다.

⑥ dnf clean all : 기존 저장소 목록 지우기

㉮ 간혹 DNF 명령어가 제대로 동작 안할 경우가 있다.

㉯ 내 운영체제 캐시부분에 파일이 들어있는 경우

㉰ 예전에 설치했던 파일이 문제가 생겨서 이것을 청소해야 함

01 특정 시스템에 이미 최적화되어 컴파일 된 소스를 묶어서 같은 종류의 다른 시스템에서 그대로 풀어서 사용할 수 있도록 만든 Linux의 바이너리 패키지는?

① RFC   ② RPM

③ SRC   ④ CONF

02 Linux에서 RPM에 사용하는 옵션 '--nodeps'의 의미는?

① 어떤 패키지의 의존성을 무시하고 설치하고자 할 때

② 디렉터리를 마치 '/' 처럼 생각하고 설치하고자 할 때

③ 패키지를 실제로 설치하지는 않고 충돌이나 의존성 문제가 있는지만 검사 할 때

④ 새로운 패키지를 지우고, 구버전의 패키지로 교체 할 때

03 Linux 시스템에서 RPM 패키지 설치시 기존 파일에 강제적으로 설치하고자 할 때 사용하는 옵션은?

① --nodeps   ② --noreplacefiles

③ --force   ④ --defaultpackage

<정답> 01 ② 02 ① 03 ③

3 EDIT(리눅스 편집기)

1) 리눅스는 C언어 기반의 소스로 구현되어 있으며 각종 스트립트는 영어로 구현이 되어 있다.

2) 이것을 파일로 만들어 놓았으며 편집을 하기 위해서는 윈도우의 메모장과 같은 기능을 하는 프로그램을 사용해야 한다.

3) 래드햇 계열(Centos / Fedora)

　가) GUI : gedit / CUI,TUI : vi

4) gedit는 그래픽 화면에서 텍스트를 편집하는 프로그램 (메모장과 유사)

5) vi는 텍스트 화면에서 텍스트를 편집하는 프로그램 (마우스가 없어서 키보드로 모든 명령어를 처리)

6) 대부분 서버를 원격에서 putty로 접속을 하여 빠른 대처를 하기 때문에 gedit를 사용하지 못한다.

7) vi를 활용하여 cui환경에서 텍스트 수정을 통해 해결을 한다.

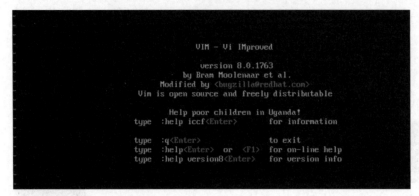

8) vi 에디터 사용법

가) i,a,o -> inser모드(글자 수정/삽입)

나) esc -> 명령모드(저장/검색/취소)

다) :wq (저장하고 빠져나오기)

라) :q! (저장하지 않고 빠져나오기)

마) :q (그냥 빠져나오기 -> 문서수정시 오류)

바) :wq! wel.txt (다른이름으로 저장,빠져나오기)

사) :w (저장)

아) yy (한줄복사) -> 이동 p (붙이기)

자) dd(한줄삭제) / x(커서에 있는 단어 삭제)

차) /문자열 (문자열찾기) , n(다음 문자열찾기)

카) :set nu / :set number (행번호 표시)

✅ 예제

01 Linux의 'vi(Visual Interface)' 명령어 중 문자 하나를 삭제할 때 사용하는 명령어는?

① dd ② x
③ D ④ dw

02 Linux의 'vi' 명령어 중 변경된 내용을 저장한 후 종료하고자 할 때 사용해야 할 명령어는?

① :wq ② :q!
③ :e! ④ $

03 Linux 시스템의 vi 에디터를 사용하여 텍스트를 입력한 후 저장하지 않았을 때, 바로 종료가 되지 않는 명령은?

① :wq ② :wq!
③ :q! ④ :q

04 VI의 3가지 모드 중에서 실제로 VI 편집기의 내용을 수정할 때 사용하며, i, a, o등을 누른 후, 텍스트를 입력할 수 있는 상태모드는?

① 명령모드 ② 실행모드
③ 편집모드 ④ 치환모드

05 Linux 시스템의 vi 에디터에 대한 설명으로 옳지 않은 것은?

① 입력모드로 전환은 'i'를 눌러서 한다.
② 편집모드로 전환하기 위해서는 'esc' 키를 누르고 ':'(콜론)을 입력하면 된다.
③ 기능키 'A'는 입력모드로 전환되어 현재 라인의 끝에 입력이 된다.
④ 기능키 'a'는 입력모드로 전환되어 현재 라인의 위 라인에 입력이 된다.

<정답> 01 ② 02 ① 03 ④ 04 ③ 05 ④

01 다음 중 /backup 디렉토리를 backup.tar.gz 으로 압축하는 명령으로 알맞은 것은?

① tar −cvzf /backup backup.tar.gz

② tar −tvzf /backup backup.tar.gz

③ tar −cvzf backup.tar.gz /backup

④ tar −tvzf backup.tar.gz /backup

02 다음 중 tar 명령의 옵션에 대한 설명으로 틀린 것은?

① −r : 기존의 tar 파일 뒤에 파일을 추가한다.

② −C : 디렉토리를 변경할 때 사용한다.

③ −x : 생성된 tar 파일을 푼다.

④ −f : 파일이 생성되었을 때의 권한을 그대로 유지하게 해준다.(퍼미션 : p)

03 다음 중 tar 명령의 옵션에 대한 설명으로 틀린 것은?

① −p : 모든 퍼미션 정보를 유지한다.

② −f : 처리 과정을 자세히 보여준다.(보여라 : v)

③ −c : 새 저장 파일을 만든다.

④ −m : 파일의 변경 시간정보를 유지하지 않는다.

04 다음은 test.tar에 묶여 있는 파일 목록을 확인하는 과정이다. (괄호) 안에 들어갈 옵션을 알맞은 것은?

```
[root@ihd ~]# tar (    ) test.tar
```

① cvf   ② xvf

③ evf   ④ tvf

05 다음 rpm 명령어의 옵션 중 패키지 관련 문서 및 man 페이지 파일 정보를 출력할 때 옵션으로 알맞은 것은?

① −qf   ② −qd

③ −qR   ④ −qc

06 다음 중 설치하려는 rpm 파일에 대한 정보를 보려고 할 때 (괄호) 안에 들어갈 내용으로 알맞은 것은?

```
# rpm (    ) totem−2.28.6−2.el6.i686.rpm
```

① −qip   ② −qfp

③ −qap   ④ −qcp

07 rpm 패키지 설치시에 의존성을 검사하지 않고 패키지를 설치하기 위해 사용하는 옵션으로 알맞은 것은?

① --query
② --verify
③ --freshen
④ --nodeps

08 다음 중 rpm 명령어 옵션에 대한 설명으로 알맞은 것은?

① rpm -i : 패키지를 설치한다.
② rpm -U : 패키지 정보를 확인한다.
③ rpm -F : 패키지를 제거한다.
④ rpm -e : 패키지를 검증한다.

09 sendmail-8.12.8-6.i386.rpm 다음 중 RPM 패키지의 이름 형식에 대한 설명으로 알맞는 것은?

① sendmail : 패키지 버전
② 8.12.8 : 패키지 릴리즈
③ 6 : 패키지 이름
④ i386 : 패키지 아키텍처

10 다음은 httpd 패키지를 제거하는 과정이다. (괄호)안에 들어갈 내용으로 알맞은 것은?

```
# rpm (    ) httpd
```

① -d
② -e
③ -r
④ -f

11 다음 조건일 때 (괄호) 안에 들어갈 내용으로 알맞은 것은?

가. vsftpd 패키지가 설치한 파일이나 디렉터리 목록을 출력한다.
나. sendmail에 대한 정보를 출력한다.

```
# rpm (ㄱ) vsftpd
# rpm (ㄴ) sendmail
```

① (ㄱ) -qp (ㄴ) -qf
② (ㄱ) -qf (ㄴ) -qp
③ (ㄱ) -qi (ㄴ) -ql
④ (ㄱ) -ql (ㄴ) -qi

12 다음 중 레드햇 계열 시스템에서 설치되어 있는 전체 패키지를 업데이트할 때 사용하는 명령으로 알맞은 것은?

① dnf install
② dnf update
③ apt-get update
④ apt-get upgrade

13 다음 중 dnf을 이용하여 "Development Tools" 그룹을 설치하기위한 방법으로 알맞은 것은?

① dnf install −group "Development Tools"

② dnf groupinstall "Development Tools"

③ dnf install "Development Tools"

④ dnf −g install "Development Tools"

14 다음 중 totem 이라는 패키지를 dnf으로 제거하는 명령으로 알맞은 것은?

① dnf delete totem   ② dnf remove totem

③ dnf erase totem   ④ dnf eliminate totem

15 다음 중 텔넷 접속 시나 텍스트 기반 콘솔 창에서 사용할 수 없는 편집기로 알맞은 것은?

① pico   ② nano

③ emacs   ④ gedit

16 다음 중 vi 편집기에서 나머지 셋과 성격이 틀린 명령은?

① i   ② a

③ o   ④ j

17 다음 중 vi 편집기 실행 시 명령 모드에서 입력 모드로 전환할 때 사용하는 키(key)로 틀린 것은?

① w   ② i

③ a   ④ o

18 다음 vi 명령어 중 입력 모드 전환하는 명령으로 틀린 것은?

① i   ② p

③ a   ④ o

19 다음 중 vi 편집기에서 읽기 전용 파일을 편집한 후에 저장하고 종료하는 명령으로 알맞은 것은?

① :q!   ② :w!

③ :wq!   ④ :wqr!

┤ 정답 ├

01 ③	02 ④	03 ②	04 ④	05 ②	06 ①	07 ④	08 ①	09 ④	10 ②	11 ④	12 ②	13 ②
14 ②	15 ④	16 ④	17 ①	18 ②	19 ③							

LINUX SERVER 네트워크 및 서비스

1 네트워크 관련 설정과 명령어

1) ifconfig

가) 장치이름 = enp0s3 (운영체제마다 이름을 다르게 설정한다.)

```
[root@localhost Packages]# ifconfig
enp0s3: flags=4163<UP,BROADCAST,RUNNING,MULTICAST>  mtu 1500
        inet 10.0.2.82  netmask 255.255.255.0  broadcast 10.0.2.255
        inet6 fe80::a00:27ff:fe4c:bc96  prefixlen 64  scopeid 0x20<link>
        ether 08:00:27:4c:bc:96  txqueuelen 1000  (Ethernet)
        RX packets 952  bytes 95282 (93.0 KiB)
        RX errors 0  dropped 0  overruns 0  frame 0
        TX packets 1047  bytes 88609 (86.5 KiB)
        TX errors 0  dropped 0  overruns 0  carrier 0  collisions 0
```

나) cd /etc/sysconfig/network-script/장치이름 (랜카드 설정 파일이 있다.)

```
[root@localhost ~]# cd /etc/sysconfig/network-scripts/
[root@localhost network-scripts]# ls
ifcfg-enp0s3
[root@localhost network-scripts]# _
```

다) vi ifcfg-enp0s3 (랜카드의 설정 파일을 변경 할 수 있다.)

```
TYPE=Ethernet
PROXY_METHOD=none
BROWSER_ONLY=no
BOOTPROTO=none
DEFROUTE=yes
IPV4_FAILURE_FATAL=no
IPV6INIT=yes
IPV6_AUTOCONF=yes
IPV6_DEFROUTE=yes
IPV6_FAILURE_FATAL=no
NAME=enp0s3
UUID=2524703e-e742-48f0-b2f8-48301020ce16
DEVICE=enp0s3
ONBOOT=yes
IPADDR=10.0.2.82
PREFIX=24
GATEWAY=10.0.2.2
DNS1=8.8.8.8
IPV6_PRIVACY=no
```

① BOOTPROTO = DHCP 사용 유무

② NAME = 랜카드 명

③ IPADDR = IP주소 수동 설정

④ 서브넷마스크 값 = /24 (255.255.255.0)

⑤ DNS1 = DNS 서버 주소

㉮ 이 값을 변경하면 /etc/resolv.conf 파일이 변경 된다.

2) GUI환경에서 네트워크 셋팅

가) gnome-control-center network

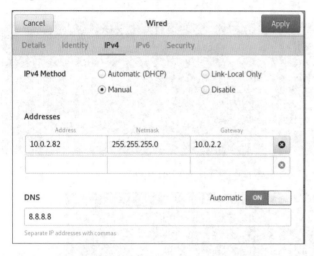

3) CUI에서 네트워크 셋팅

가) nmtui라는 명령어로 셋팅된 내용을 자세히 확인 할 수 있다. (수정도 가능) : tab으로 이동

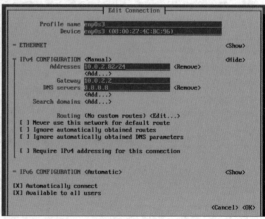

1) systemctl 옵션 network

가) 옵션

① start : 서비스 시작

② stop : 서비스 중지

③ restart : 서비스 재시작

④ status : 서비스 상태보기

⑤ enable : 활성화 (전원 켤때 서비스 구동)

⑥ disable : 비활성화

2) 중요한 네트워크 명령어

가) ifup enp0s3 : 인터페이스 활성화(켬)

나) ifdown enp0s3 : 인터페이스 비활성화(끔)

다) ifconfig enp0s3 : 인터페이스 설정 정보

라) nslookup : dns 관련 테스트

마) ping www.google.com : ip 관련 테스트

✅ 예제

01 Linux 시스템에서 네트워크 설정과 관련 없는 파일은?

① /etc/sysconfig/network

② /etc/motd

③ /etc/resolv.conf

④ /etc/sysconfig/network-scripts/ifcfg-eth0

02 Linux에서 'ifconfig'를 사용하여 네트워크 인터페이스 카드를 동작시키려고 한다. 명령어에 대한 사용이 올바른 것은?

① ifconfig 192.168.2.4 down

② ifconfig eth0 192.168.2.4 up

③ ifconfig -up eth0 192.168.2.4

④ ifconfig up eth0 192.168.2.4

03 Linux에서 네트워크 설정에 관한 설명으로 옳지 않은 것은?

① Linux는 Windows 시스템과 같이 완벽한 PnP 기능을 지원하지 못한다.

② LAN 카드 설치는 Linux 커널에 드라이버를 포함시키거나, 필요할 때마다 메모리에 로딩 할 수 있다.

③ LAN 카드를 메모리에 로딩해서 사용하려면 modprobe명령을 사용한다.

④ 네트워크 설정은 ipconfig 로 확인 할 수 있다.

04 Linux에서 게이트웨이를 추가 또는 삭제하려고 할 때 사용되는 명령어는?

① route　　　　② ipconfig

③ ping　　　　④ passwd

<정답> 01 ② 02 ② 03 ④ 04 ①

1) 서비스 : 데몬이라고 부르는 프로세스로 컴퓨터가 켜져있는 동안에 24시간 지속적으로 활동하고 있는 프로세스 (network / httpd / named) → standalone

2) 소켓 : 접속하려고 할 때 구동되는 프로세스로 예를 들어 ftp서비스를 자주 사용되지 않는데 누군가가 접속을 했을 때만 구동하도록 셋팅 할 수 있다. (리소스 낭비를 최소화 한다)

     가) 과거에는 inet / xinetd 라고 부름

3) 하나의 프로세스가 다른 프로세스를 실행하기 위한 방법

     가) fork : 리눅스 부팅시 발생하는 데몬 프로세스 / 새로운 프로세스를 위해 메모리를 할당 받아 복사본 형태의 프로세스를 실행하는 형태로 기존 프로세스는 그대로 실행되어 있다.

     나) exec : 원래 프로세스를 새로운 프로세스로 대체하는 형태로 호출 / 덮어 씌워 버림

1) 시스템과 독자적으로 구동 및 제공되는 프로세스

     가) 웹서비스 httpd / DB : mariad / ftp : vsftpd

2) 실행 및 종료

     가) systemctl start/stop/restart 서비스명

3) 서비스 스트립트 파일

     가) /usr/lib/systemd/system/*.service 파일로 존재

```
[root@localhost ~]# cd /usr/lib/systemd/system
[root@localhost system]# pwd
/usr/lib/systemd/system
[root@localhost system]# ls | more
instperf.service
iprdump.service
iprinit.service
iprupdate.service
iprutils.target
irqbalance.service
iscsid.service
iscsid.socket
iscsi-onboot.service
```

4) 부팅시 자동으로 실행(enable)

가) 확인법 : systemctl list-unit-files | more

```
proc-sys-fs-binfmt_misc.automount                static
-.mount                                          generated
dev-hugepages.mount                              static
dev-mqueue.mount                                 static
proc-fs-nfsd.mount                               static
proc-sys-fs-binfmt_misc.mount                    static
run-vmblock\x2dfuse.mount                        disabled
sys-fs-fuse-connections.mount                    static
sys-kernel-config.mount                          static
sys-kernel-debug.mount                           static
tmp.mount                                        disabled
var-lib-machines.mount                           static
var-lib-nfs-rpc_pipefs.mount                     static
cups.path                                        enabled
ostree-finalize-staged.path                      disabled
systemd-ask-password-console.path                static
systemd-ask-password-plymouth.path               static
systemd-ask-password-wall.path                   static
session-1.scope                                  transient
accounts-daemon.service                          enabled
alsa-restore.service                             static
alsa-state.service                               static
anaconda-direct.service                          static
anaconda-fips.service                            static
anaconda-nm-config.service                       static
anaconda-noshell.service                         static
```

5 소켓

1) 서비스는 항상 가동 중이나 소켓은 외부에서 특정 서비스를 요청시에만 systemd에서 구동을 진행한다. 그리고 요청이 끝나면 소켓도 종료 된다.

2) 소켓은 접속 시 로깅이 좀 길고 사용자 입장에서는 '느리다'라는 느낌을 받을 수 있지만 항상 가동하지 않기 때문에 전체적인 리소스는 여유 있게 구동한다.

3) 왜냐면 systemd가 서비스를 새로 구동하는 시간이 소요된다. (텔넷 / ftp 등)

4) 소켓과 관련된 파일은 서비스와 동일하다. 대신 확장자가 *.socket으로 끝난다.

```
[root@localhost system]# ls *.socket
avahi-daemon.socket                       systemd-journald-dev-log.socket
cockpit.socket                            systemd-journald.socket
cockpit-wsinstance-http-redirect.socket   systemd-rfkill.socket
cockpit-wsinstance-https-factory.socket   systemd-udevd-control.socket
cockpit-wsinstance-http.socket            systemd-udevd-kernel.socket
cockpit-wsinstance-https@.socket          virtinterfaced-admin.socket
cups.socket                               virtinterfaced-ro.socket
dbus.socket                               virtinterfaced.socket
dm-event.socket                           virtlockd-admin.socket
iscsid.socket                             virtlockd.socket
iscsiuio.socket                           virtlogd-admin.socket
libvirtd-admin.socket                     virtlogd.socket
libvirtd-ro.socket                        virtnetworkd-admin.socket
```

01 Linux에서 외부에서 마운트 요청이 오면 응답해 주는 역할을 하는 데몬(Deamon)은?

① rpc. mountd   ② rpc. nfsd

③ rpc. lockd   ④ rpc. statd

02 Linux 시스템에서 데몬(Daemon)에 관한 설명 중 옳지 않은 것은?

① 백그라운드(Background)로 실행된다.

② 'ps afx' 명령어를 실행시켜보면 데몬 프로그램의 활동을 확인할 수 있다.

③ 시스템 서비스를 지원하는 프로세스이다.

④ 시스템 부팅 때만 시작될 수 있다.

03 다음 설명에 해당하는 프로세스는?

> – 백그라운드로 실행한다.
> – 고유한 기능에 해당되는 이벤트가 발생되면 동작한다.
> – 서비스를 제공한 다음 대기 상태로 돌아간다.
> – 시스템 서비스를 지원하는 프로세스이다.
> – 서버의 역할을 수행하거나 그 기능을 도와주다.

① shell   ② kernel

③ program   ④ deamon

04 Linux 시스템에서 특정 서비스를 제공하는 Daemon이 살아있는지 확인할 때 사용하는 명령어는?

① daemon   ② fsck

③ men   ④ ps

05 Linux에서 프로세스의 상태를 확인하고자 할 때 사용하는 명령어는?

① ps   ② w

③ at   ④ cron

<정답> 01 ① 02 ④ 03 ④ 04 ④ 05 ①

6 프로세서 관련 명령어

1) **ps** : 프로세스 상태를 확인하는 명령어

2) **pstree** : 프로세스 상태를 트리 형태로 모여준다.

3) **kill** : 프로세서를 강제로 종료하는 명령어

```
[root@localhost system]# ps
    PID TTY          TIME CMD
   4035 tty1     00:00:01 bash
  41531 tty1     00:00:00 ps
[root@localhost system]# kill -9 4035
```

```
systemd-+-ModemManager---2*[{ModemManager}]
        |-NetworkManager---2*[{NetworkManager}]
        |-accounts-daemon---2*[{accounts-daemon}]
        |-alsactl
        |-atd
        |-auditd-+-sedispatch
        |        `-2*[{auditd}]
        |-avahi-daemon---avahi-daemon
        |-chronyd
        |-colord---2*[{colord}]
        |-crond
        |-cupsd
        |-dbus-daemon---{dbus-daemon}
        |-dnsmasq---dnsmasq
        |-firewalld---{firewalld}
        |-fwupd---4*[{fwupd}]
        |-gssproxy---5*[{gssproxy}]
        |-ksmtuned---sleep
        |-login---bash-+-more
        |              `-pstree
        |-lsmd
        |-mcelog
```

4) **nice** : 프로세스의 우선순위를 변경하는 명령어

5) **top** : 프로세서 상태를 실시간으로 보는 명령어

```
top - 07:11:13 up  9:21,  1 user,  load average: 0.00, 0.01, 0.01
Tasks: 123 total,   2 running, 121 sleeping,   0 stopped,   0 zombie
%Cpu(s):  0.3 us,   1.3 sy,  0.0 ni, 98.4 id,  0.0 wa,  0.0 hi,  0.0 si,  0.0 st
MiB Mem :   2824.5 total,   1464.9 free,    311.5 used,   1048.4 buff/cache
MiB Swap:   6144.0 total,   6144.0 free,      0.0 used.   2333.0 avail Mem

    PID USER      PR  NI    VIRT    RES    SHR S  %CPU  %MEM     TIME+ COMMAND
  41568 root      20   0   65424   4556   3896 R   1.3   0.2   0:00.07 top
    475 root      20   0       0      0      0 S   0.3   0.0   0:01.21 xfsaild/sdb2
      1 root      20   0  175668  14036   8884 S   0.0   0.5   0:15.47 systemd
      2 root      20   0       0      0      0 S   0.0   0.0   0:00.01 kthreadd
      3 root       0 -20       0      0      0 I   0.0   0.0   0:00.00 rcu_gp
      4 root       0 -20       0      0      0 I   0.0   0.0   0:00.00 rcu_par_gp
      6 root       0 -20       0      0      0 I   0.0   0.0   0:00.00 kworker/0:0H-events_highpri
      8 root       0 -20       0      0      0 I   0.0   0.0   0:00.00 mm_percpu_wq
      9 root      20   0       0      0      0 S   0.0   0.0   0:00.38 ksoftirqd/0
     10 root      20   0       0      0      0 R   0.0   0.0   0:01.42 rcu_sched
     11 root      rt   0       0      0      0 S   0.0   0.0   0:00.00 migration/0
     12 root      rt   0       0      0      0 S   0.0   0.0   0:00.08 watchdog/0
     13 root      20   0       0      0      0 S   0.0   0.0   0:00.00 cpuhp/0
```

01 로컬호스트에서 도메인 쿼리를 어느 네임서버에게 질의할 것인지를 결정해주는 파일로 도메인 해석이 이루어지도록 하기 위해서 반드시 필요한 파일은?

① /etc/hosts
② /etc/resolv.conf
③ /etc/sysconfig/iptables
④ /etc/sysconfig/network

02 Linux에서 프로세스와 관련된 명령어에 대한 설명 중 옳지 않은 것은?

① kill – 프로세스를 종료시키는 명령어
② nice – 프로세스의 우선순위를 변경하는 명령어
③ pstree – 프로세스를 트리형태로 보여주는 명령어
④ top – 가장 우선순위가 높은 프로세스를 보여주는 명령어

03 Linux에 존재하는 데몬에 대한 설명 중 올바른 것은?

① crond : 호스트 네임을 IP 주소로 변환하는 DNS 데몬
② httpd : 리눅스에 원격 접속된 사용자에 대한 정보를 알려주는 데몬
③ kerneld : 필요한 커널 모듈을 동적으로 적재해주는 데몬
④ named : inetd 프로토콜을 지원하는 데몬

04 Linux 프로세스를 확인하는 명령어로 올바른 것은?

① ps - ef
② ls – ali
③ ngrep
④ cat

05 Linux 시스템에서 특정 서비스를 제공하는 Daemon이 살아있는지 확인할 때 사용하는 명령어는?

① daemon
② fsck
③ men
④ ps

06 로컬호스트에서 도메인 쿼리를 어느 네임서버에게 질의할 것인지를 결정해주는 파일로 도메인 해석이 이루어지도록 하기 위해서 반드시 필요한 파일은?

① /etc/hosts
② /etc/resolv.conf
③ /etc/sysconfig/iptables
④ /etc/sysconfig/network

07 Linux 시스템에서 데몬(Daemon)에 관한 설명 중 옳지 않은 것은?

① 백그라운드(Background)로 실행된다.
② 'ps afx' 명령어를 실행시켜보면 데몬 프로그램의 활동을 확인할 수 있다.
③ 시스템 서비스를 지원하는 프로세스이다.
④ 시스템 부팅 때만 시작될 수 있다.

┤ 정답 ├

01 ②   02 ④   03 ③   04 ①   05 ④   06 ②   07 ④

10 LINUX SERVER DNS, HTTPD, VSFTPD

1 DNS

1) 네임 서버 설치 및 운영

가) 네임 서버는 도메인 ip와 dns 정보 등을 관리하는 역할

① www.naver.com -> ip주소 : 이름해석

나) hosts -> 과거에 웹서버가 지금처럼 많이 생기지 않을 적에 도메인명과 ip를 기록해 놓은 파일

① 윈도우 : c:₩windows₩system32₩drivers₩etc₩hosts

② 리눅스 : /etc/hosts

다) 리눅스용 dns 관련 파일

① vi /etc/resolv.conf -> 리눅스의 dns 관련 파일

② 만약 정보가 수정되지 않으면 -> ifcfg-ens33에 파일 수정한다. (1순위)

③ systemctl restart NetworkManager -> nslookup

```
[root@localhost system]# nslookup
> server
Default server: 8.8.8.8
Address: 8.8.8.8#53
> www.naver.com
Server:         8.8.8.8
Address:        8.8.8.8#53

Non-authoritative answer:
www.naver.com   canonical name = www.naver.com.nheos.com.
www.naver.com.nheos.com canonical name = www.naver.com.edgekey.net.
www.naver.com.edgekey.net       canonical name = e6030.a.akamaiedge.net.
Name:   e6030.a.akamaiedge.net
Address: 23.40.192.222
> www.icqa.or.kr
Server:         8.8.8.8
Address:        8.8.8.8#53

Non-authoritative answer:
Name:   www.icqa.or.kr
Address: 210.103.175.224
```

2) 네임서버 설치

가) dnf -y install bind bind-chroot

① bind : 서비스

② bind-chroot : 설정파일

```
[root@localhost ~]# dnf -y install bind bind-chroot
CentOS-8 - Base                                      6.1 kB/s | 3.9 kB    00:00
CentOS-8 - AppStream                                 7.4 kB/s | 4.3 kB    00:00
CentOS-8 - Extras                                    1.2 kB/s | 1.5 kB    00:01
CentOS-8 - Plus                                      2.6 kB/s | 3.0 kB    00:01
CentOS-8 - PowerTools                                3.7 kB/s | 4.3 kB    00:01
Dependencies resolved.
================================================================================
 Package          Architecture Version                  Repository        Size
================================================================================
Installing:
 bind             x86_64       32:9.11.4-17.P2.el8_0.1   AppStream        2.1 M
 bind-chroot      x86_64       32:9.11.4-17.P2.el8_0.1   AppStream        100 k
Downgrading:
 bind-libs        x86_64       32:9.11.4-17.P2.el8_0.1   AppStream        169 k
 bind-libs-lite   x86_64       32:9.11.4-17.P2.el8_0.1   AppStream        1.1 M
 bind-license     noarch       32:9.11.4-17.P2.el8_0.1   AppStream         98 k
```

나) vi /etc/named.conf

① 네임서버 관련 설정 변경

㉮ : 11행 : listen-on port 53 { any;} -> 모든 ip에 대해 포트 제공

㉯ : 12행 : listen-on-v6 port 53 { none; }; -> IPv6에 대해 사용 안함

㉰ : 19행 : allow-query { any; } -> 쿼리 모두 허용

㉱ : 34행 : dnssec-validation no; -> 서명 검증 no

```
10 options {
11     listen-on port 53 { 127.0.0.1; }
12     listen-on-v6 port 53 { ::1; };
13
14     dump-file        "/var/named/data/cache_dump.db";
15     statistics-file "/var/named/data/named_stats.txt";
16     memstatistics-file "/var/named/data/named_mem_stats.txt";
17     secroots-file   "/var/named/data/named.secroots";
18     recursing-file  "/var/named/data/named.recursing";
19     allow-query     { localhost; };
20
21     /*
22      - If you are building an AUTHORITATIVE DNS server, do NOT enable recursion.
23      - If you are building a RECURSIVE (caching) DNS server, you need to enable
24        recursion.
25      - If your recursive DNS server has a public IP address, you MUST enable access
26        control to limit queries to your legitimate users. Failing to do so will
27        cause your server to become part of large scale DNS amplification
28        attacks. Implementing BCP38 within your network would greatly
29        reduce such attack surface
30     */
31     recursion yes;
32
33
34     dnssec-validation yes;
35
36     managed-keys-directory "/var/named/dynamic";
```

② dns 서버의 핵심이 되는 파일로 이 파일 아래쪽에 만들고 싶은 dns정보를 입력하며 관련 설정을 저장한다.

다) kkwcloud.co.kr dns 생성 -> vi /etc/named.conf 맨 아래쪽에 추가

```
zone "kkwcloud.co.kr" IN {
type master;                     -> 마스터네임서버 master
file "kkwcloud.co.kr.db";        -> 옵션의 db정보 파일
allow-update { none; }           -> 2차 네임 서버의 주소(생략)
};
```

라) dns SOA 및 레코드 생성 -> vi /var/named/kkwcloud.co.kr.db 생성

```
$TTL       3H
@   SOA    @      root.  (2    1D    1H    1W
    1H )
    IN     NS     @
    IN     A      192.168.111.81
www        IN     A      192.168.111.81
ftp        IN     A      192.168.111.82
```

① www.kkwcloud.co.kr -> 192.168.111.81로 A레코드를 생성한다.

② ftp.kkwcloud.co.kr -> 192.168.111.82로 A레코드를 생성한다.

③ $TTL : Time to Live(호스트 이름을 질의 해 갔을 때 다른 네임 서버가 해당 ip 주소를 캐시에 저장하는 시간 (3h -> 3시간)

④ @ : /etc/named.conf 에 정의된 yscloud.net

⑤ IN : internet

⑥ SOA : Start of authority (권한의 시작)

⑦ serial : 2 / refresh 1D (상위 네임서버에 업데이트 정보를 요청시간) / retry 1H (문제시 재접속) / expire 1W (접속장애시 정보 파기) / minimum(이시간 이후에 파기)

㉑ D (day) / H (Hour) / W (Week)

⑧ NS : 네임서버의 약자 (역할 컴퓨터) / MX : 이메일용 / A : IPv4에 관한 / CNAME : 별칭

✅ 예제

01 Linux Sever의 bind에 대한 설명으로 올바르지 않은 것은?

① BIND는 NAME server와 resolver를 구현한 DNS 소프트웨어 이다.

② BIND는 용도에 따라 NAME server로만 작동할 수 도 있다.

③ BIND는 용도에 따라 NAME server와 resolver 두가지 기능을 하도록 설정이 가능하다.

④ DNS 서버는 UDP 포트번호 80번을 사용한다.

02 Linux에서 네임서버의 동작 확인 및 운영관리를 위하여 널리 사용되는 명령어는?

① nslookup   ② netstat

③ ping   ④ traceroute

03 Linux 시스템에서 사용되는 DNS 관련 파일로 옳지 않은 것은?

① named. conf   ② zone_file

③ rzone_file   ④ reverse_zone_file

04 SOA 레코드의 설정 값에 대한 설명으로 옳지 않은 것은?

① 주 서버 : 주 영역 서버의 도메인 주소를 입력한다.

② 책임자 : 책임자의 주소 및 전화번호를 입력한다

③ 최소 TTL : 각 레코드의 기본 Cache 시간을 지정한다.

④ 새로 고침 간격 : 주 서버와 보조 서버간의 통신이 두절되었을 때 다시 통신할 시간 간격을 설정한다.

05 Linux DNS의 SOA(Start Of Authority) 레코드에 대한 설명으로 옳지 않은 것은?

① Zone 파일은 항상 SOA로 시작한다.

② 해당 Zone에 대한 네임서버를 유지하기 위한 기본적인 자료가 저장된다.

③ Refresh는 주 서버와 보조 서버의 동기 주기를 설정한다.

④ TTL 값이 길면 DNS의 부하가 늘어난다.

06 자신의 Linux 서버에 네임서버 운영을 위한 BIND Package가 설치되어 있는지를 확인해 보기 위한 명령어는?

① #rpm −qa l grep bind   ② #rpm −ap l grep bind

③ #rpm −qe l grep bind   ④ #rpm −ql l grep bind

07 Linux에서 DNS를 설치하기 위한 named.zone 파일의 SOA 레코드에 대한 설명으로 옳지 않은 것은?

① Serial : 타 네임서버가 이 정보를 유지하는 최소 유효기간

② Refresh : Primary 네임서버의 Zone 데이터베이스 수정 여부를 검사하는 주기

③ Retry : Secondary 네임 서버에서 Primary 네임서버로 접속이 안 될 때 재시도를 요청하는 주기

④ Expire : Primary 네임서버 정보의 신임 기간

<정답> 01 ④ 02 ① 03 ③ 04 ② 05 ④ 06 ① 07 ①

2 HTTPD(웹서버 구현)

1) 윈도우서버에서는 IIS라는 역할을 활용하여 웹서버를 구축 하였으나 리눅스는 APM이라는 프로그램을 셋팅하여 웹서버를 구현한다.

　가) A : Apache (httpd라는 데몬 서비스)

　나) P : PHP (백엔드 프로그램)

　다) M : MariaDB (데이터베이스)

2) rpm -qa httpd php mariadb-server (설치유무)

3) dnf -y install httpd php php-mysqlnd mariadb-server (APM을 설치한다)

```
===============================================================================
 Package              Arch     Version                        Repo         Size
===============================================================================
Installing:
 httpd                x86_64  2.4.37-12.module_el8.0.0+185+5908b0db AppStream 1.7 M
 mariadb-server       x86_64  3:10.3.11-2.module_el8.0.0+35+6f2527ed AppStream 16 M
 php                  x86_64  7.2.11-1.module_el8.0.0+56+d1ca79aa AppStream 1.5 M
 php-mysqlnd          x86_64  7.2.11-1.module_el8.0.0+56+d1ca79aa AppStream 190 k
Installing dependencies:
 apr                  x86_64  1.6.3-9.el8                    AppStream 125 k
 apr-util             x86_64  1.6.1-6.el8                    AppStream 105 k
```

4) systemctl start httpd -> enable -> status (HTTPD 서비스 구동)

5) systemctl start mariadb -> enable -> status (DB 서비스 구동)

6) firewall-cmd --permanent --add-service=http (방화벽 오픈 TCP/80)

7) firewall-cmd --permanent --add-service=https (방화벽 오픈 TCP/443)

8) firewall-cmd --reload (방화벽 서비스 갱신)

9) firewall-cmd --list-services (방화벽 포트 오픈 리스트 확인)

```
[root@localhost ~]# firewall-cmd --permanent --add-service=http
success
[root@localhost ~]# firewall-cmd --permanent --add-service=https
success
[root@localhost ~]# firewall-cmd --reload
success
[root@localhost ~]# firewall-cmd --list-services
cockpit dhcpv6-client http https ssh
[root@localhost ~]#
```

01 아파치(Apache) 웹 서버 운영시 서비스에 필요한 여러 기능들을 설정하는 파일은?

① httpd.conf   ② htdocs.conf

③ index.php   ④ index.cgi

02 아파치 서버의 설정파일인 'httpd.conf'의 항목에 대한 설명으로 옳지 않은 것은?

① KeepAlive On : HTTP에 대한 접속을 끊지 않고 유지한다.

② StartServers 5 : 웹서버가 시작할 때 다섯 번째 서버를 실행 시킨다.

③ MaxClients 150 : 한 번에 접근 가능한 클라이언트의 개수는 150개 이다.

④ Port 80 : 웹서버의 접속 포트 번호는 80번이다.

03 httpd.conf 파일을 사용하여 Apache 웹 서버를 설정하려고 한다. 주요 설정 항목에 대한 설명으로 옳지 않은 것은?

① ServerRoot : 아파치 웹서버의 각종 설정 파일이 있는 디렉터리를 지정한다.

② Listen : 아파치 웹서버가 사용할 기본 포트(80번)를 설정한다.

③ DocumentRoot : 웹사이트에 사용될 각종 파일들이 위치한 디렉터리를 지정한다.

④ ServerType : 서버의 실행 방법을 지정하며, Single Mode와 Multi Mode가 있다.

04 Linux 시스템을 웹 서버로 운영하려고 한다. 이때 웹 서버로 운영하기 위해 설치해야 할 것은?

① BIND   ② Apache

③ MySQL   ④ Samba

<정답> 01 ① 02 ② 03 ④ 04 ②

3 VSFTPD (ftp서비스)

1) 파일 전용 프로토콜로 서버에 파일을 업로드 / 다운로드를 담당한다.

2) dnf −y install vsftpd (ftp를 설치한다.)

```
[root@localhost ~]# dnf -y install vsftpd
Failed to set locale, defaulting to C.UTF-8
Last metadata expiration check: 0:35:36 ago on Thu Jan 13 03:11:18 2022.
Dependencies resolved.
================================================================================
 Package          Architecture      Version             Repository       Size
================================================================================
Installing:
 vsftpd           x86_64            3.0.3-34.el8         appstream        181 k

Transaction Summary
================================================================================
Install  1 Package

Total download size: 181 k
Installed size: 347 k
Downloading Packages:
vsftpd-3.0.3-34.el8.x86_64.rpm                     2.2 MB/s | 181 kB     00:00
--------------------------------------------------------------------------------
Total                                              105 kB/s | 181 kB     00:01
Running transaction check
Transaction check succeeded.
Running transaction test
Transaction test succeeded.
```

3) vsftpd가 사용하는 기본 경로는 /var/ftp/pub이다.

　가) 이곳에 test1 파일을 복사해 넣는다.

4) 서비스를 재시작 / 활성화 / 상태보기를 진행한다.

5) 방화벽을 오픈한다.

　가) firewall−cmd −−permanent −−add−service=ftp −⟩ reload −⟩ list−all

6) /etc/vsftpd/vsftpd.conf

　가) 환경설정 내용을 확인 해보자.

　　① 12행 anonymous_enable=NO (ftp익명접속 허용 여부) -> YES -> anonymous가 접속

　　② 15행 local_enable=YES (로컬 사용자 계정의 FTP 접속 허용 여부)

　　③ 18행 write_enable=YES (쓰기권한을 허용여부 -> 업로드에 대한 허용)

　　④ 22행 local_umask=022 (로컬사용자에 파일/폴더 생성 umask값)

　　　㉮ 디렉토리 777 - 022 = 755 (rwx r-x r-x)

　　　㉯ 파일 666 - 022 = 644 로 생성 된다. (rw- r-- r--)

　　⑤ 28행 #anon_upload_enable=YES (익명계정이 업로드 가능)

⑥ 32행 #anon_mkdir_write_enable=YES (익명계정이 디렉토리 생성 가능)

```
11 # Allow anonymous FTP? (Beware - allowed by default if you comment this out).
12 anonymous_enable=NO
13 #
14 # Uncomment this to allow local users to log in.
15 local_enable=YES
16 #
17 # Uncomment this to enable any form of FTP write command.
18 write_enable=YES
19 #
20 # Default umask for local users is 077. You may wish to change this to 022,
21 # if your users expect that (022 is used by most other ftpd's)
22 local_umask=022
23 #
24 # Uncomment this to allow the anonymous FTP user to upload files. This only
25 # has an effect if the above global write enable is activated. Also, you will
26 # obviously need to create a directory writable by the FTP user.
27 # When SELinux is enforcing check for SE bool allow_ftpd_anon_write, allow_ftpd_fu
28 #anon_upload_enable=YES
29 #
30 # Uncomment this if you want the anonymous FTP user to be able to create
31 # new directories.
32 #anon_mkdir_write_enable=YES
33 #
34 # Activate directory messages - messages given to remote users when they
35 # go into a certain directory.
```

✅ 예제

01 FTP는 2개의 포트 번호를 사용한다. 다음 중 전통적으로 사용되는 FTP 관련 포트 번호의 조합으로 알맞은 것은?

① 20번과 21번 ② 21번과 22번
③ 21번과 23번 ④ 22번과 23번

02 다음 중 ftp 서비스에 대한 설명으로 틀린 것은?

① Server/Client 구조의 서비스이다.
② 텔넷과 동일하게 아이디와 패스워드를 이용하여 로그인 한다.
③ ftp 명령 뒤에 호스트명 또는 IP 주소를 입력하여 리모트 시스템에 연결한다.
④ telnet과 ssh와 같이 리모트 시스템을 제어할 때 주로 사용된다.

03 다음 FTP에 대한 설명으로 틀린 것은?

① FTP 서버를 구축하기 위해서는 Proftpd나 Vsftpd 등을 설치해야 한다.
② 공개 소프트웨어를 제공하는 대부분의 FTP 서버에서는 anonymous라는 계정을 제공한다.
③ FTP 서버에서는 21번 포트 하나만 열어두면 파일 전송이 가능하다.
④ ftp라는 클라이언트 명령어를 사용해서 FTP 서버에 접속할 수 있다.

04 다음 중 공개 소프트웨어를 제공하는 FTP 서버에 접근할 때 입력할 수 있는 계정으로 알맞은 것은?

① root ② rpc
③ anonymous(익명) ④ nobody

<정답> 01 ① 02 ④ 03 ③ 04 ③

01 Linux에서 DNS의 SOA(Start Of Authority) 레코드에 대한 설명으로 옳지 않은 것은?

① Zone 파일은 항상 SOA로 시작한다.

② 해당 Zone에 대한 네임서버를 유지하기 위한 기본적인 자료가 저장된다.

③ Refresh는 주 서버와 보조 서버의 동기 주기를 설정한다.

④ TTL 값이 길면 DNS의 부하가 늘어난다.

02 다음 중 웹서버인 아파치(Apache) 환경 설정 파일은?

① named.conf ② smb.conf

③ lilo.conf ④ httpd.conf

03 Apache 웹서버 구성시 옵션에 대한 설명으로 옳지 않은 것은?

① Listen : 접속가능한 출발지 IP주소를 지정한다.

② ServerAdmin : 문제가 발생하는 경우 Apache 서버가 보낼 E-Mail 주소를 입력한다.

③ DocumentRoot : Apache 서버가 인식할 데이터들이 저장될 디렉터리를 지정한다.

④ DirectoryIndex : 클라이언트가 웹서버 접속 시 초기 화면으로 보여줄 파일명을 지정한다.

04 아파치 'httpd.conf' 설정파일의 항목 중 접근 가능한 클라이언트의 개수를 지정하는 항목으로 올바른 것은?

① ServerName ② MaxClients

③ KeepAlive ④ DocumentRoot

05 Linux에서 DNS의 SOA(Start Of Authority) 레코드에 대한 설명으로 옳지 않은 것은?

① Zone 파일은 항상 SOA로 시작한다.

② 해당 Zone에 대한 네임서버를 유지하기 위한 기본적인 자료가 저장된다.

③ Refresh는 주 서버와 보조 서버의 동기 주기를 설정한다.

④ TTL 값이 길면 DNS의 부하가 늘어난다.

06 bind 패키지를 이용하여 네임서버를 구축할 경우 '/etc/named.conf'의 일부 내용이다. 설정의 설명으로 옳지 않은 것은?

```
ZONE "icqa.or.kr" IN {
 type master;
 file "icqa.or.kr.zone";
 allow-update { none; };
};
```

① 영역명은 "icqa.or.kr"이다.
② 네임서버의 타입은 주 네임서버이다.
③ 영역파일명은 "icqa.or.kr.zone"이다.
④ 영역파일 전송은 none 서버에게 허락한다.

07 SOA 레코드의 설정 값에 대한 설명으로 옳지 않은 것은?

① 주 서버 : 주 영역 서버의 도메인 주소를 입력한다.
② 책임자 : 책임자의 주소 및 전화번호를 입력한다.
③ 최소 TTL : 각 레코드의 기본 Cache 시간을 지정한다.
④ 새로 고침 간격 : 주 서버와 보조 서버간의 통신이 두절되었을 때 다시 통신할 시간 간격을 설정한다.

08 DNS 레코드 중 IP Address를 도메인 네임으로 역매핑하는 레코드는?

① SOA   ② A
③ PTR   ④ CNAME

┤ 정답 ├

01 ④   02 ④   03 ①   04 ②   05 ④   06 ④   07 ②   08 ③

11) LINUX SERVER samba, cifs, nfs

1 cifs

1) 윈도우 공유폴더를 리눅스에서 연결 해보자

가) WIN10 D드라이브에 win10share 폴더를 생성하고 everyone에게 모든 권한을 부여한다.

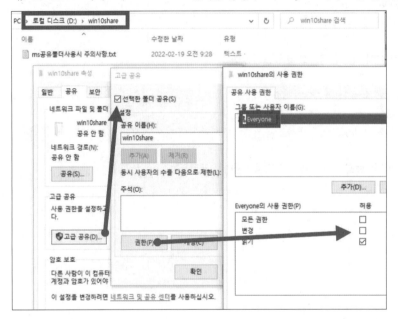

나) 리눅스에서 공유폴더로 접속할 계정을 생성한다. (관리자권한 cmd로 진행한다.)

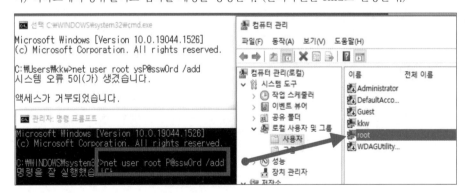

다) 리눅스에 삼바 프로그램을 설치한다.

① dnf -y install samba-client / rqm -qa | grep samba (설치 유무를 확인한다.)

```
[root@mail ~]# dnf -y install samba-client
마지막 메타 데이터 만료 확인 : 1:41:26 전에 2
패키지 samba-client-4.9.1-8.el8.x86_64이/가 (
종속성이 해결되었습니다.
할 것이 없음.
완료되었습니다!
[root@mail ~]# rpm -qa | grep samba
samba-client-libs-4.9.1-8.el8.x86_64
samba-common-4.9.1-8.el8.noarch
samba-common-libs-4.9.1-8.el8.x86_64
samba-client-4.9.1-8.el8.x86_64
```

라) 리눅스에서 ms 공유폴더 접속 시도

① 윈도우 공유폴더 리스트를 확인 해 본다.

㉮ smbclient -L 192.168.111.101 -> 암호 : ysPass123!

```
[root@mail ~]# smbclient -L 192.168.111.101
Enter SAMBA\root's password:

        Sharename       Type        Comment
        ---------       ----        -------
        ADMIN$          Disk        원격 관리
        C$              Disk        기본 공유
        D$              Disk        기본 공유
        IPC$            IPC         원격 IPC
        win10share      Disk
Reconnecting with SMB1 for workgroup listing.
Connection to 192.168.111.101 failed (Error NT_STATUS_
Failed to connect with SMB1 -- no workgroup available
```

마) 디렉토리를 생성하고 마운트를 진행한다.

① mkdir /root/win10sh

② mount -t cifs //192.168.111.101/win10share /root/win10sh

```
[root@mail ~]# mkdir /root/win10sh
[root@mail ~]# mount -t cifs //192.168.111.101/win10share /root/win10sh
Password for root@//192.168.111.101/win10share:   **********
[root@mail ~]# ls /root/win10sh
'ms공유폴더사용시 주의사항.txt'
```

③ mount | grep cifs

```
[root@mail ~]# mount | grep cifs
//192.168.111.101/win10share on /root/win10sh type cifs (rw,relatime,vers=3.1.1,cache=str
ict,username=root,uid=0,noforceuid,gid=0,noforcegid,addr=192.168.111.101,file_mode=0755,d
ir_mode=0755,soft,nounix,serverino,mapposix,rsize=4194304,wsize=4194304,bsize=1048576,ech
o_interval=60,actimeo=1)
```

1) dnf -y install samba

2) mkdir /shareSB : 삼바용 공유 디렉토리 생성

3) groupadd SBgroup : 삼바용 그룹 추가

　가) cat /etc/group

```
[root@localhost ~]# mkdir /shareSB
[root@localhost ~]# groupadd SBgroup
```

```
[root@localhost ~]# dnf -y install samba
Last metadata expiration check: 0:08:20 ago on Sat 19 Feb 2022 11:43:03 AM KST.
Dependencies resolved.
=========================================================================
 Package              Arch        Version            Repository      Size
=========================================================================
Installing:
 samba                x86_64      4.9.1-8.el8        BaseOS         708 k
Installing dependencies:
 libbluray            x86_64      1.0.2-3.el8        AppStream      162 k
 samba-common-tools   x86_64      4.9.1-8.el8        BaseOS         461 k
 samba-libs           x86_64      4.9.1-8.el8        BaseOS         177 k
Downgrading:
 gvfs                 x86_64      1.36.2-2.el8_0.1   AppStream      382 k
 gvfs-afc             x86_64      1.36.2-2.el8_0.1   AppStream       89 k
 gvfs-afp             x86_64      1.36.2-2.el8_0.1   AppStream      102 k
 gvfs-archive         x86_64      1.36.2-2.el8_0.1   AppStream       53 k
 gvfs-client          x86_64      1.36.2-2.el8_0.1   AppStream      797 k
 gvfs-fuse            x86_64      1.36.2-2.el8_0.1   AppStream       58 k
 gvfs-goa             x86_64      1.36.2-2.el8_0.1   AppStream       93 k
 gvfs-gphoto2         x86_64      1.36.2-2.el8_0.1   AppStream       93 k
 gvfs-mtp             x86_64      1.36.2-2.el8_0.1   AppStream       93 k
```

4) chgrp SBgroup /shareSB : 삼바용 공유 디렉토리 그룹 변경

　가) ls –ld /shareSB

```
[root@localhost ~]# tail /etc/group
setroubleshoot:x:978:
flatpak:x:977:
gdm:x:42:
clevis:x:976:
gnome-initial-setup:x:975:
tcpdump:x:72:
sshd:x:74:
slocate:x:21:
kkw:x:1000:
SBgroup:x:1001:
[root@localhost ~]# chgrp SBgroup /shareSB
[root@localhost ~]# ls -ld /shareSB
drwxr-xr-x. 2 root SBgroup 6 Feb 19 11:55 /shareSB
```

5) chmod 770 /shareSB : 삼바용 공유 디렉토리 권한 변경

6) usermod -G SBgroup kkw : kkw 사용자 그룹 변경

```
[root@localhost ~]# chmod 770 /shareSB
[root@localhost ~]# usermod -G SBgroup kkw
```

　가) cat /etc/passwd | grep kkw (kkw 사용자 변경 확인)

　나) cat /etc/group | grep kkw (kkw 사용자 그룹 확인)

```
[root@localhost ~]# cat /etc/passwd | grep kkw
kkw:x:1000:1000:kkw:/home/kkw:/bin/bash
[root@localhost ~]# cat /etc/group | grep kkw
kkw:x:1000:
SBgroup:x:1001:kkw
```

7) smbpasswd -a ys501 : 삼바그룹에 암호 설정

가) yscloud123!

```
[root@localhost ~]# smbpasswd -a kkw
New SMB password:
Retype new SMB password:
Added user kkw.
```

8) vi /etc/samba/smb.conf (samba 설정 파일 변경)

가) 7행 : workgroup = VM (작업 그룹을 등록한다.)

나) 8행 아래 추가

```
[global]
        workgroup = SAMBA
        security = user

        passdb backend = tdbsam

        printing = cups
        printcap name = cups
        load printers = yes
        cups options = raw
```

① unix charset = UTF-8

(한글 지원이 가능하게 입력한다.)

② map to guest = Bad User

(guest 계정은 사용하지 않는다.)

다) 맨 아래 추가

① [Share]

② path = /shareSB (공유폴더 위치)

③ writable = yes (쓰기 가능)

④ guest ok = no (guest 사용 불가)

⑤ create mode = 0777 (파일 생성 모드 777)

⑥ directory mode = 0777 (디렉토리 생성 모드 777)

⑦ valid users = @SBgroup (접근이 가능한 사용자)

```
[Share]
path = /shareSB
writable = yes
guest ok = no
create mode = 0777
directory mode = 0777
valid users = @SBgroup
```

9) samba 테스트 와 서비스 및 방화벽 설정

가) testparm

나) systemctl restart smb nmb

다) systemctl enable smb nmb

```
[root@localhost ~]# testparm
Load smb config files from /etc/samba/smb.conf
rlimit_max: increasing rlimit_max (1024) to minimum
Processing section "[homes]"
Processing section "[printers]"
Processing section "[print$]"
```

라) firewall-cmd --permanent --add-service=samba

마) firewall-cmd --permanent --add-service=samba-client

바) firewall-cmd --reload / firewall-cmd --list-all

10) ms에서 접속 테스트

가) 탐색기 -> 네트워크 우클릭 -> 네트워크 드라이브 연결

나) \\192.168.111.82\shareSB

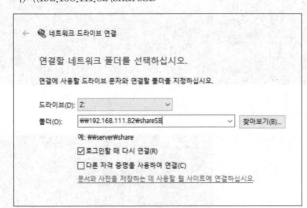

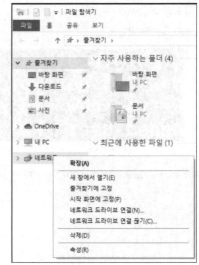

11) 탐색기 주소 -> ₩₩192.168.111.82 -> 폴더 생성 테스트

가) smbstatus라고 입력하면 접속 내용을 확인 할 수 있다.

```
[root@localhost ~]# smbstatus

Samba version 4.9.1
PID     Username    Group       Machine                                              Protocol Version  Encryption
        Signing
----------------------------
2420    ys501       ys501       192.168.111.101 (ipv4:192.168.111.101:59770) SMB3_11                    -
        partial(AES-128-CMAC)

Service     pid     Machine      Connected at                              Encryption  Signing
----------------------------
Share       2420    192.168.111.101 목 11월  4 12시 23분 43초  2021 KST -                  -

Locked files:
Pid     Uid     DenyMode    Access     R/W       Oplock        SharePath   Name   Time
----------------------------
2420    1000    DENY_NONE   0x100081   RDONLY    NONE          /shareSB    .      Thu Nov  4 12:2
2021
2420    1000    DENY_NONE   0x100081   RDONLY    NONE          /shareSB    .      Thu Nov  4 12:2
```

01 SAMBA를 통해서 할 수 있는 기능으로 옳지 않은 것은?

① 하나 또는 그 이상의 파일 시스템을 공유할 수 있다.

② 서버와 클라이언트에 설치되어있는 프린터들을 공유할 수 있다.

③ 클라이언트들이 지역 네트워크 호스트들을 볼 수 있도록 한다.

④ 메일 서버에 담긴 편지들을 자신의 컴퓨터로 가져올 수 있다.

02 삼바(SAMBA)의 기능에 대한 설명으로 옳지 않은 것은?

① 삼바(SAMBA) 설치는 RPM으로 설치할 수 있다.

② MS Windows 계열 운영체제가 설치된 컴퓨터에 연결된 프린터를 공유하여 사용할 수 있다.

③ MS Windows 계열 운영체제가 설치된 컴퓨터에 있는 파일을 공유할 수 있다.

④ 네트워크를 통해 Linux의 NTFS 파일 시스템을 연결할 목적으로 개발되었다.

03 Linux의 일반적인 설명이다. 옳지 않은 것은?

① 대형 컴퓨터에서 사용하는 UNIX를 PC환경에서 사용할수 있도록 하기 위해서 개발된 것이 현재의 리눅스의 모태가 되었다.

② 리눅스의 기본 동작구조는 쉘이 사용자의 명령어를 해석해주면 커널은 그 명령을 수행하는 구조로 되어있다.

③ NFS는 MS Windows Server 기반의 NTFS처럼 로컬 파일 시스템이다.

④ 마운트란 물리적인 하드디스크나 파티션을 논리적으로 시스템에 연결시켜 주는 것이다.

04 Linux에서 Windows 시스템 간에 파일 및 프린트 공유 등을 할 수 있게 하는 데몬은?

① Winshare   ② SAMBA

③ Silk   ④ NTlink

05 Linux와 다른 이기종의 파일 시스템이나 프린터를 공유하기 위해 설치하는 서버 및 클라이언트 프로그램은?

① 삼바(SAMBA)   ② 아파치(Apache)

③ 센드메일(Sendmail)   ④ 바인드(BIND)

<정답> 01 ④ 02 ④ 03 ③ 04 ② 05 ①

1) NFS 서버 구현

가) 각 클라이언트들이 NFS 서버의 공유 폴더(Export Path)를 마운트하게 되면 자신의 로컬 파일 시스템을 사용하는 것처럼 여러 클라이언트와 파일을 공유하여 사용할 수 있다.

① NFS-utils 패키지 설치

㉮ rpm –qa nfs-utils (nfs 서버 설치 유무를 확인한다.)

㉯ dnf –y install nfs-utils (nfs 서버를 설치 해본다.)

```
[root@localhost ~]# rpm -qa nfs-utils
nfs-utils-2.3.3-46.el8.x86_64
[root@localhost ~]# dnf -y install nfs-utils
Last metadata expiration check: 1:05:18 ago on Sa
Package nfs-utils-1:2.3.3-46.el8.x86_64 is alread
Dependencies resolved.
Nothing to do.
Complete!
```

② /etc/exports -> 허용 IP 설정, 서비스 시작 -> 방화벽

㉮ /etc/exports : 공유할디렉토리 허용할IP, 도메인명(권한)

㉯ /share   10.0.2.* (rw,sync) -> 10.0.2.0~10.0.2.255가 읽기/쓰기,동기화 가능

㉰ /share   192.168.111.0/24(ro) -> 192.168.111.0 ~ 192.168.111.255가 읽기전용으로 설정

㉱ /share   *.kkwcloud.co.kr(rw) -> kkwcloud.co.kr로 끝나는 도메인은 읽기/쓰기 가능

```
[root@localhost ~]# vi /etc/exports
[root@localhost ~]# cat /etc/exports
/share 10.0.2.* (rw,sync)
/share 192.168.111.0/24 (ro)
/share *.kkwcloud.co.kr (rw)
```

㉲ nfs용 디렉토리를 생성하고 권한 변경 및 테스트 파일을 생성해 놓는다.

```
[root@localhost ~]# mkdir /share
[root@localhost ~]# chmod 707 /share
[root@localhost ~]# touch /share/test.txt
```

㉫ 서비스 및 방화벽을 설정한다.

   ㉠ systemctl restart nfs-server

   ㉡ systemctl enable nfs-server

   ㉢ systemctl status nfs-server

   ㉣ firewall-cmd --permanent --add-service=nfs

   ㉤ firewall-cmd --reload

   ㉥ firewall-cmd --list-all

③ linux 클라이언트에서 연결

   ㉮ mkdir share8-2

   ㉯ mount -t nfs 10.0.2.82:/share share8-2 (마운트 타입을 nfs용으로 진행한다.)

```
[root@localhost ~]# mkdir share8-2
[root@localhost ~]# mount -t nfs 10.0.2.82:/share share8-2
```

④ ms에서 nfs 접속해보기

   ㉮ 윈도우에 내장된 nfs 클라이언트를 설치하고 연동 해보겠다

   ㉯ 프로그램 및 기능 -> 기능 켜기 -> NFS용 서비스 -> NFS 클라이언트 체크 -> 재부팅

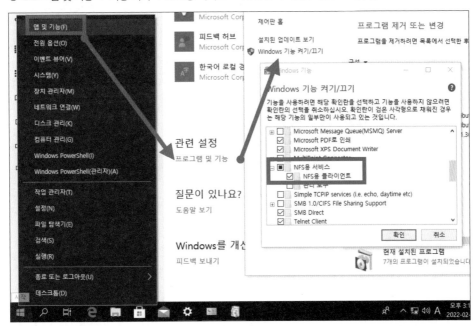

   ㉰ cmd -> mount 192.168.111.81:/share *

```
\Users\ys501>mount 192.168.111.81:/share *
현재 192.168.111.81:/share에 성공적으로 연결되어 있습니다.
```

   ㉱ 탐색기에서 확인 해보자.

   ㉲ 아무파일이나 업로드를 진행 해보자.

01 **Linux의 일반적인 설명이다. 옳지 않은 것은?**

① 대형 컴퓨터에서 사용하는 UNIX를 PC환경에서 사용할 수 있도록 하기 위해서 개발된 것이 현재의 리눅스의 모태가 되었다.

② 리눅스의 기본 동작구조는 쉘이 사용자의 명령어를 해석해주면 커널은 그 명령을 수행하는 구조로 되어있다.

③ NFS는 MS Windows Server 기반의 NTFS처럼 로컬 파일 시스템이다.

④ 마운트란 물리적인 하드디스크나 파티션을 논리적으로 시스템에 연결시켜 주는 것이다.

<정답> 01 ③

01 다음 중 파일 공유 서비스와 가장 거리가 먼 것은?
   ① SAMBA   ② FTP
   ③ NFS   ④ NIS

02 다음 중 리눅스와 리눅스의 파일 공유, 리눅스와 유닉스의 파일 공유에 가장 효율적인 서비스로 알맞은 것은?
   ① telnet   ② ssh
   ③ samba   ④ nfs

03 다음 중 리눅스와 윈도우 시스템 간의 자료 공유를 위해 사용되는 인터넷 서비스로 가장 알맞은 것은?
   ① SSH   ② NFS
   ③ VNC   ④ SAMBA

04 다음 중 삼바(SAMBA)와 가장 관계가 깊은 프로토콜로 알맞은 것은?
   ① CIFS   ② NFS
   ③ IRC   ④ portmap

05 다음 중 삼바(SAMBA)에서 지원하는 프로토콜로 틀린 것은?
   ① SMB(Server Message Block)   ② PICO
   ③ NetBIOS   ④ LanManager

06 다음 중 동일 네트워크상에서 윈도우시스템에 프린터가 공유되어있는데 프린터에 연결하기 위하여 가장 밀접한 관계가 있는 것으로 알맞은 것은?
   ① Unix Printer   ② local
   ③ Samba Printer   ④ JetDirect

07 다음 중 RPC(Remote Procedure Call) 기반의 인터넷 서비스로 알맞은 것은?
   ① FTP   ② SAMBA
   ③ SSH   ④ NFS

08 다음 중 네트워크 상의 시스템 파일들을 공유할 때 사용하는 파일 시스템으로 알맞은 것은?
   ① vfat   ② nfs(네트워크 파일 시스템)
   ③ msdos   ④ XFS

09 다음중 리눅스파일시스템에 대한 설명으로 틀린 것은?

① Superblock은 파일 시스템의 크기와 같은 전체적인 파일 시스템에 대한 정보를 갖는다.

② inode는 파일 종류, 소유권 등의 정보를 가지고 있다.

③ iso9960은 표준 CD-ROM 파일 시스템이다.

④ nfs는 MS-DOS 파일 시스템의 FAT과 호환을 위해 사용한다.

10 다음 중 네트워크와 가장 관계가 깊은 파일시스템으로 알맞은 것은?

① NTFS   ② CIFS

③ ext3   ④ ext4

┤ 정답 ├

01 ④   02 ④   03 ④   04 ①   05 ②   06 ③   07 ④   08 ②   09 ④   10 ②

PART

IV

네트워크관리사
실기

NETWORK-
라우터 스위치 기본 설정

1 시험용 라우터 에뮬레이터를 설치한다. 🔍

1) WWW.ICQA.OR.KR → 고객지원 → 자료실 → 네트워크관리사 → Router Emulator 프로그램을 다운 받은 설치한다.

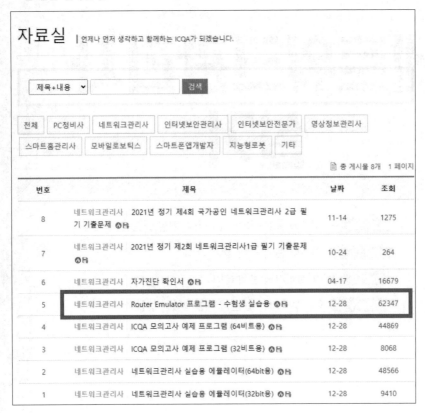

가) 답안저장은 startup-config에 저장해야하며 write 명령은 동작하지 않는다.

    ① 저장 명령어는 '#copy running-config startup-config' 또는 '#copy r s' 만 사용 가능하며 이외 명령어는 사용금지

2) 문제 1 : ROUTER2의 호스트 이름을 ICQA로 설정하시오.

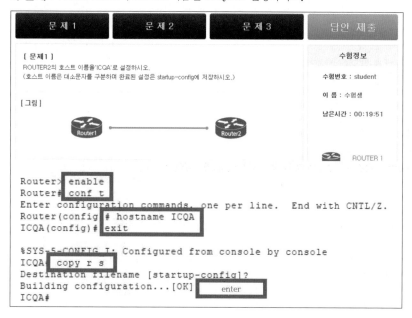

3) 문제 2 : 사용자모드(User Mode)에서 관리자모드(Privileged Mode)로 전환하시오.

가) 완료된 설정은 startup-config에 저장하시오.

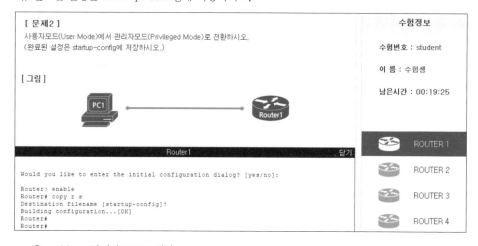

① enable -> 관리자 모드로 진입

② copy r s -> 저장

4) 문제 3 : ROUTER 1의 FastEthernet 0/0의 IP를 192.168.0.100/24로 설정하시오.

가) 완료된 설정은 startup-config에 저장하시오.

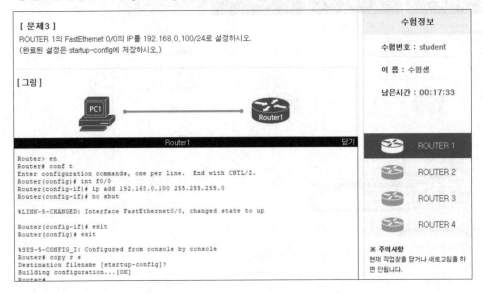

① en -> 관리자 모드로 진입

② conf t -> 전역 설정 모드로 진입

③ int f0/0 -> f0/0 인터페이스 설정모드로 진입

④ ip add 192.168.0.100 255.255.255.0 -> ip와 서브넷 입력

⑤ no shutdown -> 인터페이스 활성화 (켜기 / 필수)

⑥ exit -> exit -> copy r s (저장)

1) 네트워크 장비는 펌웨어가 있으며 그곳에서 보안 및 계정 과 IP 정보 등을 설정하여 최적의 환경을 셋팅해야 한다

2) 패킷 트레이서를 활용하여 ios를 셋팅하고 저장하는 방법을 익힌다.

3) 라우터에 콘솔 포트를 연결하고 pc에 터미널로 접속 해본다.

　가) PC는 RS-232C 클릭 라우터는 Console 클릭

　나) PC0클릭하여 Desktop 탭에서 Termanal로 진입한다.

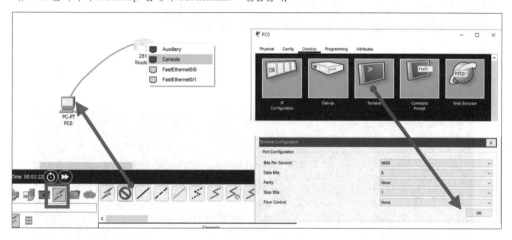

4) 라우터 기본 설정

　가) Would you like to enter the initial configuration dialog? [yes/no]: no

　　① 대화식으로 설정할 까요? yes / no -> 무조건 no로 설정 한다.

```
Would you like to enter the initial configuration dialog?
[yes/no]: no


Press RETURN to get started!



Router>en
Router#conf t
Enter configuration commands, one per line.  End with CNTL/Z.
Router(config)#
```

나) Router〉는 사용자모드(User Mode)로 ping이나 show 등의 명령어를 수행한다.

```
Router>?
Exec commands:
  <1-99>      Session number to resume
  connect     Open a terminal connection
  disable     Turn off privileged commands
  disconnect  Disconnect an existing network connection
  enable      Turn on privileged commands
  exit        Exit from the EXEC
  logout      Exit from the EXEC
  ping        Send echo messages
  resume      Resume an active network connection
  show        Show running system information
  ssh         Open a secure shell client connection
  telnet      Open a telnet connection
  terminal    Set terminal line parameters
  traceroute  Trace route to destination
Router>
```

다) enable : 관리자모드(Privileged Mode)로 진입한다. → Router#

① 관리자 모드는 대부분 환경설정 전에 진입하는 모드로 대부분 라우터 파일에 관한 명령어를 수행한다. (write, copy, deletem, erase, show)

```
Router>en
Router#?
Exec commands:
  <1-99>      Session number to resume
  auto        Exec level Automation
  clear       Reset functions
  clock       Manage the system clock
  configure   Enter configuration mode
  connect     Open a terminal connection
  copy        Copy from one file to another
  debug       Debugging functions (see also 'undebug')
  delete      Delete a file
  dir         List files on a filesystem
  disable     Turn off privileged commands
  disconnect  Disconnect an existing network connection
  enable      Turn on privileged commands
  erase       Erase a filesystem
  exit        Exit from the EXEC
  logout      Exit from the EXEC
  mkdir       Create new directory
  more        Display the contents of a file
  no          Disable debugging informations
  ping        Send echo messages
  reload      Halt and perform a cold restart
  resume      Resume an active network connection
  rmdir       Remove existing directory
  send        Send a message to other tty lines
  setup       Run the SETUP command facility
  show        Show running system information
  ssh         Open a secure shell client connection
  telnet      Open a telnet connection
  terminal    Set terminal line parameters
  traceroute  Trace route to destination
  undebug     Disable debugging functions (see also 'debug')
  vlan        Configure VLAN parameters
  write       Write running configuration to memory, network,
or terminal
Router#
```

라) configure terminal : 글로벌 모드(Global Mode)로 진입한다. → Router(config)#

① 전반적인 설정 및 상세 설정을 진행한다.

```
Router#configure terminal
Enter configuration commands, one per line.  End with CNTL/Z.
Router(config)#?
Configure commands:
  aaa                  Authentication, Authorization and Accounting.
  access-list          Add an access list entry
  banner               Define a login banner
  bba-group            Configure BBA Group
  boot                 Modify system boot parameters
  cdp                  Global CDP configuration subcommands
  class-map            Configure Class Map
  clock                Configure time-of-day clock
  config-register      Define the configuration register
  crypto               Encryption module
  default              Set a command to its defaults
  dial-peer            Dial Map (Peer) configuration commands
  do                   To run exec commands in config mode
  dot11                IEEE 802.11 config commands
  enable               Modify enable password parameters
  end                  Exit from configure mode
  ephone               define ethernet phone
  ephone-dn            Configure ephone phone lines (Directory Numbers)
  exit                 Exit from configure mode
  flow                 Global Flow configuration subcommands
  hostname             Set system's network name
  interface            Select an interface to configure
  ip                   Global IP configuration subcommands
  ipv6                 Global IPv6 configuration commands
  key                  Key management
  line                 Configure a terminal line
  lldp                 Global LLDP configuration subcommands
  logging              Modify message logging facilities
  login                Enable secure login checking
  mac-address-table    Configure the MAC address table
  no                   Negate a command or set its defaults
  ntp                  Configure NTP
  parameter-map        parameter map
  parser               Configure parser
  policy-map           Configure QoS Policy Map
  port-channel         EtherChannel configuration
  priority-list        Build a priority list
  privilege            Command privilege parameters
  queue-list           Build a custom queue list
  router               Enable a routing process
  secure               Secure image and configuration archival commands
  security             Infra Security CLIs
  service              Modify use of network based services
  snmp-server          Modify SNMP engine parameters
  spanning-tree        Spanning Tree Subsystem
  tacacs-server        Modify TACACS query parameters
  telephony-service    Configure Cisco Unified Communications Manager E:
  username             Establish User Name Authentication
  vpdn                 Virtual Private Dialup Network
  vpdn-group           VPDN group configuration
  zone                 FW with zoning
  zone-pair            Zone pair command
```

② 기본 설정 명령어

원래 명령어	축약 명령어	설명
enable	en	관리자 모드로 진입 -> router#
configure terminal	conf t	글로벌 설정모드로 진입 -> router(config)#
hostname	host	장비에 이름을 정한다. -> hostname icqa ``` Router>en Router#conf t Enter configuration commands, one per line. End with CNTL/Z. Router(config)# hostname icqa icqa(config)# ```
exit		이전모드로 돌아간다. ``` icqa(config)#exit icqa# %SYS-5-CONFIG_I: Configured from console by console icqa#exit icqa con0 is now available Press RETURN to get started. ```

line console 0	li c 0	콘솔모드 설정으로 진입한다.
		
		``
		icqa>en
		icqa#conf t
		Enter configuration commands, one per line. End with CNTL/Z.
		icqa(config)#line con 0
		icqa(config-line)#?
		Line configuration commands:
		  access-class Filter connections based on an IP access list
		  accounting Accounting parameters
		  databits Set number of data bits per character
		  default Set a command to its defaults
		  exec-timeout Set the EXEC timeout
		  exit Exit from line configuration mode
		  flowcontrol Set the flow control
		  history Enable and control the command history function
		  ipv6 IPv6 options
		  logging Modify message logging facilities
		  login Enable password checking
		  motd-banner Enable the display of the MOTD banner
		  no Negate a command or set its defaults
		  parity Set terminal parity
		  password Set a password
		  privilege Change privilege level for line
		  session-limit Set maximum number of sessions
		  speed Set the transmit and receive speeds
		  stopbits Set async line stop bits
		  transport Define transport protocols for line
		icqa(config-line)#
		``
		
		1. exec-timeout 5 30 : 5분 30초 동안 대기 이면 세션 만료
		
		``
		icqa(config-line)#exec-timeout ?
		  <0-35791> Timeout in minutes
		icqa(config-line)#exec-timeout 5 ?
		  <0-2147483> Timeout in seconds
		  <cr>
		icqa(config-line)#exec-timeout 5 30
		``

원래 명령어	축약 명령어	설명
		2. history size 10 : 과거 명령어기록을 10개로 정한다. ``` icqa(config-line)#history size ? <0-256> Size of history buffer icqa(config-line)#history size 10 icqa(config-line)# ``` 3. console 로그인시 암호를 icqa로 설정하시오 ``` icqa(config-line)#password icqa icqa(config-line)#login icqa(config-line)#exit icqa(config)# ```

line vty 0 4	li v 0 4	텔넷 (가상 터미널) 설정 모드로 진행한다.
		
		``
		icqa(config)#line vty 0 4
		icqa(config-line)#?
		Virtual Line configuration commands:
		  access-class Filter connections based on an IP access list
		  accounting Accounting parameters
		  databits Set number of data bits per character
		  exec-timeout Set the EXEC timeout
		  exit Exit from line configuration mode
		  flowcontrol Set the flow control
		  history Enable and control the command history function
		  ipv6 IPv6 options
		  logging Modify message logging facilities
		  login Enable password checking
		  motd-banner Enable the display of the MOTD banner
		  no Negate a command or set its defaults
		  parity Set terminal parity
		  password Set a password
		  privilege Change privilege level for line
		  session-limit Set maximum number of sessions
		  speed Set the transmit and receive speeds
		  stopbits Set async line stop bits
		  transport Define transport protocols for line
		``
		
		1. exec-timeout 5 30 : 5분 30초 동안 대기 이면 세션 만료
		
		``
		icqa(config-line)#exec-timeout ?
		  <0-35791> Timeout in minutes
		icqa(config-line)#exec-timeout 5 ?
		  <0-2147483> Timeout in seconds
		  <cr>
		icqa(config-line)#exec-timeout 5 30
		``
		
		2. history size 10 : 과거 명령어기록을 10개로 정한다.
		
		``
		icqa(config-line)#history size ?
		  <0-256> Size of history buffer
		icqa(config-line)#history size 10
		icqa(config-line)#
		``
		
		3. console 로그인시 암호를 icqa로 설정하시오.
		
		``
		icqa(config-line)#password icqa
		icqa(config-line)#login
		icqa(config-line)#exit
		icqa(config)#
		``

enable password 암호	ena pas 암호	enable 접속 시 패스워드를 이용하여 진입하게 설정 하시오 (암호화 처리 안됨) : enable password network ``` icqa(config)#ena pas network icqa(config)#do sh run	in password no service password-encryption enable password network password icqa icqa(config)# ```

원래 명령어	축약 명령어	설명
enable secret 암호	ena pas 암호	enable 접속 시 패스워드를 이용하여 진입하게 설정 하시오 (md5 암호화 처리 됨) : enable secret network ``` icqa(config)#ena secret cisco icqa(config)#do sh run	in sec no service timestamps log datetime msec no service timestamps debug datetime msec enable secret 5 1mERr$hx5rVt7rPNoS4wqbXKX7m0 icqa(config)# ```

erase startup-config : 라우터 설정 명령을 지우고 초기화

```
icqa#erase startup-config
Erasing the nvram filesystem will remove all configuration files! Continue? [confirm]
[OK]
Erase of nvram: complete
%SYS-7-NV_BLOCK_INIT: Initialized the geometry of nvram
icqa#
```

copy running-config startup-config : 라우터 저장

```
icqa#en
icqa#copy running-config startup-config
Destination filename [startup-config]?
Building configuration...
[OK]
```

③ 확인 명령어

show clock	라우터에 설정된 시간을 확인
show version	IOS의 버전정보 확인과 S/W, H/W정보 확인
show startup-config	NVRAM 정보 확인
show config	라우터 장비설정의 저장내용을 확인하는 명령
show run	설정된 인터페이스 확인
show ip interface brief	인터페이스 정보 확인
show history	사용했던 전체 명령어 확인
show ip route	라우팅 테이블 확인
show flash	플래쉬 확인
show process	프로세스 정보확인

02 라우터 실기 문제 풀이

1 Router1의 CPU process 리스트를 확인하시오.

1) 완료된 설정은 'Router#copy running-config startup-config'를 사용하여 startup-config'에 저장하고 이외 저장 명령어는 사용금지

```
Router>
Router#en
Router#show pro
Router#show process
CPU utilization for five seconds: 0%/0%; one minute: 0%; five minutes: 0%
 PID QTy       PC Runtime (ms)    Invoked   uSecs    Stacks TTY Process
   1 Csp 602F3AF0          0         1627       0 2600/3000   0 Load Meter
   2 Lwe 60C5BE00          4          136      29 5572/6000   0 CEF Scanner
   3 Lst 602D90F8       1676          837    2002 5740/6000   0 Check heaps
   4 Cwe 602D08F8          0            1       0 5568/6000   0 Chunk Manager
   5 Cwe 602DF0E8          0            1       0 5592/6000   0 Pool Manager
   6 Mst 60251E38          0            2       0 5560/6000   0 Timers
   7 Mwe 600D4940          0            2       0 5568/6000   0 Serial
Router#copy running-config startup-config
Destination filename [startup-config]?        enter
Building configuration...
[OK]
Router#
```

2 RIP 환경이 구성되어 있을 때 라우팅 테이블에 등록되지 않는 목적지로 향하는 패킷은 192.168.1.1 네트워크로 보내도록 ROUTER1에 디폴트 네트워크를 설정하시오.

1) 단, ip route 0.0.0.0 명령어를 사용해서는 안됨.

```
Router>en
Router#conf t
Enter configuration commands, one per line.  End with CNTL/Z.
Router(config)#ip default-network 192.168.1.1
Router(config)#exit
Router#
%SYS-5-CONFIG_I: Configured from console by console

Router#copy r s
```

1) 완료된 설정은 'Router#copy running-config startup-config'를 사용하여 startup-config'에 저장하고 이외 저장 명령어는 사용금지

2) F0/0 : IP Address: 192.168.100.1/24

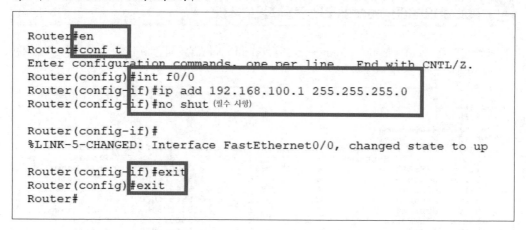

```
Router#en
Router#conf t
Enter configuration commands, one per line.  End with CNTL/Z.
Router(config)#int f0/0
Router(config-if)#ip add 192.168.100.1 255.255.255.0
Router(config-if)#no shut (필수 사항)

Router(config-if)#
%LINK-5-CHANGED: Interface FastEthernet0/0, changed state to up

Router(config-if)#exit
Router(config)#exit
Router#
```

03 라우터 기출문제 풀이

1 호스트 이름을 'ICQA'로 설정하시오. 🔍

```
en
conf t
hostname ICQA
exit
copy r s
```

2 인터페이스 정보를 확인하고 저장하시오. 🔍

```
en
show interface
copy r s
```

3 접속한 사용자를 확인하고 저장하시오. 🔍

```
en
show user
copy r s
```

4 라우팅 테이블을 확인하고 저장하시오. 🔍

```
en
show ip route
copy r s
```

5 플래쉬를 확인하고 저장하시오.

```
en
show flash
copy r s
```

6 아래와 같이 Router1의 Ethernet 0 인터페이스를 설정하고, NVRAN에 저장하시오.

```
---------------
Router#show running-config
Interface Ethernet 0
ip address 192.168.200.2 255.255.255.252
ip directed-broadcast
!
---------------
```

```
en
conf t
int e0
ip add 192.168.200.2 255.255.255.252
ip directed-broadcast
exit
exit
copy r s
```

7 serial 0의 대역폭을 2048k로 설정하고, NVRAM에 저장하시오.

```
Router〉 en
Router# conf t
Router(config)# int s0
Router(config-if)# ban 2048
Router(config-if)# exit
Router(config)# exit
Router# copy r s
```

8   serial 0의 clock rate를 72k로 설정하고, NVRAM에 저장하시오.   🔍

```
Router> en
Router# conf t
Router(config)# int s0
Router(config-if)# clock rate 72000
Router(config-if)# exit
Router(config)# exit
Router# copy r s
```

9   Ethernet 0의 description을 설정하고 NVRAM에 저장하시오.   🔍

1) Description : ICQA

```
Router> en
Router# conf t
Router(config)# int e0
Router(config-if)# description ICQA
Router(config-if)# exit
Router(config)# exit
Router# copy r s
```

10   Ethernet 0의 IP Address를 192.168.2.1/30과 192.168.3.1/30 Secondary로 설정하고 저장하시오.   🔍

```
Router> en
Router# conf t
Router(config)# int e0
Router(config-if)# ip add 192.168.2.1 255.255.255.252
Router(config-if)# ip add 192.168.3.1 255.255.255.252 secondary
Router(config-if)# exit
Router(config)# exit
Router# copy r s
```

11 Default-Gateway(IP : 192.168.0.10)를 설정하고, 저장하시오. 🔍

```
Router> en
Router# conf t
Router(config)# ip default-gateway 192.168.0.10
Router(config)# exit
Router# copy r s
```

12 Router1 Telnet에 접근하는 Password를 "TELPass"로 설정하고, 상태를 저장하시오. 🔍

```
Router> en
Router# conf t
Router(config)# li v 0 4
Router(config-line)# password TELPass
Router(config-line)# login
Router(config-line)# exit
Router(config)# exit
Router# copy r s
```

13 Telnet에 5분 50초 동안 신호가 없을 시 해당 세션을 자동으로 종료하도록 라우터를 설정하시오. 🔍

```
Router> en
Router# conf t
Router(config)# li v 0 4
Router(config-line)# exec-t 05 50
Router(config-line)# login
Router(config-line)# exit
Router(config)# exit
Router# copy r s
```

14 Router1 console의 패스워드를 ICQACon으로 설정하고, 저장하시오 (대소문자는 구분한다.) 🔍

```
Router〉 en
Router# conf t
Router(config)# li c 0
Router(config-line)# login
Router(config-line)# password ICQACon
Router(config-line)# exit
Router(config)# exit
Router# copy r s
```

15 Router2의 Interface Serial 0을 활성화 시키고 저장하시오. 🔍

```
Router〉 en
Router# conf t
Router(config)# int s0
Router(config-if)# no sh
Router(config-if)# exit
Router(config)# exit
Router# copy r s
```

16 Hostname을 network2로 변경하고, Console 0의 Password를 route5로 변경하고 login하라. 🔍

```
Router〉 en
Router# conf t
Router(config)# host network2
network2(config)# li c 0
network2(config-line)# password route5
network2(config-line)# login
network2(config-line)# exit
network2(config)# exit
network2#copy r s
```

17 domain-name을 'DOMAIN'으로 설정하고 저장하시오.

```
Router> en
Router# conf t
Router(config)# ip domain-name DOMAIN
Router(config)# exit
Router# copy r s
```

18 DHCP 네트워크를 192.168.100.0/24 서버이름은 'icqa'로 설정하시오.

```
Router> en
Router# conf t
Router(config)# ip dhcp pool icqa
Router(dhcp-config)# network 192.168.100.0 255.255.255.0
Router(dhcp-config)# exit
Router(config)# exit
Router# copy r s
```

NETWORK- 실습용 에뮬레이터 설정

1 시험용 라우터 에뮬레이터를 설치한다. 🔍

1) WWW.ICQA.OR.KR → 고객지원 → 자료실 → 네트워크관리사 → 네트워크관리사 실습용 에뮬레이터 프로그램을 다운 받은 설치한다. (대부분 64bit 운영체제를 사용중일 것이다)

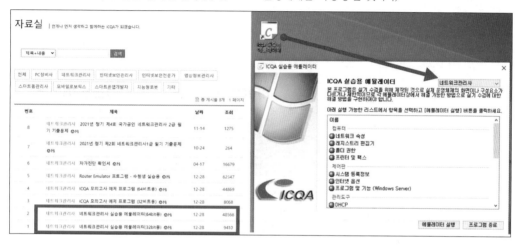

: 네트워크관리사 1번 문제로 10분 안에 만들어 제출 해야 한다.

1) 각 장비와 장비를 연결하는 케이블을 장착할 수 있다.

2) 실선 : 다이렉트 케이블(다른 장비)

    가) 컴퓨터 – 스위치 – 공유기

3) 점선 : 크로스 케이블 (같은 장비)

    가) 컴퓨터 – 노트북

    나) 스위치 – 스위치

    다) 허브 – 허브

    라) 공유기 – 공유기

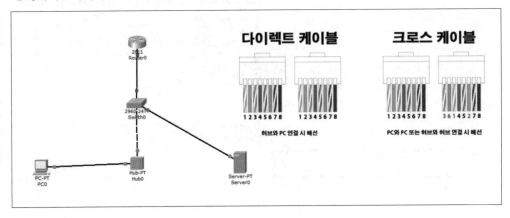

4) 지참한 LAN Tool과 지급된 UTP 케이블 및 RJ-45 Modular Plug를 이용하여 〈제시문제〉의 조건에 맞는 LAN Cable을 제작하시오.

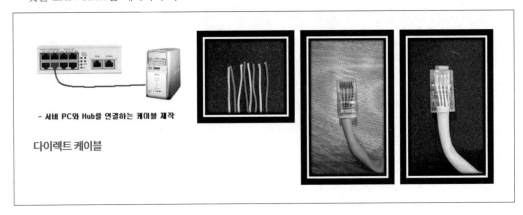

5) 지참한 LAN Tool과 지급된 UTP 케이블 및 RJ-45 Modular Plug를 이용하여 〈제시문제〉의 조건에 맞는 LAN Cable을 제작하시오.

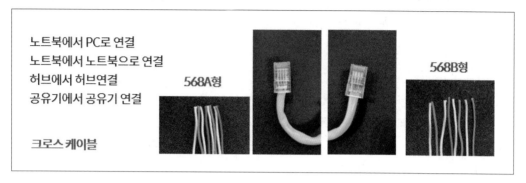

노트북에서 PC로 연결
노트북에서 노트북으로 연결
허브에서 허브연결
공유기에서 공유기 연결

568A형   568B형

크로스 케이블

3   윈도우 서버 에뮬레이터 문제

: 2번부터 10번까지 문항으로 서버의 각종 설정을 진행하는 문제가 나온다.

1) 네트워크 속성

가) 제시문제와 같이 IPv4 설정을 하시오

① IP : 192.168.62.100 / 22

② 게이트웨이 : 192.168.62.1

③ DNS : 192.168.62.254

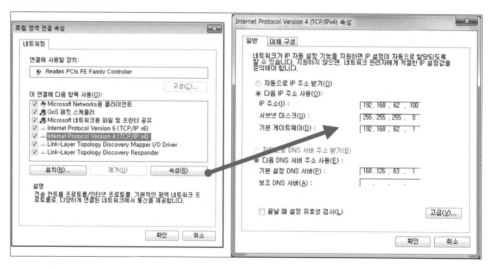

나) 제시문제와 같이 IPv4 설정을 하시오

① IP : 1110 1111. 1101 0101. 1100 0000. 0000 0011 / 25

② 게이트웨이 : 1110 1111. 1101 0101. 1100 0000. 0000 0001

㉮ 정답 : IP주소(239.213.192.3), 서브넷마스크(255.255.255.128), 게이트웨이(239.213.192.1)

다) 제시문제와 같이 IPv4 설정을 하시오.

　① IP : 192.168.100.100

　② IP SEC : 192.168.100.250

　③ 서브넷 마스크 : 255.255.255.0

　④ DNS : 168.126.63.1

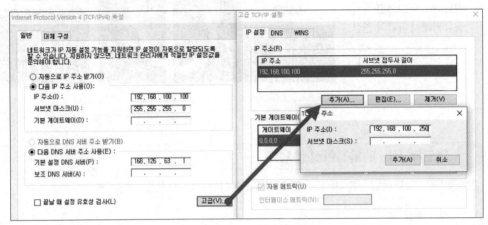

라) 노트북을 사용하는데 집에서는 자동 IP 주소를 사용하지만 회사에서는 고정 IP를 사용하도록 되어
있다. 이를 설정하시오

　① 집 : 자동설정

　② 회사 : IP 192.168.62.100 / 25

　③ 게이트웨이 주소 : 192.168.62.1

　④ DNS 168.126.63.1

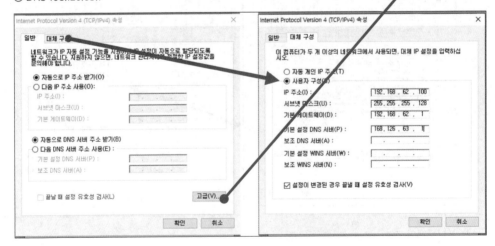

마) 네트워크 설정 중에 Netbios over tcp/ip 사용 안함으로 설정하시오

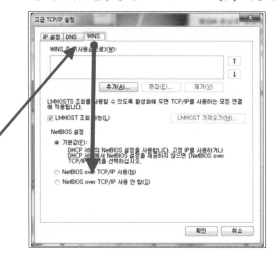

2) 폴더 권한

가) ICQAFolder에 읽기전용 및 숨김 설정을 하시오

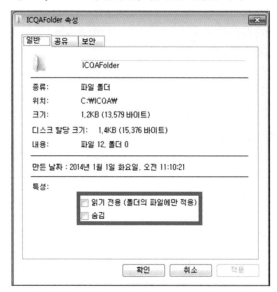

나) ICQAFolder에 공유 설정을 하시오

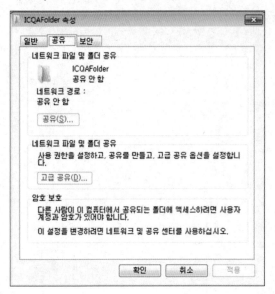

다) ICQAFolder에 접근 권한을 설정하시오

① administratros : 모든권한

② Everyone : 읽기권한

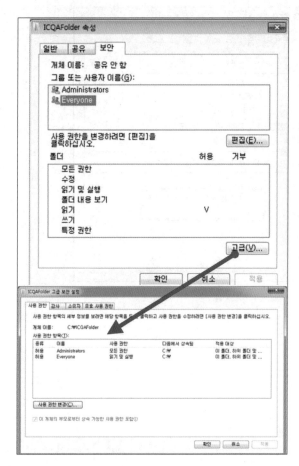

3) 프로그램 및 기능

가) 웹서버 IIS를 추가 설치하시고 FTP사용 가능하게 설치하시오.

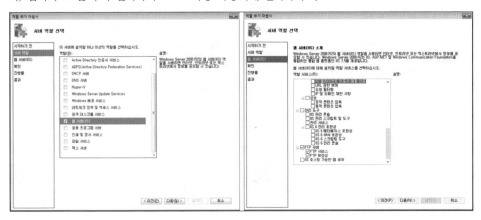

4) DHCP

가) 다음 제시문제와 같이 DHCP를 추가 설정 하시오.

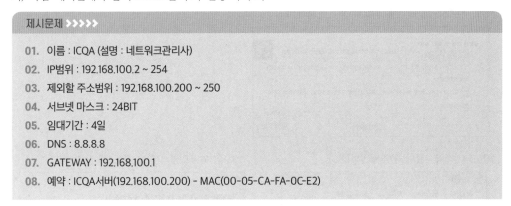

제시문제 >>>>>

01. 이름 : ICQA (설명 : 네트워크관리사)

02. IP범위 : 192.168.100.2 ~ 254

03. 제외할 주소범위 : 192.168.100.200 ~ 250

04. 서브넷 마스크 : 24BIT

05. 임대기간 : 4일

06. DNS : 8.8.8.8

07. GATEWAY : 192.168.100.1

08. 예약 : ICQA서버(192.168.100.200) - MAC(00-05-CA-FA-0C-E2)

01. >>> IPv4 우클릭 새범위를 클릭한다.

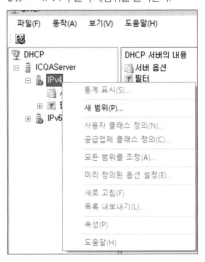

02. >>> DHCP 이름과 설명을 입력한다.

03. >>> DHCP 주소 범위와 서브넷을 입력한다.

04. ▷▷▷ 제외주소 범위를 입력한다.

05. ▷▷▷ 임대기간을 설정한다.

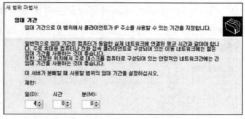

06. ▷▷▷ DHCP 옵션은 지금 구성합니다.

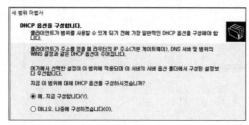

07. ▷▷▷ 게이트웨이 IP를 입력하고 추가를 클릭한다.

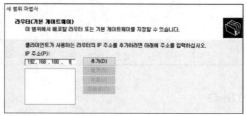

08. ▷▷▷ DNS 서버주소를 입력하고 추가를 클릭한다.

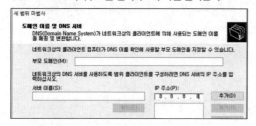

09. ▷▷▷ 예약 우클릭 새예약을 클릭한다.

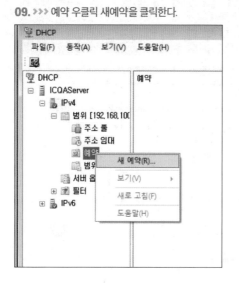

10. ▷▷▷ 예약 이름, IP주소, 맥주소를 입력한다.

새 예약	×
예약된 클라이언트의 정보를 제공하십시오.	

예약 이름(R):   ICQA서버
IP 주소(P):   192.168.100.200
MAC 주소(M):   00-05-CA-FA-0C-E2
설명(E):

지원되는 유형
◉ 모두(B)
○ DHCP(H)
○ BOOTP(T)

추가(A)   닫기(C)

나) DHCP 검토

① 주소풀에서 배포 주소 범위와 제외된 IP주소를 확인한다.

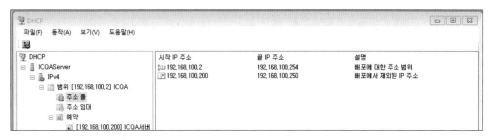

② 예약 IP와 예약이름과 맥주소를 확인한다.

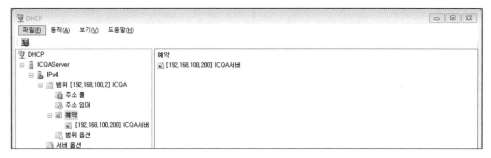

③ 범위 옵션에서 라우터 / DNS 서버 주소를 확인한다.

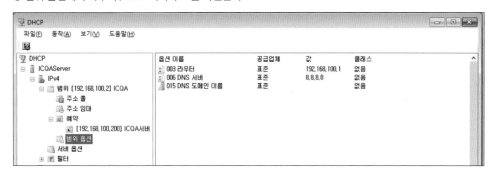

5) DNS 영역 설정

가) 다음 제시문제와 같이 DNS를 추가 설정 하시오.

01. ▶▶▶ DNS 정방향 조회 영역 우클릭 -> 새영역

02. ▶▶▶ 주영역을 선택한다.

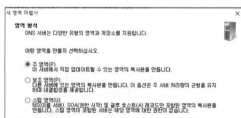

03. ▸▸▸ 영역이름에 ICQA.OR.KR을 입력한다.

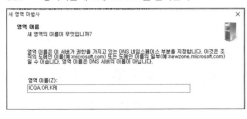

04. ▸▸▸ DNS파일명을 확인한다.

05. ▸▸▸ 동적 업데이트에 대한 문제를 확인한다.

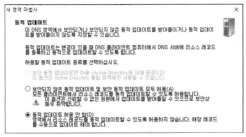

06. ▸▸▸ 설정 마침을 클릭한다.

07. ▸▸▸ 생성된 DNS 영역 우클릭 -> 속성을 클릭한다.

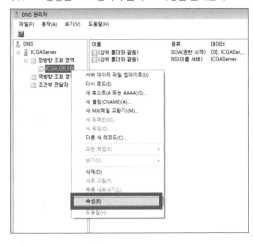

08. ▸▸▸ 책임자 이메일 주소를 입력한다.

: @ 대신 . 으로 입력하고 마지막에 . 을 넣어야 한다.

09. ▶▶▶ 최소 TTL 값을 변경한다.

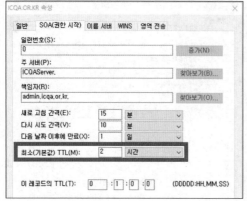

10. ▶▶▶ 생성된 DNS 영역 우클릭
-> 새 호스트 (A 또는 AAAA)을 클릭한다.

11. ▶▶▶ WWW 레코드를 생성하고 IP주소를 삽입한다.

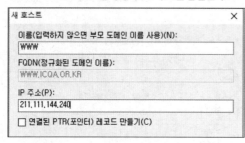

12. ▶▶▶ MAIL 레코드를 생성하고 IP주소를 삽입한다.

새 호스트   ✕

이름(입력하지 않으면 부모 도메인 이름 사용)(N):
MAIL

FQDN(정규화된 도메인 이름):
MAIL.ICQA.OR.KR

IP 주소(P):
211.111.144.241

☐ 연결된 PTR(포인터) 레코드 만들기(C)

13. ▶▶▶ FTP 레코드를 생성하고 IP주소를 삽입한다.

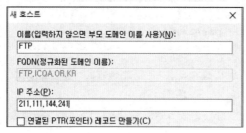

14. ▶▶▶ 생성된 A 레코드를 확인한다.

이름	종류	데이터
(상위 폴더와 같음)	SOA(권한 시작)	[0], ICQASer...
(상위 폴더와 같음)	NS(이름 서버)	ICQAServer.
WWW	호스트(A)	211.111.144.240
MAIL	호스트(A)	211.111.144.241
FTP	호스트(A)	211.111.144.241

나) 다음 제시문제와 같이 DNS 서버를 설정 하시오. (시간 단위 : 초)

```
; Database file icqa.or.kr.dns for icqa.or.kr zone.
;    Zone version : 10
;

@ 3600 IN SOA ns.icqa.or.kr. admin.icqa.or.kr. (
              10        ; serial number
              1200      ; refresh
              900       ; retry
              72000     ; expire
              5400      ); minimum TTL
;
; Zone NS records


www      IN      A       192.168.100.20
ftp      IN      CNAME   WWW
```

01. >>> 생성된 DNS 영역 우클릭 -> 속성을 클릭한다.

02. >>> 아래와 같이 입력을 진행한다.

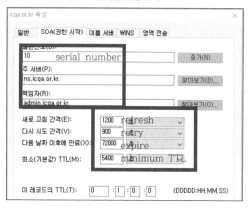

03. >>> 도메인 우클릭 -> 새 호스트

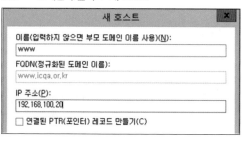

04. >>> 도메인 우클릭 -> 새 별칭

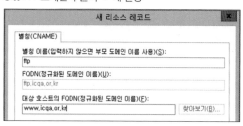

```
@ IN SOA ns.icqa.or.kr. admin.icqa.or.kr. (
        10       ; Serial
        10분     ; Refresh
        15분     ; Retry
        1일      ; Expire
        1시간    ); Minimum


WWW     IN      A       192.168.1.50
FTP     IN      CNAME   WWW
```

```
; Database file icqa.or.kr.dns for icqa.or.kr zone.
;    Zone version : 10
;

@ 3600 IN SOA ns.icqa.or.kr. admin.icqa.or.kr. (
        10        ; serial number
        900       ; refresh
        800       ; retry
        86400     ; expire
        5400      ); minimum TTL
;
; Zone NS records
@       NS      icqa-server.

; Zone records

www       IN     A       192.168.111.205
network   IN     A       192.168.111.206
ns        IN     A       192.168.111.207
mail      IN     A       192.168.111.208
smtp      IN     A       192.168.111.209
```

6) Hyper-v

가) 다음 제시문제와 같이 Hyper-v를 사용할 수 있도록 시스템을 설정 하시오.

제시문제 >>>>>

01. ICQA 가상 컴퓨터

02. 가상 컴퓨터를 다른 위치에 저장 : D:₩hyper-v₩

03. 시작 메모리 : 4096MB

01. >>> 서버 우클릭 -> 새로만들기 -> 가상컴퓨터

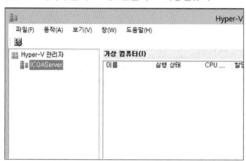

02. >>> 이름과 위치변경을 진행한다.

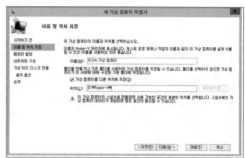

03. >>> 메모리크기를 정한다.

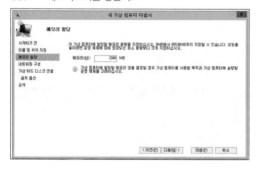

7) 공유폴더 관리

가) 다음 제시문제와 같이 공유폴더를 설정 하시오.

01. >>> 공유 메뉴 우클릭 -> 새 공유

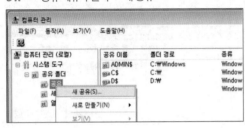

02. >>> 공유 폴더 마법사 시작

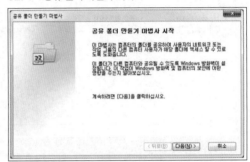

03. >>> 공유폴더 경로를 기입한다.

04. >>> 공유이름 및 설명을 입력한다.

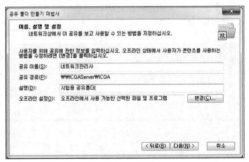

05. >>> 공유폴더 사용권한을 부여한다.

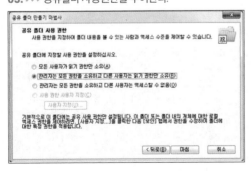

06. >>> 사용자 별로 권한을 부여한다.

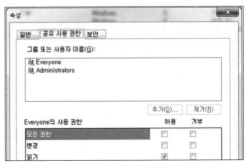

나) 다음 제시문제와 같이 공유폴더를 설정 하시오.

8) 로컬 보안 정책

가) 다음 제시문제와 같이 로컬 보안 정책을 설정 하시오.

① 암호 정책을 적용한다.

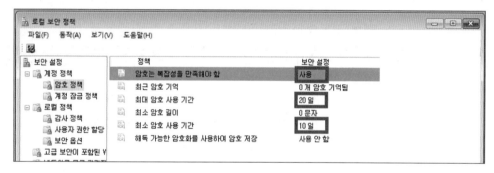

② 암호가 3번 틀렸을 경우 30분 동안 로그인 불가능 하게 설정

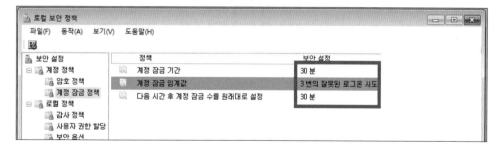

나) 다음 제시문제와 같이 로컬 보안 정책을 설정 하시오.

① 계정 잠금 정책을 설정한다.

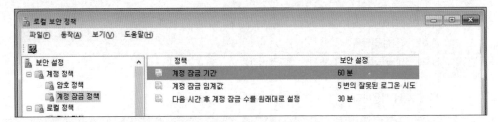

② 시스템 종료와 원격 데스크톱 서비스 설정을 진행한다.

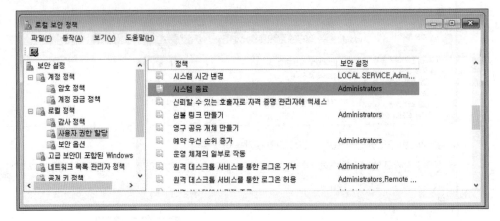

다) 다음 연습문제와 같이 로컬 보안 정책을 설정 하시오.

연습문제 ▶▶▶▶▶

로컬 사용자가 로그온 인증시도는 3번 까지 가능하며, 이후 3번 인증을 실패한 계정에 대해 15분 동안 잠금 상태를 유지 하도록 설정.

연습문제 ▶▶▶▶▶

01. 암호는 복잡성을 만족
02. 최대 암호 사용기간 : 90일
03. 로컬 사용자가 로그온 인증 시도는 네 번까지 가능하며, 이후 네 번 인증을 실패한 계정에 대해 90분동안 잠금 상태를 유지하도록 설정.

연습문제 ▶▶▶▶▶

01. 암호는 복잡성을 만족해야 함.
02. 최근 암호 기억 : 5개 암호 기억됨
03. 최대 암호 사용기간 : 40일
04. 최소 암호 길이 : 7문자
05. 최소 암호 사용기간 : 2일

9) 로컬 사용자 및 그룹

가) 다음 제시문제와 같이 사용자 계정을 생성하시오.

제시문제 >>>>>

01. ID : ICQA / PW : P@ssw0rd
02. 전체 이름 : 한국정보통신자격협회
03. 설명 : 네트워크관리사
04. 암호 변경할 수 없음
05. 암호 사용기간 제한 없음
06. 홈 폴더 경로 : C:\USER\ICQA
07. 소속 그룹 : ADMINISTRATORS 만 소속

01. >>> 사용자 우클릭 -> 새 사용자.

새 사용자	×
사용자 이름(U):	ICQA
전체 이름(F):	한국정보통신자격협회
설명(D):	네트워크관리사
새 암호(P):	●●●●●●●●
암호 확인(C):	●●●●●●●●

□ 다음 로그온 시 사용자가 반드시 암호를 변경해야 합니다.(M)
☑ 사용자가 암호를 변경할 수 없음(S)
☑ 암호 사용 기간 제한 없음(W)
□ 계정 사용 안 함(B)

도움말(H)　　　만들기(E)　닫기(O)

02. >>> 만들어진 사용자 우클릭 속성
03. >>> 프로필 탭에서 홈폴더를 넣는다.

ICQA 속성	×

원격 데스크톱 서비스 프로필 ／ 개인용 가상 데스크톱 ／ 전화 접속 로그인
일반 ／ 소속 그룹 ／ 프로필 ／ 환경 ／ 세션 ／ 원격 제어

사용자 프로필
　프로필 경로(P): [　　　　　]
　로그온 스크립트(L): [　　　　　]

홈 폴더
　● 로컬 경로(O): [c:\user\icqa]
　○ 연결(C): [Z:] 대상(T): [　　]

04. >>> 소속 그룹 -> 추가 -> 지금 찾기　-> administrators 찾아 넣기

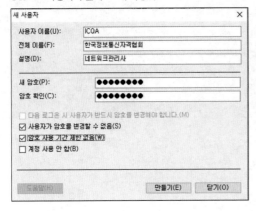

ICQA 속성	사용자 또는 그룹 선택	×

원격 데스크톱 서비스 프로필　개인
일반　소속 그룹　프로필

소속 그룹(M):

개체 유형을 선택하십시오.(S).
사용자 또는 기본 제공 보안 주체　　　[개체 유형(O)...]

찾을 위치를 선택하십시오.(F).
ICQA-TESTPC　　　[위치(L)...]

일반 쿼리

이름(A): [시작 ∨] [　　　]　　　[열(C)...]
설명(D): [시작 ∨] [　　　]　　　[지금 찾기(N)]
□ 계정 사용 안 함(B)　　　　　[중지(T)]
□ 암호 사용 기간 제한 없음(X)
마지막 로그온한 후 지난 시간(일)(I): [　∨]

검색 결과(U):　　　　　　　　　[확인]　[취소]

이름(RDN)	폴더 내
Administrators	ICQA-TESTPC
Backup Operators	ICQA-TESTPC

추가(D)...　제거(R)...

나) 다음 제시문제와 같이 사용자 계정을 생성하시오.

제시문제 >>>>>

01. ID : ICQAadmin
02. 전체이름 : 네트워크관리사
03. 설명 : 한국정보통신자격협회
04. 암호 변경할 수 없음
05. 암호 사용기간 제한 없음
06. 암호 : P@ssw0rd (대/소문자 구분)
07. 소속그룹 : administrators 그룹 만 소속
08. 연결 끊긴 세션 끝내기 : 1분
09. 유휴 세션 제한 : 5분
10. 홈폴더 : ₩₩192.168.62.100₩d$를 z드라이브에 연결
11. 사용자 프로필 경로 : d:₩icqa

08. 09. >>> 세션탭에서 설정을 진행한다.

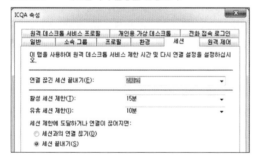

10. >>> 홈폴더 연결 설정을 진행한다.
11. >>> 사용자 프로필 경로를 수정한다.

다) 다음 연습문제와 같이 사용자 계정을 생성하시오.

연습문제 >>>>>

01. ID : network (대/소문자 구분)
02. 전체이름 : 한국정보통신자격협회
03. 다음 로그온 시 사용자가 반드시 암호를 변경해야 함
04. 연결 끊긴 세션 끝내기 : 1분
05. 사용자가 원격 데스크톱을 사용할 수 있도록 그룹 설정

05. >>> 사용자가 원격 데스크톱을 사용할 수 있도록 Remote Desktop users 그룹에 추가 한다.

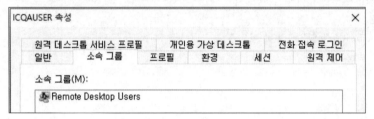

10) 서비스

가) 다음 제시문제와 같이 서비스를 생성하시오.

　① KEYPOINT : 서비스 문제는 설명이 자세히 나와 있기 때문에 천천히 읽어보면서 진행하면 됩니다.

제시문제 >>>>>

01. DNS Server 시작 유형 : 자동

02. DNS Server 상태 : 시작 됨

　㉮ DNS 서버를 찾아 자동으로 시작유형을 변경하고 서비스 상태를 시작으로 클릭한다.

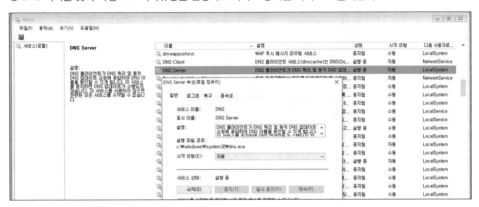

나) 다음 제시문제와 같이 서비스를 생성하시오.

제시문제 >>>>>

이 컴퓨터에서 원격 iSCSI 대상 장치로 인터넷 SCSI(iSCSI) 세션을 관리하는 기능을 현재 시스템에서 중지 시키고, 시작유형을 수동으로 설정하시오.

Microsoft iSCSI Initiator Service

이름	설명
Microsoft App-V Client	Manages App-V users and virtual applications
Microsoft FTP Service	이 서버를 FTP(파일 전송 프로토콜) 서버로 사...
Microsoft iSCSI Initiator Service	이 컴퓨터에서 원격 iSCSI 대상 장치로 인터넷 S...

설명:
이 컴퓨터에서 원격 iSCSI 대상 장치로 인터넷 SCSI(iSCSI) 세션을 관리합니다. 이 서비스를 중지하면 이 컴퓨터에서 iSCSI 대상에 로그인하거나 액세스할 수 없습니다. 서비스를 사용하지 않도록 설정하면 관련된 모든 서비스를 사용할 수 없습니다.

Microsoft iSCSI Initiator Service 속성(로컬 컴퓨터)

일반　로그온　복구　종속성

서비스 이름: 　　MSiSCSI

표시 이름: 　　　Microsoft iSCSI Initiator Service

설명: 　　이 컴퓨터에서 원격 iSCSI 대상 장치로 인터넷 SCSI (iSCSI) 세션을 관리합니다. 이 서비스를 중지하면 이 컴퓨터에서 iSCSI 대상에 로그인하거나 액세스할 수...

실행 파일 경로:
c:\windows\system32\svchost.exe -k netsvcs

시작 유형(E): 　　수동

서비스 상태: 　　중지됨

시작(S)　　중지(T)　　일시 중지(P)　　계속(R)

서비스를 시작할 때 적용할 시작 매개 변수를 지정할 수 있습니다.

다) 다음 제시문제와 같이 서비스를 생성하시오.

제시문제 >>>>>

Windows와 기타 프로그램의 업데이트를 검색하고, 다운로드하고 설치하도록 설정하는 서비스를 중지하고 시작유형을 사용 안함으로 설정하시오.

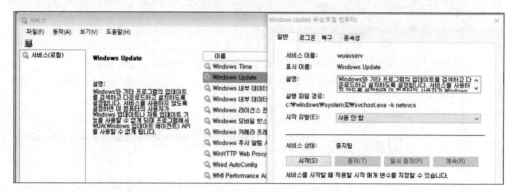

라) 다음 제시문제와 같이 서비스를 생성하시오.

제시문제 >>>>>

인터넷 정보 서비스 관리자를 사용하여 웹 연결 및 관리를 제공하는 서비스를 현재 시스템에서 중지 시키고, 시작유형을 사용안함으로 설정하시오.

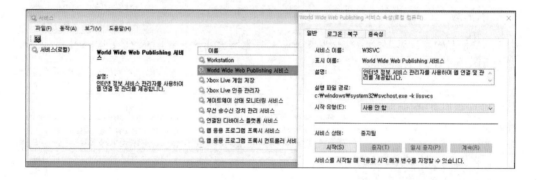

11) 서비스

가) 다음 제시문제와 같이 이벤트 뷰어를 설정하시오.

① KEYPOINT : 서비스 문제는 설명이 자세히 나와 있기 때문에 천천히 읽어보면서 진행하면 됩니다.

제시문제 >>>>>

화면과 같이 응용프로그램 로그가 "정보"와 관련된 이벤트만 보이고 있다.

응용 프로그램에 "오류"와 "경고" 이벤트에 관련된 로그만 보이도록 설정하시오.

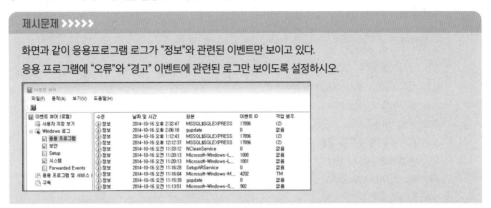

문제 해결 후 시스템 상태 >>>>>

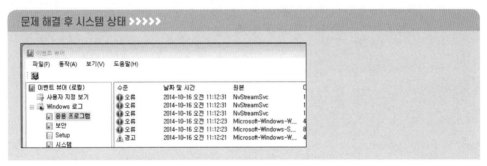

정답 풀이 : 응용 프로그램 우클릭 -> 현재 로그 필터링에서 체크를 변경한다.

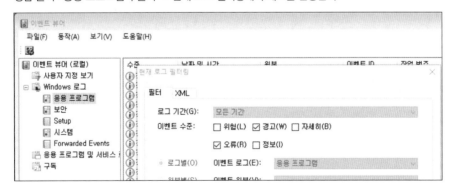

정답 화면

12) 인터넷 정보 서비스 (WWW)

가) 다음 제시문제와 같이 웹사이트를 설정하시오.

① KEYPOINT : 웹사이트 문제는 제시문제 순서대로 진행 되지 않습니다. 체크를 하면서 하시길 바랍니다. (부분 점수 없음)

제시문제 >>>>>

01. 웹사이트 이름 : ICQA

02. 실제 경로 : C:\inetpub\wwwroot

03. 웹사이트 IP주소 : 192.168.100.10

04. 포트 : 80

05. 호스트 이름 : HTTP://www.icqa.or.kr

06. 연결 제한 시간 : 240초

07. 최대 대역폭 : 248000

08. 최대 동시 연결 : 20480

09. 엑세스 허용 IP 주소 : 192.168.100.0 /24

10. 기본 문서 : index.php 만 남기고 모두 제거한다.

01. ▶▶▶ 사이트 우클릭 -> 웹 사이트 추가

- 사이트 이름
- 실제 경로
- IP주소 및 포트 번호
- 호스트 이름 등을 삽입한다.

02. ▶▶▶ ICQA 사이트 우클릭 고급 설정

- 연결 시간 제한
- 최대 대역폭
- 최대 동시 연결 등을 설정 한다.

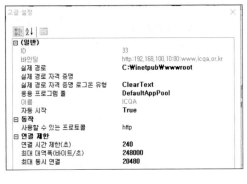

03. ▶▶▶ 기본문서에 index.php를 추가하고 나머지는 제거한다.

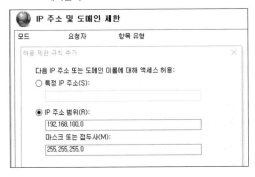

04. ▶▶▶ IP 주소 및 도메인 제한

- 허용 및 거부 IP 주소 및 도메인을 입력한다.

나) 다음 연습문제와 같이 웹사이트를 설정하시오.

연습문제 >>>>>

01. 웹사이트 설명 : ICQAWEB

02. 웹사이트 IP 주소 : 211.234.211.15

03. TCP Port : 8080

04. 로그 내용 : 날짜, 시간, 클라이언트 IP, 사용자 이름, 호스트, 참조페이지

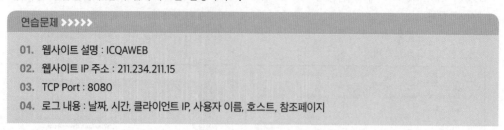

로그내용 : IIS → 로깅 → 필드 선택

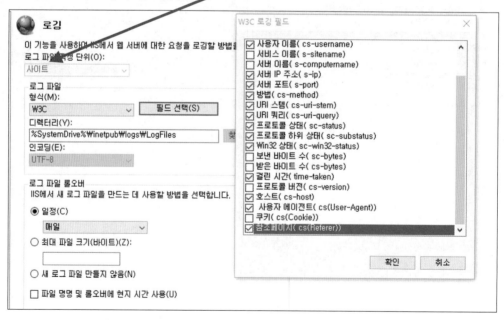

13) 인터넷 정보 서비스 (FTP)

가) 다음 제시문제와 같이 FTP 사이트를 설정하시오.

① KEYPOINT : FTP사이트 문제는 제시문제 순서대로 진행 되지 않습니다. 체크를 하면서 하시길 바랍니다. (부분 점수 없음)

제시문제 >>>>>

01. FTP사이트 이름 : ICQA
02. 실제 경로 : C:\inetpub\ftproot
03. 웹사이트 IP주소 : 192.168.100.10
04. 포트 : 2121
05. 엑세스 거부 IP 주소 : 200.115.100.0/24
06. 최대 연결수 메시지 : 최대 접속 인원수 초과!! 잠시후 다시 접속 하세요

01. >>> 사이트 우클릭 -> FTP 사이트 추가

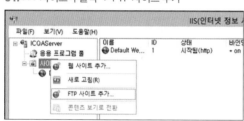

02. >>> 사이트 이름 및 실제 경로를 입력한다.

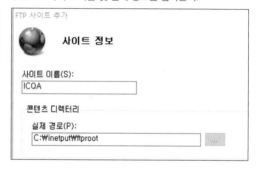

03. >>> IP주소 및 포트를 입력 한다.

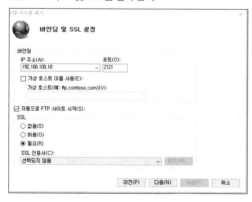

04. >>> IP 주소 및 도메인 제한 -> 거부 IP 할당

05. >>> FTP 접속 메시지를 입력한다.

나) 다음 연습문제와 같이 FTP사이트를 설정하시오.

01. FTP사이트 이름 : ICQA-FTP1

02. IP 주소 : 210.100.110.110

03. TCP 포트 : 2121

04. 실제 경로 : C:₩NETWORK

05. 데이터 채널 시간 제한 : 40초

06. 최대 동시 연결 수 : 10

07. 컨트롤 채널 시간 제한 : 180 초

08. 이름 바꿀 때 덮어 쓰기 허용 함.

① FTP

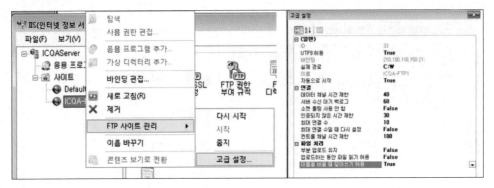

다) 다음 연습문제와 같이 FTP사이트를 설정하시오.

01. FTP사이트 이름 : ICQA-FTP2

02. IP 주소 : 210.200.120.150

03. TCP 포트 : 2122

04. 실제 경로 : C:₩ICQA₩FTP

05. 데이터 채널 시간 제한 : 45초

06. 소켓 풀링 사용 안함

07. 최대 동시 연결 수 : 20

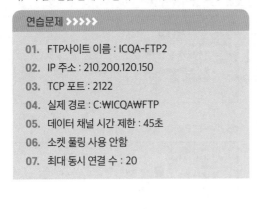

14) 원격 서비스 (RDP-TCP / 원격 데스크톱)

가) 다음 제시문제와 같이 원격데스크톱 서비스를 사용할 수 있도록 시스템을 설정하시오.

① KEYPOINT : 문제는 제시문제 순서대로 진행 되지 않습니다. 체크를 하면서 하시길 바랍니다. (부분 점수 없음)

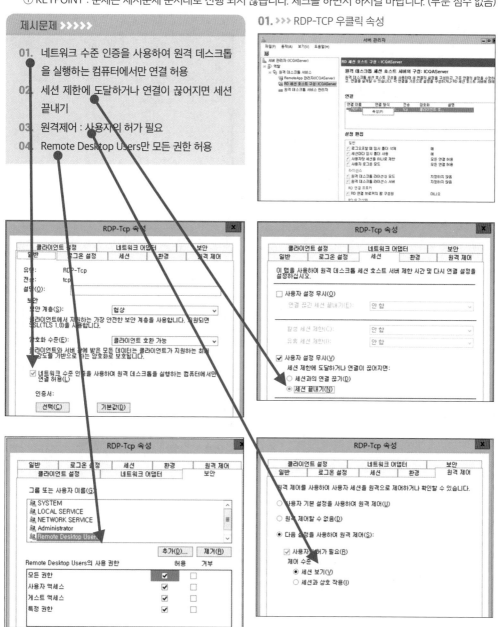

15) 작업 스케줄러

가) 다음 제시문제와 같이 작업 스케줄러를 추가 설정하시오.

① KEYPOINT : 문제는 제시문제 순서대로 진행 되지 않습니다. 체크를 하면서 하시길 바랍니다. (부분 점수 없음)

제시문제 >>>>>

01. 전자 메일 보내기
 - 보내는 사람 : admin@icqa.or.kr
 - 받는 사람 : network@icqa.or.kr
 - 제목 : 초대장
 - 텍스트 : 금번 세미나에 귀하를 초대합니다.

02. SMTP서버 : smtp.icqa.or.kr

03. 컴퓨터가 다음 시간 동안 유휴 상태인 경우에만
 작업 시작 : 15분

04. 컴퓨터의 유휴 상태가 끝나면 중지

05. 작업이 실패하는 경우 다시 시작 간격 : 1분

01. >>> 작업 스케줄러 우클릭 작업 만들기

01. >>> 새 작업에 이름을 설정한다.

02. >>> 동작탭에서 새로 만들기를 클릭한다.
- 동작을 전자 이메일 보내기로 변경하고 다음 내용을 입력한다.

03. >>> 컴퓨터가 다음 시간 동안 유휴 상태인 경우에만
 작업 시작 : 15분

04. >>> 컴퓨터의 유휴 상태가 끝나면 중지

05. >>> 작업이 실패하는 경우 다시 시작 간격 : 1분

: 11번부터 15번까지 문항으로 서버의 각종 설정을 진행하는 문제가 2~3문제 정도 출제 된다.

1) 아래 화면은 Linux 시스템에서 계정(network)을 생성하는 과정이다. 빈칸(가)에 들어갈 명령어를 답안 란에 입력하시오

화면	
답안란	passwd (소문자로 작성 필수)

2) Linux 시스템에서 하드디스크 파티션, CD-ROM, USB 등을 사용하려면 물리적인 장치를 특정한 위치 로 연결시켜 주는 과정이 필요한데 이를 마운트라고 한다. 아래 화면1과 같이 마운트하는 명령어 (가)와 화면2와 같이 이를 해체하는 명령어(나)를 답안란에 입력하시오.

화면	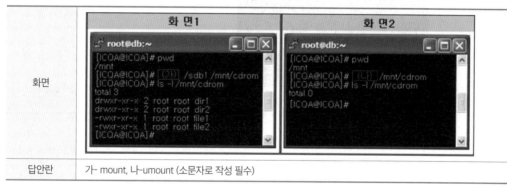
답안란	가- mount, 나-umount (소문자로 작성 필수)

3) 이 파일은 LINUX 시스템에서 사용하는 포트 들에 대한 정의가 설정되어 있다. 〈화면〉과 같은 내용이 설정되어 있는 파일을 〈보기〉에서 선택하여 번호를 답안란에 입력하시오

화면	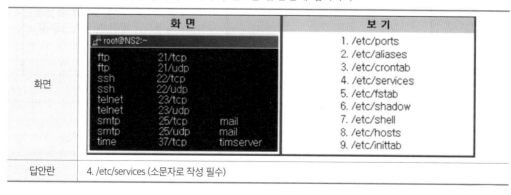
답안란	4. /etc/services (소문자로 작성 필수)

4) 〈화면〉은 LINUX시스템에서 TCP 프로토콜을 사용하는 연결 상태를 보여주고 있다. 네트워크 연결 상태, 라우팅 테이블, 인터페이스 통계 등을 출력할 때 사용되는 명령어 (A)를 답안란에 입력하시오

화면	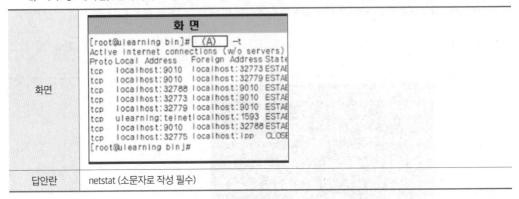
답안란	netstat (소문자로 작성 필수)

5) 〈화면〉은 LINUX시스템에서 '/home/network/public_html/index.html' 파일의 권한을 변경한 것이다. 빈칸 (A)와 (B)에 들어갈 명령어와 옵션을 답안란에 입력하시오

화면	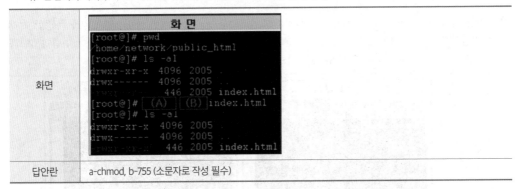
답안란	a-chmod, b-755 (소문자로 작성 필수)

6) 〈화면〉은 LINUX시스템의 〈화면〉을 보고 〈설명〉 (A)에 해당하는 명령어를 답안란에 입력하시오.

화면	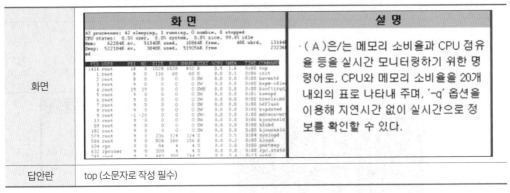
답안란	top (소문자로 작성 필수)

7) 〈화면〉은 LINUX시스템의 Proftpd.conf 파일 내용이다. FTP로 접속한 사용자가 업로드시 생성되느 파일 및 디렉터리 퍼미션과 관계있는 번호(라인)을 하나 선택하여 답안란에 입력하시오.

화면	1번 – ServerName "Proftpd FTP Server" 2번 – ServerType standalone 3번 – DefaultServer on 4번 – Port 21 5번 – Umask 022 6번 – Maxinstances 30 7번 – User nobody 8번 – Group nobody 9번 – UseReverseDNS off
답안란	5번 Umask
해설	ServerName "ProFTPD Default Installation" - 현재 운영하고 있는 FTP서버의 이름으로 일반적으로 환영메시지 설정이다. ServerType standalone - proftpd 데몬으로 서비스 할때 xinetd 방식으로 할 것인지, standalone 모드로 할 것인지를 설정 DefaultServer on - 가상 FTP 서버의 목적지를 알 수 없는 접속들은 모두 기본으로 설정된 defaultserver에 의해 서비스된다. Port 21 - FTP의 기본 포트를 설정하는 곳 (Default 21번 포트) Umask 022 - 클라이언트 사용자가 FTP로 접속하여 파일을 업로들 할때 생성되는 파일들의 퍼미션과 디렉토리 생성시의 퍼미션을 설정하는 옵션이다.

8) 〈화면〉은 LINUX시스템에서 icqa로 시작하난 파일을 찾는 과정이다. 빈칸 (가)에 해당하는 명령어를 답안란에 입력하시오.

화면	[root@icqa]# ▨▨▨ / -name icqa* /home/icqa /home/icqa/public_html/icqa.php4 /home/icqa/public_html/icqaimg /home/mrtg/cfg/icqa.cfg /var/log/icqa-log /var/spool/mail/icqa [root@icqa]#
답안란	find

9) 〈화면〉은 LINUX시스템에서 현재 디렉터리 위치를 알려주는 명령어 (A)를 답안란에 입력하시오.

화면	[icqa@icqa]$ (A) /home/icqa [icqa@icqa]$ cd /usr/local/apache/conf [icqa@conf]$ (A) /usr/local/apache/conf [icqa@conf]$ cd /usr/local/mysql/bin/ [icqa@bin]$ (A) /usr/local/mysql/bin [icqa@bin]$
답안란	pwd (print working directory)

: 11번부터 15번까지 문항으로 네트워크관련 이론 문제를 진행하는 문제가 2~3문제 정도 출제 된다.

1) 아래 〈그림〉은 클래스 없는 주소 지정에 의한 즈소 블록을 받은 기관의 한 호스트(190.87.140.205/29)를 보이고 있다. 해당 기관이 받은 블록의 시작 주소가 '190.87.140.200/29'일 때 마지막 주소 (Broadcasting Address)를 답안란에 입력하시오.

그림	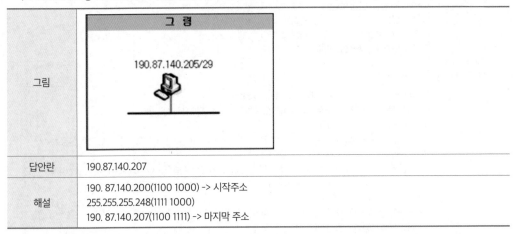
답안란	190.87.140.207
해설	190. 87.140.200(1100 1000) -> 시작주소 255.255.255.248(1111 1000) 190. 87.140.207(1100 1111) -> 마지막 주소

2) 아래 〈내용〉에 해당하는 침입탐지 시스템(IDS)의 탐지 기법을 〈보기〉에서 하나 선택하여 답안란에 해당 번호를 입력하시오.

	내 용	보 기
내용	·이미 발견되고 정립된 공격 패턴을 미리 입력해 두고, 거기에 해당하는 패턴을 탐지하는 기법이다. ·알려진 공격 이외에는 탐지할 수 가 없어 새로운 공격에는 비효율적이다. ·다른 말로 Signature Base나 Knowledge Base로 불린다.	1. 오용(Misuse) 탐지 기법 2. 이상(Anomaly) 탐지 기법 3. IP Spoofing 탐지 기법 4. IP Sniffing 탐지 기법 5. 패킷 탐지 기법 6. 필터링 기법 7. 스위칭 기법 8. Port Mirroring 기법
답안란	2. 이상(Anomaly) 탐지 기법	
해설	이상 탐지(anomaly detection)란 자료에서 예상과는 다른 패턴을 보이는 개체 또는 자료를 찾는 것을 일컫는다. 이러한 개체를 우리말로는 이상, 이상값, 극단값, 예외, 비정상 등으로 부르고, 영어로는 anomaly, outlier, discordant observation, exception, aberration, surprise, peculiarity, contaminant와 같은 표현을 쓴다. 이상 탐지는 사기 탐지, 침입 탐지, 안전 필수 시스템(safety critical system), 군사적 감시를 포함한 다양한 분야에 널리 활용되고 있다.	

3) Class 등급은 네트워크 크기와 호스트 수에 따라 A~E로 구분된다. 〈설명〉에 해당하는 Class 등급을 답안란에 입력하시오.

내용	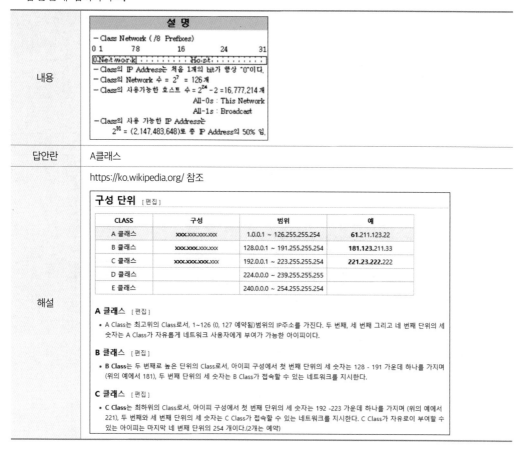
답안란	A클래스
해설	https://ko.wikipedia.org/ 참조

구성 단위 [편집]

CLASS	구성	범위	예
A 클래스	xxx.xxx.xxx.xxx	1.0.0.1 ~ 126.255.255.254	61.211.123.22
B 클래스	xxx.xxx.xxx.xxx	128.0.0.1 ~ 191.255.255.254	181.123.211.33
C 클래스	xxx.xxx.xxx.xxx	192.0.0.1 ~ 223.255.255.254	221.23.222.222
D 클래스		224.0.0.0 ~ 239.255.255.255	
E 클래스		240.0.0.0 ~ 254.255.255.254	

A 클래스 [편집]
- A Class는 최고위의 Class로서, 1~126 (0, 127 예약됨)범위의 IP주소를 가진다. 두 번째, 세 번째 그리고 네 번째 단위의 세 숫자는 A Class가 자유롭게 네트워크 사용자에게 부여가 가능한 아이피이다.

B 클래스 [편집]
- B Class는 두 번째로 높은 단위의 Class로서, 아이피 구성에서 첫 번째 단위의 세 숫자는 128 - 191 가운데 하나를 가지며 (위의 예에서 181), 두 번째 단위의 세 숫자는 B Class가 접속할 수 있는 네트워크를 지시한다.

C 클래스 [편집]
- C Class는 최하위의 Class로서, 아이피 구성에서 첫 번째 단위의 세 숫자는 192 -223 가운데 하나를 가지며 (위의 예에서 221), 두 번째와 세 번째 단위의 세 숫자는 C Class가 접속할 수 있는 네트워크를 지시한다. C Class가 자유로이 부여할 수 있는 아이피는 마지막 네 번째 단위의 254 개이다.(2개는 예약)

4) 'A Class' 범위에 해당 사설(Private) IP 주소를 모두 선택하시오.

보기	보기 1) 7.0.0.111 보기 2) 10.10.0.1 보기 3) 10.211.1.10 보기 4) 19.222.111.4 보기 5) 172.64.32.22 보기 6) 192.168.0.10 보기 7) 192.170.0.10 보기 8) 224.0.0.20
답안란	2, 3
해설	

사설 IPv4 주소 공간 [편집]

국제 인터넷 표준화 기구(IETF)는 RFC 1918*에 출판된 대로 다음의 IPv4 주소 범위를 사설망에 보존하기 위하여 IANA (인터넷 할당 번호 기관)를 지도하고 있다.

RFC1918 이름	IP 주소 범위	주소 개수	클래스 내용	최대 사이더 블록 (서브넷 마스크)	호스트 ID 크기
24비트 블록	10.0.0.0 – 10.255.255.255	16,777,216	클래스 A 하나	10.0.0.0/8 (255.0.0.0)	24 비트
20비트 블록	172.16.0.0 – 172.31.255.255	1,048,576	16개의 인접 클래스 B	172.16.0.0/12 (255.240.0.0)	20 비트
16비트 블록	192.168.0.0 – 192.168.255.255	65,536	256개의 인접 클래스 C	192.168.0.0/16 (255.255.0.0)	16 비트

https://ko.wikipedia.org/ 참조

5) 〈아래〉는 서비스와 잘 알려진(Well-known) 포트 번호를 연결한 것이다. 올바르게 연결된 것을 모두 선택 하시오.

보기	보기 1) SSH – 42번 보기 2) FTP – 28번 보기 3) Telnet – 23번 보기 4) TFTP – 79번 보기 5) WWW – 80번 보기 6) POP3 – 110번 보기 7) SMTP – 25번 보기 8) IMAP – 134번
답안란	3, 5, 6, 7
해설	(아래 표 참조)

포트	TCP	UDP	설명	상태
0		UDP	예약됨; 사용하지 않음	공식
1	TCP		TCPMUX (TCP 포트 서비스 멀티플렉서)	공식
7	TCP	UDP	ECHO 프로토콜	공식
9	TCP	UDP	DISCARD 프로토콜	공식
13	TCP	UDP	DAYTIME 프로토콜	공식
17	TCP		QOTD (Quote of the Day) 프로토콜	공식
19	TCP	UDP	CHARGEN (Character Generator) 프로토콜 - 원격 오류 수정	공식
20	TCP		파일 전송 프로토콜 (FTP, File Transfer Protocol) - 데이터 포트	공식
21	TCP		파일 전송 프로토콜 (FTP, File Transfer Protocol) - 제어 포트	공식
22	TCP		시큐어 셸 (SSH, Secure SHell) - ssh scp, sftp같은 프로토콜 및 포트 포워딩	공식
23	TCP		텔넷 프로토콜 (Telnet Protocol) - 암호화되지 않은 텍스트 통신	공식
24	TCP		개인메일 시스템	공식
25	TCP		SMTP (Simple Mail Transfer Protocol) - 이메일 전송에 사용	공식
37	TCP	UDP	TIME 프로토콜	공식
49		UDP	TACACS 프로토콜	공식
53	TCP	UDP	도메인 네임 시스템 (DNS, Domain Name System)	공식
67		UDP	BOOTP (부트스트랩 프로토콜) 서버, DHCP로도 사용	공식
68		UDP	BOOTP (부트스트랩 프로토콜) 클라이언트, DHCP로도 사용	공식
69		UDP	간단한 파일 전송 프로토콜 (TFTP, Trivial File Transfer Protocol)	공식
70	TCP		고퍼 프로토콜 (Gopher Protocol)	공식
79	TCP		Finger 프로토콜	공식
80	TCP	UDP	HTTP (HyperText Transfer Protocol) - 웹 페이지 전송	공식
88	TCP		커베로스 - 인증 에이전트	공식
109	TCP		POP2 (Post Office Protocol version 2) - 전자우편 가져오기에 사용	공식
110	TCP		POP3 (Post Office Protocol version 3) - 전자우편 가져오기에 사용	공식
111	TCP	UDP	RPC (Remote Procedure Call)	공식
113	TCP		ident - 예전 서버 인증 시스템, 현재는 IRC 서버에서 사용자 인증에 사용	공식

6) 〈아래〉 보기 중 전송 프로토콜로 UDP를 사용하는 것을 모두 선택하시오. (단, TCP와 UDP 두 프로토콜 모두 사용될 경우도 UDP가 사용된다고 본다.)

보기	보기 1) DNS 보기 2) TFTP 보기 3) FTP 보기 4) DHCP 보기 5) SNMP 보기 6) SMTP 보기 7) TELNET 보기 8) ARP
답안란	1, 2, 4, 5
해설	상단 TCP/UDP 포트번호 참조.

7) 〈아래〉 비교표 중 빈칸(A)와 (B)에 해당하는 내용을 답안란에 입력하시오. (답안입력 예 : A - XXX, B - XXX)

비교표	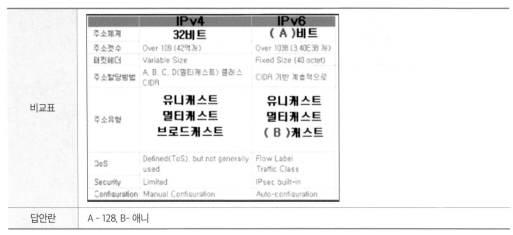
답안란	A - 128, B- 애니

8) TCP/IP Stack에서 전송계층(Transport Layer)에 속하는 프로토콜을 〈보기〉에서 두 개만 선택하여 해당번호를 답안란에 입력하시오.

비교표	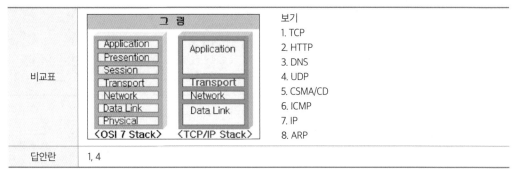	보기 1. TCP 2. HTTP 3. DNS 4. UDP 5. CSMA/CD 6. ICMP 7. IP 8. ARP
답안란	1, 4	

9) 〈설명〉에 해당하는 네트워크 ID를 답안란에 입력하시오.

설명	1.B Class 사용 2.IP Address : 172.160.50.2 3.서브넷 마스크 값 : 255.255.224.0
답안란	172.160.32.0
해설	172.160.0011 0010.2 255.255.1110 0000.0 172.160.0010 0000.0 = > 172.160.32.0

10) 아래 〈그림〉의 '호스트 A'가 속한 Network ID를 답안란에 입력하시오.

그림	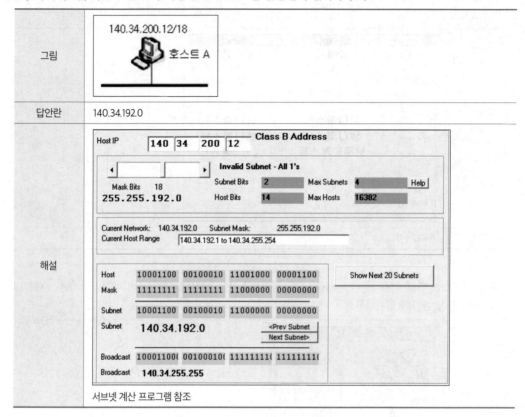
답안란	140.34.192.0
해설	서브넷 계산 프로그램 참조

11) 제시된 8개의 프로토콜 중, OSI 7 계층의 네트워크 계층에 해당하는 것을 모두 선택하시오.

보기	보기 1) IGMP 보기 2) RIP 보기 3) UDP 보기 4) TELNET 보기 5) FTP 보기 6) ICMP 보기 7) RARP 보기 8) ARP
답안란	1, 2, 6, 7, 8
해설	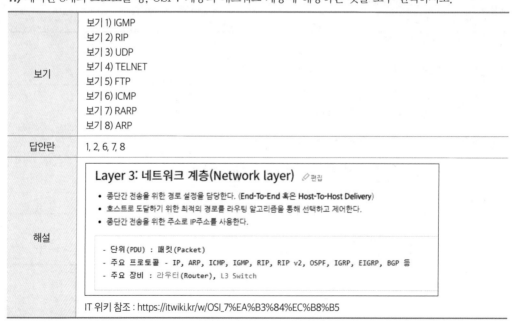IT 위키 참조 : https://itwiki.kr/w/OSI_7%EA%B3%84%EC%B8%B5

12) 아래 그림을 참조하여 답안을 작성하시오. HOST-A에서 HOST-B로 메시지를 전송할 때 HOST-A는
아래와 같은 변환 과정을 거쳐 IP 주소를 IP Layer에 물리적 주소를 데이터링크 Layer에 저장한다.
아래 빈칸 (가)에 적절한 프로토콜을 〈보기〉에서 하나 선택하여 해당 번호를 답안란에 입력하시오.

그림	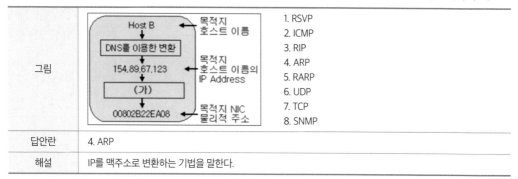
답안란	4. ARP
해설	IP를 맥주소로 변환하는 기법을 말한다.

13) 아래 〈그림〉과 같이 수신 TCP는 자신이 수신할 수 있는 윈도우의 크기를 결정하여 송신 TCP에게 알
려주고, 송신 TCP는 수신 윈도우 크기만큼의 데이터를 전송한다. 이와 같이 수신 윈도우 크기만큼 전
송 후 더 이상 전송하지 못하고 수신 TCP로부터 ACK 수신 후 다시 전송하는 기법을 〈보기〉에서 골라
해당 번호를 답안 란에 입력하시오.

그림	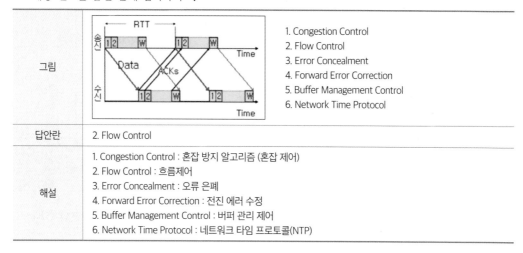
답안란	2. Flow Control
해설	1. Congestion Control : 혼잡 방지 알고리즘 (혼잡 제어) 2. Flow Control : 흐름제어 3. Error Concealment : 오류 은폐 4. Forward Error Correction : 전진 에러 수정 5. Buffer Management Control : 버퍼 관리 제어 6. Network Time Protocol : 네트워크 타임 프로토콜(NTP)

14) 다음 TCP와 UDP의 특징 중 UDP 특징에 해당하는 것을 보기에서 모두 선택하시오.

보기	보기 1) 연결형 프로토콜이다. 보기 2) 비연결형 프로토콜이다. 보기 3) 수신순서는 송신순서와 동일하다. 보기 4) 수신순서는 송신순서와 다를 수 있다. 보기 5) 신뢰성이 있다. 보기 6) 신뢰성이 없다.
답안란	2, 4, 6
해설	TCP : 연결형, 송수신 순서 동일, 신뢰성 UDP : 비 연결형, 송수신 순서 다름, 비 신뢰성

15) Class 등급은 네트워크 크기와 호스트 수에 따라 A~E로 구분된다. 〈설명〉에 해당하는 Class 등급을 답안란에 입력하시오.

내용	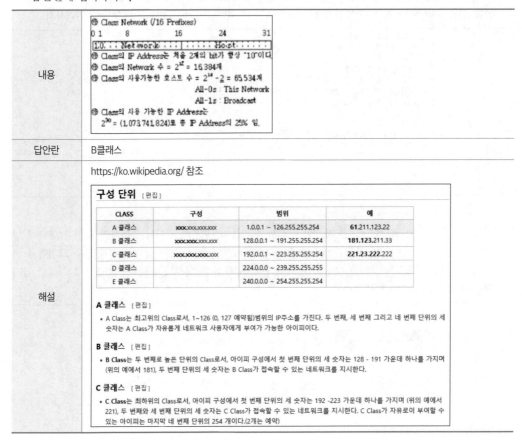
답안란	B클래스
해설	https://ko.wikipedia.org/ 참조

구성 단위 [편집]

CLASS	구성	범위	예
A 클래스	xxx.xxx.xxx.xxx	1.0.0.1 ~ 126.255.255.254	61.211.123.22
B 클래스	xxx.xxx.xxx.xxx	128.0.0.1 ~ 191.255.255.254	181.123.211.33
C 클래스	xxx.xxx.xxx.xxx	192.0.0.1 ~ 223.255.255.254	221.23.222.222
D 클래스		224.0.0.0 ~ 239.255.255.255	
E 클래스		240.0.0.0 ~ 254.255.255.254	

A 클래스 [편집]
- A Class는 최고위의 Class로서, 1~126 (0, 127 예약됨)범위의 IP주소를 가진다. 두 번째, 세 번째 그리고 네 번째 단위의 세 숫자는 A Class가 자유롭게 네트워크 사용자에게 부여가 가능한 아이피이다.

B 클래스 [편집]
- B Class는 두 번째로 높은 단위의 Class로서, 아이피 구성에서 첫 번째 단위의 세 숫자는 128 - 191 가운데 하나를 가지며 (위의 예에서 181), 두 번째 단위의 세 숫자는 B Class가 접속할 수 있는 네트워크를 지시한다.

C 클래스 [편집]
- C Class는 최하위의 Class로서, 아이피 구성에서 첫 번째 단위의 세 숫자는 192 -223 가운데 하나를 가지며 (위의 예에서 221), 두 번째와 세 번째 단위의 세 숫자는 C Class가 접속할 수 있는 네트워크를 지시한다. C Class가 자유로이 부여할 수 있는 아이피는 마지막 네 번째 단위의 254 개이다.(2개는 예약)

16) 아래 〈내용〉과 〈화면〉에서 설명하는 프로토콜의 명칭을 답안란에 입력하시오.

내용	1. 데이터를 안전하게 주고 받기 위한 업계표순 프로토콜이다. 2. 미국 넷스케이프 커뮤니케이션즈가 개발하였고, 마이크로 소프트사 등 주요 웹 제품 업체가 채택하고 있다. 3. 웹 서버 뿐만 아니라 FTP등 다른 TCP/IP 애플리케이션에 적용할 수 있으며, 인증 암호화 기능이 있다. 4. 웹 서버와, 클라이언트 사이에 전달되는 모든 정보가 암호화 된다. 5. URL 대부분에서 HTTPS://로 변경된다.
화면	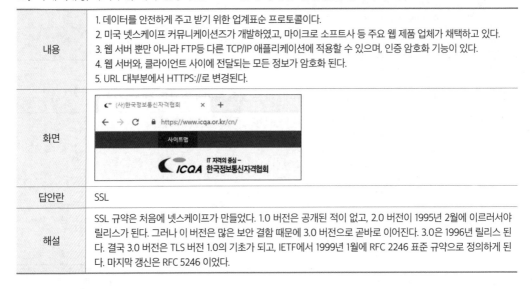
답안란	SSL
해설	SSL 규약은 처음에 넷스케이프가 만들었다. 1.0 버전은 공개된 적이 없고, 2.0 버전이 1995년 2월에 이르러서야 릴리스가 된다. 그러나 이 버전은 많은 보안 결함 때문에 3.0 버전으로 곧바로 이어진다. 3.0은 1996년 릴리스 된다. 결국 3.0 버전은 TLS 버전 1.0의 기초가 되고, IETF에서 1999년 1월에 RFC 2246 표준 규약으로 정의하게 된다. 마지막 갱신은 RFC 5246 이었다.

17) 아래에서 〈설명〉하는 기술이 무엇인지 답안란에 입력하시오.

설명	IP주소 사용의 낭비를 막기 위해 내부 네트워크의 모든 호스트에 유일한 공인 IP주소를 설정하지 않고 내부적으로는 사설 IP주소를 설정하여 사용하다가 인터넷 접속할 때 공인 IP주소로 변환하는 기술
답안란	NAT
해설	네트워크 주소 변환(영어: network address translation, 줄여서 NAT)은 컴퓨터 네트워킹에서 쓰이는 용어로서, IP 패킷의 TCP/UDP 포트 숫자와 소스 및 목적지의 IP 주소 등을 재기록하면서 라우터를 통해 네트워크 트래픽을 주고 받는 기술을 말한다. 패킷에 변화가 생기기 때문에 IP나 TCP/UDP의 체크섬(checksum)도 다시 계산되어 재기록해야 한다. NAT를 이용하는 이유는 대개 사설 네트워크에 속한 여러 개의 호스트가 하나의 공인 IP 주소를 사용하여 인터넷에 접속하기 위함이다. 많은 네트워크 관리자들이 NAT를 편리한 기법이라고 보고 널리 사용하고 있다. NAT가 호스트 간의 통신에 있어서 복잡성을 증가시킬 수 있으므로 네트워크 성능에 영향을 줄 수 있는 것은 당연하다. 파일 호스팅 서비스에서 전용 업로드 프로그램과 함께 배포되는 NAT Service 프로그램도 네트워크 주소 변환의 일종이다.

18) 아래에서 〈설명〉에서 공통적으로 설명하는 네트워크 기술의 명칭을 답안란에 입력하시오.

설명	1. 인터넷과 같은 공중망(Public Network)을 마치 전용선으로 사설망(Private Network)을 구축한 것처럼 사용할 수 있는 방식이다. 2. 원격 사용자 또는 지사와 본사 간에 인터넷을 사용하여, 가상의 인트라넷을 만드는 데 사용된다. 3. 이 연결을 통해 오고가는 패킷은 암호화 되고 내부망으로 들어가서는 복호화 되어 전달된다. 4. 주로 사용되는 프로토콜로는 PPTP, L2TP, IPsec 등이 있다.
답안란	VPN
해설	가상사설망(假想私設網) 또는 VPN(영어: virtual private network)은 공중 네트워크를 통해 한 회사나 몇몇 단체가 내용을 바깥 사람에게 드러내지 않고 통신할 목적으로 쓰이는 사설 통신망이다. 가상 사설망에서 메시지는 인터넷과 같은 공공망 위에서 표준 프로토콜을 써서 전달되거나, 가상 사설망 서비스 제공자와 고객이 서비스 수준 계약을 맺은 후 서비스 제공자의 사설망을 통해 전달된다. 가상 사설망의 등장배경은 인터넷을 기반으로 한 기업 업무환경의 변화에 기인한다. 즉, 소규모 지역에서 문서만을 전달하던 업무처리 기반에서 하나의 건물 내의 네트워크를 이용한 업무로, 다시 본사와 다수의 지사 관계, 또한 지사는 국내 지사와 국외 지사로 확장되었다. 이들이 하나의 네트워크 구축을 위해 기존 전용선을 사용하는 방법에는 비용을 포함한 여러가지 한계를 가지며, 전용선을 이용해서 네트워크가 구성되었다고 하더라도 네트워크 운영을 자체적으로 하는 것과 새로운 기술들을 도입하는 것 역시 기업의 입장에서는 상당한 부담이 될 수 있다. 또한 기존의 공중 네트워크는 보안과 관련해서는 서비스를 제공하지 않기 때문에 중요한 문서나 데이터를 전달하기에는 부족한 점이 있었다. 이러한 복합적인 이유가 가상 사설망이 등장한 계기가 되었다.

19) IPv6에 대한 다음 설명에서 (   )에 알맞은 값을 보기에서 선택하시오.

설명	- IPv6 Address 체계는 ( )의 주소체계로서 IPv4에 비하여 주소공간을 확장하였다.
보기	1. 32비트 2. 64비트 3. 128비트 4. 256비트 5. 512비트 6. 1024비트
답안란	3. 128비트

20) 'B Class' 범위에 해당화는 사설(Private) IP 주소를 모두 선택하시오.

보기	1. 10.0.0.111 2. 168.175.0.1 3. 172.16.1.10 4. 72.30.10.10 5. 172.64.32.22 6. 192.168.0.10 7. 192.170.0.10 8. 224.0.0.20
답안란	3, 4
해설	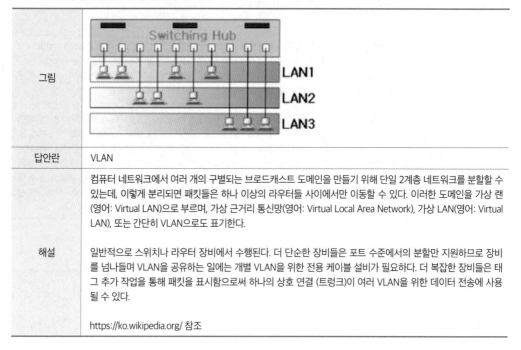https://ko.wikipedia.org/ 참조

21) 아래 〈그림〉은 Switching Hub에서 해당 포트를 물리적 변경하지 않고, 소프트웨어에 의해 LAN을 구분 한 것이다. 주로 LAN을 서로 다른 브로드케스트 도메인으로, 논리적 구분을 하기 위해 사용되는 이것의 명칭을 답안란에 입력하시오.

그림	*Switching Hub 그림, LAN1, LAN2, LAN3*
답안란	VLAN
해설	컴퓨터 네트워크에서 여러 개의 구별되는 브로드캐스트 도메인을 만들기 위해 단일 2계층 네트워크를 분할할 수 있는데, 이렇게 분리되면 패킷들은 하나 이상의 라우터들 사이에서만 이동할 수 있다. 이러한 도메인을 가상 랜 (영어: Virtual LAN)으로 부르며, 가상 근거리 통신망(영어: Virtual Local Area Network), 가상 LAN(영어: Virtual LAN), 또는 간단히 VLAN으로도 표기한다. 일반적으로 스위치나 라우터 장비에서 수행된다. 더 단순한 장비들은 포트 수준에서의 분할만 지원하므로 장비를 넘나들며 VLAN을 공유하는 일에는 개별 VLAN을 위한 전용 케이블 설비가 필요하다. 더 복잡한 장비들은 태그 추가 작업을 통해 패킷을 표시함으로써 하나의 상호 연결 (트렁크)이 여러 VLAN을 위한 데이터 전송에 사용될 수 있다. https://ko.wikipedia.org/ 참조

22) IP 멀티캐스트를 실형하기 위한 통신 규약, RFC 1112에 규정되어 있으며, 구내 정보통신망(LAN)상에서 라우터가 멀티캐스트 통신 기능을 구비한 개인용 컴퓨터에 대해 멀티캐스트 패킷을 분배하는 경우에 사용된다. 즉, PC가 멀티캐스트로 통신할 수 있다는 것을 라우터에게 통지하는 규약이다. 한편, 멀티캐스트 패킷을 수신한 라우터는 (A)로 수신을 선언한 PC가 있는 경우에만 패킷을 PC가 접속하는 LAN 세그먼트에 송출한다.

보기	1. ARP 2. ICMP 3. FTP 4. TELNET	5. IGMP 6. HTTP 7. SMTP 8. SNMP
답안란	5	
해설	인터넷 그룹 관리 프로토콜(Internet Group Management Protocol, IGMP)은 호스트 컴퓨터와 인접 라우터가 멀티캐스트 그룹 멤버십을 구성하는 데 사용하는 통신 프로토콜이다. 특히 IPTV와 같은 곳에서 호스트가 특정 그룹에 가입하거나 탈퇴하는데 사용하는 프로토콜을 가리킨다. TTL(Time to Live)가 제공되며 최초의 리포트를 잃어버리면 갱신하지 않고 그대로 진행 처리를 하는 것이 특징이다. (비대칭 프로토콜) https://ko.wikipedia.org/ 참조 	

23) TCP/IP 기반 네트워크상의 서버나 라우터들이 전송상의 에러나 예상치 않은 사건들을 보고할 목적으로 만들어진 프로토콜로서 RFC792에 정의 되어 있는 프로토콜은 무엇인지 선택하시오.

보기	1. TCP 2. ARP 3. RARP 4. IP	5. ICMP 6. IGMP 7. HTTP 8. UDP
답안란	5	
해설	ICMP(Internet Control Message Protocol, 인터넷 제어 메시지 프로토콜)는 인터넷 프로토콜 스위트에 기록된 주요 프로토콜 가운데 하나이다. 네트워크 컴퓨터 위에서 돌아가는 운영체제에서 오류 메시지(Requested service is not available 등)를 전송받는 데 주로 쓰이며 인터넷 프로토콜의 주요 구성원 중 하나로 인터넷 프로토콜에 의존하여 작업을 수행한다. 프로토콜 번호 1로 할당되고 시스템 사이에 데이터를 교환하지 않거나 최종 사용자에 적용되지 않는다는 점에서 TCP와 UDP와는 다르다.(ping 이나 traceroute 같은 몇몇 진단 프로그램 제외) 인터넷 프로토콜 버전 4(IPv4) 용 ICMP는 ICMPv4로 알려져 있고, 유사하게 IPv6은 ICMPv6이다.	

24) 아래 〈그림〉은 IPv6를 사용하는 호스트가 루프백 시험을 하려고 한다. IPv6에 의한 송신층 발신지 주소(A)와 수신측 목적지 주소(B)를 〈보기〉에서 하나 선택하여 번호를 답안란에 입력하시오.

그림	
답안란	3
해설	대부분의 IPv6 주소는 사용 가능한 128비트를 모두 차지하지 않습니다. 이에 따라 필드에 0이 채워지거나 0만 포함될 수 있습니다. IPv6 주소 지정 아키텍처에서는 0이 연속된 16비트 필드를 나타내기 위해 두 개의 콜론(::)을 사용할 수 있습니다. 예를 들어, 인터페이스 ID의 연속된 0 필드 2개를 2개의 콜론으로 바꿔서 그림 3-2의 IPv6 주소를 축약할 수 있습니다. 그 결과는 2001:0db8:3c4d:0015::1a2f:1a2b와 같습니다. 다른 0 필드는 단일 0으로 표현할 수 있습니다. 또한 필드에서 앞에 오는 0을 생략할 수도 있습니다(예: 0db8을 db8로 변경). 따라서 2001:0db8:3c4d:0015:0000:0000:1a2f:1a2b 주소는 2001:db8:3c4d:15::1a2f:1a2b로 축약할 수 있습니다. 2개 콜론 표시 방법을 사용하면 IPv6 주소에서 0으로만 구성된 모든 연속된 필드를 바꿀 수 있습니다. 예를 들어, IPv6 주소 2001:0db8:3c4d:0015:0000:d234::3eee:0000은 2001:db8:3c4d:15:0:d234:3eee::로 줄일 수 있습니다.

25) 대부분 조직의 트래픽 80%는 TCP에 속하고 TCP 80%는 HTTP, 즉 웹 트래픽에 집중되지만 웹서버는 DMZ의 공개된 네트워크에 존재한다. 방화벽에서 통상적으로 80번(HTTP), 443(HTTPS) 포트를 접속을 위해서 개방하고 있다. 또한 IPS에서 이 두 PORT들을 합법적인 PORT로 판단하기 때문에 차단이 불가능하다. 이러한 두 개의 PORT들을 웹 해킹으로부터 막기 위해서 필요한 네트워크 보안 장비를 〈제시문제〉를 참고하여 답안란에 입력하시오.

제시문제	1. 비정상 적인 사용자의 접근을 막을 수 있음. 2. 불필요한 접근을 최소화하여 네트워크 비용을 줄일 수 있음. 3. 다음 공격을 막을 수 있음 　- 크로스 - 사이트 스크립팅을 위한 스캐닝 　- 버퍼 오퍼플로 / SQL Injection / 미인가 파일 업로드 　- Command Injection
답안란	웹 방화벽

26) 아래 내용이 설명하는 것을 하나만 선택하시오.

설명	- 인터넷 프로토콜 스위트의 주요 프로토콜 가운데 하나이다. - 이것을 사용해 네트워크로 이어진 컴퓨터들 위의 프로그램은 데이터 그램으로 알려진 단문 메시지를 다른 컴퓨터에 보낼 수 있다. - 유니버설 데이터그램 프로토콜이라고 불리기도 하며, 1980년에 데이빗 리드가 설계하였다. - 주로 스트리밍 저장 오디오나 실시간 동영상 서비스를 운용할 때 사용한다.	
보기	1. TCP 2. UDP 3. ICMP	4. IGMP 5. ARP 6. RARP
답안란	2	

27) 아래 〈설명〉을 보고 〈네트워크 구성도〉의 (A)는 무엇인지 답안란에 입력하시오.

설명	- 방화벽에 의해 보호받고 있는 네트워크에서 어쩔 수 없이 외부에 노출되어야 하는 서버들의 네트워크 지역 - (A) 지역에는 기본적으로 FTP, WEB, FILE 서버들 구성 - 관리자는 방화벽에서 FTP, WEB, FILE 서버의 서비스를 위해 네트워크 일부분을 해제 - 외부에 노출시켜야하는 서버들을 한곳에 모아두고 네트워크를 따로 관리하여 보안 사고시에도 내부 네트워크 PC들은 방화벽에 의해 안전하게 보호 됨	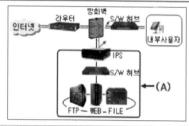
답안란	DMZ	

28) 다음 〈보기〉에서 TCP 프로토콜의 특징이 아닌 것을 하나 선택하시오.

보기	1. TCP 연결 지향형 프로토콜이다. 2. TCP 전송은 스트림 기반 전송이다. 3. TCP 세크먼트는 IP 데이터그램에 캡슐화 된다. 4. FTP에서 사용하는 프로토콜이다. 5. Echo를 위한 7번 포트는 UDP와 함께 공용한다. 6. Traceroute 프로그램이 사용하는 프로토콜이다. 7. 전송 중 패킷 순서가 바뀌지 않는다.
답안란	6

29) 다음 제시된 표는 IPv4와 IPv6의 차이점을 비교한 것이다. (A)칸에 해당되는 내용을 보기에서 하나 선택하시오.

보기	1. 16비트씩 8부분으로 10진수로 표시 2. 16비트씩 8부분으로 16진수로 표시 3. 8비트씩 16부분으로 10진수로 표시 4. 8비트씩 16부분으로 16진로 표시	
제시표		

구분	IPv4	IPv6
주소길이	32비트	128비트
표시방법	8비트씩 4부분으로 10진수로 표시	(A)
주소개수	약 43억 개	거의 무한대
주소할당	클래스 단위의 비순차적 할당	네트워크 규모 및 단말개수에 따른 순차적 할당
보안기능	IPsec 프로토콜 별도 설치	확장 기능에서 기본적으로 제공

답안란	2

30) 아래에 〈설명〉되어 있는 보안 프로토콜을 답안란에 입력하시오.

설명	1. IPv4 인터넷 기반의 전자상거래 등에 이용하기에는 보안성이 떨어져 IPv6가 도입되면서, 보안기능의 향상을 위해 확장기능으로 IPv6에 기본적으로 내장되어 지원된느 보안 프로토콜이다. 2. IETF에서 설계한 네트워크 계층을 암호화 프로토콜로 AH(Ahtuentication)를 이용한 인증, ESP(Encalsulation Security Payload)를 이용한 기밀성이 주요 기능이다.
답안란	IPsec
해설	네트워크 계층인 인터넷 프로토콜에서 보안성을 제공해 주는 표준화된 기술로 데이터 송신자의 인증을 허용하는 인증 헤더(AH)와, 송신자의 인증 및 데이터 암호화를 함께 지원하는 ESP 등 두 종류의 보안 서비스가 있으며, 보안 게이트웨이 간의 보안 터널을 제공하는 터널모드와 종단 호스트 간의 보안 터널을 제공하는 트랜스포트 모드(전송 모드)를 제공함.

31) 아래에 〈보기〉는 TELNET과 SSH를 비교한 것이다. 올바른 것을 모두 선택하시오.

보기	1. Telnet - 패스워드 암호화되어 전송, 기본포트번호는 22번 2. Telnet - 패스워드 비암호화되어 전송, 기본포트번호는 22번 3. Telnet - 패스워드 암호화되어 전송, 기본포트번호는 23번 4. Telnet - 패스워드 비암호화되어 전송, 기본포트번호는 23번 5. SSH - 패스워드 암호화되어 전송, 기본포트번호는 22번 6. SSH - 패스워드 비암호화되어 전송, 기본포트번호는 22번 7. SSH - 패스워드 암호화되어 전송, 기본포트번호는 23번 8. SSH - 패스워드 비암호화되어 전송, 기본포트번호는 23번
답안란	4, 5

32) 〈제시문제〉와 〈그림〉에서 자율 시스템(AS)을 나타내는 라우팅 프로토콜은 무엇인지 답안란에 입력하시오.

제시문제	인터넷 프로토콜 위한 Link-State라우팅 알고리즘을 사용한다. VLSM을 지원하며 대규모 네트워크를 구성하는 내부 게이트웨이 프로토콜과 Area를 나누는 방식을 사용하여 업데이트와 라우팅 테이블을 관리하고 인터넷 상에서 하나의 자율 시스템(AS)간에 동작을 하는 라우팅 프로토콜의 특징을 가지고 있다. 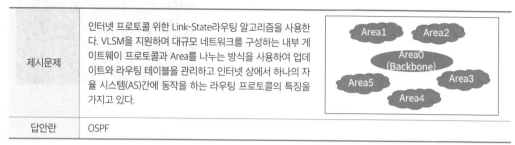
답안란	OSPF

33) 〈제시문제〉를 읽고 〈화면〉에서 결과 값에 대한 (A)를 답안란에 입력하시오

제시문제	(A)는 네트워크, 홉수, 게이트웨이, INTERFACE로 구성되며 SHOW IP PROTOCOL 명령으로 확인할 수 있다. 매 30초 간격으로 각 라우터는 자신의 라우팅 테이블을 브로드 케스트 한다. 현재 HOP수 보다 낮은 HOP수의 라우팅 정보를 수신하면 새로 수신한 라우팅 정보로 대체하여 효율적인 경로를 선택한다.	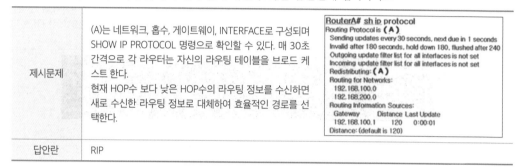
답안란	RIP

34) 〈화면1〉과 같이 'ping'에 대한 응답을 하지 않는다. 〈화면2〉와 같이 'ping'에 대한 응답을 허용하도록 설정할 때 빈칸(가)에 해당하는 숫자를 답안 란에 입력하시오.

| 화면1 | ```
[root@localhost ipv4]# ping 127.0.0.1
PING 127.0.0.1 (127.0.0.1) 56(84) bytes of data.
^C
--- 127.0.0.1 ping statistics ---
11 packets transmitted, 0 received, 100% packet loss, time 10218ms
``` |
| 화면2 | ```
[root@localhost ipv4]# echo␣ > icmp_echo_ignore_all
[root@localhost ipv4]# ping 127.0.0.1
PING 127.0.0.1 (127.0.0.1) 56(84) bytes of data.
64 bytes from 127.0.0.1: icmp_seq=1 ttl=64 time=0.111 ms
64 bytes from 127.0.0.1: icmp_seq=2 ttl=64 time=0.078 ms
64 bytes from 127.0.0.1: icmp_seq=3 ttl=64 time=0.077 ms
64 bytes from 127.0.0.1: icmp_seq=4 ttl=64 time=0.069 ms
^C
--- 127.0.0.1 ping statistics ---
4 packets transmitted, 4 received, 0% packet loss, time 3005ms
rtt min/avg/max/mdev = 0.069/0.083/0.111/0.019 ms
[root@localhost ipv4]#
``` |
| 답안란 | 0 |

35) 〈제시문제〉를 확인하여 〈화면〉에서 (A)에 해당하는 명령어를 답안란에 입력하시오.

제시문제	ICMP 에코 패킷을 대상으로 컴퓨터로 보내서 대상 컴퓨터까지의 경로를 확인하는 유틸리티이며, TTL이 1인 첫번째 에코 패킷을 보낸 다음 대상 컴퓨터가 응답하거나 최대 TTL에 도달할 때 까지 이후의 각 전송에서 TTL을 1씩 증가 시킨다.	
답안란	MS : TRACERT	

36) Linux System에서 원격 서버에 대해 네트워크 통신경로를 확인하는 〈화면〉이다. Windows Server 의 'tracert'와 같은 기능을 하는 Linux 명령어(A)를 답안란에 입력하시오.

제시문제	ICMP 에코 패킷을 대상으로 컴퓨터로 보내서 대상 컴퓨터까지의 경로를 확인하는 유틸리티이며, TTL이 1인 첫 번째 에코 패킷을 보낸 다음 대상 컴퓨터가 응답하거나 최대 TTL에 도달할 때 까지 이후의 각 전송에서 TTL을 1씩 증가 시킨다.
화면	[root@localhost ~]# ████████ www.icqa.or.kr ████████ to www.icqa.or.kr (210.103.175.224), 30 hops max, 60 byte packets 1 gateway (10.0.2.2) 0.575 ms 0.817 ms 0.333 ms 2 * * * 3 * * * 4 * * * 5 * * *
답안란	traceroute (소문자만)

37) 〈화면〉은 Linux 시스템에서 TCP 프로토콜을 사용하는 연결 상태를 보여주고 있다. 네트워크 연결 상태, 라우팅 테이블, 인터페이스 통계 등을 출력할 때 사용하는 명령어 (A)를 답안란에 입력하시오.

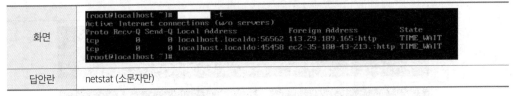

화면	[root@localhost ~]# ████████ -t Active Internet connections (w/o servers) Proto Recv-Q Send-Q Local Address Foreign Address State tcp 0 0 localhost.localdo:56562 113.29.189.165:http TIME_WAIT tcp 0 0 localhost.localdo:45458 ec2-35-180-43-213.:http TIME_WAIT [root@localhost ~]#
답안란	netstat (소문자만)

38) 아래 〈내용〉에 해당하는 암호화 접속 방식을 답안란에 입력하시오

내용	- 네트워크상의 다른 컴퓨터에 로그인하거나 원격 시스템에서 명령을 실행하고 다른 시스템으로 파일을 복사할 수 있도록 해주는 응용프로그램 또는 그 프로토콜을 가리킨다. - 기존의 rsh, rlogin, telnet 등을 대체하기 위해 설계 되었으며, 강력한 인증 방법 및 안전하지 못한 네트워크에서 안전하게 통신을 할 수 있는 기능을 제공하는 암호화 접속 방식이다.
답안란	시큐어 셸(Secure SHell, SSH)

39) IPv6의 기본요소를 〈보기〉에서 모두 선택하시오.

보기	보기1) 주소의 크기는 64비트이다. 보기2) 프로토콜의 확장을 허용하도록 설계되어 있다. 보기3) 유니캐스트, 멀티캐스트, 애니캐스트 보기4) 유니캐스트, 멀티캐스트, 브로드캐스트 보기5) 확장 헤더로 이동성을 지원 보기6) 보안 및 서비스 품질 기능 등이 개선
답안란	2, 3, 5, 6

40) Class 등급은 네트워크 크기와 호스트 수에 따라 A~E로 구분된다. 〈설명〉에 해당하는 Class 등급을 답안란에 입력하시오.

내용	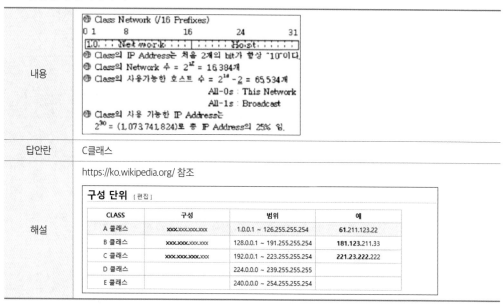
답안란	C클래스
해설	https://ko.wikipedia.org/ 참조

구성 단위 [편집]

CLASS	구성	범위	예
A 클래스	xxx.xxx.xxx.xxx	1.0.0.1 ~ 126.255.255.254	61.211.123.22
B 클래스	xxx.xxx.xxx.xxx	128.0.0.1 ~ 191.255.255.254	181.123.211.33
C 클래스	xxx.xxx.xxx.xxx	192.0.0.1 ~ 223.255.255.254	221.23.222.222
D 클래스		224.0.0.0 ~ 239.255.255.255	
E 클래스		240.0.0.0 ~ 254.255.255.254	

41) 아래 〈내용〉을 보고 최대 가질 수 있는 서브 네트워크 수를 보기(1~7)에서 하나 선택하여 답안란에 입력하시오.

내용	A사는 B Class 네트워크 사용 네트워크ID는 172.160.0.0을 사용 서브넷 마스크 값 : 255.255.224.0	1. 256개 2. 128개 3. 64개 4. 32개 5. 16개 6. 8개 7. 4개
답안란	4	
해설	256 - 224 = 32개	

42) 아래 IP 주소 중 C Class 범위에 해당하는 사설(Private) IP 주소를 모두 선택하시오.

보기	보기1) 192.168.10.4 보기2) 172.16.25.0 보기3) 10.10.10.9 보기4) 192.168.253.2 보기5) 172.192.168.4 보기6) 127.0.0.1 보기7) 224.204.31.2
답안란	1, 4
해설	**사설 IPv4 주소 공간** [편집] 국제 인터넷 표준화 기구(IETF)는 RFC 1918에 출판된 대로 다음의 IPv4 주소 범위를 사설망에 보존하기 위하여 IANA (인터넷 할당 번호 기관)를 지도하고 있다. {표} https://ko.wikipedia.org/ 참조

해설 표:

RFC1918 이름	IP 주소 범위	주소 개수	클래스 내용	최대 사이더 블록 (서브넷 마스크)	호스트 ID 크기
24비트 블록	10.0.0.0 – 10.255.255.255	16,777,216	클래스 A 하나	10.0.0.0/8 (255.0.0.0)	24 비트
20비트 블록	172.16.0.0 – 172.31.255.255	1,048,576	16개의 인접 클래스 B	172.16.0.0/12 (255.240.0.0)	20 비트
16비트 블록	192.168.0.0 – 192.168.255.255	65,536	256개의 인접 클래스 C	192.168.0.0/16 (255.255.0.0)	16 비트

: 11번부터 15번까지 문항으로 네트워크 관련 문제가 2~3문제 정도 출제 된다.

1) 다음에 제시된 〈계층별 네트워크 장비 및 주요기능〉에서 빈칸 (A)에 적합한 주요기능을 선택하여 드래그 앤 드롭하시오.

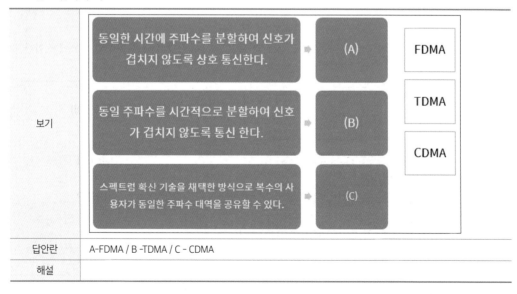

보기	계층별 네트워크 장비 및 주요기능 표 / 충돌영역 분리, 신호증폭과 전송, 패킷 스위칭, 압축 및 암호화

계층별 네트워크 장비 및 주요기능

계층	동작하는 장비	주요기능
전송계층	방화벽	비인가자 침입차단
네트워크 계층	라우터	경로결정
데이터링크 계층	브리지, 스위치	(A)
물리 계층	허브, 리피터	신호증폭과 전송

보기: 충돌영역 분리 / 신호증폭과 전송 / 패킷 스위칭 / 압축 및 암호화

답안란	충돌영역 분리
해설	스위치는 콜리전 도메인을 나누어 줄 수 있는 장비입니다. 브리지도 이와 같은 기능을 하는데, 스위치가 나오기 전 까지는 이 역할을 브리지가 했으나 브리지보다 빠른 스위치가 나와서 브리지는 서서히 밀려나는 추세입니다. 스위치의 모든 기능은 브리지로부터 이어오게 됩니다. 기존에 설명했던 허브와 스위치의 가장 큰 차이는 콜리전 도메인이 나누어져 있다는 것인데, 예를 들어 허브에 연결된 1번 2번 피시 사이에 통신이 일어나면 나머지 모든 피시들은 기다려야 하지만, 스위치는 다른 피시들도 동시에 통신이 가능한 것 입니다. 따라서 각 포트에 연결된 PC가 독자적인 속도를 갖게 되는데, 포트에 상관없이 허브가 항상 1차선 도로라면 스위치는 8포트라면 8차선 도로가 되는 것입니다.

2) 다음에 제시된 〈계층별 네트워크 장비 및 주요기능〉에서 빈칸 (A)에 적합한 주요기능을 선택하여 드래그 앤 드롭하시오.

보기	동일한 시간에 주파수를 분할하여 신호가 겹치지 않도록 상호 통신한다. ⇒ (A) / FDMA 동일 주파수를 시간적으로 분할하여 신호가 겹치지 않도록 통신 한다. ⇒ (B) / TDMA 스펙트럼 확산 기술을 채택한 방식으로 복수의 사용자가 동일한 주파수 대역을 공유할 수 있다. ⇒ (C) / CDMA
답안란	A-FDMA / B -TDMA / C - CDMA
해설	

3) 아래 〈프로토콜〉의 빈칸(A)~(C)에 해당하는 내용(종류)을 드래그 앤 드롭 하시오

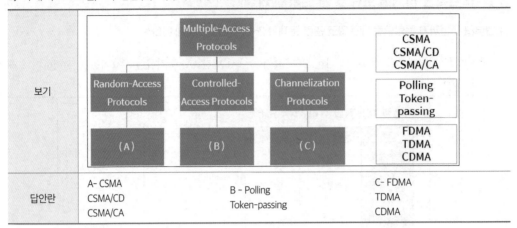

보기	Multiple-Access Protocols / Random-Access Protocols / Controlled-Access Protocols / Channelization Protocols / (A) / (B) / (C)	CSMA / CSMA/CD / CSMA/CA / Polling / Token-passing / FDMA / TDMA / CDMA
답안란	A- CSMA CSMA/CD CSMA/CA	B - Polling Token-passing	C- FDMA TDMA CDMA

4) 제시된 〈그림〉에서 호스트 통신에 사용되는 장비(A)를 보기에서 선택하여 드래그 하시오. (※ 정확한 위치에 드래그 하지 않으면 처음 위치로 되돌아감)

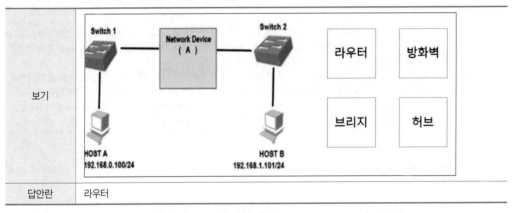

보기	Switch 1 / Network Device (A) / Switch 2 / HOST A 192.168.0.100/24 / HOST B 192.168.1.101/24 / 라우터 / 방화벽 / 브리지 / 허브
답안란	라우터

5) 제시된 (A)~(D)은 네트워크상에서 동작하는 장비와 프로토콜 내용이다. 다음 아래의 내용에 적합한 것을 〈보기〉에서 선택하여 드래그하시오

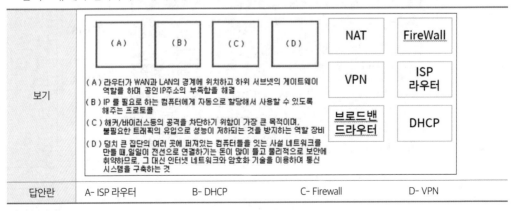

보기	(A) (B) (C) (D) / (A) 라우터가 WAN과 LAN의 경계에 위치하고 하위 서브넷의 게이트웨이 역할을 하며 공인 IP주소의 부족함을 해결 / (B) IP를 필요로 하는 컴퓨터에게 자동으로 할당해서 사용할 수 있도록 해주는 프로토콜 / (C) 해커/바이러스등의 공격을 차단하기 위함이 가장 큰 목적이며, 불필요한 트래픽의 유입으로 성능이 저하되는 것을 방지하는 역할 장비 / (D) 덩치 큰 집단의 여러 곳에 퍼져있는 컴퓨터들을 잇는 사설 네트워크를 만들 때, 일일이 전선으로 연결하기는 돈이 많이 들고 물리적으로 보안에 취약하므로, 그 대신 인터넷 네트워크와 암호화 기술을 이용하여 통신 시스템을 구축하는 것 / NAT / FireWall / VPN / ISP 라우터 / 브로드밴드라우터 / DHCP
답안란	A- ISP 라우터 B- DHCP C- Firewall D- VPN

6) 다음은 두 개의 네트워크가 서로 연결된 그림이다. 〈그림〉에서 원형안의 역할만 하는 장비를 선택하여 (가) 위치로 드래그 앤 드롭 하시오.

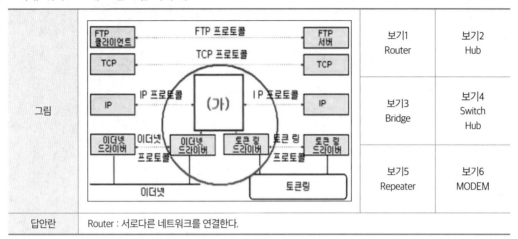

보기1 Router	보기2 Hub
보기3 Bridge	보기4 Switch Hub
보기5 Repeater	보기6 MODEM

답안란	Router : 서로다른 네트워크를 연결한다.

7) 〈제시문제〉의 linux 시스템 내용에 맞게 (A) ~ (C)를 각각 드래그 앤 드롭 하시오.

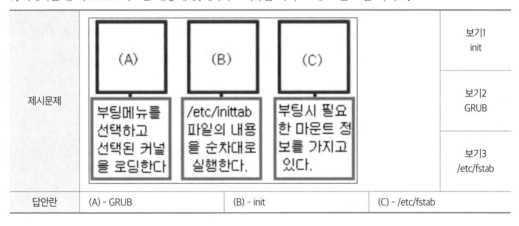

보기1 init
보기2 GRUB
보기3 /etc/fstab

답안란	(A) - GRUB	(B) - init	(C) - /etc/fstab

V

네트워크관리사
필기

1과목 >>> TCP/IP

01 호스트의 IP Address가 '200.221.100.152'일 때 해당하는 Class는?

① A Class
② B Class
③ C Class
④ D Class

해설 >>>

Class	Network 수	Network 당 Host 수	Network ID
B	16,384	65,534	128~191

MSB	Binary 시작	Binary 끝	첫 Octet
10	10000000	10111111	128~191

Network	Network	Host	Host
128	0	0~255	0~255

⬇

191	255	0~255	0~255

02 C Class의 네트워크 주소가 '192.168.10.0' 이고, 서브넷 마스크가 '255.255.255.240' 일 때, 최대 사용
가능한 호스트 수는? (단, 네트워크 주소와 브로드캐스트 호스트는 제외한다.)

① 10개
② 14개
③ 26개
④ 32개

해설 >>> 최대 호스트수(PC수) 구하는 방법 256 - 240 - 2 = 16
(256은 최대 사용 대수 - 224는 서브넷마지막 숫자 -2는 시작IP/끝IP제외)
만약 -2를 하지 많고 보기가 나오면 -2를 하지 않아도 무관함.

03 IPv6 헤더 형식에서 네트워크 내에서 데이터그램의 생존 기간과 관련되는 필드는?

① Version
② Priority
③ Next Header
④ Hop Limit

해설 >>>

Bit 0		Bit 31
Version = 6	Priority	Flow Label
Payload Length	Next Header	Hop Limit
Source Address(128 Bit)		
Destination Address(128 Bit)		

Version : 버전을 나타낸다. IPv6의 버전은 6이다.
Priority : 혼잡되는 트래픽에 대해서 패킷의 우선순위를 나타낸다.
Flow Label : 데이터의 특정한 흐름을 위한 특별한 처리를 제공한다.
Payload Length : 기본 헤더를 제외한 IP 데이터그램의 길이를 나타낸다.
Next Header : IPv4와 달리 v6에서는 선택사항이 없기 때문에 헤더를 확장해서 선택
사항을 제공한다. 확장된 헤더가 있는 경우 여기의 값이 표시해준다.
Hop Limit : IPv4의 TTL과 같은 역할이다.
Source Address : 발신지 주소이다.
Destination Address : 목적지 주소이다.

04 UDP 헤더에 포함이 되지 않는 항목은?

① 확인 응답 번호(Acknowledgment Number)

② 소스 포트(Source Port) 주소

③ 체크섬(Checksum) 필드

④ 목적지 포트(Destination Port) 주소

해설 >>>

UDP SOURCE PORT	UDP DESTINATION PORT
UDP MESSAGE LENGTH	UDP CHECKSUM
DATA	
...	

Source port : 출발지 장치가 사용하는 포트번호로 이 포트번호는 어떠한 응용 프로그램을 사용하는지에 따라 특정 포트 번호가 정해져 있는 경우도 있고 정해지지 않는 경우도 있다. 포트번호는 0 ~ 65535의 범위 내에 있으며, 대부분의 경우 처음 정해지는 출발지 포트번호는 이 범위 내의 임의의 번호를 사용한다.

Destination port : 목적지 장치의 포트를 나타내며, 출발지에서 목적지 장치 상의 어떤 서비스에 접속하느냐에 따라 일반적으로 미리 정해진 번호 이다.

LENGTH : 헤더와 데이터를 포함한 UDP 데이터 그램의 전체 길이를 나타낸다.

CHECKSUM : 헤더와 데이터를 포함한 사용자의 데이터 그램에 대한 오류검사를 하기 위한 필드이다.

05 ICMP의 Message Type필드의 유형과 질의 메시지 내용을 나타낸 것이다. 타입에 대한 설명으로 옳지 않은 것은?

① 3 - Echo Request 질의 메시지에 응답하는데 사용된다.

② 4 - 흐름제어 및 폭주제어를 위해 사용된다.

③ 5 - 대체경로(Redirect)를 알리기 위해 라우터에 사용한다.

④ 17 - Address Mask Request 장비의 서브넷 마스크를 요구하는데 사용된다.

해설 >>>

Type	Name
0	Echo Reply(에코 요청)
1	Unassigned
2	Unassigned
3	Destination Unreachable (목적지 도달 불가)
4	Source Quench (흐름제어, 폭주제어를 위해 사용)
5	Redirect(경로 재지정)
6	Alternate Host Address
7	Unassigned
8	Echo Request (에코 요청) -> 필수암기
9	Router Advertisement
10	Router Selection
11	Time Exceeded (시간 초과)
12	Parameter Problem
13	Timestamp
14	Timestamp Reply
15	Information Request
16	Information Reply
17	Address Mask Request (장비의 서브넷 마스크요청)

06 서버 내 서비스들은 서로가 다른 문을 통하여 데이터를 주고받는데 이를 포트라고 한다. 서비스에 따른 기본 포트 번호로 옳지 않은 것은?

① FTP - 21

② Telnet - 23

③ SMTP - 25

④ WWW - 81

해설 >>> WWW- 80 포트 이다.

07 TCP/IP에서 Unicast의 의미는?

① 메시지가 한 호스트에서 다른 여러 호스트로 전송되는 패킷

② 메시지가 한 호스트에서 다른 한 호스트로 전송되는 패킷

③ 메시지가 한 호스트에서 망상의 다른 모든 호스트로 전송되는 패킷

④ 메시지가 한 호스트에서 망상의 특정 그룹 호스트들로 전송되는 패킷

해설 >>> 메시지가 한 호스트에서 다른 여러 호스트로 전송되는 패킷 : 애니 캐스트

메시지가 한 호스트에서 다른 한 호스트로 전송되는 패킷 : 유니 캐스트

메시지가 한 호스트에서 망상의 다른 모든 호스트로 전송되는 패킷 : 브로드 캐스트

메시지가 한 호스트에서 망상의 특정 그룹 호스트들로 전송되는 패킷 : 멀티 캐스트

08 IP 데이터그램 헤더구조의 Field Name으로 옳지 않은 것은?

① Destination IP Address   ② Source IP Address

③ Port Number   ④ TTL(Time to Live)

해설 >>>

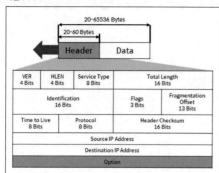

1. TTL(Time-to-Live) : 패킷의 루핑(looping) 현상으로 인한 문제를 해결하기 위해 사용하는 필드로 패킷의 수명을 나타낸다. 라우터를 1개 지날 때마다 1씩 감소되어 값이 0이 되면 해당 패킷을 패기 된다.
2. Source IP Address(출발지IP주소) : 32비트 길이의 출발지 장치의 IP주소
3. Destination IP Address(목적지IP주소) : 32비트 길이의 목적지 장치 IP주소

09 OSI 7 계층의 통신 계층별 PDU(Protocol Data Unit)의 명칭으로 올바른 것은 무엇인가?

① 7계층 : 세그먼트   ② 4계층 : 패킷

③ 3계층 : 비트   ④ 2계층 : 프레임

해설 >>>

OSI 7 Layer Model		DTP Layer (TCP/IP)	
Application	Message	Application	Application
Presentation			
Session			
Transport	Segment / Record	Transport	End-to-end Service
Network	Packet / Datagram	Internet	Routing Data Transmission
Data Link	Frame	Network Interface	
Physical	Bit		

10 다음의 응용계층 프로토콜 중에 전송계층의 프로토콜 TCP, UDP를 모두 사용하는 프로토콜은 무엇인가?

① FTP   ② SMTP

③ DNS   ④ SNMP.

해설 ▶▶▶

49		UDP	TACACS 프로토콜		공식
53	TCP	UDP	도메인 네임 시스템 (DNS, Domain Name System)		공식
67		UDP	BOOTP (부트스트랩 프로토콜) 서버, DHCP로도 사용		공식
68		UDP	BOOTP (부트스트랩 프로토콜) 클라이언트, DHCP로도 사용		공식
69		UDP	간단한 파일 전송 프로토콜 (TFTP, Trivial File Transfer Protocol)		공식

11 DNS 서버가 호스트 이름을 IP Address로 변환하는 역할을 수행하도록 설정하는 것은?

① 정방향 조회   ② 역방향 조회

③ 양방향 조회   ④ 영역 설정

해설 ▶▶▶ 정방향 : URL -> IP 주소 / 역방향 : IP주소 -> URL(포인터레코드)

📁 **정방향 조회 영역**	DNS(Domain Name System)가 DNS 네임스페이스를 영역으로 분할하도록 허용합니다.
📁 **역방향 조회 영역**	각 영역에 하나 이상의 인접 DNS 도메인에 대한 정보를 저장합니다.
📁 **조건부 전달자**	새 영역을 추가하려면 [동작] 메뉴에서 [새 영역]을 클릭하십시오.

12 NMS(Network Management Solution)을 운영하기 위해서 반드시 필요하며, 각종 네트워크 장비의 Data를 수집하고 대규모의 네트워크를 관리하기 위해 필요한 프로토콜은?

① Ping   ② ICMP

③ SNMP   ④ SMTP

해설 ▶▶▶ 네트워크 관리 프로토콜 : SNMP(Simple Network Management Protocol, 간이 망 관리 프로토콜)
PING : 통신 테스트용 프로그램
ICMP : Internet Control Message Protocol (메시지를 화면에 출력해 주는 프로토콜)
SMTP : 메일 전송용 프로토콜

13 'B Class'를 6개의 네트워크로 구분하여 사용하고 싶을 때, 가장 적절한 서브넷 마스크 값은?

① 255.255.224.0   ② 255.255.240.0

③ 255.255.248.0   ④ 255.255.255.0

해설 ▶▶▶ 6개의 네트워크는 8개로 나누어야 하며 8개의 네트워크로 분할시 1110 0000을 사용해야 함 255.255.224.0으로 계산 됨

14 TCP와 IP의 기능으로 옳지 않은 것은?

① 흐름 제어(Flow Control)   ② 단편화(Fragmentation)

③ 압축화(Compression)   ④ 오류 제어(Error Control)

해설 ▶▶▶ 압축화는 프리젠테이션 계층에 사용됨

15 UDP 헤더의 필드들에 대한 설명으로 올바른 것은?

① Source Port : 출발지의 포트번호를 표시한다. 출발지가 클라이언트일 경우 일반적으로 1024미만으로 설정된다.

② Destination Port : 목적지의 포트번호를 표시한다. 목적지가 서버일 경우 일반적으로 1024이상으로 설정된다.

③ Length : 헤더의 길이를 바이트 단위로 표시한다.

④ Checksum : 헤더와 데이터의 에러를 확인하기 위한 필드이다.

해설 >>> 헤더의 오류만을 파악한다.

16 인터넷에서 전자우편(E-mail)을 보낼 때 사용하는 프로토콜은?

① Telnet   ② FTP
③ SMTP   ④ NNTP

해설 >>> SMTP는 메일 전용용 프로토콜 / POP는 우체통처럼 편지를 보관하는 프로토콜

17 MAC Address를 IP Address로 변환시켜주는 Protocol은?

① RARP   ② ARP
③ TCP/IP   ④ DHCP

해설 >>> ARP : IP주소를 맥주소로 변환
RARP : 맥주소를 IP주소로 변환
DHCP : IP주소를 자동으로 배포/분배하는 프로토콜 및 서비스를 칭함.

2과목 >>> 네트워크 일반

18 두 스테이션 간 하나의 회선(전송로)을 분할하여 개별적으로 독립된 신호를 동시에 송/수신 할 수 있는 다수의 통신 채널을 구성하는 기술은?

① 데이터 전송(Data Transmission)

② 디지털 데이터 통신(Digital Data Communication)

③ 데이터 링크 제어(Data Link Control)

④ 다중화(Multiplexing)

해설 >>> 다중화(Multiplexing) : 다중화(Multiplexing 혹은 MUXing)라는 용어는 두개 이상의 저수준의 채널들을 하나의 고수준의 채널로 통합하는 과정을 말하며, 역다중화(inverse multipleing, demultiplexing, demuxing) 과정을 통해 원래의 채널 정보들을 추출할 수 있다. 각각의 채널들은 미리 정의된 부호화 틀(coding scheme)을 통해 구분할 수 있다.
전기 통신 분야에서 다중화의 기본적인 형태는 시분할 다중화 방식(TDM - time-division multiplexing)과 주파수 분할 다중화 방식(FDM - frequency division multiplexing)이 있다. 광통신 분야에서는 관행상 FDM이라는 용어 대신 파장 분할 다중(WDM - wavelength-division multiplexing)으로 부른다. 시분할 다중화 방식은 동기식이나 비동기식 중의 하나가 된다.

19 데이터 흐름 제어(Flow Control)와 관련 없는 것은?

① Stop and Wait   ② XON/XOFF
③ Loop/Echo   ④ Sliding Window

해설 >>> 1. Stop and Wait : 정지 대기 ARQ에서 사용한다.
2. XON/XOFF : 라우터에서 콘솔케이블로 접속할 때 흐름 제어로 사용한다.
3. Loop/Echo : 프로그래밍 언어에서 루프와 출력문으로 사용된다.
4. Sliding Window : 패킷 흐름제어로 사용한다.

20 OSI 7 Layer 중 논리링크제어(LLC) 및 매체 액세스 제어(MAC)를 사용하는 계층은?

① 물리 계층
② 데이터링크 계층
③ 네트워크 계층
④ 응용 계층

해설 >>> 1. 데이터 링크 계층은 LLC, MAC 두 가지 서브층으로 나뉜다.
 - LLC(Logical Link Control) : 상위 계층과 통신하는 소프트웨어. 오류 검출 및 제어 기능.
 - MAC(Media Access Control) : 하위 계층과 통신하는 하드웨어. 충돌 현상 제어.

21 OSI 7 Layer의 전송 계층에서 동작하는 프로토콜들만으로 구성된 것은?

① ICMP, NetBEUI
② IP, TCP
③ TCP, UDP
④ NetBEUI, IP

해설 >>> 1. 전송 계층에는 TCP와 UDP만 사용한다.

22 네트워크의 구성(Topology)에서 성형(Star)에 관한 설명으로 옳지 않은 것은?

① point-to-point 방식으로 회선을 연결한다.
② 단말장치의 추가와 제거가 쉽다.
③ 하나의 단말장치가 고장나면 전체 통신망에 영향을 줄 수 있다.
④ 각 단말 장치는 중앙 컴퓨터를 통하여 데이터를 교환한다.

해설 >>>

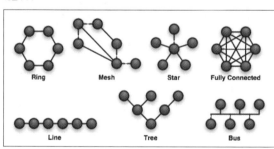

23 다음 중 VPN 터널링의 종류로 옳지 않은 것은?

① L2F
② L2TP
③ NAT
④ PPTP

해설 >>> NAT는 IP 공유기에서 하는 기능으로 사설 IP주소를 공인 IP주소로 바꿔주는 프로토콜

24 전송매체를 통한 데이터 전송 시 거리가 멀어질수록 신호의 세기가 약해지는 현상은?

① 감쇠 현상

② 상호변조 잡음

③ 지연 왜곡

④ 누화 잡음

해설 >>> 감쇠 현상 : 통신 기기에서 데이터를 어느 지점에서 다른 지점으로 전송할 때 신호의 크기가 감소하는 현상.

상호 변조 : 수신기에 수신 주파수 이외의 둘 이상의 방해 주파수가 들어왔을 때 수신기의 비직선성 때문에 변조를 일으키는 것. 그 때문에 수신 주파수 또는 중간 주파수에 대하여 방해 신호를 발생한다.

지연 왜곡 : 데이터 전송에서 소요 주파수 대역 내에서, 데이터 전송로의 군(群) 지연 값이 주파수에 대하여 일정하지 않기 때문에 수신측에서 신호가 왜곡되어 일어나는 변형

누화 잡음 : 누화는 1통신회선의 신호에 의하여 타의 회선에 생기는 방해이며, 타의 회선에서 보면 누화에 의하여 생긴 방해와 잡음으로 느껴진다. 이와 같이, 누화에 의하여 발생하는 잡음을 누화잡음이라고 한다.

25 네트워크를 관리하는 Kim 사원은 보다 효율적인 관리를 위해서 부산지사의 네트워크를 Subnetting 하였다. Kim 사원이 실시한 Subnetting의 이유와 그 결과로 옳지 않은 것은?

① host 수량에 맞는 IP의 재분배를 위함

② IP를 효율적으로 사용하여 낭비를 막기 위함

③ Subnetting을 많이 하여 IP 수량을 늘리기 위함

④ 네트워크를 분리하여 보안성 강화를 위함

해설 >>> 서브네팅은 IP 수량을 늘리기 보다는 IP를 나누어 잘 사용하려는 것 임.

26 다음 설명의 (A)에 들어갈 알맞은 용어는 무엇인가?

(A)은/는 네트워크에 참여하는 모든 사용자가 모든 거래 내역의 데이터를 분산, 저장하는 데이터 분산 처리 기술이다. (A)은/는 개인과 개인의 거래(P2P)의 데이터가 기록되고, 이러한 기록들은 형성된 후 시간이 흐름에 따라서 순차적으로 연결된 구조를 가지게 된다. (A)에서는 모든 사용자가 거래 내역을 보유하고 있어 거래 내역을 확인할 때는 모든 사용자가 보유한 장부를 대조하고 확인해야 한다.

① FinTech

② Big data

③ Data mining

④ Block chain

해설 >>> 블록체인 : 블록에 데이터를 담아 체인 형태로 연결, 수많은 컴퓨터에 동시에 이를 복제해 저장하는 분산형 데이터 저장 기술이다. 공공 거래 장부라고도 부른다. 중앙 집중형 서버에 거래 기록을 보관하지 않고 거래에 참여하는 모든 사용자에게 거래 내역을 보내 주며, 거래 때마다 모든 거래 참여자들이 정보를 공유하고 이를 대조해 데이터 위조나 변조를 할 수 없도록 돼 있다. [네이버 지식백과] 블록체인 (시사상식사전, pmg 지식엔진연구소)

FinTech : Finance(금융)와 Technology(기술)의 합성어로, 금융과 IT의 융합을 통한 금융서비스 및 산업의 변화를 통칭한다.

Big data : 빅데이터란 디지털 환경에서 생성되는 데이터로 그 규모가 방대하고, 생성 주기도 짧고, 형태도 수치 데이터뿐 아니라 문자와 영상 데이터를 포함하는 대규모 데이터를 말한다. 빅데이터 환경은 과거에 비해 데이터의 양이 폭증했다는 점과 함께 데이터의 종류도 다양해져 사람들의 행동은 물론 위치정보와 SNS를 통해 생각과 의견까지 분석하고 예측할 수 있다.

Data mining : 많은 데이터 가운데 숨겨져 있는 유용한 상관관계를 발견하여, 미래에 실행 가능한 정보를 추출해 내고 의사 결정에 이용하는 과정을 말한다.

27 다음에 (A)에 들어갈 알맞은 용어는 무엇인가?

> (A)는 엑세스 포인트 없이도 무선 LAN 카드를 장착한 단말기들 간에 전송 링크의 구성이 가능하다. (A)
> 는 중계 기능을 담당하는 노드가 없으므로 통신 가능한 거리가 지극히 제한적이다. (A)에 참여할 모든
> 단말의 SSID를 동일하게 설정하여야 한다. (A)에서는 하나의 무선 통신 채널만을 사용하므로, 모든 단말
> 기들이 같은 통신 채널을 사용하도록 지정해 주어야 한다.

① Ad-hoc network
② Wireless mesh network
③ Virtual private network
④ Wireless sensor network

해설 >>> Ad-hoc network : IP공유기 없이 무선랜을 통해 서로 통신하는 방식
WMN (Wireless Mesh Network : 무선 메쉬 네트워크) : 장소와 시간을 뛰어넘어 언제 어디서든지 다자간 접속을 가능케 하는 "무선 메시 네트워
크"가 건설과 IT간 용 · 복합 시대의 차세대 핵심기술로 떠오르고 있다. Wireless Mesh Network을 간단히 줄여서 "WMN"이라고도 한다. WMN은
U-City 민간서비스는 물론 초고층 빌딩, 대운하 사업까지 적용될 전망이다. 기존 무선랜 만으로 한계가 있었던 초고층 빌딩 내 데이터 교신이나 유 ·
무선망 설치가 녹록지 않은 지역에서 발생하기 쉬운 문제점들을 손쉽게 해결할 수 있기 때문이다.
Virtual private network (VPN) : 가상사설망인터넷과 같은 공중망을 마치 전용선으로 사설망을 구축한 것처럼 사용할 수 있는 방식이다.
Wireless Sensor Network (무선 센서 네트워크) : 센서로 감지가 가능하고 수집된 정보를 가공하는 프로세서가 달려 있으며, 이를 전송하는 소형
무선 송수신 장치가 달린 네트워크 시스템을 의미한다. 즉 센서 노드(Sensor Node)와 이를 수집해 외부로 내보내는 싱크 노드(Sink Node)로 구성
된 네트워크를 말한다. 유비쿼터스 시대를 맞이하여 WSN은 국내뿐만 아니라 미국, 일본 등을 중심으로 개발되어 실제 적용 중이다. WSN은 기존의
네트워크와 다르게 의사소통 수단이 아니라 자동화된 원격 정보 수집을 기본 목적으로 하며, 과학적 · 의학적 · 군사적 · 상업적 용도 등 다양한 응
용 개발에 활용된다.

3과목 >>> NOS

28 Linux 명령어 중 현재 디렉터리에서 바로 상위 디렉터리로 이동하는 명령어는?

① cd..
② cd ..
③ cd .
④ cd ~

해설 >>>
1. cd. : 없는 명령어
2. cd .. : 상위 디렉토리로 이동
3. cd . : 현재 디렉토리로 이동 (변화 없음)
4. cd ~ : 홈 디렉토리로 이동

```
[root@localhost ~]# cd..
bash: cd..: command not found...
[root@localhost ~]# cd ..
[root@localhost /]# cd .
[root@localhost /]# cd ~
[root@localhost ~]# cd..
```

29 Linux 시스템에 새로운 사용자를 등록하려고 한다. 유저 이름은 'network'로 하고, 'icqa'라는 그룹에 편
입시키는 명령은?

① useradd -g icqa network
② useradd network
③ userdel -g icqa network
④ userdel network

해설 >>> useradd -g icqa network

```
[root@localhost ~]# tail -5 /etc/passwd
gnome-initial-setup:x:975:975::/run/gnome-ini
tcpdump:x:72:72::/:/sbin/nologin
sshd:x:74:74:Privilege-separated SSH:/var/emp
kkw:x:1000:1000:kkw:/home/kkw:/bin/bash
network:x:1001:1002::/home/network:/bin/bash
```

```
[root@localhost ~]# tail -5 /etc/group
sshd:x:74:
slocate:x:21:
kkw:x:1000:
SBgroup:x:1001:kkw
icqa:x:1002:
```

30 Linux 시스템에서 필수적인 실행 파일과 기본 명령어가 포함되어 있는 디렉터리는?

① /boot   ② /etc

③ /bin   ④ /lib

해설 >>>

```
[root@localhost bin]# pwd
/bin
[root@localhost bin]# ls ping
ping
[root@localhost bin]# ls cat
cat
```

31 Linux 시스템에 좀비 프로세스가 많이 생겨 시스템을 재부팅하려고 한다. 현재 Linux 시스템에 접속해 있는 사용자에게 메시지를 전달하고, 5분 후에 시스템을 재부팅시키는 명령어는?

① shutdown −r now 'Warning! After 5 minutes will be system shutdown!!'

② shutdown now 'Warning! After 5 minutes will be system shutdown!!'

③ shutdown −r +5 'Warning! After 5 minutes will be system shutdown!!'

④ shutdown +5 'Warning! After 5 minutes will be system shutdown!!'

해설 >>> shutdown -r now : 지금 바로 재부팅
shutdown -r +5 : 5분 후 재부팅

32 Windows Server 2016의 DNS 서버에서 정방향 조회 영역 설정에서 SOA 레코드의 각 필드에 대한 설명으로 옳지 않은 것은?

① 일련번호 : 해당 영역 파일의 개정 번호다.

② 주 서버 : 해당 영역이 초기에 설정되는 서버다.

③ 책임자 : 해당 영역을 관리하는 사람의 전자 메일 주소다. webmaster@icqa.or.kr 형식으로 기입한다.

④ 새로 고침 간격 : 보조 서버에게 주 서버의 변경을 검사하기 전에 대기하는 시간이다.

해설 >>> 책임자 이메일은 @ 형식이 아닌 .을 입력한다. (ex : webmaster.icqa.or.kr. : 마지막에. 이 있을 수 있다.)

33 Windows Server 2016 DHCP 서버의 주요 역할의 설명으로 맞는 것은?

① 동적 콘텐츠의 HTTP 압축을 구성하는 인프라를 제공한다.

② TCP/IP 네트워크에 대한 이름을 확인한다.

③ IP 자원의 효율적인 관리 및 IP 자동 할당한다.

④ 사설 IP주소를 공인 IP 주소로 변환해 준다.

해설 >>> 동적 콘텐츠의 HTTP 압축을 구성하는 인프라를 제공한다. (IIS 기능)
TCP/IP 네트워크에 대한 이름을 확인한다. (HOSTNAME은 NETBIOS를 이용한다)
IP 자원의 효율적인 관리 및 IP 자동 할당한다. (DHCP의 기능이다.)
사설 IP주소를 공인 IP 주소로 변환해 준다. (NAT의 기능이다.)

34 아파치 웹서버의 서버 측 에러 메시지 내용으로 맞는 것은?

① 502 (Service Unvailable) : 클라이언트 요청 내용에는 이상이 없지만, 서버측에서 클라이언트의 요청을 서비스할 준비가 되지 않은 경우

② 501 (Not Implemented) : 클라이언트의 서비스 요청 내용 중에서 일부 명령을 수행할 수 없을 경우

③ 503 (Bad Request) : 게이트웨이의 경로를 잘못 지정해서 발생된 경우

④ 500 (Internal Server Error) : 서버에 보낸 요청 메시지 형식을 서버가 해석하지 못한 경우

해설 ▶▶▶ – 500 Internal Server Error(내부 서버 오류): 서버에 오류가 발생해 작업을 수행할 수 없을 때 사용된다. 보통 설정이나 퍼미션 문제. 아니면 HTTP 요청을 통해 호출한 문서가 실제 HTML 문서가 아니라 JSP, PHP, 서블릿 등의 프로그램일 경우 그 프로그램이 동작하다 세미콜론을 빼먹는 등의 각종 에러로 비정상 종료를 하는 경우 이 응답코드를 보낸다.
- 501 Not Implemented(요청한 기능 미지원): 서버가 요청을 수행하는데 필요한 기능을 지원하지 않는 경우 사용된다. 웬만해서는 볼 수 없다.
- 502 Bad Gateway(게이트웨이 불량): 게이트웨이가 연결된 서버로부터 잘못된 응답을 받았을 때 사용된다.
- 503 Service Temporarily Unavailable(일시적으로 서비스를 이용할 수 없음): 서비스를 일시적으로 사용할 수 없을 때 사용된다. 주로 웹서버 등이 과부하로 다운되었을 때 볼 수 있다.

35 Linux 명령어 중 특정한 파일을 찾고자 할 때 사용하는 명령어는?

① mv
② cp
③ find
④ file

해설 ▶▶▶ mv : 파일이나 디렉토리를 이동한다.
cp : 파일이나 디렉토리를 복사한다.
find : 파일이나 디렉토리를 찾는다.
file : 파일 타입을 알려준다.

36 다음 중 Linux의 명령어 해석기는?

① Shell
② Kernel
③ Utility Program
④ Hierarchical File System

해설 ▶▶▶ – shell : 내부 명령어 / 명령 해석기라 하며 키보드로 입력된 내용을 해석 해 준다.
- kernel : 운영체제의 핵심으로 드라이버 / 스케줄러 / 프로세서 관리를 진행 해준다.
- utility Program : 각종 프로그램으로 사용자 위주의 프로그램을 말한다.
- Hierarchical File System : 애플 매킨토시 컴퓨터에서 사용되는 디스크 기반의 파일 시스템. 디렉터리 또는 폴더라는 파일들의 계층 구조로 되어 있다. 맨 위에 뿌리(root) 디렉터리라는 주 디렉터리가 있고 거기서부터 부(sub) 디렉터리가 아래로 계층적으로 분기되어 나간다. 각 디렉터리는 파일들과 다른 디렉터리를 가질 수 있다. 뿌리 디렉터리에서부터 특정 파일까지의 디렉터리의 연쇄를 경로(path)라고 한다.

37 Linux 시스템에서 데몬(Daemon)에 관한 설명 중 옳지 않은 것은?

① 백그라운드(Background)로 실행된다.

② 'ps afx' 명령어를 실행시켜보면 데몬 프로그램의 활동을 확인할 수 있다.

③ 시스템 서비스를 지원하는 프로세스이다.

④ 시스템 부팅 때만 시작될 수 있다.

해설 ▶▶▶ 리눅스의 시스템 서비스는 부팅 이후에도 재시작 / 시작 / 활성화를 시킬 수 있다.
systemctl start | restart | stop | status | enable | disable 서비스 명

38 Windows Server 2016의 특징 중 고가의 서버 컴퓨터 한 대에 여러 대의 서버를 가상화하여 실제 물리적인 서버 컴퓨터의 효율을 극대화하는 기술은?

① Hyper-V   ② Server Core
③ 터미널 서비스   ④ PowerShell

해설 >>> Hyper-V : ms 반 가상화 및 전 가상화 프로그램으로 운영체제 안에 또 다른 운영체제를 설치 할 수 있다.
Server Core : CUI 버전의 운영체제로 가볍고 리눅스와 같이 키보드로 모든 명령어를 내려야 한다.
터미널 서비스 : 원격에서 접속하는 서비스로 대부분 RDP-TCP를 사용한다.
PowerShell : DOS명령어를 같이 사용할 수 있는 스크립 팅이 가능한 명령 프롬프트 이다.

39 DNS에서 지원하는 레코드 형식 중 역방향조회에 사용되는 레코드는?

① A   ② AAAA
③ PTR   ④ SOA

해설 >>> - A 레코드 : IPv4를 변환하는 레코드
- AAAA 레코드 : IPv6를 변환하는 레코드
- PTR 레코드 : 역방향 조회를 사용하는 레코드
- SOA : DNS 인증과 TTL등을 제공하는 레코드

40 서버 담당자 Park 사원은 도메인의 사용자가 도메인 내의 어떤 컴퓨터에서 접속하든지 자신이 사용하던 폴더가 그대로 보이도록 하는 정책을 구성하고자 한다. 이때 서버 담당자 Park 사원이 설정할 수 있는 올바른 정책은?

① 그룹 정책 관리   ② 폴더 리다이렉션(Folder Redirection)
③ NTFS 쿼터   ④ BitLocker

해설 >>> - 엑티브 디렉토리에 폴더 리다이렉션을 사용하면 공유폴더를 활용하여 사용자 계정에 사용되는 라이브러리를 공유 제공할 수 있다.

41 서버 담당자 Park 사원은 데이터를 안전하게 보호하는 일을 하기 위해 BitLocker 기능을 사용하고자 한다. BitLocker를 사용하기 위해서는 메인보드와 BIOS에서 지원해야 하는 기능은 무엇인가?

① FSRM   ② NTLM
③ TPM   ④ Heartbeat

해설 >>>
- 비트라커는 하드디스크를 통째로 암호화하는 기술로 메인보드에 TPM 칩을 활용하여 메인보드와 하드디스크의 암호화/복호화를 유지한다.
- TPM칩 : 신뢰 플랫폼 모듈(Trusted Platform Module, 줄여서 TPM) 또는 신뢰할 수 있는 플랫폼 모듈은 컴퓨팅 환경에서 암호화 키를 저장할 수 있는 보안 암호 처리자를 자세히 기록한 규격의 이름을 말한다. 또, "TPM 칩", "TPM 보안 장치"라 불리는 규격 기능의 총체적 이름이기도 하다

42 서버 관리자 Park 사원은 Windows Server 2016의 Active Directory에서 도메인 사용자 계정을 관리하기 위해 도메인 사용자 계정을 생성/수정/삭제하려고 한다. 다음 중 도메인 사용자 계정을 관리하기 위한 명령어가 아닌 것은 ?

① dsadd   ② dsmod
③ dsrm   ④ net user

43 서버 담당자 Park 사원은 Windows Server 2016를 구축하여 사용자 계정 관리를 하고자 한다. 이때 Windows Server 2016에서 자동으로 생성되는 그룹 계정중에서 성능카운터, 로그 등을 관리하는 권한을 가진 그룹으로 알맞은 것은?

① Backup Operators
② Performance Log Users
③ Power Users
④ Replicator

해설 >>> 1. Backup Operators : 도메인의 모든 도메인 컨트롤러에 대해 백업 작업을 수행할 수 있는 권리를 가짐
2. Performance Log Users : 서버 및 원격 클라이언트에서 로컬로 성능 카운터, 로그 및 알림을 관리할 수 있음
3. Power Users : 로컬 사용자 계정 resource를 공유하거나 수정 가능한 그룹, Administrators 낮지만, 일반계정보다 높음 대부분의 관리 권한을 보유하고 있지만 제한적 임.
4. Replicator : 그룹의 구성원인 컴퓨터는 도메인에서 파일 복제를 지원 함.

44 서버 담당자 Park 사원은 Windows Server 2016에서 데이터 손실없이 여러 사이트 간에 동기 복제를 제공하며, 장애가 발생하기 전에 백업 데이터로 연결을 넘길 수 있도록 서버를 구성하고자 한다. 이에 적절한 서비스는?

① 저장소 복제
② DirectAccess Server
③ 클라우드 폴더
④ NanoServer

해설 >>> 저장소 복제 : 저장소를 또다른 곳으로 복제하는 서비스로 동기 복제를 제공한다.
DirectAccess Server : DirectAccess는 Windows Server 2008 R2 부터 추가된 기능으로, 클라이언트 컴퓨터에 별도의 VPN 프로그램 설치 없이, 회사 외부 네트워크(집, 카페, 고객사 등)에서 회사 내부 네트워크로 연결시켜 주는 기능이다.
클라우드 폴더 : PC 및 디바이스를 사용하여 파일 서버에 저장된 파일을 동기화한다.
NanoServer : Windows Server 2016은 새로운 설치 옵션인 Nano 서버를 제공합니다. Nano 서버는 프라이빗 클라우드 및 데이터 센터에 최적화된 원격 관리 서버 운영 체제입니다. Server Core 모드의 Windows Server와 유사하지만 훨씬 작고 로컬 로그온 기능이 없으며 64비트 애플리케이션, 도구 및 에이전트에만 지원한다.

45 Linux 시스템에 있는 부트 로더로서 Linux 뿐만 아니라 다른 운영체제와의 멀티부팅 기능도 지원해주는 것은?

① CMOS
② BASH
③ GRUB
④ ROOT

해설 >>> CMOS : 메인보드 설정 파일이 기록되는 저장소이다.
BASH : 셸의 종류로 레드햇 계열의 운영체제의 기본 셸이다.
GRUB : 리눅스의 부트로더의 한 종류로 다른운영체제와 멀티 부팅도 가능하다.
ROOT : 리눅스의 최고 관리자 계정

46 현재 LAN 카드의 MAC Address는 몇 비트의 번호체계인가?

① 32 비트
② 48 비트
③ 64 비트
④ 128 비트

해설 >>> 국제 IEEE가 규정을 따르는 표준 MAC 주소는 총 48비트로 구성되어 있다. 이 중 첫 24비트는 OUI(Organizational Unique Identifier) 제조업체의 식별코드이며, NIC 제조업체의 정보를 파악할수 있고, 24비트는 해당 업체의 랜 카드의 정보를 담고 있다.

47 Wireless LAN에 대한 설명으로 옳지 않은 것은?

① 유선랜에 비하여 일정거리 내에서 이동성에 대한 자유로움이 보장된다.
② 무선랜은 Access Point와 무선 단말기로 구성된다.
③ 무선랜은 주파수, 속도 및 통신방식에 따라 'IEEE 802.11 a/b/g/n' 등으로 정의 되어있다.
④ 동일한 Access Point를 사용할 경우 주변 환경에 의한 전송속도 영향은 없다.

해설 >>> 무선 랜 카드는 주변 환경에 영향이 매우 많다.

48 OSI 7 Layer 중 네트워크 계층에서 동작하는 네트워크 연결 장치는?

① Repeater
② Router
③ Bridge
④ NIC

해설 >>> 1. Repeater는 1계층인 물리계층에서 동작하는 장치이다.
2. Router는 3계층인 네트워크계층에서 동작하는 네트워크 연결 장치이다.
3. Bridge는 2계층인 데이터링크이다.
4. NIC(Network Interface Controller)는 1계층인 물리계층과 2계층인 데이터링크계층에서 쓰인다.

49 내부 통신에는 사설 IP 주소를 사용하고 외부와의 통신에는 공인 IP 주소를 사용할 수 있도록 하는 기술은?

① ARP
② NAT
③ ICMP
④ DHCP

해설 >>> 1. ARP : IP를 맥주소로 변환해주는 프로토콜
2. NAT : 사설 IP 주소를 외부로 나갈 수 있도록 공인 IP주소로 변화 해주는 프로토콜
3. ICMP : 네트워크 통신 메시지를 주고 받을 수 있는 체크 프로그램
4. DHCP : IP를 자동으로 할당/분배 해주는 서비스

50 링크 상태 라우팅(Link State Routing)의 설명으로 옳지 않은 것은?

① 각 라우터는 인터네트워크 상의 모든 라우터와 자신의 이웃에 대한 지식을 공유한다.
② 각 라우터는 정확히 같은 링크 상태 데이터베이스를 갖는다.
③ 최단 경로 트리와 라우팅 테이블은 각 라우터마다 다르다.
④ 각 라우터 간 경로의 경비는 홉 수로 계산한다.

해설 >>> 각 라우터 간 경로의 경비를 hop count로 계산하는 방식은 거리 벡터 방식 이다.
링크 상태 방식은 hop count, delay, bandwidth 등으로 계산된다.

정답 >>>												
01 ③	02 ②	03 ④	04 ①	05 ①	06 ④	07 ②	08 ③	09 ④	10 ③	11 ①	12 ③	13 ①
14 ③	15 ④	16 ③	17 ①	18 ④	19 ③	20 ②	21 ③	22 ③	23 ③	24 ①	25 ③	26 ④
27 ①	28 ②	29 ①	30 ③	31 ③	32 ③	33 ③	34 ②	35 ③	36 ①	37 ④	38 ①	39 ③
40 ②	41 ③	42 ④	43 ②	44 ①	45 ③	46 ②	47 ④	48 ②	49 ②	50 ④		

1과목 >>> TCP/IP

01 패킷이 라우팅 되는 경로의 추적에 사용되는 유틸리티로, 목적지 경로까지 각 경유지의 응답속도를 확인할 수 있는 것은?

① ipconfig
② route
③ tracert
④ netstat

해설 >>> ipconfig : ip 주소 및 각종 정보 확인용
route : 현재 라우팅 테이블 확인
tracert : 목적지까지 도착하는 라우터 경로 확인
netstat : 네트워크 관련 명령어 (옵션 다수)

02 C Class 네트워크에서 6개의 서브넷이 필요하다고 할 때 가장 적당한 서브넷 마스크는?

① 255.255.255.0
② 255.255.255.192
③ 255.255.255.224
④ 255.255.255.240

해설 >>> 6개의 네트워크는 8개로 나누어야 하며 8개의 네트워크로 분할시 1110 0000을 사용해야 함 255.255.255.224로 계산 됨

03 ARP에 대한 설명으로 올바른 것은?

① IP Address를 장치의 하드웨어 주소로 매핑하는 기능을 제공한다.
② Dynamic으로 설정된 내용을 Static 상태로 변경하는 ARP 명령어 옵션은 '-d'이다.
③ ARP가 IP Address를 알기 위해 특정 호스트에게 메시지를 전송하고 이에 대한 응답을 기다린다.
④ ARP Cache는 IP Address를 도메인(Domain) 주소로 매핑한 모든 정보를 유지하고 있다.

해설 >>> Dynamic으로 설정된 내용을 Static 상태로 변경하는 ARP 명령어 옵션은 '-s'이다.
ICMP가 호스트에게 메시지를 전송하고 이에 대한 응답을 기다린다.
ARP Cache는 IP Address를 맥 주소로 매핑한 모든 정보를 유지하고 있다.

04 프로토콜과 일반적으로 사용되는 포트번호(Well-Known Port)의 연결이 옳지 않은 것은?

① FTP : 21번
② Telnet : 23번
③ HTTP : 180번
④ SMTP : 25번

해설 >>> HTTP : 80번 / HTTPS : 443번

05 DNS 레코드에 대한 설명으로 옳지 않은 것은?

① A : DNS 이름과 호스트의 IP Address를 연결한다.

② CNAME : 이미 지정된 이름에 대한 별칭 도메인이다.

③ AAAA : 해당 도메인의 주 DNS 서버에 이름을 할당하고 데이터를 얼마나 오래 캐시에 저장할 수 있는지 지정한다.

④ MX : 지정된 DNS 이름의 메일 교환 호스트에 메일 라우팅을 제공한다.

해설 >>> AAAA 레코드는 IPv6에 대한 값을 연결 해준다.

06 RIP(Routing Information Protocol)의 특징에 대한 설명으로 올바른 것은?

① 서브넷 주소를 인식하여 정보를 처리할 수 있다.

② 링크 상태 알고리즘을 사용하므로, 링크 상태에 대한 변화가 빠르다.

③ 메트릭으로 유일하게 Hop Count만을 고려한다.

④ 대규모 네트워크에서 주로 사용되며, 기본 라우팅 업데이트 주기는 1초이다.

해설 >>> RIP은 클래리스 라우팅 프로토콜이다. : 기본 서브넷으로 자동 계산되어 실행된다.
RIP은 디스턴스 백터 라우팅 프로토콜이다. : 오로지 거리 1홉과 방향을 기준으로 패킷을 전송한다.
RIP은 중소규모에 사용하며 15홉 이상 라우팅이 되지 않는다. / 라우팅 업데이트는 30초 간격으로 진행된다.

07 TCP 헤더에는 수신측 버퍼의 크기에 맞춰 송신측에서 데이터의 크기를 적절하게 조절할 수 있게 해주는 필드가 있다. 이 필드를 이용한 흐름 제어 기법은?

① Sliding Window   ② Stop and Wait

③ Xon/Xoff   ④ CTS/RTS

해설 >>> 데이터 크기를 적절하게 조절할 수 있는 필드는 Sliding Window입니다.

08 ICMP 메시지 내용으로 옳지 않은 것은?

① 호스트의 IP Address가 중복된 경우

② 목적지까지 데이터를 보낼 수 없는 경우

③ 데이터의 TTL 필드 값이 '0'이 되어 데이터를 삭제 할 경우

④ 데이터의 헤더 값에 오류를 발견한 경우

09 IGMP에 대한 설명으로 올바른 것은?

① 다중 전송을 위한 프로토콜이다.

② 네트워크 간의 IP 정보를 물리적 주소로 매핑한다.

③ 하나의 메시지는 하나의 호스트로 전송된다.

④ TTL(Time To Live)이 제공되지 않는다.

해설 >>> 네트워크 간의 IP 정보를 물리적 주소로 매핑한다. : arp
하나의 메시지는 하나의 호스트에 전송된다. : 유니케스트
TTL(Time To Live)이 제공되지 않는다. : TCP/IP를 사용하는 모든 컴퓨터는 TTL이 있다.

10 네트워크 장비를 관리 감시하기 위한 목적으로 TCP/IP 상에 정의된 응용 계층의 프로토콜로, 네트워크 관리자가 네트워크 성능을 관리하고 네트워크 문제점을 찾아 수정하는데 도움을 주는 것은?

① IGMP
② RIP
③ ARP
④ SNMP

해설 >>> IGMP : 그룹관리용 프로토콜로 멀티케스트용으로 사용된다.
RIP : 라우팅 프로토콜로 15홉 카운터를 사용한다.
ARP : IP주소를 맥주소로 변환하는 프로토콜
SNMP : 네트워크 장비를 관리 감시하기 위한 목적으로 사용된다.

11 IP Address '127.0.0.1' 이 의미하는 것은?

① 모든 네트워크를 의미한다.
② 사설 IP Address를 의미한다.
③ 특정한 네트워크의 모든 노드를 의미한다.
④ 루프 백 테스트용이다.

해설 >>> 루프백 주소 : localhost 또는 127.0.0.1을 사용하는 자신의 랜카드 주소 대용으로 사용된다.

12 IPv6의 주소 표기법으로 올바른 것은?

① 192.168.1.30
② 3ffe:1900:4545:0003:0200:f8ff:ffff:1105
③ 00:A0:C3:4B:21:33
④ 0000:002A:0080:c703:3c75

해설 >>> 16비트씩 8부분으로 16진수로 표시된다.

13 네트워크 및 서버관리자 Kim은 총무과 Lee로부터 계속하여 IP가 충돌하여 업무에 지장이 많은 것을 민원으로 접수하게 되었다. 확인결과 사내에서 Lee와 동일한 IP(192.168.1.100)가 입력되어 있는 SUMA-COM2라는 PC가 Lee의 PC와 IP 충돌을 일으키고 있는 것을 확인하게 되었다. 해당 IP의 이름을 확인할 수 있는 (A) 명령어는? (단. 윈도우 계열의 명령프롬프트에서 실행하였다.)

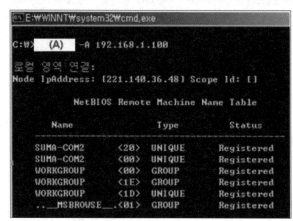

① nslookup
② netstat
③ arp
④ nbtstat

해설 >>> nbtstat : NetBios status로 hostname을 찾을 때 사용한다.

14 높은 신뢰도나 제어용 메시지를 필요로 하지 않고, 비연결형 서비스에 사용되는 프로토콜은 무엇인가?

① UDP   ② TCP

③ ARP   ④ ICMP

해설 >>> UDP : 비연결형 서비스로 데이터그램 방식을 제공한다.
정보를 주고 받을때 정보를 보내거나 받는다는 신호절차를 거치지 않는다.
신뢰성 없는 데이터를 전송한다.
데이터의 경계를 구분한다.
TCP보다 전송 속도가 빠르다.

15 TCP/IP 프로토콜의 응용계층에서 제공하는 응용서비스 프로토콜로 컴퓨터 사용자들 사이에 전자우편 교환 서비스를 제공하는 것은?

① SNMP   ② SMTP

③ VT   ④ FTP

해설 >>> 메일 관련 프로토콜
SMTP(Simple Mail Transfer Protocol)
Simple Mail Transfer Protocol(SMTP)은 이메일을 전송할 때 사용하는 프로토콜입니다. 이메일 송신 프로토콜이 사용되는 경우는 크게 두 가지입니다.
(1) 클라이언트가 작성한 메일을 서버로 전송할 때
(2) 인터넷을 통해 서버 간 메일을 전송할 때

POP3(Post Office Protocol 3)
Post Office Protocol 3(POP3)은 이메일을 수신할 때 사용하는 프로토콜의 한 종류입니다. 보다 구체적으로는 이메일 서버에 도착한 메일을 클라이언트로 가져올 때 사용됩니다. 현재 통용되고 있는 Post Office 프로토콜의 버전이 세 번째이기 때문에 프로토콜명에 숫자 3을 붙여 POP3라고 부릅니다.

IMAP(Internet Message Access Protocol)
Internet Message Access Protocol(IMAP)은 위에서 설명한 POP3와 마찬가지로 이메일을 수신할 때 사용하는 또 다른 프로토콜의 종류입니다. IMAP의 경우 이메일 서버와 동기화되는 방식이기에 스마트폰, 태블릿, PC 등 다양한 클라이언트 장치에서 동일하게 미리 설정한 '받은 편지함', '보낸 편지함' 등을 확인할 수 있습니다. 이는 서버에 직접 접속하여 직접 메일을 확인하는 방식이기 때문에 메일 열람 후에도 서버에 이메일이 그대로 남아있어 여러 클라이언트를 통해서도 반복적으로 이메일을 확인할 수 있는 것입니다.

16 원격에 있는 호스트 접속시 암호화된 패스워드를 이용하여 보다 안전하게 접속할 수 있도록 rlogin과 같은 프로토콜을 보완하여 만든 프로토콜은?

① SSH   ② SNMP

③ SSL   ④ Telnet

해설 >>> 시큐어 셸(Secure SHell, SSH)은 네트워크 상의 다른 컴퓨터에 로그인하거나 원격 시스템에서 명령을 실행하고 다른 시스템으로 파일을 복사할 수 있도록 해 주는 응용 프로그램 또는 그 프로토콜을 가리킨다.

17 OSPF 프로토콜이 최단경로 탐색에 사용하는 기본 알고리즘은?

① Bellman-Ford 알고리즘

② Dijkstra 알고리즘

③ 거리 벡터 라우팅 알고리즘

④ Floyd-Warshall 알고리즘

해설 >>> 라우팅 알고리즘에는 크게 두가지 종류가 있다.
전체적인 네트워크 상황을 알고, 이를 토대로 라우팅 경로를 판단하는 Link State 알고리즘, 특정 라우터와 연결된 이웃 라우터의 정보만을 가지고 판단하는 Distance Vector 알고리즘이다.
Link State 알고리즘의 대표적인 예시인 Dijkstra's 알고리즘과, Distance Vector 알고리즘의 대표적인 예시인 Bellman-Ford 알고리즘이 있다.

18 에러제어 기법 중 자동 재전송 기법으로 옳지 않은 것은?

① Stop and Wait ARQ   ② Go-Back N ARQ

③ 전진에러 수정(FEC)   ④ Selective Repeat ARQ

해설 >>> ○ 정지대기방식 (Stop and Wait, Idle ARQ)
 - 한 번에 하나씩 긍정 확인응답(ACK)을 받고, 후속 데이터 전송
 - 가장 단순하나, 다소 비효율적
 - 반이중 방식에서도 가능

○ Go Back n ARQ (GBN) 또는 Continuous ARQ(연속적 ARQ)
 - 한번에 여러 개를 보낸후 하나의 긍정 확인응답(ACK)을 받고, 후속 데이터 전송.
 - NAK(부정 확인응답)를 수신할 때까지 계속하여 데이터를 송신함.
 - 전이중방식에서 동작함
 - '슬라이딩 윈도우 (Sliding Window) 방식`이라고도 불리움

○ Selective Repeat ARQ (선택적 ARQ, 선택적 재전송)
 - 연속적 ARQ 와는 비슷하지만,
 . 오류가 발생된(NACK) 프레임 이후 또는 오류 발생된 프레임 만을 재전송
 - 전이중방식에서 동작함

○ Adaptive ARQ (적응적 ARQ)
 - 적응적으로 ARQ 횟수를 줄여 전송 효율을 높이는 방식

19 TCP/IP 프로토콜 계층 구조에서 전송 계층의 데이터 단위는?

① Segment   ② Frame

③ Datagram   ④ User Data

해설 >>>

OSI 7 Layer Model		DTP Layer (TCP/IP)	
Application	Message	Application	Application
Presentation			
Session			
Transport	Segment / Record	Transport	End-to-end Service
Network	Packet / Datagram	Internet	Routing Data Transmission
Data Link	Frame	Network Interface	
Physical	Bit		

20 인터넷 프로토콜들 중 OSI 참조 모델의 네트워크 계층에 속하지 않는 프로토콜은?

① IP   ② ICMP

③ UDP   ④ ARP

해설 >>> 응용계층 : HTTP, SMTP, FTP
표현계층 : ASCII, MPEG, JPEG, MIDI
세션계층 : NetBIOS, SAP, SDP, NWLink
전송계층 : TCP, UDP
네트워크 계층 : ICMP, IGMP, ARP, RARP, RIP, OSPF, EIGRP
데이터링크 계층 : Ethernet, Token Ring, FDDI
물리계층 : 랜선, 허브, 리피터, 랜카드 등 디바이스

21 (A) 안에 맞는 용어로 옳은 것은?

> K라는 회사에서 인터넷 전용회선의 대역폭을 효율적으로 제어하지 못하여 업무마비까지 이르게 되는 현상이 발생하였다. 이에 네트워크 담당자 Park사원은 (A)를 도입하여 회사의 IP 및 프로토콜(TPC/UDP)이이 장비를 반드시 통과하게 만들어서 인터넷 전용회선의 대역폭을 회사의 이벤트에 알맞도록 조정할 수 있게 되었다.
> 예) 평소에는 전용회선 1G의 대역폭 중에 웹(500M), FTP(200M), 멀티미디어(300M)로 사용하다가 화상회의를 해야하는 경우에는 웹(350M), FTP(250M), 멀티미디어(400M)로 대역폭을 조정하여 사용하고 있다.
> 화상회의의 원활한 진행을 위하여 멀티미디어의 사용 대역폭을 300M에서 400M로 증설하여 화상회의를 진행시킨 후 화상회의가 종료되는 시점에 인터넷 대역폭을 원래대로 원상복구 시킨다.

① QoS (Quality of Service)

② F/W (Fire Wall)

③ IPS (intrusion prevention system)

④ IDS (Intrusion Detection System)

해설 ▶▶▶ - QoS(Quality of Service) : 트래픽을 생성하는 애플리케이션의 필수 동작에 맞게 라우터나 스위치 같은 네트워크 디바이스가 해당 트래픽을 전달할 수 있도록 트래픽을 조작하는 것입니다. 다시 말해, QoS는 네트워크 디바이스가 트래픽을 구별한 후에 트래픽에 서로 다른 동작을 적용할 수 있도록 해줍니다.
- F/W (Fire Wall) : 방화벽은 '외부 네트웍의 침입으로부터 내부 네트웍을 보호하기 위한 시스템으로 외부의 침입을 차단하기 때문에 침입 차단 시스템이라고 부르기도 한다.
- IPS (Intrusion prevention system) : 침입방지시스템 (비정상 트래픽을 탐지하고 차단할 수 있는 능동적 탐지 시스템)
- IDS (Intrusion Detection System) : 침입탐지시스템 (IDS는 단어 뜻 그대로 많은 공격을 정확하게 탐지하는 데 목적을 둔 시스템입니다.)

22 전송효율을 최대로 하기 위해 프레임의 길이를 동적으로 변경시킬 수 있는 ARQ(Automatic Repeat Request)방식은?

① Adaptive ARQ   ② Go back-N ARQ

③ Selective-Repeat ARQ   ④ Stop and Wait ARQ

해설 ▶▶▶ ○ 정지대기방식 (Stop and Wait, Idle ARQ)
- 한 번에 하나씩 긍정 확인응답(ACK)을 받고, 후속 데이터 전송
- 가장 단순하나, 다소 비효율적
- 반이중 방식에서도 가능

○ Go Back n ARQ (GBN) 또는 Continuous ARQ(연속적 ARQ)
- 한번에 여러 개를 보낸후 하나의 긍정 확인응답(ACK)을 받고, 후속 데이터 전송.
- NAK(부정 확인응답)를 수신할 때까지 계속하여 데이터를 송신함.
- 전이중방식에서 동작함
- '슬라이딩 윈도우 (Sliding Window) 방식' 이라고도 불리움

○ Selective Repeat ARQ (선택적 ARQ, 선택적 재전송)
- 연속적 ARQ 와는 비슷하지만,
. 오류가 발생된(NACK) 프레임 이후 또는 오류 발생된 프레임 만을 재전송
- 전이중방식에서 동작함

○ Adaptive ARQ (적응적 ARQ)
- 적응적으로 ARQ 횟수를 줄여 전송 효율을 높이는 방식

23 다음에서 설명하는 전송매체는?

> 중심부에는 굴절률이 높은 유리, 바깥 부분은 굴절률이 낮은 유리를 사용하여 중심부 유리를 통과하는 빛이 전반사가 일어나는 원리를 이용한 것으로, 에너지 손실이 매우 적어 송수신하는 데이터의 손실률도 낮고 외부의 영향을 거의 받지 않는 장점이 있다.

① Coaxial Cable　　　　　　② Twisted Pair

③ Thin Cable　　　　　　　④ Optical Fiber

해설 ≫≫≫ - Coaxial Cable : 동축 케이블
- Twisted Pair : UTP 케이블
- Thin Cable : 얇은 케이블
- Optical Fiber : 광케이블

24 센서 네트워크에서 센서 노드들의 센싱 데이터를 수집하는 노드는?

① Sink　　　　　　　　　　② Actuator

③ RFID　　　　　　　　　　④ Access Point

해설 ≫≫≫ - Sink : 센서 네트워크에서 센서 노드들의 센싱 데이터를 수집하는 노드이다.
- Actuator : 시스템을 움직이거나 제어하는 데 쓰이는 기계 장치이다
- RFID : 주파수를 이용해 ID를 식별하는 방식으로 일명 전자태그로 불린다
- Access Point : AP 는 무선랜을 구성하는 장치중 하나로, 유선랜과 무선랜을 연결시켜주는 장치이다.

25 클라우드 컴퓨팅의 서비스들 중 하나의 유형으로서 웹 브라우저를 통하여 소프트웨어를 제공하며, 서비스의 대상자는 주로 일반 소프트웨어 사용자인 것은?

① SaaS　　　　　　　　　　② PaaS

③ IaaS　　　　　　　　　　④ BPaas

해설 ≫≫≫

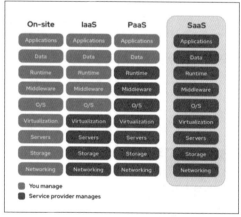

IaaS의 경우 서비스 제공업체가 고객을 대신해 클라우드를 통해 인프라(실제 서버, 네트워크, 가상화, 스토리지)를 관리합니다. 사용자는 API 또는 대시보드를 통해 인프라에 액세스하며, 인프라를 대여합니다. 사용자가 운영 체제, 애플리케이션, 미들웨어 등을 관리하는 반면 제공업체는 하드웨어, 네트워킹, 하드 드라이브, 스토리지 및 서버를 제공하며 가동 중단, 복구 및 하드웨어 문제를 해결할 책임이 있습니다.

PaaS는 외부 서비스 공급업체의 사용자에게 하드웨어와 애플리케이션-소프트웨어 플랫폼을 제공합니다. 사용자가 실제 애플리케이션 및 데이터를 처리하므로 PaaS는 개발자와 프로그래머에게 이상적인 솔루션입니다. 애플리케이션을 실행하는 데 필요한 인프라나 환경을 빌드 및 유지관리하지 않고도 PaaS에서 제공하는 플랫폼을 통해 사용자가 자체 애플리케이션을 개발, 실행 및 관리할 수 있습니다.

SaaS 애플리케이션은 주로 서브스크립션 모델을 통해 소프트웨어 라이센스를 프로비저닝합니다. 영구적인 라이센스와는 다르게, 이러한 소프트웨어 제공 모델에서는 일정 기간(주로 연간 또는 월간) 동안 SaaS 액세스 권한을 부여하는 서브스크립션과 각 계정이 연동됩니다.

서브스크립션 요금을 내면 일반적으로 제품 설명서와 서비스 계약 수준(SLA)이 적용되는 지속적 지원을 제공하지만, 일부 SaaS 제공업체는 소스 코드 수준의 사용자 정의 코드 변경에 추가 지원 요금을 부과합니다.

26 VPN에 대한 설명으로 (A)에 알맞은 용어는?

> VPN의 터널링 프로토콜로 (A)은/는 OSI 7계층 중 3계층 프로토콜로서 전송 모드와 터널 모드 2가지를 사용한다. 전송 모드는 IP 페이로드를 암호화하여 IP 헤더로 캡슐화하지만, 터널 모드는 IP 패킷을 모두 암호화하여 인터넷으로 전송한다.

① PPTP   ② L2TP
③ IPSec   ④ SSL

해설 >>> - PPTP : Point-to-Point Tunneling Protocol(지점간 터널링 프로토콜)의 약자입니다. TCP 포트 1723에서 작동하는 PPTP는 Windows 95 이후 모든 Windows 버전에서 표준으로 사용되어 온 가장 오래된 VPN 프로토콜 중 하나입니다.
- L2TP : L2TP(Layer Two Tunneling Protocol)는 여러 형태의 네트워크(IP, SONET, ATM 등) 상에서 PPP 트래픽을 터널해 주는 프로토콜이다.
- IPSec : IPsec(Internet Protocol Security)은 통신 세션의 각 IP패킷을 암호화하고 인증하는 안전한 인터넷 프로토콜(IP) 통신을 위한 인터넷 프로토콜 스위트이다. 이 보안은 통신 세션의 개별 IP 패킷을 인증하고 암호화함으로써 처리된다.
- SSL : 웹사이트와 브라우저(혹은, 두 서버) 사이에 전송된 데이터를 암호화하여 인터넷 연결을 보안을 유지하는 표준 기술입니다. 이는 해커가 개인 정보 및 금융 정보를 포함한 전송되는 모든 정보를 열람하거나 훔치는 것을 방지합니다.

27 다음의 (A)에 들어갈 알맞은 용어는 무엇인가?

> (A)는 고전적인 네트워크 기술 패러다임이 기지국 기반에서 블루투스와 같이 유연한 애드 혹 네트워크로 변화된다. 이러한 애드 혹 네트워크는 각각의 구성 장치들 간에 데이터 통신을 하는 주체가 되고, 같은 네트워크 안의 다른 장치들로 부커 받은 트래픽을 다른 장치에 릴레이해주고 라우팅해주는 기능을 갖는 시스템이다. (A)의 출판은 미국 군사 기술을 민간용으로 전환한 것으로 (A) 기능을 탑재한 무선 LAN AP는 전원 연결만 되면 네트워킹이 가능함으로 설치가 편리하고, 유선만과의 연결없이 망 확장이 용이하다.

① Wireless sensor networks   ② Wireless mesh networks
③ Software defined networks   ④ Content delivery networks

3과목 >>> NOS

28 Linux 시스템에서 사용되고 있는 메모리양과 사용 가능한 메모리 양, 공유 메모리와 가상 메모리에 대한 정보를 볼 수 있는 명령어는?

① mem   ② free
③ du   ④ cat

해설 >>>

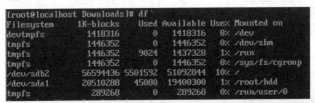

29 다음의 내용이 설명하고 있는 Linux 시스템 디렉터리는 무엇인가?

> – 시스템을 운영하면서 생기는 각종 임시 파일(시스템 로그, 스풀, 전자메일)을 저장하는 디렉터리
> – 크기가 계속 변하는 파일을 저장하는 디렉터리

① /home

② /usr

③ /var

④ /tmp

해설 >>> - /home : 사용자 계정의 홈디렉토리 이다.
- /usr : 시스템이 아닌 사용자가 실행할 프로그램들이 저장되며, 해당 계층에는 반드시 read-only 데이터만 존재해야한다
- /var : 변하기 쉬운 파일—일반적인 시스템의 운영 체제에서 내용이 자주 바뀔 듯한 파일— 로그, 스풀 파일, 임시 전자 우편 파일.
- /tmp : 임시 디렉토리로 재부팅하면 사라지는 파일.

30 Linux 프로세스를 확인하는 명령어로 올바른 것은?

① ps -ef

② ls -ali

③ ngrep

④ cat

해설 >>> ps -ef

```
UID        PID     PPID  C STIME TTY          TIME CMD
root         1        0  0 20:33 ?        00:00:03 /usr/lib/systemd/systemd --switch
m --deserialize 17
root         2        0  0 20:33 ?        00:00:00 [kthreadd]
root         3        2  0 20:33 ?        00:00:00 [rcu_gp]
root         4        2  0 20:33 ?        00:00:00 [rcu_par_gp]
root         6        2  0 20:33 ?        00:00:00 [kworker/0:0H-events_highpri]
root         8        2  0 20:33 ?        00:00:00 [mm_percpu_wq]
root         9        2  0 20:33 ?        00:00:00 [ksoftirqd/0]
root        10        2  0 20:33 ?        00:00:00 [rcu_sched]
root        11        2  0 20:33 ?        00:00:00 [migration/0]
```

31 다음은 Linux 시스템의 계정정보가 담긴 '/etc/passwd' 의 내용이다. 다음의 설명 중 옳지 않은 것은?

> user1:x:500:500::/home/user1:/bin/bash

① 사용자 계정의 ID는 'user1' 이다.

② 패스워드는 'x' 이다.

③ 사용자의 UID와 GID는 500번이다.

④ 사용자의 기본 Shell은 '/bin/bash' 이다.

해설 >>> - 패스워드는 x가 아니고 여기에 표시가 안된다 라는 뜻으로 /etc/shadow에 암호화 처리되어 보관된다.

32 서버 담당자 Park 사원은 Windows Server 2016에서 사용자 및 그룹을 관리하는 업무를 부여받았다. Windows Server 2016에는 기본적으로 3개의 로컬 사용자 계정이 생성되어 있는데, 다음 중 기본적으로 생성되는 계정이 아닌 것은?

① Administrator

② DefaultAccount

③ Guest

④ root

해설 >>> - 빌트인 계정 : Administrator, DefaultAccount, Guest 가 있으며 root는 리눅스의 빌트인 최고 관리자 계정이다.

33 서버 담당자 Park 사원은 Windows Server 2016에서 성능 모니터를 실행하여 서버의 성능을 분석하고자 한다. 성능 모니터에 있는 리소스 모니터는 시스템 리소스가 어떻게 사용되고 있는지를 보여주는 또 하나의 강력한 도구이다. 이 유틸리티를 사용하면 소프트웨어 업데이트 및 설치에 대한 정보를 볼 수 있으며, 또한 발생한 주요 이벤트와 해당 이벤트가 발생한 날짜를 볼 수 있다. 리소스 모니터에서 점검할 수 있는 항목이 아닌 것은?

① CPU   ② Memory

③ Network   ④ Firewall

해설 >>>

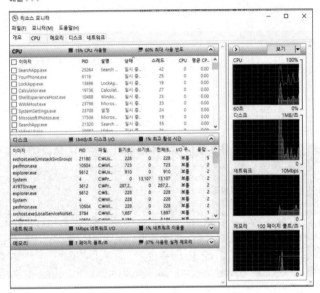

34 Windows Server 2016의 DNS Server 역할에서 지원하는 '역방향 조회'에 대한 설명으로 옳은 것은?

① 클라이언트가 정규화 된 도메인 이름을 제공하면 IP주소를 반환하는 것

② 클라이언트가 IP주소를 제공하면 도메인을 반환하는 것

③ 클라이언트가 도메인을 제공하면 라운드로빈 방식으로 IP를 반환하는 것

④ 클라이언트가 도메인을 제공하면 하위 도메인을 반환하는 것

35 Windows Server 2016에서 'netstat' 명령이 제공하는 정보로 옳지 않은 것은?

① 인터페이스의 구성 정보

② 라우팅 테이블

③ IP 패킷이 목적지에 도착하기 위해 방문하는 게이트웨이의 순서 정보

④ 네트워크 인터페이스의 상태 정보

```
C:\Users\kkw>netstat ?

프로토콜 통계와 현재 TCP/IP 네트워크 연결을 표시합니다.

NETSTAT [-a] [-b] [-e] [-f] [-n] [-o] [-p proto] [-r] [-s] [-t] [-x] [-y] [interval]

  -a          모든 연결 및 수신 대기 포트를 표시합니다.
  -b          각 연결 또는 수신 대기 포트 생성과 관련된 실행 파일을
              표시합니다. 잘 알려진 실행 파일이 여러 독립 구성 요소를
              호스팅할 경우 연결 또는 수신 대기 포트 생성과 관련된
              구성 요소의 시퀀스가 표시됩니다.
              이러한 경우에는 실행 파일 이름이 아래 [] 안에
              표시되고 위에는 TCP/IP에 도달할 때까지
              호출된 구성 요소가 표시됩니다. 이 옵션은 시간이
              오래 걸릴 수 있으며 사용 권한이 없으면
              실패합니다.
  -e          이더넷 통계를 표시합니다. 이 옵션은 -s 옵션과 함께 사용할 수
              있습니다.
  -f          외부 주소의 FQDN(정규화된 도메인 이름)을
표시합니다.
  -n          주소 및 포트 번호를 숫자 형식으로 표시합니다.
  -o          각 연결의 소유자 프로세스 ID를 표시합니다.
  -p proto    proto로 지정한 프로토콜의 연결을 표시합니다. proto는
              TCP, UDP, TCPv6 또는 UDPv6 중 하나입니다. -s 옵션과 함께
              사용하여 프로토콜별 통계를 표시할 경우 proto는 IP, IPv6, ICMP,
              ICMPv6, TCP, TCPv6, UDP 또는 UDPv6 중 하나입니다.
  -q          모든 연결, 수신 대기 포트 및 바인딩된 비수신 대기 TCP
              포트를 표시합니다. 바인딩된 비수신 대기 포트는 활성 연결과 연결되거나
              연결되지 않을 수도 있습니다.
  -r          라우팅 테이블을 표시합니다.
  -s          프로토콜별 통계를 표시합니다. 기본적으로 IP, IPv6, ICMP,
              ICMPv6, TCP, TCPv6, UDP 및 UDPv6에 대한 통계를 표시합니다.
              -p 옵션을 사용하여 기본값의 일부 집합에 대한 통계만 지정할 수 있습니다.
  -t          현재 연결 오프로드 상태를 표시합니다.
  -x          NetworkDirect 연결, 수신기 및 공유 끝점을
              표시합니다.
  -y          모든 연결에 대한 TCP 연결 템플릿을 표시합니다.
              다른 옵션과 함께 사용할 수 없습니다.
  interval    다음 화면으로 이동하기 전에 지정한 시간(초) 동안 선택한 통계를 다시 표시합니다.
              통계 다시 표시를 중지하려면 <Ctrl+C>를 누르세요.
              이 값을 생략하면 현재 구성 정보가
              한 번만 출력됩니다.
```

36 Windows Server 2016에서 제공하는 기능으로 허가되지 않은 접근을 보호하고, 폴더나 파일을 암호화하는 기능은?

① Distributed File System   ② EFS(Encrypting File System)
③ 디스크 할당량   ④ RAID

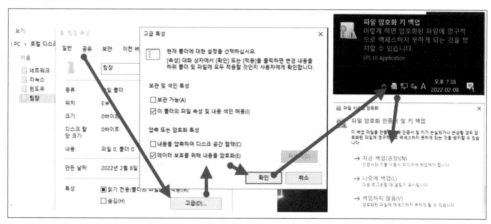

37 Windows Server 2016에서 사용하는 PowerShell에 대한 설명으로 옳지 않은 것은?

① 기존 DOS 명령은 사용할 수 없다.

② 스크립트는 콘솔에서 대화형으로 사용될 수 있다.

③ 스크립트는 텍스트로 구성된다.

④ 대소문자를 구분하지 않는다.

해설 >>>

38 Linux에서 'ls -al'의 결과 맨 앞에 나오는 항목이 파일 혹은 디렉터리의 권한을 나타내준다. 즉, [파일타입] [소유자 권한] [그룹 권한] [그 외의 유저에 대한 권한]을 표시한다. 만약 [파일타입]부분에 '-'표시가 되어 있다면 이것의 의미는?

① 파일 시스템과 관련된 특수 파일   ② 디렉터리

③ 일반 파일   ④ 심볼릭/하드링크 파일

해설 >>> - : 일반 파일

d : 디렉토리

l : 링크파일

c : 캐릭터 디바이스

b : 블록디바이스

s : 소켓파일

p : 파이프 파일

39 아파치 'httpd.conf' 설정파일의 항목 중 접근 가능한 클라이언트의 개수를 지정하는 항목으로 올바른 것은?

① ServerName   ② MaxClients

③ KeepAlive   ④ DocumentRoot

해설 >>> ServerName test.kkwcloud.com

클라이언트에게 보여주는 호스트이름을 지정한다. www를 쓰지 않는 호스트에서 www를 쓰는 것처럼 보이게 설정할 수 있다.

ServerLimit   256

MaxClients   256

ServerLimit 지시어는 MaxClients가 생성할수 있는 최대 프로세스 값이다. 이 값은 Apache 2.2 버전대에 들어서면서 기본값은 256이나 최대 허용값은 20000으로 설정되어 있다. MaxClients는 최대 동접자수로 Apache 자식 프로세스의 최대값이 된다.

KeepAlive On

Apache의 특정 한 프로세스가 특정 사용자의 지속적인 요청작업들을 계속해서 처리하도록 허용할 것인가 아닌가에 대한 여부를 설정한다. 즉, 한 방문자가 홈페이지에 접속하여 다른 여러페이지들을 계속해서 보게될때 그 방문자의 지속적인 다른 요청들을 한 프로세스가 계속해서 처리하도록 할 것인가를 결정하는 지시자이다.

DocumentRoot "/var/www/html"

서버의 웹문서가 있는 경로를 지정한다. 경로의 마지막에 '/'를 추가해선 안되고 심볼릭 링크나 Alias를 사용하여 다른 위치를 가리키도록 할 수 있다

40 서버 담당자 Park 사원은 Windows Server 2016에서 사용할 수 있는 네트워크 스토리지를 구현하고자 한다. 다음 조건에서 설명하는 방식의 네트워크 스토리지로 알맞은 것은?

> – 공통으로 사용되는 저장소를 중앙에서 관리함으로써 각각의 컴퓨터에 저장소를 가지고 있을 때보다 여유
> 공간의 활용도가 높으며, 대규모 이상의 환경에서 주로 구성되고 있다.
> – 일반적으로 파이버 채널 연결을 이용하여 데이터 접근이 빠르며 대용량 블록 기반의 데이터 접근이 빠르며
> 대용량 블록 기반의 데이터 전송 기능으로 LAN에 독립적인 데이터 백업, 복구에 탁월한 기능이 있다.

① NAS(Network Attached Storage)
② SAN(Storage Area Network)
③ RAID(Redundant Array of Inexpensive Disks)
④ SSD(Solid State Drive)

해설 >>> SAN(Storage Area Network)은 스토리지 디바이스의 공유 풀을 상호 연결하여 여러 서버에 제공하는 독립적인 전용 고속 네트워크입니다. 각 서버는 서버에 직접 연결된 드라이브처럼 공유 스토리지를 사용할 수 있습니다. 일반적으로 SAN은 케이블 연결, HBA(호스트 버스 어댑터), 스토리지 어레이와 서버에 연결된 SAN 스위치로 구성됩니다. SAN의 각 스위치와 스토리지 시스템은 서로 연결되어야 합니다.

41 서버 담당자 Park 사원은 Windows Server 2016에서 기존의 폴더 또는 파일을 안전한 장소로 보관하기 위해 백업 기능을 사용하고자 한다. Windows Server 2016은 자체적으로 백업 기능을 제공해주기 때문에 별도의 외부 소프트웨어를 설치하지 않아도 백업 기능을 사용할 수 있다. 다음 중 Windows Server 백업을 실행하는 방법으로 올바르지 않은 것은?

① [시작] – [실행] – wbadmin.msc 명령을 실행
② [제어판] – [시스템 및 보안] – [관리도구] – [Windows Server 백업]
③ [컴퓨터 관리] – [저장소] – [Windows Server 백업]
④ [시작] – [실행] – diskpart 명령을 실행

42 서버 담당자 Park 사원은 Active Directory를 구성하여 다음과 같은 설정을 하고자 한다. 도메인을 두 개 이상 포함 하는 대부분의 조직에서 사용자가 다른 도메인에 있는 공유 리소스에 액세스할 수 있어야 하며, 이 액세스를 제어하려면 한 도메인의 사용자를 인증하고 다른 도메인의 리소스를 사용할 수 있는 권한을 부여 해야 한다. 서로 다른 도메인의 클라이언트와 서버 간에 인증 및 권한 부여 기능을 제공 하기 위해 두 도메인 간에 설정해야 하는 것은?

① 도메인   ② 트리
③ 포리스트   ④ 트러스트

해설 >>> AD DS(Active Directory Domain Services)는 도메인 및 포리스트 트러스트 관계를 통해 여러 도메인 또는 포리스트에 보안을 제공합니다. 트러스트 간 인증이 이루어지려면 Windows는 먼저 사용자, 컴퓨터 또는 서비스에서 요청하는 도메인에 요청하는 계정의 도메인과 트러스트 관계가 있는지 확인해야 합니다.

43 서버 담당자 Park 사원은 Windows Server 2016에서 공인 CA에서 새로운 인증서를 요청하기 위해 실행 중인 IIS를 사용해 CSR(Certificate Signing Request)를 생성하고자 한다. 이때 작업을 위해 담당자가 선택 해야 하는 애플릿 항목은?

① HTTP 응답 헤더   ② MIME 형식
③ 기본 문서   ④ 서버 인증서

44 bind 패키지를 이용하여 네임서버를 구축할 경우 '/var/named/icqa.or.kr.zone' 의 내용이다. 설정의 설명으로 옳지 않은 것은?

```
$ORIGIN icqa.or.kr.
$TTL  1D
@ IN SOA ns.icqa.or.kr.webmaster.icqa.or.kr. (
    2018113000 ; Serial Number
    3H  ; Refresh
    10M  ; Retry
    1W  ; Expire
    1D ) ; Minimum TTL
IN NS ns
IN MX 10 mail
ns IN A 192.168.100.1
mail IN A 192.168.100.2
www IN A 192.168.100.3
```

① ZONE 파일의 영역명은 'icqa.or.kr' 이다.
② 관리자의 E-Mail 주소는 'webmaster.icqa.or.kr' 이다.
③ 메일 서버는 10번째 우선순위를 가지며 값이 높을수록 우선순위가 높다.
④ 'www' 의 FQDN은 'www.icqa.or.kr' 이다.

해설 >>> 메일 서버는 10번째 우선순위를 가지며 값이 작을수록 우선순위가 높다

45 다음과 같이 파일의 원래 권한은 유지한 채로 모든 사용자들에게 쓰기 가능한 권한을 추가부여할 때, 결과가 다른 명령어는 무엇인가?

```
-rw-r--r-- 1 root ro ot 190 5월 19 16:40 file
```

① chmod 666 file
② chmod a+w file
③ chmod ugo+w file
④ chmod go=w file

해설 >>> chmod a+w (a : 모든 사용자 / +w 쓰기권한 부여)

46 RAID의 구성에서 미러링모드 구성이라고도 하며 디스크에 있는 모든 데이터는 동시에 다른 디스크에도 백업되어 하나의 디스크가 손상되어도 다른 디스크의 데이터를 사용할 수 있게 한 RAID 구성은?

① RAID 0
② RAID 1
③ RAID 2
④ RAID 3

해설 >>> RAID 0 : 스트라이프 (속도위주 / 고장시 복구 불가)
RAID 1 : 미러링 (안정위주 / 1개 고장시 1개 백업으로 구동 가능)

47 리피터(Repeater)를 사용해야 될 경우로 올바른 것은?

① 네트워크 트래픽이 많을 때
② 세그먼트에서 사용되는 액세스 방법들이 다를 때
③ 데이터 필터링이 필요할 때
④ 신호를 재생하여 전달되는 거리를 증가시킬 필요가 있을 때

해설 >>> 리피터란? : 영상 혹은 음성신호를 증폭하거나 변환하여 전송거리를 비약적으로 늘려주는 제품으로 디지털 방식의 통신선로에서 신호를 전송할 때, 전송하는 거리가 멀어지면 신호가 감쇠하는 성질이 있다. 이 때 감쇠된 전송신호를 새롭게 재생하여 다시 전달하는 재생중계장치를 리피터라고 한다. 종류는 비트 리피터(Bit Repeater)와 축적형 리피터(Buffered Repeater)가 있다.

48 한 대의 스위치에서 네트워크를 나누어 마치 여러 대의 스위치처럼 사용할 수 있게 하고, 하나의 포트에 여러 개의 네트워크 정보를 전송할 수 있게 해주는 기능은?

① 스패닝 트리 프로토콜
② 가상 랜(Virtual LAN)
③ TFTP 프로토콜
④ 가상 사설망(VPN)

해설 >>>

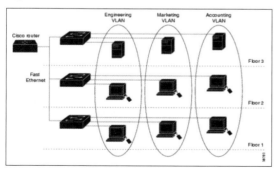

49 다음 설명의 (A)에 들어갈 알맞은 용어는 무엇인가?

> (A)은 NAT의 하나의 기능으로 내부망에 있는 여러 개의 서버에 대한 외부로부터의 연결을 분산시키고자 할 때 사용한다. 예를 들어, 외부에는 가상적인 DNA 서버의 주소를 가르쳐 주고 외부에서 DNS 서버에 접속시 실제 DNS 서버 중 하나에게 전달함으로써 내부망에 있는 DNS 서버의 연결을 분산시킬 수 있다.

① IP Masquerading   ② Port Forwarding
③ Dynamic Address Allocation   ④ Load Balancing

해설 >>> IP Masquerading : IP 마스커레이드는 리눅스의 네트워킹 기능으로, 상용 방화벽(firewall)이나 네트웍 라우터(network router)에서 흔히 볼 수 있는 1대 다(one-to-many) 방식의 NAT(Network Address Translation: 네트웍 주소 해석)와 유사하다
Port Forwarding : 공유기 외부에서 공유기 내부의 컴퓨터에 접속하기 위해서는 공유기의 몇 번 포트에 접속한 정보를 공유기 내의 어떤 아이피의 몇 번 포트로 연결해줄 것인지를 공유기를 설정해야 하는 것이다.
Dynamic Address Allocation : DHCP
Load Balancing : 부하분산은 컴퓨터 네트워크 기술의 일종으로 둘 혹은 셋이상의 중앙처리장치 혹은 저장장치와 같은 컴퓨터 자원들에게 작업을 나누는 것을 의미한다.

50 라우터에서 'show running-config' 란 명령어로 내용을 확인할 수 있는 것은?

① ROM   ② RAM
③ NVRAM   ④ FLASH

해설 >>>

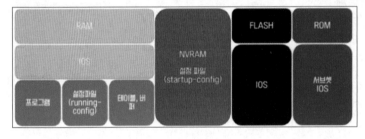

CHAPTER 03 네트워크관리사 2급 **필기 기출문제 3회** · 2021년 05월 30일 ·

1과목 >>> TCP/IP

01 IPv4의 IP Address 할당에 대한 설명으로 옳지 않은 것은?

① 모든 Network ID와 Host ID의 비트가 '1'이 되어서는 안 된다.

② Class B는 최상위 2비트를 '10'으로 설정한다.

③ Class A는 최상위 3비트를 '110'으로 설정한다.

④ '127.x.x.x' 형태의 IP Address는 Loopback 주소를 나타내는 특수 Address로 할당하여 사용하지 않는다.

해설 >>> Class A는 최상위 1비트를 '0'으로 설정한다. (ex : 0000 0000 ~ 0111 1111)

02 TCP/IP에서 데이터 링크층의 데이터 단위는?

① 메시지   ② 세그먼트

③ 데이터그램   ④ 프레임

해설 >>>

OSI 7 Layer Model		DTP Layer (TCP/IP)	
Application	Message	Application	Application
Presentation			
Session			
Transport	Segment / Record	Transport	End-to-end Service
Network	Packet / Datagram	Internet	Routing Data Transmission
Data Link	Frame	Network Interface	
Physical	Bit		

03 TCP가 제공하는 기능으로 옳지 않은 것은?

① 종단 간 흐름 제어를 위해 동적 윈도우(Dynamic Sliding Window) 방식을 사용한다.

② 한 번에 많은 데이터의 전송에 유리하기 때문에 화상 통신과 같은 실시간 통신에 사용된다.

③ 송수신되는 데이터의 에러를 제어함으로서 신뢰성 있는 데이터 전송을 보장한다.

④ Three Way Handshaking 과정을 통해 데이터를 주고받는다.

해설 >>> UDP : 한 번에 많은 데이터의 전송에 유리하기 때문에 화상 통신과 같은 실시간 통신에 사용된다.

04 UDP 헤더 구조에 대한 설명으로 옳지 않은 것은?

① Source Port – 송신측 응용 프로세스 포트 번호 필드

② Destination Port – 선택적 필드로 사용하지 않을 때는 Zero로 채워지는 필드

③ Checksum – 오류 검사를 위한 필드

④ Length – UDP 헤더와 데이터 부분을 포함한 데이터 그램의 길이를 나타내는 필드

해설 >>>

UDP SOURCE PORT	UDP DESTINATION PORT
UDP MESSAGE LENGTH	UDP CHECKSUM
DATA	
...	

Source port : 출발지 장치가 사용하는 포트번호로 이 포트번호는 어떠한 응용 프로그램을 사용하는지에 따라 특정 포트 번호가 정해져 있는 경우도 있고 정해 지지 않는 경우도 있다. 포트번호는 0 ~ 65535의 범위 내에 있으며, 대부분의 경우 처음 정해지는 출발지 포트번호는 이 범위 내의 임의의 번호를 사용한다.
Destination port : 목적지 장치의 포트를 나타내며, 출발지에서 목적지 장치 상의 어떤 서비스에 접속하느냐에 따라 일반적으로 미리 정해진 번호 이다.
LENGTH : 헤더와 데이터를 포함한 UDP 데이터 그램의 전체 길이를 나타낸다.
CHECKSUM : 헤더와 데이터를 포함한 사용자의 데이터 그램에 대한 오류검사를 하기 위한 필드이다.

05 RARP에 대한 설명 중 올바른 것은?

① TCP/IP 프로토콜에서 데이터의 전송 서비스를 규정한다.

② TCP/IP 프로토콜의 IP에서 접속 없이 데이터의 전송을 수행하는 기능을 규정한다.

③ 하드웨어 주소를 IP Address로 변환하기 위해서 사용한다.

④ IP에서의 오류(Error) 제어를 위하여 사용되며, 시작 지 호스트의 라우팅 실패를 보고한다.

해설 >>> RARP = 맥주소를 IP주소로 변경한다. / ARP = IP주소를 맥주소로 변경한다.

06 인터넷 그룹 관리 프로토콜로 컴퓨터가 멀티캐스트 그룹을 인근의 라우터들에게 알리는 수단을 제공하는 인터넷 프로토콜은?

① ICMP   ② IGMP

③ EGP   ④ IGP

해설 >>> IGMP=Internet Group Management Protocol 멀티 캐스트 방식을 사용함.

07 다음 출력물에 대한 설명으로 옳지 않은 것은?

```
C:\> ping www.icqa.or.kr
Ping www.icqa.or.kr [210.103.175.224]  32바이트
데이터 사용 :
210.103.175.224의 응답: 바이트=32  시간=3ms
TTL=55
210.103.175.224의 응답: 바이트=32  시간=2ms
TTL=55
210.103.175.224의 응답: 바이트=32  시간=3ms
TTL=55
210.103.175.224의 응답: 바이트=32  시간=3ms
TTL=55
210.103.175.224에 대한 Ping 통계:
    패킷: 보냄 = 4, 받음 = 4, 손실 = 0 (0% 손실),
왕복 시간(밀리초):
    최소 = 2ms, 최대 = 3ms, 평균 = 2ms
```

① ping 명령어를 이용하여 목적지(www.icqa.or.kr)와 정상적으로 통신되었을 확인하였다.

② ping 명령어를 이용하여 요청하고 응답받은 데이터의 사이즈는 32바이트이다.

③ ping 명령어를 이용하여 요청하고 응답받은 시간은 평균 2ms 이다.

④ 패킷의 살아 있는 시간(TTL, Time to Live)은 55초이다.

해설 ▷▷▷ TTL 의 단위는 초가 아니라 홉수이다.

08 서버를 관리하는 Kim 사원은 회사지침으로 기존 홈페이지를 http방식에서 https방식으로 변경하라고 지시가 내려져서 https의 특징에 대하여 알아보고 있는 중이다. 다음 보기 중에서 https의 특징으로 옳은 것은?

① 기존 http보다 암호화된 SSL/TLS를 전달한다.

② tcp/80번 포트를 사용한다.

③ udp/443번 포트를 사용한다.

④ 인증이 필요하지 않아 사용하기가 간편하다.

해설 ▷▷▷ HTTP는 보안성이 약하지만 HTTPS는 보안이 강화된 상위버전 / TCP443번 포트를 사용 / 서버 인증서가 필수이다.

09 네트워크와 서버를 관리하는 Kim 사원은 인터넷이 느려졌다는 민원을 받았다. 이를 해결하기 위해서 해당 ISP 주소쪽으로 명령어(A)를 입력하였더니 다소 지연이 있었음을 발견하였다. 이 사항을 확인하기 위해서 (A)에 들어가야 할 명령어는? (단, 윈도우 계열의 명령프롬프트(cmd)에서 실행하였다.)

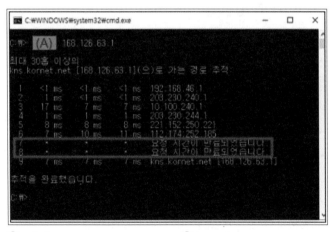

① nslookup   ② tracert

③ ping   ④ traceroute

10 DNS에 대한 설명으로 옳지 않은 것은?

① 도메인에 대하여 IP Address를 매핑한다.

② IP Address를 도메인 이름으로 변환하는 기능도 있다.

③ IP Address를 효율적으로 관리하기 위한 서비스로 IP Address 및 Subnet Mask, Gateway Address를 자동으로 할당해 준다.

④ 계층적 이름 구조를 갖는 분산형 데이터베이스로 구성되고 클라이언트·서버 모델을 사용한다.

해설 ▷▷▷ IP Address를 효율적으로 관리하기 위한 서비스로 IP Address 및 Subnet Mask, Gateway Address를 자동으로 할당해 준다. : DHCP

11 서울본사에 근무하는 Kim은 신규부서에 IP를 할당하려고 L3 스위치에 접속하였는데 IP검색 도중에 허가되지 않은 불법 IP 및 mac address를 발견하여 차단조치 하였다. Kim이 L3 스위치에서 불법 IP를 검색하기 위해서 내린 명령어(A)를 선택하시오. (단, 불법적으로 사용된 IP는 아래의 그림이며 사용된 L3 스위치는 Cisco 3750G이다.)

```
ICQA-L3#
ICQA-L3#sh[ A ] include 10.100.95.200
Internet  10.100.95.200       0   00e0.4c68.069c
ICQA-L3#
ICQA-L3#
```

① rarp   ② vlan
③ cdp   ④ arp

해설 >>> rarp: mac 주소를 이용하여 IP 주소를 알아내는 명령어
vlan: Virtual lan의 줄임말. 브로드캐스트 도메인의 크기를 줄여서 불필요한 프레임을 받지 않게 한다.
cdp: CISCO 탐색 프로토콜로 인접한 CISCO 장비의 정보를 알아 온다.
arp: IP 주소를 이용하여 mac 주소를 알아내는 명령어

12 TCP 헤더의 플래그 비트로 옳지 않은 것은?

① URG   ② UTC
③ ACK   ④ RST

해설 >>>

SOURCE PORT (16Bits)								DESTINATION PORT (16Bits)	
SEQUENCE NUMBER (32Bits)									
ACKNOWLEDGE NUMBER (32Bits)									
HLEN (4Bits)	RESERVED (6Bits)	URG	ACK	PSH	RST	SYN	FIN	WINDOW SIZE (16Bits)	
CHECKSUM (16Bits)								URGENT POINTER (16Bits)	
OPTIONS (If any)								PADDING	
DATA (If any)									

13 IEEE 802.11 WLAN(무선랜) 접속을 위해 NIC에서 사용하고 있는 다중 접속 프로토콜은?

① ALOHA   ② CDMA
③ CSMA/CD   ④ CSMA/CA

해설 >>> ALOHA: TDMA(시분할 다중접속) 기술을 사용해 위성과 지구 사이의 무선 전송을 하는 프로토콜이다.
CDMA: 코드 분할 다중접속. 코드를 이용하여 하나의 셀에 다중의 사용자가 접속할 수 있도록 하는 기술.
CSMA/CD: 반송파 감지 다중 접속 및 충돌탐지. 송신자 'A' 는 수신자 'B' 가 이미 다른 송신자 'C' 와 통신 중임을 감지하면 즉시 통신을 중단하고 수신자 'B' 로 데이터를 보내고자 하는 네트워크 상의 모든 노드 들에게 정체신호를 보내서 트래픽을 줄이고 임의의 시간 동안 대기하면서 재전송할 준비를 한다.
CSMA/CA: 반송파 감지 다중 접속 및 충돌탐지. 무선 LAN에서는 공기 중 전송매체라서 충돌 감지가 거의 불가능하기 때문에, 전송 전에 캐리어 감지를 해 보고 일정 시간 기다리며 사전에 가능한 한 충돌을 회피하는 무선전송 다원접속 방식

14 네트워크 및 서버관리자 Kim은 불법적으로 443 포트를 이용하여 52.139.250.253번 IP에서 관리자 Kim 의 업무PC에 원격으로 접속시도가 이뤄진 흔적을 발견하게 되었다. 이 사항을 발견하기 위해서 (A)에 들어 가야 할 명령어는? (단. 윈도우 계열의 명령프롬프트(cmd)에서 실행하였다.)

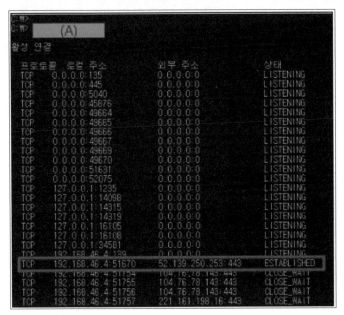

① ping
② tracert
③ netstat -an
④ nslookup

해설 >>> ping : 네트워크 상태 점검
tracert : 라우팅 경로를 확인, DNS 서버를 찾는 방법
nestat -an : 특정 포트를 검색
nslookup : 도메인의 정보 조회

15 전자메일을 전송하거나 수신할 때 사용되는 프로토콜로 옳지 않은 것은?

① SMTP(Simple Mail Transfer Protocol)
② MIME(Multi-purpose Internet Mail Extensions)
③ POP3(Post Office Protocol 3)
④ SNMP(Simple Network Management Protocol)

해설 >>> SNMP : 네트워크상의 각 호스트로부터 정기적으로 여러 관리 정보를 자동으로 수집하거나 실시간으로 상태를 모니터링 및 설정할 수 있는 서비스

16 ICMP의 Message Type에 대한 설명으로 옳지 않은 것은?

① 0 – Echo Reply ② 5 – Echo Request
③ 13 – Timestamp Request ④ 17 – Address Mask Request

해설 >>>

Type	Name
0	Echo Reply(에코 요청)
1	Unassigned
2	Unassigned
3	Destination Unreachable (목적지 도달 불가)
4	Source Quench (흐름제어, 폭주제어를 위해 사용)
5	Redirect(경로 재지정)
6	Alternate Host Address
7	Unassigned
8	Echo Request (에코 요청) -> 필수암기
9	Router Advertisement
10	Router Selection
11	Time Exceeded (시간 초과)
12	Parameter Problem
13	Timestamp
14	Timestamp Reply
15	Information Request
16	Information Reply
17	Address Mask Request (장비의 서브넷 마스크요청)

17 C Class인 네트워크의 서브넷 마스크가 '255.255.255.192' 이라면 둘 수 있는 서브넷의 개수는?

① 2 ② 4
③ 192 ④ 1024

해설 >>> 255.255.255.192 -> 256 - 192 = 64대 -> 256 / 64 = 4

2과목 >>> 네트워크 일반

18 전송을 받는 개체에서 발송지로부터 오는 데이터의 양이나 속도를 제한하는 프로토콜의 기능을 나타내는 용어는?

① 에러 제어 ② 순서 제어
③ 흐름 제어 ④ 접속 제어

해설 >>> 에러 제어 : 데이터 전송 중 발생되는 에러를 검출(에러검출), 보정(에러정정)하는 메커니즘
순서 제어 : 서브넷이 데이터그램을 사용할 경우 매 패킷마다 새로운 경로를 설정해야 하지만 가상회선은 처음에 경로가 결정되고 이미 결정된 경로 설정 방식에 의해 전달 된다.
흐름 제어 : 트래픽 제어는 네트워크의 패킷을 통제하며 병목 현상이 되는 것을 막고 효율적으로 이용할 수 있도록 한다.
접속 제어 : 액세스 제어는 누군가가 무언가를 사용하는 것을 허가하거나 거부하는 기능을 말한다. 파일, 프린터, 레지스트리 키, 디렉터리 서비스 개체 등에 대한 서비스, 사용자의 권한을 결정한다.

19 다음 (A) 안에 들어가는 용어 중 옳은 것은?

(A)은/는 인터넷을 이용하여 고비용의 사설망을 대체하는 효과를 얻기 위한 기술이다. 인터넷망과 같은 공중망을 사용하여 둘 이상의 네트워크를 안전하게 연결하기 위하여 가상의 터널을 만들고, 암호화된 데이터를 전송할 수 있도록 구성된 네트워크라고 정의할 수 있으며 공중만 상에서 구축되는 논리적인 전용망이라고 할 수 있다.

① VLAN　　　　　　　　　　② NAT

③ VPN　　　　　　　　　　④ Public Network

해설 >>> Vlan: Virtual Local Area Network 의 약자로 물리적 배치와 상관없이 논리적으로 LAN을 구성할 수 있는 기술

NAT: Network Address Translation(네트워크 주소 변환). IP 패킷의 TCP/UDP 포트 숫자와 소스 및 목적지의 IP 주소 등을 재기록하면서 라우터를 통해 네트워크 트래픽을 주고 받는 기술.

Public Network: 공중망. 불특정 다수의 일반인들에게 서비스를 하기 위해 통신업체에서 구축하는 통신망으로, 주로 국가에서 관장하는 경우가 많다..공중망에서는 자료 전송, 저장 등의 작업이 용이하나, 누구든지 접근이 가능하다는 특징 때문에 보안이 취약하다.

20 OSI 7 Layer의 전송 계층에서 동작하는 프로토콜들만으로 구성된 것은?

① ICMP, NetBEUI　　　　　② IP, TCP

③ TCP, UDP　　　　　　　　④ NetBEUI, IP

해설 >>> 응용계층 : HTTP, SMTP, FTP

표현계층 : ASCII, MPEG, JPEG, MIDI

세션계층 : NetBIOS, SAP, SDP, NWLink

전송계층 : TCP, UDP

네트워크 계층 : ICMP, IGMP, ARP, RARP, RIP, OSPF, EIGRP

데이터링크 계층 : Ethernet, Token Ring, FDDI

물리계층 : 랜선, 허브, 리피터, 랜카드 등 디바이스

21 OSI 7 Layer에서 암호/복호, 인증, 압축 등의 기능이 수행되는 계층은?

① Transport Layer　　　　　　　　② Datalink Layer

③ Presentation Layer　　　　　　　④ Application Layer

22 ARQ 방식 중 에러가 발생한 블록으로 되돌아가 모든 블록을 재전송하는 것은?

① Go-back-N ARQ　　　　　② Selective ARQ

③ Adaptive ARQ　　　　　　④ Stop-and-Wait ARQ

해설 >>> ○ 정지대기방식 (Stop and Wait, Idle ARQ)

　- 한 번에 하나씩 긍정 확인응답(ACK)을 받고, 후속 데이터 전송

　- 가장 단순하나, 다소 비효율적

　- 반이중 방식에서도 가능

　○ Go Back n ARQ (GBN) 또는 Continuous ARQ(연속적 ARQ)

　- 한번에 여러 개를 보낸후 하나의 긍정 확인응답(ACK)을 받고, 후속 데이터 전송.

　- NAK(부정 확인응답)를 수신할 때까지 계속하여 데이터를 송신함.

　- 전이중방식에서 동작함

　-'슬라이딩 윈도우 (Sliding Window) 방식` 이라고도 불리움

　○ Selective Repeat ARQ (선택적 ARQ, 선택적 재전송)

　- 연속적 ARQ 와는 비슷하지만,

　　. 오류가 발생된(NACK) 프레임 이후 또는 오류 발생된 프레임 만을 재전송

　- 전이중방식에서 동작함

　○ Adaptive ARQ (적응적 ARQ)

　- 적응적으로 ARQ 횟수를 줄여 전송 효율을 높이는 방식

23 아래 내용에서 IPv6의 일반적인 특징만을 나열한 것은?

> A. 주소의 길이가 128비트이다.
> B. 4개의 클래스로 구분된다.
> C. IPv4에 비하여 헤더가 단순하다.
> D. IPv4에 비하여 인증 및 보안기능이 강화되었다.
> E. 패킷 전송 시 멀티캐스트를 사용한다.
> F. 패킷 전송 시 브로드캐스트를 사용한다.

① A, B, C, D   ② A, C, D, E
③ B, C, D, E   ④ B, D, E, F

해설 >>> IPv4 : 4개의 클래스로 구분된다 / 브로드캐스트를 사용한다.

24 LAN의 구성형태 중 중앙의 제어점으로부터 모든 기기가 점 대 점(Point to Point) 방식으로 연결된 구성형태는?

① 링형 구성   ② 스타형 구성
③ 버스형 구성   ④ 트리형 구성

해설 >>>

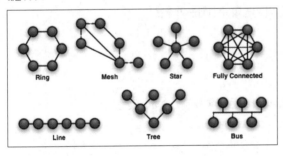

25 다음 설명의 (A)에 들어갈 알맞은 용어는 무엇인가?

> – 네트워크를 관리하는 사원 Lee는 WirelessLAN 환경에서 AP가 없는 경우 장치간의 네트워크를 연결할 수 있는 시스템으로 다음의 기술을 연구 중이다.
> – (A)는 무선 액세스 포인트가 없어도 Wi-Fi를 탑재한 장치 간 직접 연결할 수 있도록 하는 와이파이 표준이다. 연결 상태에 따라(Bridge 사용 등) 인터넷 탐색부터 파일 전송에 이르기 까지 모든 것에 활용할 수 있으며, 일반적인 와이파이 속도 수준으로 하나 이상의 장치와 동시에 통신(single radio hop communication)할 수 있다. (A) 인증 프로그램은 와이파이 얼라이어스가 개발하고 관리한다. 또한, 기존 무선통신 기술인 블루투스보다 넓은 전송범위로 100M 이내에 있는 모바일 장치와 프린터, 컴퓨터, 헤드폰 등을 동시에 연결할 수 있으며, 빠른 속도로 전송할 수 있다.

① Software Defined Network   ② Wi-Fi Direct
③ WiBro   ④ WiMAX

해설 >>> Software Defined Network: 개방 API를 통해 네트워크의 트래픽을 소프트웨어 기반 컨트롤러에서 제어/관리하는 접근방식
WiBro : 국내에서 개발된 무선 광대역 인터넷 기술
WiMAX : 와이브로의 또 다른 이름

26. 다음에 설명하는 기술은 무엇인가?

> – 네트워크를 관리하는 사원 Kim은 최근 폭주하는 전송량으로 데이터 센터의 네트워크 대역 요구사항이 한계치를 다다른 현상을 해결하기 위한 기술을 연구 중이다.
> – 네트워크의 전송량을 물리적으로 늘리는 것에는 한계가 있어서 새로운 기술을 연구 중에 클라이언트로부터 오는 요청을 효율적으로 처리하기 위하여 데이터와 프로비저닝을 분산하는 방법이 최선이라고 판단하였다. 이 기술은 요청을 처리하기 위한 연산을 데이터 센터로부터 떠나 네트워크 에지 방향으로 옮김으로써, 스마트 오브젝트, 휴대폰, 네트워크 게이트웨어를 이용하여 작업을 수행하고 클라우드를 거쳐 서비스를 제공하는 것이다. 이 기술을 적용하게 되면 응답 시간을 줄이고 전송속도를 높일 수 있다.

① 사물인터넷(IoT)

② 유비쿼터스(Ubiquitous)

③ 에지 컴퓨팅(Edge Computing)

④ 신 클라이언트(Thin client)

해설 >>> 사물인터넷 : 센서와 무선통신으로 사물을 인터넷에 연결하는 기술
유비쿼터스 : 시간과 장소에 구애받지 않고 자유롭게 컴퓨터에 접속할 수 있는 네트워크 환경
신 클라이언트 : CPU 메모리등 구동에 필요한 장치만 설치, 데이터는 중앙 서버에서 이용하는 얇은 업무용 PC

27 다음은 무선 네트워크에 관한 내용이다. (A) 안에 들어가는 용어 중 옳은 것은?

> – 네트워크를 관리하는 사원 Kim은 최근 회사 내 Wifi 접속에 대하여 접수된 불만 사항을 조사하고 있다. 조사 결과 회사 전체에 Wifi 환경을 지원하기 위하여 설치한 AP를 사이의 공간에서 접속 끊김이 발생하는 현상을 찾아냈다. 이를 해결하기 위하여 (A) 기법이 적용된 장치로 업그레이드를 건의하였다. (A)는 기존의 유선만으로 연결한 AP로 구성된 환경의 단점을 해결하기 위하여 나온 기술로 인터넷/인트라넷에 연결되지 않는 AP가 인터넷/인트라넷에 연결된 AP에 WDA(무선 분산 시스템, Wireless Distribution System)로 연결하여 네트워크를 사용할 수 있는 시스템으로 네트워크 효율성을 극대화할 수 있는 망이다.

① WMN (Wireless Mesh Network)

② UWB (Ultra Wide Band)

③ WPAN (Wireless Personal Area Network)

④ CAN (Campus Area Network)

해설 >>> 무선 망형 네트워크(=WMN)는 완벽하게 이중화가 되어있어 장애 발생 시 다른 경로를 통해 네트워크 사용이 가능해 효율성이 극대화 된다.

28 Linux에서 사용자에 대한 패스워드의 만료기간 및 시간 정보를 변경하는 명령어는?

① chage   ② chgrp
③ chmod   ④ usermod

해설 ›››

```
[root@localhost usr]# chage -l
Usage: chage [options] LOGIN

Options:
  -d, --lastday LAST_DAY        set date of last password change to LAST_DAY
  -E, --expiredate EXPIRE_DATE  set account expiration date to EXPIRE_DATE
  -h, --help                    display this help message and exit
  -I, --inactive INACTIVE       set password inactive after expiration
                                to INACTIVE
  -l, --list                    show account aging information
  -m, --mindays MIN_DAYS        set minimum number of days before password
                                change to MIN_DAYS
  -M, --maxdays MAX_DAYS        set maximum number of days before password
                                change to MAX_DAYS
  -R, --root CHROOT_DIR         directory to chroot into
  -W, --warndays WARN_DAYS      set expiration warning days to WARN_DAYS
```

29 서버 담당자 Park 사원은 Hyper-V 부하와 서비스의 중단 없이 Windows Server 2012 R2 클러스터 노드에서 Windows Server 2016으로 운영체제 업그레이드를 진행하려고 한다. 다음 중 작업에 적절한 기능은 무엇인가?

① 롤링 클러스터 업그레이드   ② 중첩 가상화
③ gpupdate   ④ NanoServer

해설 ››› https://docs.microsoft.com/ko-kr/windows-server/failover-clustering/cluster-operating-system-rolling-upgrade참조

클러스터 OS 롤링 업그레이드를 사용하면 관리자가 클러스터 노드 Hyper-V 또는 Scale-Out 파일 서버 워크로드의 운영 체제를 중지하지 않고 업그레이드할 수 있습니다. 이 기능을 사용하면 SLA(서비스 수준 계약)의 가동 중지 시간 위반을 피할 수 있습니다.

클러스터 OS 롤링 업그레이드는 다음과 같은 이점을 제공합니다.

- Hyper-V 가상 머신 및 SOFS(스케일 아웃 파일 서버) 워크로드를 실행하는 장애 조치(failover) 클러스터는 Windows Server 2012 R2부터 Windows Server 버전에서 최신 버전의 Windows Server로 업그레이드할 수 있습니다. 예를 들어 가동 중지 시간 없이 Windows Server 2016(클러스터의 모든 클러스터 노드에서 실행)를 Windows Server 2019(클러스터의 모든 노드에서 실행)로 업그레이드할 수 있습니다.

- 추가 하드웨어가 필요하지 않습니다. 작은 클러스터에서는 클러스터 OS 롤링 업그레이드 프로세스 중에 클러스터의 가용성을 향상시키기 위해 클러스터 노드를 일시적으로 추가할 수 있습니다.

- 클러스터를 중지하거나 다시 시작할 필요가 없습니다.

- 새 클러스터는 필요하지 않습니다. 기존 클러스터가 업그레이드됩니다. 또한 Active Directory에 저장된 기존 클러스터 개체가 사용됩니다.

- 업그레이드 프로세스는 모든 클러스터 노드가 최신 버전의 Windows Server를 실행하고 `Update-ClusterFunctionalLevel` PowerShell cmdlet이 실행될 때까지 되돌릴 수 있습니다.

- 클러스터는 혼합 OS 모드에서 실행하는 동안 패치 및 유지 관리 작업을 지원할 수 있습니다.

- PowerShell 및 WMI를 통한 자동화를 지원합니다.

- 클러스터 공용 속성 *ClusterFunctionalLevel* 속성은 Windows Server 2016 이상 클러스터 노드의 클러스터 상태를 나타냅니다. 장애 조치(failover) 클러스터에 속하는 클러스터 노드에서 PowerShell cmdlet을 사용하여 이 속성을 쿼리할 수 있습니다.

30 Linux 시스템의 'ls -l' 명령어에 의한 출력 결과이다. 옳지 않은 것은?

> -rwxr-xr-x 1 root root 1369 Aug 8 2012 icqa

① 소유자 UID는 'root' 이다.

② 소유자 GID는 'root' 이다.

③ 소유자는 모든 권한을 가지며, 그룹 사용자와 기타 사용자는 읽기, 실행 권한만 가능하도록 설정되었다.

④ 'icqa'는 디렉터리를 의미하며 하위 디렉터리의 개수는 한 개 이다.

해설 >>> - : 일반 파일
d : 디렉토리
l : 링크파일
c : 캐릭터 디바이스
b : 블록디바이스
s : 소켓파일
p : 파이프 파일

31 다음 중 ( )에 알맞은 것은?

> - ( )은/는 호텔이나 그 외의 공공 접속장소에서 일반적으로 차단되어 있지 않은 포트를 사용하여 SSL상
> 에서의 VPN 접속을 가능하게 한다. 더욱이 NAP와 통합되어 있고, 기본 IPv6 트래픽을 지원한다. ( )은/
> 는 라우팅 및 원격 액세스로 통합되어 있고, SSL 연결을 통한 단일 IPv6의 사용을 통해 부하를 분산하면서
> 네트워크 사용량을 최소화한다.

① RADIUS   ② PPTP
③ L2TP   ④ SSTP

해설 >>> 1. 서버 인증 및 계정 관리 네트워크 프로토콜
2. 점대점 터널링 프로토콜(마소가 개발한 VPN 프로토콜)
3. 레이어2 터널링 프로토콜, 네트워크(IP, SONET, ATM 등)에서 PPP 트래픽을 터널해 주는 프로토콜
4. SSTP (Secure Socket Tunneling Protocol)는 SSL/TLS 채널 을 통해 PPP 트래픽 을 전송하는 메커니즘을 제공하는 VPN(가상 사설망) 터널
의 한 형태입니다 . SSL/TLS는 키 협상, 암호화 및 트래픽 무결성 검사를 통해 전송 수준 보안을 제공합니다. TCP 포트 443(기본적으로 포트 변경
가능) 을 통한 SSL/TLS를 사용하면 SSTP가 인증된 웹 프록시를 제외한 거의 모든 방화벽 과 프록시 서버 를 통과할 수 있습니다

32 Linux 시스템의 전반적인 상태를 실시간으로 프로세스들을 관리하거나 시스템 사용량을 모니터링할 수 있는 명령어는?

① ps   ② top
③ kill   ④ nice

해설 >>>
ps : 현재 실행중인 프로세스
　　목록과 상태를 보여줌
top : 실시간으로 CPU 사용률
　　을 보여줌
kill : 프로세스 종료
nice : 프로세스 우선순위 변경

33 DHCP의 장점으로 옳지 않은 것은?

① 클라이언트에게 자동으로 IP Address를 할당해 줄 수 있다.

② IP Address의 관리가 용이하다.

③ 영구적인 IP Address를 필요로 하는 웹 서버에 대해서는 동적인 주소를 제공한다.

④ 사용자들이 자주 바뀌는 학교와 같은 환경에서 특히 유용하다.

해설 >>> 영구적인 IP Address를 필요로 하는 웹 서버에 대해서는 예약기능을 활용하여 정적인 주소를 제공한다.

34 Windows Server 2016의 DNS 서버에서 정방향/역방향 조회 영역(Public/Inverse Domain Zone)에 대한 설명으로 올바른 것은?

① 정방향 조회 영역은 도메인 주소를 IP 주소로 변환하는 영역이다.

② 정방향 조회 영역에서 이름은 'x.x.x.in-addr.arpa'의 형식으로 구성되는데, 'x.x.x'는 IP 주소 범위이다.

③ 역방향 조회 영역은 도메인 주소를 IP 주소로 변환하는 영역이다.

④ 역방향 조회 영역은 외부 질의에 대해 어떤 IP주소를 응답할 것인가를 설정한다.

해설 >>> 정방향 = 도메인 주소를 IP 주소로 변환 / 역방향 = IP주소를 도메인주소로 변환

35 Linux 시스템 명령어 중 root만 사용가능한 명령은?

① chown   ② pwd

③ ls   ④ rm

해설 >>> 권한 및 소유권 변경은 root 최고관리자가 가능하다.

36 Linux 시스템 디렉터리에 대한 설명으로 옳지 않은 것은?

① /bin : 가장 기본적으로 사용하는 명령어가 들어있다.

② /etc : 각 시스템의 고유한 설정 파일들이 위치한다.

③ /proc : 시스템 운영 중 파일의 크기가 변하는 파일들을 위한 공간이다.

④ /tmp : 임시 파일들을 위한 공간이다.

해설 >>> /bin : 가장 기본적으로 사용하는 명령어가 들어있다.
/etc : 각 시스템의 고유한 설정 파일들이 위치한다.
/proc : 시스템 정보를 가진 가상 디렉터리
/tmp : 임시 파일들을 위한 공간이다

37 웹서버 담당자 Kim은 디렉터리 리스팅 방지, 심볼릭 링크 사용방지, SSI(Server-Side Includes)사용 제한, CGI실행 디렉터리 제한 등의 보안 설정을 진행하려고 한다. Apache 서버의 설정 파일 이름은?

① httpd.conf   ② httpd-default.conf

③ httpd-vhosts.conf   ④ httpd-mpm.conf

해설 >>> APACHE_HOME/conf/httpd.conf
1.디렉터리 리스팅 방지 : Options에 indexs 제거
2.심볼릭 링크 사용방지 : Options에 FollowSymLinks 제거
3.SSI(Server-Side Includes) 사용 제한 : Options에 IncludesNoExec 옵션 준다.

38 Windows Server 2016에서 새로 추가된 기능으로 Hyper-V와 비슷한 기능을 하지만 가볍게 생성하고 운영할 수 있고, 도커(Docker)라는 이름으로 소개되어 Unix/Linux 기반에서 사용해오던 기능은 무엇인가?

① 액티브 디렉터리　　　　　　　② 원격 데스크톱 서비스

③ 컨테이너　　　　　　　　　　　④ 분산파일서비스

해설 >>> 1. 윈도우 기반의 컴퓨터들을 위한 인증 서비스를 제공
2. MS에서 제공하는 GUI기반의 원격 서비스
4. 네트워크 상에 공유 폴더를 한곳에 모아 관리해주는 서비스 (FSRM)

39 Windows Server 2016의 DNS관리에서 아래 지문과 같은 DNS 설정 방식은?

> – WWW.ICQA COM 서버는 동시에 수십만 이상의 접속이 있는 사이트이다. 여려 대의 웹 서버를 운영, 웹 클라이언트 요청 시 교대로 서비스를 실행 한다. ICQA.COM DNS서버에 IP주소를 질의하면 설정 순서대로 돌아가면서 IP주소를 알려준다.

① 라운드 로빈　　　　　　　　　② 캐시플러그인

③ 캐시서버　　　　　　　　　　　④ AzureAutoScaling

해설 >>> 라운드 로빈:CPU 시간을 태스크의 생성 순으로 차례로 분배하는 방식.
캐시플러그인 : 워드프로세스에서 동적인 페이지를 정적인 페이지로 저장해두었다가, 요청이 있으면 그 저장된 페이지를 출력해주어 동적인 페이지의 속도 문제를 해결해 주는 기능.
캐시서버: 인터넷 사용자가 자주 찾는 정보를 따로 모아두는 서버로, 인터넷 검색을 할 때마다 웹서버를 가동시킬 경우 발생하는 시간을 절약해 주는 네트워크 장비를 말한다.
Azure Auto Scaling : Azure 자동 크기 조정. 변화하는 요구에 맞게 동적으로 앱 크기를 조정하여 애플리케이션이 최대의 성능을 내도록 돕는다.

40 서버담당자 LEE 사원은 회사 전산실에 Windows Server 2016을 구축하고, Hyper-V 가상화 기술을 적용하려고 한다. Hyper-V에 대한 설명으로 옳지 않은 것은?

① 하드웨어 사용률을 높여 물리적인 서버의 운영 및 유지 관리 비용을 줄일 수 있다.

② 서버 작업을 실행하는데 필요한 하드웨어 양을 줄일 수 있다.

③ 테스트 환경 재현 시간을 줄여 개발 및 테스트 효율성을 향상 시킬 수 있다.

④ 장애 조치 구성에서 필요한 만큼 물리적인 컴퓨터를 사용하므로 서버 가용성이 줄어든다.

해설 >>> 서버의 리소스를 나누어 또 다른 서비스를 제공할 수 있음으로 가용성이 늘어 난다.

41 서버 담당자가 Windows Server 2016 서버에서 파일 서버 구축에 NTFS와 ReFS 파일시스템을 고려하고 있다. NTFS와 ReFS 파일시스템에 대한 설명으로 옳지 않은 것은?

① NTFS는 퍼미션을 사용할 수 있어서 접근 권한을 사용자 별로 설정 할 수 있다.

② NTFS는 파일 시스템의 암호화를 지원한다.

③ ReFS는 데이터 오류를 자동으로 확인하고 수정하는 기능이 있다.

④ ReFS는 FAT32의 장점과 호환성을 최대한 유지한다.

해설 >>> ReFS(복원 파일 시스템)는 Microsoft의 최신 파일 시스템으로, NTFS를 기반으로 데이터 가용성을 최대화하고, 다양한 워크로드에서 대규모 데이터 집합으로 효율적으로 확장하며, 손상에 대한 복원력으로 데이터 무결성을 제공하도록 설계되었다. 확장되는 스토리지 시나리오 집합을 해결하고 향후 혁신을 위한 토대를 마련하고자 한다.

42 서버 담당자 Park 사원은 Windows Server 2016에서 Active Directory를 구축하여 관리의 편리성을 위해 그룹을 나누어 관리하고자 한다. 다음의 제시된 조건에 해당하는 그룹은 무엇인가?

〈조건〉
– 이 구성원은 다른 도메인의 사용자 계정이 될 수 있으나 도메인 로컬 그룹이 접근할 수 있는 자원은 자신이 소속된 도메인에 제한된다.

① Global Group　　　　　　② Domain Local Group
③ Universal Group　　　　　④ Organizational Unit

해설 >>> 도메인 로컬 그룹이 접근할 수 있는 자원 = Domain Local Group.

43 Windows Server 2016의 이벤트 뷰어에 대한 설명으로 옳지 않은 것은?

① '이 이벤트에 작업 연결'은 이벤트 발생 시 특정 작업이 일어나도록 설정하는 것이다.
② '현재 로그 필터링'을 통해 특정 이벤트 로그만을 골라 볼 수 있다.
③ 사용자 지정 보기를 XML로도 작성할 수 있다.
④ '구독'을 통해 관리자는 로컬 시스템의 이벤트에 대한 주기적인 이메일 보고서를 받을 수 있다.

해설 >>> 구독을 통해서 관리자는 시스템의 이벤트는 볼 수 있지만 주기적인 이메일 보고서는 받을 수 없다

44 Windows Server 2016의 'netstat' 명령 중 라우팅 테이블을 확인할 수 있는 명령 옵션은?

① netstat - a　　　　　　② netstat - r
③ netstat - n　　　　　　④ netstat - s

해설 >>> -a = 모든 연결 및 수신 대기 포트를 표시
-r = 라우팅 테이블을 보여줌
-n = 주소나 포트 형식을 숫자로 표현해줌
-s = 각 프로토콜에 대한 통계를 보여줌

45 서버 담당자 Park 사원은 IIS(인터넷 정보 서비스)를 설치한 후, IIS 관리자를 실행하기 위해 명령어를 사용하여 서비스를 실행하고자 한다. 이때 사용할 명령어로 올바른 것은?

① wf.msc　　　　　　② msconfig
③ inetmgr.exe　　　　④ dsac.exe

해설 >>> wf.msc - Windows 방화벽을 열기 위해 사용하는 명령어
msconfig - 부팅에 관한 설정을 진행하는 명령어
dsac.exe - Active Directory 관리 센터를 여는 명령어

46 장비간 거리가 증가하거나 케이블 손실로 인해 감쇠된 신호를 재생시키기 위한 목적으로 사용되는 네트워크 장치는?

① Gateway ② Router

③ Bridge ④ Repeater

해설 >>> Gateway : 게이트웨이는 컴퓨터 네트워크에서 서로 다른 통신망, 프로토콜을 사용하는 네트워크 간의 통신을 가능하게 하는 컴퓨터나 소프트웨어를 두루 일컫는 용어, 즉 다른 네트워크로 들어가는 입구 역할을 하는 네트워크 포인트이다
Router : 서로 다른 네트워크를 연결하고 최적의 경로를 찾아주는 역할을 하는 장비
Bridge : 우선적으로 입력되는 패킷의 주소를 분석하는 장비이다.
Repeater : 더 멀리 보내기 위한 증폭, 중계 장비

47 내부에 코어(Core)와 이를 감싸는 굴절률이 다른 유리나 플라스틱으로 된 외부 클래딩(Cladding)으로 구성된 전송 매체는?

① 이중 나선(Twisted Pair)

② 동축 케이블(Coaxial Cable)

③ 2선식 개방 선로(Two-Wire Open Lines)

④ 광 케이블(Optical Cable)

해설 >>> (google 이미지 검색 참조)

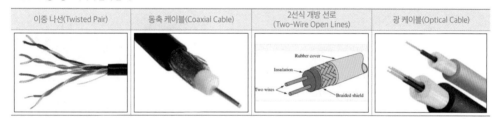

이중 나선(Twisted Pair)	동축 케이블(Coaxial Cable)	2선식 개방 선로 (Two-Wire Open Lines)	광 케이블(Optical Cable)

48 L2 LAN 스위치가 이더넷 프레임을 중계 처리할 때 사용하는 주소는 무엇인가?

① MAC 주소 ② IP 주소

③ Post 주소 ④ URL 주소

해설 >>> L2 스위치는 이더넷 프레임 목적지 MAC주소를 알아내 해당 목적지 포트로 이더넷 프레임을 송출한다.
(포트에 대응하는 MAC주소를 MAC주소 테이블을 저장하고 있어서 가능)

49 RAID의 특징으로 옳지 않은 것은?

① 여러 개의 Disk에 일부 중복된 데이터를 나누어 저장

② read/write 속도를 증가

③ Memory 용량 증가

④ 데이터를 안전하게 백업

해설 >>> RAID : 여러 하드디스크를 1개의 디스크로 구현 하여 속도 / 안정성 / 용량 증설 등의 활용을 진행 함.

50 OSI 계층의 물리 계층에서 여러 대의 PC를 서로 연결할 때 전기적인 신호를 재생하여 신호 분배의 기능을 담당하는 네트워크 연결 장비는?

① Bridge　　　　　　　② Hub
③ L2 Switch　　　　　④ Router

해설 ▷▷▷

www.learnabhi.com/hub 참조

Hub : 멀티포트 리피터 역할을 수행하며 여러장비들이
　　　네트워크로 묶여 로컬 네트워크를 구성할 수 있
　　　게 해주는 장비3
　　　- 다양한 기기로부터 오는 통신신호를 받아서 그
　　　　신호들을 증폭시켜 다른 네트워크 장비에게 뿌
　　　　려주는 기능(브로드케스트)

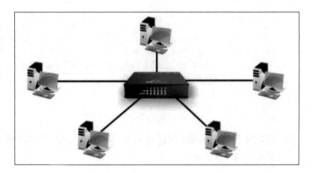

네트워크관리사 2급 **필기 기출문제 4회** · 2021년 08월 29일 ·

1과목 >>> TCP/IP

01 서브넷 마스크(Subnet Mask)에 대한 설명으로 옳지 않은 것은?

① A, B, C Class 대역의 IP Address는 모두 같은 서브넷 마스크를 사용한다.

② 하나의 네트워크 클래스를 여러 개의 네트워크로 분리하여 IP Address를 효율적으로 사용할 수 있다.

③ 서브넷 마스크는 목적지 호스트의 IP Address가 동일 네트워크상에 있는지 확인한다.

④ 서브넷 마스크를 이용하면, Traffic 관리 및 제어가 가능하다.

해설 >>> ① A, B, C Class 대역의 IP Address는 모두 같은 서브넷 마스크를 사용한다. (기본 서브넷은 다르다)
- A클래스 : 255.0.0.0
- B클래스 : 255.255.0.0
- C클래스 : 255.255.255.0

02 TCP/IP Protocol 군에서 네트워크 계층의 프로토콜로만 연결된 것은?

① TCP – UDP - IP ② ICMP – IP – IGMP
③ FTP – SMTP - Telnet ④ ARP – RARP – TCP

해설 >>> 응용계층 : HTTP, SMTP, FTP
표현계층 : ASCII, MPEG, JPEG, MIDI
세션계층 : NetBIOS, SAP, SDP, NWLink
전송계층 : TCP, UDP
네트워크 계층 : ICMP, IGMP, ARP, RARP, RIP, OSPF, EIGRP
데이터링크 계층 : Ethernet, Token Ring, FDDI
물리계층 : 랜선, 허브, 리피터, 랜카드 등 디바이스

03 IP Address 중 Class가 다른 주소는?

① 191.234.149.32 ② 198.236.115.33
③ 222.236.138.34 ④ 195.236.126.35

해설 >>> https://xn--3e0bx5euxnjje69i70af08bea817g.xn--3e0b707e/jsp/resources/ipv4Info.jsp : 참조

PART 5 네트워크관리사 필기 **587**

04 C Class의 네트워크를 서브넷으로 나누어 각 서브넷에 4~5 대의 PC를 접속해야 할 때, 서브넷 마스크 값으로 올바른 것은?

① 255.255.255.240　　　　　② 255.255.0.192

③ 255.255.255.248　　　　　④ 255.255.255.0

해설 >>> 4~5 면 8개의 호스트를 할당해야 한다. (256 - 8 = 248) = 255.255.255.248

05 IP 헤더에 포함이 되지 않는 필드는?

① ACK　　　　　　　　　　② Version

③ Header checksum　　　　　④ Header length

해설 >>> (icqa 시험 문제 참조)

Version	IHL (Header Length)	Type of Service (TOS)	Total Length		
Identification			IP Flags x D M	Fragment Offset	
Time To Live (TTL)		Protocol	Header Checksum		
Source Address					
Destination Address					
IP Option (variable length, optional, not common)					

06 TCP 프로토콜에서 사용하는 흐름제어 방식은?

① GO-Back-N　　　　　　　② 선택적 재전송

③ Sliding Window　　　　　　④ Idle-RQ

해설 >>> 1. GO-Back-N : 전송된 프레임이 손상되면 확인된 마지막 프레임 이후로 보내진 프레임을 재전송하는 기법
2. 선택적 재전송 : 손상되거나 분실된 프레임만을 재전송하게 됩니다.
3. Sliding Window : 패킷 흐름제어로 사용한다.

07 TFTP 프로토콜에 대한 설명 중 옳지 않은 것은?

① Trivial File Transfer Protocol의 약어이다.

② 네트워크를 통한 파일 전송 서비스이다.

③ 3방향 핸드셰이킹 방법인 TCP 세션을 통해 전송한다.

④ 신속한 파일의 전송을 원할 경우에는 FTP보다 훨씬 큰 효과를 얻을 수 있다.

해설 >>> 네트워크를 통한 파일 전송 서비스

FTP	TFTP
TCP 20, 21번 포트 사용	UDP 69번 포트 사용
로그인 절차 필요	로그인 필요 없음
파일 디렉토리 확인 가능	파일 디렉토리 볼 수 없음

08 SNMP에 대한 설명으로 옳지 않은 것은?

① TCP를 이용하여 신뢰성 있는 통신을 한다.

② 네트워크 관리를 위한 표준 프로토콜이다.

③ 응용 계층 프로토콜이다.

④ RFC 1157에 규정되어 있다.

해설 >>> 1. SNMP는 UDP 161/162번 포트를 사용한다.

09 사설 IP주소를 공인 IP주소로 바꿔주는데 사용하는 통신망의 주소 변환 기술로, 공인 IP주소를 절약하고, 내부 사설망을 이용하여 인터넷에 연결하므로 보안을 강화할 수 있는 것은?

① DHCP   ② ARP

③ BOOTP   ④ NAT

해설 >>> 1. DHCP : IP주소를 자동으로 할당해 주는 프로토콜 / 서비스
2. ARP : IP주소를 맥주소로 변환 시켜주는 프로토콜 / 서비스
3. BOOTP : 부트스트랩 프로토콜로 TCP/IP 상에서 자동 부팅을 위한 최초 프로토콜로 디스크 장치가 없는 컴퓨터를 활용한다.
4. NAT : IP 공유기 역할을 한다.

10 다음 지문에 표기된 IPv6 주소는 요약된 표현이다. 보기 중 요약되기 전 상태는?

> 2000:AB:1::1:2

① 2000:00AB:0001:0000:0001:0002

② 2000:00AB:0001:0000:0000:0000:0001:0002

③ 2000:AB00:1000:0000:1000:2000

④ 2000:AB00:1000:0000:0000:0000:1000:2000

해설 >>> IPv6 주소 지정 아키텍처에서는 0이 연속된 16비트 필드를 나타내기 위해 두 개의 콜론(::)을 사용할 수 있습니다. 예를 들어, 인터페이스 ID의 연속된 0 필드 2개를 2개의 콜론으로 바꿔서 그림 3-2의 IPv6 주소를 축약할 수 있습니다. 그 결과는 2001:0db8:3c4d:0015::1a2f:1a2b와 같습니다. 다른 0 필드는 단일 0으로 표현할 수 있습니다. 또한 필드에서 앞에 오는 0을 생략할 수도 있습니다(예: 0db8을 db8로 변경).
따라서 2001:0db8:3c4d:0015:0000:0000:1a2f:1a2b 주소는 2001:db8:3c4d:15::1a2f:1a2b로 축약할 수 있습니다.
2개 콜론 표시 방법을 사용하면 IPv6 주소에서 0으로만 구성된 모든 연속된 필드를 바꿀 수 있습니다. 예를 들어, IPv6 주소 2001:0db8:3c4d:0015:0000:d234:3eee:0000은 2001:db8:3c4d:15:0:d234:3eee::로 줄일 수 있습니다.

11 ICMP 메시지의 타입번호와 설명으로 옳지 않은 것은?

① 타입 0 : Echo Request (에코 요청)

② 타입 3 : Destination Unreachable (목적지 도달 불가)

③ 타입 5 : Redirect (경로 재지정)

④ 타입 11 : Time Exceeded (시간 초과)

해설 >>> IPv6 주소 지정 아키텍처에서는 0이 연속된 16비트 필드를 나타내기 위해 두 개의 콜론(::)을 사용할 수 있습니다. 예를 들어, 인터페이스 ID의 연속된 0 필드 2개를 2개의 콜론으로 바꿔서 그림 3-2의 IPv6 주소를 축약할 수 있습니다. 그 결과는 2001:0db8:3c4d:0015::1a2f:1a2b와 같습니다. 다른 0 필드는 단일 0으로 표현할 수 있습니다. 또한 필드에서 앞에 오는 0을 생략할 수도 있습니다(예: 0db8을 db8로 변경).
따라서 2001:0db8:3c4d:0015:0000:0000:1a2f:1a2b 주소는 2001:db8:3c4d:15::1a2f:1a2b로 축약할 수 있습니다.
2개 콜론 표시 방법을 사용하면 IPv6 주소에서 0으로만 구성된 모든 연속된 필드를 바꿀 수 있습니다. 예를 들어, IPv6 주소 2001:0db8:3c4d:0015:0000:d234:3eee:0000은 2001:db8:3c4d:15:0:d234:3eee::로 줄일 수 있습니다.

12 네트워크를 관리하는 Kim 사원은 스위치에 원격접속시 Telnet을 이용하여 작업을 주로 진행하였지만 신규로 도입되는 스위치에는 SSH로 접속 방법을 교체하고자 한다. 다음 중 SSH의 특징으로 옳지 않은 것은?

① Telnet에 비하여 보안성이 뛰어나다.

② ssh1은 RSA 암호화를 사용한다.

③ ssh2는 RSA 외 더 다양한 키교환방식을 지원한다.

④ tcp/23번을 이용한다.

해설 >>> TELNET은 TCP 23번 포트를 사용하고 SSH는 TCP 22번 포트를 사용한다.

13 다음 보기 중에 RIP Routing Protocol에 대한 설명으로 옳지 않은 것은?

① 디스턴스 벡터(Distance Vector) 라우팅 프로토콜이다.

② 메트릭은 Hop Count를 사용한다.

③ 표준 프로토콜이기 때문에 대부분의 라우터가 지원한다.

④ RIPv1, RIPv2 모두 멀티캐스트를 이용하여 광고한다.

해설 >>> - RIP에서 사용하는 매트릭은 홉수(Hop count)를 사용한다.
- RIPv1는 전체 라우팅 테이블을 브로드캐스트를 사용
- RIPv2는 224.0.0.9의 모든 인접 라우터에 멀티캐스트기법을 사용한다.

14 네트워크주소 210.212.100.0과 서브넷마스크 255.255.255.0인 네트워크에서 브로드캐스트주소는 무엇인가?

① 210.212.100.30   ② 210.212.100.255

③ 210.212.102.32   ④ 210.212.103.64

해설 >>> - 210.212.100.0 / 255.255.255.0의 브로드케스트 주소는 마지막 IP 주소인 210.212.100.255 이다.

15 IPv4 Address 중 네트워크 ID가 '127'로 시작하는 주소의 용도는?

① 제한적 브로드캐스트 주소

② B Class의 멀티캐스트 주소

③ C Class의 사설(Private) IP 주소

④ 루프백(Loopback) 주소

해설 >>> 루프백 주소 : localhost 또는 127.0.0.1을 사용하는 자신의 랜카드 주소 대용으로 사용된다.

16 CSMA/CD의 특징으로 옳지 않은 것은?

① 충돌 도메인이 작을수록 좋다.

② 충돌이 발생하면 임의의 시간 동안 대기하므로 지연 시간을 예측하기 어렵다.

③ 네트워크상의 컴퓨터들이 데이터 전송을 개시하기 위해서는 반드시 '토큰'이라는 권한을 가지고 있어야 한다.

④ 컴퓨터들은 케이블의 데이터 흐름 유무를 감시하기 위해 특정 신호를 주기적으로 보낸다.

해설 >>> 토큰을 사용하는 기법은 토큰링 / 토큰버스 2가지가 있다.

17 RARP(Reverse Address Resolution Protocol)에 대한 설명 중 옳지 않은 것은?

① IP Address를 하드웨어 주소로 변환하기 위해서 사용한다.

② RFC 903에 명시되어 있고, RFC 951에 기술된 BOOTP에 의해 대체되고 있다.

③ 디스크를 소유하지 않으면 RARP를 이용하여 인터넷 주소를 먼저 알아내야 한다.

④ Ethernet, FDDI, Token Ring 등의 근거리 통신망에서 사용할 수 있는 프로토콜이다.

해설 >>>

```
인터페이스: 192.168.219.109 --- 0xe
  인터넷 주소           물리적 주소           유형
  192.168.219.1         18-c5-01-86-54-dc     동적
  192.168.219.107       58-fd-b1-4c-e6-db     동적
  192.168.219.121       3c-f7-a4-60-9c-5b     동적
  192.168.219.255       ff-ff-ff-ff-ff-ff     정적
  224.0.0.2             01-00-5e-00-00-02     정적
  224.0.0.22            01-00-5e-00-00-16     정적
  224.0.0.251           01-00-5e-00-00-fb     정적
  224.0.0.252           01-00-5e-00-00-fc     정적
  239.255.255.250       01-00-5e-7f-ff-fa     정적
  239.255.255.253       01-00-5e-7f-ff-fd     정적
  255.255.255.255       ff-ff-ff-ff-ff-ff     정적
```

IP Address를 하드웨어 주소로 변환하기 위해서 사용한다. : ARP
하드웨어 주소를 IP주소로 변환 하기 위해서 사용한다. : RARP

2과목 >>> 네트워크 일반

18 패킷교환의 특징에 대한 설명 중 옳지 않은 것은?

① 패킷과 함께 오류제어를 함으로서 고품질/고신뢰성 통신이 가능하다.

② 패킷을 전송 시에만 전송로를 사용하므로 설비 이용 효율이 높다.

③ 패킷교환의 방식으로는 연결형인 가상회선방식과 비연결형인 데이터그램(Datagram) 두 가지가 있다.

④ 복수의 상대방과는 통신이 불가능하다.

해설 >>> 패킷교환 : 우리가 사용하는 인터넷 방식이며 복수의 상태방과 통신이 가능하다.

19 프로토콜의 기본적인 기능 중 정보의 신뢰성을 부여하는 것으로, 데이터를 전송한 개체가 보낸 PDU(Protocol Data Unit)에 대한 애크널러지먼트(ACK)를 특정시간 동안 받지 못하면 재전송하는 기능은?

① Flow Control
② Error Control
③ Sequence Control
④ Connection Control

해설 >>> Flow Control : 흐름제어
Error Control : 오류제어
Sequence Control : 순서제어
Connection Control : 연결 제어

20 데이터 전송 시 전송매체를 통한 신호의 전달속도가 주파수의 가변적 속도에 따라 왜곡되는 현상은?

① 감쇠 현상 　　　　　　　　　② 지연 왜곡

③ 누화 잡음 　　　　　　　　　④ 상호 변조 잡음

해설 >>> 감쇠 현상 : 통신 기기에서 데이터를 어느 지점에서 다른 지점으로 전송할 때 신호의 크기가 감소하는 현상.
상호 변조 : 수신기에 수신 주파수 이외의 둘 이상의 방해 주파수가 들어왔을 때 수신기의 비직선성 때문에 변조를 일으키는 것. 그 때문에 수신 주파수 또는 중간 주파수에 대하여 방해 신호를 발생한다.
지연 왜곡 : 데이터 전송에서 소요 주파수 대역 내에서, 데이터 전송로의 군(群) 지연 값이 주파수에 대하여 일정하지 않기 때문에 수신측에서 신호가 왜곡되어 일어나는 변형
누화 잡음 : 누화는 1통신회선의 신호에 의하여 타의 회선에 생기는 방해이며, 타의 회선에서 보면 누화에 의하여 생긴 방해와 잡음으로 느껴진다. 이와 같이, 누화에 의하여 발생하는 잡음을 누화잡음이라고 한다.

21 OSI 7 Layer에서 Data Link 계층의 기능으로 옳지 않은 것은?

① 전송 오류 제어기능 　　　　　② Flow 제어기능

③ Text의 압축, 암호기능 　　　　④ Link의 관리기능

해설 >>> 압축, 암호화는 프리젠테이션 계층에 사용됨

22 Bus 토폴로지(Topology)에 대한 설명으로 올바른 것은?

① 스타 토폴로지보다 네트워크를 구축하는데 더 많은 케이블이 필요하기 때문에, 배선에 더 많은 비용이 소요된다.

② 각 스테이션이 중앙 스위치에 연결된다.

③ 터미네이터(Terminator)가 시그널의 반사를 방지하기 위하여 사용된다.

④ 토큰이라는 비트의 패턴이 원형을 이루며 한 컴퓨터에서 다른 컴퓨터로 순차적으로 전달된다.

해설 >>> https://networksmania.wordpress.com/topics/network-topology/bus-topology/ 참조

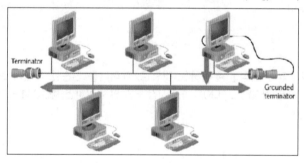

23 프로토콜 계층 구조상의 기본 구성요소 중 실체(Entity) 간의 통신 속도 및 메시지 순서를 위한 제어정보는?

① 타이밍(Timing) 　　　　　　② 의미(Semantics)

③ 구문(Syntax) 　　　　　　　④ 처리(Process)

해설 >>> 구문 : 데이터의 형식, 부호화 및 신호의 크기 등을 포함 무엇을 전송할 것인가
의미 : 데이터의 특정 형태에 대한 해석을 어떻게 하는가, 전송의 조정 및 오류처리를 위한 제어정보
타이밍 : 언제 데이터를 전송할 것인가와 얼마나 빠른 속도로 전송할 것인가

24 펄스 부호 변조(PCM)의 3단계 과정을 순서대로 올바르게 나열한 것은?

① 부호화 → 양자화 → 표본화

② 양자화 → 표본화 → 부호화

③ 부호화 → 표본화 → 양자화

④ 표본화 → 양자화 → 부호화

해설 >>> 표 양 부 복 여 로 암기 하세요

25 가상화의 장점과 거리가 먼 것은?

① 가용성이 향상된다.

② 자원을 효율적으로 사용 가능하다.

③ 시스템의 확장이 간단하게 가능하다.

④ 물리적인 구성을 통해 통신 흐름을 파악할 수 있다.

해설 >>> 가상화는 논리적인 구성을 통해 GUI 화면으로 통신 흐름 및 로그를 파악 할 수 있다.

26 다음 지문에서 ( ) 안에 들어갈 기술로 옳은 것은?

– ( )은/는 인터넷과 같이 여러 사람이 공용으로 사용하는 공중망을 특정인이나 조직이 단독으로 사용하는 사설망처럼 동작시키는 것을 말한다. ( )을/를 이용하면 본사와 지사간의 네트워크를 전용선으로 구축하는 것에 비해 훨씬 적은 비용으로 유지할 수 있다.

① VPN   ② NAT

③ PPP   ④ PPPoE

27 다음 설명은 홈네트워크를 구축하기 위해서 사용되는 기술이다. (A), (B), (C)에 들어갈 적합한 용어를 순서대로 나열한 것은 무엇인가?

– (A)은/는 통신설비를 추가로 설치할 필요 없이 기존에 있는 전화선을 이용하여 통신망을 구축하는 기술이다. 한 쌍의 전화선을 이용하여 음성과 데이터를 분리하여 동시 사용 가능하며, 음성 전화를 위한 별도의 장치가 필요 없다. (A) 1.0은 최대 1Mbps의 속도를 제공하며, (A) 2.0은 최대 10Mbps의 속도를 제공한다.

– (B)의 기술은 기존의 전력선을 기반으로 추가적인 데이터회선 없이 통신을 지원하는 기술이다. 이는 추가 통신선로의 필요성이 없으나, 전력선을 매체로 활용하다 보니 잡음에 민감하고, 통신속도도 상태적으로 느려서 현재는 거의 사용되지 않으며, 일부 원격 검침 등의 한정된 애플리케이션에서 사용된다.

– (C)은/는 현재 가장 널리 사용되는 기술로, IEEE802.11을 기반으로 한 데이터 통신 전용 네트워크이다. 지원하는 단말 장치의 증가로 기존의 Home network에 사용되던 기술을 빠르게 대체하고 있다.

① HomePNA - PLC (Power Line Communication) – WiFi/Wireless LAN

② Ethernet – ZigBee – WiFi/Wireless LAN

③ HomePNA – PLC (Power Line Communication) – Bluetooth

④ HomePNA – PLC (Power Line Communication) – ZigBee

28 Windows Server 2016에서 IIS 관리자의 기능으로 옳지 않은 것은?

① 웹 사이트의 기본 웹 문서 폴더를 변경할 수 있다.

② 기본 웹 문서를 추가하거나 기본 웹 문서들의 우선순위를 조정할 수 있다.

③ 가상 디렉터리의 이름은 실제 경로의 이름과 동일하게 해야 한다.

④ 디렉터리 검색기능을 활성화하면 기본 문서가 없을 때 파일들의 목록이 나타난다.

해설 >>> 가상 디렉터리의 이름은 실제 경로(폴더명)과 다르게 설정할 수 있다.

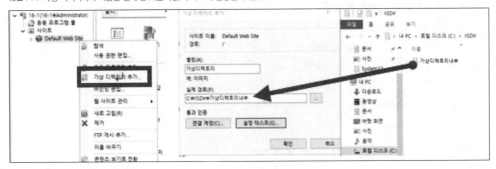

29 Windows Server 2016에서 FTP 사이트 구성시 옳지 않은 것은?

① IIS 관리자를 통해 웹 사이트에 FTP 기능을 추가할 수 있다.

② 특정 사용자별로 읽기와 쓰기 권한 조절이 가능해 익명사용자도 쓰기가 가능하다.

③ 폴더에 NTFS 쓰기 권한이 없더라도 FTP 쓰기 권한이 있으면 쓰기가 가능하다.

④ 특정 IP주소나 서브넷에서의 접속을 허용하거나 막을 수 있다.

해설 >>> NTFS 보안에 쓰기 권한을 할당해야 FTP도 쓰기를 할 수 있다. (NTFS보안 우선)

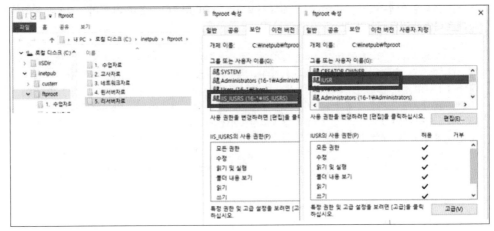

30 Windows Server 2016에서 로컬 사용자 계정 관리에 대한 설명으로 옳지 않은 것은?

① 보안을 위해 관리자 계정인 Administrator 라는 이름을 바꿀 수 있다.

② 관리자도 알 수 없도록 새 사용자의 암호를 첫 로그인 시 지정하도록 할 수 있다.

③ 장기 휴직인 사용자의 계정은 "계정 사용 안함"을 통해 휴면계정화 할 수 있다.

④ 삭제한 계정과 동일한 사용자 이름의 계정을 생성하면 삭제 전 권한을 복구할 수 있다.

해설 >>> 사용자 계정을 생성하면 임의 SID가 생성되는데 같은 사용자 이름이라도 다른 SID를 갖는다.

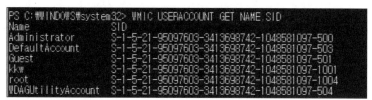

```
PS C:\WINDOWS\system32> WMIC USERACCOUNT GET NAME,SID
Name                SID
Administrator       S-1-5-21-95097603-3413698742-1048581097-500
DefaultAccount      S-1-5-21-95097603-3413698742-1048581097-503
Guest               S-1-5-21-95097603-3413698742-1048581097-501
kkw                 S-1-5-21-95097603-3413698742-1048581097-1001
root                S-1-5-21-95097603-3413698742-1048581097-1004
WDAGUtilityAccount  S-1-5-21-95097603-3413698742-1048581097-504
```

31 Windows Server 2016에서 한 대의 물리적인 서버에 여러 개의 운영체제를 설치하여 가상의 컴퓨터와 리소스를 만들고 관리하는데 사용할 수 있는 서비스로서, 컴퓨터에서 동시에 여러 운영체제를 실행하여 사용할 수 있는 것을 무엇이라고 하는가?

① Hyper-V   ② 액티브 디렉터리

③ 원격 데스크톱 서비스   ④ 분산파일서비스

32 Linux에서 사용되는 'free' 명령어에 대한 설명 중 올바른 것은?

① 사용 중인 메모리, 사용 가능한 메모리 용량을 알 수 있다.

② 패스워드 없이 사용하는 유저를 알 수 있다.

③ 디렉터리의 사용량을 알 수 있다.

④ 사용 가능한 파일 시스템의 양을 알 수 있다.

해설 >>>

```
[root@localhost ~]# free
              total        used        free      shared  buff/cache   available
Mem:        2892708      465168     1985736        9084      441804     2258712
Swap:       6291452           0     6291452
```

33 다음 중 Linux의 기본 명령어와 용도가 올바른 것은?

① nslookup : 현재 시스템에 접속한 사용자 정보와 프로세스 상태를 확인

② file : 해당 디렉터리를 삭제하고 새로 생성

③ chown : 파일이나 디렉터리의 소유권을 변경

④ ifconfig : 현재 모든 프로세서의 작동 상황을 실시간으로 확인

해설 >>> nslookup : 도메인 정보를 알아낸다.
file : 해당 파일의 타입을 알아낸다.
chown : 파일이나 디렉터리의 소유권을 변경한다.
ifconfig : 랜카드에 대한 정보를 볼 수 있다.

34 Linux 시스템에서 디렉터리를 생성하는 명령어는?

① mkdir   ② rmdir

③ grep   ④ find

해설 >>> mkdir : 디렉토리를 생성한다.
rmdir : 디렉토리를 삭제한다.
grep : 필터를 적용하여 명령을 실행한다.
find : 파일을 찾는다.

35 TCP 3Way-HandShaking 과정 중 클라이언트가 보낸 연결 요청에서 패킷을 수신한 서버는 LISTEN 상태에서 무슨 상태로 변경되는가?

① SYN_SENT   ② SYN_RECEIVED

③ ESTABLISHED   ④ CLOSE

해설 >>>

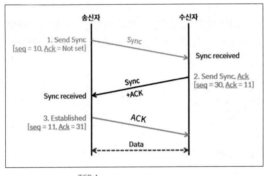

```
                    TCP A                                TCP B
1. CLOSED                                                LISTEN
2. SYN-SENT   --> < SEQ=100>< CTL=SYN>             --> SYN-RECEIVED
3. ESTABLISHED <-- < SEQ=300>< ACK=101>< CTL=SYN,ACK>  <-- SYN-RECEIVED
4. ESTABLISHED --> < SEQ=101>< ACK=301>< CTL=ACK>      --> ESTABLISHED
5. ESTABLISHED --> < SEQ=101>< ACK=301>< CTL=ACK>< DATA>  --> ESTABLISHED
```

- LISTEN: 요청을 받을 수 있도록 연결 요구를 기다리는 상태. 즉 포트가 열려있음을 의미. HTTP(80), MAIL(25), FTP(21), TELNET(23) 등.
- SYN_SENT: 로컬에서 원격으로 연결 요청(SYN 신호를 보냄)을 시도한 상태.
- SYN_RECV: 원격으로부터 연결 요청을 받은 상태. 요청을 받아 SYN+ACK 신호로 응답을 상태지만 ACK는 받지 못했다. 윈도우와 솔라리스에서는 SYN_RECEIVED로, FreeBSD는 SYN_RCVD로 표시한다.
- ESTABLISHED: 상호 연결이 된 상태.

36 서버 담당자 Park 사원은 Windows Server 2016에서 시스템을 감시하고자 이벤트뷰어 서비스를 점검하려 한다. Windows Server 2016 이벤트 뷰어에는 시스템을 감시하는 4가지 항목의 Windows 로그가 있다. 다음 중 이벤트 뷰어 Windows 로그에 속하지 않는 항목은?

① 보안   ② Setup

③ 시스템   ④ 사용자 권한

해설 >>>

37 서버 담당자 Park 사원은 Windows Server 2016에서 폴더에 저장할 수 있는 용량을 제한하고, 특정한 파일의 유형은 업로드하지 못하도록 설정하고자 한다. 이러한 설정을 통해서 서버 담당자는 좀 더 유연하고 안전한 파일서버를 구축할 수 있게 된다. 다음 중 서버 담당자가 구축해야 할 적절한 서비스는 무엇인가?

① FSRM(File Server Resource Manager)

② FTP(File Transfer Protocol)

③ DFS(Distribute File System)

④ Apache Server

해설 >>>

할당량 템플릿	제한	할당량 유형
100MB 한도	100MB	하드
10GB 한도	10.0GB	하드
10TB 볼륨 사용 모니터링	10.0TB	소프트
200GB 볼륨 사용 모니터링	200GB	소프트
200MB 한도(50MB 확장)	200MB	하드
250MB 확장 한도	250MB	하드
2GB 한도	2.00GB	하드
3TB 볼륨 사용 모니터링	3.00TB	소프트
500MB 공유 모니터링	500MB	소프트
5GB 한도	5.00GB	하드
5TB 볼륨 사용 모니터링	5.00TB	소프트
사용자에게 보내는 200MB 한도 보고서	200MB	하드

38 Windows Server 2016에서 EFS(Encrypting File System) 대한 설명으로 옳지 않은 것은?

① 파일을 암호화하기 위해서는 지정된 파일에 대한 '파일 속성' 중 '고급'을 선택하여 '데이터 보호를 위한 내용'을 암호화' 선택한다.

② 파일 암호화 키가 없는 경우 암호화된 파일의 이름을 변경할 수 없고 내용도 볼 수 없지만 파일 복사는 가능하다.

③ 백업된 파일 암호화 키가 있는 경우 인증서 관리자(certmgr.msc)를 통해 인증서 키를 '가져오기'하여 암호화된 파일을 열수 있다.

④ 파일 암호화 키 백업을 하여 암호화된 파일에 영구적으로 액세스하지 못하게 되는 것을 방지할 수 있다. 암호화 키 백업은 주로 다른 컴퓨터나 USB 메모리 등의 별도로 저장할 것을 권장한다.

해설 >>> efs

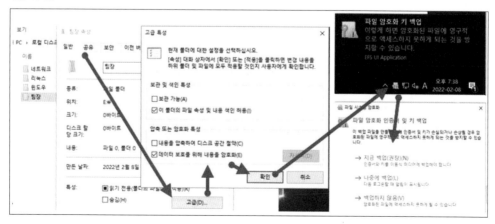

39 Linux 시스템에서 'ls' 라는 명령어 사용법을 알아보는 명령어로 올바른 것은?

① cat ls   ② man ls

③ ls man   ④ ls cat

해설 >>> man ls

40 서버 담당자 Park 사원은 Windows Server 2016에서 Active Directory를 구성 중에 있다. 이때 한 도메인 안에서 세부적인 단위로 나누어 관리부, 회계부, 기술부 등의 부서로 구성하고자 한다. 서버 담당자가 설정해야 하는 항목은 무엇인가?

① DC(Domain Controller)   ② RDC(Read Only Domain Controller)

③ OU(Organizational Unit)   ④ Site

해설 >>>

Organizational Unit : 사용자/그룹/컴퓨터를 포함할 수 있는 AD 컨테이너(묶음)로 실습에는 크게 2개의 부서와 2개의 과로 묶어서 운영되는 것을 설정 하겠다

이것을 묶어서 계정을 삽입하고 관리 및 정책을 부여하게 된다.

AD 사용 전에 계정은 그룹에서 파일 및 폴더/공유 등의 권한을 제공 했다면 AD는 조직에 정책을 적용할 때 사용한다.

정책 : 보안정책/암호정책/계정잠김정책 등을 설정한다.

41 네트워크 담당자 Kim 사원은 'www.icqa.or.kr'의 IP 주소를 이 파일에 저장하여 사이트 접속시 빠르게 실행하고자 한다. 각각의 컴퓨터에는 IP 주소와 그에 해당하는 컴퓨터 이름을 저장해 놓는 파일이 있다. 이 파일의 저장경로와 파일명으로 올바른 것은?

① C:₩Windows₩System32₩hosts

② C:₩Windows₩System32₩config₩hosts

③ C:₩Windows₩System32₩drivers₩hosts

④ C:₩Windows₩System32₩drivers₩etc₩hosts

해설 >>>

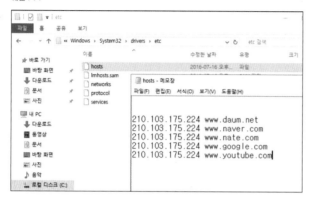

42 서버 담당자 Park 사원은 1대의 서버가 아니라 여러 대의 웹서버를 운영해서, 웹 클라이언트가 서비스를 요청할 경우에 교대로 서비스를 실행하는 방법으로 웹 서버의 부하를 여러 대가 공평하게 나눌 수 있도록 설계하고자 한다. 이에 적절한 서비스 방식을 무엇이라 하는가?

① Round Robin   ② Heartbeat

③ Failover Cluster   ④ Non-Repudiation

해설 >>> Round Robin : 여러 서버를 돌아가면서 할당 받는다. (dns에서 주로 사용)
Heartbeat : 서버가 구동중인지 정지 는지를 알아내는 심박동 (대부분 icmp를 사용한다)
Failover Cluster : 여러 서버를 묶어 관리하며 서버 다운되면 대응 기법을 말한다.
Non-Repudiation : 부인 봉쇄

43 Linux의 VI편집기를 이용하여 파일의 내용을 수정할 때, 다음 내용을 만족하는 치환명령문은 무엇인가?

> – 10행부터 20행까지 내용중 'old' 문자열을 'new' 문자열로 수정한다.
> – 각 행에 'old' 문자열에 여러개가 있더라도 전부 수정한다.

① :10,20s/old/new   ② :10,20s/old/new/g

③ :10,20r/old/new   ④ :10,20r/old/new/a

해설 >>> : 시작행,끝행s/원래문자열/변경문자열/옵션

44 'netstat' 명령어에 사용하는 옵션 설명에 대해 옳지 않은 것은?

① -r : 라우팅 테이블을 표시한다.

② -p : PID와 사용중인 프로그램명을 출력한다.

③ -t : 연결된 이후에 시간을 표시한다.

④ -y : 모든 연결에 대한 TCP 연결 템플릿을 표시한다.

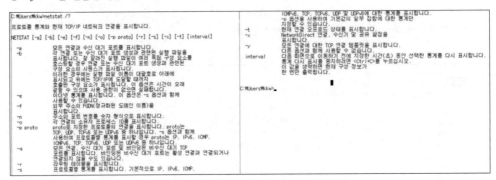

45 Windows Server 2016의 원격접속 서버 구축에 대한 설명으로 옳지 않은 것은?

① 텔넷 서버는 전통적으로 사용되어 온 원격접속방법이며, 보안에 취약하기에 단독으로 사용하지 않는 추세이다.

② SSH 서버는 텔넷 서버와 원격관리 방법의 거의 유사하나 데이터 전송 시 암호화를 진행한다.

③ 원격 데스크톱 서비스는 그래픽 모드로 원격관리를 지원하여 효과적이고 편리하다. 그러나 원격 데스크톱 서비스는 동시에 2대 이상 접속 할 수 없다.

④ 파워쉘(PowerShell) 원격접속은 Core로 설치한 윈도우 서버에 별도 외부 프로그램을 설치하지 않고, 보안과 빠른 속도를 보장하는 원격접속 방법이다.

해설 >>> : 서버의 원격 데스크톱은 동시에 2개까지는 가능하다.

4과목 >>> 네트워크 운용기기

46 사람의 머리카락 굵기만큼의 가는 유리 섬유로, 정보를 보내고 받는 속도가 가장 빠르고 넓은 대역폭을 갖는 것은?

① Coaxial Cable　　　　② Twisted Pair

③ Thin Cable　　　　　④ Optical Fiber

해설 >>> (google 이미지 검색 참조)

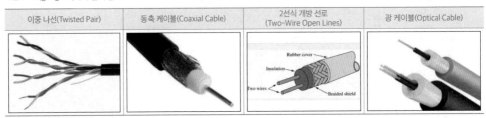

이중 나선(Twisted Pair)	동축 케이블(Coaxial Cable)	2선식 개방 선로 (Two-Wire Open Lines)	광 케이블(Optical Cable)

47 링크 상태 라우팅(Link State Routing)의 설명으로 옳지 않은 것은?

① 각 라우터는 인터네트워크 상의 모든 라우터와 자신의 이웃에 대한 지식을 공유한다.

② 각 라우터는 정확히 같은 링크 상태 데이터베이스를 갖는다.

③ 최단 경로 트리와 라우팅 테이블은 각 라우터마다 다르다.

④ 각 라우터 간 경로의 경비는 홉 수로 계산한다.

해설 ▶▶▶ : 각 라우터 강 경로의 경비를 홉 수로 계산 하는 것은 RIP 1개 밖에 없다.

48 게이트웨이(Gateway)의 역할로 올바른 것은?

① 전혀 다른 프로토콜을 채용한 네트워크 간의 인터페이스이다.

② 트위스트 페어 케이블 사용 시 이용되는 네트워크 케이블 집선 장치이다.

③ 케이블의 중계점에서 신호를 전기적으로 증폭한다.

④ 피지컬 어드레스의 캐시 테이블을 갖는다.

49 Repeater에 대한 설명으로 옳지 않은 것은?

① 전자기 또는 광학 전송 매체 상에서 신호를 수신하여 신호를 증폭한 후 다음 구간으로 재전송하는 장치를 말한다.

② 전자기장 확산이나 케이블 손실로 인한 신호 감쇠를 보상해 주기 때문에 여러 대의 Repeater를 써서 먼 거리까지 데이터를 전달하는 것이 가능하다.

③ 근거리 통신망을 구성하는 세그먼트들을 확장하거나 서로 연결하는데 주로 사용한다.

④ 네트워크를 확장하면서 충돌 도메인을 나누어 줄 수 있는 장비가 필요한데 이럴 때 Repeater를 사용하여 충돌 도메인을 나누어 네트워크의 성능을 향상시킨다.

50 라우터에서 'show running-config' 란 명령어로 내용을 확인할 수 있는 것은?

① ROM　　　　　　　　② RAM

③ NVRAM　　　　　　④ FLASH

해설 ▶▶▶

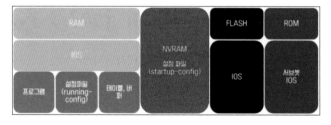

정답 ▶▶▶												
01 ①	02 ②	03 ①	04 ③	05 ①	06 ③	07 ③	08 ①	09 ④	10 ②	11 ①	12 ④	13 ④
14 ②	15 ④	16 ③	17 ①	18 ④	19 ②	20 ②	21 ③	22 ④	23 ①	24 ④	25 ④	26 ①
27 ①	28 ③	29 ③	30 ④	31 ①	32 ①	33 ③	34 ①	35 ②	36 ④	37 ①	38 ②	39 ②
40 ③	41 ④	42 ①	43 ②	44 ③	45 ③	46 ④	47 ④	48 ①	49 ④	50 ②		

1과목 >>> TCP/IP

01 UDP 헤더에 포함이 되지 않는 항목은?

① 확인 응답 번호(Acknowledgment Number)

② 소스 포트(Source Port) 주소

③ 체크섬(Checksum) 필드

④ 목적지 포트(Destination Port) 주소

해설 >>>

UDP SOURCE PORT	UDP DESTINATION PORT
UDP MESSAGE LENGTH	UDP CHECKSUM
DATA	
...	

Source port : 출발지 장치가 사용하는 포트번호로 이 포트번호는 어떠한 응용 프로그램을 사용하는지에 따라 특정 포트 번호가 정해져 있는 경우도 있고 정해지지 않는 경우도 있다. 포트번호는 0 ~ 65535의 범위 내에 있으며, 대부분의 경우 처음 정해지는 출발지 포트번호는 이 범위 내의 임의의 번호를 사용한다.

Destination port : 목적지 장치의 포트를 나타내며, 출발지에서 목적지 장치 상의 어떤 서비스에 접속하느냐에 따라 일반적으로 미리 정해진 번호 이다.

LENGTH : 헤더와 데이터를 포함한 UDP 데이터 그램의 전체 길이를 나타낸다.

CHECKSUM : 헤더와 데이터를 포함한 사용자의 데이터 그램에 대한 오류검사를 하기 위한 필드이다.

02 ARP 캐시에 대한 설명으로 옳지 않은 것은?

① 각 호스트는 ARP Request를 보내기 전에 ARP 캐시에서 해당 호스트의 하드웨어 주소를 찾는다.

② ARP 캐시는 새로운 하드웨어가 네트워크에 추가된 경우 갱신된다.

③ ARP 캐시의 수명이 유한하여 무한정 커지는 것을 방지한다.

④ 중복된 IP가 발견된 경우 ARP 캐시는 갱신되지 않는다.

해설 >>> Dynamic으로 설정된 내용을 Static 상태로 변경하는 ARP 명령어 옵션은 '-s'이다.

ICMP가 호스트에게 메시지를 전송하고 이에 대한 응답을 기다린다.

ARP Cache는 IP Address를 맥 주소로 매핑한 모든 정보를 유지하고 있다.

중복된 IP가 발견된 경우 ARP 캐시는 갱신된다.

03 OSI 7 Layer에 따라 프로토콜을 분류하였을 때, 다음 보기들 중 같은 계층에서 동작하지 않는 것은?

① SMTP

② RARP

③ ICMP

④ IGMP

해설 >>> 응용계층 : HTTP, SMTP, FTP

표현계층 : ASCII, MPEG, JPEG, MIDI

세션계층 : NetBIOS, SAP, SDP, NWLink

전송계층 : TCP, UDP

네트워크 계층 : ICMP, IGMP, ARP, RARP, RIP, OSPF, EIGRP

데이터링크 계층 : Ethernet, Token Ring, FDDI

물리계층 : 랜선, 허브, 리피터, 랜카드 등 디바이스

04 TCP/IP 프로토콜 중에서 IP 계층의 한 부분으로 에러 메시지와 같은 상태 정보를 알려주는 프로토콜은?

① ICMP(Internet Control Message Protocol)

② ARP(Address Resolution Protocol)

③ RARP(Reverse Address Resolution Protocol)

④ UDP(User Datagram Protocol)

해설 >>> ICMP(Internet Control Message Protocol, 인터넷 제어 메시지 프로토콜)는 인터넷 프로토콜 스위트에 기록된 주요 프로토콜 가운데 하나이다. 네트워크 컴퓨터 위에서 돌아가는 운영체제에서 오류 메시지(Requested service is not available 등)를 전송받는 데 주로 쓰이며 인터넷 프로토콜의 주요 구성원 중 하나로 인터넷 프로토콜에 의존하여 작업을 수행한다. 프로토콜 번호 1로 할당되고 시스템 사이에 데이터를 교환하지 않거나 최종 사용자에 적용되지 않는다는 점에서 TCP와 UDP와는 다르다.(ping 이나 traceroute 같은 몇몇 진단 프로그램 제외) 인터넷 프로토콜 버전 4(IPv4) 용 ICMP는 ICMPv4로 알려져 있고, 유사하게 IPv6은 ICMPv6이다.

05 IGMP 프로토콜의 주된 기능은?

① 네트워크 내에 발생된 오류에 관한 보고 기능

② 대용량 파일을 전송하는 기능

③ 멀티 캐스트 그룹에 가입한 네트워크 내의 호스트 관리 기능

④ 호스트의 IP Address에 해당하는 호스트의 물리주소를 알려주는 기능

해설 >>> 인터넷 그룹 관리 프로토콜(Internet Group Management Protocol, IGMP)은 호스트 컴퓨터와 인접 라우터가 멀티캐스트 그룹 멤버십을 구성하는 데 사용하는 통신 프로토콜이다. 특히 IPTV와 같은 곳에서 호스트가 특정 그룹에 가입하거나 탈퇴하는데 사용하는 프로토콜을 가리킨다. TTL(Time to Live)가 제공되며 최초의 리포트를 잃어버리면 갱신하지 않고 그대로 진행 처리를 하는 것이 특징이다. (비대칭 프로토콜) https://ko.wikipedia.org/ 참조

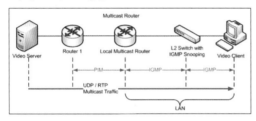

06 원격 컴퓨터에 안전하게 액세스하기 위한 유닉스 기반의 명령 인터페이스 및 프로토콜로, 기본적으로 22번 포트를 사용하고, 클라이언트/서버 연결의 양단은 전자 서명을 사용하여 인증되며, 패스워드는 암호화하여 보호되는 것은?

① SSH   ② IPSec

③ SSL   ④ PGP

07 서버 내 서비스들은 서로가 다른 문을 통하여 데이터를 주고받는데 이를 포트라고 한다. 서비스에 따른 기본 포트 번호로 옳지 않은 것은?

① FTP - 21   ② Telnet - 23

③ SMTP - 25   ④ WWW - 81

08 TCP/IP 프로토콜 4 Layer 구조를 하위 계층부터 상위 계층으로 올바르게 나열한 것은?

① Network Interface - Internet - Transport - Application

② Application - Network Interface - Internet - Transport

③ Transport - Application - Network Interface - Internet

④ Internet - Transport - Application - Network Interface

09 B Class 네트워크에서 6개의 서브넷이 필요할 때, 가장 많은 호스트를 사용할 수 있는 서브넷 마스크 값은?

① 255.255.192.0 ② 255.255.224.0

③ 255.255.240.0 ④ 255.255.248.0

10 IP Address를 관리하기 위한 Subnetting을 하는 이유로 옳지 않은 것은?

① IP Address를 효율적으로 사용할 수 있다.

② Network ID와 Host ID를 구분할 수 있다.

③ 불필요한 Broadcasting Message를 제한할 수 있다.

④ Host ID를 사용하지 않아도 된다.

11 패킷 전송의 최적 경로를 위해 다른 라우터들로부터 정보를 수집하는데, 최대 홉이 15를 넘지 못하는 프로토콜은?

① RIP   ② OSPF

③ IGP   ④ EGP

12 TCP 3-Way Handshaking 연결수립 절차의 1,2,3단계 중 3단계에서 사용되는 TCP 제어 Flag는 무엇인가?

① SYN   ② RST

③ SYN, ACK   ④ ACK

해설 >>>

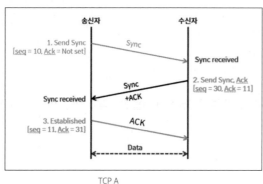

```
              TCP A                        TCP B
1. CLOSED                                  LISTEN
2. SYN-SENT    --> < SEQ=100>< CTL=SYN>              --> SYN-RECEIVED
3. ESTABLISHED <-- < SEQ=300>< ACK=101>< CTL=SYN,ACK>  <-- SYN-RECEIVED
4. ESTABLISHED --> < SEQ=101>< ACK=301>< CTL=ACK>      --> ESTABLISHED
5. ESTABLISHED --> < SEQ=101>< ACK=301>< CTL=ACK>< DATA> --> ESTABLISHED
```

- LISTEN: 요청을 받을 수 있도록 연결 요구를 기다리는 상태. 즉 포트가 열려있음을 의미. HTTP(80), MAIL(25), FTP(21), TELNET(23) 등.
- SYN_SENT: 로컬에서 원격으로 연결 요청(SYN 신호를 보냄)을 시도한 상태.
- SYN_RECV: 원격으로부터 연결 요청을 받은 상태. 요청을 받아 SYN+ACK 신호로 응답을 상태지만 ACK는 받지 못했다. 윈도우와 솔라리스에서는 SYN_RECEIVED로, FreeBSD는 SYN_RCVD로 표시한다.
- ESTABLISHED: 상호 연결이 된 상태.

13 각 패킷마다 고유하게 부여하는 일련번호로서, 패킷이 너무 길어 분할하여 전송시 수신측에서 분할된 패킷을 원래대로 재조립할 때 이 필드가 동일한 패킷들을 조립한다. 이 필드는 무엇인가?

① TOS(Type of Service)   ② Identification
③ TTL(Time To Live)   ④ Protocol

14 네트워크주소가 '192.168.100.128'이며, 서브넷마스크가 '255.255.255.192'인 네트워크가 있다. 이 네트워크에서 사용가능한 마지막 IP주소는 무엇인가?

① 192.168.100.129② 192.168.100.190
③ 192.168.100.191 ④ 192.168.100.255

해설 >>>

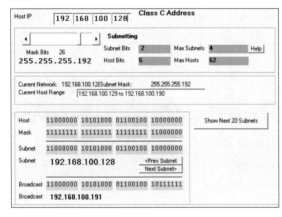

15 이더넷 프레임(Ethernet Frame)의 EtherType 필드는 데이터부분에 캡슐화된 데이터가 어느 프로토콜에 해당하는지를 나타내는 필드이다. IPv4 데이터가 캡슐화되었을 때에 표시되는 16진수 값은 무엇인가?

① 0x0800   ② 0x0806
③ 0x8100   ④ 0x86dd

해설 >>>

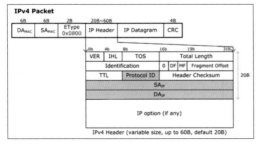

0x0800=IPv4
0x0806=ARP
0x8100=Ethernet
0x86dd=IPv6

16 다음 중 사설 IP주소로 옳지 않은 것은?

① 10.100.12.5   ② 128.52.10.6

③ 172.25.30.5   ④ 192.168.200.128

해설 >>>

사설 IPv4 주소 공간 [편집]

국제 인터넷 표준화 기구(IETF)는 RFC 1918에 출판한 대로 다음의 IPv4 주소 범위를 사설망에 보존하기 위하여 IANA (인터넷 할당 번호 기관)를 지도하고 있다.

RFC1918 이름	IP 주소 범위	주소 개수	클래스 내용	최대 사이더 블록 (서브넷 마스크)	호스트 ID 크기
24비트 블록	10.0.0.0 ~ 10.255.255.255	16,777,216	클래스 A 하나	10.0.0.0/8 (255.0.0.0)	24 비트
20비트 블록	172.16.0.0 ~ 172.31.255.255	1,048,576	16개의 인접 클래스 B	172.16.0.0/12 (255.240.0.0)	20 비트
16비트 블록	192.168.0.0 ~ 192.168.255.255	65,536	256개의 인접 클래스 C	192.168.0.0/16 (255.255.0.0)	16 비트

https://ko.wikipedia.org/ 참조

17 HTTP 상태코드에 대한 설명으로 올바른 것은?

① 100번대 : 성공, 메소드 지시대로 요청을 성공적으로 수행

② 200번대 : 정보 제공, 요청 계속 또는 사용 프로토콜 변경 지시

③ 300번대 : 리다이렉션, 요청 수행완료를 위해서 추가적인 작업 필요

④ 400번대 : 서버에러, 클라이언트 요청은 유효하나 서버 자체의 문제 발생

해설 >>> 100번대 : 성공, 메소드 지시대로 요청을 성공적으로 수행
200번대 : 정보 제공, 요청 계속 또는 사용 프로토콜 변경 지시
300번대 : 리다이렉션, 요청 수행완료를 위해서 추가적인 작업 필요
400번대 : 서버에러, 클라이언트 요청은 유효하나 서버 자체의 문제 발생

2과목 >>> 네트워크 일반

18 데이터 흐름 제어(Flow Control)와 관련 없는 것은?

① Stop and Wait   ② XON/XOFF

③ Loop/Echo   ④ Sliding Window

해설 >>> 1. Stop and Wait : 정지 대기 ARQ에서 사용한다.
2. XON/XOFF : 라우터에서 콘솔케이블로 접속할 때 흐름 제어로 사용한다.
3. Loop/Echo : 프로그래밍 언어에서 루프와 출력문으로 사용된다.
4. Sliding Window : 패킷 흐름제어로 사용한다.

19 IEEE 표준안 중 CSMA/CA에 해당하는 표준은?

① 802.1   ② 802.2

③ 802.3   ④ 802.11

해설 >>>

표준	내용	표준	내용
IEEE802.1	HILI(상위 계층과의 인터페이스 규정),STP	IEEE802.2	LLC(Logical Link Control)
IEEE802.3	CSMA/CD	IEEE802.4	Token Bus
IEEE802.5	Token Ring	IEEE802.6	DQDB(Distribute Queue Dual Bus)MAN
IEEE802.7	Broadband (광대역 전송 자문 그룹)	IEEE802.8	Fiber(광통신 자문 그룹)
IEEE802.9	IVD(Integrated Voice & Data)LAN	IEEE802.10	LAN Security 보안
IEEE802.11	Wireless LAN(무선 랜)	IEEE802.15	불루투스, Zigbee, Uwb….

20 전송매체를 통한 데이터 전송 시 거리가 멀어질수록 신호의 세기가 약해지는 현상은?

① 감쇠 현상
② 상호변조 잡음
③ 지연 왜곡
④ 누화 잡음

해설 >>> 감쇠 현상 : 통신 기기에서 데이터를 어느 지점에서 다른 지점으로 전송할 때 신호의 크기가 감소하는 현상.
상호 변조 : 수신기에 수신 주파수 이외의 둘 이상의 방해 주파수가 들어왔을 때 수신기의 비직선성 때문에 변조를 일으키는 것. 그 때문에 수신 주파수 또는 중간 주파수에 대하여 방해 신호를 발생한다.
지연 왜곡 : 데이터 전송에서 소요 주파수 대역 내에서, 데이터 전송로의 군(群) 지연 값이 주파수에 대하여 일정하지 않기 때문에 수신측에서 신호가 왜곡되어 일어나는 변형
누화 잡음 : 누화는 1통신회선의 신호에 의하여 타의 회선에 생기는 방해이며, 타의 회선에서 보면 누화에 의하여 생긴 방해와 잡음으로 느껴진다. 이와 같이, 누화에 의하여 발생하는 잡음을 누화잡음이라고 한다.

21 OSI 7 Layer 중 데이터 링크 계층의 기능으로 옳지 않은 것은?

① 통신 프로토콜을 정의한 OSI 7 Layer 중 세 번째 계층에 해당한다.
② 비트를 프레임화 시킨다.
③ 전송, 형식 및 운용에서의 에러를 검색한다.
④ 흐름제어를 통하여 데이터 링크 개체간의 트래픽을 제어한다.

해설 >>>

OSI 7 Layer Model		DTP Layer (TCP/IP)	
Application	Message	Application	Application
Presentation			
Session			
Transport	Segment / Record	Transport	End-to-end Service
Network	Packet / Datagram	Internet	Routing Data Transmission
Data Link	Frame	Network Interface	
Physical	Bit		

22 다음 (A) 안에 들어가는 용어 중 옳은 것은?

> (A)란 단말이 네트워크에 접근하기 전 보안정책 준수여부를 검사하고 IP 및 MAC address의 인가 여부를 검사하여 네트워크 자원의 이용을 허용하는 방식을 말한다. (A) 네트워크에 연결된 단말의 여러 가지 정보를 수집하고, 수집된 정보를 바탕으로 단말들을 분류하며, 분류한 그룹의 보안 위협 정도에 따라 제어를 수행한다.

① NIC
② F/W
③ IPS
④ NAC

해설 >>> NAC란 무엇인가?
네트워크 접근제어(Network Access Control)는 네트워크에 접속하는 장치에 대해 접속 가능 여부를 확인하여 인가된 장치만이 접속할 수 있도록 제한하는 것에서 출발하였다. 이 같은 접속 제어는 통상 802.1X 라 불리는 기술을 통하여 제공되었는데 이때 AAA(Authentication, Authorization, Accounting)라 불리는 3가지 중요한 기능이 제공된다.
- Authentication 은 네트워크에 접속하는 사용자나 장치에 대해 검증하는 과정이다. 통상적으로 사용자명/비밀번호를 통해 제공되는데 경우에 따라서는 장치의 MAC 주소가 인증의 수단으로 사용되기도 한다.
- Authorization은 인증된 장치가 어떤 네트워크 자원에 대해서 접근할 수 있는지에 대해 결정하는 과정이다. 인증된 장치의 종류나 식별된 사용자의 그룹에 따라 접근할 수 있는 네트워크, 서비스 및 시간대를 제한할 수 있다.
- Accounting은 장치가 네트워크를 접근한 기록을 남겨 향후 과금이나 보안상의 목적으로 사용할 수 있도록 해주는 과정이다. 이를 통해 어떤 장치를 누가, 언제, 어디서, 어떻게 사용했는지 확인할 수 있다.

23 한번 설정된 경로는 전용 경로로써 데이터가 전송되는 동안 유지 해야 하는 전송 방식은?

① Circuit Switching   ② Packet Switching

③ Message Switching   ④ PCB Switching

해설 >>> 회선 교환 방식(Circuit Switching)
데이터 회선의 한 형태로, 교환기를 통하여 다수의 단말이 자유로이 접속되는 형태
교환기를 거쳐 임의의 복수 단말 간을 접속하는 방식이다.
회선 연결 --> 링크 설정 --> 데이터 전송 --> 링크 해제 --> 회선 해제
두 스테이션 간에 전용 통신로가 있어 노드들 간의 연결된 링크로 각 링크마다 연결을 위해 한 채널을 전용하는 통신 방식

24 소프트웨어 정의 네트워크(SDN:Software Defined Networking)에 대한 설명으로 옳지 않은 것은?

① 정체를 일으키는 복잡한 구조 기술

② 가상화 기술의 발달에 대응하기 위한 기술

③ 트래픽 패턴의 변화에 따른 대응 기술

④ 네트워크 관리의 문제를 해결하기 위한 기술

해설 >>> 소프트웨어 정의 네트워킹(Software defined networking, SDN)은 개방형 API(오픈플로우)를 통해 네트워크의 트래픽 전달 동작을 소프트웨어 기반 컨트롤러에서 제어/관리하는 접근방식이다. 트래픽 경로를 지정하는 컨트롤 플레인과 트래픽 전송을 수행하는 데이터 플레인이 분리되어 있다. 따라서 네트워크의 세부 구성정보에 얽매이지 않고 요구사항에 따라 네트워크를 관리할 수 있다

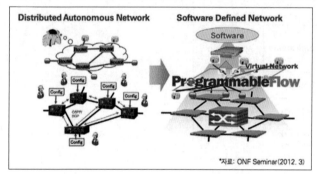

25 다음 지문에서 설명하는 것은?

> 인간, 사물, 서비스 등 모든 것이 인터넷으로 연결되어 새로운 정보가 생성, 수집 공유되며 사용자에게 새로운 가치와 서비스를 제공하는 것으로, 각종 사물에 센서와 통신 기능을 내장하여 인터넷에 연결하는 기술이다.

① IoT   ② NFC

③ Cloud   ④ RFID

26 다음 중 무선LAN보안을 위해 가장 좋은 방법은?

① WEP(Wired Equivalent Privacy)

② WPA(Wi-Fi Protected Access)

③ WPA2(IEEE802.11i)

④ MAC주소필터링

27 다음은 네트워크 구축에 필요한 매체에 관한 내용이다. (A) 안에 들어가는 용어 중 옳은 것은?

> 네트워크를 관리하는 사원 Kim은 회사 내부에 구축되어있는 스토리지 에어리어 네트워크(Storage area network, SAN)의 성능이 저하되고 있는 현상에 대한 조사업무를 부여받았다. 관련 사항을 조사하는 중 최근 급증한 업무로 인하여 네트워크의 대역폭 부족이 문제임을 알았다. 이를 해결하기 위하여 기존에 설치된 Gigabit Ethernet 장치를 (A)을/를 활용한 10GBASE-SR나 10GBASE-LRM로 변경하는 방안에 대해 보고를 하였다.

① U/UTP CAT.3
② Thin Coaxial Cable
③ U/FTP CAT.5
④ Optical Fiber Cable

해설 >>> U/UTP CAT.3 : 10BASE-T, 100BASE-T4
Thin Coaxial Cable : 동축 케이블
U/FTP CAT.5 : 100BASE-TX, 10000BASE-T
Optical Fiber Cable : 광케이블

3과목 >>> NOS

28 Windows Server 2016에 설치된 DNS에서 지원하는 레코드 형식 중 실제 도메인 이름과 연결되는 가상 도메인 이름의 레코드 형식은?

① CNAME
② MX
③ A
④ PTR

해설 >>> dns 레코드 값
- A레코드 : IPv4용 변환
- AAAA레코드 : IPv6용 변환
- MX레코드 : 이메일용 변환
- PTR레코드 : 포인터 (역방향 조회영역) IP -> URL
- CNAME레코드 : 별칭(별명)

29 Windows Server 2016에서 FTP 사이트 구성시 SSL을 적용함으로써 얻어지는 것은?

① 전송속도 증대
② 사용자 편의 향상
③ 동시 접속 사용자 수 증가
④ 보안 강화

해설 >>> SSL을 사용하면 데이터 처리를 암호화 하기 때문에 보안이 강화 된다.

30 Windows Server 2016의 Hyper-V에 관한 설명으로 옳지 않은 것은?

① 하드웨어 데이터 실행 방지(DEP)가 필요하다.

② 서버관리자의 역할 추가를 통하여 Hyper-V 서비스를 제공 할 수 있다.

③ 스냅숏을 통하여 특정 시점을 기록 할 수 있다.

④ 하나의 서버에는 하나의 가상 컴퓨터만 사용할 수 있다.

해설 ⟩⟩⟩ 하나의 서버에 여러 가상 컴퓨터를 사용할 수 있다.

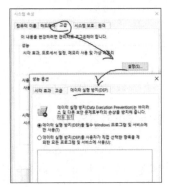

31 다음 그림은 Windows Server 2016의 DNS 관리자의 모습이다. 현재 www라는 동일한 이름으로 3개의 레코드가 등록되어 클라이언트가 도메인을 제공하면 IP주소를 번갈아가며 제공한다. 이처럼 IP 요청을 분산하여 서버 부하를 줄이는 방식을 무엇이라고 하는가?

① 라운드 로빈(Round Robin) 방식

② 큐(Queue) 방식

③ 스택(Stack) 방식

④ FIFO(First In First Out) 방식

32 Windows Server 2016의 시스템관리를 위해서 설계된 명령 라인 셀 및 스크립팅 언어로, 강력한 확장성을 바탕으로 서버 상의 수많은 기능의 손쉬운 자동화를 지원하는 것은?

① PowerShell

② C-Shell

③ K-Shell

④ Bourne-Shell

33 Linux에서 DNS의 SOA(Start Of Authority) 레코드에 대한 설명으로 옳지 않은 것은?

① Zone 파일은 항상 SOA로 시작한다.

② 해당 Zone에 대한 네임서버를 유지하기 위한 기본적인 자료가 저장된다.

③ Refresh는 주 서버와 보조 서버의 동기 주기를 설정한다.

④ TTL 값이 길면 DNS의 부하가 늘어난다.

해설 >>> TTL 값이 길면 요청 시간이 길어지기 때문에 DNS서버에서의 부하가 줄어 든다.

34 Linux에서 'manager'라는 파일을 파일의 소유자가 아닌 사람도 볼 수는 있지만 수정을 못하도록 하는 명령어는?

① chmod 777 manager
② chmod 666 manager

③ chmod 646 manager
④ chmod 644 manager

해설 >>> rwx rwx rwx 로 이루어진 8진수로
421 421 421 로 계산되어 진다.
r은 읽기 / w는 쓰기 / x는 실행 권한을 가지기 때문에 644는
rw- r-- r-- 로 이루어져 소유자는 수정 가능하지만 그룹이나 그외 사용자는 읽기만 가능하다.

35 Linux에서 '/home' 디렉터리 밑에 'icqa'라는 하위 디렉터리를 생성하고자 할 때 올바른 명령은?

① ls /home/icqa
② cd /home/icqa

③ rmdir /home/icqa
④ mkdir /home/icqa

해설 >>> ls는 list의 약자로 디렉토리 안에 내용 볼수 있다.
cd는 change directory의 약자로 위치를 이동한다.
rmdir은 디렉토리 삭제한다.
mkdir은 디렉토리 생성한다.

36 다음 중 사용한 디스크 용량에 대한 정보를 제공하는 Linux 명령어는?

① du
② pwd

③ cat
④ vi

해설 >>>

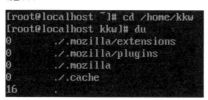

37 네트워크를 관리하는 Kim 사원은 네트워크 연결을 구축하거나 문제를 해결할 때 패킷이 출발지에서 목적지까지 가는 경로를 살펴볼 수 있도록 네트워크 명령어를 사용하고자 한다. 이 명령은 'tracert'에서 수행하는 동일한 정보를 보여주면서 홉과 다른 세부 정보사이의 시간에 관한 정보를 출력이 끝날때까지 저장한다. Kim 사원이 사용할 명령어는 무엇인가?

① ping   ② nslookup
③ pathping   ④ nbtstat

해설 >>>

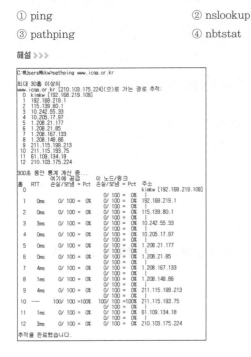

38 Windows Server 2016의 이벤트 뷰어에서 보안 로그 필터링시 사용할 수 있는 이벤트 수준으로 옳지 않은 것은?

① 중요   ② 경고
③ 오류   ④ 정보

해설 >>>

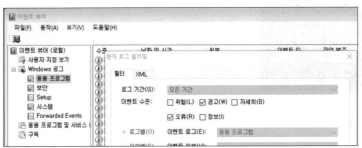

39 Linux 명령어 중에 init(초기화 프로세스)를 이용하여 재부팅하는 옵션은 무엇인가?

① init 0　　　　　　　　　② init 1

③ init 5　　　　　　　　　④ init 6

해설 >>>

```
[root@localhost bin]# cd /lib/systemd/system
[root@localhost system]# pwd
/lib/systemd/system
[root@localhost system]# ls -l runlevel*
lrwxrwxrwx. 1 root root 15  4월 24  2020 runlevel0.target -> poweroff.target
lrwxrwxrwx. 1 root root 13  4월 24  2020 runlevel1.target -> rescue.target
lrwxrwxrwx. 1 root root 17  4월 24  2020 runlevel2.target -> multi-user.target
lrwxrwxrwx. 1 root root 17  4월 24  2020 runlevel3.target -> multi-user.target
lrwxrwxrwx. 1 root root 17  4월 24  2020 runlevel4.target -> multi-user.target
lrwxrwxrwx. 1 root root 16  4월 24  2020 runlevel5.target -> graphical.target
lrwxrwxrwx. 1 root root 13  4월 24  2020 runlevel6.target -> reboot.target
```

init 0 -> 시스템 종료 -> Power Off

init 1 -> 시스템 복구 -> Rescue(단일 사용자)

init 2 -> 사용 안함 -> 다중사용자

init 3 -> CUI / TUI -> 다중사용자

init 4 -> 사용 안함 -> 다중사용자.

init 5 -> GUI -> 다중사용자. (기본값)

init 6 -> 시스템 재부팅

40 Linux 시스템 담당자 Park 사원은 Linux 시스템 운영관리를 위해 시스템이 부팅할 때 생성된 로그를 살펴
보고자 한다. 해당 로그파일은?

① /var/log/boot.log　　　　② /var/log/lastlog

③ /var/log/dmesg　　　　　④ /var/log/btmp

해설 >>> boot.log : 시스템 부팅시의 로그 시스템의 서비스가 실행되거나 재시작 되었을 때 기록되는 로그파일

lastlog : 계정의 최근 접속정보 확인

dmesg : 시스템 부팅하면서 생성된 로그

btmp : 로그인 실패 기록

로그 파일	utmp	wtmp	btmp	last log
정의	현재 로그인한 사용자 상태정보	성공 로그인/로그아웃 정보 시스템의 boot/shutdown의 히스토리 로그	실패한 로그인 정보	마지막으로 성공한 로그인 정보
파일 위치	/var/run/utmp	/var/log/wtmp	/var/log/btmp	/var/log/lastlog
명령어	w, who, finger	last	lastb	lastlog

41 시스템 담당자 Alex는 하드디스크의 정보 유출을 우려하여, 하드디스크가 도난당해도 암호화키가 없이는
데이터를 읽지 못하도록 하드디스크 자체를 암호화하는 기술을 적용하려고 한다. 해당 기술은?

① BitLocker　　　　　　　② EFS(Encrypting File System)

③ AD(Active Directory)　　④ FileVault

해설 >>>

- 비트라커는 하드디스크를 통째로 암호화하는 기술로 메인보드에 TPM 칩을 활용하여 메인보드
  와 하드디스크의 암호화/복호화를 유지한다.
- TPM칩 : 신뢰 플랫폼 모듈(Trusted Platform Module, 줄여서 TPM) 또는 신뢰할 수 있는 플랫
  폼 모듈은 컴퓨팅 환경에서 암호화 키를 저장할 수 있는 보안 암호 처리자를 자세히 기록한 규
  격의 이름을 말한다. 또, "TPM 칩", "TPM 보안 장치"라 불리는 규격 기능의 총체적 이름이기도
  하다

42 Linux 시스템 관리자는 John사원의 계정인 John의 패스워드 정책을 변경하기 위해 아래 지문과 같이 입력하였다. 10일전 암호변경 경고를 위한 명령으로 ( )안에 알맞은 옵션은?

> $ sudo chage -m 2 -M 100 (   ) -I 10 -E
> 2021-12-25 John

① -m 10   ② - L 10

③ - i 10   ④ - W 10

해설 >>>

chage : 사용자의 암호를 주기적으로 변경할 수 있도록 셋팅
chage -l 계정명 : 사용자의 암호정책을 본다.
chage -m 2 yskkw : 사용자의 암호사용 최소일을 2일로
chage -M 30 yskkw : 암호최대 사용일 30일
chage -E 2021/07/01 yskkw : 암호 만료일
chage -W 10 yskkw : 암호만료 10일전에 메시지(기본값7일)

```
[root@localhost ~]# chage -l kkw
마지막으로 암호를 바꾼 날                              :안 함
암호 만료                                              :안 함
암호가 비활성화 기간                          :안 함
계정 만료                                    :안 함
암호를 바꿀 수 있는 최소 날 수        : 0
암호를 바꿔야 하는 최대 날 수          : 99999
암호 만료 예고를 하는 날 수            : 7
[root@localhost ~]#
```

43 웹서버 관리자는 아래 지문에서 이야기한 공격에 대응하기 위해 인터넷 정보 서비스 관리자에 설정하지 않아야 하는 것은?

> 문서의 저장 및 열람이 가능하다면 문서의 취약점(백업파일 및 소스코드, 스크립트파일등)을 이용해 악의적인 목적을 갖고 있는 사람들에게 탈취 및 웹서버의 공격이 이루어진다.

① HTTP 응답 헤더   ② 디렉터리 검색

③ SSL 설정   ④ 인증

해설 >>>

44 서버 담당자 Park 사원은 Windows Server 2016의 배포 서비스를 통하여 전원만 넣으면 Windows가 설치될 수 있도록 구성하고자 한다. 배포서비스는 회사내의 일관되고 표준화된 Windows 설치를 사용하여 아주 유용하게 사용할 수 있다. 다음 중 Windows Server 2016 배포 서비스의 장점으로 올바르지 않은 것은?

① 효율적인 자동 설치를 통한 비용 감소 및 시간 절약할 수 있다.

② 네트워크 기반으로 하는 운영체제 설치할 수 있다.

③ 여러 대의 컴퓨터에 분산된 공유 폴더를 하나로 묶어서 사용할 수 있다.

④ Windows 이미지를 클라이언트 컴퓨터에 배포할 수 있다.

해설 >>>

```
DFS 관리
파일(F)  동작(A)  보기(V)  창(W)  도움말(H)
◀ ▶ | ▣ ▦ | ? ▣
DFS 관리                  교무2과
  네임스페이스            폴더 대상  복제
    ₩₩suwon.ysedu.or.kr₩  1개 항목
      교무2과
      교무3과            종류    조회 상태        사이트                    경로
    복제               사용함  Default-First-Site-Name  ₩₩16-1₩교무2과
```

45 아파치(Apache) 웹서버를 운영 시 서비스에 필요한 여러 기능을 설정할 수 있는 파일은?

① httpd.conf　　　　　　　② access.conf

③ srm.conf　　　　　　　　④ htdos.conf

4과목 >>> 네트워크 운용기기

46 IP Address의 부족과 내부 네트워크 주소의 보안을 위해 사용하는 방법 중 하나로, 내부에서는 사설 IP Address를 사용하고 외부 네트워크로 나가는 주소는 공인 IP Address를 사용하도록 하는 IP Address 변환 방식은?

① DHCP 방식　　　　　　　② IPv6 방식

③ NAT 방식　　　　　　　　④ MAC Address 방식

47 다음은 무엇에 대한 설명인가?

> 서버, 스토리지, 응용프로그램 등의 전산자원을 구매하여 소유하지 않고 인터넷을 기반으로 필요한 만큼만 자신의 컴퓨터나 휴대폰 등에 불러와서 사용하는 웹 기반의 컴퓨터 기술을 말한다.

① 클라이언트–서버 컴퓨팅　　② 클라우드 컴퓨팅

③ 웨어러블 컴퓨팅　　　　　　④ 임베디드 컴퓨팅

해설 >>>

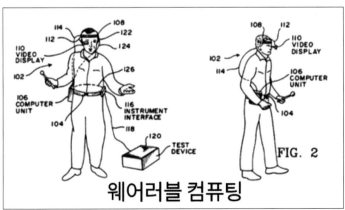

48 (A)에 들어가는 용어는 무엇인가?

> 네트워크를 관리하는 Kim 사원은 서울본사와 부산지사를 연결하기 위해서 ISP쪽에 月 광케이블 임대비용을 지불하는 계약을 맺기로 하였으나 그 비용이 너무 많이 지출되는 관계로 다른 방안을 검토하라는 지시를 받게 되어 (A)을/를 도입하기로 하였다. (A)은/는 다소 속도가 떨어지는 단점이 있으나 초기투자 비용을 제외하면 유지비가 저렴하다는 장점도 있다. (A)은/는 인터넷망과 같은 공중망을 사용하여 둘 이상의 네트워크를 안전하게 연결하기 위해서 가상의 터널을 만든 후 암호화된 데이터를 전송할 수 있는 네트워크이다.

① Public Network   ② PAT
③ VLAN   ④ VPN

49 OSI 계층의 물리 계층에서 여러 대의 PC를 서로 연결할 때 전기적인 신호를 재생하여 신호 분배의 기능을 담당하는 네트워크 연결 장비는?

① Bridge   ② Hub
③ L2 Switch   ④ Router

50 RAID의 레벨 중에서 회전 패리티 방식으로 병목현상을 줄이는 것은?

① RAID-2   ② RAID-3
③ RAID-4   ④ RAID-5

해설 ▶▶▶ 새 스팬 볼륨 : 일반 하드디스크 파티션
새 스트라이프 볼륨(raid0) : 2개 이상의 디스크를 1개의 디스크로 생성하며 2배의 용량과 2배의 속도로 구현 된다.
새 미러 볼륨(raid1) : 2개의 디스크를 1개의 디스크로 생성하며 1개는 원본 1개는 복사본의 원리로 구현된다.
새 RAID-5 볼륨 : 3개 이상의 디스크를 1개의 디스크로 생성하며 1개의 하드 용량은 복구용 패리티를 활용하며 구현된다.

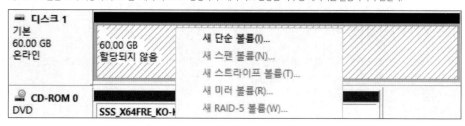